다락원

저자의 말

현장에서 강의하다 보면, HSK 5급에 도전하는 학생들은 대부분 몇 개월 혹은 몇 년에 걸쳐 중국어를 공부해 중급 수준에 도달한 분들입니다. 이 중 일부는 HSK 6급에 도전하기엔 아직 자신이 없어 HSK 5급을 선택하게 됩니다. 사실, HSK 5급은 HSK 6급과 밀접하게 연결되어 있어 고급 중국어의 토대를 마련하는 중요한 단계입니다.

따라서, HSK 6급 이상의 급수를 목표로 한다면, HSK 5급을 먼저 학습하는 것이 훨씬 더 효율적입니다. HSK 5급을 통해 HSK 6급의 기초를 확실히 다져 놓으면, HSK 6급을 더 쉽고 빠르게 취득할 수 있는 지름길이 될 것입니다.

이에, **본 교재는 HSK 5급을 준비하는 수험생들이 짧은 시간 안에 최대의 효율을 낼 수 있는 기본 필독서가 되기를 바라며 집필했습니다.** HSK 5급 300점 만점을 목표로 하는 고득점용이 아닌, **180점에서 230점을 목표로 하는 수험생들을 위한 책입니다.** 따라서, 지나치게 어려운 문제나 이론은 과감히 덜어내고, 실전에서 꼭 필요한 내용만을 담아 효율적인 학습을 하도록 구성했습니다. HSK 5급을 처음 시작하는 분들은 반드시 이 책을 먼저 필독하는 것이 좋습니다.

본 교재는 기존 교재의 틀을 깨고, 아래와 같이 학생들이 최단기간에 합격할 수 있게 구성했습니다!

첫째, 교재 구성을 단순히 '듣기–독해–쓰기' 순서가 아닌, HSK 5급 부분별 난이도에 따라 '쓰기 제1부분(어법 이론 포함) → 듣기 제1·2부분 대화형 → 독해 제1부분 → 독해 제2부분 → 듣기 제2부분 서술형 → 독해 제3부분 → 쓰기 제2부분' 순서로 배치했습니다.

학생들은 학습 플래너에 따라 앞에서부터 차근차근 실력을 키워 나가기만 하면 됩니다.

둘째, HSK 5급을 공부하는 데 가장 중요한 4급과 5급 최우선 빈출 어휘를 PDF로 준비했습니다. 교재의 QR 코드로 다운로드하여 이동 중에도 스마트폰이나 태블릿 PC로 공부할 수 있게 했습니다.

셋째, 듣기 문제뿐만 아니라 일부 독해 문제에도 MP3파일을 제공하여, 학생들이 독해를 하면서도 듣기 실력을 늘리게끔 했습니다.

넷째, 본 교재로 공부하면서 이해가 안 되는 부분은 카카오톡 채널 liuhsk에 질문 주시면 저자인 저희가 직접 답변해 드립니다. 또한 채널에 본 교재로 공부한 인증 사진을 보내 주시면 최신 기출 반영 모의고사 1세트(PDF)를 무료 제공해 드립니다.

마지막으로, 교재 내용을 위해 함께 힘써준 리우HSK연구소 여러 선생님께 고마움을 표합니다.

저자 **리우, 장지선**

차례

이 책의 특징 및 활용법

❶ 빠른 시간, 최대의 효율로 증서 획득을 돕는 교재

이 교재는 오랜 시간이 걸려 고득점을 획득하는 것이 아닌, 빠른 시간 안에 180점부터 230점 내의 점수를 받아 증서 획득을 한 후 다음 급수로 넘어가는 것을 목표로 합니다. 이를 위해 교재에 지나치게 어려운 이론과 문제는 덜어내고, 시험에 꼭 나오는 내용만을 담았기에 효율적인 학습이 가능합니다.

❷ 기존 교재의 틀을 깬 새로운 구성

기존의 '듣기-독해-쓰기' 순서가 아닌, 영역별 난이도에 따라 최대의 학습 효과를 얻을 수 있도록 순서를 재구성했습니다. 학습자는 **30일 학습 플래너**의 순서에 따라 쉽고 편하게 공부할 수 있습니다.

❸ 최신 버전의 다양한 실전문제 포함

최신 기출 트렌드를 반영하여 학습자가 다양한 유형과 난이도의 문제를 경험할 수 있습니다.
문제가 보이는 시간의 예제 문제, **내공이 쌓이는 시간**의 빈출 문제, **실력 확인하기** 문제, **실전 모의고사**까지 실전 대비 훈련이 가능합니다.

❹ 듣기 및 독해 MP3 음원 수록

듣기 영역의 모든 내용과 독해 영역 일부에 녹음 파일을 제공합니다. 학습자는 독해 문제의 비교적 긴 지문을 들으면서 독해와 듣기 실력을 모두 끌어올릴 수 있습니다.

❺ 모의고사 1회분 PDF 무료 증정

학습자는 본 교재를 구매한 후, 교재로 학습한 인증 사진을 카카오톡 채널 '리우HSK 중국어(아이디: liuhsk)'에 보내 주세요. 모의고사(기출 반영) 1회분 PDF를 무료로 드립니다.

❻ 4·5급 빈출 어휘 PDF 및 저자 강의 제공

HSK 5급에 잘 나오는 HSK 4급과 HSK 5급의 최우선 빈출 어휘를 PDF에 정리했습니다.
4급·5급 최우선 빈출 어휘 PDF를 다운로드하여 언제 어디서든 편하게 학습할 수 있습니다.
본 교재의 **30일 학습 플래너**의 DAY에 따라 어휘를 암기해 봅니다. 빠르고 쉬운 어휘 암기를 위해, 아래의 빈출 어휘 저자 강의(유튜브 채널: 리우HSK_liuhsk)를 함께 활용해 보세요.

4급·5급
최우선 빈출 어휘
PDF

4급·5급
최우선 빈출 어휘
저자 강의

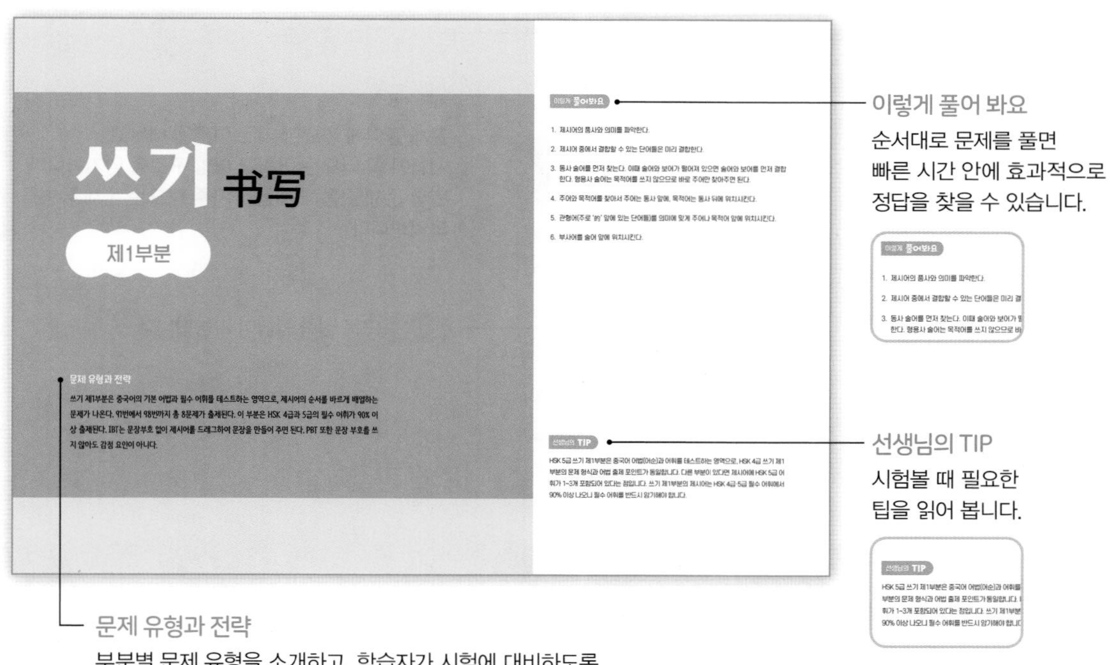

이렇게 풀어 봐요
순서대로 문제를 풀면
빠른 시간 안에 효과적으로
정답을 찾을 수 있습니다.

선생님의 TIP
시험볼 때 필요한
팁을 읽어 봅니다.

문제 유형과 전략
부분별 문제 유형을 소개하고, 학습자가 시험에 대비하도록
공부 방법, 시간 분배 전략 등의 내용을 정리했습니다.

공략법
빠른 정답 찾기를 위한
영역별 핵심 팁을 파악해 봅니다.

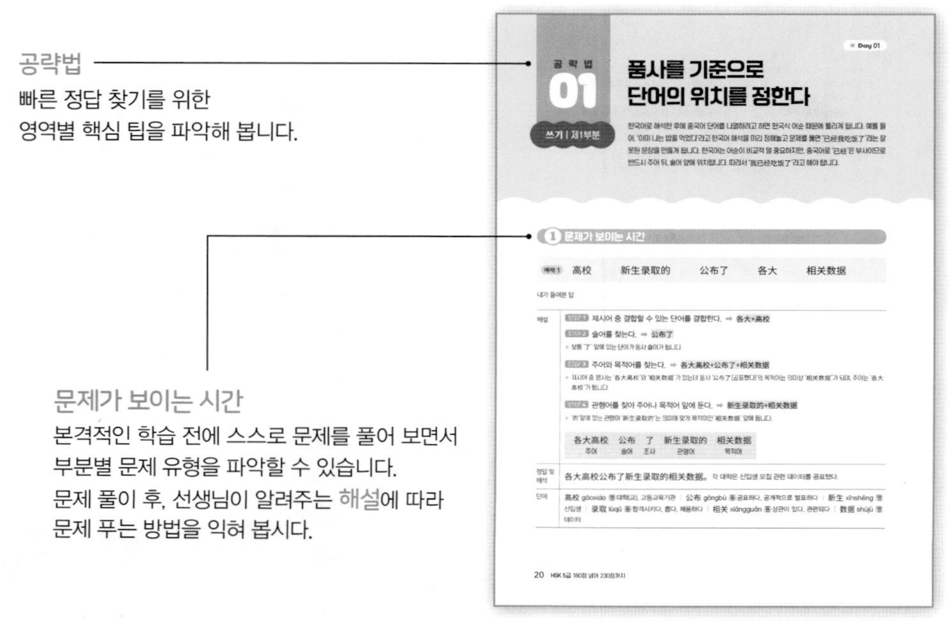

문제가 보이는 시간
본격적인 학습 전에 스스로 문제를 풀어 보면서
부분별 문제 유형을 파악할 수 있습니다.
문제 풀이 후, 선생님이 알려주는 해설에 따라
문제 푸는 방법을 익혀 봅시다.

이 책의 특징 및 활용법

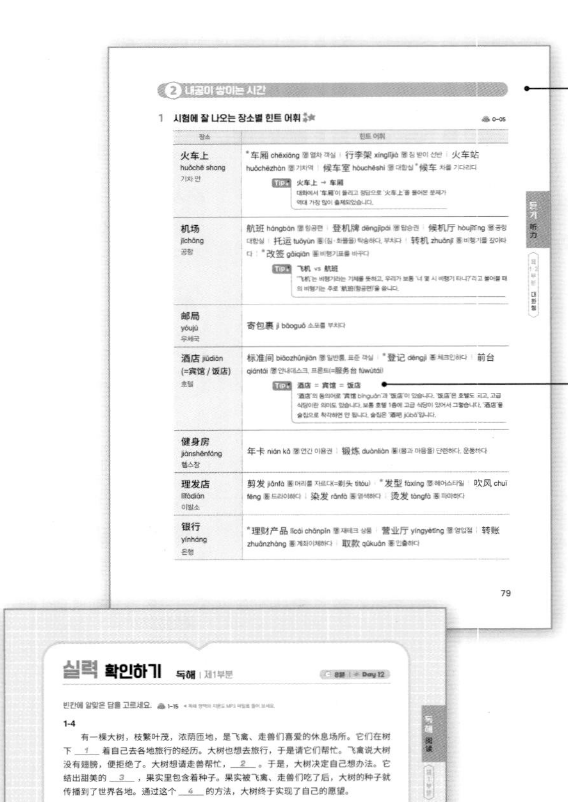

내공이 쌓이는 시간

문제 풀이에 필요한 기초 이론을 배우고, 시험에 꼭 나오는 어휘나 어법 구조를 암기합니다. 빈출 문제를 통해 시험에 자주 나오는 문제 유형을 파악합니다.

Tip으로 심화 학습이 가능합니다.

실전 모의고사

모의고사 1회분으로 나의 최종 실력을 점검합니다. 모의고사 뒷장에 있는 HSK 5급 답안지를 활용하여, 실제 시험과 유사한 환경에서 문제를 풀어 봅시다.

실력 확인하기

앞에서 배운 내용을 기반으로 나의 실력을 확인해 봅니다. 실전에 대비할 수 있도록 교재에 적힌 시간에 맞춰 문제를 풀어 봅시다.

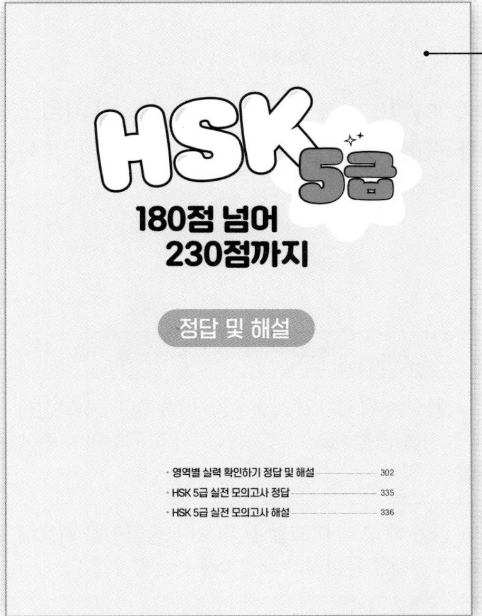

정답 및 해설
문제별로 정답·해석·해설·단어가 보기 좋게 정리되어 학습자가 쉽고 편하게 공부할 수 있습니다.

HSK 4급·5급 최우선 빈출 어휘(PDF)
HSK 5급에 잘 나오는 HSK 4급 어휘 200개와 HSK 5급 최우선 빈출 어휘 850개로 HSK 5급을 대비합시다. 180점~230점이라는 목표 점수에 맞는 최우선 빈출 어휘를 선정했으니 반드시 외워야 합니다.

바로 연결

듣기 영역 전체 + 독해 영역 일부 + 모의고사 듣기 및 독해 영역 MP3파일 다운로드

저자 선생님의 HSK 5급 초고속 합격 전략 동영상

HSK 4급·5급 최우선 빈출 어휘 PDF 다운로드

『HSK 어휘 5000 플러스』 웹페이지
- HSK 1급~6급 모든 어휘 및 예문 학습 가능

HSK의 모든 것

HSK 소개

중국어 능력 시험인 **HSK**(中文水平考试, Chinese Proficiency Test)는 국제 중국어 교육 및 시험 전문회사인 CTI Co., Ltd.(CTI)에서 주관하며, 중국어를 외국어로 사용하는 사람들이 중국어 능력을 평가받는 전 세계적인 중국어 인증 시험이다.

● HSK 급별 구성

급	어휘량	수준
HSK 7~9급	11,000개	중국어를 제2언어로 사용하는 응시자의 사회생활, 학술 연구 등 복잡한 주제에 대한 중국어 교류 능력을 중점적으로 평가한다. 거의 원어민 수준에 준하는 중국어 실력을 쌓을 수 있다.
HSK 6급	5,000개 이상	중국어 정보를 듣거나 읽을 때 쉽게 이해할 수 있으며, 중국어를 사용해 구두상 및 서면상으로 자신의 견해를 유창하고 적절하게 전달할 수 있다.
HSK 5급	**2,500개 이상**	**중국어 신문과 잡지를 읽을 수 있고, 중국어 영화 또는 TV 프로그램을 감상할 수 있다. 또한 중국어로 비교적 완전한 연설을 할 수 있다.**
HSK 4급	1,200개 이상	중국어로 비교적 자연스러운 일상 대화가 가능하며, 적합한 단어를 활용하여 간단한 글쓰기를 할 수 있다. 또한 감정, 의견, 계획 등 좀 더 추상적인 내용을 표현하는 단어를 쓸 수 있다.
HSK 3급	600개 이상	중국어로 일상생활, 학습, 업무 등 각 분야의 상황에서 기본적인 회화를 할 수 있다. 또한 중국 여행 시에 겪는 대부분의 상황에 중국어로 대응할 수 있다.
HSK 2급	300개 이상	중국어로 간단하게 일상생활에서 일어나는 화제에 관해 이야기할 수 있다.
HSK 1급	150개 이상	아주 간단한 중국어 단어와 문장을 이해하고 사용할 수 있으며, 기초적인 일상 회화를 할 수 있다.

● 방식

- IBT(Internet-Based Test) : 컴퓨터로 진행하는 시험
- PBT(Paper-Based Test) : 기존의 종이 시험지와 OMR 답안지로 진행하는 시험

● 용도

- 국내외 대학(원) 및 특목고 입학·졸업 시 평가 기준
- 중국정부장학생 선발 기준
- 국내외 기업 취업·승진을 위한 평가 기준

접수 방법

인터넷 접수	HSK 한국사무국 홈페이지(www.hsk.or.kr)에서 접수 ＊사진 파일(3x4cm 반명함판 크기 or 115x150 pixel로 스캔한 jpg 파일) 필요
우편 접수	구비 서류 동봉 후, 등기 발송하여 접수 구비 서류 ǀ 응시원서(사진 1장 부착), 사진 2장(3x4cm 반명함판), 응시료를 낸 입금 영수증 보낼 주소 ǀ (06336) 서울특별시 강남구 강남우체국 사서함 115호 〈HSK 한국사무국〉
방문 접수	구비 서류를 들고 직접 방문하여 접수 구비 서류 ǀ 응시원서, 사진 3장(3x4cm 반명함판), 응시료 접수처 ǀ 서울 강남구 테헤란로5길 24(역삼동 635-17) 장연빌딩 2층 〈서울공자아카데미〉 접수 시간 ǀ 평일 오전 9시 30분~12시, 오후 1시~5시 30분 / 토요일 오전 9시 30분~12시

준비물

- IBT(Internet-Based Test): 수험표, 신분증
- PBT(Paper-Based Test): 수험표, 신분증, 2B 연필, 지우개

성적 조회 및 성적표 수령 방법

성적 조회	시험 본 당일로부터 1개월 후(PBT) 또는 2주 후(IBT)에 **중국고시센터**(www.chinesetest.cn)에서 성적 조회 가능
성적표 수령	'시험일로부터 45일 후'에 접수 시 선택한 방법(우편 또는 방문)으로 수령 가능
성적 유효 기간	시험일로부터 2년간 유효함

HSK 5급 Q&A

Q1 HSK가 뭔가요?

HSK(中文水平考试, Chinese Proficiency Test)는 중국어 능력 시험으로, 중국어를 외국어로 사용하는 사람들이 중국어 능력을 평가받는 전 세계적인 중국어 인증 시험입니다. HSK는 총 9개의 급수로 나뉘는데, 숫자가 클수록 더 높은 수준의 중국어를 요구합니다. 기존에 실시한 1급~6급은 변하지 않고, 7급~9급만 새롭게 고급 과정으로 개편되었습니다.

Q2 HSK 5급은 어떤 시험인가요?

HSK 5급은 중고급 수준의 시험으로, 고급 중국어의 기초적인 어법과 표현을 확실하게 다질 수 있습니다. 공식적으로는 중급 수준으로 분류되지만, 시험의 난이도와 요구되는 어휘 및 문법 수준은 고급 단계에 가깝습니다. 이 시험에 합격하면 중국어 신문과 잡지를 읽고, 중국어 영화나 TV 프로그램을 감상할 수 있으며, 또한 중국어로 비교적 완전한 연설을 할 수 있는 능력을 갖추게 됩니다.

Q3 HSK 5급은 어떤 구성으로 되어 있나요?

HSK 5급은 세 가지 영역으로 나뉩니다. 듣기·독해·쓰기 총 100문항이 출제되고, 각각 듣기(45문항)·독해(45문항)·쓰기(10문항)로 구성됩니다. 시험 시간은 약 2시간 정도이고, 듣기 음원이 종료되면 답안 마킹 시간 5분이 주어집니다. 독해와 쓰기 영역은 따로 답안 마킹 시간이 없으니 주어진 시간을 잘 활용하여 답안지를 작성해야 합니다.

문제 영역		문항 수		시험 시간	점수
듣기 听力	제1부분	20	45	약 30분	100점
	제2부분	25			
듣기 영역 답안 마킹 시간				5분	
독해 阅读	제1부분	15	45	45분	100점
	제2부분	10			
	제3부분	20			
쓰기 书写	제1부분	8	10	40분	100점
	제2부분	2			
총계		100문항		약 120분	300점 만점

Q4 시험 점수는 어떻게 계산되나요?

시험은 총 300점 만점입니다. 듣기·독해·쓰기 각각 100점씩이고, 합격하려면 180점 이상을 받아야 하며, HSK 6급으로 넘어가려면 최소 210점 이상을 취득하는 것이 좋습니다. 최종 점수는 소수점 없이 반올림하거나 내리며, 영역별 과락 점수는 따로 없습니다.

<table>
<tr><th>영역</th><th>문항 수</th><th colspan="2">문제당 점수 배점(예상)</th><th>총점</th></tr>
<tr><td>듣기 听力</td><td>45문항</td><td colspan="2">2.2점</td><td>100점</td></tr>
<tr><td>독해 阅读</td><td>45문항</td><td colspan="2">2.2점</td><td>100점</td></tr>
<tr><td rowspan="2">쓰기 书写</td><td rowspan="2">10문항</td><td>제1부분</td><td>제2부분</td><td rowspan="2">100점</td></tr>
<tr><td>5점</td><td>30점</td></tr>
<tr><td colspan="5">총 점수가 180점 이상이면 합격</td></tr>
</table>

Q5 HSK 5급에서 어떤 부분부터 공부하는 게 유리한가요?

먼저 쓰기 제1부분부터 공부하세요. 쓰기 영역을 통해 기본적인 어법과 문장 구조를 탄탄하게 다지면, 나중에 독해와 듣기에서 더 쉽게 적응할 수 있습니다. 본 교재는 HSK 5급의 부분별 난이도 순서대로 구성했습니다. 교재에서 이끄는 대로 공부하면 각 부분이 자연스럽게 연결되어 효율적으로 학습할 수 있습니다.

Q6 HSK 5급, 어떻게 준비해야 하나요?

1) 단어 암기

HSK 5급에서는 약 2,500개(1급~4급 1,200개+5급 1,300개)의 단어를 알아야 합니다. 앞 급수의 단어를 완벽하게 숙지했다면, 본 교재에서 제공하는 최우선 빈출 어휘(PDF)를 암기합니다. 다만 시험에는 최우선 빈출 어휘 외에도 어려운 단어가 많이 출제되므로, '字'로 단어 암기를 시도해 보세요. '字' 학습은 다락원의 『HSK 5~6급 VOCA 礼物』로 함께 공부해 보세요.

2) 듣기 연습

듣기는 단순히 귀로만 듣는 연습이 아닙니다. HSK 5급을 처음 공부하는 학생이라면 문장 전체를 이해하기 어려울 수 있습니다. 이럴 때는 항상 눈으로 선택지를 확인하고, 선택지에 나오는 단어를 들었을 때 답을 체크하는 연습이 필요합니다. 또한, 문장을 정확한 성조와 발음으로 반복해서 소리 내어 읽고, 틈틈이 받아쓰기 연습도 병행해 보세요.

3) 독해 연습

제한된 시간 안에 문제 푸는 연습이 필요합니다. 독해 영역에서 문제 풀이는 한 문제당 1분을 넘기지 않도록 해야 합니다. 만약 모르는 문제나 답이 헷갈리는 문제가 나오면, 일단 표시하고 바로 다음 문제로 넘어가야 합니다. 문제를 많이 푸는 것보다 이미 학습한 지문을 반복하여 10회 정독하는 것이 속독의 지름길입니다.

4) 쓰기 연습

문장을 올바르게 구성하는 연습을 해야 합니다. 자주 쓰이는 문법 구조를 익히고, 중국어 문장 성분에 따라 올바른 품사를 적절하게 배치하는 연습을 꾸준히 해 봅니다. 특히, 쓰기 제2부분은 본 교재의 쓰기 공식과 모범 답안을 반드시 암기해 줍니다. 그리고 암기한 표현을 시험에서 응용하는 것이 가장 좋습니다.

Q7 HSK 5급을 IBT로 볼까요, PBT로 볼까요?

HSK 5급은 두 가지 방식(IBT/PBT)이 있습니다. 이 중에 어떤 방식이 더 나은지는 본인의 스타일에 따라 다릅니다. 자세한 내용은 유튜브 채널 '리우HSK_liuhsk'를 참고하세요. **(유튜브 검색어: 리우HSK IBT)**

1) **IBT (Internet-Based Test) : 컴퓨터로 치르는 시험**

장점 듣기 문제를 헤드폰으로 들을 수 있어 집중이 잘 되고, 답안 마킹도 클릭만 하면 됩니다. 쓰기 제2부분에서 한자 쓰기가 약한 학습자에게 유리합니다.

단점 독해 문제를 풀 때 오로지 눈으로만 컴퓨터 화면을 봐야 해서 조금 불편합니다. 또한 쓰기 제2부분을 위해 한어병음을 입력하여 중문을 타이핑하는 연습이 필요합니다.

2) **PBT (Paper-Based Test) : 전통적인 종이 시험**

장점 손으로 한자를 쓰는 게 익숙하면 더 유리합니다. 종이로 문제를 읽고 푸는 것을 선호하는 사람에게 추천합니다.

단점 듣기 음성이 스피커로 나오기 때문에 음질이 떨어질 수 있습니다. 답안을 수정할 때는 지우개로 지우고 다시 써야 해서 시간이 더 걸릴 수 있습니다.

Q8 IBT는 밑줄 긋기나 메모가 안 되는데, 어떻게 대비할 수 있을까요?

IBT는 밑줄을 긋거나 메모할 수 없다는 단점이 있습니다. 평소 듣기나 독해 문제를 풀 때, 핵심 단어만 빠르게 기억하고, 내용을 요약하는 연습을 해 봅시다. 모의고사를 풀 때도 밑줄이나 메모 없이 문제를 풀어 봅니다. 효율적인 시간 관리를 위해, 꼭 시간 제한을 두고 문제를 풉니다.

HSK 5급 영역별 간단 공략법

● 듣기 听力 / 약 30분

제1부분 | 총 20문항

남녀의 대화를 듣고 4개의 선택지(A·B·C·D) 중에서 맞는 답을 고른다. 녹음을 듣기 전에 선택지 내용을 미리 파악하여, 들리는 단어와 선택지 단어를 바탕으로 대화 내용을 유추하여 답을 선택한다.

제2부분 | 총 25문항

남녀의 대화 또는 서술형 지문을 듣고 각 문제에 맞는 답을 선택한다. 서술형 지문(설명문 또는 이야기 글)은 글의 흐름을 파악하는 것이 중요하고, 마지막 문제는 대부분 주제를 묻는 문제로, 주제를 파악하며 듣는다.

● 독해 阅读 / 총 45분

제1부분 | 총 15문항

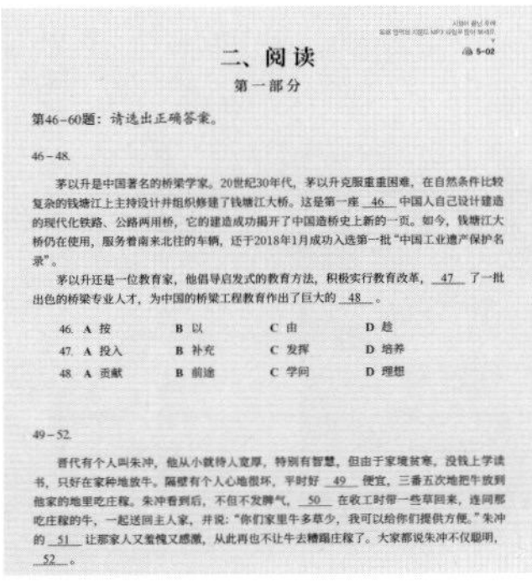

빈칸에 알맞은 단어와 문장을 고른다. 빈칸 앞뒤의 문맥과 빈칸에 들어갈 단어의 품사를 파악한 후, 문맥에 맞는 단어를 골라 문장을 완성한다.

제2부분 | 총 10문항

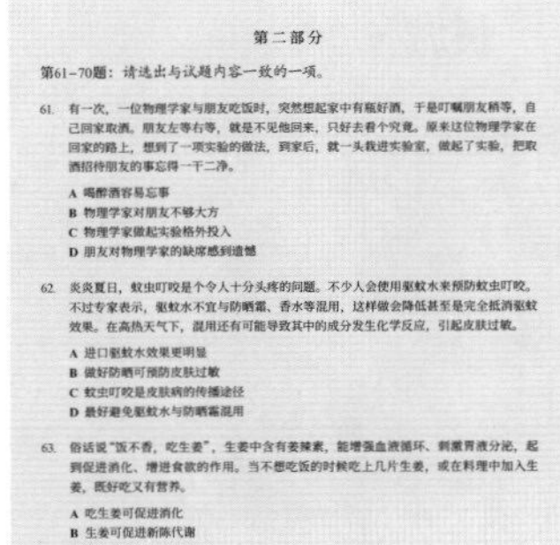

단문을 읽고, 지문 내용과 일치하는 답을 고른다. 한 문장씩 읽으며 선택지와 비교하고, 지문과 선택지를 대조하여 일치하는 답을 빠르게 찾는 습관을 기르는 것이 중요하다.

제3부분 | 총 20문항

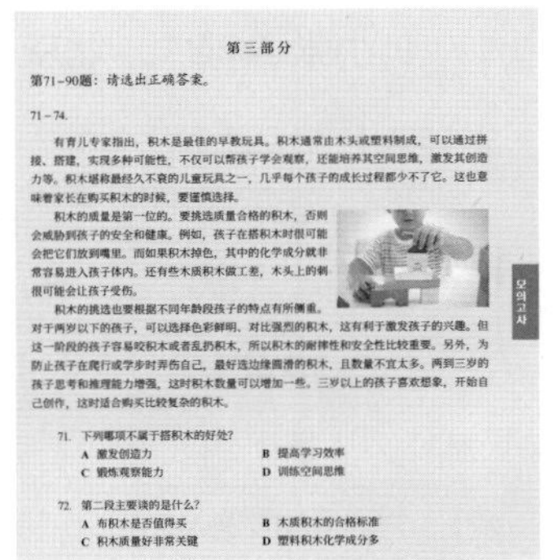

장문을 읽고, 질문에 알맞은 답을 고른다. 먼저 문제를 읽고 지문에서 필요한 정보를 빠르게 찾는다. 대부분 지문 순서대로, 한 단락에 한 문제씩 출제된다. 정답과 관계없는 내용은 과감하게 넘기고, 문제를 많이 풀어본다.

● 쓰기 书写 / 약 40분

제1부분 | 총 8문항

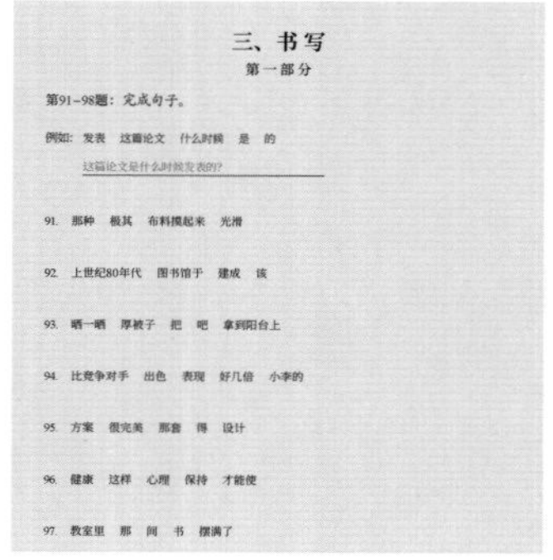

三、书写

第一部分

第91-98题：完成句子。

例如：发表　这篇论文　什么时候　是　的

这篇论文是什么时候发表的？

91. 那种　极其　布料摸起来　光滑

92. 上世纪80年代　图书馆于　建成　该

93. 晒一晒　厚被子　把　吧　拿到阳台上

94. 比竞争对手　出色　表现　好几倍　小李的

95. 方案　很完美　那套　得　设计

96. 健康　这样　心理　保持　才能使

97. 教室里　那　间　书　摆满了

단어를 순서대로 배열하여 문장을 만든다. 주어진 단어의 순서를 올바르게 배열하는 것이 핵심이며, 문법 구조와 단어의 역할을 명확히 이해하고 자연스러운 문장 구성을 연습해야 한다.

제2부분 | 총 2문항

第二部分

第99-100题：写短文。

99. 请结合下列词语（要全部使用，顺序不分先后），写一篇80字左右的短文。

车厢　误会　劝　委屈　理解

100. 请结合这张图片写一篇80字左右的短文。

99번은 5개의 제시어를 논리에 맞게 연결하여 80자 내외로 작문한다. 중국식 표현을 잘 활용해야 높은 점수를 받는다. 100번은 제시된 사진을 보고 80자 내외로 작문하면 된다. 교재의 모범 답안과 공식을 잘 활용하여 작성한다.

일러두기

1 이 책에 나오는 인명과 지명은 중국어 발음을 우리말로 표기했습니다. 단, 우리에게 이미 널리 알려진 고유명사는 익숙한 발음으로 표기했습니다.

예 小张 샤오장　北京 베이징　长城 만리장성

2 품사는 다음과 같은 약어로 표기했습니다.

품사	약어	품사	약어	품사	약어
명사/고유명사	명 / 고유	부사	부	접속사	접
대사	대	수사	수	감탄사	감
동사	동	양사	양	조사	조
능원동사(조동사)	능	수량사	수량	의성사	의성
형용사	형	전치사(개사)	전	성어	성

3 시험에 자주 나오는 어휘나 핵심 내용에는 ★★ 로 표기했습니다. 반드시 외워 주세요.

4 단어 앞에 있는 □에 스스로 체크하면서(☑) 단어를 외워 보세요.

HSK 5급 합격을 부르는
30일 학습 플래너

HSK 4급·5급 최우선
빈출 어휘(PDF) 다운로드

Day 01	Day 02	Day 03	Day 04	Day 05
학습일	학습일	학습일	학습일	학습일
• 쓰기 제1부분 공략법 01~02 • HSK 4급 어휘 50개	• 쓰기 제1부분 공략법 03~04 • HSK 4급 어휘 50개	• 쓰기 제1부분 공략법 05~06 • HSK 4급 어휘 50개	• 쓰기 제1부분 공략법 07~08 • HSK 4급 어휘 50개	• 쓰기 제1부분 공략법 09~실력 확인하기 • HSK 5급 어휘 50개
Day 06	**Day 07**	**Day 08**	**Day 09**	**Day 10**
학습일	학습일	학습일	학습일	학습일
• 듣기 제1,2부분 대화형 공략법 01 • 독해 제1부분 공략법 01 • HSK 5급 어휘 50개	• 듣기 제1,2부분 대화형 공략법 02 • 독해 제1부분 공략법 02 • HSK 5급 어휘 50개	• 듣기 제1,2부분 대화형 공략법 03 • 독해 제1부분 공략법 03 • HSK 5급 어휘 50개	• 듣기 제1,2부분 대화형 공략법 04 • 독해 제1부분 공략법 04 • HSK 5급 어휘 50개	• 듣기 제1,2부분 대화형 공략법 05 • 독해 제1부분 공략법 05 • HSK 5급 어휘 50개
Day 11	**Day 12**	**Day 13**	**Day 14**	**Day 15**
학습일	학습일	학습일	학습일	학습일
• 듣기 제1,2부분 대화형 공략법 06 • 독해 제1부분 공략법 06~07 • HSK 5급 어휘 50개	• 듣기 제1,2부분 대화형 공략법 07 • 독해 제1부분 실력 확인하기 • HSK 5급 어휘 50개	• 듣기 제1,2부분 대화형 공략법 08 • 독해 제2부분 공략법 01 • HSK 5급 어휘 50개	• 듣기 제1,2부분 대화형 공략법 09~10 • 독해 제2부분 공략법 02 • HSK 5급 어휘 50개	• 듣기 제1,2부분 대화형 실력 확인하기 • 독해 제2부분 공략법 03 • HSK 5급 어휘 50개
Day 16	**Day 17**	**Day 18**	**Day 19**	**Day 20**
학습일	학습일	학습일	학습일	학습일
• 독해 제2부분 공략법 04 • 듣기 제2부분 서술형 공략법 01 • HSK 5급 어휘 50개	• 독해 제2부분 실력 확인하기 • 듣기 제2부분 서술형 공략법 02 • HSK 5급 어휘 50개	• 듣기 제2부분 서술형 공략법 03 • 독해 제3부분 공략법 01 (1/2) • HSK 5급 어휘 50개	• 듣기 제2부분 서술형 공략법 04 • 독해 제3부분 공략법 01 (2/2) • HSK 5급 어휘 50개	• 듣기 제2부분 서술형 실력 확인하기 • 독해 제3부분 공략법 02 (1/2) • HSK 5급 어휘 50개
Day 21	**Day 22**	**Day 23**	**Day 24**	**Day 25**
학습일	학습일	학습일	학습일	학습일
• 독해 제3부분 공략법 02 (2/2) • 쓰기 제2부분 공략법 01 (1/2) • HSK 5급 어휘 50개	• 독해 제3부분 공략법 03 (1/2) • 쓰기 제2부분 공략법 01 (2/2) • HSK 4급 어휘 100개(복습)	• 독해 제3부분 공략법 03 (2/2) • 쓰기 제2부분 공략법 02 (1/2) • HSK 4급 어휘 100개(복습)	• 독해 제3부분 공략법 04 (1/2) • 쓰기 제2부분 공략법 02 (2/2) • HSK 5급 어휘 120개(복습)	• 독해 제3부분 공략법 04 (2/2) • 쓰기 제2부분 공략법 03 (1/2) • HSK 5급 어휘 120개(복습)
Day 26	**Day 27**	**Day 28**	**Day 29**	**Day 30**
학습일	학습일	학습일	학습일	학습일
• 독해 제3부분 실력 확인하기 • 쓰기 제2부분 공략법 03 (2/2) • HSK 5급 어휘 120개(복습)	• 쓰기 제2부분 공략법 04~실력 확인하기 • HSK 5급 어휘 120개(복습)	• 모의고사 • 모의고사 문제 풀이 (쓰기 영역) • HSK 5급 어휘 120개(복습)	• 모의고사 문제 풀이 (듣기 영역) • HSK 5급 어휘 120개(복습)	• 모의고사 문제 풀이 (독해 영역) • HSK 5급 어휘 130개(복습)

★ 학습 플래너에 있는 어휘는 상단의 'HSK 4급·5급 최우선 빈출 어휘(PDF)'를 다운로드하여 학습하세요.

쓰기 书写

제1부분

문제 유형과 전략

쓰기 제1부분은 중국어의 기본 어법과 필수 어휘를 테스트하는 영역으로, 제시어의 순서를 바르게 배열하는 문제가 나온다. 91번에서 98번까지 총 8문제가 출제된다. 이 부분은 HSK 4급과 5급의 필수 어휘가 90% 이상 출제된다. IBT는 문장부호 없이 제시어를 드래그하여 문장을 만들어 주면 된다. PBT 또한 문장 부호를 쓰지 않아도 감점 요인이 아니다.

이렇게 풀어봐요

1. 제시어의 품사와 의미를 파악한다.

2. 제시어 중에서 결합할 수 있는 단어들은 미리 결합한다.

3. 동사 술어를 먼저 찾는다. 이때 술어와 보어가 떨어져 있으면 술어와 보어를 먼저 결합한다. 형용사 술어는 목적어를 쓰지 않으므로 바로 주어만 찾아주면 된다.

4. 주어와 목적어를 찾아서 주어는 동사 앞에, 목적어는 동사 뒤에 위치시킨다.

5. 관형어(주로 '的' 앞에 있는 단어들)를 의미에 맞게 주어나 목적어 앞에 위치시킨다.

6. 부사어를 술어 앞에 위치시킨다.

선생님의 TIP

HSK 5급 쓰기 제1부분은 중국어 어법(어순)과 어휘를 테스트하는 영역으로, HSK 4급 쓰기 제1부분의 문제 형식과 어법 출제 포인트가 동일합니다. 다른 부분이 있다면 제시어에 HSK 5급 어휘가 1~3개 포함되어 있다는 점입니다. 쓰기 제1부분의 제시어는 HSK 4급·5급 필수 어휘에서 90% 이상 나오니 필수 어휘를 반드시 암기해야 합니다.

공략법 01

쓰기 | 제1부분

품사를 기준으로 단어의 위치를 정한다

한국어로 해석한 후에 중국어 단어를 나열하려고 하면 한국식 어순 때문에 틀리게 됩니다. 예를 들어, '이미 나는 밥을 먹었다'라고 한국어 해석을 미리 정해놓고 문제를 풀면 '已经我吃饭了'라는 잘못된 문장을 만들게 됩니다. 한국어는 어순이 비교적 덜 중요하지만, 중국어로 '已经'은 부사이므로 반드시 주어 뒤, 술어 앞에 위치합니다. 따라서 '我已经吃饭了'라고 해야 합니다.

1 문제가 보이는 시간

예제 1　高校　新生录取的　公布了　各大　相关数据

내가 풀어본 답

해설

STEP 1 제시어 중 결합할 수 있는 단어를 결합한다. ➡ 各大+高校

STEP 2 술어를 찾는다. ➡ 公布了

▶ 보통 '了' 앞에 있는 단어가 동사 술어가 됩니다.

STEP 3 주어와 목적어를 찾는다. ➡ 各大高校+公布了+相关数据

▶ 제시어 중 명사는 '各大高校'와 '相关数据'가 있는데 동사 '公布了(공표했다)'의 목적어는 의미상 '相关数据'가 되며, 주어는 '各大高校'가 됩니다.

STEP 4 관형어를 찾아 주어나 목적어 앞에 둔다. ➡ 新生录取的+相关数据

▶ '的'앞에 있는 관형어 '新生录取的'는 의미에 맞게 목적어인 '相关数据' 앞에 둡니다.

各大高校	公布	了	新生录取的	相关数据
주어	술어	조사	관형어	목적어

정답 및 해석 各大高校公布了新生录取的相关数据。 각 대학은 신입생 모집 관련 데이터를 공표했다.

단어 高校 gāoxiào 명 대학(교), 고등교육기관 | 公布 gōngbù 동 공표하다, 공개적으로 발표하다 | 新生 xīnshēng 명 신입생 | 录取 lùqǔ 동 합격시키다, 뽑다, 채용하다 | 相关 xiāngguān 동 상관이 있다, 관련되다 | 数据 shùjù 명 데이터

예제 2 台风　70亿元　经济损失　造成的　达到了

내가 풀어본 답

해설	STEP 1 제시어 중 결합할 수 있는 단어를 결합한다. ➡ 없음 STEP 2 술어를 찾는다. ➡ 达到了 ▶ '了' 앞에 있는 '达到'가 동사 술어입니다. STEP 3 주어와 목적어를 찾는다. ➡ 목적어: 70亿元, 주어: 经济损失 ▶ 제시어 중 명사인 '台风', '70亿元', '经济损失' 중에서 동사 '达到'의 목적어는 '70亿元'이며, 주어는 '经济损失'가 됩니다. STEP 4 관형어를 찾아 주어나 목적어 앞에 둔다. ➡ 台风造成的 ▶ '的'와 결합한 '造成的'가 관형어인데, '造成'의 주어가 있어야 하므로 '台风'이 '造成'의 주어가 됩니다. 관형어 '台风造成的'는 주어 '经济损失' 앞에 쓰면 됩니다. 台风造成的(관형어) 经济损失(주어) 达到(술어) 了(조사) 70亿元(목적어)
정답 및 해석	台风造成的经济损失达到了70亿元。 태풍이 초래한 경제적 손실은 70억 위안에 달한다.
단어	台风 táifēng 명 태풍 | 造成 zàochéng 동 (나쁜 결과를) 초래하다 | 经济损失 jīngjì sǔnshī 명 경제적 손실 | 达到 dádào 동 달성하다, (도)달하다, 이르다 | 亿 yì 수 억

2 내공이 쌓이는 시간

1 품사와 문장성분의 관계

많은 학생이 왜 품사와 문장성분을 알아야 하는지 모른 채 중국어를 배우고 있다. 특히 품사와 문장성분을 따로 공부해서 둘 사이의 관련성을 모르기 때문에 어법이 어렵기만 하고 잘 이해되지 않는다. 품사는 단어가 문장 내에서 어느 자리에 위치할 것인지를 알려주는 **나침반** 같은 역할을 한다. 그리고 그 **단어가 위치하는 자리**가 바로 문장성분이다.

	我	吃	饭。
	哥哥	学习	汉语。
	男朋友	去	学校。
문장성분	주어	술어	목적어
품사	(명사)	(동사)	(명사)

Tip 문장성분인 '주어', '술어', '목적어'의 위치는 변하지 않고 단어만 바뀝니다. 그리고 그 단어들이 품사라는 나침반을 가지고 문장 내에서 자기 자리(문장성분)를 찾아 들어갑니다.

2 문장성분(문장 속 단어의 위치)

1) **술어 자리:** 주어에 관한 이야기를 풀어나간다. 대부분 동사나 형용사가 술어 자리에 온다. 이때 동사는 뒤에 목적어를 가질 수 있지만, 형용사는 목적어를 가질 수 없다. 대부분의 중국어 동사는 목적어를 가질 수도, 갖지 않을 수도 있다. 즉, 자동사와 타동사를 겸하고 있다고 보면 된다. 예를 들어, 동사 '提高'는 '提高+汉语水平(중국어 수준을 향상시키다)'처럼 타동사로 쓸 수도 있고, '汉语水平+提高了(중국어 수준이 향상되었다)'처럼 자동사로 쓸 수도 있다.

• 学校举行了运动会。 학교에서 운동회를 개최했다.

➡ 동사 술어(举行) 뒤에는 목적어(运动会)를 가질 수 있다.

• 压力非常大。 스트레스가 매우 크다.

➡ 형용사 술어(大) 뒤에는 목적어를 가질 수 없다.

◆ 学校 xuéxiào 명 학교 | 举行 jǔxíng 동 거행하다, 개최하다 | 压力 yālì 명 스트레스

Tip 술어 자리에 '주어+형용사 술어'가 오는 '**주술술어문**'이 있습니다.
시험에 꾸준히 나오는 문제 유형이므로 기억해 둡니다.

• 我 身体很健康。 나는 몸이 건강하다.
주어 술어(주어+형용사 술어)

• 疲劳驾驶 危害大。 졸음운전은 해로움이 크다.
주어 술어(주어+형용사 술어)

◆ 疲劳 píláo 형 피로하다, 피곤하다
驾驶 jiàshǐ 동 운전하다
危害 wēihài 명 해, 해로움

2) **주어 자리:** 술어(동사/형용사) 앞에 위치하는 특정한 대상이다. 대부분 명사나 대명사가 위치하며, 주로 동작을 하는 행위자가 주어이다. 주어 자리에 명사나 대명사 말고 동사구도 올 수 있다. 동사구란 '부사어+동사' 혹은 '동사+목적어'처럼 동사를 중심으로 단어들이 결합한 형태이다.

Tip 특정한 대상이란 말하는 이나 듣는 이가 서로 알고 있는 확실한 대상을 말합니다. '수사+양사+명사'는 일반적으로 불확실한 대상을 말하며, 보통 주어 자리에 오지 않습니다. 따라서 주어로 만들고 싶을 때는 앞에 지시사(这/那)를 넣어 줍니다.

• 一个人哭了。(×)

→ 那个人哭了。
특정한 대상

• 故宫是中国有名的建筑。 고궁은 중국의 유명한 건축물이다.
명사 주어

• 她参加了这次运动会。 그녀는 이번 운동회에 참가했다.
대명사 주어

• 这样做不符合公司的规定。 이렇게 하는 것은 회사의 규정에 맞지 않는다.
동사구 주어

◆ 故宫 Gùgōng 고유 고궁[중국 베이징에 있는 명(明)·청(清)대의 황궁] | 建筑 jiànzhù 명 건축물 | 参加 cānjiā 동 참가하다 | 符合 fúhé 동 부합하다, (들어)맞다 | 规定 guīdìng 명 규정

3) 목적어 자리: 대부분 명사나 대명사가 위치하며, 주로 동작을 받는 대상이다.

- 他正在讲一个笑话。 그는 웃기는 이야기를 하고 있는 중이다.
  명사 목적어
- 你在看什么? 너 지금 무엇을 보고 있니?
  대명사 목적어

◆ 讲笑话 jiǎng xiàohuà 웃기는 이야기를 하다

4) 관형어 자리: 명사(주어, 목적어)를 앞에서 수식해 주는 단어들을 관형어라 부른다. 관형어 자리에는 여러 품사와 구(단어가 2개 이상 합쳐진 것)나 절(주어+술어) 등이 온다. 관형어에 가장 많이 보이는 형태는 '수량+형용사구的' 또는 '동사구的' 구조이다.

Tip '大型设备(대형 설비)'처럼 조사 '的' 없이 직접 명사 '设备'를 수식해 주는 '大型'도 관형어이지만 편의상 '的'앞에 오는 단어들을 기준으로 관형어를 구분 지어도 무방합니다.

- 我昨天买了一个非常舒适的沙发。 나는 어제 매우 편한 소파를 하나 샀다.
  수량+형용사구的
- 每个人都有追求梦想的权利。 모든 사람은 꿈을 추구할 권리가 있다.
  동사구的
- 弟弟讲的笑话非常有意思。 동생이 해준 우스갯소리는 매우 재미있다.
  주어+술어的

◆ 舒适 shūshì 형 편하다, 편안하다 | 沙发 shāfā 명 소파 | 笑话 xiàohua 명 웃기는 이야기, 우스갯소리 | 有意思 yǒuyìsi 재미있다, 흥미 있다

5) 부사어 자리: 술어(동사/형용사)를 앞에서 수식해 주는 단어(들)를 '부사어'라 부른다. 부사어 자리에 가장 많이 오는 품사는 '부사+능원동사+전치사구'이다. 부사어의 기본 위치는 주어 뒤, 술어 앞이라는 점을 명심한다.

- 我 偶尔 去运动。 나는 간혹 운동하러 간다.
  부사
- 我 在北京 工作了一年。 나는 베이징에서 1년간 일했다.
  전치사+명사(=전치사구)
- 他 偶尔 会 在学校食堂 吃午饭。 그는 가끔 학교 식당에서 점심을 먹는다.
  부사+능원동사+전치사구

◆ 偶尔 ǒu'ěr 부 간혹, 이따금 | 学校 xuéxiào 명 학교 | 食堂 shítáng 명 (구내) 식당

6) **보어 자리:** 술어(동사/형용사) 뒤에서 술어를 보충해 주는 단어를 '보어'라 부른다. 술어가 동사일 경우 보충해 주는 내용은 동작의 결과·방향·가능성·상태·횟수 등이며, 술어가 형용사일 경우 정도를 보충해 준다.

- 这部电影已经下载完了。 이 영화는 이미 다운로드를 다 받았다.
  결과보어
- 我和女朋友吵了好几次架。 나는 여자친구랑 여러 번 말다툼했다.
  동량보어(횟수)
- 他吃饭吃得很快。 그는 밥을 매우 빨리 먹는다.
  상태보어

◆ 下载 xiàzài 동 다운로드하다 | 吵架 chǎojià 동 말다툼하다

3 품사와 문장성분 문제 풀이 비법

1) 제시어 중 결합할 수 있는 단어를 결합한다.
2) 술어를 찾는다. 주로 '了/着/过' 앞에 있는 단어가 술어이다.
3) 목적어와 주어를 찾는다. 주어는 주로 지시대명사(这/那)가 있는 제시어인 경우가 많고, 목적어는 '수사+양사+명사' 형태로 이루어져 있다.
4) 관형어를 찾아 주어나 목적어 앞에 둔다. 조사 '的' 앞에 있는 단어들을 관형어로 본다.
5) 부사, 전치사구 등 부사어들을 주어와 술어 사이에 놓는다.

공략법 02

부사어 앞에 있는 명사는 주어 자리에 놓는다

쓰기 | 제1부분

술어 앞에서 술어를 수식해 주는 성분을 '부사어'라고 합니다. 부사어 자리에 오는 가장 대표적인 품사로는 부사·능원동사(조동사)·전치사구(전치사+명사)가 있으며, 그 외에 품사들은 뒤에 조사 '地'를 써서 '동사/명사+地'와 같은 형식으로 술어를 수식합니다. 보통 주어와 술어 사이에 부사어가 들어가므로, 쓰기 제1부분 제시어 중에서 부사·능원동사(조동사)·전치사(개사) 바로 앞에 있는 명사는 주어가 됩니다.

1 문제가 보이는 시간

예제 1　具体的比赛　　确定　　日程还　　未

내가 풀어본 답

해설

STEP 1 술어를 찾는다. ➡ 确定

STEP 2 주어와 목적어를 찾는다. ➡ 日程还

▶ '日程还'처럼 부사(还) 바로 앞에 있는 명사(日程)는 주어라는 점을 꼭 명심합니다. 원래 '日程'은 '确定'의 목적어로도 쓸 수 있지만, 뒤에 '还'를 붙여서 출제했으므로 여기서는 '日程'이 주어로 쓰였음을 알 수 있습니다. 이런 현상이 가능한 이유는 중국어의 동사가 대부분 자동사와 타동사를 겸하고 있기 때문입니다. '确定'은 이 문장에서 자동사로 쓰였습니다.

STEP 3 관형어를 찾아 명사와 결합한다. ➡ 具体的比赛+日程

▶ '具体的比赛(구체적인 경기)'는 단독으로 사용할 수 없으며, '的' 없이 바로 '日程'을 수식합니다. 이처럼 의미에 맞는 단어 결합을 물어보는 형식도 많이 출제됩니다.

STEP 4 부사어를 찾아서 술어 앞에 위치시킨다. ➡ 日程还+未+确定

▶ 일반부사 '还' 뒤에 부정부사 '未'를 써 줍니다. 일반부사는 부정부사보다 먼저 써 줍니다. 이 문제에서는 '还'를 주어와 붙여서 출제했으므로 '未'의 위치만 잡아주면 됩니다.

具体的	比赛日程	还未	确定
관형어	주어	부사어	술어

정답 및 해석

具体的比赛日程还未确定。 구체적인 시합 일정은 아직 확정되지 않았다.

단어

具体 jùtǐ 형 구체적이다 | 比赛 bǐsài 명 경기, 시합 | 日程 rìchéng 명 일정 | 未 wèi 부 아직 ~하지 않다 | 确定 quèdìng 동 확정하다, 확실하게 정하다

예제 2 我们 那些 对 价值 没有 数据

내가 풀어본 답

해설

STEP 1 제시어 중 결합할 수 있는 단어를 결합한다. ➡ 那些+数据

▶ 제시어 중 명사인 '我们', '价值', '数据' 중에서 '那些'와 직접 결합할 수 있는 명사는 '数据'입니다.

STEP 2 술어를 찾는다. ➡ 没有

STEP 3 주어와 목적어를 찾는다. ➡ 那些数据+没有+价值

▶ 제시어 중 명사는 '我们', '那些数据', '价值' 3개가 있습니다. 보통 주어는 '这' 또는 '那'와 같은 지시대명사와 같이 쓰입니다. 의미상으로도 '那些数据没有价值'가 맞습니다.

STEP 4 부사어를 주어와 술어 사이에 둔다. ➡ 那些数据+对+我们+没有价值

▶ 제시어 중 전치사 '对'와 짝꿍 '我们'은 전치사구라서 주어와 술어 사이에 두면 됩니다. 참고로 '我们对那些数据没有价值'는 '우리(사람)는 그 데이터들에 대해 가치가 없다'는 말이므로 의미상 맞지 않습니다.

那些数据	对我们	没有	价值。
주어	부사어	술어	목적어

정답 및 해석 那些数据对我们没有价值。 그 데이터들은 우리에게 가치가 없다.

단어 数据 shùjù 명 데이터 | 价值 jiàzhí 명 가치

2 내공이 쌓이는 시간

1 부사의 기본 위치

1) 주어 뒤, 술어 앞

중국어에서 모든 **부사의 기본 위치는 주어 뒤, 술어 앞이다.** 이때 술어는 '동사'나 '형용사'가 주를 이룬다.

주어 + 부사 + 술어(동사/형용사)

- 那件事(주어) 必须(부사) 征求(술어) 主任的(관형어) 意见(목적어)。 그 일은 주임의 의견을 반드시 구해야 한다.
- 决赛之夜的(관형어) 气氛(주어) 极其(부사) 热烈(술어)。 결승전 밤의 분위기는 매우 뜨거웠다.

◆ 必须 bìxū 부 반드시 ~해야 한다 | 征求 zhēngqiú 동 (의견을) 구하다 | 意见 yìjiàn 명 의견 | 决赛之夜 juésài zhī yè 결승전 밤 | 气氛 qìfēn 명 분위기 | 极其 jíqí 부 지극히, 매우 | 热烈 rèliè 형 열렬하다, 뜨겁다

2) 주어 앞뒤에 모두 오는 부사

부사는 기본적으로 주어 앞에 올 수 없지만, 일부 어기부사는 주어 앞에서 문장 전체를 수식하여 문장 전체의 어기(느낌)를 나타내기도 한다. 다행히 쓰기 제1부분은 이런 부사가 나올 때, 주어나 술어를 함께 붙여 제시한다.

주어 앞뒤에 모두 오는 어기부사

- □ 其实 qíshí (그러나) 사실은
- □ 终于 zhōngyú(=总算 zǒngsuàn) 마침내 (바라던 일이 실현되었다)
- □ 原来 yuánlái (몰랐던 사실을 알았을 때) 알고 보니
- □ 本来 běnlái 원래에는[지금은 아니라는 의미가 내포됨]
- □ 到底 dàodǐ(=究竟 jiūjìng) 도대체[의문문에 쓰임]
- □ 幸亏 xìngkuī 다행히도
- □ 难道 nándào 설마 ~하겠는가?
- □ 也许 yěxǔ(=大概 dàgài / 恐怕 kǒngpà) 아마도 ~할 것이다[추측을 나타냄]
- □ 至少 zhìshǎo 최소한

• 现在已经十点多了，难道(어기부사) 他(주어) 不来了(술어) 吗?
지금 벌써 10시가 넘었는데 설마 그가 안 오는 걸까?

Tip 어기부사 '难道'는 주어 앞뒤에 모두 쓸 수 있습니다. 쓰기 제1부분에서는 '难道他', '你难道'처럼 주어와 함께 출제됩니다.

• 小王昨天出院了，你(주어) 难道(어기부사) 没(부정부사) 听说(술어) 吗?
샤오왕이 어제 퇴원했는데 너는 설마 못 들었니?

◆ 出院 chūyuàn 동 퇴원하다

2 전치사구의 기본 위치

1) 주어 뒤, 술어 앞

대부분의 전치사구(전치사+명사)는 부사어로 쓰이므로 **주어 뒤, 술어 앞에 오는 것이 가장 일반적인 형태**이다.

주어 + 전치사구 + 술어

• 我(주어) 对中国文化(전치사구) 很(부사어) 感兴趣(술어+목적어)。 나는 중국 문화에 대하여 매우 흥미를 느낀다.

• 你(주어) 在电影院门口(전치사구) 等我吧(술어+목적어)。 너 영화관 입구에서 나를 기다려.

◆ 感兴趣 gǎn xìngqù 흥미를 느끼다, 흥미가 있다 | 电影院 diànyǐngyuàn 명 영화관, 극장

2) 주어 앞뒤에 모두 오는 전치사구

주어 앞뒤에 모두 오는 전치사

- □ 对于 duìyú ~에 대해
- □ 为了 wèile ~하기 위하여
- □ 根据 gēnjù ~에 근거하여
- □ 按照 ànzhào ~에 따라

• 老师 对学生们提出的问题 都认真 回答。
주어 전치사구 부사어 술어
선생님은 학생들이 한 질문에 대해 모두 진지하게 대답했다.

• 对于学生们提出的问题，老师 都认真 回答。
전치사구 주어 부사어 술어
학생들이 한 질문에 대해, 선생님은 모두 진지하게 대답했다.

◆ 提出 tíchū 동 제기하다, (질문을) 하다 | 问题 wèntí 명 문제, 질문 | 认真 rènzhēn 형 진지하다 | 回答 huídá 동 대답하다

3) 술어 뒤

전치사구(전치사+명사)의 기본 위치는 술어 앞이지만, 아래 8개의 전치사는 술어 뒤에서 결과보어로도 쓰인다.

술어 뒤에 오는 8개의 전치사

- 放在桌子上 탁자 위에 놓여있다
- 送到医院 병원에 보냈다
- 留给老人 노인에게 남겨줬다
- 来自韩国 한국에서 왔다
- 他的水平高于我 그의 수준은 나보다 높다
- 走向未来 미래를 향해 나아가다
- 飞往北京的飞机 베이징으로 날아가는 비행기
- 报以掌声 박수로 보답하다

◆ 医院 yīyuàn 명 병원 | 未来 wèilái 명 미래 | 报 bào 동 보답하다 | 掌声 zhǎngshēng 명 박수 소리

3 부사어 자리의 순서

부사어 자리에 부사, 능원동사, 전치사구가 2개 이상 출현할 경우에도 그 순서를 정해줘야 한다. 일반적으로 부사어의 대표라고 할 수 있는 부사가 맨 앞으로 온다. 맨 앞 글자만 가지고 '**부+능+전+명**'이라고 외워도 좋다.

주어 + 부사 + 능원동사 + 전치사구(전치사 + 명사) + 술어
부사어

- 我　一定　要　跟柳老师　学HSK。 나는 반드시 리우 선생님께 HSK를 배워야 한다.
  부사　능원동사　전치사구(전치사+명사)

1) 부사와 능원동사가 같이 있으면, 부사가 능원동사보다 앞에 온다.

- 他　一直　想　来中国看看。 그는 줄곧 중국에 와 보고 싶어 했다.
  부사　능원동사

◆ 一直 yìzhí 부 계속, 줄곧

2) 상태부사와 형용사 겸 부사로 쓰이는 일부 단어는 능원동사 뒤에 온다.

- 我想再去一趟中国。 나는 중국에 다시 한번 다녀오고 싶다.
- 我要亲自去一趟。 내가 직접 한번 다녀와야겠다.
- 你不能轻易相信别人。 너는 다른 사람을 쉽게 믿어서는 안 된다.
- 犯错后，我们应该及时改正错误。 잘못을 저지른 후에, 우리는 즉시 잘못을 고쳐야 한다.
- 我们要充分发挥自己的优势。 우리는 자신의 강점을 충분히 발휘해야 한다.

Tip '再' 같은 일부 부사는 동사와 결합하는 능력이 강해 능원동사보다 뒤에 옵니다. 이외에도 동작의 상태를 묘사해 주는 상태부사(亲自·尽量·及时·轻易 등)나 형용사이면서 부사로 쓰이는 단어(充分·积极·合理·正常·永远 등)도 능원동사 뒤에 옵니다.

◆ 趟 tàng 양 차례, 번[왕래한 횟수를 세는 데 쓰임] | 亲自 qīnzì 부 직접 | 轻易 qīngyì 부 쉽게, 쉽사리, 함부로 | 犯错 fàncuò 동 잘못을 저지르다 | 及时 jíshí 부 즉시, 곧바로 | 改正错误 gǎizhèng cuòwù 잘못을 고치다 | 发挥 fāhuī 동 발휘하다 | 优势 yōushì 동 우세, 강점

3) 부사와 전치사구가 같이 있으면, 부사가 전치사구보다 앞에 온다.

- 他小时候　曾经　在父亲的小商店里　帮过几天忙。
  부사　전치사구

그는 어렸을 때 아버지의 작은 상점에서 며칠간 일을 도운 적이 있다.

주어 + 不/没 + 전치사구 + 동사

Tip 부정부사 '不'와 '没'의 위치에 주의합니다. 한국어의 부정은 동사 자체를 부정하지만, 중국어의 부정부사 '不/没'는 동사 바로 앞이 아닌, 전치사구(특히 把/被/比/像/给/为+명사) 앞에 씁니다.

- 我没有把那本书看完。 나는 그 책을 다 보지 않았다.

Tip 한국어의 영향으로 '我把那本书没有看完(×)'이라고 쓰면 안 됩니다.

• 这次旅行不像我们想象的那样顺利。 이번 여행은 우리가 상상한 것처럼 그렇게 순조롭지 못했다.

◆ 旅行 lǚxíng 명 여행 | 想象 xiǎngxiàng 동 상상하다 | 顺利 shùnlì 형 순조롭다

4) 능원동사와 전치사구가 같이 있으면, 능원동사가 전치사구보다 앞에 온다.

• 李师傅 要(능원동사) 给大家(전치사구) 表演中国功夫。 리 사부는 모두에게 중국 무술을 공연하려고 한다.

◆ 师傅 shīfu 명 (기예를 전수하는) 사부 | 表演 biǎoyǎn 동 공연하다 | 功夫 gōngfu 명 무술

4 부사어 문제 풀이 비법

1) '주어+술어+목적어'를 배열했는데 모르는 단어가 있다면 부사어일 확률이 높다.
2) 제시어의 형태가 '명사+부사', '명사+전치사'면, 그 명사는 주어가 된다. 예를 들어, 시험에 제시어로 '结果还'와 '动物靠尾巴'가 나왔다면, 이때, 부사 '还' 앞의 '结果'와 전치사 '靠' 앞의 '动物'는 주어이다.

공략법 03

쓰기 | 제1부분

把자문은 거의 매 시험 출제된다

중국어의 기본 문장은 '주어+술어+목적어' 구조로 되어 있습니다. 하지만 때로는 목적어의 변화된 결과를 강조하고 싶을 때가 있습니다. 이때 중국어에서 쓰는 구문이 '把자문'입니다. 把자문은 HSK 5급 쓰기 제1부분에서 거의 매 시험 출제되다시피 하는 아주 중요한 구문이므로 잘 익혀 봅시다.

1 문제가 보이는 시간

예제 1 把　　整理　　秘书　　完了　　会议记录

내가 풀어본 답

해설

STEP 1 '把'를 먼저 쓴다.

STEP 2 술어를 찾는다. ➡ 整理

STEP 3 주어와 목적어를 찾는다. ➡ 秘书+整理+会议记录

▶ 의미에 맞게 명사 '秘书'와 '会议记录'를 동사 '整理' 앞뒤로 배열합니다.

STEP 4 把자문의 구조를 떠올린다. ➡ 秘书+把会议记录+整理

▶ 'S+把+O+V+〈 〉' 구조에 맞게 목적어를 '把' 뒤로 옮겨 줍니다.

STEP 5 '完了(결과보어+了)'를 동사 뒤에 쓴다. ➡ 整理+完了

秘书	把会议记录	整理	完了。
주어	把+목적어	동사	결과

정답 및 해석 秘书把会议记录整理完了。 비서는 회의 기록을 다 정리했다.

단어 秘书 mìshū 명 비서 | 会议记录 huìyì jìlù 명 회의 기록 | 整理 zhěnglǐ 동 정리하다

예제 2 弄洒　把　了　酱油　小女儿

내가 풀어본 답

해설

STEP 1 '把'를 먼저 쓴다.

STEP 2 술어를 찾는다. ➡ 弄洒+了

▶ 동사(弄)와 결과보어(洒)가 결합되어 있으므로 '了'를 결과보어 뒤에 써 줍니다.

STEP 3 목적어와 주어를 찾는다. ➡ 주어: 小女儿, 목적어: 酱油

▶ 동사를 알아야 주어와 목적어를 찾을 수 있는데, 동사가 '弄'이므로 목적어를 가지고 결과보어와 결합해야 합니다. '酱油(목적어)'가 결과적으로 '洒了(엎질렀다)'했기 때문에 주어는 '小女儿'이고, 목적어는 '酱油'입니다.

STEP 4 把자문의 구조를 떠올린다. ➡ 小女儿+把酱油+弄洒了

▶ 'S+把+O+V+〈 〉' 구조에 맞게 목적어를 '把' 뒤로 옮겨 줍니다.

小女儿	把	酱油	弄	洒了。
주어	把	목적어	동사	결과

정답 및 해석 小女儿把酱油弄洒了。 어린 딸은 간장을 엎질렀다.

단어 酱油 jiàngyóu 명 간장 | 弄 nòng 동 (임의의 동작을) 하다, 행하다 | 洒 sǎ 동 (음식 등을) 엎지르다, (물을) 뿌리다

Tip 把자문과 被자문에서 '동사弄+결과보어' 형태가 많이 보입니다. '弄'은 '임의의 어떤 동작을 하다'라는 의미이며, 결합하는 결과보어에 따라 아래와 같이 해석해 주면 됩니다.

- 弄丢了 잊어버렸다
- 弄脏了 더럽혔다
- 弄哭了 울렸다
- 弄洒了 (액체를) 엎질렀다
- 弄清楚 분명히 하다

2 내공이 쌓이는 시간

1 把자문이란?

중국어의 기본 문장 구조는 '주어+술어(동사)+목적어'이다. 이런 기본 문장 구조는 주어의 행위에 초점을 맞춰, '주어가 목적어에 대해서 무엇을 했다(한다)'라는 것을 강조한다. 이에 비해 把자문은 목적어를 동사 앞으로 가져가, '把+목적어+동사'의 형태로 나타낸다. 把자문은 **'목적어가 주어의 행위를 받아 어떻게 변했다'라는 결과를 강조**한다.

2 把자문의 기본 구조

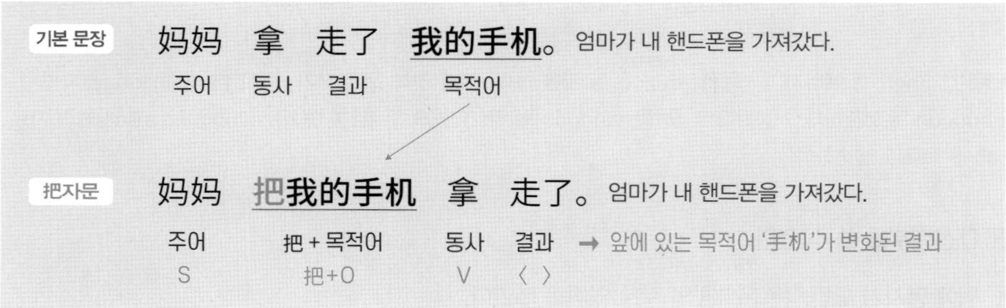

3 把자문의 특징

1) '把' 뒤에 오는 목적어는 주로 확실한 대상이다.

- 我把一本书借给他了。(×)

  → 我把那本书借给他了。(O) 나는 그 책을 그에게 빌려주었다.

  확실한 대상

> **Tip** '一本书(수사+양사+명사)'는 불확실한 대상이므로 把자문에 쓰지 않습니다.

2) 부사, 부정부사(不/没), 능원동사는 '把' 앞에 쓴다.

- 我竟然把银行卡的密码给忘记了。

  부사

  나는 뜻밖에도 은행카드의 비밀번호를 잊어버렸다.

> **Tip** 왼쪽의 예문에서 동사 '忘记' 앞의 '给'는 아무 의미 없는 조사로, 구어체의 어기를 강조해 줍니다.

◆ 竟然 jìngrán 부 뜻밖에도, 의외로 | 银行卡 yínhángkǎ 명 은행카드 | 密码 mìmǎ 명 비밀번호 | 忘记 wàngjì 동 잊어버리다

3) 把자문에서 동사 뒤에는 반드시 결과가 온다.

把자문은 동사 뒤에 반드시 목적어의 변화된 결과가 와야 하는데, 대부분 보어가 많이 쓰인다. 그중 특히 전치사구 결과보어인 '在/到/给+명사'가 많이 쓰인다. '在/到/给+명사'는 동사 앞에서 부사어로도 쓰이지만, 把자문에서는 무조건 동사 뒤에 온다.

> 주어 + 把 + 목적어 + 동사 + '在/到/给 + 명사'
> 결과보어

- 她把精力都放在了写作上。 그녀는 에너지를 모두 글쓰기에 쏟았다.

  동사+在 + 명사

- 我把文件保存到硬盘里了。 나는 파일을 하드디스크에 저장했다.

  동사+到 + 명사

- 我已经把相关资料发给他了。 나는 이미 관련 자료를 그에게 보냈다.

  동사+给 + 명사

Tip 명령문에서 한국어의 영향으로 '了'를 놓치는 경우가 많은데, '了'는 어기조사이므로 꼭 함께 써 줍니다.

- 你把这个苹果吃。(×) → 你把这个苹果吃了。(O) 너 이 사과 먹어.

◆ 精力 jīnglì 명 에너지 | 写作 xiězuò 동 글을 쓰다, 글을 짓다 명 글쓰기 | 文件 wénjiàn 명 파일 | 保存 bǎocún 동 보존하다, 저장하다 | 硬盘 yìngpán 명 하드디스크 | 相关资料 xiāngguān zīliào 관련 자료 | 发 fā 동 보내다, 발송하다

4) '把' 대신 '将'을 쓸 수 있다.

'将' 뒤에 명사가 오면, '将'은 '把'와 같은 의미로 쓰인다.

- 请将您的个人信息填写完整。 당신의 개인 정보를 완전하게 기입해 주세요.

Tip '请'과 '将'이 같이 쓰이면 의미상 '将'은 무조건 '把'를 대신해서 사용한 것입니다. 만약 '将'뒤에 동사나 전치사가 오면, '将'은 부사(~일 것이다)로 쓰인 것입니다.

- 运动会将于下个月中旬举行。 운동회는 다음 달 중순에 거행될 것이다.
  부사(~일 것이다)

◆ 个人信息 gèrén xìnxī 개인 정보 | 填写 tiánxiě 동 (일정한 양식에) 써넣다, 기입하다 | 完整 wánzhěng 형 (손상이 없이) 온전하다, 완전하다

5) '请'과 함께 사용하는 把자문이 자주 출제된다.

'请'을 이용한 把자문에서는 '把' 앞에 주어 '你'가 주로 생략되어 '请把…' 형식으로 많이 출제된다.

- 请把这幅画挂在墙上。 이 그림을 벽에 걸어 주세요.
- 请把这个报道的内容简单概括一下。 이 보도의 내용을 간단하게 요약 좀 해 주세요.

◆ 幅 fú 양 폭[옷감·종이·그림 등을 셀 때 쓰임] | 挂 guà 동 (고리·못에) 걸다 | 墙 qiáng 명 벽, 담장 | 报道 bàodào 명 보도 | 简单 jiǎndān 형 간단하다 | 概括 gàikuò 동 개괄하다, 요약하다

4 把자문 문제 풀이 비법

1) 먼저 '把'와 동사를 찾아 배열한다.
2) 동사를 보고 주어와 목적어를 배열한다. ➡ 'S+把+O+V+〈 〉'
3) 보어 또는 '了'를 동사 뒤에 놓는다.
4) 만약에 동사가 무엇인지 모르겠다면 목적어의 변화된 결과가 보어이므로, 제시된 명사 중에 보어와 호응하는 명사를 목적어 자리에 놓으면 된다.

宝宝　老爸的笑声　吓哭了　把

▶ 동사 '吓'를 모른다면, 보어 '哭了'로 목적어를 찾아 봅니다. 즉, 목적어가 결과적으로 '울었다'라는 뜻이 되려면, '宝宝(아기)'가 '哭了(울었다)'인 것이 가장 자연스럽습니다. 따라서 정답은 '老爸的笑声把宝宝吓哭了(아빠의 웃음 소리가 아기를 놀라게 해서 울렸다)'입니다.

공략법 04

被자문 출제 비율이 매우 높다

쓰기 | 제1부분

중국어의 기본 문장은 '주어+술어+목적어' 구조입니다. 하지만 때로는 주어가 아닌 목적어 입장에서 말하고 싶을 때가 있습니다. 이때 중국어에서 被자문을 쓸 수 있습니다. 被자문은 피동문이라고도 하며, 한국어에는 없는 구문이므로 문제를 풀 때 반드시 공식에 따라 풀어 줍니다.

1 문제가 보이는 시간

예제 1 不小心　被　烫伤了　开水　朋友

내가 풀어본 답

해설

STEP 1 '被'를 먼저 쓴다.

STEP 2 술어를 찾는다. ➡ 烫伤了

▶ '烫(동사)+伤了(결과보어+了)' 형태입니다.

STEP 3 주어와 목적어를 찾는다. ➡ 주어: 开水, 목적어: 朋友

▶ 동사 '烫(화상을 입히다)'의 주어는 '开水'이고 목적어는 '朋友'입니다. 만약에 동사 '烫'을 모른다면, '伤了'를 이용해서 풀면 됩니다. 제시어 '朋友'와 '开水' 중에 '伤了'와 호응하는 명사인 '朋友'를 목적어로 보면 됩니다. 'O+被+S+V+〈 〉' 구조에 맞게 주어와 목적어를 위치시킵니다.

STEP 4 부사어를 '被' 앞에 둔다. ➡ 不小心+被

▶ 부사어인 '不小心(부주의로)'은 '被' 앞에 쓰면 됩니다.

朋友	不小心	被	开水	烫	伤了
烫의 목적어	부사어	被	주어	동사	결과

정답 및 해석

朋友不小心被开水烫伤了。 친구는 부주의로 끓는 물에 화상을 입었다.

단어

开水 kāishuǐ 명 끓는 물 | 烫伤 tàngshāng 동 화상을 입다

예제 2	到	押金	退回	将被	付款账户里

내가 풀어본 답

해설

STEP 1 '被'를 먼저 쓴다. ➡ 将被

▶ 부사 '将(~할 것이다)'이 '被'와 결합되어 있습니다.

STEP 2 술어를 찾는다. ➡ 退回

STEP 3 주어와 목적어를 찾는다. ➡ 목적어: 押金, 주어: 생략

▶ 동사 '退回'의 목적어는 '押金'이며, 주어는 생략되었습니다. 또 다른 명사 '付款账户里'는 '付款账户'와 '里'가 결합하여 장소가 되었습니다. 그래서 주어가 아닌 '到' 뒤에 써야 합니다. 'O+被+S+V+〈 〉' 구조에 맞게 목적어를 위치시킵니다.

STEP 4 동사 뒤에 보어를 쓴다. ➡ 退回+到付款账户里

押金	将	被	退回	到付款账户里
목적어	부사	被(주어 생략)	동사	결과보어

정답 및 해석 押金将被退回到付款账户里。 보증금은 지급 계좌로 돌려드릴 겁니다.

단어 押金 yājīn 명 보증금 | 退回 tuìhuí 동 돌려주다, 반품하다 | 付款账户 fùkuǎn zhànghù 명 지급 계좌 *付款 동 돈을 지불하다

2 내공이 쌓이는 시간

1 被자문이란? ★★

被자문은 동사 뒤의 목적어를 문장 맨 앞으로 두고, 그 목적어 입장에서 이야기하는 것이며, 바라지 않은 행동을 당했을 때 주로 사용한다. 한국어에는 피동문이 발달하지 않았으므로, 被자문은 꼭 구조를 익혀서 접근한다.

2 被자문의 기본 구조

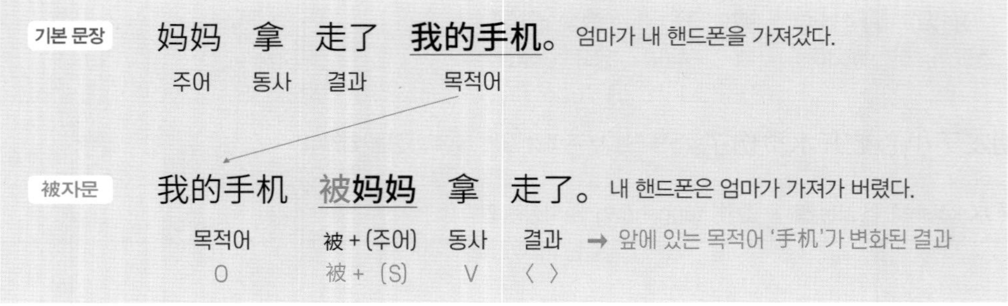

Tip 被자문도 把자문처럼 동사 뒤에 결과가 옵니다. 결과에는 주로 '보어+了'가 오며, 보어가 없다면 최소한 '了'라도 써 주어야 합니다.

3 被자문의 특징

1) '被' 앞의 목적어는 주로 확실한 대상이다.

- 一本书被朋友借走了。(×)
  → 那本书被朋友借走了。(O) 그 책은 친구가 빌려 갔다.
  확실한 대상

Tip '一本书(수사+양사+명사)'는 불확실한 대상이므로 被자문에 쓰지 않습니다.

2) 부사, 부정부사(不/没), 능원동사는 '被' 앞에 쓴다.

- 那棵树被风没有刮倒。(×)
  → 那棵树没有被风刮倒。(O) 그 나무는 바람에 쓰러지지 않았다.
- 这个消息很快就被同学们知道了。 이 소식은 빠르게 반 친구들에게 알려졌다.

◆ 棵 kē 양 그루, 포기[식물을 셀 때 쓰임] | 树 shù 명 나무 | 刮 guā 동 (바람이) 불다 | 倒 dǎo 동 넘어지다, 쓰러지다 | 消息 xiāoxi 명 소식

3) '被' 다음의 주어(명사)는 생략할 수 있다.

- 这个技术 被 应用 于众多领域。 이 기술은 아주 많은 분야에 응용된다.
  목적어 被(주어 생략) 동사 결과보어
- 小李 连续三年 被 评 为优秀员工。 샤오리는 연속 3년간 우수 사원으로 선정되었다.
  목적어 부사어 被(주어 생략) 동사 결과보어

◆ 技术 jìshù 명 기술 | 应用 yìngyòng 동 응용하다 | 众多 zhòngduō 형 아주 많다 | 领域 lǐngyù 명 분야, 영역 | 连续 liánxù 동 연속하다 | 被评为 bèi píngwéi ~로 선정되다 *评 동 (점수를) 매기다, 심사하다, 선정하다 | 优秀员工 yōuxiù yuángōng 우수 사원

4 被자문 문제 풀이 비법

1) 먼저 '被'와 동사를 찾아 배열한다.
2) 동사를 보고 주어와 목적어를 배열한다. ➡ 'O+被+(S)+V+〈 〉'
3) 보어 혹은 '了'를 동사 뒤에 놓는다.
4) 만약에 동사가 무엇인지 모르겠다면 목적어의 변화된 결과가 보어이므로, 제시된 명사 중에 보어와 호응하는 명사를 목적어 자리에 놓으면 된다.

공략법 05

연동문은 동작의 순서대로 나열한다

쓰기 | 제1부분

주어 한 개에 동사가 2개 이상 연이어 나오는 문장을 연동문이라 하며, 이때 동사들의 순서는 동작이 일어난 순서대로 나열해 주면 됩니다. HSK 5급 쓰기 제1부분에서 연동문이 자주 출제되지는 않지만, 일상 대화에서 자주 쓰이므로 잘 익혀 두도록 합니다.

1 문제가 보이는 시간

예제 1 包裹　　去一楼大厅　　取一下　　我一会儿

내가 풀어본 답

해설

STEP 1 순서에 따라 술어1, 2를 배열한다. ➡ 술어1: 去一楼大厅, 술어2: 取一下

▶ 동작이 일어난 순서대로 동사들을 '去'→'取' 순서로 배열합니다. 첫 번째 동사 '去'는 목적어 '一楼大厅'과 붙어 있습니다. 두 번째 동사 '取'는 동량보어 '一下'와 붙어 있습니다.

STEP 2 주어와 목적어를 찾는다. ➡ 주어: 我一会儿, 목적어: 包裹

▶ 주어 '我'는 부사어 '一会儿'과 붙어 있습니다. 동사1 '去'의 목적어는 붙어 있으므로, 동사2 '取'의 목적어만 찾으면 됩니다. 따라서 '取'의 대상이 되는 목적어는 명사 '包裹'가 됩니다.

我	一会儿	去	一楼大厅	取	一下	包裹
주어	부사어	술어1	목적어1	술어2	보어	목적어2

정답 및 해석 我一会儿去一楼大厅取一下包裹。 나 잠시 1층 로비에 가서 소포 좀 찾을게.

단어 一会儿 yíhuìr 명 잠시, 잠깐 | 楼 lóu 양 층 | 大厅 dàtīng 명 대청, 홀, 로비 | 取 qǔ 동 가지다, 찾다 | 包裹 bāoguǒ 명 소포, 보따리

Tip 동사+一会儿 vs 一会儿+동사

'一会儿'은 '잠시', '잠깐'이란 의미로 시간의 양을 나타내는 '시량사'입니다. 보통 시량사는 동작이 행해지는 시간을 나타내므로 동사 뒤에서 보어로 쓰입니다. 하지만, 이 문제에 나온 '我一会儿'의 '一会儿'은 동사 앞에서 '부사어'로 쓰였고, '잠시 뒤에 그 동작을 하겠다'는 의미를 나타냅니다.

동사 + 一会儿(보어) : 잠시, 잠깐 (동작)을 하다
- 等一会儿。 잠시만 기다려.

一会儿(부사어) + 동사 : 잠시 뒤에 (동작)을 하겠다
- 一会儿见。 잠시 뒤에 만나자.

예제 2 图书馆里　很多　有　可以　阅读　相关资料

내가 풀어본 답

해설

STEP 1 제시어 중 결합할 수 있는 단어를 결합한다. ➡ 很多+相关资料

▶ 수량이 있으면 먼저 수식하는 명사와 결합합니다.

STEP 2 동사가 2개이므로, 순서에 맞게 술어1, 2를 찾는다. ➡ 술어1: 有, 술어2: 阅读

▶ '有'연동문은 술어1이 '有'가 됩니다. 술어2는 '阅读'가 됩니다. 제시어 중 '很多'는 형용사 술어가 아니라 명사를 수식하는 관형어라는 것에 유의합니다.

STEP 3 주어와 목적어를 찾는다. ➡ 주어: 图书馆里, 목적어: 相关资料

▶ '有'가 존재문으로 쓰이면, 주어 자리에는 장소명사가 옵니다. 따라서 '일반명사+방위명사' 형태의 '图书馆里'가 주어가 됩니다. 그리고 '有'의 목적어는 '相关资料'가 됩니다. '相关'은 동사지만, 명사 '资料'와 결합하여 '관련 자료'라는 명사가 되었습니다.

STEP 4 부사어를 찾아 술어 앞에 위치시킨다. ➡ 可以+阅读

▶ 연동문에서 부사어는 주로 술어1 앞에 오지만, '有'연동문의 경우 부사어가 술어2 앞에 위치합니다. 따라서 능원동사 '可以'는 술어2 '阅读' 앞에 써 줍니다.

图书馆里	有	很多	相关资料	可以	阅读
주어	술어1	관형어	목적어1	부사어	술어2

정답 및 해석

图书馆里有很多相关资料可以阅读。 도서관에는 읽을 만한 관련 자료들이 많이 있다.

단어

图书馆 túshūguǎn 명 도서관 | 相关资料 xiāngguān zīliào 명 관련 자료 | 阅读 yuèdú 동 읽다

2 내공이 쌓이는 시간

1 연동문이란?

평소 말할 때 어떤 장소에 가서 물건을 사거나, 친구를 기다린다 등 두 개 이상의 동작을 하는 경우가 있다. 이때 쓰는 문장을 동사가 연이어 있다고 해서 '연동문(连动句)'이라고 한다. 즉, 연동문은 주어가 하나인 문장에서 2개 이상의 동사가 연이어 술어를 구성하는 형태의 문장이다.

2 연동문의 기본 구조

연동문에서 동사가 2개 이상 등장하면 동사들 사이에 순서를 정해줘야 하는데, 순서는 **동작이 일어난 순서대로** 배열하면 된다. 다음의 예문에서는 '去图书馆'이 '学习'보다 먼저 일어난 동작이므로 먼저 써 준다. 또한 예문의 '偶尔会'처럼 부사어는 주로 첫 번째 동사 앞에 쓴다.

我 偶尔会 去 图书馆 学习。 나는 가끔 도서관에 가서 공부하곤 한다.
주어 부사어 동사1 목적어1 동사2

◆ 偶尔 ǒu'ěr 부 가끔, 간혹, 이따금

3 연동문의 특징

1) 첫 번째 동사가 '来'와 '去'인 연동문이 시험에 자주 출제된다.

• 他 去 药房 买 了 感冒药。 그는 약국에 가서 감기약을 샀다.
주어 동사1 목적어1 동사2 了 목적어2

Tip 첫 번째 동사가 '来'와 '去'인 경우에는 '了'를 두 번째 동사 뒤에 쓰거나 마지막 문장 끝에 써야 합니다.

• 他去了药房买感冒药。(×)
→ 他去药房买了感冒药。(O) 그는 약국에 가서 감기약을 샀다.(감기약을 이미 샀음)
他去药房买感冒药了。(O) 그는 감기약을 사러 약국에 갔다.(아직 감기약을 샀는지는 모름)

• 她去超市买了一些东西。 그녀는 마트에 가서 물건을 좀 샀다.(물건을 이미 샀음)

• 她去超市买东西了。 그녀는 물건을 사러 마트에 갔다.(아직 물건을 샀는지는 모름)

◆ 药房 yàofáng 명 약국 | 感冒药 gǎnmàoyào 명 감기약

2) 첫 번째 동작을 지속하면서 두 번째 동작을 할 때의 공식을 기억한다.

동사1 + 着 + (목적어) + 동사2……
동사1 + 在 + 장소 + 동사2……

• 他 正在 躺着 听音乐。 그는 누워서 음악을 듣고 있다.
• 她 戴着耳机 做作业。 그녀는 이어폰을 낀 채 숙제를 한다.
• 他 坐在沙发上 看电视。 그는 소파에 앉아서 TV를 본다.

◆ 躺 tǎng 동 눕다, 드러눕다 | 戴 dài 동 착용하다, 끼다 | 耳机 ěrjī 명 이어폰 | 沙发 shāfā 명 소파

3) 첫 번째 동사에 '有'가 오면, 부사어는 보통 두 번째 동사 앞에 온다.

有(동사1) + 목적어 + 부사어 + 동사2 + 목적어2……

• 我 有事 找 他。 나는 그에게 볼 일이 있다.

• 我 有件事情 想 请 你帮个忙。 나는 너에게 도움을 청할 일이 있다.

• 我 没有时间 看 电影。 나는 영화를 볼 시간이 없다.

4 연동문 문제 풀이 비법

1) 제시어 중 동사가 두 개 이상이면 연동문인지 확인한다.

2) 두 개 이상의 동사를 동작이 일어난 순서대로 배열한다.

3) 동사 중에 '来/到/去+장소'가 있다면 첫 번째 동사로 놓는다.

공략법 06

쓰기 | 제1부분

겸어문은 사역동사를 주목한다

동사 '叫·让·使'에는 '시키다', '~하게 만들다'라는 의미가 있으며, 이런 동사들을 사역 동사라고 합니다. 사역동사가 만드는 문장을 겸어문이라 하는데, 시험에 자주 출제되는 겸어문을 익혀 봅시다.

1 문제가 보이는 시간

예제 1 很感动　一番话　觉得　让我们　老师的

내가 풀어본 답

해설

STEP 1 제시어 중 결합할 수 있는 단어를 결합한다. ➡ 老师的+一番话

▶ '老师的'의 '的' 뒤는 명사 자리이므로, '수사+양사+명사' 형태의 '一番话'를 써 줍니다.

STEP 2 사역동사와 술어2를 찾는다. ➡ 让我们+觉得

▶ '我们'은 사역동사 '让'의 목적어이자, 두 번째 술어 '觉得'의 주어이기도 합니다.

STEP 3 술어2의 목적어를 찾는다. ➡ 觉得+很感动

▶ 남아 있는 제시어 중 술어가 될 수 있는 단어는 '很感动'과 '觉得'가 있습니다. '觉得'가 없으면 '很感动'도 술어가 가능하지만, '觉得'가 있으니 '觉得很感动'으로 만들어 줍니다.

STEP 4 사역동사 '让'의 주어를 찾는다. ➡ 老师的一番话

老师的	一番话	让	我们	觉得	很感动
관형어	주어1	술어1	주어2(겸어)	술어2	목적어2

정답 및 해석 老师的一番话让我们觉得很感动。 선생님의 몇 마디 말씀은 우리를 매우 감동하게 했다.

단어 一番话 yì fān huà 몇 마디 말, 한바탕 말 *番 양 바탕, 차례 | 感动 gǎndòng 동 감동하다

예제 2 勇气 让我们为 鼓掌 他的

내가 풀어본 답

해설

STEP 1 제시어 중 결합할 수 있는 단어를 결합한다. ➡ 他的+勇气

▶ 관형어 '他的'가 수식해 주는 명사는 '勇气'밖에 없습니다.

STEP 2 사역동사와 술어2를 찾는다. ➡ 让我们为+명사+鼓掌

▶ 사역동사 '让'이 있는 덩어리 외에 두 번째 술어가 될 수 있는 단어는 '鼓掌'밖에 없습니다.

STEP 3 전치사 '为'의 짝꿍 명사를 써 준다. ➡ 让我们为+他的勇气+鼓掌

STEP 4 사역동사 '让'의 주어를 찾는다. ➡ 첫 번째 주어 없음

▶ '让我们+동사구'는 일종의 고정 격식으로, 주어1이 없다는 점이 특이합니다. 의미는 '우리 ~합시다'입니다.

让	我们	为他的勇气	鼓掌。
让	주어2	부사어	술어2

정답 및 해석

让我们为他的勇气鼓掌。 우리 그의 용기에 박수를 보냅시다.

단어

勇气 yǒngqì 명 용기 | 鼓掌 gǔzhǎng 동 박수를 치다

Tip 让我们+동사구

'让我们+동사구'는 쓰기 제1부분에 아주 가끔 출제되는 형식으로, 아래의 빈출 예문을 같이 공부해 둡니다.

- 让我们用热烈的掌声欢迎王女士。 우리 열렬한 박수로 왕 여사님을 환영합시다.
- 让我们满怀信心地迎接挑战吧。 우리 자신감을 가지고 도전을 맞이합시다.

◆ 掌声 zhǎngshēng 명 박수 소리 | 满怀信心 mǎnhuái-xìnxīn 성 마음속에 자신감으로 가득하다 | 迎接 yíngjiē 동 영접하다, 맞이하다 | 挑战 tiǎozhàn 명 도전

2 내공이 쌓이는 시간

1 겸어문이란?

첫 번째 동사의 목적어가 뒤에 나오는 두 번째 술어(동사/형용사)의 주어를 겸하는 문장 형태를 '겸어문'이라고 한다. 겸어문을 만드는 첫 번째 동사 가운데 대표적인 동사로는 사역의 의미(시키다, ~하게 만들다)를 나타내는 '叫·让·使·令' 등이 있다. 두 번째 술어에는 대부분 동사가 오기 때문에 편의상 동사2라 부르기로 한다.

2 겸어문의 기본 구조

겸어문은 첫 번째 동사(让)의 목적어(我)가 뒤에 나오는 두 번째 술어(写)의 주어를 겸하고 있는 문장 형태이다. 겸어문에서는 두 번째 술어(写)의 주어가 '我'라는 점이 중요하다. 연동문과 달리 주어가 1개가 아닌 2개라는 점에 유의한다.

- 老师让我写一篇文章。 선생님은 나한테 글 한 편을 쓰라고 시켰다.

◆ 篇 piān 양 편[일정한 형식을 갖춘 문장을 셀 때 쓰임] | 文章 wénzhāng 명 (독립된 한 편의) 글

3 겸어문의 특징

1) 첫 번째 동사 뒤에 구조상 완전한 문장이 온다.

겸어문의 가장 큰 특징은 첫 번째 동사 뒤에 구조상으로 하나의 완전한 문장이 오는 것이다. 따라서 겸어문에서 주어2(겸어)가 동사1의 목적어라는 것보다 동사2의 주어라는 점에 더 주목한다. 동사2의 주어를 제대로 찾는 것이 쓰기 영역은 물론 독해 영역에서도 문장을 제대로 이해하는 데 큰 도움이 된다.

- 妈妈 让 我 吃 饭。 엄마가 나한테 밥 먹으라고 했다.
- 老师 叫 我们 回去。 선생님은 우리보고 돌아가라고 했다.
- 这部电影 使 我 深受 感动。 이 영화는 내가 깊은 감동을 받게 했다.
  주어1 동사1 주어2 동사2 목적어2

◆ 深受感动 shēnshòu gǎndòng 깊은 감동을 받다

4 겸어문의 종류

1) 첫 번째 동사가 사역의 의미를 갖는 동사일 때

- 他叫我带来一本词典。 그는 나한테 사전 한 권을 가져오게 했다.
- 她的微笑让我觉得很温暖。 그녀의 미소는 내가 따뜻함을 느끼게 했다.

- 她的行为使姥姥感到好奇。 그녀의 행동은 외할머니가 호기심을 갖게 했다.
- 实验的结果令人很意外。 실험의 결과는 의외였다.

◆ 微笑 wēixiào 명 미소 | 温暖 wēnnuǎn 형 온난하다, 따뜻하다 | 姥姥 lǎolao 명 외할머니 | 好奇 hàoqí 형 호기심을 갖다, 궁금해하다 | 实验 shíyàn 명 실험 | 意外 yìwài 형 의외이다, 뜻밖이다

2) 첫 번째 동사가 심리동사일 때

- 妈妈很喜欢我帮她做家务。 엄마는 내가 집안일을 도와주는 것을 매우 좋아한다.
- 老师批评他学习不努力。 선생님이 그가 공부에 힘쓰지 않는다고 질책했다.

Tip 겸어문에 자주 쓰이는 심리동사는 '喜欢(좋아하다)·爱(좋아하다)·讨厌(싫어하다)·批评(꾸짖다, 나무라다)' 등이 있습니다.

◆ 讨厌 tǎoyàn 동 싫어하다

◆ 做家务 zuò jiāwù 집안일을 하다 | 批评 pīpíng 동 비평하다, 질책하다

3) 첫 번째 동사가 요구·부탁·파견·격려·제안 등을 나타낼 때

- 工人们要求厂长听一听他们的意见。 노동자들은 공장장한테 그들의 의견을 좀 들어달라고 요구했다.
- 主任派我去了解情况。 주임은 나를 파견해서 상황을 알아보라고 시켰다.
- 老师鼓励我学游泳。 선생님은 나한테 수영을 배우라고 격려해 줬다.
- 医生建议我少吃辣椒。 의사는 나에게 고추를 적게 먹으라고 제안했다.

◆ 厂长 chǎngzhǎng 명 공장장 | 主任 zhǔrèn 명 주임 | 派 pài 동 파견하다, 보내다 | 了解 liǎojiě 동 (자세하게 잘) 알다, 이해하다 | 鼓励 gǔlì 동 격려하다 | 游泳 yóuyǒng 명 수영 | 建议 jiànyì 동 제안하다 | 辣椒 làjiāo 명 고추

5 겸어문 문제 풀이 비법 ★★

[주어1	让	주어2	술어2	목적어2]
4번	1번	3번	2번	3번

쓰기 제1부분에서 겸어문 문제를 풀 때는 첫 번째 동사(1번)인 사역동사(叫·让·使·令)를 먼저 쓰고, 두 번째 술어(2번)를 씁니다. 두 번째 술어가 동사일 경우, 두 번째 술어의 주어(3번)와 두 번째 술어의 목적어(3번)를 함께 찾아 씁니다. 마지막으로 첫 번째 주어(4번)를 쓰면 문장이 완성됩니다.

공략법 07

쓰기 | 제1부분

존현문은 장소 주어를 체크한다

존현문은 장소가 주어가 되는 문장으로, 한국어에는 없는 중국어만의 독특한 문장 구조입니다. 존현문은 HSK 5급 쓰기 제1부분에서 자주 출제되는 중요한 문장 구조입니다.

1 문제가 보이는 시간

예제 1　蝴蝶　一群　池塘旁边　有

내가 풀어본 답

해설

STEP 1 제시어 중 결합할 수 있는 단어를 결합한다. ➡ 一群+ 蝴蝶

▶ 수량사가 있으면 수식하는 명사와 결합해 줍니다.

STEP 2 술어를 찾는다. ➡ 有

STEP 3 주어와 목적어를 찾는다. ➡ 주어: 池塘旁边, 목적어: 一群蝴蝶

▶ 일반적으로 '수량+명사'는 불특정한 대상이므로 주어가 아닌 목적어가 됩니다. 장소인 '池塘旁边'은 전치사가 없으므로 주어 자리에 놓습니다.

池塘旁边	有	一群蝴蝶。
주어	술어	목적어

정답 및 해석　池塘旁边有一群蝴蝶。 연못 옆에는 나비 떼가 있다.

단어　池塘 chítáng 명 연못 | 群 qún 양 무리, 떼 | 蝴蝶 húdié 명 나비

예제 2 维修工具　　里　　和零件　　抽屉　　摆放着各种

내가 풀어본 답

해설

STEP 1 제시어 중 결합할 수 있는 단어를 결합한다. ➡ 抽屉+里, 维修工具+和零件

▶ '抽屉' 뒤에 '里'를 붙여서 장소명사로 만듭니다. '和零件'에 '和'가 있으므로 앞에 다른 명사가 와야 하는데, 제시어 중에서 남은 명사는 '维修工具'가 있습니다.

STEP 2 술어를 찾는다. ➡ 摆放着各种

▶ 동사 '摆放' 뒤에 '着'가 붙어 있으며 '各种'이라는 수량도 붙어 있습니다.

STEP 3 주어와 목적어를 찾는다. ➡ 주어: 抽屉里, 목적어: 维修工具和零件

▶ 장소 '抽屉里'는 결합하는 전치사가 없으므로 주어 자리에 놓습니다. 다른 명사 '维修工具和零件'은 목적어에 놓습니다.

抽屉里	摆放	着	各种	维修工具和零件。
주어	술어	조사	관형어	목적어

정답 및 해석 抽屉里摆放着各种维修工具和零件。 서랍 안에는 각종 수리 공구와 부품들이 놓여 있다.

단어 抽屉 chōuti 명 서랍 | 摆放 bǎifàng 동 놓다, 진열하다 | 维修工具 wéixiū gōngjù 명 수리 공구 *维修 동 (기계를) 수리하다 | 零件 língjiàn 명 부품

2 내공이 쌓이는 시간

1 존현문이란?

어떤 장소에 **불특정한 사람이나 사물이 존재하거나 출현 또는 소멸**함을 나타내는 문장을 존현문이라 한다. 존현문은 '존재문+출현·소멸문'을 합한 문장으로, 동사의 성질에 따라 존재나 출현·소멸을 나타낸다. **존재동사는 지속이 가능하여 뒤에 '着'**를 붙일 수 있고, **출현이나 소멸동사는 지속이 불가능하므로 동사 뒤에 '了'**를 붙인다.

Tip '불특정하다'는 말은 말하는 사람이나 듣는 사람이 알지 못하는 임의의 어떤 사물이나 사람을 뜻합니다. 중국어에서 보통 '수량+명사' 구조는 불특정하다는 말을 쓰며, 만약 지시대명사 '这' 또는 '那'가 있으면 '특정하다'라는 말을 씁니다.

2 존현문의 기본 구조

존재의 표시	장소주어 + 존재동사 + 着 + 임의의 사람/사물 桌子上 放 着 一本书。 책상 위에 책 한 권이 놓여 있다.
출현·소멸의 표시	장소주어 + 출현·소멸동사 + 了 + 임의의 사람/사물 家里 来 了 一位客人。 집에 손님 한 분이 왔다.

3 존현문의 종류

1) 존재문

무언가·누군가가 어디에 존재하는 존재문에는 지속 가능한 동사(放·挂·坐·住·躺 등)들이 쓰이며, 그 뒤에는 상태의 지속을 의미하는 동태조사 '着'가 쓰인다. 이때 목적어는 말하는 사람이 그 전에 어디서 보거나 들은 바가 없는, 즉 알지 못하는 '불특정한' 사람이나 사물이다. 따라서 '这/那' 등의 지시대명사는 올 수 없으며, '수량+명사'의 형태가 온다. 또한 동사 '有'와 '是'도 존현문에 쓰이며, 이때 '有'와 '是' 뒤에는 '着'를 쓰지 않는다.

- 大树下坐着几位老人。 큰 나무 아래 노인 몇 분이 앉아 있다.
- 书架上有很多照片。 책꽂이 위에 사진이 많이 있다.
- 房间里到处都是玩具。 방 안에는 여기저기 장난감들이 있다.

Tip '일반명사+上/下/里=장소명사' 공식을 기억합니다. '桌子有一本书(×)'는 틀린 문장입니다.

- 桌子上 책상 위
- 书架上 책꽂이 위
- 大树下 큰 나무 아래
- 抽屉里 서랍 속

◆ 大树 dàshù 명 큰 나무 | 书架 shūjià 명 책장, 책꽂이 | 照片 zhàopiàn 명 사진 | 玩具 wánjù 명 장난감, 완구

2) 출현·소멸문

어떤 사람이나 사물이 출현하거나 사라지는 출현·소멸문에는 지속 불가능한 동사(走·跑·生·死·掉·出现 등)들이 쓰이며, 그 뒤에는 완료의 '了'와 함께 쓰인다. 존재문과 마찬가지로 목적어는 불특정한 사람이나 사물만 올 수 있으므로, '这'와 '那' 등의 지시대명사 대신 '수량+명사'의 형태가 온다.

- 衣服上掉了一个扣子。 옷에서 단추 하나가 떨어졌다.
- 胡同里传来了鞭炮声。 골목 안에서 폭죽 소리가 들려왔다.

◆ 掉 diào 동 떨어지다 | 扣子 kòuzi 명 단추 | 胡同 hútòng 명 골목 | 传来 chuánlái 동 (소리가) 들려오다 | 鞭炮声 biānpàoshēng 명 폭죽 소리

4 존현문 문제 풀이 비법

1) 제시어에 장소 명사(일반명사+上/下/里)가 있는데 전치사 '在'나 '从'이 없다면 주어 자리에 놓는다.
2) 불특정 명사(수사+양사+명사)는 동사 뒤 목적어 자리에 놓는다.

쓰기 | 제1부분

중국어는 보어가 매우 발달했다

'보어'는 술어(동사/형용사) 뒤에서 술어를 보충해 줍니다. 중국어의 보어는 구조적으로 매우 낯선 문장 성분이고, 우리말로 옮기면 부사어 등 다른 성분으로 바뀌어서 학습자들이 많이 어려워합니다. 보어는 우리말 해석만으로는 제대로 정복할 수 없으며, 용법과 의미를 익힌 후에 술어와 함께 통째로 암기해야 합니다. 실제 HSK 5급 쓰기 제1부분에서 보어 문제는 보통 술어와 결합하여 출제되지만, 중국어 문장에서 보어가 없는 문장은 거의 없으므로 공부를 게을리해서는 안 됩니다.

1 문제가 보이는 시간

예제 1　那个小伙子　跳了　激动得　起来

내가 풀어본 답

해설

STEP 1 술어를 찾는다. ➡ 激动得

▶ '激动' 뒤에 조사 '得'를 보고 동사 술어임을 알 수 있습니다. 상태보어를 만드는 구조조사 '得'입니다. '跳了'의 조사 '了'를 보고 동사 술어로 착각할 수 있지만, 구조조사 '得' 바로 앞에는 '了'를 쓸 수 없습니다. 따라서 '跳了'는 보어라는 것에 유의합니다.

STEP 2 주어를 찾는다. ➡ 那个小伙子+激动得

▶ 지시 대명사 '那'를 보고 주어 자리에 올 수 있다는 것을 알 수 있습니다. 그리고 제시어 중 유일한 명사입니다.

STEP 3 보어를 찾는다. ➡ 那个小伙子激动得+跳了+起来

▶ 상태보어는 조사 得 뒤에 '정도부사+형용사' 형태가 가장 자주 오지만, 동사구 등 다양한 형태도 올 수 있습니다. 여기서는 동사 '跳了' 뒤에 방향보어 '起来'를 붙여 '跳了起来'를 만든 후에 동사 술어 '激动'의 보어로 쓰였습니다. '起来'는 '시작하다'라는 의미보다는 '跳了'의 방향성을 보충해 줍니다.

那个小伙子	激动	得	跳了起来
주어	술어	得	보어

정답 및 해석

那个小伙子激动得跳了起来。 그 젊은이는 흥분해서 펄쩍 뛰어 올랐다.

단어

小伙子 xiǎohuǒzi 명 젊은이, 청년 | 激动 jīdòng 동 (감정이) 격해지다, 흥분하다, 감격하다 | 跳 tiào 동 (껑충) 뛰다

예제 2 女主角　自然　得　表现　十分

내가 풀어본 답

해설

STEP 1 '得' 앞에 술어를 찾는다. ➡ 表现+得

▶ '得'를 보고 상태보어 문제임을 알 수 있습니다. 구조조사 '得' 앞에는 동사 술어 또는 형용사 술어가 옵니다. '表现'은 동사로 '추상적인 것을 구체적으로 보여주다', '나타내다'란 의미이며, '사람의 어떤 행동을 보여주다'란 의미도 있습니다. 이 문장에서는 '女主角'가 여주인공이므로 '表现'을 '연기하다'란 의미로 해석해도 됩니다.

STEP 2 보어를 찾는다. ➡ 表现得+十分+自然

▶ 상태보어를 만드는 구조조사 '得' 뒤에는 주로 '정도부사+형용사'의 형태가 가장 많이 나옵니다. '得' 뒤에 정도부사 '十分', 형용사 '自然'을 차례대로 써 줍니다.

STEP 3 주어를 찾는다. ➡ 女主角

▶ 제시어 중 남아있는 단어는 '女主角' 하나뿐이므로 주어 자리에 넣으면 됩니다.

女主角	表现	得	十分自然
주어	술어	得	보어

정답 및 해석 女主角表现得十分自然。 여주인공은 아주 자연스럽게 연기를 보여 줬다.

단어 女主角 nǚzhǔjué 명 여주인공 | 表现 biǎoxiàn 동 보여주다, 나타내다, 표현하다 | 自然 zìrán 형 자연스럽다

2 내공이 쌓이는 시간

1 결과보어

결과보어란 동사 술어 바로 뒤에서 동작의 결과를 설명하는 보어를 말하며, 주로 1음절의 동사(完·到·懂 등)나 형용사(好·对·错 등)가 결과보어로 쓰인다.

1) 결과보어의 기본 구조

결과보어는 동사 술어와 늘 붙어 다니기 때문에 하나의 동사처럼 사용된다. 따라서 동작의 상태를 나타내는 동태조사 '了'나 '过', 목적어 등은 모두 결과보어 뒤에 온다.

동사 + 결과보어 + 了 + 목적어

- 我看到了老同学。 나는 옛 동창을 봤다.
- 我把那篇文章写完了。 나는 그 글을 다 썼다.

◆ 篇 piān 양 편[일정한 형식을 갖춘 문장을 셀 때 쓰임] | 文章 wénzhāng 명 (독립된 한 편의) 글

2) 결과보어의 부정형

결과보어가 쓰인 문장은 이미 동작이 실행되어 나타난 그 결과를 강조하므로, 부정문을 만들 때 '不'가 아닌 '没(有)'를 사용한다. 또한 '没有'와 '了'는 함께 쓸 수 없다.

没有 + 동사 + 결과보어

- 作业做完了。 숙제를 다 했다.
- 作业没做完。 숙제를 다 하지 못했다.

- 我听清楚你的话。 나는 너의 말을 제대로 들었다.
- 我没听清楚你的话。 나는 너의 말을 제대로 듣지 못했다.

Tip '我不听懂你的话(×)'는 틀린 문장입니다. 동사 뒤에 결과보어 '懂'이 있기 때문에 '不'로 부정하면 안 됩니다.

- 我不听懂你的话 (×)

→ 我没听懂你的话。(O) 나는 너의 말을 알아듣지 못했다.

3) 결과보어로 가능보어 만들기

동사와 결과보어 사이에 '得'가 오면 '~할 수 있다'는 가능보어 긍정형이 되고, '不'가 오면 '~할 수 없다'는 가능보어 부정형이 된다.

동사 + 得/不 + 결과보어 + (목적어)

Tip 원래 부정부사 '不'는 동사 앞에 쓰는 것이 일반적인 문장인데, 만약 '不'가 동사 뒤에 있다면, 가능보어의 부정형이라는 것을 알 수 있습니다.

	긍정형	부정형
결과보어	我听懂了你的话。 나는 너의 말을 알아들었다.	我没听懂你的话。 나는 너의 말을 알아듣지 못했다.
가능보어	我听得懂你的话。 나는 너의 말을 알아들을 수 있다.	我听不懂你的话。 나는 너의 말을 알아들을 수 없다.

2 방향보어

동사 뒤에서 '来'나 '去'를 이용해 술어의 방향을 표시하는데, 이를 '방향보어'라 한다. 방향보어는 한 글자로 된 '단순방향보어'와 두 글자로 된 '복합방향보어'가 있다.

1) 방향보어의 기본 구조

(1) 술어 + 단순방향보어(来/去)

동사 + 来/去

- 走 来 걸어 오다
- 走 去 걸어 가다

술어 단순방향보어

(2) 술어 + 복합방향보어(上/下/进/出/回/过/起 +来/去)

동사 + Ⓐ 来/去 (Ⓐ: 上/下/进/出/回/过/起)

	上	下	进	出	回	过	起
来	上来 올라오다	下来 내려오다	进来 들어오다	出来 나오다	回来 돌아오다	过来 다가오다	起来 일어나다
去	上去 올라가다	下去 내려가다	进去 들어가다	出去 나가다	回去 돌아가다	过去 다가가다	–

- 走 上来 걸어 올라오다
- 走 上去 걸어 올라가다
- 走 下来 걸어 내려오다
- 走 下去 걸어 내려가다

술어 복합방향보어

Tip '起来(O)'는 가능하지만 '起去(×)'는 불가능합니다.

2) 방향보어와 목적어의 위치

(1) 동사 뒤에 일반목적어가 있을 때

일반목적어란 장소목적어를 제외한 목적어를 말하며, 일반목적어는 '来/去' 앞이나 뒤에 모두 쓸 수 있다. 보통은 '来'나 '去' 바로 앞에 쓰는 것을 좋아한다.

동사 + (A) + 来/去 + 了 + 일반목적어

• 我 买 回 来了 一件衣服。 나는 옷 한 벌을 사 왔다.
동사 술어 A 来 일반목적어

동사 + (A) + 일반목적어 + 来/去 + 了

• 我 买 回 一件衣服 来了。 나는 옷 한 벌을 사 왔다.
동사 술어 A 일반목적어 来

(2) 동사 뒤에 장소목적어가 있을 때

장소목적어는 단순방향보어, 복합방향보어 상관없이 무조건 '来'나 '去' 바로 앞에 써준다.

동사 + (A) + 장소목적어 + 来/去 + 了

• 车 开 进 停车场 去了。 차는 주차장으로 들어갔다.
동사 술어 A 장소목적어 去

Tip 한국어 영향으로 아래와 같이 쓰면 안 됩니다.

• 回去学校（×）→ 回学校去（O）
• 爬上去山（×）爬山上去（×）→ 爬上山去（O）
• 走进去图书馆了。（×）→ 走进图书馆去了（O）

◆ 停车场 tíngchēchǎng 명 주차장

3) 방향보어로 가능보어 만들기

동사와 방향보어 사이에 '得'를 넣으면 '~할 수 있다'는 가능보어 긍정형이 되며, 동사와 방향보어 사이에 '不'를 넣으면 '~할 수 없다'는 가능보어 부정형이 된다. 복합방향보어의 부정형을 잘 익혀 두자.

동사 + 得/不 + 방향보어

	긍정형	부정형
단순방향보어	那本书我带来了。 그 책을 나는 가져왔다.	那本书我没带来。 그 책을 나는 가져오지 않았다.
가능보어	那本书我带得来。 그 책을 나는 가져올 수 있다.	那本书我带不来。 그 책을 나는 가져올 수 없다.

복합방향보어	我听出来了你的声音。 나는 네 목소리를 알아차렸다.	我没听出来你的声音。 나는 네 목소리를 알아차리지 못했다.
가능보어	我听得出来你的声音。 나는 네 목소리를 알아차릴 수 있다.	我听不出来你的声音。 나는 네 목소리를 알아차릴 수 없다.

3 상태(情态)보어

동사 술어 뒤에서 조사 '得'를 써서 술어의 상태를 평가하거나 결과를 나타내는 보어를 '상태보어'라 하며, '정태보어'라고도 한다. 사실상 결과보어인데 보어를 길게 쓰기 위해 조사 '得'를 써서 결과를 보충해 준다고 이해하면 된다. 쉽게 말해 상태보어는 '得'를 쓴 결과보어이다. HSK 5급 쓰기 제1부분에서 보어 관련 문제는 전체적으로 비중이 높지 않지만, 전체 보어 문제 중에서 상태보어가 가장 많이 출제된다.

1) 상태보어의 기본 구조

'得' 뒤에 가장 많이 오는 품사는 형용사이다. 형용사는 보통 단독으로 사용하지 않고, 앞에 정도부사와 함께 사용한다.

동사 + 得 + 정도부사 + 형용사
상태보어

- 他汉语说得很好。 그는 중국어를 잘한다.
- 他跑得那么快，我赶不上他。 그가 그렇게 빨리 달려서 나는 그를 따라잡을 수 없다.
- 那座建筑保存得较为完整。 저 건축물은 비교적 온전하게 보존되었다.
- 房间打扫得很干净 = 房间打扫得干干净净的 방을 깨끗하게 청소했다.

Tip '干干净净的'처럼 '정도부사+형용사' 대신 '형용사 중첩'을 사용하기도 합니다. 형용사 중첩 뒤에는 어기조사 '的'가 자주 옵니다.

◆ 赶不上 gǎnbushàng 따라잡을 수 없다 | 座 zuò 양 건물을 셀 때 쓰임 | 建筑 jiànzhù 명 건축물 | 保存 bǎocún 동 보존하다, 저장하다 | 较为 jiàowéi 부 비교적 | 完整 wánzhěng 형 온전하다, 완전하다

Tip 상태보어는 보어 중에서 가장 복잡한 형식을 갖고 있습니다. '得' 뒤에 '정도부사+형용사'가 가장 많이 쓰이지만, 여러 가지 복잡한 구문들(동사구·절·비교문·把자문·被자문 등)이 모두 올 수 있습니다.

他和员工 相处得 像兄弟一样。 그는 직원과 마치 형제처럼 잘 지낸다.
동사 得 상태보어(동사구)

2) 상태보어와 목적어의 위치

동사 술어가 목적어를 가질 때, 목적어의 위치에 특히 주의해야 한다. '得' 앞에는 명사가 올 수 없으므로, 술어로 쓰인 동사를 한 번 더 쓴 다음 그 뒤에 보어를 쓰는 방법이 있고, 아예 목적어를 동사 앞으로 꺼낸 다음 동사 뒤에 보어를 쓸 수도 있다. 이 문형에 있어서는 특히 '동사+명사' 형태로 이루어진 이합사에 주의하자.

동사 + 목적어 + 동사 반복 + 得 + 상태보어 = 목적어 + 동사 + 得 + 상태보어

- 你 说 汉语 说 得 很好。= 你 汉语 说 得 很好。 너는 중국어를 잘한다.
- 他 唱 歌 唱 得 很好。= 他 歌 唱 得 很好。 그는 노래를 잘 부른다.

  동사 목적어 동사(반복) 得 보어 목적어 동사 得 보어

Tip

- 他唱歌得很好。(×)

  ➡ '得' 앞에는 명사 '歌'가 올 수 없습니다.
- 他唱得很好歌。(×)

  ➡ 목적어 '歌'를 '得' 뒤로 보낼 수 없습니다.

4 동량보어

동작의 양(횟수)을 나타내는 동량사가 동사 뒤에서 동사를 수식해 주는 보어를 동량보어라고 한다. 대표적인 동량사로는 '次/遍/回/趟/下' 등이 있다.

1) 동량보어(동량사)의 기본 구조

동사 + (了) + 동량보어

- 他说了一遍。 그는 한 번 말했다.
- 请你再去一趟吧。 다시 한번 다녀오세요.

Tip 동량보어에서 '了'의 위치는 결과보어와 달리 보어 앞에 쓰입니다. '找遍了(여기저기 다 찾아봤다)'에서 '遍'은 결과보어로 쓰였습니다.

2) 시험에 잘 나오는 동량사

次 cì	간단한 동작의 횟수 说一次 한 번 말했다 / 看一次 한 번 보다
遍 biàn	처음부터 끝까지 전 과정 강조 看一遍 한 번 보다 / 再说一遍 다시 한번 말하다
回 huí	일·동작 따위의 횟수 看一回 한 번 보다 / 参观一回 한 번 참관하다
趟 tàng	사람이나 차의 왕래하는 횟수 来一趟 한 차례 오다 / 回去一趟 한 차례 되돌아가다
下 xià	비교적 짧고 가벼운 동작의 횟수 问一下 좀 물어보다 / 商量一下 상의를 좀 해보다

3) 동량보어와 목적어의 위치

한국어와 달리 보어가 발달한 중국어에서는 동사 뒤에 쓰이는 동량보어가 목적어와 함께 출현할 경우, 그 순서가 중요하다. 목적어가 일반 명사면 문장의 맨 뒤에 오지만, 목적어가 대명사면 예외로 동량보어 앞에 위치한다.

(1) **동사 + 了/过 + 동량보어 + 일반명사(목적어)**

- 我给她 打了 好几次 电话。 나는 그녀에게 전화를 여러 번 했다.
- 这里总共 发生过 五次 地震。 이곳에는 모두 다섯 차례 지진이 발생했었다.

  동사+过 동량보어 목적어(일반명사)

◆ 总共 zǒnggòng 부 모두 (합쳐서) | 地震 dìzhèn 명 지진

(2) **동사 + 了/过 + 대명사(목적어) + 동량보어**

- 我 见过 他 几次。 나는 그를 몇 번 본 적이 있다.

  동사+过 목적어(대명사) 동량보어

5 시량보어

시간의 양(얼마 동안)을 나타내는 시량사가 술어 뒤에서 술어를 수식해 주는 보어를 시량보어라한다. 시량보어는 일반적으로 동작이 그 시간 동안 지속되었음을 나타내지만, 일부 지속이 불가능한 동사 뒤에 쓰일 때는 동작이 끝난 후에 경과된 시간을 나타낸다.

Tip 비(非)지속동사로는 '来', '到', '去', '死', '结婚', '离开', '毕业' 등이 있습니다.

1) 시량보어의 기본 구조

주어 + 술어 + 시량보어

- 我等了一个小时。 나는 한 시간 동안 기다렸다.
  - ➡ 동작이 지속된 시간을 나타냄(지속동사 '等'), '了'는 시량보어 앞에 위치함.
- 我来上海一年了。 나는 상하이에 온 지 일 년이 되었다.
  - ➡ 동작이 끝난 후 경과된 시간을 나타냄(비지속동사 '来'), '了'는 시량보어 뒤에 위치함.

2) 시량보어의 부정형

술어 앞에 부정부사(不/没)가 있으면 시량사를 술어 앞(부사어 자리)에 써서 '시량사+不/没+술어'의 형태로 쓴다.

주어 + 시량사 + 不/没 + 술어

- 上海已经没下雨三个月了。(×)
  - → 上海已经三个月没下雨了。(O) 상하이에는 이미 3개월 동안 비가 내리지 않았다.
- 我们俩很多年没有见面了。 우리 둘은 여러 해 동안 만나지 못했다.

Tip 보통 부정부사 '没有'와 어기조사 '了'는 함께 쓰지 못하지만, 시량사가 있으면 어기조사 '了'를 쓸 수 있습니다.

3) 시량보어와 목적어의 위치

한국어와 달리 보어가 발달한 중국어에서는 동사 뒤에 쓰이는 시량보어가 목적어와 함께 출현할 경우, 그 순서가 중요하다. 목적어가 일반 명사면 문장의 맨 뒤에 오지만, 목적어가 대명사면 예외로 시량보어 앞에 위치한다.

(1) 동사 + 了/过 + 시량보어 + 일반명사(목적어)

- 我 学了 三年 汉语。 나는 3년간 중국어를 배웠다.

- 我跟女朋友 见了 一个小时 面。 나는 여자 친구를 한 시간 동안 만났다.
  동사+了 시량보어 목적어(일반명사)

(2) 동사 + 了/过 + 대명사(목적어) + 시량보어

- 我 等了 他 两个小时。 나는 그를 두 시간 기다렸다.
- 我 照顾了 她 几天。 나는 그녀를 며칠 동안 돌봐 주었다.
  동사+了 목적어(대명사) 시량보어

(3) 비지속동사 + 목적어 + 시량보어 + 了

- 他 离开 上海 三个月 了。 그는 상하이를 떠난 지 3개월이 되었다.
- 我 来 中国 一年多 了。 나는 중국에 온 지 1년이 넘었다.
- 他 从事 教练行业 有三年 了。 그는 코치 업종에 종사한 지 3년 정도 되었다.
  비지속동사 목적어 시량보어 了

Tip '从事'는 엄밀히 말하면 비지속동사가 아니지만, 쓰기 제1부분 시험에서 아주 가끔 출제되는 단어입니다. '몇 년 동안 종사했다'가 아닌 '종사한 지 몇 년 되었다'라고 해석합니다. 그래서 '他从事教练行业有三年了'라고 합니다. 이 문장에서 '有'는 시간이나 수량 앞에 쓰여 일정한 시간이나 수량에 이르렀음을 나타냅니다.

◆ 教练 jiàoliàn 명 코치, 트레이너 | 行业 hángyè 명 업계, 업종

6 보어 문제 풀이 비법

1) 제시어 중 조사 '得'가 있으면 상태보어인 경우가 많다는 걸 생각한다.
2) '술어(동사+형용사)+得+정도부사+형용사' 공식을 기억하여 제시어를 배열한다.
3) 제시어 중 '来了/去了' 혹은 '起来了/下来了'처럼 '방향 보어+了'가 보이면 동사 술어 뒤에 놓는다.

빈출 문제 암기로 만점에 도전한다

쓰기 | 제1부분

HSK 5급 쓰기 제1부분은 단순히 어법을 테스트하는 영역이 아니라 5급 필수 어휘도 물어보며, 나아가 필수 어법을 벗어난 다양한 문형들을 출제하기도 합니다. 특히 듣기 대화형에서 나오는 문장들이 시험에 꾸준히 나오고 있습니다. 따라서 다양한 빈출 문제 문형들을 익혀두는 것이 쓰기 제1부분 만점을 맞는 비결이기도 합니다.

1 문제가 보이는 시간

예제 1　的　　后四位数　　请　　您身份证　　输入

내가 풀어본 답

해설	STEP 1 술어를 찾는다. ➡ 동사1: 请, 동사2: 输入 ▶ 동사 '请'과 다른 동사 '输入'가 있는데 '请'을 첫 번째 동사로 놓습니다. STEP 2 주어와 목적어를 찾는다. ➡ 请의 목적어: 생략, 输入의 목적어: 后四位数 ▶ '请'의 목적어인 '你'는 생략되어 있으며, '输入(입력하다)'의 목적어는 '您身份证'이 아닌 '后四位数(뒤 네 자리 숫자)'입니다. STEP 3 관형어를 찾아 주어나 목적어 앞에 둔다. ➡ 您身份证+的+后四位数 ▶ '后四位数' 앞에는 의미상 수식해 주는 관형어 '您身份证的'가 옵니다. 请 (술어1)　输入 (술어2)　您身份证的 (관형어)　后四位数。(목적어2)
정답 및 해석	请输入您身份证的后四位数。 당신의 신분증 뒤 네 자리 숫자를 입력해 주세요.
단어	输入 shūrù 동 입력하다 | 身份证 shēnfènzhèng 명 신분증 | 后四位数 hòu sìwèishù 명 뒤 네 자리 숫자

예제 2 纪录　你　世界　打破了　恭喜

내가 풀어본 답

해설	**STEP 1** 제시어 중 결합할 수 있는 단어를 결합한다. ➡ 世界+纪录 ▶ 의미상 '世界'와 '纪录'를 결합하여 '世界纪录(세계 기록)'로 만들어 줍니다. **STEP 2** 술어를 찾는다. ➡ 동사1: 恭喜, 동사2: 打破了 ▶ '恭喜' 앞에 주어인 '我'는 보통 생략하며, '恭喜'를 첫 번째 동사로 사용합니다. **STEP 3** 동사2의 주어와 목적어를 찾는다. ➡ 你+打破了+世界纪录 ▶ 두 번째 동사인 '打破了'의 주어는 '你'이며, 목적어는 '世界纪录'입니다. 恭喜(술어1) 你(주어2) 打破(술어2) 了(조사) 世界纪录。(목적어)
정답 및 해석	恭喜你打破了世界纪录。 네가 세계 기록을 깨뜨린 것을 축하해.
단어	恭喜 gōngxǐ 동 축하하다 | 打破 dǎpò 동 (기록·제한·규정을) 깨다, 타파하다 | 纪录 jìlù 명 기록

Tip '恭喜'가 쓰이는 문제는 1년에 1문제꼴로 출제됩니다. '恭喜你获得太极拳项目的冠军(네가 태극권 종목의 우승을 차지한 것을 축하해)'과 '恭喜你顺利进入外交部工作(네가 순조롭게 외교부 업무에 들어간 것을 축하해)'도 함께 암기해 둡니다.

2 내공이 쌓이는 시간

앞에서 배운 중국어의 기본 문형(주어+술어+목적어)과 특수 구문(把자문·被자문·겸어문·존현문) 등을 제외하고 시험에 자주 나오는 기타 문형들을 통해 쓰기 제1부분 만점에 도전해 봅시다.

1 '请'으로 시작하는 문장(청유문)

청유문(부탁하는 문장)인 '请' 앞에 주어 '我'는 생략하며, '请' 뒤에는 '주어2+술어2' 구조인 겸어문 구조가 온다. 보통 주어2는 '你(您)'이며, 생략하는 경우가 많다. 또한 부사어(부사·능원동사·전치사구)는 대부분 두 번째 술어(술어2) 앞에 온다.

Tip 제시어 중 '请'이 보이면 아래 공식을 떠올려 문제를 풉니다.
请+(你/您)+부사어+술어2+목적어2

예문 1

请勿在车厢里抽烟。 객실 안에서 담배를 피우지 마십시오.

해설	'请勿'는 '~하지 말아주세요'라는 서면어입니다. '勿'는 '不要'의 의미이므로 전치사구 '在车厢里'는 '请勿' 뒤에 위치합니다.
단어	勿 wù 부 ~하지 마라 | 车厢 chēxiāng 명 객실 | 抽烟 chōuyān 동 흡연하다, 담배를 피우다

예문 2

请您主动出示个人证件。 자발적으로 개인 증명서를 제시해 주십시오.

해설	'请' 앞에 '我'는 생략하고, '请您+동사+목적어' 구문으로 상대방에게 부탁할 때 사용합니다. '主动'은 형용사에서 파생된 부사로 두 번째 동사 앞에 써 줍니다.
단어	主动 zhǔdòng 형 주동적이다, 자발적이다 | 出示 chūshì 동 제시하다 | 个人证件 gèrén zhèngjiàn 개인 증명서

예문 3

请各位遵守交通规则。 여러분 교통 규칙을 준수해 주십시오.

해설	'请' 앞에 '我'는 생략하고, '请各位+동사+목적어' 구문으로 상대방에게 부탁할 때 사용합니다. '遵守+交通规则'의 호응 관계도 익혀 두세요.
단어	遵守 zūnshǒu 동 (규정을) 준수하다 | 交通规则 jiāotōng guīzé 교통 규칙

예문 4

请重新输入您的密码。 당신의 비밀번호를 다시 입력해 주십시오.

해설	'请' 앞에 '我'는 생략하고, '请' 뒤에 '你'도 생략하여 바로 두 번째 동사를 써주었습니다. 두 번째 동사 앞에 부사 '重新'을 넣어서 '请重新输入您的密码' 구문으로 상대방에게 부탁할 때 사용합니다. 부사 '重新'은 '再'와 달리 '새롭게 다시'라는 의미입니다.
단어	重新 chóngxīn 부 다시, 새롭게 | 输入 shūrù 동 입력하다 | 密码 mìmǎ 명 비밀번호

예문 5

需要转机的旅客请尽快办理手续。 비행기를 갈아타실 승객께서는 되도록 빨리 절차를 밟아 주세요.

해설	원래는 '请+需要转机的旅客+尽快+办理手续' 문장에서 '请'의 목적어인 '需要转机的旅客'를 문장 맨 앞으로 가져와 강조한 문장입니다. 실제 시험에서는 '请尽快'를 붙여서 제시했으므로 '需要转机的旅客'를 '请' 앞에 놓아야 합니다.
단어	转机 zhuǎnjī 동 비행기를 갈아타다 | 尽快 jǐnkuài 부 되도록 빨리 | 办理手续 bànlǐ shǒuxù 절차를 밟다, 수속을 밟다

2 주어가 없는 문장

명령문이거나 누구나 알 수 있는 일반적인 주어일 경우에는 주어를 종종 생략한다. 명령문은 보통 '要(~해야 한다)'와 '不要(~하지 마라)'로 시작한다.

예문 1

要客观地评价他人。 객관적으로 다른 사람을 평가해야 한다.

해설	보통 명령문일 때는 주어를 생략합니다. 이때 능원동사 '要'나 '不要'를 많이 써 줍니다. '客观地'처럼 조사 '地' 뒤에는 반드시 동사를 써 줍니다. 학생들이 오답으로 '他人要客观地评价'라고 써서 자주 틀리니 주의합니다.
단어	客观 kèguān 형 객관적이다 | 评价 píngjià 동 평가하다

예문 2

不要轻易否定自己的价值。 함부로 자신의 가치를 부정해서는 안 된다.

해설	보통 명령문일 때 주어를 생략합니다. 이때 능원동사 '要'나 '不要'를 많이 써 줍니다. '轻易'는 능원동사 뒤에 위치하는 부사라는 점도 알아 두세요. '不要妨碍舅舅的工作(외삼촌의 일을 방해하지 마라)'도 출제 문장이니 함께 암기해 둡니다.
단어	轻易 qīngyì 부 쉽사리, 함부로 | 否定 fǒudìng 동 부정하다 | 价值 jiàzhí 명 가치 | 妨碍 fáng'ài 동 방해하다

예문3

下载软件时应注意查杀病毒。 소프트웨어를 다운로드할 때 바이러스 제거에 주의해야 한다.

해설	'要'나 '不要'는 없지만 누구나 알 수 있는 일반적인 주어 '你'를 생략한 형태입니다. 여기서는 '要' 대신에 능원동사 '应'이 쓰였습니다.
단어	下载软件 xiàzài ruǎnjiàn 소프트웨어를 다운로드하다 | 查杀病毒 cháshā bìngdú 바이러스를 (찾아서) 제거하다

예문 4

雨后常常能看到彩虹。 비 온 뒤에는 무지개를 자주 볼 수 있다.

해설	누구나 알 수 있는 일반적인 주어인 '我们'이 생략된 형태입니다. '雨后'는 시간명사이므로 부사어 중에서 가장 먼저 써 줍니다.
단어	彩虹 cǎihóng 명 무지개

예문 5

非工作人员请勿入内。 근무자 외에는 안으로 들어가지 마십시오.

해설	이 문제는 '请勿'가 있지만 맨 앞에 '非工作人员'이 있는 독특한 구조입니다. 실제로 '非工作人员'은 '请'의 주어가 아닙니다. 원래 어법에 맞게 구성하면 '请非工作人员勿入内'라고 해야 합니다. 따라서 위 문장은 우리말로 '관계자 외 출입금지'처럼 쓰이는 고정 문구이므로 통으로 암기하면 좋습니다.
단어	非 fēi 명사나 명사성 단어 앞에 쓰여 어떠한 범위에 속하지 않음을 나타내는 접두사 | 工作人员 gōngzuò rényuán 근무자 | 勿 wù 부 ~하지 마라

3 是…的 강조 구문

'是…的' 강조 구문은 과거에 이미 실현되거나 완성된 어떤 동작이나 행위 중, 동작이나 행위가 행해진 시간·장소·대상·목적·방식·행위자 등을 특별히 강조하고 싶을 때, 강조하고 싶은 단어나 구를 '是…的' 사이에 넣어서 강조 구문을 만들 수 있다.

제시어 중 '是'와 '的'를 제외한 다른 동사가 술어로 쓰여 '是'와 '的'가 없어도 되면 강조 구문입니다. 만약 '是' 외에 다른 술어가 보이지 않는다면, '是'는 강조가 아닌 술어로 써야 합니다.

예문 1

这条项链是王师傅制作的。 이 목걸이는 왕 선생님이 제작한 것이다.

해설	위 문장은 동사 '制作'의 행위자인 '王师傅'를 강조하기 위해 만든 '是…的' 강조 구문입니다. 같은 구조로 '这座建筑是他亲自设计的(이 건축물은 그가 직접 설계한 것이다)'도 출제된 적 있으니 함께 암기해 둡니다.
단어	项链 xiàngliàn 명 목걸이 | 师傅 shīfu 명 선생님[기예·기능을 가진 사람에 대한 존칭], 아저씨[일반적 존칭] | 制作 zhìzuò 동 제작하다, 만들다

예문 2

命运是掌握在自己手里的。 운명은 자신의 손에 달려 있다.

해설	'掌握在自己手里'를 강조하는 '是…的' 강조 구문입니다. 원래 '掌握'의 목적어는 '命运'인데, '掌握'뒤에 '在自己手里'가 보어로 있어서 목적어를 쓸 수 없습니다. 결국 '命运'을 주어 자리에 놓고 술어를 강조한 문장입니다.
단어	命运 mìngyùn 명 운명 | 掌握 zhǎngwò 동 (운명을) 꽉 쥐다, (기술 등을) 숙달하다, 익히다

예문 3

掌握一门外语是十分必要的。 외국어 하나를 숙달하는 것은 매우 필요하다.

해설	형용사구(十分必要) 술어를 강조하는 문장입니다. 위 문장에서 주어는 동사구(掌握一门外语)가 쓰였습니다.
단어	掌握 zhǎngwò 동 (기술·외국어 등을) 숙달하다, 익히다 | 必要 bìyào 형 필요하다

예문 4

这是由一位华裔建筑师设计的。 이것은 중국계 건축사가 설계한 것이다.

해설	전치사 '由'가 쓰인 구문은 '是…的' 강조 구문으로 자주 사용합니다. 전치사 '由'는 위 문장에서 '~이/가'의 의미로 쓰였습니다.
단어	华裔 huáyì 명 (외국에서 태어난) 중국계 자녀 | 建筑师 jiànzhùshī 명 건축사 | 设计 shèjì 동 설계하다, 디자인하다

4 시험에 잘 나오는 비교문

비교문은 평균 1년에 한 문제 정도로 자주 출제되지는 않지만, 아래 나오는 문장들만 잘 익혀두면 비교문이 출제되어도 걱정할 필요가 없다.

예문 1

新的教材比旧的实用多了。 새로운 교재는 오래된 것보다 훨씬 실용적이다.

해설	'A比B+형용사+多了' 구문으로 'A는 B보다 훨씬 ~하다'라는 의미입니다. 형용사 술어 뒤에 '多了'나 '得多'를 써서 '훨씬'의 의미를 강조하는 것입니다. 또한 비교문에서는 형용사 술어 앞에 '要'를 써서 강조하기도 합니다.
단어	教材 jiàocái 명 교재 | 旧的 jiù de 오래된 것 | 实用 shíyòng 형 실용적이다

예문 2

这件事情并没有我想象的那么糟糕。 이 일은 결코 내가 생각한 것만큼 그렇게 나쁘지는 않다.

해설	'A没有B+那么+형용사' 구문으로 'A는 B만큼 그렇게 ~하지 않다'라는 의미입니다. 형용사 술어 앞에 정도를 강조하는 '这么', '那么', '这样', '那样', '如此'를 자주 사용하며, 생략도 가능합니다. '并没有'에서 '并'은 부정문을 강조하는 부사로, '결코'를 뜻합니다.
단어	糟糕 zāogāo 형 (일이나 상황이) 매우 나쁘다

예문 3

这部电影远不如原著那么精彩。 이 영화는 원작만큼 그렇게 훌륭하지 않다.

해설	'A不如B+那么+형용사' 구문으로 'A는 B만큼 그렇게 ~하지 못하다'라는 의미입니다. 이 구문도 '没有'를 이용한 비교문과 비슷한 의미로 함께 바꿔 쓸 수 있습니다. '远不如'의 '远'은 '远远'으로도 쓸 수 있으며, '훨씬'이라는 의미로 강조하는 단어입니다.
단어	原著 yuánzhù 명 원작, 원저 | 精彩 jīngcǎi 형 뛰어나다, 훌륭하다

5 동사 '导致'를 사용한 문장

동사 '导致(=造成)'는 '(안 좋은 결과를) 초래하다', '야기하다'를 뜻한다. 앞의 주어에는 결과를 초래하는 원인이 오며, '导致' 뒤의 목적어에는 구조적으로 '명사, 동사구, 절(S+V)'이 모두 올 수 있다. '导致'를 이용한 문장은 1년에 1문제씩 출제하므로 비중이 높은 편이다.

예문 1

这场意外导致公司面临巨大损失。 이번 의외의 사고로 회사가 커다란 손실에 직면하게 되었다.

해설 '导致'의 목적어로 '公司+面临+巨大损失(주어+동사+목적어)' 구조가 왔습니다.

这场意外	导致	公司面临巨大损失
주어(원인)	导致	목적어(안 좋은 결과)

단어 意外 yìwài 명 의외의 사고 | 面临 miànlín 동 (문제·상황에) 직면하다 | 巨大 jùdà 형 (수량·규모가) 매우 크다 | 损失 sǔnshī 명 손실, 손해

예문 2

刺激性食物也许会导致皮肤过敏。 자극적인 음식은 어쩌면 피부 알레르기를 초래할 수도 있다.

해설 '导致'의 목적어로 '皮肤+过敏(주어+동사)' 구조가 왔습니다.

刺激性食物	也许会	导致	皮肤过敏
주어(원인)	부사어	导致	목적어(안 좋은 결과)

단어 刺激性食物 cìjīxìng shíwù 명 자극적인 음식 | 皮肤 pífū 명 피부 | 过敏 guòmǐn 동 알레르기 반응을 보이다

6 '之一'를 목적어로 쓰는 문장

'之一'는 '~가운데 하나'의 의미로 보통 '복수명사+之一' 형태로 쓰이며, 문장에서 목적어 자리에 온다. 한국어로는 주어로 써도 말이 되지만, 중국어에서는 목적어 자리에 쓴다는 점을 명심하자.

예문 1

长城是世界七大奇迹之一。 만리장성은 세계 7대 기적 중의 하나이다.

해설 '之一'는 '~가운데 하나'라는 의미로 '之一' 앞에는 주로 복수를 나타내는 명사가 오며, '之一'는 대부분 목적어 자리에 씁니다. '四大发明之一(4대 발명 중의 하나)', '十大名画之一(10대 명화 중의 하나)'처럼 쓸 수 있습니다.

단어 长城 Chángchéng 고유 만리장성 | 奇迹 qíjì 명 기적

예문 2

智能手机是人类历史上最伟大的发明之一。 스마트폰은 인류 역사상 가장 위대한 발명 중의 하나이다.

해설 제시어 중 '发明之一'를 목적어 자리에 놓고, 다른 명사인 '智能手机'를 주어 자리에 놓으면 됩니다.

단어 智能手机 zhìnéng shǒujī 명 스마트폰 | 伟大 wěidà 형 위대하다

실력 확인하기 쓰기 | 제1부분

8분 | Day 05

제시어를 어순에 맞게 배열하여 하나의 문장을 만드세요.

1 扇子　大象的　一把　耳朵好像

2 不断奋斗　意义　人生的　在于

3 高档的女装　挂　衣柜　满了　里

4 去了　加拿大　移民　舅舅

5 那条　砍断的　被　绳子是　谁

6 公司　导致　这场意外　巨大损失　面临

7 部门　请去　并办理入职手续　人事　报到

8 劳动　爱惜　农民们的　粮食　成果　就是尊重

정답 및 해설 ▶ 302쪽

듣기 听力

제1·2부분 대화형

문제 유형과 전략

듣기 제1·2부분 대화형은 남녀 대화를 듣고 4개의 선택지(A·B·C·D) 중에 맞는 답을 선택하면 된다. 듣기 제1부분은 남녀가 번갈아 한 마디씩 대화하고, 1번에서 20번까지 총 20문제가 나온다. 듣기 제2부분은 남녀가 번갈아 두 마디씩 대화하고, 21번에서 30번까지 총 10문제가 나온다. 이 부분은 문제와 문제 사이 약 13초의 시간을 잘 활용해야 한다. 녹음에서 문제가 나올 때 미리 찾아 둔 정답을 바로 체크한 후, 주어진 13초 동안 다음 문제의 선택지를 미리 분석한다. 녹음 속 대화에서 빠르게 정답 찾는 연습을 해 본다.

이렇게 풀어봐요

1. 선택지(A·B·C·D) 단어를 미리 보며 녹음을 듣는다. 들리는 문장이나 단어가 그대로 답으로 출제되는 문제는 전체 대화형 30문제 중에서 적게는 30%, 많게는 50%가 나온다. 필수 어휘를 꼭 외워준다.

2. 안 들리는 단어는 버리고, 들리는 단어만 가지고 대화 상황을 파악한다. 듣기는 내공이 쌓이면 들으려 하지 않아도 알아서 들린다. 들리는 단어와 선택지 단어들을 통해 지금 무슨 대화를 하는지 상황을 유추해 본다. HSK 5급 듣기 대화형 문제는 절대 어려운 이슈가 아닌, 일상 속 평범한 대화를 한다. 일상생활(날씨·결혼 등) ·대학 생활·직장 생활·건강·음식·컴퓨터·여행·교통수단(비행기·택시·기차 등) ·운동경기와 관련된 대화가 들린다.

3. PBT는 선택지 옆에 O·X를 체크하고, 남녀를 구분해서 메모한다. 절대로 대화 내용을 모두 메모하려 하지 않는다. 간혹 선택지 내용이 2개 이상 들릴 때만 간단하게 메모한다. IBT는 따로 메모할 수 없으니 내용을 기억하면서 문제를 푼다.

4. PBT 답안지 체크는 듣기 음원 종료 후 답안지 마킹 시간 5분 동안에 한다. 이때는 독해 영역을 미리 볼 수 없다. IBT는 정답이 헷갈리는 문제에 별표 표시가 가능하다. 일단 정답을 클릭한 후에, 답안 마킹 시간에 별표 표시한 문제 위주로 다시 본다.

듣기 | 제1·2부분 대화형

출제자의 정답 출제 패턴을 익힌다

듣기 제1·2부분 대화형은 HSK 4, 5급 필수 어휘를 중심으로 일상적인 대화가 주를 이룹니다. 출제자는 크게 2가지 유형으로 정답을 출제하는데, 첫째는 녹음에서 들리는 단어와 문장을 그대로 정답으로 출제하는 경우이고, 둘째는 녹음에서 들리는 핵심 단어 및 문장과 비슷한 의미의 선택지를 정답으로 출제하는 경우입니다.

1 문제가 보이는 시간

0-01

예제 1　A 游泳　B 钓鱼　C 看电影　D 去舅舅家

정답 및 해석

男：周末一起去钓鱼吧。
女：好啊，还是去上次那片池塘吗？
男：不是，我舅舅说那边有蛇，我们换个地方。
女：啊？幸亏上次没遇到蛇，太危险了。

问：他们周末约好去做什么？
A 游泳　B 钓鱼 (✓)
C 看电影　D 去舅舅家

남: 주말에 같이 낚시하러 가자.
여: 좋아. 이번에도 지난번 그 연못으로 가는 거니?
남: 아니. 외삼촌이 그쪽에 뱀이 있다고 해서 장소를 바꿨어.
여: 어? 지난번에 뱀을 마주치지 않아서 다행이야. 너무 위험해.

질문: 그들은 주말에 무엇을 하기로 약속했는가?
A 수영한다　B 낚시한다 (✓)
C 영화를 본다　D 외삼촌 집에 간다

해설 남자의 첫 번째 말 '周末一起去钓鱼吧(주말에 같이 낚시 가자)'에서 미리 선택지를 봤다면, 선택지 B 钓鱼를 선택할 수 있습니다. 이렇게 정답을 녹음에서 직접 읽어주는 문제는 난이도가 낮은 편에 속합니다. '钓鱼'는 어떤 행동을 하는지 물어볼 때 정답으로 많이 나오는 단어이고, 쓰기 제2부분 100번 문제에서도 많이 출제되었습니다.

단어 钓鱼 diàoyú 동 낚시하다 | 舅舅 jiùjiu 명 외삼촌 | 池塘 chítáng 명 연못 | 蛇 shé 명 뱀 | 幸亏 xìngkuī 부 다행히(도) | 遇到 yùdào 동 (우연히) 만나다 | 危险 wēixiǎn 형 위험하다

0-02

예제 2　A 别找借口　B 抢到了电影票　C 争取去首映式　D 那天有接待任务

정답 및 해석

女：我抢到两张电影首映式的票，周六一起去吧。
男：可是我已经约了人了。
女：你最喜欢的那个导演也会出席，你不去的话太遗憾了。
男：那我问问朋友，能不能改天再约，毕竟首映式不是天天有。

问：男的是什么意思？
A 别找借口
B 抢到了电影票
C 争取去首映式（✓）
D 那天有接待任务

여: 내가 영화 시사회 티켓 두 장을 구했어. 토요일에 같이 가자.
남: 그런데 내가 이미 약속이 있어.
여: 네가 가장 좋아하는 그 감독도 참석하는데 네가 안 가면 너무 아쉽다.
남: 그럼 친구한테 약속을 훗날로 바꿀 수 있는지 물어볼게. 어쨌든 시사회가 매일 있는 건 아니니까.

질문: 남자의 말뜻은 무엇인가?
A 핑계를 대지 마라
B 영화표를 티켓팅했다
C 영화 시사회에 최대한 가려고 한다（✓）
D 그날 접대 업무가 있다

해설 여자의 첫 번째 말 '我抢到两张电影首映式的票'에서 시사회 티켓 두 장을 구했다고 했으므로 B를 정답으로 생각할 수도 있겠지만, 질문은 '남자의 말에 대한 의미'를 물었으므로 B는 오답입니다. 대신 여자의 말에서 '首映式'를 들었다면, C를 정답으로 고를 수 있습니다. 남자의 마지막 말에서, 남자는 기존의 약속을 변경하고 영화 시사회에 참석하려 한다는 것을 알 수 있습니다. 따라서 정답은 C 争取去首映式입니다. 이 문제는 '首映式'라는 어려운 단어를 듣고 정답을 고를 수도 있지만, 전체적으로 내용을 이해해서 풀어야 하는 문제로 난이도가 높습니다. '争取+동사구' 구문은 '~하려고 최대한 노력하다'라는 의미입니다.

단어 找借口 zhǎo jièkǒu 동 핑계를 대다 | 抢票 qiǎngpiào 동 표를 구하다, 티켓팅하다 | 争取 zhēngqǔ 동 ~하려고 최대한 노력하다 | 首映式 shǒuyìngshì 명 영화 시사회 | 接待 jiēdài 동 접대하다 | 任务 rènwu 명 임무, 업무 | 约 yuē 동 약속하다 | 导演 dǎoyǎn 명 (영화) 감독 | 出席 chūxí 동 참석하다 | 遗憾 yíhàn 동 마음에 걸리다, 섭섭하다 | 改天 gǎitiān 명 다른 날, 훗날 | 毕竟 bìjìng 부 어쨌든 간에 | 天天 tiāntiān 명 매일

2 내공이 쌓이는 시간

듣기 문제를 풀 때는 녹음 내용과 질문을 미리 알 수 없으므로 선택지를 빠르게 분석하는 것이 매우 중요합니다. 선택지를 보고 어떤 단어들이 들릴 건지, 어떤 내용이 들릴 건지 유추하고, 질문 유형도 예측할 수 있으면 정답을 고르는 데 도움이 됩니다. ★녹음 지문이 없다는 것에 유의하며, 선택지와 질문 유형 분석 연습을 해 보세요.

1 선택지가 '동사구'나 '절(주어+술어)'이면, 질문은 대부분 '为什么?' 혹은 '可以知道什么?'이다.

문제 1

A 是进口的 B 保暖效果好 C 是手工制作的 D 非常舒适柔软 问：那条牛仔裤为什么贵？	A 수입한 것이다 B 보온 효과가 좋다 C 수공예로 만든 것이다 D 매우 편하고 부드럽다 질문: 그 청바지는 왜 비싼가?

◆ 进口 jìnkǒu 동 수입하다 | 保暖 bǎonuǎn 동 보온하다 | 制作 zhìzuò 동 제작하다 | 舒适 shūshì 형 쾌적하다, 편하다 | 柔软 róuruǎn 형 유연하다, 부드럽고 연하다 | 牛仔裤 niúzǎikù 명 청바지

문제 2

A 通过了初试 B 忘带简历了 C 是服装设计师 D 要应聘市场部 问：关于男的，可以知道什么？	A 1차 시험에 통과했다 B 이력서를 가져오는 것을 잊었다 C 의상 디자이너이다 D 마케팅부에 지원하려 한다 질문: 남자에 관하여 무엇을 알 수 있는가?

◆ 初试 chūshì 명 1차 시험 | 简历 jiǎnlì 명 이력서 | 服装设计师 fúzhuāng shèjìshī 명 의상 디자이너 | 应聘 yìngpìn 동 지원하다 | 市场部 shìchǎngbù 명 마케팅부

문제 3

A 男的很粗心 B 女的很委屈 C 他们在吵架 D 钥匙没找到 问：根据对话，可以知道什么？	A 남자는 매우 덤벙댄다 B 여자는 매우 억울하다 C 그들은 말다툼을 하고 있다 D 열쇠를 찾지 못했다 질문: 대화를 근거로 무엇을 알 수 있는가?

◆ 粗心 cūxīn 형 덤벙대다, 세심하지 못하다 | 委屈 wěiqu 형 억울하다 | 钥匙 yàoshi 명 열쇠

2 선택지가 '동사구'이면, 행동을 묻거나 제안하는 문제이다.

문제 1

A 买球鞋 B 打网球 C 给客人服务 D 指导女的跳舞 问：男的在做什么？	A 운동화를 산다 B 테니스를 친다 C 손님에게 서비스한다 D 여자에게 춤추는 것을 지도한다 질문: 남자는 무엇을 하고 있는가?

◆ 球鞋 qiúxié 명 운동화 | 打网球 dǎ wǎngqiú 테니스를 치다 | 服务 fúwù 동 서비스하다 | 指导 zhǐdǎo 동 지도하다 | 跳舞 tiàowǔ 동 춤을 추다

문제 2

A 吃清淡些 B 控制运动量 C 动作要到位 D 加强肌肉锻炼 问：教练建议男的怎么做？	A 조금 담백하게 먹는다 B 운동량을 조절한다 C 동작이 적절한 수준에 도달해야 한다 D 근육 단련을 강화한다 질문: 트레이너는 남자에게 어떻게 하라고 제안했는가?

◆ 清淡 qīngdàn 형 (음식이 기름지지 않고) 담백하다 | 控制 kòngzhì 동 통제하다, 조절하다 | 运动量 yùndòngliàng 명 운동량 | 到位 dàowèi 동 적절한 수준에 도달하다 | 加强 jiāqiáng 동 강화하다 | 肌肉 jīròu 명 근육 | 锻炼 duànliàn 동 (몸을) 단련하다, 헬스하다

3 선택지가 '형용사구'나 '비교문'이면, 사물이나 사람에 대한 평가를 묻는다.

문제 1

A 很严肃 B 很幽默 C 很英俊 D 身体很结实 问：张教授是个什么样的人？	A 매우 엄숙하다 B 매우 유머러스하다 C 매우 잘생겼다 D 몸이 튼튼하다 질문: 장 교수는 어떤 사람인가?

◆ 严肃 yánsù 형 (표정·분위기가) 엄숙하다 | 幽默 yōumò 형 유머러스하다 | 英俊 yīngjùn 형 영준하다, 잘생기다 | 结实 jiēshi 형 (몸이) 튼튼하다

문제 2

A 常堵车 B 变宽了 C 绿化差 D 更干净了 问：那条路现在怎么样？	A 차가 자주 막힌다 B 넓어졌다 C 녹지가 부족하다 D 더욱 깨끗해졌다 질문: 그 길은 현재 어떠한가?

◆ 堵车 dǔchē 동 차가 막히다, 교통이 체증되다 | 变宽 biàn kuān 넓어지다 | 绿化 lǜhuà 명 녹화 [산이나 거리, 공원 등에 나무나 화초 따위를 심어 푸르게 가꿈] | 差 chà 동 부족하다, 모자라다

4 선택지가 '명사'이면, 무엇을 이야기하는가를 출제한다.

문제 1

A 市区绿化情况 B 室内装饰材料 C 中国建筑的图案 D 古建筑修建的步骤 问：他们在谈论什么？	A 시내의 녹지화 상황 B 실내의 장식 재료 C 중국 건축물의 도안 D 고건축물의 건설 순서 질문: 그들은 무엇을 논의하고 있는가?

◆ 市区 shìqū 명 시내 지역 | 绿化 lǜhuà 동 녹화하다 | 情况 qíngkuàng 명 상황 | 室内 shìnèi 명 실내 | 装饰 zhuāngshì 동 장식하다 | 材料 cáiliào 명 재료 | 建筑 jiànzhù 명 건축물 | 图案 tú'àn 명 도안 | 古建筑 gǔjiànzhù 고건축물 | 修建 xiūjiàn 동 건설하다, 건축하다 | 步骤 bùzhòu 명 (일이 진행되는) 순서, 절차, 차례 | 谈论 tánlùn 동 논의하다

공략법 **02**

장소의 힌트 단어를 듣는다

듣기 | 제1·2부분 대화형

장소를 묻는 문제는 전체 대화형 30문제 중에서 1~2문제 출제됩니다. 장소 관련 문제는 주로 듣기 제1부분 대화형에서 출제됩니다. 출제자는 자주 출제되는 장소 외에도 다양한 장소들을 돌아가며 출제합니다. 장소 문제를 쉽게 내면 선택지에 있는 장소 1개를 녹음에서 그대로 읽어줍니다. 하지만 대부분은 장소의 힌트 단어를 제시한 후, 정답을 고르게 합니다. 가장 어려운 문제는 선택지에 있는 장소 2개가 들릴 때인데, 이때는 대화의 내용을 제대로 이해한 후 정답을 골라야 합니다.

1 문제가 보이는 시간

0-03

예제 1 A 饭馆　B 酒店　C 机场　D 百货商店

정답 및 해석

女：欢迎光临，请问有什么可以帮您的？
男：我要办理入住，已经在网上预定了房间。

问：他们最有可能在哪儿？
A 饭馆　B 酒店 (✓)
C 机场　D 百货商店

여: 환영합니다. 도와드릴 거 있을까요?
남: 저 체크인을 하려고 하는데요. 이미 인터넷으로 방을 예약했습니다.

질문: 그들은 어디에 있을 가능성이 있는가?
A 식당　B 호텔 (✓)
C 공항　D 백화점

해설	장소를 직접 언급하지 않고 장소의 힌트가 되는 단어만 들려줄 때는 힌트 단어를 놓치지 않고 잘 들어야 합니다. 남자의 말에서 들린 '办理入住', '预订房间' 등의 단어들은 호텔 관련 표현으로 자주 출제됩니다. 따라서 정답은 B 酒店입니다.
단어	饭馆 fànguǎn 동 식당 ｜ 酒店 jiǔdiàn 명 호텔 ｜ 机场 jīchǎng 명 공항 ｜ 百货商店 bǎihuòshāngdiàn 명 백화점 ｜ 欢迎光临 huānyíng guānglín 환영합니다, 어서 오세요 ｜ 办理入住 bànlǐ rùzhù 체크인을 하다 *办理 동 처리하다, 해결하다 *入住 동 입주하다, (호텔 등에) 숙박하다 ｜ 预订 yùdìng 동 예약하다

0-04

예제 2	A 洗手间	B 抽屉里	C 床头柜上	D 报纸下面

정답 및 해석

女：我的戒指不在床头柜上，会在哪儿呢？
男：你是不是把它和新买的项链一起放到抽屉里了？

问：男的认为戒指可能在哪儿？

A 洗手间
B 抽屉里 (✓)
C 床头柜上
D 报纸下面

여: 내 반지가 침대 머릿장 위에 없는데, 어디에 있을까?
남: 너 그 반지를 새로 산 목걸이랑 같이 서랍 안에 둔 거 아니야?

질문: 남자는 반지를 어디에 두었다고 생각하는가?

A 화장실
B 서랍 속 (✓)
C 침대 머릿장 위
D 신문지 아래

해설

여자는 반지가 침대 머릿장에 있지 않다고 말하면서 어디에 있냐고 물어봅니다. 부정부사와 함께 들리는 단어는 정답이 아닌 경우가 많으므로 주의해서 듣습니다. 선택지 B와 C가 함께 들렸기 때문에 질문을 끝까지 듣고 풀어야 합니다. 질문은 남자의 생각을 물어봤으므로 남자의 말에서 들리는 '抽屉里'를 정답으로 골라야 합니다. 따라서 정답은 B 抽屉里입니다.

장소 및 위치는 전치사구 형태로 나오기 때문에 그 구조를 잘 익혀 둡니다. 把자문에서 술어 뒤 전치사구의 위치를 잘 듣도록 합니다.

단어

洗手间 xǐshǒujiān 명 화장실 | 抽屉 chōuti 명 서랍 | 床头柜 chuángtóuguì 침대 머릿장 | 报纸 bàozhǐ 명 신문지 | 戒指 jièzhi 명 반지 | 项链 xiàngliàn 명 목걸이

2 내공이 쌓이는 시간

1 시험에 잘 나오는 장소별 힌트 어휘

0-05

장소	힌트 어휘
火车上 huǒchē shang 기차 안	*车厢 chēxiāng 명 열차 객실 | 行李架 xínglǐjià 명 짐 받이 선반 | 火车站 huǒchēzhàn 명 기차역 | 候车室 hòuchēshì 명 대합실 *候车 차를 기다리다 Tip 火车上 → 车厢 대화에서 '车厢'이 들리고 정답으로 '火车上'을 물어본 문제가 역대 가장 많이 출제되었습니다.
机场 jīchǎng 공항	航班 hángbān 명 항공편 | 登机牌 dēngjīpái 명 탑승권 | 候机厅 hòujītīng 명 공항 대합실 | 托运 tuōyùn 동 (짐·화물을) 탁송하다, 부치다 | 转机 zhuǎnjī 동 비행기를 갈아타다 | *改签 gǎiqiān 동 비행기표를 바꾸다 Tip 飞机 vs 航班 '飞机'는 비행기라는 기체를 뜻하고, 우리가 보통 '너 몇 시 비행기 타니?'라고 물어볼 때의 비행기는 주로 '航班(항공편)'을 씁니다.
邮局 yóujú 우체국	寄包裹 jì bāoguǒ 소포를 부치다
酒店 jiǔdiàn (=宾馆 / 饭店) 호텔	标准间 biāozhǔnjiān 명 일반룸, 표준 객실 | *登记 dēngjì 동 체크인하다 | 前台 qiántái 명 안내데스크, 프론트(=服务台 fúwùtái) Tip 酒店 = 宾馆 = 饭店 '酒店'의 동의어로 '宾馆 bīnguǎn'과 '饭店'이 있습니다. '饭店'은 호텔도 되고, 고급 식당이란 의미도 있습니다. 보통 호텔 1층에 고급 식당이 있어서 그렇습니다. '酒店'을 술집으로 착각하면 안 됩니다. 술집은 '酒吧 jiǔbā'입니다.
健身房 jiànshēnfáng 헬스장	年卡 nián kǎ 명 연간 이용권 | 锻炼 duànliàn 동 (몸과 마음을) 단련하다, 운동하다
理发店 lǐfàdiàn 이발소	剪发 jiǎnfà 동 머리를 자르다(=剃头 tìtóu) | *发型 fàxíng 명 헤어스타일 | 吹风 chuī fēng 동 드라이하다 | 染发 rǎnfà 동 염색하다 | 烫发 tàngfà 동 파마하다
银行 yínháng 은행	*理财产品 lǐcái chǎnpǐn 명 재테크 상품 | 营业厅 yíngyètīng 명 영업점 | 转账 zhuǎnzhàng 동 계좌이체하다 | 取款 qǔkuǎn 동 인출하다

医院 yīyuàn 병원	大夫 dàifu 명 의사(=医生) ǀ *挂号 guàhào 동 병원 접수하다 ǀ *开药 kāiyào 동 약을 처방하다 ǀ 预防 yùfáng 동 예방하다 ǀ 就诊 jiùzhěn 동 (의사에게) 진찰 받다 ǀ 急诊 jízhěn 명 응급 진료 ǀ 诊断 zhěnduàn 동 (병을) 진단하다

2 시험에 가끔 나오는 장소 어휘

0-06

- 收银台 shōuyíntái 명 계산대, 카운터 (=柜台 guìtái)
- 俱乐部 jùlèbù 명 동호회
- 宠物店 chǒngwùdiàn 명 애완동물 가게, 펫샵
- 玩具店 wánjùdiàn 명 완구점
- 滑雪场 huáxuěchǎng 명 스키장
- 服装店 fúzhuāngdiàn 명 옷가게
- 池塘 chítáng 명 연못
- 操场 cāochǎng 명 운동장
- 武术馆 wǔshùguǎn 명 무술관
- 幼儿园 yòu'éryuán 명 유치원
- 售票处 shòupiàochù 매표소
- 快递柜 kuàidìguì 택배 보관함

공략법 03 직업·신분과 관련된 힌트 단어에 집중한다

듣기 | 제1·2부분 대화형

남자나 여자의 직업이나 신분을 묻거나 대화하는 두 사람의 관계를 묻는 문제도 매 시험 평균 1~2문제 출제됩니다. 먼저 선택지를 보고 문제 유형을 살핀 후에 대화하는 남녀의 직업이나 신분 또는 관계에 힌트가 될 만한 단어나 문장을 잘 들어야 합니다.

1 문제가 보이는 시간

0-07

예제 1 A 教练　B 经理　C 快递员　D 售货员

정답 및 해석

女：这条牛仔裤请帮我包起来吧。	여: 이 청바지 포장 좀 해 주세요.
男：好的，女士，我给您开票，麻烦您去柜台结一下账。	남: 알겠습니다. 여사님, 여기 영수증이고요. 계산대로 가셔서 계산 부탁드립니다.
女：柜台怎么走？	여: 계산대는 어떻게 가나요?
男：向前直走50米，再向右拐个弯，就到了。	남: 앞으로 50미터 가셔서 오른쪽으로 돌면 도착합니다.
问：男的最可能是做什么的？	질문: 남자는 무엇을 하는 사람일 가능성이 높은가?
A 教练　B 经理　C 快递员　D 售货员 (✓)	A 코치　B 매니저　C 택배원　D 판매원 (✓)

해설 선택지를 보면 직업을 선택하는 문제임을 알 수 있습니다. 남자의 말 중 '我给您开票，麻烦您去柜台结一下账'을 통해 남자가 판매원인 것을 알 수 있습니다. 따라서 정답은 D 售货员입니다. 계산하는 곳을 '柜台'라고 하는데, '收银台(계산대)'도 정답으로 종종 출제되니 같이 알아 둡니다.

단어 教练 jiàoliàn 명 코치 | 经理 jīnglǐ 명 매니저, 사장 | 快递员 kuàidìyuán 명 택배원 | 售货员 shòuhuòyuán 명 판매원 | 牛仔裤 niúzǎikù 명 청바지 | 开票 kāipiào 동 영수증을 끊다 | 麻烦 máfan 동 귀찮게 하다, 폐를 끼치다 | 柜台 guìtái 명 계산대, 카운터 | 结账 jiézhàng 동 계산하다 | 拐弯 guǎiwān 동 (길을 갈 때 방향을 바꾸어) 돌다

0-08

예제 2	A 朋友	B 亲戚	C 主持人和观众	D 主持人和嘉宾

정답 및 해석

女：快来跟电视机前的观众朋友们打个招呼。
男：大家好，我是羌族射击运动员梁元。
女：羌族是不是被称为云朵上的民族？
男：没错，因为我们喜欢把房子建在高山或者半山腰上。

问：他们最可能是什么关系？

A 朋友
B 亲戚
C 主持人和观众
D 主持人和嘉宾 (✓)

여: 어서 와서 텔레비전 앞에 있는 시청자 여러분께 인사하세요.
남: 안녕하세요. 저는 강족 사격 선수 양원입니다.
여: 강족은 구름 위의 민족으로 불리지 않나요?
남: 맞아요. 저희는 집을 높은 산이나 산 중턱에 짓는 것을 좋아하기 때문입니다.

질문: 그들은 무슨 관계일 가능성이 높은가?

A 친구
B 친척
C 진행자와 시청자
D 진행자와 초대 손님 (✓)

해설	선택지를 미리 보면 신분에 관련된 문제임을 알 수 있으며, 두 사람 사이의 관계에 대한 문제임을 유추할 수 있습니다. '观众'이 들린다고 바로 C를 찍지 말고, 녹음을 끝까지 들어야 합니다. 여자가 '观众'에게 인사하라고 하자 남자는 자기소개를 하고, 다시 여자가 질문하며 인터뷰하고 있으므로 이 둘의 관계는 D 主持人和嘉宾입니다.
단어	亲戚 qīnqī 명 친척 | 主持人 zhǔchírén 명 진행자, 사회자, MC | 观众 guānzhòng 명 관중, 시청자 | 嘉宾 jiābīn 명 귀빈, 초대 손님 | 打招呼 dǎ zhāohu 동 (가볍게) 인사하다 | 羌族 Qiāngzú 명 강족[중국 쓰촨성(四川省) 서북부에 분포되어 있는 중국 소수 민족의 하나] | 射击 shèjī 동 사격하다 | 运动员 yùndòngyuán 명 운동 선수 | 梁元 Liáng Yuán 고유 양원[인명] | 被称为 bèi chēngwéi ~라고 불리다 | 云朵 yúnduǒ 명 구름 (송이) | 民族 mínzú 명 민족 | 建 jiàn 동 (건물을) 짓다 | 或者 huòzhě 접 ~이나, 혹은 | 半山腰 bànshānyāo 명 산 허리, 산 중턱

2 내공이 쌓이는 시간

1 시험에 잘 나오는 직업·신분별 힌트 어휘

0-09

직업·신분	힌트 어휘
记者 jìzhě 기자	*采访 cǎifǎng 동 취재하다(=走访 zǒufǎng) | 报道 bàodào 동 보도하다

售货员 shòuhuòyuán 판매원	*发票 fāpiào 명 영수증 ǀ 样式 yàngshì 명 스타일(=款式 kuǎnshì) ǀ *退货 tuìhuò 동 반품하다 ǀ 找钱 zhǎoqián 동 돈을 거슬러 주다 ǀ 打八五折 dǎ bāwǔzhé 15% 할인 ǀ 讨价还价 tǎojiàhuánjià 동 가격 흥정을 하다
主持人 zhǔchírén 사회자, MC	*节目 jiémù 명 프로그램 ǀ *嘉宾 jiābīn 명 귀빈, 초대 손님, (TV 출연자 등의) 게스트 ǀ 播放 bōfàng 동 방송하다 ǀ 直播 zhíbō 동 생방송하다

2 시험에 가끔 나오는 직업·신분 어휘

0-10

- 作家 zuòjiā 명 작가
- 班主任 bānzhǔrèn 명 담임 선생님
- 秘书 mìshū 명 비서
- 翻译 fānyi 명 번역가, 통역가
- 导演 dǎoyǎn 명 (영화) 감독 *张导 Zhāng dǎo 장 감독(님)
- 教练 jiàoliàn 명 (운동) 감독, 코치
- 律师 lǜshī 명 변호사
- 编辑 biānjí 명 편집자
- 会计 kuàijì 명 회계사

Tip '会'의 발음이 'kuài'라는 것에 유의합니다.

- 导游 dǎoyóu 명 여행 가이드
- 摄影师 shèyǐngshī 명 (사진·영상) 촬영 기사
- 工程师 gōngchéngshī 명 엔지니어
- 推销员 tuīxiāoyuán 명 세일즈맨
- 清洁工 qīngjiégōng 명 환경미화원
- 厨师 chúshī 명 요리사
- 门卫 ménwèi 명 경비원

학교생활 문제는 꼭 나온다

학교생활과 관련된 대화 내용은 매 시험 1~2문제 출제되는 중요한 부분입니다. 대화 내용이나 문제는 그리 어렵지 않지만, 180점~230점 취득을 목표로 절대 틀리지 않게 열심히 공부해야 합니다. 시험에 잘 나오는 어휘와 문장들은 꼭 외워 줍니다.

1 문제가 보이는 시간

0-11

예제 1 A 应聘 B 申请换部门 C 咨询留学项目 D 办理入学手续

정답 및 해석

男：老师，我是文学系新生，来报到。
女：欢迎你，请出示一下身份证和录取通知书。
男：给您。请问办完手续后直接去宿舍吗？
女：没错，拿好证件和新生手册。

问：男的在做什么？

A 应聘
B 申请换部门
C 咨询留学项目
D 办理入学手续 (✓)

남: 선생님, 저는 문학과 신입생입니다. 도착 보고를 하러 왔습니다.
여: 환영합니다. 신분증과 입학 통지서를 보여 주세요.
남: 여기 있습니다. 수속을 마치면 바로 기숙사로 갑니까?
여: 맞아요. 학생증과 신입생 수첩을 챙기세요.

질문: 남자는 무엇을 하고 있는가?

A 입사 지원한다
B 부서 변경을 신청한다
C 유학 프로그램을 문의한다
D 입학 수속을 처리한다 (✓)

해설 선택지가 동사구로 이루어져 있어 무슨 행동을 하는지 유의해서 들어야 합니다. 녹음에서 '新生(신입생)', '报到(도착 보고하다)', '录取通知书(입학 통지서)', '新生手册(신입생 수첩)' 등의 단어를 들었다면 입학 수속을 하고 있는 상황임을 알 수 있습니다. 따라서 정답은 D 办理入学手续입니다. 남자의 행동을 물었지만, 여자의 말 속에도 힌트가 있습니다. '报到'는 '도착을 보고하다'라는 뜻인데, 중국에서 처음 신입생일 때나 새 학기가 시작될 때 '报到注册(도착 보고와 등록)'를 합니다.

단어	应聘 yìngpìn 동(모집에) 지원하다 | 申请 shēnqǐng 동 신청하다 | 换 huàn 동 바꾸다, 변경하다 | 部门 bùmén 명 부서 | 咨询 zīxún 동 자문하다, 문의하다 | 项目 xiàngmù 명 항목, 프로젝트, 프로그램 | 办理 bànlǐ 동(사무를) 처리하다 | 入学手续 rùxué shǒuxù 명 입학 수속 | 文学系 wénxuéxì 명 문학과 | 新生 xīnshēng 명 신입생 | 报到 bàodào 동 도착을 보고하다 | 出示 chūshì 동 제시하다 | 身份证 shēnfènzhèng 명 신분증 | 录取通知书 lùqǔ tōngzhīshū 명 입학 통지서 *录取 동 합격시키다, 뽑다 | 办手续 bàn shǒuxù 수속을 하다 | 直接 zhíjiē 부 직접, 바로 | 宿舍 sùshè 명 기숙사 | 证件 zhèngjiàn 명(학생증·신분증 등의) 증명서 | 手册 shǒucè 명 수첩, 소책자

0-12

예제 2

A 他以前选过　　B 选课人数已满
C 选课系统暂时关闭　　D 课程只开放给本科生

정답 및 해석

女：我这边网络不太好，你能进选课系统，帮我选门课吗？
男：没问题，你想选什么？
女：恋爱心理学，是今年新开设的，我很好奇。
男：我本来也想选的，但这门课只对本科生开放。

问：男的为什么不能选那门课？
A 他以前选过
B 选课人数已满
C 选课系统暂时关闭
D 课程只开放给本科生 (✓)

여: 내 쪽은 인터넷이 잘 안되는데, 네가 수강 신청 시스템에 들어가서 내 수강 신청 좀 도와줄 수 있어?
남: 문제없지. 어떤 거 신청하려고?
여: 연애 심리학이 올해 새로 개설되었는데 호기심이 생겨서.
남: 나도 원래 신청하려고 했지만, 이 수업은 학부생에게만 열려 있대.

질문: 남자는 왜 그 과목을 고를 수 없는가?
A 그가 이전에 선택했었다
B 과목 선택한 사람이 이미 가득 찼다
C 과목 선택 시스템이 잠시 닫혔다
D 커리큘럼은 학부생에게만 개방한다 (✓)

해설	'选课'가 자주 나오는 것으로 보아 학교 수강 신청에 관련된 문제임을 알 수 있습니다. 남자의 마지막 말에서 본인도 신청하고 싶었지만, 이 수업이 본과생에게만 열린다고 했으므로 정답은 D 课程只开放给本科生입니다. 남자의 마지막 말인 '我本来也想选的'처럼 '本来'가 들리면 그 문장은 실제로 그 일이 이루어지지 않았다는 것이므로 중요한 내용이 아니고, 뒤 절에 '但(是)'와 함께 핵심 내용이 나옵니다.
단어	选课 xuǎnkè 동 수강 신청을 하다 | 人数 rénshù 명 인원수, 사람 수 | 满 mǎn 형 꽉 차다, 가득하다 | 系统 xìtǒng 명 시스템 | 暂时 zànshí 명 잠깐, 잠시 | 关闭 guānbì 동(문·창문·시스템 등을) 닫다 | 开放 kāifàng 동 개방하다 | 本科生 běnkēshēng 명 학부생, 대학생 | 网络 wǎngluò 명 인터넷 | 门 mén 양 과목을 셀 때 쓰임 | 恋爱心理学 liàn'ài xīnlǐxué 연애 심리학 | 开设 kāishè 동(과목을) 개설하다 | 好奇 hàoqí 형 호기심이 많다, 궁금해하다 | 本来 běnlái 부 원래, 본래

2 내공이 쌓이는 시간

학교생활에 관련된 문제는 보통 대학 생활에 관련된 문제가 나옵니다. 대학 입시·신입생 등록과 모집·학교생활·수강 신청·논문을 쓰는 상황 및 졸업에 관련된 내용 등의 다양한 상황을 다룬 문제가 나오므로 관련 어휘와 문장 학습을 반드시 해야 합니다.

1 시험에 잘 나오는 학교생활 관련 어휘

0-13

- 放假 fàngjià 동 방학하다
- 听讲座 tīng jiǎngzuò 강좌를 듣다
- 演讲 yǎnjiǎng 동 강연하다 명 강연
- 夏令营 xiàlìngyíng 명 여름캠프, 서머 스쿨(summer school)
- 分配宿舍 fēnpèi sùshè 기숙사를 배정하다 *分配 동 분배하다, 배정하다
- 拍毕业照 pāi bìyèzhào 졸업사진을 찍다
- 写论文 xiě lùnwén 논문을 쓰다

2 시험에 잘 나오는 학교생활 관련 표현

0-14

표현 1

同学，能不能耽误您几分钟填一份调查问卷?	학우님, 설문지를 채우는 데 몇 분 정도만 시간을 내줄 수 있나요?
해설	위 문장은 같은 학교에 다니는 친구(同学)에게 설문조사를 하는 내용입니다. '耽误'의 기본 의미는 '시간을 지체하다'입니다. '설문지(调查问卷)를 기입하다'에서 동사 '기입하다'는 '填(tián)'을 쓰며, '填写'를 뜻합니다.
단어	耽误 dānwu 동 시간을 지체하다, (시간을 지체해서) 일을 그르치다 | 调查问卷 diàochá wènjuàn 명 설문지

표현 2

我6月中旬去广州一家电视台实习。	나는 6월 중순에 광저우의 한 방송국에 실습하러 간다.
해설	대학 생활에서 '实习(실습)' 가는 내용은 자주 출제되며, 실습생은 '实习生'입니다. 시간을 나타내는 '中旬(중순)'도 필수 어휘이니 외워 둡니다.
단어	中旬 zhōngxún 명 중순 | 广州 Guǎngzhōu 고유 광저우[중국 광동성(广东省)의 성도] | 实习 shíxí 동 실습하다

표현 3

李教授推荐我去一个研究所，过完元旦就开始上班。	리 교수님은 나에게 연구소에 가는 것을 추천해서, 위엔딴(元旦)이 지나면 바로 출근하기 시작한다.

해설 교수님이 뭔가를 추천해 준다는 내용도 단골 출제 내용입니다. 5급 필수 어휘 '推荐'은 듣기뿐만 아니라 쓰기 제2부분 99번에도 자주 출제되므로 위 문장을 암기해 두면 많은 도움이 됩니다. 중국의 음력 1월1일 설날인 '춘제(春节)' 못지않게, 중국의 양력 1월 1일 신정인 '위엔딴(元旦)'도 시험에 자주 출제됩니다.

단어 教授 jiàoshòu 명 교수 | 推荐 tuījiàn 동 추천하다 | 研究所 yánjiūsuǒ 명 연구소 | 元旦 Yuándàn 고유 위엔딴(원단), 양력 1월 1일 | 上班 shàngbān 동 출근하다

표현 4

昨天那位华裔化学家的演讲让人很受启发。	어제 그 중국계 화학자의 강연은 정말 깊은 깨달음을 주었다.

해설 '讲座(강좌)'는 내부 교수님의 강좌를 말하며, '演讲(강연)'은 주로 외부 인물을 초청해서 하는 강연을 말합니다. '很受启发(깊은 깨달음을 얻다)'는 한 단어처럼 암기해 둡니다. '让人'의 '人'은 주로 '我'를 가리킵니다.

단어 华裔 huáyì 명 (외국에서 태어난) 중국계 자녀 | 化学家 huàxuéjiā 명 화학자 | 讲演 jiǎngyǎn 명 강연 | 启发 qǐfā 명 깨달음, 깨우침

표현 5

我想查一下下学期的课程表，可是我忘记了我的校园网登录密码了。	내가 다음 학기의 수업 시간표를 좀 검색하고 싶은데, 내 학교 홈페이지 로그인 비밀번호를 잊어버렸어.

해설 '课程'은 학생들이 수업 듣는 커리큘럼을 말하며, '校园'이 캠퍼스를 의미하므로 '校园网'은 학교 홈페이지를 의미합니다. '계정을 등록하다(注册帐号)'도 함께 알아 둡니다.

단어 查 chá 동 찾다, 검색하다 | 下学期 xiàxuéqī 명 다음 학기 | 课程表 kèchéngbiǎo 명 수업 시간표 | 忘记 wàngjì 동 잊어버리다 | 校园网 xiàoyuánwǎng 명 학교 홈페이지 | 登录 dēnglù 동 로그인하다 | 密码 mìmǎ 명 비밀번호, 패스워드 | 注册帐号 zhùcè zhànghào 계정을 등록하다

공략법 05 요리 문제는 '맛있다'는 내용이 나온다

듣기 | 제1·2부분 대화형

일상에서 자주 접하는 주제인 식당에서 요리를 주문하거나 집에서 직접 요리를 해 먹는 내용이 자주 출제됩니다. 음식 맛을 이야기하는 상황이라면 대부분 맛있다고 칭찬하거나, 어떻게 하면 더 좋았을 거 같다는 내용이 이어집니다.

1 문제가 보이는 시간

0-15

예제 1 A 味道不好 B 脖子不舒服 C 不要吃辣的 D 不喜欢这家餐厅

정답 및 해석

女：咱们换一家吧，我嗓子疼，别再吃辣的了。

男：好，到隔壁那家怎么样？他家口味清淡一些。

问：女的为什么要换餐厅？

A 味道不好
B 脖子不舒服
C 不要吃辣的 (✓)
D 不喜欢这家餐厅

여: 우리 식당 바꾸자. 내가 목이 아프니 더 이상 매운 거 먹지 말자.

남: 좋아. 옆집 식당으로 가는 거 어때? 그 집은 맛이 좀 담백한 편이야.

질문: 여자는 왜 식당을 바꾸려고 하는가?

A 맛이 안 좋다
B 목이 불편하다
C 매운 것을 먹지 않으려 한다 (✓)
D 이 식당을 좋아하지 않는다

해설 선택지를 보면 음식과 관련된 대화임을 알 수 있습니다. 여자의 말 '我嗓子疼，别再吃辣的了'에서 여자가 목이 아파 매운 것을 더 이상 먹을 수 없으므로 식당을 바꾸려 한다는 것을 알 수 있습니다. 따라서 정답은 C 不要吃辣的입니다. '嗓子'는 목소리가 나오는 목을 말하며, '脖子'는 정형외과에서 치료하는 신체의 목을 말합니다.

단어 味道 wèidao 명 맛, 냄새 | 脖子 bózi 명 목 | 不舒服 bùshūfu 형 (몸이) 불편하다 | 辣 là 형 (맛이) 맵다 | 餐厅 cāntīng 명 식당 | 换 huàn 동 바꾸다 | 嗓子 sǎngzi 명 목(구멍) | 隔壁 gébì 명 옆집, 이웃 | 口味 kǒuwèi 명 맛, 구미, 기호 | 清淡 qīngdàn 형 담백하다

예제 2 A 去看医生 B 去看电影 C 去吃火锅 D 吃得清淡点

정답 및 해석

男：咱们晚上去吃火锅吧。
女：你不是说你嗓子疼吗？还是换个清淡点的吧。
男：那你觉得谁家比较清淡呢？
女：选一家广式餐厅，喝海鲜粥吧。

问：女的建议怎么做？
A 去看医生
B 去看电影
C 去吃火锅
D 吃得清淡点 (✓)

남: 우리 저녁에 훠궈 먹으러 가자.
여: 너 목이 아프다면서? 아무래도 약간 담백한 걸로 바꾸는 게 낫겠다.
남: 그러면 너는 어느 집이 비교적 담백하다고 생각해?
여: 광둥식 식당을 골라서 해물 죽을 먹자.

질문: 여자는 어떻게 하자고 제안하는가?
A 의사에게 치료를 받으러 간다
B 영화를 보러 간다
C 훠궈를 먹으러 간다
D 좀 담백하게 먹는다 (✓)

해설 선택지가 동사구로 이루어져 있어 행동과 관련된 문제임을 알 수 있습니다. 남자와 여자의 행동을 각각 체크하며 들어야 합니다. 남자의 첫 번째 말 '咱们晚上去吃火锅吧'를 들으면서 C를 후보로 둡니다. 하지만 여자의 말을 들으면 남자의 목이 아프니 담백한 것을 먹자고 제안하므로 D도 정답 후보가 됩니다. 이렇게 선택지가 2개 들리면 문제를 끝까지 잘 들어야 합니다. 질문은 여자가 어떻게 하자고 제안하는지를 물었으므로 정답은 D 吃得清淡点입니다. '还是…吧'는 '아무래도 ~하는 게 낫다'라는 의미로 상대방에게 제안할 때 많이 사용하는 구문입니다.

단어 火锅 huǒguō 명 훠궈[중국식 샤브샤브] | 清淡 qīngdàn 형 담백하다 | 嗓子 sǎngzi 명 목(구멍) | 换 huàn 동 바꾸다 | 比较 bǐjiào 부 비교적 | 选 xuǎn 동 고르다, 선택하다 | 广式 guǎngshì 명 광둥식 | 海鲜粥 hǎixiānzhōu 명 해물죽 | 建议 jiànyì 동 제안하다, 건의하다

2 내공이 쌓이는 시간

일상생활에서 요리와 관련된 대화 내용도 시험에 빠지지 않는 주제이므로 요리 관련 어휘와 표현을 익혀 봅니다.

1 시험에 잘 나오는 요리 관련 어휘

0-17

- 酸 suān 형 (맛이) 시큼하다 | 甜 tián 형 (맛이) 달다 | 苦 kǔ 형 (맛이) 쓰다 | 辣 là 형 (맛이) 맵다 | 咸 xián 형 (맛이) 짜다 | 淡 dàn 형 (맛이) 싱겁다, 담백하다(=清淡 qīngdàn)
- 盐 yán 명 소금 | 醋 cù 명 식초 | 酱油 jiàngyóu 명 간장
- 口味 kǒuwèi 명 맛, 기호 | 胃口 wèikǒu 명 입맛, 식욕
- 炒 chǎo 동 (기름으로) 볶다 | 煮 zhǔ 동 끓이다, 삶다 | 烤 kǎo 동 불에 굽다(=烧烤 shāokǎo) | 炸 zhá 동 (기름에) 튀기다 | 油炸食品 yóuzháshípǐn 명 튀김식품
- 烹饪 pēngrèn 동 요리하다(=烹调 pēngtiáo) | 自助餐 zìzhùcān 명 뷔페

2 시험에 잘 나오는 요리 관련 표현

0-18

표현 1

服务员，你们这儿有什么特色菜吗？给我们推荐一下。	종업원, 여기 무슨 특색 요리가 있나요? 저희에게 추천 좀 해주세요.

단어	服务员 fúwùyuán 명 (식당) 종업원 | 特色菜 tèsècài 특색 요리 | 推荐 tuījiàn 동 추천하다, 소개하다

표현 2

我刚尝了一下，味道稍微有些淡。	내가 방금 먹어봤는데 맛이 조금 싱거워.

단어	刚 gāng 부 방금, 막 | 尝 cháng 동 맛보다 | 味道 wèidao 명 맛, 냄새 | 稍微 shāowēi 부 조금, 약간 | 淡 dàn 형 (맛이) 싱겁다

표현 3

你做了什么好吃的？我在楼道就闻到香味了。	너 맛있는 거 뭐 만들었어? 내가 복도에서부터 향긋한 냄새를 맡았거든.

단어	楼道 lóudào 명 복도 | 闻 wén 동 냄새를 맡다 | 香味 xiāngwèi 명 향기, 향긋한 냄새

표현 4

宇航员进入太空后，味觉会减弱，因此太空食品的味道要有一定的刺激性。	우주 비행사가 우주에 들어간 후에는 미각이 약해진다. 이 때문에 우주 식품의 맛은 어느 정도 자극성이 있어야 한다.

단어 宇航员 yǔhángyuán 명 우주 비행사 | 太空 tàikōng 명 우주 | 味觉 wèijué 명 미각 | 减弱 jiǎnruò 동 약해지다 | 太空食品 tàikōng shípǐn 명 우주 식품 | 一定 yídìng 형 일정한, 어느 정도의 | 刺激性 cìjīxìng 명 자극성

표현 5

男：这是什么味道？好香啊！ 女：你来得正好，我正在煮海鲜，你一定要尝尝。	남: 이게 무슨 냄새지? 아주 향기로운데! 여: 너 마침 잘 왔어. 내가 지금 해산물을 삶고 있거든. 네가 반드시 먹어봐야 해.

단어 味道 wèidao 명 냄새, 맛 | 正好 zhènghǎo 형 (시간·수량·정도 따위가) 꼭 알맞다 | 煮 zhǔ 동 끓이다, 삶다 | 海鲜 hǎixiān 명 해산물 | 尝 cháng 동 맛보다, (시험 삼아) 먹어 보다

쇼핑·결제 문제가 출제된다

쇼핑하면서 물건을 사거나 결제할 때 나누는 대화부터 넓은 범위의 일상용품에 관한 내용까지 모두 이번 공략법에서 공부해 봅시다.

1 문제가 보이는 시간

0-19

예제 1　A 不太结实　B 是男的安装的　C 购买时有优惠　D 可以装在墙上

정답 및 해석

女：我喜欢你屋里的书架。
男：不错吧？而且性价比很高，我六折抢购的。
女：安装起来复杂吗？
男：店里提供上门安装服务，不用担心。

问：关于那个书架，下列哪项正确？

A 不太结实
B 是男的安装的
C 购买时有优惠 (✓)
D 可以装在墙上

여: 나는 네 집에 있는 책꽂이가 마음에 들어.
남: 괜찮지? 게다가 가성비도 높아. 내가 40% 할인할 때 잽싸게 샀어.
여: 설치하기 복잡해?
남: 가게에서 방문 설치 서비스를 제공하고 있어서 걱정하지 않아도 돼.

질문: 그 책꽂이에 관하여 다음 중 옳은 것은?

A 그다지 튼튼하지 않다
B 남자가 설치한 것이다
C 구매할 때 할인 혜택이 있다 (✓)
D 벽에 설치할 수 있다

해설　선택지를 보고 어떤 물건과 관련된 내용임을 유추합니다. 녹음에서 '书架(책꽂이)'가 언급되었고, 남자의 첫 번째 말 '我六折抢购的'에서 할인 할 때 서둘러 샀다는 것을 알 수 있습니다. '优惠'는 할인(打折)을 포함해서 물건 살 때 '혜택(우대)을 준다'는 뜻이므로 정답은 C 购买时有优惠입니다.

단어 | 结实 jiēshi 형 견고하다, 튼튼하다 | 安装 ānzhuāng 동 설치하다 *装 동 설치하다 | 购买 gòumǎi 동 구매하다 | 优惠 yōuhuì 명 혜택, 우대, 할인 | 墙 qiáng 명 벽, 담 | 屋里 wū li 명 방 안, 집 안 | 书架 shūjià 명 책꽂이 | 性价比 xìngjiàbǐ 명 가성비 | 六折 liùzhé 명 40% 할인 | 抢购 qiǎnggòu 동 앞다투어 구입하다 | 复杂 fùzá 형 복잡하다 | 提供 tígōng 동 제공하다 | 上门安装服务 shàngmén ānzhuāng fúwù 방문 설치 서비스 | 担心 dānxīn 동 걱정하다, 염려하다

0-20

예제 2 A 机器坏了 B 卡过期了 C 忘记带了 D 需要手续费

정답 및 해석

女：服务员，结一下账。	여: 종업원, 계산해 주세요.
男：您好，四菜一汤，您一共消费了158元。	남: 안녕하세요. 요리 넷에 국 하나, 총 158위안입니다.
女：可以刷卡吗？	여: 카드로 할 수 있어요?
男：对不起，今天机器出毛病了，您方便现金支付吗？	남: 죄송합니다. 오늘 기계가 고장 났습니다. 현금으로 지불해 주실 수 있을까요?
问：女的为什么不能刷卡？	질문: 여자는 왜 카드를 못 쓰는가?
A 机器坏了 (✓)	A 기계가 고장 났다 (✓)
B 卡过期了	B 카드 유효기간이 지났다
C 忘记带了	C 챙기는 걸 잊어버렸다
D 需要手续费	D 수속비가 필요하다

해설 | 선택지가 '주어+술어' 구조이면, 질문은 보통 '根据对话，我们可以知道什么？'혹은 '为什么'를 물어봅니다. 남자의 두 번째 말에서 '今天机器出毛病了'라고 했으므로 정답은 A 机器坏了입니다. '出毛病(고장나다)'의 동의어 '坏了'를 묻는 문제입니다.

단어 | 机器 jīqì 명 기계 | 坏了 huàile 동 고장나다 | 卡 kǎ 명 카드 | 过期 guòqī 동 (유효)기간이 지나다 | 忘记 wàngjì 동 잊어버리다 | 需要 xūyào 동 필요하다 | 手续费 shǒuxùfèi 명 수속비 | 服务员 fúwùyuán 명 종업원 | 结账 jiézhàng 동 계산하다 | 菜 cài 명 요리 | 汤 tāng 명 탕, 국 | 一共 yígòng 부 모두 | 消费 xiāofèi 동 소비하다 | 刷卡 shuākǎ 동 카드로 결제하다 | 出毛病 chū máobìng 고장이 나다 | 方便 fāngbiàn 동 편의를 봐주다 | 现金 xiànjīn 명 현금 | 支付 zhīfù 동 지불하다

2 내공이 쌓이는 시간

쇼핑 상황에 관련된 문제는 물건 구매·결제·할인·교환 및 환불·영수증 발급 등의 일상적인 예시들이 나옵니다. 중요 어휘 및 표현들은 반드시 익혀야 합니다.

1 시험에 잘 나오는 쇼핑·결제 관련 어휘

0-21

- 结账 jiézhàng 계산하다
- 付款 fùkuǎn 돈을 지불하다(=付现金 fù xiànjīn 현금을 내다)
- 刷卡 shuākǎ 카드로 결제하다
- 扫二维码 sǎo èrwéimǎ QR 코드로 결제하다(=扫码)
- 支付宝 Zhīfùbǎo 고유 쯔푸바오, 알리페이[중국의 온라인 결제 수단]
- 购物 gòuwù 구매하다, 쇼핑하다
- 购置 gòuzhì (장기간 사용할 물건을) 사다 *购置家具 가구를 구입하다
- 逛街 guàngjiē 아이쇼핑하다, 거리 구경을 하다
- 逛商场 guàng shāngchǎng 상점을 쇼핑하다(=去商场转转 *转转 구경하다, 둘러보다)

2 시험에 잘 나오는 쇼핑·결제 관련 표현

0-22

표현 1

这一款床垫现在有优惠，打完折是一千九。	이 타입의 침대 매트리스는 지금 행사 중으로, 할인해서 1,900(위안)입니다.

해설	'优惠'는 '打折(할인)', '1加1(1+1)', '积分(포인트 적립)' 등을 모두 포함하며, '优惠活动(할인 행사, 프로모션)'과 '优惠券(우대권, 할인권)'도 자주 출제되는 단어입니다. '打折'는 이합동사이므로 보어인 '完'은 동사 뒤에 와서 '打完折(할인을 완료하다)'가 됩니다. '优惠'는 명사 외에, 동사로도 사용합니다. 물건 살 때 '请您优惠一点(저렴하게 해 주세요)' 또는 '这件衣服给您优惠50元(이 옷은 당신에게 50위안 저렴하게 해 드릴게요)'처럼 사용하기도 합니다.
단어	款 kuǎn 양 양식, 스타일 | 床垫 chuángdiàn 명 침대 매트리스 | 优惠 yōuhuì 명 혜택, 우대, 할인

표현 2

请给我开张发票。	영수증 발행해 주세요.

해설	영수증은 '发票' 혹은 '收据'라고 합니다. 보통 회사에 영수증을 청구할 때는 '报销 bàoxiāo'라고 하며, '收据'가 아닌 '发票'를 가지고 청구합니다. '开张发票'에서 '张'은 양사이므로, '开张'을 한 단어로 듣지 않도록 합니다.
단어	开发票 kāi fāpiào 영수증을 발행하다 | 张 zhāng 양 종이를 셀 때 쓰임

표현 3

你看这件旗袍怎么样？丝绸做的，款式也很大方。	당신이 보기에 이 치파오 어떠세요? 비단으로 만들었고, 스타일도 세련되고 편해 보여요.

해설	'款式'는 물건의 스타일을 나타내는 단어로, 동의어 '样式'가 함께 출제된 적이 있습니다. 특히 옷을 살 때 '款式大方(스타일이 세련되고 편하다)'이라고 말하는데, '大方'은 '사람이 대범하다'는 의미 외에 '원피스처럼 스타일이 세련되고 편하다'는 의미로도 사용합니다.
단어	旗袍 qípáo 명 치파오[중국 여성이 입는 원피스 모양의 전통 의복으로, 원래 만주족 여인들이 입었으나 후에 여성복으로 대중화됨] | 丝绸 sīchóu 명 비단 | 款式 kuǎnshì 명 양식, 스타일, 디자인 | 大方 dàfang 형 (스타일이) 세련되고 편하다

표현 4

你穿上这套西装看上去很精神。	당신이 이 양복을 입으니 깔끔해 보이네요.

해설	양복은 '西装', 캐주얼은 '休闲服'이고, 정장 차림으로 입었다는 표현은 '穿得很正式', 캐주얼 차림으로 입었다는 표현은 '穿得很休闲'입니다. '看上去'는 '看起来'와 같은 의미로, 겉으로 보고 판단할 때 사용합니다. '精神'은 형용사로 사용될 때는 '생기발랄하다'는 의미이며, 정장 차림으로 입었을 때는 '옷차림이 깔끔하다'라는 뜻으로도 사용합니다.
단어	套 tào 양 세트, 벌 | 西装 xīzhuāng 명 양복 | 精神 jīngshen 형 생기가 있다, 활기차다, (옷차림이) 깔끔하다 | 休闲服 xiūxiánfú 명 캐주얼, 평상복

표현 5

您拿着购物小票到柜台，直接就能办理退货。	당신은 구매 영수증을 가지고 계산대로 가면 바로 반품 처리가 가능합니다.

해설	영수증을 '发票' 혹은 '收据'라고 한다는 건 앞에서 배웠죠? '购物小票'는 '구매 영수증'이란 뜻으로, '发票'나 '收据' 대신 사용합니다. '柜台'는 '계산대'를 의미하며, 동의어로는 '收银台'가 있습니다.
단어	购物小票 gòuwù xiǎopiào 명 구매 영수증 | 柜台 guìtái 명 계산대, 카운터(=收银台 shōuyíntái) | 直接 zhíjiē 부 바로, 직접 | 办理 bànlǐ 동 (사무를) 처리하다 | 退货 tuìhuò 동 반품하다

컴퓨터·IT 문제는 시대의 흐름이다

듣기 | 제1·2부분 대화형

컴퓨터 바이러스·프로그램 다운로드·사이트 가입과 로그인·비밀번호 찾기·핸드폰 앱 다운로드 등은 거의 매 시험 출제되는 중요한 부분입니다.

1 문제가 보이는 시간

0-23

예제 1

A 找人帮忙　　B 用电脑上网查
C 用软件转成文字　　D 去学习怎么使用

정답 및 해석

男：你知道怎么把录音快速转成文字吗？
女：有专门的软件，你下载一个。

问：女的有什么建议？
A 找人帮忙
B 用电脑上网查
C 用软件转成文字 (✓)
D 去学习怎么使用

남: 당신은 녹음을 텍스트로 빨리 변환하는 방법을 아시나요?
여: 전문 앱이 있으니 다운로드하세요.

질문: 여자의 제안은 무엇인가?
A 다른 사람에게 도움을 청한다
B 컴퓨터로 인터넷에 접속해서 검색한다
C 앱을 이용하여 텍스트로 변환한다 (✓)
D 어떻게 사용하는지를 배운다

해설　선택지 B의 '电脑'와 C의 '软件'을 보고 IT에 관련된 문제임을 유추할 수 있습니다. 들리는 단어를 그대로 찍는다면 '软件'이 들렸으므로 정답 C를 어렵지 않게 찍을 수 있습니다. 녹음을 텍스트로 변환하는 방법으로 전문 애플리케이션을 사용하라고 했으니 정답은 C 用软件转成文字입니다.

단어　上网 shàngwǎng 동 인터넷에 접속하다 | 查 chá 동 조사하다, 검색하다 | 录音 lùyīn 명 녹음 | 快速 kuàisù 형 신속하다, 빠르다 | 转 zhuǎn 동 바꾸다, 전환하다, 변환하다 | 专门 zhuānmén 형 전문의, 전문적인 | 软件 ruǎnjiàn 명 애플리케이션(앱), 프로그램, 소프트웨어 | 下载 xiàzài 동 다운로드하다 | 建议 jiànyì 명 제안, 건의

예제 2 A 浪费钱　B 太贵了　C 非常实用　D 用起来不方便

정답 및 해석

男：你觉得扫地机器人怎么样？我家想买一个试试。
女：省时又省力，很实用。
男：哪个牌子好用，有推荐的吗？
女：我家这款就不错，我把链接发给你，你可以先去网上看看再决定。

问：女的觉得扫地机器人怎么样？
A 浪费钱
B 太贵了
C 非常实用（✓）
D 用起来不方便

남: 당신 생각에 로봇청소기는 어떤가요? 우리 집에 하나 사서 써 보려고 해요.
여: 시간도 절약되고 힘도 절약되어 실용적이에요.
남: 어떤 브랜드가 좋은지 추천해 주실 수 있으세요?
여: 우리 집 이 모델이 괜찮아요. 제가 링크를 보낼 테니, 먼저 인터넷으로 보고 결정하시면 됩니다.

질문: 여자는 로봇청소기에 대해 어떻게 생각하는가?
A 돈을 낭비한다
B 너무 비싸다
C 매우 실용적이다 (✓)
D 사용하기에 불편하다

해설 선택지가 형용사구로 이루어져 있어 사물을 평가하는 문제임을 알 수 있습니다. 여자의 첫 번째 답변 '很实用'에서 실용적이라고 말하므로, 들리는 그대로 정답 C 非常实用를 어렵지 않게 선택할 수 있습니다.

단어 浪费 làngfèi 동 낭비하다 | 实用 shíyòng 형 실용적이다 | 不方便 bùfāngbiàn 형 불편하다 | *扫地机器人 sǎodì jīqìrén 명 로봇 청소기 *扫地 동 (바닥을) 청소하다 | 试试 shìshi 한번 해보다 | 省时 shěng shí 동 시간을 절약하다(=省时间) | 省力 shěng lì 동 힘을 덜다(=省力气) | 牌子 páizi 명 브랜드 | 好用 hǎoyòng 형 쓰기에 편하다 | 推荐 tuījiàn 동 추천하다 | 款 kuǎn 명 양식, 스타일, 모델 | 链接 liànjiē 명 링크

2 내공이 쌓이는 시간

HSK는 시대상을 반영해서 문제를 출제하다 보니, 컴퓨터와 IT 관련 문제들이 꾸준히 출제되고 있습니다. 관련 단어들을 꼼꼼히 암기하고 시험에 임하도록 합니다.

1 시험에 잘 나오는 컴퓨터·IT 관련 어휘

0-25

- 启动电脑 qǐdòng diànnǎo 컴퓨터를 작동하다(켜다)
- 杀毒软件 shādú ruǎnjiàn (컴퓨터) 바이러스 백신 프로그램
- 中病毒了 zhòng bìngdú le 바이러스에 걸렸다
- 重新安装软件 chóngxīn ānzhuāng ruǎnjiàn 프로그램을 재설치하다(=重装软件)
- 下载电子书 xiàzài diànzǐshū 전자책을 다운로드하다
- 换别的浏览器 huàn bié de liúlǎnqì 다른 브라우저로 바꾸다
- 整理数据 zhěnglǐ shùjù 데이터를 정리하다
- 换台打印机 huàn tái dǎyìnjī 프린터를 교체하다
- 关闭一些程序 guānbì yìxiē chéngxù 일부 프로그램을 닫다

2 시험에 잘 나오는 컴퓨터·IT 관련 표현

0-26

표현 1

您搜索一下，用户名就是我们店名。	검색해 보세요. ID는 저희 가게 이름입니다.
해설	인터넷 시대에서 '搜索(검색하다)'라는 단어는 필수 어휘가 되었습니다. '网址 wǎngzhǐ(인터넷 주소)', '密码 mìmǎ (비밀번호)', '注册 zhùcè(회원가입하다)', '登录 dēnglù(로그인하다)'등의 관련 단어들도 꾸준히 출제되고 있습니다. '请重新输入您的密码！(당신의 비밀번호를 다시 입력해 주세요!)'라는 표현도 함께 알아 두세요.
단어	搜索 sōusuǒ 동 (컴퓨터로) 검색하다 | 用户名 yònghùmíng 명 아이디(ID)

표현 2

小黄，你那儿有7号电池吗？我的无线鼠标没电了。	샤오황, 너한테 7호 건전지 있어? 내 무선마우스 배터리가 없어.

해설	'7号电池'는 'AAA건전지'이고, '5号电池'는 'AA건전지'입니다. 건전지 관련 어휘로는 '充电(충전하다)', '充电器 chōngdiànqì(충전기)'를 익혀 두세요. '鼠标 shǔbiāo(마우스)', '键盘 jiànpán(키보드)', '硬盘 yìngpán(하드디스크)', '移动硬盘 yídòng yìngpán(외장하드)', '软件 ruǎnjiàn(소프트웨어, 프로그램)'등의 컴퓨터 관련 용어도 함께 익혀 둡니다.
단어	电池 diànchí 명 전지, 배터리 | 无线 wúxiàn 형 무선의 | 鼠标 shǔbiāo 명 마우스

표현 3

这个音乐软件特别方便，只要先注册一个帐号就能下载了。	이 음악 앱은 무척 편리해. 먼저 계정을 등록해 놓기만 하면 바로 내려 받을 수 있어.

해설	'软件'은 '소프트웨어' 외에도 '프로그램' 또는 '핸드폰 앱'이라는 의미로도 많이 사용합니다. '프로그램이나 앱을 다운 받다'는 '下载软件'이라고 합니다. '程序'는 보통 컴퓨터의 윈도우 같은 '프로그램'을 의미합니다. 인터넷에 '회원 가입하다(계정을 등록하다)'는 중국어로 '注册帐号'입니다. '无线网(와이파이)'도 알아 두세요.
단어	软件 ruǎnjiàn 명 소프트웨어, 애플리케이션(앱) | 注册 zhùcè 동 등록하다 | 帐号 zhànghào 명 계정, 아이디(ID) | 下载 xiàzài 동 다운로드하다, 내려 받다 | 程序 chéngxù 명 프로그램 | 无线网 wúxiànwǎng 명 무선 인터넷, 와이파이(WIFI)

표현 4

你知道手机里的文件怎么备份到电脑上吗？	너 핸드폰 속 파일을 어떻게 컴퓨터로 백업하는지 알아?

해설	요즘은 핸드폰으로 사진(图片)을 찍고, 파일(文件)을 받고 보내는 일이 많아지다 보니, 핸드폰의 파일을 옮기는 내용이 출제되곤 합니다. 따라서 '백업하다'라는 뜻의 '备份'을 알아 두시면 좋아요.
단어	文件 wénjiàn 명 (컴퓨터) 파일 | 备份 bèifèn 동 백업하다 | 电脑 diànnǎo 명 컴퓨터

표현 5

微信群里刚通知，明天早上九点在工厂东门集合。	위챗 단톡방에서 내일 오전 9시에 공장 동문에서 모이라고 막 공지했어.

해설	SNS(소셜미디어)는 중국어로 '社交媒体' 입니다. 한국에 카카오톡이 있다면, 중국에는 '微信(위챗)'이 있습니다. '微信(위챗)' 안의 단톡방은 '微信群'이라 말하고, 카카오 스토리와 비슷한 '朋友圈'도 있습니다. 중국의 트위터는 '微博'이고, 인스타그램과 비슷한 '小红书'도 있으며, 틱톡은 '抖音'입니다. 그리고 SNS에 사진을 공유하는 것은 '晒照片'이라 말합니다.
단어	微信群 Wēixìn qún 위챗 단톡방 *微信 고유 위챗, 웨이신[중국의 메신저 프로그램] | 通知 tōngzhī 명 알리다, 통지하다 | 集合 jíhé 동 집합하다, 모이다 | 社交媒体 shèjiāo méitǐ 명 소셜 미디어, SNS | 朋友圈 péngyou quān 자신의 계정에 사진·글·인터넷 기사를 공유하는 중국판 카카오 스토리 | 微博 Wēibó 고유 '微型博客 wēixíng bókè'의 줄임말로 미니 블로그란 의미이며, 미국의 트위터와 비슷함 | 小红书 Xiǎohóngshū 고유 중국의 소셜네트워크(SNS)를 표방한 쇼핑몰로 해외 각국의 상품이나 문화 활동을 공유하는 애플리케이션 | 抖音 Dǒuyīn 고유 틱톡[중국의 숏폼 동영상 플랫폼] | 晒照片 shài zhàopiàn 동 SNS에 사진을 올리다

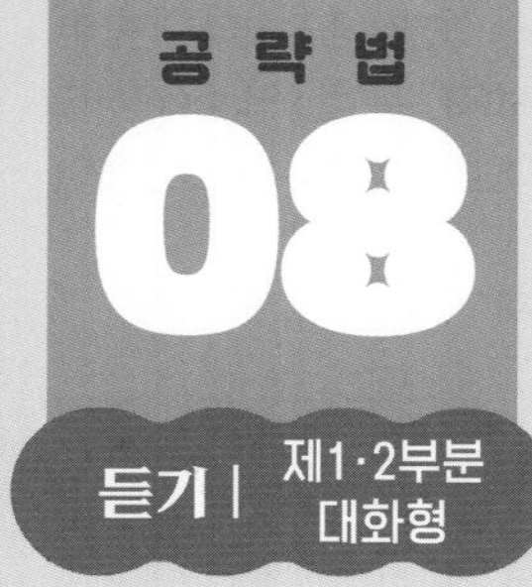

중국 관련 내용은 긍정적인 것이 답이다

중국과 관련된 내용은 중국의 명절이나 유명한 여행지, 세계적으로 유명한 중국 인사 또는 작품에 관한 이야기가 자주 언급됩니다. 또한 중국에 관련된 문제는 절대 부정적인 것이 답이 될 수 없으므로 긍정적인 답을 선택하도록 합니다.

1 문제가 보이는 시간

0-27

예제 1 A 除夕的安排　B 饺子的做法　C 去哪儿旅游　D 对方的家庭情况

정답 및 해석

女：今年除夕夜，你们打算怎么过？
男：我跟爸妈计划回我奶奶家，全家人一起放鞭炮，包饺子。

问：他们在聊什么？
A 除夕的安排 (✓)
B 饺子的做法
C 去哪儿旅游
D 对方的家庭情况

여: 올해 섣달그믐날 밤을 어떻게 보낼 계획인가요?
남: 저는 부모님과 함께 할머니 댁에 가서 온 가족이 함께 폭죽을 터뜨리고, 교자를 빚을 계획이에요.

질문: 그들은 무슨 이야기를 하고 있는가?
A 섣달그믐날의 계획 (✓)
B 교자 만드는 법
C 어디로 여행을 갈 것인가
D 상대방의 가정 상황

해설 여자의 첫 번째 말을 통해 섣달그믐날의 계획을 묻고 있다는 것을 알 수 있습니다. 따라서 정답은 A 除夕的安排입니다. '安排'는 '계획', '스케줄'이란 의미로도 알아 두어야 합니다. 중국 명절 및 전통 놀이에 관한 듣기 문제는 무엇을 할 계획인지 어떤 것을 할 것인지 묻는 문제가 자주 출제됩니다.

단어 除夕 chúxī 명 섣달그믐날, 음력 12월 30일 | 安排 ānpái 명 계획, 스케줄 | 做法 zuòfǎ 명 (만드는) 법, (하는) 방법 | 家庭情况 jiātíng qíngkuàng 명 가정 상황 | 除夕夜 chúxīyè 명 섣달그믐날 밤, 제야 | 打算 dǎsuàn 동 ~할 계획이다(=计划 jìhuà) | 放鞭炮 fàng biānpào 폭죽을 터뜨리다 | 包饺子 bāo jiǎozi 교자를 빚다

0-28

예제 2	A 地震频发	B 人口稀少	C 旅游景点多	D 水资源丰富

정답 및 해석

女：西安的名胜古迹太多了，逛都逛不完。 男：那当然，西安是十三朝古都，历史悠久，文化深厚。 问：关于西安，可以知道什么？ A 地震频发 B 人口稀少 C 旅游景点多 (✓) D 水资源丰富	여: 시안의 명승고적이 너무 많아서 구경해도 끝이 없네요. 남: 당연하죠. 시안은 13개 왕조의 고도(옛 수도)로, 역사가 유구하고 문화가 깊어요. 질문: 시안에 관하여 무엇을 알 수 있는가? A 지진이 자주 일어난다 B 인구가 희소하다 C 여행 명소가 많다 (✓) D 수자원이 풍부하다

해설	중국 지역인 '西安(시안)'에 관련된 내용을 이야기하는 문제입니다. 중국 여행지에 관련된 내용은 부정적인 답이 정답일 확률이 낮습니다. 따라서 C와 D 중에 답을 선택하는데, '水资源'에 관련된 내용은 나오지 않았으므로 정답은 C 旅游景点多입니다. 첫 번째 여자의 말에서도 시안의 명승고적이 많다고 한 것을 '景点'으로 바꾸어 생각할 수 있습니다.
단어	地震 dìzhèn 명 지진 | 频发 pínfā 동 자주 일어나다 | 稀少 xīshǎo 형 희소하다, 적다 | 景点 jǐngdiǎn 명 명소 | 水资源 shuǐzīyuán 명 수자원 | 名胜古迹 míngshèng gǔjì 명 명승고적 | 逛 guàng 동 구경하다, 쇼핑하다 | 朝 cháo 명 왕조 | 古都 gǔdū 명 고도, 옛 수도 | 历史悠久 lìshǐ yōujiǔ 역사가 유구하다 | 深厚 shēnhòu 형 깊고 두텁다, 풍부하다

2 내공이 쌓이는 시간

중국 명절에 관한 내용은 보통 명절에 무엇을 할 계획인지를 묻는 내용이 나오거나 어떤 것을 했는지 물어보는 내용이 나오므로 여행 및 휴가와 관련된 어휘와 중국인들이 명절에 자주 하는 행동을 같이 익히는 것이 좋습니다.

1 시험에 잘 나오는 중국 명절 관련 어휘 및 표현

0-29

1) 春节 Chūnjié 춘제(춘절)

春节是中国民间最隆重最富有特色的传统节日之一。一般指除夕和正月初一，是一年的第一天。	춘제는 중국 민간에서 가장 성대하고 가장 많은 특색을 가진 전통 명절 중의 하나이다. 일반적으로 섣달 그믐날과 정월 초하루(1월 1일)를 가리키며, 1년 중 첫 번째 날이다.

◆ 春节 Chūnjié 고유 춘제, 음력 1월 1일 | 隆重 lóngzhòng 형 성대하다 | 富有 fùyǒu 동 풍부하다, 많이 가지고 있다 | 特色 tèsè 명 특색, 특징 | 除夕 chúxī 명 섣달그믐날, 음력 12월 30일

2) 清明节 Qīngmíngjié 칭밍제(청명절)

清明节又称踏青节，在每年4月4日至6日之间，是祭祀和扫墓的节日。	칭밍제는 '踏青节'라고도 부르며 매년 4월 4일에서 6일 사이로, 제사를 지내고 성묘를 하는 명절이다.

◆ 踏青节 Tàqīngjié 고유 칭밍제의 다른 이름 *踏青 동 답청하다[봄날 칭밍제를 전후하여 교외로 나가 산책하며 즐기는 것을 말함] | 祭祀 jìsì 동 제사를 지내다 | 扫墓 sǎomù 동 성묘하다

3) 端午节 Duānwǔjié 돤우제(단오절)

阴历5月5日是中国的端午节。最初是为了纪念爱国主义诗人屈原。端午节有吃粽子，赛龙舟，挂菖蒲，喝雄黄酒的习俗。"端午节"为国家法定节假日之一，并被列入世界非物质文化遗产名录。	음력 5월 5일은 중국의 돤우제이다. 최초에는 애국주의 시인 굴원을 기념하기 위해서였다. 돤우제에는 쭝즈를 먹고, 용선 경주를 하고, 창포를 걸고, 웅황주를 마시는 풍습이 있다. '돤우제'는 법정 공휴일 중의 하나로, 세계 무형 문화유산 명부에 들어간다.

◆ 屈原 Qū Yuán 고유 굴원[중국 전국시대 초(楚)나라의 시인] | 粽子 zòngzi 명 쭝즈[★찹쌀을 대나무 잎사귀나 갈대잎에 싸서 삼각형으로 묶은 후 찐 음식] | 赛龙舟 sài lóngzhōu 용선 경주를 하다 | 挂菖蒲 guà chāngpú 창포를 걸다 | 雄黄酒 xiónghuángjiǔ 명 웅황주[★단오에 액막이를 위해 마시거나 몸에 바르던 웅황가루와 창포 뿌리를 잘게 썰어 넣어 만든 술] | 习俗 xísú 명 풍습 | 法定节假日 fǎdìng jiéjiàrì 명 법정 공휴일 | 列入 lièrù 동 (명단에) 들어가다 | 非物质文化遗产 fēiwùzhì wénhuà yíchǎn 무형 문화유산 | 名录 mínglù 명 명부, 명단

4) 中秋节 Zhōngqiūjié 중치우제(중추절)

阴历八月十五日，这天是一年中月亮最圆的一天，因此象征着团圆。这一天中国人祭月、观潮、猜谜、玩花灯，吃月饼。	음력 8월 15일 중치우제는 일 년 중 달이 밝고 가장 둥근 날이어서, '团圆(한자리에 모임)'을 상징한다. 이 날 중국인은 달에 제사 지내고, 조수를 구경하고, 수수께끼를 맞추고, 꽃등 놀이하며 월병을 먹는다.

◆ 阴历 yīnlì 명 음력 | 圆 yuán 형 둥글다 | 象征 xiàngzhēng 동 상징하다 | 团圆 tuányuán 동 한 자리에 모이다 | 祭月 jìyuè 동 달에 제사 지내다 | 观潮 guāncháo 동 조수를 구경하다 | 猜谜 cāimí 동 수수께끼를 맞추다 | 玩花灯 wán huādēng 꽃등 놀이하다 | 月饼 yuèbing 명 월병[★중국의 중치우제에 먹는, 소를 넣어 만든 음식으로, 온 가족이 한자리에 모인다는 의미를 나타냄]

5) 国庆节 Guóqìngjié 궈칭제(국경절)

每年的10月1日是中国的国庆节，全国人民举国欢庆。法律规定从1日到7日放假7天，是中国旅游行业的黄金周。	매년 10월 1일은 중국의 궈칭제로, 중국의 전 국민이 즐겁게 축하한다. 법률에서는 1일에서 7일까지 7일 쉬는 것으로 규정하며 중국 여행 업종의 황금주이다.

◆ 举国欢庆 jǔguó huānqìng 전국에서 경축하다 | 法律 fǎlǜ 명 법률 | 规定 guīdìng 동 규정하다

비즈니스 대화가 출제된다

듣기 | 제1·2부분 대화형

직장 생활과 관련된 대화는 매 시험 출제되는 중요한 부분입니다. 구직·이력서·면접·계약서·휴가 관련 내용들에 관한 단어와 핵심 문장들을 익혀 두도록 합니다.

1 문제가 보이는 시간

0-30

예제 1

A 打听招聘流程　　B 在合同上签字
C 重新发送文件　　D 帮忙分析数据

정답 및 해석

男：你能再给我发一下第一季度的市场分析报告吗？我不小心给删了。
女：好，稍等，我先把这份合同打印完。

问：男的想让女的做什么？

A 打听招聘流程
B 在合同上签字
C 重新发送文件 (✓)
D 帮忙分析数据

남: 1분기 시장 분석 보고서 좀 다시 보내 주시겠어요? 제가 실수로 삭제했습니다.

여: 네. 잠깐만요. 제가 우선 이 계약서를 인쇄해 놓고요.

질문: 남자는 여자에게 무엇을 시키고 싶은가?

A 직원 채용 과정을 알아보다
B 계약서에 사인하다
C 문서를 다시 발송하다 (✓)
D 데이터 분석을 돕다

해설 선택지가 동사구로 이루어져 있어 행동과 관련된 문제임을 알 수 있습니다. 남녀 각각의 행동을 체크해서 듣도록 합니다. 남자의 첫 번째 말에서 보고서를 다시 보내 달라 했으므로 정답은 C 重新发送文件입니다. 여자의 말에서 '合同(계약서)'이 들리긴 하지만, 질문은 남자가 여자에게 무슨 일을 시켰냐고 물었기 때문에 B는 오답입니다. 남자 말의 '我不小心给删了'에서 '给'는 동사 앞에 조사로 쓰였는데, 따로 의미는 없고 구어체 말투를 강조합니다.

단어 打听 dǎting 동 물어보다, 알아보다 | 招聘 zhāopìn 동 공개 채용하다 | 流程 liúchéng 명 과정, 공정 | 合同 hétong 명 계약서 | 签字 qiānzì 동 사인하다, 서명하다 | 重新 chóngxīn 부 다시, 새롭게 | 发送 fāsòng 동 발송하다, (이메일 등으로) 보내다 *发 동 보내다, 발송하다 | 文件 wénjiàn 명 문서, 파일 | 分析 fēnxī 동 분석하다 | 数据 shùjù 명 데이터 | 第一季度 dì yī jìdù 명 일사분기 | 市场分析报告 shìchǎng fēnxī bàogào 시장 분석 보고서 | 删 shān 동 (데이터를) 삭제하다 | 份 fèn 양 부, 통[신문·계약서·문건을 셀 때 쓰임] | 打印 dǎyìn 동 인쇄하다

예제 2

A 新产品的价格　　B 新产品的质量
C 新产品的消费人群　　D 新产品的推销计划

정답 및 해석

女：关于新产品的开发，小张，你有什么想法？
男：我认为首先应确定新产品的目标群体。
女：可以定为30岁左右的女性，她们追求个性，消费能力也不错。
男：这个受众面是不是有点窄？

问：他们主要在讨论什么？
A 新产品的价格
B 新产品的质量
C 新产品的消费人群 (✓)
D 新产品的推销计划

여: 신상품 개발에 관해 샤오장 당신의 생각은 어떻습니까?
남: 저는 우선 신제품의 타깃 층을 정해야 한다고 생각합니다.
여: 30세 전후의 여성으로 정할 수 있어요. 그녀들은 개성을 추구하며 소비 능력도 좋습니다.
남: 이 고객층이 좀 좁은 건 아닐까요?

질문: 그들은 주로 무슨 이야기를 나누고 있는가?
A 신제품의 가격
B 신제품의 품질
C 신제품의 소비자군 (✓)
D 신제품의 판로 확장 계획

해설 선택지를 보면 신제품과 관련된 내용이며, 선택지가 명사로 이루어져 있으므로 대화의 소재를 묻는 문제임을 알 수 있습니다. 남자의 첫 번째 말 '我认为首先应确定新产品的目标群体'와 여자의 두 번째 말 '可以定为30岁左右的女性'에서 신제품의 타깃 층을 어느 연령층으로 할지 정하고 있는 내용임을 알 수 있습니다. 따라서 정답은 C 新产品的消费人群입니다.

단어 新产品 xīnchǎnpǐn 명 신제품 | 价格 jiàgé 명 가격 | 质量 zhìliàng 명 품질 | 消费人群 xiāofèi rénqún 명 소비자군 | 推销 tuīxiāo 동 세일즈하다, 판로를 확장하다 | 计划 jìhuà 명 계획 | 开发 kāifā 동 개발하다 | 首先 shǒuxiān 부 먼저, 우선 | 确定 quèdìng 동 확정하다, 확실히 정하다 *定 동 정하다 | 目标群体 mùbiāo qúntǐ 명 타깃 층 | 追求 zhuīqiú 동 추구하다 | 个性 gèxìng 명 개성 | 受众面 shòuzhòng miàn 명 고객층 | 窄 zhǎi 형 (폭이) 좁다 | 讨论 tǎolùn 동 토론하다

2 내공이 쌓이는 시간

직장 생활에 관련된 문제는 구직활동·출장·회사 운영 및 특정 직업에 관한 이야기들이 나옵니다. 시험에 자주 나오는 어휘 및 표현을 빠짐없이 공부하도록 합니다.

1 시험에 잘 나오는 직장 생활 관련 어휘 및 표현

0-32

표현 1

您的简历我看过了，您在上家公司发展得不错，为什么辞职了呢？	당신의 이력서를 제가 봤는데요. 당신은 이전 회사에서 잘 나갔는데 왜 퇴사하셨어요?

해설 '이력서(简历)'와 '사직하다(辞职)'는 필수 어휘로 매우 자주 출제되는 단어입니다. 대화 내용으로는 '구직 활동(求职=找工作)'과 관련한 대화나 업무상 대화가 자주 출제됩니다. 또한 구직 활동을 하면서 '이력서를 제출하다(넣는다)'는 표현은 '投简历'라고 합니다.

단어 简历 jiǎnlì 명 이력서 | 发展 fāzhǎn 동 발전하다 | 辞职 cízhí 동 직장을 그만두다, 퇴사하다 | 投简历 tóu jiǎnlì 이력서를 넣다

표현 2

我们公司工资低，还老加班，我想找个待遇好点儿的单位。	우리 회사는 급여가 낮고 또 자주 야근해서, 나는 대우가 좀 나은 회사로 바꾸고 싶어.

해설 개인이 운영하는 회사를 '公司'라 하고 국가가 운영하는 회사를 '单位'라고 하는데 지금은 크게 구분해서 사용하지는 않습니다. 회사의 대우(待遇)와 관련해서 자주 등장하는 단어는 급여·휴가·야근 같은 단어들입니다. 또한 회사를 바꾼다는 '换工作'와 같은 의미로 '跳槽'도 같이 알아두세요.

단어 工资 gōngzī 명 임금, 급여(=薪水 xīnshui) | 加班 jiābān 동 초과근무하다, 야근하다 | 待遇 dàiyù 명 (봉급·보수·권리·지위 따위의) 대우 | 单位 dānwèi 명 직장, 회사 | 请假 qǐngjià 동 휴가를 신청하다 | 升职 shēngzhí 동 승진하다 | 跳槽 tiàocáo 동 회사를 옮기다

표현 3

你这几天出差的日程安排我已经发到你的邮箱里了。	너의 요 며칠 출장 스케줄을 내가 이미 너의 이메일로 보냈어.

해설 '出差(출장 가다)'와 '日程安排(일정 안배=스케줄)'란 단어도 자주 출제됩니다. '邮箱'은 원래 우편함이지만, 요즘은 '电子邮箱(이메일함)'을 줄여서 그냥 '邮箱'이라고 합니다. 출장 다닐 때 영수증(发票)을 잘 챙겨야 하며, 출장을 다녀와서 출장비를 회사에 청구하는 '报销'도 같이 알아 둡니다.

단어 出差 chūchāi 동 출장 가다 | 日程 rìchéng 명 일정 | 安排 ānpái 동 (인원·시간 등을) 안배하다 | 邮箱 yóuxiāng 명 이메일함, 우편함 | 发票 fāpiào 명 영수증 | 报销 bàoxiāo 동 (출장비를 영수증에 의거하여) 정산하다, 청구하다

표현 4

公司今年的销售总量和利润率，提高幅度都不大。	회사의 올해 매출 총량과 이익률은 상승폭이 모두 크지 않다.

해설	회사 운영과 관련된 '销售'와 '利润'이 모두 필수 어휘로 자주 출제됩니다. '提高幅度'는 '상승폭'을 의미합니다.
단어	销售 xiāoshòu 동 팔다, 판매하다 ∣ 总量 zǒngliàng 명 총량, 총 수량 ∣ 利润率 lìrùnlǜ 명 이익율, 수익률 ∣ 幅度 fúdù 명 폭, 정도, 너비 *提高幅度 상승폭

표현 5

你的工作合同签好了吧？什么时候去新单位报到？	너의 업무 계약서에 서명했지? 언제 새로운 회사에 가서 도착 신고를 하니?

해설	회사와 회사의 합작(合作)으로 계약서를 작성하기도 하고, 개인이 회사에 입사해서 계약서를 작성하기도 합니다. 또한 면접(面试) 관련 대화도 종종 등장합니다. 회사에 합격했다는 표현은 '我被录用了'라고 하는데 이때 '录用' 대신 '录取'를 써도 됩니다. '录用'은 회사에서만 사용하고 '录取'는 회사와 학교 모두 사용 가능합니다. 회사에 입사해서는 입사 절차를 밟아야겠죠? 이럴 때는 '办理入职手续(입사 절차를 밟다)'라고 합니다.
단어	合同 hétong 명 계약서 ∣ 签 qiān 동 서명하다 ∣ 报到 bàodào 동 도착 신고하다, 도착을 알리다 ∣ 发货 fāhuò 동 화물을 발송하다, 출고하다 ∣ 面试 miànshì 명 면접 시험 ∣ 录用 lùyòng 동 채용하다 ∣ 录取 lùqǔ 동 채용하다, 합격시키다, 뽑다 ∣ 办理 bànlǐ 동 (사무를) 처리하다, (절차를) 밟다 ∣ 入职手续 rùzhí shǒuxù 명 입사 절차

Tip '签订 qiāndìng'은 동사로 '(계약을) 체결하다', 또는 '서명하다' 라는 뜻이 있습니다. '签名 qiānmíng(=签字)'은 동사로 '서명하다'라는 뜻입니다. 둘 다 5급 어휘이니 함께 외워 두세요.

공략법 10

부동산 관련 문제가 출제된다

듣기 | 제1·2부분 대화형

집을 사거나 임차하고 임대하는 내용 또는 인테리어 관련 내용 등의 부동산 관련 대화들이 자주 출제되고 있습니다.

1 문제가 보이는 시간

0-33

예제 1 A 房租涨了 B 房东要求的 C 对房子不满意 D 找到了更好的房子

정답 및 해석

女：你怎么看起来这么疲惫？
男：房东突然要把租给我的那套公寓卖了，连续几天我都在忙着找房子搬家。

问：男的为什么要搬家？
A 房租涨了
B 房东要求的 (✓)
C 对房子不满意
D 找到了更好的房子

여: 너 왜 이렇게 피곤해 보여?
남: 집 주인이 갑자기 나에게 세를 준 그 아파트를 팔아서, 며칠 동안 계속 이사할 집을 찾느라 바빴어.

질문: 남자는 왜 이사하려고 하는가?
A 집세가 올랐다
B 집주인이 요구했다 (✓)
C 집이 맘에 안 든다
D 더 좋은 집을 찾았다

해설	선택지를 보면 집세(房租)와 집주인(房东) 관련 문제임을 알 수 있습니다. 남자가 '房东突然要把租给我的那套公寓卖了(집주인이 갑자기 나에게 세준 집을 팔았다)'라며, 이사하려고 한다고 했으므로 정답은 B 房东要求的입니다.
단어	房租 fángzū 명 집세 | 涨 zhǎng 동 (값이) 오르다 | 房东 fángdōng 명 집주인 | 要求 yāoqiú 동 요구하다 | 疲惫 píbèi 형 매우 피곤하다 | 突然 tūrán 부 갑자기 | 租 zū 동 임대하다, 세를 주다 | 套 tào 양 집을 셀 때 쓰임 | 公寓 gōngyù 명 아파트 | 连续 liánxù 동 연속하다 | 搬家 bānjiā 동 이사하다

0-34

예제 2

A 银行暂停营业 B 男的想办理辞职手续
C 和中介打交道很麻烦 D 购房贷款申请通过了

정답 및 해석

男：咱们申请的购房贷款批了吗？	남: 우리가 신청한 주택구매 대출이 승인되었어?
女：银行已经通过了，15个工作日内会发放贷款。	여: 은행이 이미 통과시켜서 근무일 15일 내로 대출금을 보낼 거야.
男：太好了，接下来办理好其他手续，应该就没问题了。	남: 너무 잘 되었다. 이어서 다른 수속을 처리하면 분명 문제가 없을 거야.
女：是的，我们马上就有自己的房子了。	여: 그래. 우리 이제 곧 우리 집이 생기네.
问：根据对话，下列哪项正确？	질문: 대화를 근거로 다음 중 맞는 것은?
A 银行暂停营业	A 은행이 영업을 잠시 멈췄다
B 男的想办理辞职手续	B 남자는 퇴사 절차를 밟으려 한다.
C 和中介打交道很麻烦	C 중개인과 만나는 것은 귀찮다
D 购房贷款申请通过了（✓）	D 주택구매 대출 신청이 통과되었다 (✓)

해설 선택지를 보면 은행(银行), 중개인(中介), 주택구매 대출 신청(购房贷款申请)과 같은 단어들이 보이므로 부동산 관련 문제임을 알 수 있습니다. 남자의 첫 번째 말에서 '购房贷款批了吗?(주택구매 대출이 승인되었어?)'라고 물어봤으며, 여자가 '银行已经通过了(은행이 이미 통과시켰어)'라고 했으므로 정답은 D 购房贷款申请通过了입니다.

단어 银行 yínháng 명 은행 | 暂停 zàntíng 동 잠시 멈추다 | 营业 yíngyè 동 영업하다 | 办理 bànlǐ 동 (사무를) 처리하다, (절차를) 밟다 | 辞职手续 cízhí shǒuxù 명 퇴사 절차 *辞职 동 직장을 그만두다, 퇴사하다 | 中介 zhōngjiè 명 (부동산) 중개인 | 打交道 dǎ jiāodao 동 만나다, 교류하다 | 麻烦 máfan 형 귀찮다, 성가시다 | 购房贷款 gòufáng dàikuǎn 명 주택구매 대출 *贷款 동 대출하다 명 대출금 | 申请 shēnqǐng 동 신청하다 | 通过 tōngguò 동 통과되다 | 批 pī 동 허가하다, 승인하다 | 工作日 gōngzuòrì 명 근무일 | 发放 fāfàng 동 (돈·물자를) 보내다, 방출하다 | 接下来 jiēxiàlái 부 다음은, 이어서

② 내공이 쌓이는 시간

부동산 관련 대화에서 자주 등장하는 어휘와 문장 표현을 암기해 두면 시험 볼 때 좋은 점수를 얻을 수 있습니다.

1 시험에 잘 나오는 부동산 관련 어휘

0-35

- 房租 fángzū 명 집세, 방세
- 租赁 zūlìn 동 임차하다, 임대하다
- 安装 ānzhuāng 동 설치하다
- 装修 zhuāngxiū 동 인테리어하다
- 三室一厅 sān shì yì tīng 방 세 개에 거실 하나
- 户型 hùxíng 명 집 내부 구조
- 修理 xiūlǐ 동 수리하다
- 家具 jiājù 명 가구
- 房屋中介 fángwū zhōngjiè 명 부동산 중개인
- 样式 yàngshì 명 스타일, 양식
- 小区 xiǎoqū 명 주택단지
- 郊区 jiāoqū 명 교외
- 推荐 tuījiàn 동 추천하다
- 水管 shuǐguǎn 명 수도관
- 漏水 lòushuǐ 동 물이 새다

2 시험에 잘 나오는 부동산 관련 표현

0-36

표현 1

你的房子装修好了吗?	너희 집 인테리어 끝났어?

해설 집 인테리어 관련 대화는 자주 출제됩니다. '설치하다'는 '安装'이며, 설치하고 수리해서 '인테리어를 한다'는 '装修'입니다. 중국인들은 집 외부보다 내부 인테리어를 더 중시하는 경향이 있답니다. 인테리어에서 빠지지 않는 단어는 가구이죠? '沙发(소파)', '餐桌(식탁)', '衣柜(옷장)' 등의 '家具(가구)' 관련 단어들도 함께 암기해 두세요. 인테리어할 때 '户型 hùxíng'은 집 내부 구조로 보통 방이 몇 개고, 거실이 몇 개고 이런 식으로 말합니다. 가장 일반적인 '户型'은 '三室一厅二卫'로 침실 3개, 거실 1개, 화장실 2개를 의미합니다. '室'는 '卧室(침실)'이고 '主卧(안방)' 1개, '次卧(작은방)' 2개를 말합니다. '厅'은 '客厅(거실)'이며, '卫'는 '卫生间(화장실)'을 의미합니다.

단어 装修 zhuāngxiū 동 인테리어하다 | 安装 ānzhuāng 동 설치하다 | 沙发 shāfā 명 소파 | 餐桌 cānzhuō 명 식탁 | 家具 jiājù 명 가구 | 户型 hùxíng 명 집 내부 구조 | 卧室 wòshì 명 침실

표현 2

我家的洗衣机坏了，得赶快找人来维修。	우리 집 세탁기가 고장 나서, 얼른 사람 불러서 수리해야 해.

해설 집에 있는 가전제품들이 종종 고장 나지요? 그러면 수리하는 분(维修工)을 불러서 수리하죠. 이때 '사람을 불러 수리하다'는 '找人来维修'를 쓴다는 점을 기억하세요. 고장 난 제품을 수리할 때 '修理'라고 하며, '维修'는 '维持'와 '修理'가 합쳐진 글자로 '유지 보수하다'는 의미입니다.

단어 赶快 gǎnkuài 부 빨리, 얼른 | 维修 wéixiū 동 (기계 따위를) 유지 보수하다, 정비하다 | 维修工 wéixiūgōng 명 정비공 | 修理 xiūlǐ 동 (기계를) 수리하다 | 维持 wéichí 동 유지하다

표현 3

这套公寓通风采光都很好，购物出行方便吗?	이 아파트는 통풍과 채광이 모두 좋네요. 쇼핑하러 외출하기도 편한가요?

해설 세를 얻거나(租房) 주택을 구입(买房)할 때 고려하는 점이 통풍, 채광, 그리고 교통 문제 입니다. 교통 관련해서는 '这里离地铁站、大型商场都很近(이곳은 지하철, 대형마트에서 모두 가까워요)'같은 문장이 자주 들립니다.

단어 套 tào 양 집을 셀 때 쓰임 | 公寓 gōngyù 명 아파트 | 通风 tōngfēng 동 통풍시키다 | 采光 cǎiguāng 동 채광하다, 빛이 잘 들게 하다 | 购物 gòuwù 동 쇼핑하다 | 出行 chūxíng 동 외출하다 | 大型 dàxíng 형 대형의 | 商场 shāngchǎng 명 백화점, 대형마트, 쇼핑몰

표현 4

我在联系中介，想请他把押金退给我。	제가 부동산 중개인에게 연락 중인데, 그에게 보증금을 돌려달라고 부탁하려고 합니다.

해설 부동산 중개인 '中介'는 '房屋中介'의 줄임말입니다. 중국은 전세 제도가 없으며, 월세 제도만 있어요. 가장 많이 보이는 월세 형태는 '押一付三' 제도입니다. '押'는 '押金(보증금)'을 의미하며 보통 1개월 치 월세를 보증금으로 지불합니다. '付三'의 의미는 3개월 치 월세를 한 번에 지불한다는 의미입니다. 이후에 3개월이 지나면 다시 3개월 치 월세를 지불합니다. 이사 갈 때 집에 하자가 있다면 '房东(집주인)'은 보증금에서 수리비를 제하고 돌려줍니다.

단어 联系 liánxì 동 연락하다 | 中介 zhōngjiè 명 (부동산) 중개인 | 押金 yājīn 명 보증금 | 退 tuì 동 반환하다, 되돌려주다 | 付 fù 동 (금액을) 지불하다 | 房东 fángdōng 명 집주인

표현 5

趁现在房贷利率下调，我们贷款买房吧。	지금 주택 융자금 이율이 떨어진 틈을 이용해서, 우리 대출 받아서 집을 사자.

해설 집을 살 때 보통 대출을 받지요? '대출 받다'는 표현은 '贷款'이며, 은행에 대출받을 때 절차를 물어보겠다는 표현도 시험에 나왔습니다. '我准备先咨询一下贷款有哪些步骤(저는 먼저 대출받는데 어떤 절차가 있는지 문의해 볼 계획입니다)'도 함께 암기해 둡니다.

단어 趁 chèn 전 ~틈을 이용해서 | 房贷 fángdài 명 집 대출, 주택 융자금 | 利率 lìlǜ 명 이율 | 下调 xiàtiáo 동 (이율·가격을) 내리다, 인하하다 | 贷款 dàikuǎn 동 대출하다 | 咨询 zīxún 동 자문하다, 물어보다 | 步骤 bùzhòu 명 (일 진행의) 순서, 절차

실력 확인하기 듣기 | 제1·2부분 대화형

8분 45초 | Day 15

녹음 속 대화를 듣고, 질문에 알맞은 답을 고르세요. 0-37

듣기 | 제1부분 대화형

1 A 新闻报道
B 养猫的苦恼
C 养宠物的好处
D 怎么缓解压力

2 A 回家找找
B 下载软件
C 打印文件
D 下载电子发票

3 A 降低价格
B 开发新产品
C 给顾客打折
D 收购别的店

4 A 天气不热
B 空调费很贵
C 现在挣钱太难
D 过日子要节省

5 A 价格
B 空调
C 屋内设施
D 服务态度

6 A 参加宴会
B 邀请客人
C 准备饮食
D 布置宴会场地

7 A 司机
B 外观
C 安全问题
D 驾驶规则

8 A 男的自己修理
B 师傅明天上门
C 要买新的热水器
D 热水器已经修好了

9 A 很简单
B 不太难
C 正合适
D 整体难度过高

10 A 打电话
B 去窗口
C 手机挂号
D 自助机挂号

듣기 | 제2부분 대화형

11 A 不太好看
B 动作有缺点
C 音乐不好听
D 获得过大奖

12 A 生病了
B 工作很忙
C 经常失眠
D 需要休息

13 A 晚上加班
B 买练习册
C 申请贷款
D 打扫房间

14 A 内容
B 题目
C 结构
D 结尾

15 A 欧式风格
B 漂亮可爱
C 风格优雅
D 实用大气

정답 및 해설 ▶ 305쪽

독해 阅读

제1부분

문제 유형과 전략

독해 제1부분은 빈칸에 알맞은 어휘 또는 문장을 채우는 영역으로, 46번에서 60번까지 총 15문제가 출제된다. 전체 4개의 지문 중에서 1개 지문은 3문제가, 3개 지문은 4문제가 출제된다. 4문제짜리 지문에는 반드시 문장을 물어보는 문제가 1개씩 나온다. 선택지(A·B·C·D)에서 HSK 4급·5급 필수 어휘가 95% 출제되므로 어휘 학습이 매우 중요하다.

이렇게 풀어봐요

1. 지문을 읽으며 전체 내용의 흐름을 파악한다. 빈칸이 없는 문장은 빠르게 읽고, 모르는 단어가 나오면 문맥과 '字'로 유추하여 읽는다.

2. 빈칸은 주로 명사·동사·형용사 세 가지 품사 위주로 출제된다. 우선 빈칸이 어떤 품사 자리인지를 파악한 후, 빈칸 앞뒤 단어 또는 문맥을 통한 호응 관계로 정답을 찾는다. 단어 외에 문장을 선택하는 문제는 접속사나 해석에 의존하여 푼다.

3. 유의어 공부에 시간을 낭비하지 않는다. 선택지에 '取得', '获得', '得到'같은 유의어가 동시에 출제되지 않는다. 따라서 독해 제1부분에서는 유의어들의 미미한 차이를 공부할 필요가 없다.

4. 시험마다 지문의 난이도가 각각 다르고, 1년에 2~3번은 독해 제1부분이 전체적으로 아주 어렵게 출제된다. 문제를 풀 때 항상 시간 분배를 고려하려, 정말 어려운 문제는 과감하게 찍고 넘어간다.

5. PBT는 답안지 작성 시에 지문 하나가 끝나면 바로 마킹하는 습관을 기른다.

공략법 01 동사는 목적어인 짝꿍 명사를 찾는다

독해 | 제1부분

독해 제1부분 지문에 나오는 단어들은 필수 어휘보다 어려운 단어들도 출제됩니다. 하지만 선택지 단어들의 95%는 HSK 4급과 5급 필수 어휘에서 출제됩니다. 지문 단어는 몰라도 문맥이나 '字'로 유추하며 글의 내용을 파악할 수 있지만, 선택지 단어는 모르는 순간 문제를 풀지 못하므로 필수 어휘를 반드시 외워줍니다. 선택지 단어로는 동사가 가장 많이 나오는데, 동사와 짝꿍인 명사 목적어까지 외워야 합니다.

1 문제가 보이는 시간

독해 영역의 지문도 MP3 파일로 들어 보세요. ▶ 1-01

예제 1 丹顶鹤是弱小的动物，有许多强大的天敌，想生存下去，必须______高度的警惕性。

A 坚持　　B 保持　　C 持有　　D 持续

해설 빈칸 문장을 해석하면 '반드시 높은 경계심을 ~해야 한다'입니다. '必须'는 부사이고 '警惕性'이 빈칸(동사)의 목적어가 됩니다. 어떠한 상태를 지속적으로 유지할 때는 '保持'를 쓰는데, 주로 좋은 상태를 유지할 때 '保持'를 자주 씁니다. 여기서는 '경계심을 유지하다'로 쓰여서, 정답은 B 保持입니다. 오답으로 주의할 단어는 '坚持'입니다. 해석상 자연스러워 보이지만, '坚持' 뒤에는 주로 운동이나 학업 등의 활동이 목적어로 옵니다.

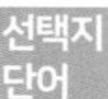

선택지 단어

A 坚持 jiānchí 동 ① (하고 있던 것을) 계속하다, 꾸준히 하다 ② (태도·주장 등을) 고수하다

짝꿍 坚持到底 끝까지 꾸준히 하다

坚持原则 원칙을 고수하다

예문 我还在坚持写日记。 나는 아직도 일기를 꾸준히 쓰고 있다.

◆ 原则 yuánzé 명 원칙

B 保持 bǎochí 동 (지속적으로) 유지하다 (✓)

짝꿍 保持安静 정숙을 유지하다

保持健康 건강을 유지하다

예문 在恶劣的环境中，他依然保持着积极乐观的心态。

열악한 환경 속에서 그는 여전히 긍정적이고 낙관적인 마음가짐을 유지하고 있다.

◆ 恶劣 èliè 형 열악하다 | 环境 huánjìng 명 환경 | 依然 yīrán 부 여전히 | 积极 jījí 형 적극적이다, 긍정적이다 | 乐观 lèguān 형 낙관적이다 | 心态 xīntài 명 심리 상태, 마음가짐

C 持有 chíyǒu 동 (의견·물건 등을) 가지고 있다, 소지하다

예문 世界各国的人们对于这起事件持有各种各样的意见。

세계 각국의 사람들은 이 사건에 대해 갖가지 의견을 가지고 있다.

◆ 各种各样 gèzhǒng gèyàng 성 각양각색, 갖가지

D 持续 chíxù 동 지속하다

짝꿍 持续增加 지속적으로 증가하다

持续发展 지속적으로 발전하다

Tip '持续'는 뒤에는 주로 '동사+목적어'가 와서, 우리말로는 '지속적으로'라고 해석해 줍니다.

예문 这类环保教育活动应持续开展下去。

이런 환경 보호 교육 활동은 지속적으로 전개해 나가야 한다.

◆ 环保教育活动 huánbǎo jiàoyù huódòng 환경 보호 교육 활동 | 开展 kāizhǎn 동 전개하다

정답 및 해석	丹顶鹤是弱小的动物，有许多强大的天敌，想生存下去，必须（B 保持）高度的警惕性。	두루미는 약한 동물로 강한 천적이 많아, 생존하려면 반드시 높은 경계심을 (B 유지해야) 한다.
단어	丹顶鹤 dāndǐnghè 명 두루미 | 弱小 ruòxiǎo 형 약하다, 약소하다 | 动物 dòngwù 명 동물 | 强大 qiángdà 형 강하다, 강대하다 | 天敌 tiāndí 명 천적 | 生存 shēngcún 동 생존하다, 살아남다 | 必须 bìxū 부 반드시 ~해야 한다 | 高度 gāodù 형 고도의, (정도가 아주) 높다 | 警惕性 jǐngtìxìng 명 경계심	

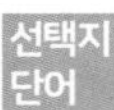 1-02

예제 2 一个城市是否富有魅力，关键在于它的文化表现形式是否丰富，而一个城市的文化表现形式也是城市能够________人才及优秀企业的原因所在。

A 爱惜　　B 寻找　　C 吸引　　D 欣赏

해설 첫 번째 빈칸 문장을 해석하면 '한 도시의 문화 표현 형식은 도시가 인재 및 우수한 기업을 ~할 수 있는 원인이기도 하다'입니다. '人才'와 '优秀企业'가 빈칸(동사)의 목적어가 됩니다. 도시가 인재와 우수한 기업을 '끌어들이다(吸引)'가 문맥상 가장 자연스럽습니다. 따라서 정답은 C 吸引입니다. 오답으로 주의할 단어는 '寻找'입니다. 해석상 자연스러운 것 같지만 '寻找'의 주어는 보통 사람이 옵니다. 위 문장의 주어는 '城市(도시)'라서 '寻找'를 쓸 수 없습니다.

선택지 단어

A 爱惜 àixī 동 아끼다, 소중히 여기다

짝꿍 爱惜时间 시간을 아끼다

爱惜粮食 식량을 아끼다

예문 他从不知道爱惜时间，整天玩儿。

그는 지금껏 시간을 아낄 줄 모르고 하루 종일 놀았다.

◆ 粮食 liángshi 명 양식, 식량 | 整天 zhěngtiān 명 하루 종일

B 寻找 xúnzhǎo 동 찾다, 구하다

짝꿍 寻找答案 답을 찾다

寻找方法 방법을 찾다

예문 有个人一心想寻找世界上最宝贵的东西。

어떤 사람이 전심전력으로 세상에서 가장 귀중한 물건을 찾고 싶어 한다.

◆ 宝贵 bǎoguì 형 귀중하다, 소중하다

C 吸引 xīyǐn 동 끌다, 끌어들이다, 매료시키다 (✓)

짝꿍 吸引视线 시선을 끌다

吸引注意力 주의력을 끌다

吸引观众 관중을 매료시키다

예문 公园里的白兰花吸引了来往的游人。

공원 속 백란화가 오가는 관광객을 매료시켰다.

◆ 视线 shìxiàn 명 시선 | 注意力 zhùyìlì 명 주의력 | 白兰花 báilánhuā 고유 백란화[식물 이름] | 来往 láiwǎng 동 오가다 | 游人 yóurén 명 관광객

D 欣赏 xīnshǎng 동 ①감상하다 ②마음에 들다, 좋아하다

짝꿍 欣赏电影 영화를 감상하다

欣赏风景 풍경을 감상하다

예문 他正在欣赏一幅摄影作品。 그는 지금 촬영 작품 하나를 감상하고 있다.

这个人很能干，我很欣赏他。 이 사람은 유능해서, 나는 그가 마음에 든다.

◆ 摄影作品 shèyǐng zuòpǐn 촬영 작품 | 能干 nénggàn 형 유능하다

정답 및 해석	一个城市是否富有魅力，关键在于它的文化表现形式是否丰富，而一个城市的文化表现形式也是城市能够（C 吸引）人才及优秀企业的原因所在。	한 도시가 매력이 풍부한지의 관건은 도시의 문화 표현 형식이 풍부한지에 있으며, 한 도시의 문화 표현 형식은 도시가 인재 및 우수한 기업을 (C 끌어들일) 수 있는 원인이기도 하다.

단어 城市 chéngshì 명 도시 | 富有 fùyǒu 동 풍부하다, 충분히 가지다 | 魅力 mèilì 명 매력 | 关键在于 guānjiàn zàiyú 관건은 ~에 있다 | 表现 biǎoxiàn 명 표현, 활약, 실력(발휘) | 形式 xíngshì 명 형식 | 丰富 fēngfù 형 풍부하다 | 优秀 yōuxiù 형 우수하다 | 企业 qǐyè 명 기업

2 내공이 쌓이는 시간

1 시험에 잘 나오는 동사

利用 lìyòng 동 이용하다	짝꿍 利用机会 기회를 이용하다 利用音乐来缓解压力 음악을 이용해서 스트레스를 풀다 Tip 어떤 수단을 이용하여 목표를 달성할 때 '利用~来+동사' 구조를 써 보세요. ◆ 缓解压力 huǎnjiě yālì 스트레스를 풀다
充满 chōngmǎn 동 충만하다, 넘치다	짝꿍 充满生机 생기가 넘치다 充满信心 자신감이 넘치다 Tip '充满' 뒤의 목적어는 '~이/가'로 해석합니다.
欣赏 xīnshǎng 동 ①감상하다 ②마음에 들어 하다	짝꿍 欣赏音乐 음악을 감상하다 欣赏作品 작품을 감상하다 Tip '我很欣赏这个人(나는 이 사람이 마음에 들어)'의 '欣赏'은 '마음에 들어 하다'라는 의미입니다.
达到 dádào 동 달성하다, 도달하다	짝꿍 达到目的 목적을 달성하다 达到标准 기준에 도달하다 Tip '达到'는 '(추상적인 목적·수량·정도에) 도달하다'라는 의미이고, '到达'는 '(구체적인 장소에) 도착하다'라는 의미로 '到达北京'처럼 쓰입니다. ◆ 标准 biāozhǔn 명 표준, 기준
调整 tiáozhěng 동 조정하다, 조절하다	짝꿍 调整时间 시간을 조정하다 调整心态 마음가짐을 조절하다 ◆ 心态 xīntài 명 심리 상태, 마음가짐
造成 zàochéng (=导致 dǎozhì) 동 (나쁜 결과를) 초래하다, 야기하다	예문 我给公司造成了严重的损失。 나는 회사에 심각한 손실을 초래했다. ◆ 严重 yánzhòng 형 (정도가) 심각하다 | 损失 sǔnshī 명 손실

承受 chéngshòu 동 감당하다, 견디다, 이겨내다	짝꿍 承受压力 스트레스를 견디다 承受痛苦 고통을 이겨내다 ◆ 痛苦 tòngkǔ 명 고통
运用 yùnyòng 동 운용하다, 활용하다	짝꿍 运用技术 기술을 활용하다 运用理论 이론을 활용하다 ◆ 理论 lǐlùn 명 이론
失去 shīqù 동 잃다, 잃어버리다	짝꿍 失去机会 기회를 잃다 失去信心 자신감을 잃다 Tip '失去'는 추상적인 명사를 목적어로 가지며, '消失(저절로 사라지다)'는 뒤에 목적어를 갖지 않습니다. 짝꿍 관계인 '逐渐消失(점점 사라지다)'도 시험에 자주 나오니 기억해 둡니다.
表明 biǎomíng 동 표명하다, 분명하게 밝히다	짝꿍 表明态度 태도를 표명하다 研究/调查/结果表明(=研究/调查/结果显示) 연구/조사/결과에 따르면 ~라고 한다

공략법 02

동사의 목적어가 동사구나 절일 때도 있다

독해 | 제1부분

동사의 목적어가 명사가 아닌 동사구(동사+목적어/부사어+동사)나 절(주어+술어)일 때가 있습니다. 목적어를 정확히 파악해야 빈칸에 들어가는 동사를 고를 수 있습니다.

1 문제가 보이는 시간

1-03

예제 1 同时，有关部门可以大力推广再生产品应用，________循环利用，鼓励社会投资工程使用建筑废弃物再生产品。

A 催促　　B 促进　　C 使用　　D 说明

해설 빈칸은 동사 자리이며, 목적어는 '循环利用(재활용하다)'이라는 동사구입니다. 의미상 '재활용을 촉진한다'는 해석이 더 자연스러우므로, B 促进을 정답으로 골라줍니다. '促进'의 목적어로 '발전(发展)', '교류(交流)'가 자주 나온다는 것을 기억합니다. A의 '催促'는 뒤에 '누구에게 ~하라고 재촉하다'는 의미가 와야 하므로 '催促+주어+동사' 구조로 외웁니다.

선택지 단어

A 催促 cuīcù 동 재촉하다, 독촉하다

예문 他们催促我采取行动。 그들은 나에게 행동을 취하라고 재촉했다.

◆ 采取行动 cǎiqǔ xíngdòng 행동을 취하다

B 促进 cùjìn 동 촉진하다, 촉진시키다 (✓)

짝꿍 促进发展 발전을 촉진하다

促进交流 교류를 촉진하다

예문 促进文化交流，有助于增进两国之间的了解和友谊。
문화 교류를 촉진하는 것은 양국 사이의 이해와 우의를 증진하는 데 도움이 된다.

◆ 有助于 yǒuzhùyú 동 ~에 도움이 된다 | 增进 zēngjìn 동 증진하다 | 友谊 yǒuyì 명 우의, 우정

C 使用 shǐyòng 동 사용하다, 쓰다

예문 我们使用电子邮件来联系。 우리는 이메일을 사용해서 연락한다.

◆ 电子邮件 diànzǐ yóujiàn 명 이메일 | 联系 liánxì 동 연락하다

D 说明 shuōmíng 동 설명하다

예문 请简单说明一下这部机器的用法。 이 기계의 사용법을 간단히 좀 설명해 주십시오.

◆ 简单 jiǎndān 형 간단하다 | 机器 jīqì 명 기계

정답 및 해석	同时，有关部门可以大力推广再生产品应用，（B 促进）循环利用，鼓励社会投资工程使用建筑废弃物再生产品。	동시에 관련 부서는 재활용품 활용을 크게 확대하고 재활용을 (B 촉진하며), 사회 투자 프로젝트에서 건축 폐기물 재활용품을 사용하도록 장려할 수 있다.

단어 有关 yǒuguān 동 관련이 있다 | 大力 dàlì 부 크게, 힘껏 | 推广 tuīguǎng 동 널리 보급하다, 확대하다 | 再生产品 zàishēng chǎnpǐn 재활용품 | 应用 yìngyòng 동 응용하다, 활용하다 | 循环利用 xúnhuán lìyòng 순환 이용, 재활용 | 鼓励 gǔlì 동 격려하다, 장려하다 | 社会投资工程 shèhuì tóuzī gōngchéng 사회 투자 프로젝트 | 建筑废弃物 jiànzhù fèiqìwù 건축 폐기물 *废弃 동 폐기하다, 버리다

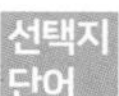 1-04

예제 2 "途书族"长时间近距离注视闪烁、单调、刺眼的物体，如手机、电子书、报纸杂志等，由于光线闪烁不定，会______眼睛超负荷工作。

A 危害　　B 控制　　C 承受　　D 导致

해설 빈칸은 동사 자리이며, 빈칸 뒤의 목적어 '眼睛超负荷工作'의 해석이 조금 어려울 수 있지만, '눈이 과도하게 일을 한다'라고 해석을 유추하면 '안 좋은 결과'임을 알 수 있습니다. 동사 '导致' 뒤에는 '좋지 않은 일' 또는 '부정적인 현상' 등이 목적어로 옵니다. 따라서 D 导致가 정답입니다. '危害'를 오답으로 고르지 않도록 주의합니다. 동사 '危害'의 목적어 자리에는 보통 '健康' 등이 옵니다.

선택지 단어

A 危害 wēihài 동 해치다, 해를 끼치다

짝꿍 危害健康 건강을 해치다

예문 吸烟不仅对健康不利，甚至可能危害生命。
흡연은 건강에 해로울 뿐만 아니라, 심지어 생명을 해칠지도 모른다.

◆ 吸烟 xīyān 동 흡연하다, 담배를 피우다

B 控制 kòngzhì 동 통제하다, 억제하다

짝꿍 控制情绪 감정을 억제하다
控制食欲 식욕을 억제하다

예문 怎样才能控制食欲？ 어떻게 해야 식욕을 억제할 수 있습니까?

◆ 食欲 shíyù 명 식욕

C 承受 chéngshòu 동 (스트레스·고통을) 받다, 견디다, 이겨내다

짝꿍 承受压力 스트레스를 받다

承受痛苦 고통을 이겨내다

예문 学生们承受着来自社会、家庭、学校的各种压力。

학생들은 사회·가정·학교에서 오는 각종 스트레스를 견디고 있다.

◆ 家庭 jiātíng 명 가정

D 导致 dǎozhì 동 (나쁜 결과를) 초래하다, 야기하다 (✓)

짝꿍 导致失败 실패를 초래하다

导致战争 전쟁을 야기하다

예문 头部受伤，导致他的记忆力减退。

머리에 상처를 입어서, 그의 기억력 감퇴를 초래했다.

◆ 失败 shībài 동 실패하다 | 战争 zhànzhēng 명 전쟁 | 受伤 shòushāng 동 상처를 입다 | 记忆力 jìyìlì 명 기억력 | 减退 jiǎntuì 동 감퇴되다

정답 및 해석	"途书族"长时间近距离注视闪烁、单调、刺眼的物体，如手机、电子书、报纸杂志等，由于光线闪烁不定，会(D 导致)眼睛超负荷工作。	'도로독서족'은 장시간 근거리에서 깜박거리고 단조롭고 눈이 부신 물체, 예를 들면 핸드폰·전자책·신문 잡지 등을 주시한다. (이런 물체들은) 빛이 깜박거리기 때문에 눈이 과도하게 일을 하도록 (D 야기할) 것이다.
단어	途书族 túshūzú 도로독서족 | 近距离 jìnjùlí 명 근거리, 가까운 거리 | 注视 zhùshì 동 주시하다 | 闪烁 shǎnshuò 동 깜빡이다 *闪烁不定 깜박거리다 | 单调 dāndiào 형 단조롭다 | 刺眼 cìyǎn 형 눈이 부시다 | 物体 wùtǐ 명 물체 | 如 rú 동 예를 들다 | 电子书 diànzǐshū 명 전자책(e-book) | 报纸杂志 bàozhǐ zázhì 신문 잡지 | 光线 guāngxiàn 명 광선, 빛 | 眼睛 yǎnjing 명 눈 | 超负荷 chāo fùhè 동 과부하에 걸리다, (과도하게 일을 해서) 감당하지 못하다	

2 내공이 쌓이는 시간

1 동사(구)를 목적어로 갖는 동사

아래의 동사 뒤에는 동사(구)가 목적어로 온다.

- □ 打算 dǎsuàn ~할 계획이다
- □ 决定 juédìng 결정하다
- □ 善于 shànyú ~를 잘하다, 잘 ~하다
- □ 开始 kāishǐ 시작하다
- □ 进行 jìnxíng 진행하다

- 学校 决定(동사 술어) 举行运动会(동사구 목적어)。 학교는 운동회를 개최하기로 결정했다.
- 我 善于(동사 술어) 处理各种复杂的问题(동사구 목적어)。 나는 여러 복잡한 문제를 잘 처리한다.

◆ 举行 jǔxíng 동 거행하다, 개최하다 | 处理 chǔlǐ 동 처리하다 | 复杂 fùzá 형 복잡하다 | 问题 wèntí 명 문제

2 절을 목적어로 갖는 동사

아래의 동사 뒤에는 절(주어+술어)이 목적어로 온다.

- □ 希望 xīwàng 희망하다, 바라다
- □ 觉得 juéde ~라고 생각하다
- □ 感觉 gǎnjué ~라고 느끼다
- □ 认为 rènwéi 여기다, 생각하다
- □ 以为 yǐwéi ~라고 (잘못) 여기다, ~인 줄 알다

- 我 希望(동사 술어) 未来更美好(절 목적어)。 나는 미래가 더 아름답기를 희망한다.
- 我 觉得(동사 술어) 市场竞争很激烈(절 목적어)。 나는 시장 경쟁이 치열하다고 생각한다.

◆ 未来 wèilái 명 미래 | 美好 měihǎo 형 아름답다, 행복하다 | 市场竞争 shìchǎng jìngzhēng 시장 경쟁 | 激烈 jīliè 형 격렬하다, 치열하다

공략법 03 1음절 동사는 1~2문제 출제한다

독해 | 제1부분

독해 제1부분 동사 문제 중에서 1음절 동사 문제가 매 시험 1~2문제 출제됩니다. 1음절 동사는 짝꿍 명사 외에도 문맥이나 다른 힌트 단어를 통해 정답을 찾아야 합니다.

1 문제가 보이는 시간

1-05

예제 1 孔子周游列国时见到一个小孩，举止言行很不一般。这孩子用泥土____了一座城堡，坐在里面，挡住了孔子的路。

A 画　　B 堆　　C 搬　　D 盖

해설 빈칸 앞에 '用泥土(진흙으로)'가 있고, 빈칸 뒤로 목적어 '一座城堡(성보)'가 보입니다. '진흙으로 성보를 쌓는다'가 자연스럽습니다. '흙이나 문서들을 쌓는다'는 동사 '堆'를 써 줍니다. 따라서 정답은 B 堆입니다.

선택지 단어

A 画 huà 동 (그림을) 그리다

예문 她在错别字下边画了一个记号。그녀는 오타 밑에 표시했다.

• 错别字 cuòbiézì 명 오타 | 记号 jìhao 명 기호, 표시

B 堆 duī 동 쌓다, 쌓이다 (✓)

예문 我的书桌上堆着很多书。내 책상 위에 많은 책들이 쌓여 있다.

• 书桌 shūzhuō 명 책상

C 搬 bān 동 옮기다

예문 他自告奋勇地帮李老师搬东西。그는 자진해서 리 선생을 도와 물건을 옮겼다.

• 自告奋勇 zìgàofènyǒng 성 (어려운 일을) 자진해서 나서다

D 盖 gài 동 ①(위에서 아래로) 덮다 ②(집을) 짓다

짝꿍 盖房子 집을 짓다

예문 我给我弟弟盖上了被子。 나는 남동생에게 이불을 덮어 주었다.

◆ 被子 bèizi 명 이불

정답 및 해석	孔子周游列国时见到一个小孩，举止言行很不一般。这孩子用泥土（B 堆）了一座城堡，坐在里面，挡住了孔子的路。	공자가 여러 나라를 돌아다닐 때 한 어린아이를 만났는데, 행동거지와 언행이 아주 평범하지 않았다. 이 아이는 진흙으로 성보를 (B 쌓고), 안에 앉아서 공자의 길을 막았다.

단어 孔子 Kǒngzǐ 고유 공자[중국 춘추시대의 철학가이자 사상가, 유가(儒家) 학파의 창시자] | 周游列国 zhōuyóu lièguó 여러 나라를 돌아다니다 | 举止言行 jǔzhǐ yánxíng 행동거지와 언행 | 一般 yìbān 형 일반적이다, 평범하다 | 泥土 nítǔ 명 진흙 | 座 zuò 양 좌, 동, 채[부피가 크거나 고정된 물체를 셀 때 쓰임] | 城堡 chéngbǎo 명 성보, 작은 성, 요새 | 挡 dǎng 동 막다, 저지하다

1-06

예제 2 那么月亮为什么会变成红色呢？原来，地球只是______住了太阳光中的蓝、紫、绿、黄等颜色的光，但太阳光里的红光，仍然能穿过地球的大气层到达月亮的表面，使月亮变成暗红色，成为让人感觉十分神秘的“血月”。

A 挡 B 顶 C 漏 D 递

해설 빈칸은 동사 자리이며 뒤에 목적어 ‘光’도 힌트가 되지만, 빈칸 바로 뒤의 고정을 의미하는 결과 보어 ‘住’도 힌트가 될 수 있습니다. C와 D는 고정의 의미가 없기 때문에 ‘住’와 함께 쓸 수 없습니다. A와 B가 ‘住’와 함께 쓸 수 있는데 목적어가 ‘光’이므로 해석상 A가 자연스럽습니다. 남색·자주색·초록색·노란색 등의 빛을 막아야만 붉은색을 띠기 때문입니다. 따라서 정답은 A 挡입니다.

선택지 단어

A 挡 dǎng 동 막다, 차단하다, 가리다 (✓)

짝꿍 挡风 바람을 막다

挡光 빛을 차단하다

挡太阳 태양을 가리다

예문 他用书本挡住了自己的脸。 그는 책으로 자신의 얼굴을 가렸다.

◆ 脸 liǎn 명 얼굴

B 顶 dǐng 동 머리에 이다, 머리로 받치다

예문 他顶着一片像伞一样的荷叶。 그는 우산과 같이 생긴 연잎을 머리에 이고 있다.

◆ 荷叶 héyè 명 연잎[식물]

C 漏 lòu 동 (액체가 구멍·틈으로) 새다, 빠지다

예문 水壶里的水漏光了。 주전자의 물이 모두 새 버렸다.

◆ 水壶 shuǐhú 명 (물)주전자

D 递 dì 동 넘겨주다, 건네다

예문 请把筷子递给我。 젓가락을 저에게 건네주세요.

정답 및 해석	那么月亮为什么会变成红色呢？原来，地球只是（A 挡）住了太阳光中的蓝、紫、绿、黄等颜色的光，但太阳光里的红光，仍然能穿过地球的大气层到达月亮的表面，使月亮变成暗红色，成为让人感觉十分神秘的“血月”。	그럼 달은 어째서 붉은색이 되는 걸까? 알고 보니, 지구는 태양빛 가운데 남색·자주색·초록색·노란색 등 색깔의 빛만 (A 차단한다). 그러나 태양빛 가운데 붉은빛은 여전히 지구의 대기층을 통과하여 달의 표면에 도달할 수 있어서, 달이 검붉은색이 되게 하고, 사람들에게 매우 신비로운 느낌을 주는 '레드문'이 된다.
단어	月亮 yuèliang 명 달 ㅣ 地球 dìqiú 명 지구 ㅣ 太阳光 tàiyángguāng 명 태양빛 ㅣ 蓝 lán 명 남색 ㅣ 紫 zǐ 명 자주색 ㅣ 绿 lǜ 명 초록색 ㅣ 黄 huáng 명 노란색 ㅣ 颜色 yánsè 명 색, 색깔 ㅣ 仍然 réngrán 부 여전히 ㅣ 穿过 chuānguò 동 통과하다 ㅣ 大气层 dàqìcéng 명 대기층 ㅣ 到达 dàodá 동 도달하다, 도착하다 ㅣ 暗红色 ànhóngsè 명 검붉은색 ㅣ 神秘 shénmì 형 신비하다, 비밀스럽다 ㅣ 血月 xuèyuè 명 (개기월식으로 인한) 레드문	

2 내공이 쌓이는 시간

1 시험에 잘 나오는 1음절 동사

躲 duǒ 동 피하다, 숨다	예문 小猫躲在沙发下面，不肯出来。 새끼 고양이는 소파 아래에 숨어서 나오려 하지 않았다. ◆ 小猫 xiǎomāo 명 새끼 고양이 ㅣ 沙发 shāfā 명 소파 ㅣ 不肯 bùkěn 동 ~하려 하지 않다
称 chēng 동 ~라고 부르다, (무게를) 달다, 재다	짝꿍 把A称为B A를 B라고 부르다 被称为 ~라고 불리다 称体重 몸무게를 재다
递 dì 동 넘겨주다, 건네다	예문 你能把剪刀递给我吗？ 너는 가위를 나에게 건네 줄 수 있니? ◆ 剪刀 jiǎndāo 명 가위

占 zhàn 동 차지하다, 점거하다	예문 全世界的海岛众多，总面积约997万平方公里，占地球陆地总面积的6.6%。 전 세계의 섬은 아주 많아서 총면적이 대략 997만 제곱 킬로미터이고, 지구 육지 총면적의 6.6%를 차지한다. ◆ 海岛 hǎidǎo 명 섬 ｜ 众多 zhòngduō 형 아주 많다 ｜ 总面积 zǒngmiànjī 명 총면적 ｜ 约 yuē 부 대략 ｜ 平方公里 píngfāng gōnglǐ 양 평방 킬로미터, 제곱 킬로미터(㎢) ｜ 地球 dìqiú 명 지구 ｜ 陆地 lùdì 명 육지
派 pài 동 파견하다, 보내다	예문 师傅派徒弟去取一些盐回来 사부는 제자를 보내서 소금을 조금 가지고 오라고 시켰다. ◆ 师傅 shīfu 명 스승, 사부 ｜ 徒弟 túdì 명 제자
摇 yáo 동 (좌우로) 흔들다	예문 小狗向主人摇了摇尾巴。 강아지는 주인을 향해 꼬리를 좀 흔들어 댔다. ◆ 尾巴 wěiba 명 (동물의) 꼬리
拦 lán 동 (가로)막다, 저지하다	예문 前面有一道河拦住了去路。 앞에 한 줄기 강이 가는 길을 막았다. ◆ 去路 qùlù 명 가는 길
披 pī 동 (옷을) 걸치다	예문 在寒冷的冬天，雷鸟披上了雪白的冬装，与雪地相一致。 추운 겨울에, 뇌조는 새하얀 겨울옷을 걸쳐 입어서 눈으로 덮인 지면과 서로 일치한다. ◆ 寒冷 hánlěng 형 한랭하다, (몹시) 춥다 ｜ 雷鸟 léiniǎo 명 뇌조[새 이름] ｜ 雪白 xuěbái 형 새하얗다 ｜ 冬装 dōngzhuāng 명 겨울옷 ｜ 雪地 xuědì 명 눈으로 덮인 지면 ｜ 一致 yízhì 형 일치하다
插 chā 동 꽂다, 끼우다	예문 我把玫瑰花插在花瓶里。 나는 장미를 꽃병에 꽂았다. ◆ 玫瑰花 méiguīhuā 명 장미 ｜ 花瓶 huāpíng 명 꽃병
翻 fān 동 (물건을 찾기 위해) 뒤지다, 헤집다	예문 行李都翻遍了，也没找到我的护照。 짐을 다 뒤졌는데도, 내 여권을 찾지 못했다. ◆ 护照 hùzhào 명 여권

공략법 04

형용사는 수식해 주는 명사를 찾는다

독해 | 제1부분

형용사는 목적어를 갖지 않으므로 주어와 호응 관계를 따져보거나, 형용사가 수식해 주는 명사와 호응 관계를 따져서 정답을 찾도록 합니다.

1 문제가 보이는 시간

1-07

예제 1 南京素有“鱼米之乡”的美称，当地养的鸭子肥厚多肉，肉质鲜嫩，而烤出来的鸭子更是风味______，深受南京人的欢迎。

A 独特　　B 舒适　　C 巧妙　　D 成熟

해설 ‘风味’와 호응하는 형용사를 찾는 문제입니다. A의 ‘独特’는 주로 ‘风味(맛)’, ‘风格(스타일)’, ‘款式(디자인)’ 등의 명사와 호응합니다. B의 ‘舒适’는 주로 환경이 편안하다는 의미이고, C의 ‘巧妙’는 방법 또는 기술을 뜻하는 명사와 호응합니다. D의 ‘成熟’는 사람을 뜻하는 명사와 호응하여 ‘성숙하다’는 뜻을 나타내거나, 곡식 등을 뜻하는 명사와 호응하여 ‘잘 익었다’라는 뜻을 나타냅니다. 따라서 정답은 A 独特입니다.

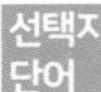

선택지 단어

A 独特 dútè 형 독특하다 (✓)

짝꿍 独特的风俗习惯 독특한 풍속 습관

风格独特 스타일이 독특하다

예문 他拥有一门独特的技艺。 그는 독특한 기예를 가지고 있다.

◆ 风俗 fēngsù 명 풍속 | 拥有 yōngyǒu 동 가지고 있다 | 技艺 jìyì 명 기예, 기교

B 舒适 shūshì 형 편(안)하다

예문 我们坐在新教室里，感觉既暖和，又舒适。

우리는 새로운 교실에 앉아 있으니, 느낌이 따뜻하고 편안했다.

◆ 教室 jiàoshì 명 교실 | 暖和 nuǎnhuo 형 따뜻하다

C 巧妙 qiǎomiào 형 절묘하다, 훌륭하다

짝꿍 回答巧妙 대답이 절묘하다

设计巧妙 디자인이 훌륭하다

예문 他这篇文章的结构非常巧妙。 그의 이 글의 구성이 매우 절묘하다.

◆ 结构 jiégòu 명 구조, 구성

Tip 우리말의 '교묘하다'로 외우면 안 됩니다. 우리말의 '교묘하다'는 뜻은 주로 안 좋은 의미로 쓰지만, '巧妙'는 긍정적인 의미로만 사용하는 단어입니다.

D 成熟 chéngshú 형 ①(사람이) 성숙하다 ②(과일·곡식이) 익다

예문 他看起来更加成熟了。 그는 겉으로 보기에 더욱 성숙해졌다.

树上的苹果大多已经成熟了。 나무에 달린 사과가 대부분 이미 익었다.

정답 및 해석

南京素有"鱼米之乡"的美称，当地养的鸭子肥厚多肉，肉质鲜嫩，而烤出来的鸭子更是风味（A 独特），深受南京人的欢迎。

난징은 원래부터 '물고기와 쌀이 많이 나는 살기 좋은 곳'이라는 아름다운 이름을 가지고 있으며, 현지에서 기른 오리는 토실토실하여 살이 많고 육질이 신선하며 연하다. 그래서 구워 낸 오리는 더욱 맛이 (A 독특하여), 난징 사람들에게 큰 환영을 받았다.

단어

南京 Nánjīng 고유 난징[중국 장쑤성(江苏省)의 성도] | 素有 sùyǒu 동 원래부터 ~을 가지고 있다 | 鱼米之乡 yúmǐzhīxiāng 성 물고기와 쌀이 많이 나는 곳 | 美称 měichēng 명 아름다운 이름 | 当地 dāngdì 명 현지, 그 지방 | 养 yǎng 동 기르다 | 鸭子 yāzi 명 오리 | 肥厚多肉 féihòu duōròu 토실토실하여 살이 많다 | 肉质鲜嫩 ròuzhì xiānnèn 육질이 신선하고 연하다 | 烤 kǎo 동 (불에 쬐어) 굽다 | 风味 fēngwèi 명 맛, 풍미 | 深受…欢迎 shēnshòu……huānyíng ~에게 큰 환영을 받다

1-08

예제 2 上海夏季音乐节每年都会向观众免费开放，但是票非常难抢。音乐节当天，那些抢到票的______观众，纷纷提前来到现场，市民周女士便是其中一员。

A 意外　　B 可靠　　C 业余　　D 幸运

해설

빈칸은 '的' 뒤의 명사 자리이지만, 이미 '观众'이라는 명사가 있으므로 '观众'을 수식하는 형용사를 찾는 문제입니다. 앞 문장에서 표를 구하기 힘든데(难抢), 표 티켓팅에 성공했다(抢到票)고 했으므로 밑줄에는 '운이 좋다'라는 의미의 '幸运'이 들어가야 합니다. 따라서 정답은 D 幸运입니다.

선택지 단어

A 意外 yìwài 형 의외이다, 뜻밖이다

짝꿍 意外的结局 뜻밖의 결말

意外的事故 뜻밖의 사고

예문 这次考试小明竟然不及格，真令人感到意外。

이번 시험에서 샤오밍이 불합격했는데 정말 의외이다.

B 可靠 kěkào 형 믿을만하다, 확실하다, 믿음직하다

짝꿍 可靠的消息 믿을만한 소식

可靠的人 믿음직한 사람

예문 这家公司的服务可靠，值得客户信赖。

이 회사의 서비스는 믿을 만해서 고객들이 신뢰할 만하다.

◆ 服务 fúwù 명 서비스 | 值得 zhíde 동 ~할 만한 가치가 있다, ~할 만하다 | 客户 kèhù 명 고객, 거래처 | 信赖 xìnlài 동 신뢰하다

C 业余 yèyú 형 여가의, 근무 시간 외의, 아마추어의

짝꿍 业余爱好 여가 취미

业余运动员 아마추어 운동선수

예문 他在业余时间不但学习英语，还学习德语。

그는 여가 시간에 영어뿐만 아니라 독일어도 배운다.

D 幸运 xìngyùn 형 운이 좋다, 행운이다 (✓)

예문 幸运的是，我们提前做好了准备，避免了可能的损失。

운이 좋았던 것은 우리가 미리 준비해서 가능한 손실을 피했다는 것이다.

◆ 避免 bìmiǎn 동 (안 좋은 상황을) 피하다 | 损失 sǔnshī 명 손해, 손실

정답 및 해석	上海夏季音乐节每年都会向观众免费开放，但是票非常难抢。音乐节当天，那些抢到票的（D 幸运）观众，纷纷提前来到现场，市民周女士便是其中一员。	상하이 하계 음악 축제는 매년 관중들에게 무료로 개방하지만, 표는 매우 구하기 어렵다. 음악 축제 당일 티켓팅에 성공한 (D 운이 좋은) 관중들은 잇따라 미리 현장에 왔으며, 시민 쩌우 여사도 바로 그중의 한 명이다.
단어	夏季 xiàjì 명 여름, 하계 | 音乐节 yīnyuèjié 명 음악 축제 | 免费 miǎnfèi 동 무료로 하다 | 开放 kāifàng 동 개방하다 | 难抢 nánqiǎng 동 표 구하기가 어렵다 | 抢票 qiǎngpiào 동 표를 티켓팅하다 | *纷纷 fēnfēn 부 (시간차를 두고) 잇따라, 계속해서 | 提前 tíqián 동 (예정된 시간을) 앞당기다 | 便是 biànshì 동 바로 ~이다 | 其中 qízhōng 대 그중에, 그 안에	

독해 阅读

제1부분

2 내공이 쌓이는 시간

1 시험에 잘 나오는 형용사

独特 dútè 형 독특하다	짝꿍 独特的风格 독특한 풍격 独特的艺术魅力 독특한 예술적 매력 ◆ 风格 fēnggé 명 풍격, 스타일 | 魅力 mèilì 명 매력
意外 yìwài 형 의외이다, 뜻밖이다 명 뜻밖의 사고	짝꿍 意外的结果 의외의 결과 意外的收获 의외의 수확 ◆ 收获 shōuhuò 명 수확, 성과
具体 jùtǐ 형 구체적이다	짝꿍 具体的内容 구체적인 내용 具体的情况 구체적인 상황
密切 mìqiè 형 (관계가) 밀접하다	짝꿍 关系密切 관계가 밀접하다 密切相关 밀접하게 서로 관련되어 있다 Tip '密切'는 '密切相关'처럼 동사를 수식하는 부사어로도 자주 쓰입니다.
完整 wánzhěng 형 (손상 없이) 온전하다, 완전하다	짝꿍 完整地保存 온전하게 보존하다 资料完整 자료가 완전하다 ◆ 资料 zīliào 명 자료
广泛 guǎngfàn 형 광범위하다, 폭넓다	짝꿍 兴趣广泛 흥미가 광범위하다 用途广泛 용도가 폭넓다 ◆ 兴趣 xìngqù 명 흥미 | 用途 yòngtú 명 용도
相似 xiāngsì 형 닮다, 비슷하다	예문 体重身高和他相似。 체중과 신장이 그와 비슷하다. Tip '相似'는 '相+似'로 구성된 단어입니다. '相同'처럼 보통 '相'이 있는 단어는 주어가 복수이거나 앞에 전치사 '和(=与)'를 함께 씁니다. ◆ 身高 shēngāo 명 신장, 키

强烈 qiángliè 형 강렬하다	짝꿍 强烈的气味 강렬한 냄새 强烈反对 강렬히 반대하다 Tip '强烈'는 명사와 동사를 수식하는 비중이 서로 비슷합니다. 동사를 수식할 때는 조사 '地' 없이 직접 수식할 수 있습니다. ◆ 气味 qìwèi 명 냄새
舒适 shūshì 형 편하다, 편안하다	짝꿍 舒适的沙发 편안한 소파 舒适的生活 편안한 생활 ◆ 沙发 shāfā 명 소파
稳定 wěndìng (=稳 안정되다) 형 안정되다, 안정적이다	짝꿍 物价稳定 물가가 안정되다 生活稳定 생활이 안정되다 ◆ 物价 wùjià 명 물가

공략법 05

독해 | 제1부분

명사는 동사 혹은 형용사 짝꿍을 찾는다

목적어 자리에 있는 명사는 술어 자리에 있는 동사와 호응 관계를 따져서 정답을 찾고, 형용사의 수식을 받는 명사는 형용사와 호응 관계를 따져서 정답을 찾습니다. 선택지 단어의 의미가 확연히 구분되는 경우가 많으니, 문장 해석을 정확히 하는 습관을 갖도록 합니다.

1 문제가 보이는 시간

1-09

예제 1 丹顶鹤落在沼泽地或河边的时候，常常是一只脚站着，另一只脚缩到身子下面，这就是它休息的________。

A 动作　　B 状态　　C 方式　　D 办法

해설 빈칸이 있는 문장을 해석하면 '이것은 바로 그들이 휴식하는 ~이다'라고 해석할 수 있습니다. 여기서 대명사 '它'는 두루미이고, 앞에 두루미의 행동 묘사는 두루미가 휴식을 취하는 방식이므로 정답은 C 方式입니다. D의 '办法'와 헷갈릴 수 있는데 '办法'는 문제의 해결 방식 또는 방법으로 많이 사용하고, '方式'는 태도나 행동, 과정 등을 강조할 때 많이 사용합니다.

선택지 단어

A 动作 dòngzuò 명 동작

짝꿍 跳舞的动作 춤추는 동작

예문 刚才他做了个可笑的动作。 방금 전에 그는 웃기는 동작을 했다.

◆ 跳舞 tiàowǔ 동 춤을 추다

B 状态 zhuàngtài 명 상태

짝꿍 固体状态 고체 상태

心理状态 심리 상태

精神状态 정신 상태

예문 健康是指一个人在身体、精神等方面都可以保持良好的状态。
건강은 사람이 신체, 정신 등의 방면에서 모두 양호한 상태를 유지할 수 있는 것을 가리킨다.

◆ 健康 jiànkāng 명 건강 | 指 zhǐ 동 가리키다 | 保持 bǎochí 동 (지속적으로) 유지하다

C 方式 fāngshì 명 방식 (✓)

예문 我国采取民主的方式进行投票。

우리나라는 민주적인 방식을 채택해서 투표를 진행한다.

◆ 采取 cǎiqǔ 동 채택하다, 취하다 | 投票 tóupiào 동 투표하다

D 办法 bànfǎ 명 방법

짝꿍 实用的办法 실용적인 방법

合理的办法 합리적인 방법

예문 我到现在还没找到解决问题的办法。

나는 지금까지도 문제를 해결할 방법을 찾지 못했다.

◆ 解决问题 jiějué wèntí 문제를 해결하다

정답 및 해석	丹顶鹤落在沼泽地或河边的时候，常常是一只脚站着，另一只脚缩到身子下面，这就是它休息的(C 方式)。	두루미들은 늪지대나 강가에 내려앉을 때, 항상 한 발은 서 있고 다른 한 발은 몸 아래로 웅크린다. 이것은 그들이 휴식하는 (C 방식)이다.

단어 丹顶鹤 dāndǐnghè 명 두루미 | 落 luò 동 떨어지다, 내려앉다 | 沼泽地 zhǎozédì 명 늪지대 | 河边 hébiān 명 강가 | 脚 jiǎo 명 발 | 缩 suō 동 웅크리다 | 休息 xiūxi 동 휴식하다, 쉬다

1-10

예제 2 其实，秦俑原本都有彩绘，但时隔两千多年，各种______使原本多彩的秦俑在出土的瞬间“黯然失色”。

A 类型　B 特征　C 证据　D 因素

해설 빈칸 자리는 '使' 겸어문 문장의 앞 주어입니다. 각종 요인으로 인해 '使' 뒤의 주어인 진나라 병마용이 빛을 잃게 되었으므로 빈칸은 D 因素가 정답이 됩니다. '원인+使+결과' 구조를 기억해 둡니다.

선택지 단어

A 类型 lèixíng 명 유형, 타입

짝꿍 产品类型 상품 유형

예문 她不是我喜欢的类型。

그녀는 내가 좋아하는 타입이 아니다.

B 特征 tèzhēng 명 특징

예문 基因决定每个生物的特征。

유전자는 모든 생물의 특징을 결정한다.

◆ 基因 jīyīn 명 유전자

C 证据 zhèngjù 명 증거

짝꿍 有证据 증거가 있다

搜集证据 증거를 수집하다

예문 我们有充分的证据。

우리는 충분한 증거가 있다.

◆ 搜集 sōují 동 수집하다, 찾아 모으다

D 因素 yīnsù 명 (구성) 요소, 원인, 요인 (✓)

짝꿍 气象因素 기상 요소

心理因素 심리적 요인

예문 肥胖是引发多种疾病的重要因素。

비만은 여러 질병을 유발하는 중요한 요인이다.

◆ 肥胖 féipàng 명 비만 | 引发疾病 yǐnfā jíbìng 질병을 유발하다

정답 및 해석	其实，秦俑原本都有彩绘，但时隔两千多年，各种（D 因素）使原本多彩的秦俑在出土的瞬间“黯然失色”。	사실 진나라 병마용은 원래 모두 채색 그림이 있었지만, 2천여 년 만에 각종 (D 요인)으로 원래 다채로웠던 진나라 병마용이 출토된 순간에 '어둡게 빛을 잃었다'.
단어	其实 qíshí 부 사실 | 秦俑 qínyǒng 명 진나라 병마용 | 原本 yuánběn 부 원래, 본래 | 彩绘 cǎihuì 명 채색 그림 | 时隔 shí gé ~(기간) 만에 | 多彩 duōcǎi 형 다채롭다 | 瞬间 shùnjiān 명 순간 | 黯然失色 ànránshīsè 성 어둡게 빛을 잃다	

2 내공이 쌓이는 시간

1 시험에 잘 나오는 명사

事实 shìshí 명 사실	짝꿍 客观的事实 객관적인 사실 事实上 사실상 예문 事实证明他的结论是错误的。 사실은 그의 결론이 잘못되었다는 것을 증명한다. Tip 역대 답으로 가장 많이 출제되거나 답이 아니더라도 가장 많이 등장한 단어는 '事实'입니다. 특히 '事实上'은 '其实'의 의미로 동사를 수식하는 부사어로 쓰입니다. ◆ 客观 kèguān 형 객관적이다 | 证明 zhèngmíng 동 증명하다 | 结论 jiélùn 명 결론 | 错误 cuòwù 형 잘못되다

단어	짝꿍
情绪 qíngxù 명 정서, 기분, 감정	짝꿍 情绪稳定 정서가 안정되다 情绪低落 기분이 가라앉다, 기분이 다운되다 ◆ 稳定 wěndìng 형 안정되다 | 低落 dīluò 동 떨어지다, 가라앉다
方式 fāngshì 명 방식	짝꿍 生产方式 생산 방식 工作方式 업무 방식
现象 xiànxiàng 명 현상	짝꿍 表面现象 표면 현상, 겉으로 드러난 현상 出现了异常现象 이상 현상이 나타났다 ◆ 异常 yìcháng 형 이상하다
智慧 zhìhuì 명 지혜	짝꿍 生活的智慧 생활의 지혜 无限的智慧 무한한 지혜 ◆ 无限 wúxiàn 형 무한하다
表面 biǎomiàn 명 (사물의) 표면, 겉	짝꿍 表面光滑 표면이 매끄럽다 从表面上看 겉으로 보기에 ◆ 光滑 guānghuá 형 매끄럽다
本领 běnlǐng 명 재능, 능력, 기량	짝꿍 特殊的本领 특별한 재능 高超的本领 출중한 능력 ◆ 特殊 tèshū 형 특수하다, 특별하다 | 高超 gāochāo 형 뛰어나다, 출중하다
状态 zhuàngtài 명 상태	짝꿍 心理状态 심리 상태 精神状态 정신 상태
道理 dàolǐ 명 도리, 이치, 일리	짝꿍 简单的道理 간단한 이치 讲道理 이치를 따지다 你说的也有道理 네 말도 일리가 있다 ◆ 简单 jiǎndān 형 간단하다 | 讲 jiǎng 동 중시하다, 따지다
功能 gōngnéng 명 기능	짝꿍 产品的功能 제품의 기능 智能手机的功能 스마트폰의 기능 ◆ 智能手机 zhìnéng shǒujī 스마트폰

Day 11

공략법
06 부사어는 부사 혹은 형용사를 출제한다

독해 | 제1부분

동사 앞의 부사어 자리에는 부사와 형용사가 정답으로 자주 출제됩니다. 부사를 암기할 때는 반드시 그 부사가 수식해 주는 동사와 함께 공부해야 합니다. 예를 들어, '再三'이 나오면 '再三'만 암기하지 말고, '再三'이 주로 수식해 주는 동사 '强调'와 함께 암기해야 합니다. 형용사이면서 동사를 수식하는 단어들도 의미에 맞게 동사를 수식하는지 체크해 줍니다.

1 문제가 보이는 시간

1-11

예제 1 想要表达的时候，你是条理清晰地说出自己的看法，还是转发一篇你认同的文章，用别人的思考代替自己的思考？如果是后者，那么长此以往，你很容易习惯性地停止思考，______失去事实判断、逻辑分析和观点表达的能力。

A 再三　　B 反复　　C 分别　　D 逐渐

해설 빈칸은 동사 술어 '失去' 앞에 있으므로 부사어 자리가 됩니다. 문맥상으로도 '점점' 능력을 잃어버린다(失去能力)가 적절합니다. '失去'는 '逐渐'과 단골 짝꿍 단어이므로 반드시 기억합니다. 따라서 정답은 D 逐渐입니다.

선택지 단어

A 再三 zàisān 부 거듭, 여러 번

짝꿍 再三强调 거듭 강조하다

再三嘱咐 거듭 당부하다

예문 老师再三劝告他不要去，他还是去了。

선생님이 그에게 가지 말라고 거듭 타일렀지만, 그는 그래도 갔다.

◆ 强调 qiángdiào 동 강조하다 | 嘱咐 zhǔfù 동 당부하다 | 劝告 quàngào 동 권고하다, 타이르다

B 反复 fǎnfù 부 반복해서, 거듭

짝꿍 反复考虑 반복해서 고려하다

反复练习 반복해서 연습하다

예문 他反复推敲那篇论文。 그는 그 논문을 거듭 퇴고했다.

◆ 练习 liànxí 동 연습하다, 익히다 | 推敲 tuīqiāo 동 퇴고하다, (글을) 수정하고 다듬다 | 论文 lùnwén 명 논문

C 分别 fēnbié 부 각각, 따로따로

예문 老师分别找了他俩谈话。 선생님은 그 두 사람을 따로따로 찾아가서 대화했다.

◆ 谈话 tánhuà 동 이야기하다, 대화하다

D 逐渐 zhújiàn 부 점차, 점점 (✓) (=渐渐)

짝꿍 逐渐下降 점차 내려가다

逐渐恢复 점차 회복되다

逐渐消失 점점 사라지다

예문 各种流行病的发病率在逐渐增加。
각종 유행병의 발병률이 점차 증가하고 있다.

◆ 下降 xiàjiàng 동 내려가다, 떨어지다 | 恢复 huīfù 동 회복하다, 회복되다 | 消失 xiāoshī 동 사라지다, 없어지다 | 流行病 liúxíngbìng 명 유행병 | 发病率 fābìnglǜ 명 발병률 | 增加 zēngjiā 동 증가하다

정답 및 해석	想要表达的时候，你是条理清晰地说出自己的看法，还是转发一篇你认同的文章，用别人的思考代替自己的思考？如果是后者，那么长此以往，你很容易习惯性地停止思考，（D 逐渐）失去事实判断、逻辑分析和观点表达的能力。	표현하고 싶을 때, 당신은 자신의 견해를 조리 있게 말합니까, 아니면 당신이 공감하는 글을 공유하여 다른 사람의 생각으로 자신의 생각을 대체합니까? 만약 후자라면, 그럼 이대로 가다가는 당신은 습관적으로 생각을 멈추고 사실 판단, 논리 분석과 관점 표현의 능력을 (D 점차) 잃기 쉽습니다.

단어 表达 biǎodá 동 표현하다 | 条理清晰 tiáolǐ qīngxī 조리가 분명하다, 조리 있다 | 转发 zhuǎnfā 동 전달하다, (SNS에) 공유하다 | 篇 piān 양 편[글·문장 등을 셀 때 쓰임] | 认同 rèntóng 동 인정하다, 공감하다 | 文章 wénzhāng 명 (독립된 한 편의) 글 | 思考 sīkǎo 동 사고하다, (깊이) 생각하다 | 代替 dàitì 동 대체하다 | 长此以往 chángcǐyǐwǎng 성 (주로 좋지 않은 상황에 쓰여) 장기간 이대로 가다 | 习惯性 xíguànxìng 명 습관성 | 停止 tíngzhǐ 동 정지하다, 멈추다 | 失去能力 shīqù nénglì 능력을 잃다 | 事实判断 shìshí pànduàn 사실 판단 | 逻辑分析 luójí fēnxī 논리 분석

1-12

예제 2 在启动汽车之前，车内空调系统中已经积累了大量对人体有害的化学物质，这时开空调会________污染车内空气。

A 平均　B 一直　C 直接　D 周到

해설 빈칸은 동사 술어 '污染' 앞에 있으므로 부사어 자리입니다. 이때 에어컨을 트는 행동이 차내의 공기를 '직접적으로' 오염시키므로 '直接'가 가장 자연스럽습니다. 따라서 정답은 C 直接입니다.

선택지 단어 A 平均 píngjūn 형 평균의, 균등한 동 평균하다, 고르게 하다

짝꿍 平均发展 균등하게 발전하다

平均分配 균등하게 분배하다

예문 平均每次持续3-4天。 매번 평균 3~4일을 지속한다.

◆ 分配 fēnpèi 동 분배하다 | 持续 chíxù 동 지속하다

B 一直 yìzhí 부 계속, 줄곧

예문 他一直是一个意志坚强的人。 그는 줄곧 의지가 강한 사람이었다.

◆ 坚强 jiānqiáng 형 (의지가) 굳세다, 강하다

C 直接 zhíjiē 부 직접, 곧장 (✓)

짝꿍 直接跟他联系 직접 그와 연락하다

예문 他将直接飞往伦敦。 그는 곧장 비행기로 런던에 갈 것이다.

◆ 联系 liánxì 동 연락하다 | 飞往 fēiwǎng 동 비행기로 ~에 가다 | 伦敦 Lúndūn 고유 런던

D 周到 zhōudào 형 주도면밀하다, 세심하다, 빈틈없다

짝꿍 计划周到 계획이 주도면밀하다

예문 这里的服务非常周到。 이곳의 서비스는 매우 세심하다.

◆ 服务 fúwù 명 서비스

정답 및 해석	在启动汽车之前，车内空调系统中已经积累了大量对人体有害的化学物质，这时开空调会（C 直接）污染车内空气。	자동차 시동을 걸기 전에 차 안의 에어컨 시스템에는 이미 인체에 해로운 화학물질이 많이 쌓여 있어서, 이때 에어컨을 켜면 차 안의 공기를 (C 직접적으로) 오염시킨다.
단어	启动 qǐdòng 동 시동을 걸다 | 空调 kōngtiáo 명 에어컨 | 系统 xìtǒng 명 계통, 체계, 시스템 | 积累 jīlěi 동 (조금씩) 쌓이다, 축적하다 | 大量 dàliàng 형 대량의, 많은 양의 | 有害 yǒuhài 동 유해하다, 해롭다 | 化学物质 huàxué wùzhì 화학물질 | 污染 wūrǎn 동 오염시키다	

2 내공이 쌓이는 시간

1 시험에 잘 나오는 부사어

再三 zàisān (=一再) 부 거듭, 여러 번	짝꿍 再三叮嘱 거듭 신신당부하다 再三强调 여러 번 강조하다 예문 张教授再三强调要保护环境。 장 교수는 환경을 보호해야 한다고 여러 번 강조했다. ◆ 叮嘱 dīngzhǔ 동 신신당부하다 | 强调 qiángdiào 동 강조하다
逐渐 zhújiàn 부 점차, 점점	짝꿍 逐渐好转 점차 호전되다 逐渐消失 점점 사라지다 예문 天气逐渐热起来了。 날씨가 점점 더워지기 시작했다. ◆ 好转 hǎozhuǎn 동 호전되다 | 消失 xiāoshī 동 사라지다
曾经 céngjīng 부 일찍이, 이전에	예문 我曾经反复尝试过用左手写字，但效果并不理想。 나는 일찍이 왼손으로 글씨 쓰는 것을 반복해서 시도해 봤지만, 효과는 결코 만족스럽지 않았다. ◆ 反复 fǎnfù 부 반복해서 | 尝试 chángshì 동 시도해보다 | 理想 lǐxiǎng 형 이상적이다, 만족스럽다
反复 fǎnfù 부 반복해서, 거듭	예문 经过反复思考，我终于找到了解题方法。 반복해서 생각한 끝에, 나는 마침내 문제풀이 방법을 찾아냈다. ◆ 经过 jīngguò 전 ~을 거쳐, ~한 끝에 | 思考 sīkǎo 동 사고하다, (깊이) 생각하다 | 终于 zhōngyú 부 마침내 | 解题方法 jiětí fāngfǎ 문제풀이 방법 *解题 동 문제를 풀다
基本 jīběn 부 기본적으로, 대체로	예문 在当今世界，用筷子进食的国家基本上集中在亚洲。 오늘날 세계에서 젓가락으로 식사하는 국가는 대체로 아시아에 집중되어 있다. Tip '基本'은 형용사 외에 주로 부사로 쓰이며, '基本上'의 형태로도 자주 사용합니다. ◆ 筷子 kuàizi 명 젓가락 | 进食 jìnshí 동 식사하다 | 集中 jízhōng 동 집중하다 | 亚洲 Yàzhōu 고유 아시아
纷纷 fēnfēn (=陆续 lùxù =先后 xiānhòu) 부 (시간차를 두고) 잇따라, 연달아	예문 乘客们纷纷下车。 승객들이 잇달아 차에서 내렸다. Tip '纷纷'은 '不断'과 달리, 어떤 동작이 시간차를 두고 잇따라 발생할 때 사용하는 부사입니다. ◆ 乘客 chéngkè 명 승객

果然 guǒrán 부 과연, 예상한대로	예문 天气预报说今天有雨，果然下雨了。 일기 예보에서 오늘 비가 온다고 했는데 과연 비가 온다. ◆ 天气预报 tiānqì yùbào 일기 예보
充分 chōngfèn 형 충분하다 부 충분히, 최대한	짝꿍 充分的证据 충분한 증거 充分发挥 충분히 발휘하다 Tip '充分'은 형용사와 부사로 둘 다 자주 사용됩니다. ◆ 证据 zhèngjù 명 증거 | 发挥 fāhuī 동 발휘하다
主动 zhǔdòng 형 주동적이다, 자발적이다, (알아서) 먼저 ~하다	짝꿍 主动放弃 자발적으로 포기하다 主动让座 먼저 자리를 양보하다 Tip '主动'은 형용사지만, 주로 동사를 수식하는 부사어 역할을 합니다. 우리말로 '주동적'이란 말을 잘 안 쓰기 때문에 '알아서 먼저 어떤 동작을 할 때' 사용합니다. 예를 들어, 지하철에서 노인을 보고 알아서 먼저 자리를 양보할 때 '主动让座'라고 합니다. ◆ 放弃 fàngqì 동 포기하다 | 让座 ràngzuò 동 자리를 양보하다
正式 zhèngshì 형 정식의, 공식의	짝꿍 正式宣布 정식으로 선포하다, 공식 발표하다 正式求婚 정식으로 프러포즈하다 Tip '正式'는 형용사지만, 대부분 부사처럼 동사를 수식합니다. ◆ 宣布 xuānbù 동 선포하다, 발표하다 | 求婚 qiúhūn 동 구혼하다, 프러포즈하다

공략법 07

문장 문제는 접속사와 문맥으로 답을 찾는다

독해 | 제1부분

네 문제가 나오는 지문(총3개)에서 문장을 고르는 문제는 각각 한 문제씩 출제됩니다. 보통 문장을 통해 접속사 용법을 테스트하는 문제와 해석에 의존해서 답을 찾는 문제가 나옵니다.

1 문제가 보이는 시간

1-13

예제 1 建筑垃圾是众多垃圾中较难处理的一类，存在体积大、回收处理难等问题。这些建筑垃圾如果不经过妥善的处理，________，还会污染水、土壤和空气。

A 会产生经济问题　　B 虽然不影响生活

C 即使没有人回收　　D 不仅会造成资源浪费

해설 빈칸 뒤의 문장에 '还'가 있으므로 어울리는 접속사는 '不仅'입니다. 따라서 정답은 D 不仅会造成资源浪费입니다. B 虽然은 뒤에 역접의 의미가 있는 '但是'와 자주 같이 나오며 C 即使는 부사 '也'와 같이 나옵니다.

선택지

A 会产生经济问题 경제 문제가 생기게 된다

B 虽然不影响生活 비록 생활에 영향을 주지 않지만

C 即使没有人回收 설령 재활용하는 사람이 없더라도

D 不仅会造成资源浪费 자원 낭비를 초래할 뿐만 아니라 (✓)

정답 및 해석

建筑垃圾是众多垃圾中较难处理的一类，存在体积大、回收处理难等问题。这些建筑垃圾如果不经过妥善的处理，（D 不仅会造成资源浪费），还会污染水、土壤和空气。	건축 폐기물은 아주 많은 쓰레기 중에서 비교적 처리하기 어려운 종류로, 부피가 크고 재활용 처리가 어려운 것 등의 문제가 있다. 이런 건축 폐기물이 만약 적절한 처리를 거치지 않으면 (D 자원 낭비를 초래할 뿐만 아니라), 물, 토양 및 공기도 오염시킨다.

단어	产生问题 chǎnshēng wèntí 문제가 생기다 ǀ 经济 jīngjì 명 경제 ǀ 影响 yǐngxiǎng 동 영향을 주다 ǀ 即使 jíshǐ 접 설령 ~하더라도 ǀ 回收 huíshōu 동 재활용하다 ǀ 造成 zàochéng 동 (나쁜 결과를) 초래하다, 야기하다 ǀ 资源浪费 zīyuán làngfèi 자원낭비 ǀ 建筑垃圾 jiànzhù lājī 명 건축 폐기물 *垃圾 명 쓰레기, 폐기물 ǀ 众多 zhòngduō 형 아주 많다 ǀ 处理 chǔlǐ 동 처리하다 ǀ 类 lèi 양 종류 ǀ 存在 cúnzài 동 존재하다, (문제가) 있다 ǀ 体积 tǐjī 명 부피 ǀ 经过 jīngguò 동 경과하다, 거치다 ǀ 妥善 tuǒshàn 형 적절하다, 타당하다 ǀ 污染 wūrǎn 동 오염시키다 ǀ 土壤 tǔrǎng 명 토양, 흙

1-14

예제 2 广东人制作的香肠带着一股酒香和甜味，这是因为广东人习惯在制作香肠的过程中加入一些白酒和白糖。所以，喜欢甜味的人不妨一试，________。

A 广东菜比较清淡　　B 胃口变得不好了

C 或许会很对您的口味　　D 广东的白酒度数偏高

해설 빈칸 앞의 문장을 해석하면 '喜欢甜味的人不妨一试(단맛을 좋아하는 분들은 한번 드셔 보세요)'이므로, 해석상 C 或许会很对您的口味(아마 당신의 입에 맞을 겁니다)가 자연스럽습니다.

선택지

A 广东菜比较清淡 광둥요리는 비교적 담백하다

B 胃口变得不好了 입맛이 떨어졌다

C 或许会很对您的口味 아마 당신의 입에 맞을 겁니다 (✓)

D 广东的白酒度数偏高 광둥의 백주는 도수가 높은 편이다

- 广东菜 guǎngdōngcài 명 광둥 요리 ǀ 清淡 qīngdàn 형 (음식이 기름지지 않고) 담백하다 ǀ 胃口 wèikǒu 명 식욕, 입맛 ǀ 或许 huòxǔ 부 아마, 어쩌면 ǀ 对口味 duì kǒuwèi (음식이) 입에 맞다 ǀ 度数偏高 dùshù piān gāo 도수가 높은 편이다 *偏 형 치우치다, 쏠리다

정답 및 해석		
	广东人制作的香肠带着一股酒香和甜味，这是因为广东人习惯在制作香肠的过程中加入一些白酒和白糖。所以，喜欢甜味的人不妨一试，(C 或许会很对您的口味)。	광둥 사람이 만든 소시지는 주향과 단맛을 띠고 있다. 이것은 광둥 사람이 습관적으로 소시지를 만드는 과정에서 백주와 설탕을 넣기 때문이다. 그래서 단맛을 좋아하는 분들은 한번 드셔 보세요. (C 아마 당신의 입에 맞을 겁니다).

단어	广东 guǎngdōng 고유 광둥, 광동[지명] ǀ 制作 zhìzuò 동 제작하다, 만들다 ǀ 香肠 xiāngcháng 명 소시지 ǀ 带 dài 동 띠다, 머금다 ǀ 股 gǔ 양 맛·기체·냄새·힘 따위를 셀 때 쓰임 ǀ 酒香 jiǔxiāng 명 주향, 술 향기 ǀ 甜味 tiánwèi 명 단맛 ǀ 习惯 xíguàn 동 습관이 되다 ǀ 过程 guòchéng 명 과정 ǀ 加入 jiārù 동 넣다, 첨가하다 ǀ 白糖 báitáng 명 (백)설탕 ǀ 不妨一试 bùfáng yí shì 한번 해봐도 괜찮다, 한번 드셔 보세요 *试 (시험 삼아) 해보다

2 내공이 쌓이는 시간

1 시험에 잘 나오는 접속사

一旦 yídàn 접 일단(만약) ~한다면	**핵심 구조** 一旦 ___A___ ，就 ___B___ . 가정 / 결과 : 일단 A하면, B하다 • 植物一旦缺少水分，就会枯萎。 식물이 일단 수분이 부족하면, 말라 비틀어질 것이다. Tip '一旦'은 정답으로 가장 많이 나온 단어입니다. 사전에는 부사로 나와 있지만, 사실상 접속사 '如果'와 비슷하게 문장과 문장을 연결할 때 자주 쓰입니다. '一旦'이 쓰인 문장의 뒤 절에는 '就'와 호응한다는 사실을 잘 기억해 두세요. ◆ 缺少 quēshǎo 동 모자라다, 부족하다 ǀ 枯萎 kūwěi 동 말라 비틀어지다, 시들다
假如 jiǎrú (=如果 rúguǒ =若 ruò) 접 만약 ~라면	**핵심 구조** 假如 ___A___ ，(那么)+주어+就 ___B___ . 가정 / 자연스러운 결과 : 만약 A한다면, B일 것이다 • 假如时间可以倒流，那么我就会更加珍惜每一刻。 만약 시간이 거꾸로 흐를 수 있다면, 그럼 나는 매 순간을 더욱 소중히 여길 것이다. ◆ 倒流 dàoliú 동 거꾸로 흐르다 ǀ 珍惜 zhēnxī 동 소중히 여기다 ǀ 每一刻 měi yí kè 매 순간
从而 cóng'ér 접 그럼으로써, 따라서	• 实验表明，让学习者及时了解自己的学习结果，能强化他们学习的积极性，从而提高学习效率。 실험에 따르면, 학습자가 자신의 학습 성과를 곧바로 이해하게 하면, 그들의 학습 의욕을 강화하고, 그럼으로써 학습 효율을 높일 수 있다고 한다. ◆ 实验表明 shíyàn biǎomíng 실험에 따르면 ~라고 한다 ǀ 及时 jíshí 부 즉시, 곧바로 ǀ 了解 liǎojiě 동 (자세하게 잘) 알다, 이해하다 ǀ 强化 qiánghuà 동 강화하다 ǀ 积极性 jījíxìng 명 적극성, 의욕 ǀ 提高效率 tígāo xiàolǜ 효율을 높이다
以及 yǐjí 접 및, 그리고, 아울러	• 常常心怀感激的人，除了拥有更高的幸福感以及更加健康的身体外，与人相处得也更为和谐。 항상 마음속에 고마움을 품는 사람은 더 높은 행복감 그리고 더욱 건강한 몸을 가지는 것 외에, 남들과도 더욱 조화롭게 지낸다. Tip '以及'는 '及'라고 쓰기도 하며, 주로 명사와 명사를 연결해 주는 접속사입니다. ◆ 心怀感激 xīnhuái gǎnjī 마음속에 고마움을 품다 *怀 동 (마음속에) 품다 ǀ 幸福感 xìngfúgǎn 명 행복감 ǀ 健康 jiànkāng 형 건강하다 ǀ 相处 xiāngchǔ 동 (함께) 지내다 ǀ 和谐 héxié 형 잘 어울리다, 조화롭다

尽管 jǐnguǎn (=虽然/虽/虽说) 접 비록 ~일지라도	핵심 구조 尽管 __A__，但(是)+주어+(却)__B__. (A: 사실 / B: 반대 결과 : 비록 A지만, B이다) • 尽管他很有才能，但一直没有机会表现。 비록 그는 매우 재능이 있지만, 줄곧 보여 줄 기회가 없었다. Tip '尽管'과 호응하는 뒤 절에는 주로 '但是'를 써주며, '但是'와 부사 '却'를 함께 써서 '但是却'로 써주기도 합니다. 이때 '却'를 '오히려'라고 해석하지 않습니다. '却'의 기본 의미도 '그러나', '~지만'입니다. ◆ 一直 yìzhí 부 계속, 줄곧 | 表现 biǎoxiàn 동 보여 주다, 활약하다
于是 yúshì 접 그래서, 그리하여	• 两个同学真诚地交换了意见，消除了矛盾，于是又成了好朋友。 두 학생은 진심으로 의견을 교환하고 갈등을 풀었다. 그리하여 다시 절친이 되었다. ◆ 真诚 zhēnchéng 형 진실하다, 진심이다 | 交换意见 jiāohuàn yìjiàn 의견을 교환하다 | 消除矛盾 xiāochú máodùn 갈등을 풀다
只要 zhǐyào 접 ~하기만 하면	핵심 구조 只要 __A__，就 __B__. (A: 충분조건 / B: 자연스러운 결과 : A하기만 하면, B하다) • 只要你一直不停地往前走，幸福就会一直跟在你的后面。 당신이 계속 끊임없이 앞으로 나아가기만 하면, 행복은 줄곧 당신 뒤를 따라갈 겁니다. Tip '只要'는 조건이 충분해서 결과가 쉽게 나온다는 의미이므로 뒤 절에 '就'를 사용합니다. 반면에 '只有A，才B(반드시 A해야만, 비로소 B하다)'는 '只有' 뒤에 유일한 조건이 와서 결과가 어렵게 만들어지므로 부사 '才'를 쓴다는 점에 유의하세요. ◆ 一直 yìzhí 부 계속, 줄곧 | 不停 bùtíng 동 멈추지 않다, 끊임없다 | 幸福 xìngfú 명 행복 | 跟 gēn 동 따르다, 따라가다
何况 hékuàng 접 더군다나, 하물며	핵심 구조 (连) __A__ 都/也 ____，何况 __B__ 呢? (A: 비교 대상 / 술어 / B: 강조 대상 : A조차 ~(술어)한데, 하물며 B는?) • 自信很重要，如果连你自己都看不起自己，何况别人呢? 자신감은 중요하다. 만약 너 자신조차 자신을 무시한다면, 하물며 다른 사람은? Tip 위의 예문은 '别人更看不起你自己(다른 사람이 너 자신을 더욱 무시한다)'란 의미를 강조하기 위해 '何况'을 이용해서 반어문으로 만든 예문입니다.

可见 kějiàn 접 ~라는 것을 알 수 있다	• 小红毛笔字写得真好，可见平时经常练习。 샤오홍은 붓글씨를 정말 잘 쓰는데 평소에 자주 연습한다는 것을 알 수 있다. **Tip** '可见'은 '由此可见(이로부터 알 수 있다)'과 같은 의미이며, 마지막 단락에서 결론을 도출할 때 사용합니다. ◆ 毛笔字 máobǐzì 명 붓글씨 | 练习 liànxí 동 연습하다
即使 jíshǐ **(=哪怕)** 접 설령 ~할지라도	**핵심 구조** 即使 __A__，也/都 __B__. 가정 / 변하지 않는 결과/의지 : 설령 A 할지라도, B 하다 • 即使我们在学习上取得了优异的成绩，也不能骄傲自满。 설령 우리가 학습에서 우수한 성적을 거뒀을지라도, 거만하고 자만해선 안 된다. **Tip** '即使' 바로 뒤에는 극단적인 상황을 가정하고, 뒤 절에는 부사 '也'나 '都'를 이용해서 변하지 않는 결과나 의지를 나타냅니다. ◆ 优异 yōuyì 형 (특히) 우수하다 | 取得成绩 qǔdé chéngjì 성적을 거두다 | 骄傲自满 jiāo'àozìmǎn 성 거만하고 자만하다
除非 chúfēi 접 (반드시) ~해야만 (비로소)	**핵심 구조1** 除非 __A__，才 __B__. 유일한 조건 / 자연스러운 결과 : A해야만, (비로소) B하다 • 除非我认真听课，才能顺利完成老师布置的作业。 내가 수업을 열심히 들어야만, 선생님께서 내주신 숙제를 순조롭게 끝낼 수 있다. ◆ 顺利 shùnlì 형 순조롭다 | 布置 bùzhì 동 (숙제를) 내다 **핵심 구조2** 除非 __A__，否则 __B__. 유일한 조건 / 앞 절과 반대 결과(가정) : 반드시 A해야지, 안 그러면 B할 것이다 • 除非你亲自去劝说他，否则他不会答应这件事。 반드시 네가 직접 가서 그를 설득해야지, 안 그러면 그는 이 일을 허락하지 않을 것이다. ◆ 亲自 qīnzì 부 직접 | 劝说 quànshuō 동 설득하다 | 否则 fǒuzé 접 그렇지 않으면, 안 그러면 | 答应 dāying 동 허락하다, 동의하다 **Tip** '除非'는 정답으로 자주 출제되지 않지만, 선택지에서 자주 보이니 꼭 알아 두세요. '除非'의 핵심 구조1 용법은 '只有…才…'로도 바꾸어 사용할 수 있습니다. 그런데 '除非'는 실제로 핵심 구조2 용법으로 자주 사용합니다.

既然 jìrán 접 이미 ~했으니(까), 이미 ~했는데	**핵심 구조** 既然 ___A___ (원인), +주어+就 ___B___ (제안·결정) : 이미 A했으니까, B해라(하겠다) • 既然你知道了这件事，我们就不再给你讲了。 이미 네가 이 일을 알았으니, 우린 더 이상 너에게 말하지 않겠어. Tip '既然'은 '因为'와 달리 주관적인 원인을 나타내며, 뒤 절에는 '就'를 써서 제안이나 결정할 때 사용합니다. 뒤 절에는 접속사 '那么'가 오기도 합니다.
与其 yǔqí 접 ~하느니, ~하기 보다는	**핵심 구조** 与其 ___A___ (선택 안 함), 不如 ___B___ (선택) : A하느니, 차라리 B하는 것이 낫다 • 与其没完没了地修理你的破车，不如去买一辆新的。 너의 고물차를 한도 끝도 없이 고치느니, 차라리 새 차를 한 대 사는 것이 낫겠다. ◆ 没完没了 méiwánméiliǎo 성 (말이나 일이) 한도 끝도 없다 | 修理 xiūlǐ 동 수리하다, 고치다 | 破车 pòchē 명 고물차 | 辆 liàng 양 대[차량을 셀 때 쓰임]

실력 확인하기 독해 | 제1부분

8분 | Day 12

빈칸에 알맞은 답을 고르세요. 1-15 ◀ 독해 영역의 지문도 MP3 파일로 들어 보세요.

1-4

有一棵大树，枝繁叶茂，浓荫匝地，是飞禽、走兽们喜爱的休息场所。它们在树下 __1__ 着自己去各地旅行的经历。大树也想去旅行，于是请它们帮忙。飞禽说大树没有翅膀，便拒绝了。大树想请走兽帮忙，__2__。于是，大树决定自己想办法。它结出甜美的 __3__，果实里包含着种子。果实被飞禽、走兽们吃了后，大树的种子就传播到了世界各地。通过这个 __4__ 的方法，大树终于实现了自己的愿望。

1 A 谈论　B 交往　C 聊天　D 争吵

2 A 但找不到好的办法　B 它们同意了
C 又因没有腿而被拒绝　D 但大家都不愿意

3 A 枝叶　B 花朵　C 果实　D 树枝

4 A 辛苦　B 巧妙　C 可爱　D 一般

5-8

铠甲是古代士兵用于保护身体的服装，大多用铜、铁等金属制成，在战争中可以防止身体被刀箭等武器 __5__。纸甲则是铠甲的一种，是一种简易的护身甲，以纸和布（绢、木棉）为材料制作而成。

与金属制成的铠甲相比，__6__，它的重量更轻，成本更低，防护能力却与铁甲没有什么大的 __7__。因此，自中国唐代开始，纸甲就被用于士兵之中，尤其是轻装步兵和战船水兵。

纸甲的出现及应用，__8__ 了当时造纸业的繁荣，也体现了中国古代人民的智慧。不过，在枪炮等现代化武器的面前，纸甲显得不堪一击，也就逐渐从历史舞台上消失了。

5 A 伤害　B 威胁　C 刺激　D 妨碍

6 A 纸甲不太实用　B 制作纸甲更难
C 竹子做的铠甲更好　D 纸甲具备更多的优点

7 A 对比　B 区别　C 资格　D 特色

8 A 反映　B 流传　C 吸收　D 承受

정답 및 해설 ▶ 313쪽

독해 阅读

제2부분

문제 유형과 전략

독해 제2부분은 지문 내용에 맞는 선택지를 고르는 문제로, 61번에서 70번까지 총 10문제가 출제됩니다. 지문 1개에 1문제가 출제되며, 지문의 길이는 80~120자 정도의 단문입니다. HSK 5급 독해 제2부분의 문제는 HSK 6급의 듣기 제1부분으로 바뀌어 나옵니다.

이렇게 **풀어봐요**

1. 먼저 지문의 첫 문장을 읽고 나서 선택지(A·B·C·D)를 보고 답을 찾는다. 첫 문장에 답이 있으면 다음 문제로 바로 넘어가고, 답이 없다면 다시 다음 문장을 읽으며 선택지에서 답을 찾는다. 정답을 고를 때는 60% 정도의 확률이 있으면, 그 선택지를 답으로 고른다. 다른 선택지를 보지 말고 다음 문제로 넘어가는 습관을 길러야 시간 안에 문제를 풀 수 있다.

2. 어휘 유추하기와 모르는 단어는 그림 맞추기를 한다. HSK 5급 독해 제2부분은 HSK 6급의 입문 과정이다. 모르는 어휘가 많이 나오더라도 당황하지 말고, 최대한 문맥과 '字'로 유추하고, 그림 맞추기식으로 정답을 찾아 나간다.

3. 한 문제당 1분 안에 푼다. 독해 제2부분 풀이에 시간이 오래 걸린다면, 독해 제3부분부터 풀어본다.

4. 독해 영역은 따로 답안 마킹 시간이 없으므로, 답안지 마킹을 하면서 푼다. PBT에서 답안지 마킹할 때, 독해 제1부분과 제3부분은 지문 한 개를 풀 때마다 답안을 마킹하고, 독해 제2부분은 문제 하나를 풀 때마다 답안을 마킹하는 습관을 길러본다.

공략법 01

첫 문장에서 60% 확률로 정답을 찾는다

독해 | 제2부분

독해 제2부분은 정답을 지문의 앞, 중간, 마지막 부분에서 골고루 출제합니다. 첫 문장에서 정답이 100% 나오는 문제와 60% 확률로 정답을 유추할 수 있는 문제가 각각 2~3문제씩 나옵니다. 독해 영역은 시간 싸움이므로 무조건 첫 문장에서 최대한 정답을 유추해서 찾고, 지문을 다 읽으면 절대 안 됩니다. 또한 선택지에서 틀린 부분이 왜 틀렸는지를 증명하면 안 되고, 최대한 맞을 거 같은 선택지를 고르는 것이 중요합니다. 물론 지문 전체를 마지막까지 읽어야 정답이 나오는 문제도 3~4문제 나옵니다.

1 문제가 보이는 시간

2-01

예제 1 造成胃病的原因之一就是饮食不规律，如果经常不吃晚饭，胃里的胃酸就不易消化，长期下去可能导致慢性胃炎。如果患者担心影响体重，可以在晚餐的时候吃八分饱，选择多吃蔬菜，这样不仅有利于胃的吸收和消化，而且还有利于健康。

A 多吃蔬菜会造成胃病
B 体重会影响胃的健康
C 中餐吃八分饱对身体好
D 长期不吃晚饭容易引起胃病

해설 첫 문장만 읽고 선택지를 봅니다. 첫 문장에서 위장병의 원인을 말하면서, 저녁을 거르면 장기적으로 만성 위염을 초래할 수 있다(如果经常不吃晚饭，胃里的胃酸就不易消化，长期下去可能导致慢性胃炎)는 내용이 나옵니다. D는 장기간 저녁을 거르면 위장병을 일으키기 쉽다고 했으므로 정답은 D 长期不吃晚饭容易引起胃病입니다. '胃炎'을 '胃病'으로 바꿔 출제한 문제입니다.

정답 및 해석

造成胃病的原因之一就是饮食不规律，如果经常不吃晚饭，胃里的胃酸就不易消化，长期下去可能导致慢性胃炎。如果患者担心影响体重，可以在晚餐的时候吃八分饱，选择多吃蔬菜，这样不仅有利于胃的吸收和消化，而且还有利于健康。

위장병을 초래하는 원인 중의 하나는 바로 식사가 불규칙하다는 것이다. 만약 저녁을 자주 거르면, 위 안에 (음식물이 없어) 위산이 소화하기 어렵고, 장기적으로 만성 위염을 초래할 수 있다. 만약 환자가 체중에 영향을 줄 까봐 걱정된다면, 저녁 식사 때 8할 정도 먹고 채소를 많이 먹는 것을 선택하면 된다. 이러면 위의 흡수와 소화에 도움이 될 뿐만 아니라, 건강에도 도움이 된다.

A 多吃蔬菜会造成胃病 B 体重会影响胃的健康 C 中餐吃八分饱对身体好 D 长期不吃晚饭容易引起胃病（✓）	A 채소를 많이 먹으면 위장병을 초래할 수 있다 B 체중은 위 건강에 영향을 줄 수 있다 C 점심은 8할 정도 먹으면 몸에 좋다 D 장기간 저녁을 거르면 위장병을 일으키기 쉽다 (✓)

단어 造成 zàochéng 동 (나쁜 결과를) 초래하다, 야기하다(=导致 dǎozhì) | 胃病 wèibìng 명 위장병 | 饮食不规律 yǐnshí bù guīlǜ 식사가 불규칙하다 *饮食 동 (음식을) 먹고 마시다, 식사하다 | 胃酸 wèisuān 명 위산 | 消化 xiāohuà 동 소화하다 | 慢性 mànxìng 형 만성의 | 胃炎 wèiyán 명 위염 | 患者 huànzhě 명 환자 | 影响 yǐngxiǎng 동 영향을 주다 | 体重 tǐzhòng 명 체중 | 晚餐 wǎncān 명 저녁 식사 | 吃八分饱 chī bāfēn bǎo 8할 정도 먹다 *八分 명 8할, 80% | 选择 xuǎnzé 동 선택하다, 고르다 | 蔬菜 shūcài 명 채소 | 有利于 yǒulì yú ~에 유리하다, ~에 도움이 되다 | 吸收 xīshōu 동 흡수하다 | 中餐 zhōngcān 명 점심, 오찬 | 引起 yǐnqǐ 동 야기하다, 일으키다

2-02

예제 2 暖气片用久了，在暖气片周围的墙面上，会留下黑色的印记。这主要是因为暖气在使用时，会有热气流向上方运动。空气中的灰尘遇到热气流后，会向四周退散。在后退的过程中遇到墙面，就沾到墙面上了，看起来就是黑黑的。

A 热气流让墙变黑
B 灰尘会跟着气流运动
C 暖气片质量不好会使墙变黑
D 暖气片使用时间长了周围的墙会变黑

해설 첫 문장의 '暖气片用久了，在暖气片周围的墙面上，会留下黑色的印记'를 읽고 바로 답을 선택할 수 있습니다. 라디에이터를 오래 사용하면 주변에 검은 자국이 남는다고 했으므로 정답은 D 暖气片使用时间长了周围的墙会变黑입니다. 확실한 답이 나왔으니, 두 번째 문장부터는 절대 읽으면 안 되고 바로 그다음 문제로 넘어가야 합니다.

정답 및 해석

暖气片用久了，在暖气片周围的墙面上，会留下黑色的印记。这主要是因为暖气在使用时，会有热气流向上方运动。空气中的灰尘遇到热气流后，会向四周退散。在后退的过程中遇到墙面，就沾到墙面上了，看起来就是黑黑的。	라디에이터를 오래 사용하면, 라디에이터 주변의 벽면에 검은 자국이 남게 된다. 이것은 주로 라디에이터를 사용할 때 열기류가 위로 움직이기 때문이다. 공기 중의 먼지가 열기류를 만나면 사방으로 흩어진다. (먼지가) 뒤로 물러나는 과정에서 벽면을 만나면 벽면에 묻어서 새까맣게 보인다.
A 热气流让墙变黑 B 灰尘会跟着气流运动 C 暖气片质量不好会使墙变黑 D 暖气片使用时间长了周围的墙会变黑（✓）	A 열기류는 벽이 까매지게 한다 B 먼지는 기류를 따라 움직인다 C 라디에이터는 품질이 나쁘면 벽이 까매지게 된다 D 라디에이터 사용 시간이 길어지면 주변의 벽이 까매진다 (✓)

단어 暖气(片) nuǎnqì(piàn) 명 스팀, 라디에이터 | 周围 zhōuwéi 명 주변, 사방(=四周) | 墙面 qiángmiàn 명 벽면 *墙 명 벽, 담 | 留下印记 liúxià yìnjì 자국이 남다 *印记 명 흔적, 자국 | 热气流 rèqìliú 명 열기류[찬 공기가 뜨거운 공기를 밀어 올려 상승기류가 발생하는 것] | 灰尘 huīchén 명 먼지 | 遇到 yùdào 동 만나다, 마주치다 | 退散 tuì sàn (물러나) 흩어지다 | 后退 hòutuì 동 후퇴하다, 뒤로 물러나다 | 过程 guòchéng 명 과정 | 沾 zhān 동 묻다 | 看起来 kànqǐlái ~하게 보이다 | 跟着 gēnzhe 동 (뒤)따르다 | 质量 zhìliàng 명 품질

2 내공이 쌓이는 시간

출제자가 독해 제2부분의 정답을 어느 부분에 배치하는지를 알면 정답을 빠르고 정확하게 찾을 수 있으며, 시간을 절약할 수 있습니다. 첫 번째 문장을 읽고 정답을 찾았으면, 나머지 문장은 읽지 말고 다음 문제로 넘어가야 합니다.

출제 포인트 1 첫 문장에 정답을 출제한 유형

我们经常能在一些广告中看到梨可以"润肺止咳"的说法，但实际上目前还没有经过科学验证。不过，梨的含水量高达85%，所以，经常食用确实能够为我们的身体补充水分，缓解干燥引起的咳嗽。

答案：没有证据表明梨能止咳

우리는 일부 광고에서 배가 '폐를 건조하지 않게 하여 기침을 멎게 하는 것'이 가능하다는 견해를 자주 볼 수 있지만, 사실상 현재까지 아직 과학적 검증을 거치지 않았다. 하지만 배의 수분 함유량은 85%에 달해서, 자주 먹으면 확실히 우리의 몸에 수분을 보충해 주고, 건조로 인한 기침을 가라앉힐 수 있다.

정답: 배가 기침을 멎게 할 수 있다는 것을 밝힐 근거가 없다

◆ 广告 guǎnggào 명 광고 | 梨 lí 명 배 | 润肺止咳 rùnfèi zhǐké 폐를 건조하지 않게 하여 기침을 멎게 하다 *咳 동 기침하다 | 说法 shuōfǎ 명 견해 | 实际上 shíjìshàng 부 사실상, 실제로 | 经过 jīngguò 동 경과하다, 거치다 | 科学验证 kēxué yànzhèng 과학적 검증 | 含水量 hánshuǐliàng 명 수분 함유량 | 高达 gāo dá (많게는) ~에 달하다 *达 동 (도)달하다, 이르다 | 食用 shíyòng 동 식용하다, 먹다 | 确实 quèshí 부 확실히 | 补充水分 bǔchōng shuǐfèn 수분을 보충하다 | 缓解咳嗽 huǎnjiě késou 기침을 가라앉히다 *缓解 동 완화시키다, 가라앉히다 | 干燥 gānzào 형 건조하다 | 引起 yǐnqǐ 동 야기하다 | 证据 zhèngjù 명 증거, 근거 | 表明 biǎomíng 동 표명하다, (분명하게) 밝히다

출제 포인트 2 지문 중간에 정답을 출제한 유형

夹竹桃是一种常绿灌木，其花朵像一个小桃子。夹竹桃全株都有毒，它的花朵、茎、叶分泌的有毒物质可能致人中毒甚至死亡，因此它被称为世界上最危险的植物之一。但夹竹桃也有一定的经济价值，例如从其茎中提取的汁液可以用来制作杀虫剂。

협죽도는 일종의 상록관목으로, 그것의 꽃은 작은 복숭아를 닮았다. 협죽도는 식물 전체에 독이 있고, 그것의 꽃, 줄기, 잎이 분비하는 유독 물질은 사람들이 중독되고 심지어 사망하게 만들 수 있다. 따라서 그것은 세상에서 가장 위험한 식물 중의 하나로 불린다. 하지만 협죽도도 어느 정도 경제적 가치가 있다. 예를 들어 그 줄기에서 추출한 즙은 살충제를 만드는 데 쓸 수 있다.

答案：夹竹桃可能会危害人体健康	정답: 협죽도는 인체 건강을 해칠 수 있다

◆ 夹竹桃 jiāzhútáo 명 협죽도[식물 이름] | 常绿灌木 chánglǜ guànmù 상록관목[사계절 잎이 지지 않는 키 작고 늘푸른 나무] | 花朵 huāduǒ 명 꽃 | 桃子 táozi 명 복숭아 | 全株 quánzhū 명 식물 전체 | 有毒 yǒu dú 독이 있다 | 茎 jīng 명 (식물의) 줄기 | 叶 yè 명 잎(=叶子) | 分泌 fēnmì 동 분비하다 | 有毒物质 yǒudú wùzhì 유독 물질 | 致 zhì 동 초래하다, ~하게 만들다 | 中毒 zhòngdú 동 중독되다 | 甚至 shènzhì 접 심지어, ~까지도 | 死亡 sǐwáng 동 사망하다 | 因此 yīncǐ 접 이 때문에, 따라서 | 被称为 bèi chēngwéi ~로 불리다 | 危险 wēixiǎn 형 위험하다 | 植物 zhíwù 명 식물 | 经济价值 jīngjì jiàzhí 경제적 가치 | 例如 lìrú 동 예를 들다 | 提取 tíqǔ 동 추출하다, 뽑아내다 | 汁液 zhīyè 명 즙, 즙액 | 制作 zhìzuò 동 제작하다, 만들다 | 杀虫剂 shāchóngjì 명 살충제 | 危害 wēihài 동 해치다, 해를 끼치다

출제 포인트 3 **지문 마지막에 정답을 출제한 유형**

机器人似乎能做很多事情，但缺乏对幽默的理解严重妨碍了机器人与人类的深度互动。不过，某大学的一项研究有望改变这一现状。他们研发出的计算机模型可以识别出笑话中的双关语，并评价好笑程度。相信，未来机器人也可以成为人类的幽默伴侣。	로봇은 마치 많은 일을 할 수 있는 것 같지만, 유머에 대한 이해 부족이 로봇과 인류의 깊이 있는 커뮤니케이션을 심각하게 방해했다. 하지만 어느 대학의 한 연구는 이 현상을 바꿀 가능성이 있다. 그들이 연구 개발한 컴퓨터 모델은 농담 속의 쌍관어를 식별해 내고, 아울러 웃긴 정도를 평가할 수 있어서, 미래에는 로봇도 인류의 유머 동반자가 될 수 있다고 믿는다.
答案：机器人未来将能"听"懂笑话	정답: 로봇은 미래에 농담을 알아'들을' 수 있을 것이다

◆ 机器人 jīqìrén 명 로봇 | 似乎 sìhū 부 마치 ~인 것 같다 | 缺乏 quēfá 동 결핍되다, 부족하다 | 幽默 yōumò 명 유머 | 理解 lǐjiě 동 이해하다 | 严重 yánzhòng 형 (정도가) 심각하다 | 妨碍 fáng'ài 동 방해하다 | 深度互动 shēndù hùdòng 깊이 있는 커뮤니케이션 *互动 동 상호작용하다, 커뮤니케이션하다 | 项 xiàng 양 가지, 항목, 조항 | 研究 yánjiū 동 연구하다 | 有望 yǒuwàng 동 유망하다, 가능성이 있다 | 改变现状 gǎibiàn xiànzhuàng 현상을 바꾸다 | 研发 yánfā 동 연구 개발하다 | 计算机 jìsuànjī 명 컴퓨터 | 模型 móxíng 명 모형, 모델 | 识别 shíbié 동 식별하다 | 笑话 xiàohuà 명 우스갯소리, 농담 | 双关语 shuāngguānyǔ 명 쌍관어[동음이의어를 이용한 말장난] | 评价 píngjià 동 평가하다 | 好笑程度 hǎoxiào chéngdù 웃긴 정도 *好笑 형 우습다, 웃기다 | 未来 wèilái 명 미래 | 伴侣 bànlǚ 명 반려, 동반자

공략법 02 중국 관련 지식 문제가 출제된다

독해 | 제2부분

독해 제2부분은 총 10문제 중에서 설명문이 평균 8문제 이상 출제됩니다. 설명문은 다시 중국 관련 지식을 전달하는 글과 일반 상식을 전달하는 글로 나뉩니다. 중국 관련 지식은 중국의 문화와 지역 소개가 주를 이룹니다. 또한 중국 관련 지식은 긍정적인 정답만 출제하며, 역사가 유구한 문화와 문물 소개, 풍경이 아름다운 여행지를 중심으로 출제됩니다.

1 문제가 보이는 시간

2-03

예제 1 《史记》被列为“二十四史”之首，作者是汉代的司马迁。它详细记录了上至上古传说中的黄帝时代，下至汉武帝时期共三千多年的历史。《史记》不仅是一部史书，还是一部优秀的文学著作，在中国史学史和文学史上都具有重要的地位。

A 《史记》是唐代的作品
B 《史记》不属于二十四史
C 《史记》介绍了各种神话传说
D 《史记》兼具史学与文学价值

해설 한 문장씩 읽으면서 정답을 찾아갑니다. 마지막 문장에서 ‘《史记》不仅是一部史书，还是一部优秀的文学著作(『사기』는 역사서일 뿐만 아니라, 우수한 문학 저작이다)’라고 했으므로 정답은 D《史记》兼具史学与文学价值임을 알 수 있습니다. 중국 관련 지식 문제는 긍정적인 정답만 출제하며, 주로 역사적, 문화적인 가치가 있고 긍정적인 의의가 있다고 하는 선택지가 정답에 가깝습니다.

정답 및 해석

《史记》被列为“二十四史”之首，作者是汉代的司马迁。它详细记录了上至上古传说中的黄帝时代，下至汉武帝时期共三千多年的历史。《史记》不仅是一部史书，还是一部优秀的文学著作，在中国史学史和文学史上都具有重要的地位。

『사기』는 ‘24사’의 으뜸에 속하며, 저자는 한나라의 사마천이다. 그것은 위로는 상고 전설 속 황제 시대부터 아래로는 한무제 시대까지의 총 3천여 년의 역사를 상세하게 기록했다. 『사기』는 역사서일 뿐만 아니라, 우수한 문학 저작이기도 하며, 중국 사학사와 문학사에서 모두 중요한 위치를 차지하고 있다.

A 《史记》是唐代的作品
B 《史记》不属于二十四史
C 《史记》介绍了各种神话传说
D 《史记》兼具史学与文学价值（✓）

A 『사기』는 당나라 시대의 작품이다
B 『사기』는 24사에 속하지 않는다
C 『사기』는 각종 신화와 전설을 소개했다
D 『사기』는 사학과 문학적 가치를 동시에 지닌다 (✓)

단어

史记 Shǐjì 고유 사기[한나라(汉代)의 사마천(司马迁)이 지은 역사서] | 被列为 bèi lièwéi (어떤 부류에) 속하다, 들다 | 二十四史 Èrshísìshǐ 고유 24사[중국에서 정사(正史)로 인정받는 역사서 24종의 통칭] | 之首 zhī shǒu ~의 으뜸(선두) | 汉代 Hàndài 고유 한대, 한나라 시대 | 司马迁 Sīmǎ Qiān 고유 사마천[중국 서한(西汉)의 사학자이자 문학가] | 详细 xiángxì 형 상세하다, 자세하다 | 记录 jìlù 동 기록하다 | 上古 shànggǔ 명 상고(시대)[중국에서는 상(商)·주(周)·진(秦)·한(漢)까지를 말함] | 传说 chuánshuō 명 전설 | 黄帝 Huángdì 고유 황제[중국 신화에 나오는 삼황오제(三皇五帝) 중의 한 사람] | 汉武帝 Hànwǔdì 고유 한무제[유철, 한나라 제7대 황제] | 共 gòng 부 전부, 총 | 史书 shǐshū 명 역사서 | 优秀 yōuxiù 형 우수하다 | 著作 zhùzuò 명 저작, 저서 | 具有地位 jùyǒu dìwèi 위치를 차지하고 있다 | 唐代 Tángdài 고유 당대, 당나라 시대 | 属于 shǔyú 동 ~에 속하다 | 神话 shénhuà 명 신화 | 兼具 jiānjù 동 겸비하다, 동시에 지니다 | 价值 jiàzhí 명 가치

2-04

예제 2 吐鲁番位于中国西北内陆地区，夏季炎热干燥，日照时间长，光照充足，昼夜温差大。这种独特的自然环境适合葡萄、哈密瓜等水果的生长，有利于水果中糖分的积累，因此此地出产的水果甘甜如蜜，畅销全国。

A 吐鲁番靠近海洋却并不潮湿
B 吐鲁番的气候适合水果生长
C 吐鲁番的农民受教育程度高
D 吐鲁番的水果销量不太乐观

해설

중국 지역을 소개할 때 첫 문장은 보통 '位于+장소'로 시작하는데, 이는 정답으로 출제하지 않으니 빠르게 넘깁니다. 또한 중국 관련 지식은 긍정적인 내용만 나오므로 D와 같은 부정적인 선택지는 제외하고 봅니다. 두 번째 문장에서 '这种独特的自然环境适合葡萄、哈密瓜等水果的生长(이러한 독특한 자연 환경은 포도, 하미 멜론과 같은 과일의 성장에 도움이 된다)'고 했으므로 정답은 B 吐鲁番的气候适合水果生长입니다. 중국어에서 '独特(독특하다)'는 긍정적인 의미로 사용됩니다. 독자적이고, 특색이 있는 것에 '独特'라는 표현을 많이 사용하니 기억해 둡니다.

정답 및 해석

吐鲁番位于中国西北内陆地区，夏季炎热干燥，日照时间长，光照充足，昼夜温差大。这种独特的自然环境适合葡萄、哈密瓜等水果的生长，有利于水果中糖分的积累，因此此地出产的水果甘甜如蜜，畅销全国。

투루판은 중국 서북 내륙 지역에 위치하여, 여름에는 무덥고 건조하며 일조 시간이 길고, 빛이 충분하고, 일교차가 크다. 이런 독특한 자연환경은 포도, 하미 멜론 등 과일의 성장에 적합하고, 과일 속 당분의 축적에 도움이 된다. 따라서 이곳에서 생산되는 과일은 꿀처럼 달고 전국적으로 잘 팔린다.

A 吐鲁番靠近海洋却并不潮湿
B 吐鲁番的气候适合水果生长 (✓)
C 吐鲁番的农民受教育程度高
D 吐鲁番的水果销量不太乐观

A 투루판은 바다에 가깝지만 결코 습하지 않다
B 투루판의 기후는 과일의 성장에 적합하다 (✓)
C 투루판의 농민은 교육 수준이 높다
D 투루판의 과일은 판매량이 별로 낙관적이지 않다

단어 吐鲁番 Tǔlǔfān 고유 투루판[중국 신장웨이우얼(新疆维吾尔)자치구 톈산(天山) 산맥 동쪽에 있는 도시 이름] | 位于 wèiyú 동 ~에 위치하다, ~에 있다 | 内陆地区 nèilù dìqū 내륙 지역 | 夏季 xiàjì 명 여름(철) | 炎热干燥 yánrè gānzào 무덥고 건조하다 | 日照时间 rìzhào shíjiān 일조 시간 *日照 동 해가 비추다 | 光照充足 guāngzhào chōngzú 빛이 충분하다 | 昼夜温差 zhòuyè wēnchā 낮과 밤의 온도차, 일교차 | 独特 dútè 형 독특하다 | 自然环境 zìrán huánjìng 자연환경 | 适合 shìhé 동 적합하다 | 葡萄 pútao 명 포도 | 哈密瓜 hāmìguā 명 하미 멜론, 하미과[과일 이름] | 有利于 yǒulì yú ~에 이롭다, ~에 도움이 되다 | 糖分 tángfèn 명 당분 | 积累 jīlěi 동 (조금씩) 쌓이다, 축적되다 | 因此 yīncǐ 접 이 때문에, 따라서 | 此地出产 cǐdì chūchǎn 이곳에서 생산되다 | 甘甜如蜜 gāntián rúmì 꿀처럼 달다 | 畅销 chàngxiāo 형 잘 팔리다 | 靠近 kàojìn 동 가깝다 | 海洋 hǎiyáng 명 해양, 바다 | 潮湿 cháoshī 형 축축하다, 습하다 | 气候 qìhòu 명 기후 | 农民 nóngmín 명 농민 | 受教育程度 shòu jiàoyù chéngdù 교육 받은 정도, 교육 수준 | 销量 xiāoliàng 명 (상품의) 판매량 | 乐观 lèguān 형 낙관적이다

2 내공이 쌓이는 시간

중국 관련 지식에는 중국의 문화·지역·문물·중국 특유의 동식물·역사적 인물 등을 소개하는 문제가 자주 출제됩니다. 아래 지문을 읽고 정답 내용을 찾는 연습을 해 보세요.

출제 포인트 1 중국 문화를 소개하는 유형

羽毛扇是中华传统工艺品。在国内外享有盛誉的湖州羽毛扇是中国历史悠久、风格独特的民族传统产品之一。湖州羽毛扇的特点是：毛片平薄，质软风柔，制工精致，式样美观，特别适宜于老、弱、病人及孕妇使用，不会扇出病来。

答案：羽毛扇历史悠久

깃털 부채는 중국 전통 공예품이다. 국내외에서 명성이 자자한 후저우 깃털 부채는 중국의 역사가 유구하고 스타일이 독특한 민족 전통 제품 중의 하나이다. 후저우 깃털 부채의 특징은 털 조각이 평평하고 얇고 질감이 부드러워 바람도 부드러우며, 제조 기술이 정교하고 모양이 아름다워서 특히 노약자와 환자 및 임산부가 사용하기에 적합하며, 부채질로 인해 병이 생기지 않는다는 것이다.

정답: 깃털 부채는 역사가 유구하다

Tip 중국 문화를 소개할 때는 역사가 유구하다는 내용이 정답으로 가장 많이 나옵니다.

◆ 羽毛扇 yǔmáoshàn 명 깃털 부채 | 中华 Zhōnghuá 명 중화, 중국 | 传统 chuántǒng 형 전통적이다 | 工艺品 gōngyìpǐn 명 공예품 | 享有盛誉 xiǎngyǒu shèngyù 높은 명성을 누리다, 명성이 자자하다 | 湖州 Húzhōu 고유 후저우[지명] | 历史悠久 lìshǐ yōujiǔ 역사가 유구하다 | 风格独特 fēnggé dútè 스타일이 독특하다, 양식이 독특하다 | 民族

mínzú 명 민족 | 产品 chǎnpǐn 명 제품 | 特点 tèdiǎn 명 특징 | 毛片平薄 máopiàn píngbáo 털 조각이 평평하고 얇다 | 质软风柔 zhì ruǎn fēng róu 질감이 부드러워 바람도 부드럽다 | 制工精致 zhìgōng jīngzhì 제조 기술이 정교하다 | 式样美观 shìyàng měiguān 모양이 아름답다 | 特别 tèbié 부 (그중에서) 특히 | 适宜 shìyí 동 적합하다 | 老、弱、病人 lǎo、ruò、bìngrén 노약자와 환자 | 及 jí 접 및, ~와(과) | 孕妇 yùnfù 명 임산부 | 扇出病来 shàn chū bìng lái 부채질로 인해 병이 생기다

출제 포인트 2 **중국 지역을 소개하는 유형**

瓜皮岛位于黄海深处，呈椭圆形，因其貌似西瓜皮而得名。目前瓜皮岛毫无人工开发的痕迹，自然风光保存完好。岛上分布的大片的松软沙滩，是海内外游客度假休闲的好去处。 答案：瓜皮岛适合度假	꾸아피다오는 황해 깊숙한 곳에 위치하며, 타원형을 띠고 꾸아피다오의 겉모습이 수박껍질을 닮아서 이름을 얻었다. 현재 꾸아피다오는 인공적으로 개발한 흔적이 전혀 없고, 자연 풍경이 온전하게 보존되었다. 섬에 분포하는 드넓은 부드러운 모래사장은 국내외 관광객이 휴가를 보내며 한가롭게 지내기에 좋은 곳이다. **정답: 꾸아피다오는 휴가를 보내기에 적합하다**

Tip 중국 지역을 소개하는 글에서는 대부분 중국의 아름다운 여행지를 소개합니다.

◆ 瓜皮岛 Guāpídǎo 고유 꾸아피다오[섬 이름] *岛 명 섬 | 位于 wèiyú 동 ~에 위치하다, ~에 있다 | 黄海 Huánghǎi 고유 황해 | 深处 shēnchù 명 깊숙한 곳 | 呈 chéng 동 (어떤 형태나 색깔을) 나타내다, 띠다 | 椭圆形 tuǒyuánxíng 명 타원형 | 貌似 màosì 동 겉모습이 ~을 닮다 | 西瓜皮 xīguāpí 명 수박껍질 | 得名 démíng 동 이름을 얻다 | 毫无 háowú 부 조금도 없다, 전혀 없다 | 开发 kāifā 동 개발하다 | 痕迹 hénjì 명 흔적 | 自然风光 zìrán fēngguāng 명 자연 풍경 | 保存 bǎocún 동 보존하다 | 完好 wánhǎo 형 온전하다, 완전하다 | 分布 fēnbù 동 분포하다 | 大片 dàpiàn 형 (면적·범위가) 드넓다 | 松软 sōngruǎn 형 부드럽다, 푹신푹신하다 | 沙滩 shātān 명 모래사장, 백사장 | 海内外 hǎinèiwài 명 국내외 | 游客 yóukè 명 여행객, 관광객 | 度假 dùjià 동 휴가를 보내다 | 休闲 xiūxián 동 한가롭게 지내다, 여가를 즐기다 | 去处 qùchù 명 곳, 장소 | 适合 shìhé 동 적합하다

출제 포인트 3 **중국의 문물이나 동식물을 소개하는 유형**

南京云锦是中国传统的提花丝织工艺品，用料考究，织工精细，图案色彩鲜艳，如天上彩云般瑰丽，故名“云锦”。它与苏州的宋锦、四川的蜀锦一起并称为“中国三大名锦”。 答案：云锦因美如彩云而得名	남경운금은 중국의 전통적인 자카드 무늬 비단 공예품으로, 재료 사용에 신경을 썼고 짜는 작업이 정교하고 섬세하며 도안은 색채가 선명하고 아름다워, 마치 천상의 꽃구름같이 참으로 아름답다하여, '운금(云锦)'이라고 명명했다. 그것은 소주의 송금, 사천의 촉금과 함께 '중국의 3대 명금(유명한 비단)'이라고 부른다. **정답: 운금은 꽃구름같이 아름다워서 이름을 얻었다**

Tip 사물이나 식물의 이름이 그 생긴 모양을 닮아서 이름을 얻었다는 정답이 많이 나옵니다. 이때는 '因…而得名(~ 때문에 이름을 얻었다)' 구문을 알고 있어야 합니다.

◆ 南京云锦 Nánjīng yúnjǐn 고유 남경운금 *云锦 명 색채가 아름답고 구름무늬를 수놓은 중국의 고급 비단 | 传统 chuántǒng 형 전통적이다 | 提花 tíhuā 명 자카드 무늬 [자카드(jacquard): 자카드 직기를 사용하여 매우 복잡한 문양을 표현한 천을 통칭] | 丝织 sīzhī 명 실크, 비단 | 工艺品 gōngyìpǐn 명 공예품 | 用料考究 yòngliào kǎojiu 재료 사용에 신경을 쓰다 | 织工精细 zhīgōng jīngxì 짜는 작업이 정교하고 섬세하다 | 图案 tú'àn 명 도안 | 色彩鲜艳 sècǎi xiānyàn 색채가 선명하고 아름답다 | 如…般 rú……bān (마치) ~와 같이 | 天上彩云 tiānshàng cǎiyún 천상의 꽃구름 | 瑰丽 guīlì 형 참으로 아름답다 | 故 gù 접 그러므로, 그래서 | 名 míng 동 명명하다, 이름을 짓다 | 苏州 Sūzhōu 고유 쑤저우, 소주[지명] | 宋锦 sòngjǐn 명 송금[송나라 시대(宋代)의 풍격이 담긴 비단] | 四川 Sìchuān 고유 쓰촨, 사천[지명] | 蜀锦 shǔjǐn 명 촉금[사천(四川) 특산인 채색 비단] | 并称为 bìng chēngwéi (더불어) ~라고 부르다 | 名锦 míngjǐn 명 명금[유명한 비단]

출제 포인트 4 **중국의 역사적 인물을 소개하는 유형**

阅微草堂是中国清代文学家纪晓岚的故居。纪晓岚专门为阅微草堂写过一首诗，诗中“微言终日阅“便是“阅微”的来历。“阅微”是一个谦虚的表达，指的是自己的阅历少，有待于阅读、学习更多微小之事，从中汲取营养，来提高自己。	열미초당(阅微草堂)은 중국 청대 문학가 기효람의 생가이다. 기효람은 열미초당을 위해 특별히 시 한 수를 쓴 적이 있는데, 시에서 '미언종일열(微言终日阅)'은 바로 '열미(阅微)'의 유래이다. '열미'는 겸손한 표현으로, 자신의 경험이 적어서 사소한 것들을 더 많이 읽고 배우고 그 속에서 양분을 섭취하여 자신을 향상할 필요가 있다는 것을 말한다.
答案：纪晓岚谦虚好学、追求进步	**정답: 기효람은 겸손하고 배우길 좋아하며 발전을 추구한다**

Tip 중국의 역사적 인물들은 겸손하고 근면하며, 배우기를 좋아한다는 내용이 많이 나옵니다.

◆ 阅微草堂 yuèwēi cǎotáng 열미초당 *草堂 명 초당[문인들이 자신의 거처를 명명한 것] | 清代 Qīngdài 고유 청대, 청나라 시대 | 纪晓岚 Jì Xiǎolán 고유 기효람[청나라 유명 문인] | 故居 gùjū 명 생가 | 专门 zhuānmén 부 전문적으로, 특별히 | 首 shǒu 양 수[시나 노래를 셀 때 쓰임] | 诗 shī 명 시 | 微言终日阅 wēiyán zhōngrì yuè 미언종일열[하루 종일 나직이 소리 내어 책을 읽는다] | 来历 láilì 명 내력, 유래 | 谦虚 qiānxū 형 겸허하다, 겸손하다 | 表达 biǎodá 동 (생각·감정을) 표현하다 | 指 zhǐ 동 가리키다, 말하다 *指的是 ~을 말한다 | 阅历 yuèlì 명 경험 | 有待于 yǒudài yú ~할 필요가 있다 | 阅读 yuèdú 동 읽다 | 微小 wēixiǎo 형 아주 작다, 사소하다 | 汲取营养 jíqǔ yíngyǎng 양분을 섭취하다 | 提高 tígāo 동 향상시키다 | 好学 hàoxué 동 배우기 좋아하다 | 追求进步 zhuīqiú jìnbù 발전을 추구하다

공략법 03

일반 상식 문제가 출제된다

독해 | 제2부분

HSK 5급 독해 제2부분 설명문 중에 일반 상식에 관한 지문도 높은 비중을 차지합니다. 설명문의 특성상 첫 문장이 주제일 때가 많으니, 첫 문장을 읽고 전체 글의 흐름을 짐작할 수 있도록 합니다. 다만, HSK 5급 필수 어휘 외에도 어려운 단어들이 많이 출제되므로, 모르는 단어는 선택지의 단어와 그림 맞추기를 하면서 정답을 찾아야 합니다.

1 문제가 보이는 시간

2-05

예제 1 花儿能给蝴蝶等昆虫提供花蜜，而这些昆虫又能帮助花朵传粉。那么问题来了：地球上究竟是先有花儿还是先有蝴蝶？曾经，大多数科学家认为花儿的出现要早于最早的授粉者。然而，最新研究表明，早在地球上第一种开花植物出现之前，原始蝴蝶就已经存在了。

A 地球上的蝴蝶先于花朵出现
B 开花植物比其他植物寿命长
C 摘花儿时一定要当心昆虫攻击
D 不能传播花粉的昆虫占大多数

해설 설명문은 '주어+동사구' 중심으로 해석하여 글의 흐름을 파악합니다. 첫 번째 문장을 읽고 선택지로 갔는데 답이 없다면, 빠르게 다음 문장을 읽고 내용을 파악해야 합니다. 지문에서 의문문이 있으면 대부분 의문문 뒤에 정답이 나옵니다. 물음표(?) 뒤에서 '曾经……，然而，最新研究表明'이라고 했으므로 정답은 보통 '然而，最新研究表明' 뒤에서 찾으면 됩니다. 마지막 문장에서 지구상에 첫 번째 개화 식물이 출현하기 전에 원시 나비가 이미 존재했다고 답했으므로 정답은 A 地球上的蝴蝶先于花朵出现입니다.

정답 및 해석

花儿能给蝴蝶等昆虫提供花蜜，而这些昆虫又能帮助花朵传粉。那么问题来了：地球上究竟是先有花儿还是先有蝴蝶？曾经，大多数科学家认为花儿的出现要早于最早的授粉者。然而，最新研究表明，早在地球上第一种开花植物出现之前，原始蝴蝶就已经存在了。

꽃은 나비 등의 곤충에게 꿀을 제공할 수 있고, 이 곤충들은 또 꽃 수분을 도울 수 있다. 그럼 질문이 나온다: 지구에 도대체 꽃이 먼저 있었을까, 아니면 나비가 먼저 있었을까? 한때, 대다수의 과학자는 꽃의 출현이 최초의 수분매개자보다 훨씬 이르다고 여겼다. 그러나 최신 연구에 따르면 일찍이 지구상에 첫 번째 개화 식물이 출현하기 훨씬 전부터, 원시 나비가 이미 존재했다고 한다.

A 地球上的蝴蝶先于花朵出现（✓）
B 开花植物比其他植物寿命长
C 摘花儿时一定要当心昆虫攻击
D 不能传播花粉的昆虫占大多数

A 지구상의 나비가 꽃보다 먼저 출현했다 (✓)
B 개화 식물은 다른 식물보다 수명이 길다
C 꽃을 꺾을 때는 반드시 곤충이 공격하는 것을 조심해야 한다
D 꽃가루를 퍼뜨리지 못하는 곤충이 대다수를 차지한다

단어 蝴蝶 húdié 명 나비 | 昆虫 kūnchóng 명 곤충 | 提供 tígōng 동 제공하다 | 花蜜 huāmì 명 벌꿀, 꿀 | 花朵 huāduǒ 명 꽃 | 传粉 chuánfěn 동 (곤충이 매개가 되어) 수분하다, 꽃가루를 옮기다 | 问题 wèntí 명 문제, 질문 | 地球 dìqiú 명 지구 | 究竟 jiūjìng 부 도대체 | 曾经 céngjīng 부 일찍이, 한때 | 大多数 dàduōshù 형 대다수의 | 授粉者 shòufěnzhě 명 수분매개자[꽃가루를 꽃의 수술에서 암술로 옮겨 생식에 이르게 하는 수분 과정을 이뤄내는 생물체] | 然而 rán'ér 접 그러나, 하지만 | 研究表明 yánjiū biǎomíng 연구에 따르면 ~라고 한다 | 开花植物 kāihuā zhíwù 개화 식물 | 原始 yuánshǐ 형 원시의 | 存在 cúnzài 동 존재하다 | 寿命 shòumìng 명 수명 | 摘 zhāi 동 (꽃을) 따다, 꺾다 | 当心 dāngxīn 동 조심하다 | 攻击 gōngjī 동 공격하다 | 传播花粉 chuánbō huāfěn 꽃가루를 퍼뜨리다 | 占 zhàn 동 차지하다

2-06

예제 2 一般来说，"失温"是指人体热量流失大于热量补充，从而造成人体核心区温度降低，并产生一系列寒战、迷茫等症状，甚至最终造成死亡的病症。这里的人体核心区主要指大脑和心、肺等维持生命的主要器官。

A 心肺疾病无法预防
B 发抖可以让身体暖和
C 失温严重时会危及生命
D 失温对大脑的伤害最大

해설 전문 용어가 나오면 첫 문장의 대부분 '是' 혹은 '是指'를 이용하여 그 용어의 정의를 내립니다. 첫 문장에서 '甚至最终造成死亡的病症(심지어 결국에는 사망을 초래하는 질병)'이라고 했으므로 정답은 C 失温严重时会危及生命입니다. '造成(=导致)'은 '(나쁜 결과를) 초래하다'는 뜻으로, '造成'의 뒤에는 안 좋은 결과가 나옵니다.

정답 및 해석

一般来说，"失温"是指人体热量流失大于热量补充，从而造成人体核心区温度降低，并产生一系列寒战、迷茫等症状，甚至最终造成死亡的病症。这里的人体核心区主要指大脑和心、肺等维持生命的主要器官。

일반적으로 '저체온증'은 인체의 열량 손실이 열량 보충보다 많아서 인체 핵심부의 온도가 내려가게 하고, 아울러 일련의 오한과 정신이 흐릿해지는 등의 증상이 나타나고, 심지어 결국에는 사망을 초래하는 질병을 가리킨다. 여기서 인체의 핵심부는 주로 대뇌, 심장과 폐 등의 생명을 유지하는 주요 기관을 말한다.

A 心肺疾病无法预防
B 发抖可以让身体暖和
C 失温严重时会危及生命（✓）
D 失温对大脑的伤害最大

A 심폐질환은 예방할 수 없다
B 부들부들 떠는 것은 몸을 따뜻하게 할 수 있다
C 저체온증이 심하면 생명이 위험해진다 (✓)
D 저체온증은 대뇌에 입히는 손상이 가장 크다

단어 一般来说 yìbānláishuō 일반적으로 (말하면) | 失温 shīwēn 명 저체온증 | 指 zhǐ 동 가리키다, 말하다 | 热量 rèliàng 명 열량 | 流失 liúshī 동 유실되다, 손실되다 | 补充 bǔchōng 동 보충하다 | 从而 cóng'ér 접 그래서, 따라서 | 造成 zàochéng 동 (나쁜 결과를) 야기하다, 초래하다 | 核心区 héxīnqū 명 핵심부 | 温度降低 wēndù jiàngdī 온도가 내려가다 | 产生症状 chǎnshēng zhèngzhuàng 증상이 나타나다 | 一系列 yíxìliè 형 일련의 | 寒战 hánzhàn 명 오한, 몸서리 *战 동 (추워서) 떨다 | 迷茫 mímáng 형 (정신이) 흐릿하다 | 甚至 shènzhì 접 심지어 | 死亡 sǐwáng 동 사망하다, 죽다 | 病症 bìngzhèng 명 질병 | 大脑 dànǎo 명 대뇌 | 肺 fèi 명 폐 | 维持生命 wéichí shēngmìng 생명을 유지하다 | 器官 qìguān 명 (생물의) 기관 | 心肺疾病 xīnfèi jíbìng 심폐질환 | 预防 yùfáng 동 예방하다 | 发抖 fādǒu 동 (덜덜) 떨다 | 暖和 nuǎnhuo 동 따뜻하게 하다 | 严重 yánzhòng 형 (정도가) 심하다 | 危及 wēijí 동 위험이 미치다, 위험해지다 | 伤害 shānghài 동 (몸을) 상하게 하다, 손상시키다

2 내공이 쌓이는 시간

설명문은 일정한 패턴을 가지고 있으므로, 설명문의 구조를 알아두면 글 전체의 흐름을 읽는 데 도움이 되고 중요한 문장을 쉽게 찾을 수 있습니다. 또한 속독이 가능하게 되어 빠르게 정답을 찾을 수 있습니다. 내공이 쌓이는 시간에 나오는 지문들은 꼭 10회씩 정독해 주세요.

패턴 1

설명문에 자주 등장하는 '不仅/不但+A，(而且)+还/也+B' 구문은 뒤에 오는 B 부분이 중요하다. 뒤에서는 보통 B의 내용을 좀 더 구체적으로 설명하는 내용이 나온다.

不仅+공연자의 수준에 달려있다

研究发现，人们为一场表演鼓掌欢呼的程度不仅取决于表演者的水平，还取决于观众间的相互影响。当某几个人开始鼓掌时，这种情绪便会在人群中传播开来；当一两个人停止鼓掌时，周围的人也会慢慢停下来。

还+관중간의 상호 영향에 달려 있다
→ '还' 뒤의 내용이 더 중요!

→ 앞 문장 '还' 뒤의 '관중간의 상호 영향에 달려 있다'는 내용을 좀 더 구체적으로 설명함

Tip 쌍반점(;)은 주로 두 가지 내용을 대비할 때 사용합니다. 이 지문에서는 몇몇 사람이 박수치기 시작할 때와 박수를 멈출 때를 대비하여 설명하고 있습니다.

해석	연구에 따르면, 사람들이 공연을 위해 박수 치며 환호하는 정도는 공연자의 수준에 달려 있을 뿐만 아니라, 관중 간에 상호 영향에도 달려 있다고 한다. 몇몇 사람이 박수 치기 시작할 때 이런 기분은 즉시 사람들 사이에서 널리 퍼져 나갔고, 한두 사람이 박수를 멈출 때 주변 사람들도 차츰 멈출 것이다.
단어	研究发现 yánjiū fāxiàn 연구에 따르면 ~라고 한다 | 场 chǎng 양 회, 번, 차례[문예·오락·체육 활동 등에 쓰임] | 表演 biǎoyǎn 동 공연하다, 연기하다 *表演者 명 공연자 | 鼓掌 gǔzhǎng 동 박수를 치다 | 欢呼 huānhū 동 환호하다 | 程度 chéngdù 명 정도 | 取决于 qǔjué yú ~에 달려 있다 | 水平 shuǐpíng 명 수준 | 观众 guānzhòng 명 관중 | 相互影响 xiānghù yǐngxiǎng 상호 영향 | 情绪 qíngxù 명 감정, 기분 | 人群 rénqún 명 사람들 | 传播 chuánbō 동 전파하다, 널리 퍼지다 | 停止 tíngzhǐ 동 정지하다, 멈추다 *停 동 정지하다, 멈추다 | 周围 zhōuwéi 명 주위, 주변 | 慢慢 mànmàn 부 천천히, 차츰

패턴 2

첫 번째 문장은 주제 문장이며, 두 번째 문장부터는 주제 문장에 대한 구체적인 예를 들어 설명한다.

植物的高矮程度其实是可以通过叶子形状判断的。同一地区的植物，
주제 문장→ 잎의 모양을 통해 식물의 크기를 판단한다는 주제를 구체적으로 설명
如果叶子是圆形的，则该植物可能是蔓生或藤本植物；如果叶子是细长的，
① 잎이 원형인 경우 ② 잎이 가늘고 긴 경우
则可能是高大的草本或木本植物，而且叶子越细长，植物越高。这种分布能使同一地区的不同植物最大程度地利用有限的阳光、空气和水。

해석	식물의 크고 작은 정도는 사실 잎의 모양을 통해서 판단할 수 있다. 같은 지역의 식물이 만약 잎이 원형이라면 이 식물은 아마 식물의 줄기가 덩굴져 나가거나 덩굴 식물일 것이고, 만약 잎이 가늘고 길다면 아마 커다란 초본 혹은 목본 식물일 것이다. 게다가 잎이 가늘고 길수록 식물은 키가 크다. 이런 분포는 같은 지역의 서로 다른 식물이 제한된 햇빛, 공기와 물을 최대한 이용하도록 할 수 있다.
단어	植物 zhíwù 명 식물 | 高矮 gāo'ǎi 형 (키가) 크고 작다 | 程度 chéngdù 명 정도 *最大程度地 최대한 | 其实 qíshí 부 사실 | 通过 tōngguò 전 ~을 통해서 | 叶子 yèzi 명 잎 | 形状 xíngzhuàng 명 형상, 모양 | 判断 pànduàn 동 판단하다 | 地区 dìqū 명 지역 | 圆形 yuánxíng 명 원형 | 该 gāi 대 이, 그, 저 | 蔓生 mànshēng 동 식물의 줄기가 덩굴져 나다 | 藤本植物 téngběn zhíwù 덩굴 식물 | 细长 xìcháng 형 가늘고 길다 | 分布 fēnbù 동 분포하다 | 利用 lìyòng 동 이용하다 | 有限 yǒuxiàn 형 유한하다, 제한되다 | 阳光 yángguāng 명 햇빛 | 空气 kōngqì 명 공기

패턴 3

첫 번째 문장은 사람들의 잘못된 통념을 말하고, 그다음 문장에서 '其实(사실은)', '但事实上(그러나 사실상)'과 같은 단어를 사용해 정확한 개념을 소개하는 식으로 전개된다.

很多人都以为早晨的空气最新鲜，其实这是个误解。早晨、傍晚和夜间这
사람들의 잘못된 통념 / 其实+정확한 개념 → 설명① 이른 아침, 저녁 무렵과 야간 시간대에 공기 오염이 심하다
三个时间段，地面温度低于高空温度，容易出现"逆温层"。这个"逆温层"就像一个大盖子一样压在地面上空，使地面空气中的污染物很难扩散，空气污染较为严重。而上午十点至下午三四点之间，地面温度高于高空温度，"逆温
→ 설명② 오전 10시부터 오후 3~4시 사이까지의 시간대에 공기가 더 신선하다
层"就会逐渐消散。于是污染物也就很快扩散了，因此这段时间空气更新鲜。

해석 많은 사람들은 모두 이른 아침의 공기가 가장 신선하다고 여기는데 사실 이것은 오해이다. 이른 아침, 저녁 무렵과 야간 이 세 시간대는 지면 온도가 고공 온도보다 낮아서, '역전층'이 쉽게 나타난다. 이 '역전층'은 커다란 덮개와 같이 지면 상공을 눌러, 지면 공기 속의 오염 물질이 확산되기 어렵게 하여 공기 오염이 비교적 심각하다. 그러나 오전 10시부터 오후 3~4시 사이까지는 지면 온도가 고공 온도보다 높아서 '역전층'은 점차 흩어져 사라진다. 그래서 오염 물질도 빠르게 확산하고, 이 때문에 이 시간대의 공기는 더 신선하다.

단어 早晨 zǎochén 명 (이른) 아침 | 空气 kōngqì 명 공기 | 新鲜 xīnxiān 형 신선하다 | 其实 qíshí 부 사실 | 误解 wùjiě 명 오해 | 傍晚 bàngwǎn 명 저녁 무렵 | 夜间 yèjiān 명 야간 | 时间段 shíjiānduàn 명 시간대 | 地面温度 dìmiàn wēndù 지면 온도 | 高空温度 gāokōng wēndù 고공 온도 | 出现 chūxiàn 동 출현하다, 나타나다 | 逆温层 nìwēncéng 명 역전층[대기의 고도가 높아질수록 온도가 낮아지는 것이 일반적이지만 고도가 높아질수록 온도가 올라가는 현상이 일어나는 기층을 말함] | 盖子 gàizi 명 뚜껑, 덮개 | 压 yā 동 (내리) 누르다 | 污染物 wūrǎnwù 명 오염 물질 | 扩散 kuòsàn 동 확산하다 | 空气污染 kōngqì wūrǎn 공기 오염 | 严重 yánzhòng 형 (정도가) 심각하다 | 逐渐 zhújiàn 부 점점, 점차 | 消散 xiāosàn 동 흩어져 사라지다 | 因此 yīncǐ 접 이 때문에, 따라서

공 략 법 04

인생철학 문제가 출제된다

독해 | 제2부분

독해 제2부분(10문제)에서 평균 1~2문제는 인생철학과 관련된 내용이 출제됩니다. 인생철학은 주로 주제와 관련된 문장을 답으로 많이 출제하므로 지문에서 말하고자 하는 주제를 재빨리 파악하는 것이 중요합니다. 지문의 앞부분은 비유나 설명이 나오고 마지막 부분에서 주제가 나오기 때문에, 주제를 찾을 때까지 빠르게 읽어야 합니다. 실전처럼 문제를 풀고 복습할 때는 반드시 10회 정독을 하는 습관을 길러 봅니다.

1 문제가 보이는 시간

2-07

예제 1 象棋是很多人都喜欢的一种娱乐方式，要想下好一盘棋，你必须提前制定好策略，有计划地打败对手。遇到突发情况时，你要及时做出调整，以应对各种变化。人生也像下棋一样。本来走得很顺的路，突然出现了岔路口，这时你应该当机立断，迅速做出新的选择，才能继续你的脚步。

A 象棋的规则很复杂
B 要善于处理生活中的变化
C 下棋能提高人的表达能力
D 做重大决定时要征求他人意见

해설 이번 지문은 첫 문장을 읽으면 단순히 장기에 대한 설명이라 오해하기 쉽습니다. 하지만 '人生也像下棋一样'이라는 문장을 통해 본문 내용이 단순히 장기에 대한 설명이 아닌 인생에 대한 비유임을 파악할 수 있습니다. 장기에 관한 문장이긴 하지만, '遇到突发情况时，你要及时做出调整，以应对各种变化'에서 힌트를 얻고 정답을 찾아야 합니다. 장기에서 돌발 상황에 대응을 잘해야 하듯이 생활 속에서도 변화를 잘해야 한다는 내용이므로 B 要善于处理生活中的变化가 정답이 됩니다.

정답 및 해석

象棋是很多人都喜欢的一种娱乐方式，要想下好一盘棋，你必须提前制定好策略，有计划地打败对手。遇到突发情况时，你要及时做出调整，以应对各种变化。人生也像下棋一样。本来走得很顺的路，突然出现了岔路

장기는 많은 사람들이 모두 좋아하는 오락 방식으로, 장기 한 판을 잘 두려면 당신은 반드시 미리 작전을 잘 짜서 계획적으로 상대를 물리쳐야 한다. 돌발 상황에 부딪힐 때, 당신은 즉시 조정해야 하고 그렇게 해서 갖가지 변화에 대응해야 한다. 인생도 장기를 두는 것과 같다. 본래 순조롭게

口，这时你应该当机立断，迅速做出新的选择，才能继续你的脚步。

A 象棋的规则很复杂
B 要善于处理生活中的变化（✓）
C 下棋能提高人的表达能力
D 做重大决定时要征求他人意见

가던 길에 갑자기 갈림길이 나타난다면, 이때 당신은 즉시 결단을 내리고 신속하게 새로운 선택을 해야만, 비로소 당신의 발걸음을 계속할 수 있다.

A 장기의 규칙은 복잡하다
B 생활 속 변화를 잘 처리해야 한다 (✓)
C 장기를 두면 사람의 표현 능력을 향상시킬 수 있다
D 중대한 결정을 할 때 다른 사람의 의견을 구해야 한다

단어 象棋 xiàngqí 명(중국) 장기 | 娱乐方式 yúlè fāngshì 오락 방식 | 下棋 xiàqí 동 장기를 두다, 바둑을 두다 | 盘 pán 양 판[장기나 바둑의 시합을 셀 때 쓰임] | 必须 bìxū 부 반드시 ~해야 한다 | 提前 tíqián 동(예정된 시간을) 앞당기다, 미리 ~하다 | 制定策略 zhìdìng cèlüè 책략을 짜다, 작전을 짜다 | 计划 jìhuà 명 계획 *有计划地 계획적으로 | 打败 dǎbài 동(상대를) 싸워 이기다, 물리치다 | 遇到 yùdào 동 만나다, (어떤 상황에) 부딪히다 | 突发情况 tūfā qíngkuàng 돌발 상황 *突发 동 돌발하다, 갑자기 발생하다 | 及时 jíshí 부 즉시, 곧바로 | 调整 tiáozhěng 동 조정하다 | 以 yǐ 접 ~하기 위해서, 그렇게 해서 | 应对 yìngduì 동 대응하다, 대처하다 | 顺 shùn 형 순조롭다 | 突然 tūrán 부 갑자기 | 出现 chūxiàn 동 출현하다, 나타나다 | 岔路口 chàlùkǒu 명 갈림길 | 当机立断 dāngjī-lìduàn 성 즉시 결단을 내리다 | 迅速 xùnsù 형 신속하다, 재빠르다 | 选择 xuǎnzé 명 선택 | 继续 jìxù 동 계속하다 | 脚步 jiǎobù 명(발)걸음 | 规则 guīzé 명 규칙 | 复杂 fùzá 형 복잡하다 | 善于 shànyú 동 ~를 잘하다, 잘 ~하다 | 处理 chǔlǐ 동 처리하다 | 提高 tígāo 동(능력을) 향상시키다 | 表达能力 biǎodá nénglì 표현 능력 | 重大决定 zhòngdà juédìng 중대한 결정 | 征求意见 zhēngqiú yìjiàn 의견을 구하다

2-08

예제 2 很多人一边羡慕别人的幸福生活，一边抱怨自己过得很糟糕。古人云：不如意事常八九，可与人言无二三。意思就是不顺利的事情不少，但能与人讲的却不多，只能独自承受。或许，别人光鲜亮丽的背后也有不为人知的辛酸与委屈。

A 现代人生活更便利
B 悲观的人才会抱怨
C 没有梦想的人过得糟糕
D 辛酸的故事常不为人知

해설 첫 번째 문장만 읽고 선택지를 보면 '过得很糟糕' 부분이 같아서 C를 오답으로 선택하기 쉽습니다. 하지만 C의 주어는 꿈이 없는 사람이기 때문에 오답입니다. 성어나 격언이 나오면 그 뒤에 다시 자세히 설명해 주므로 성어나 격언을 굳이 해석하려 하지 않아도 됩니다. 마지막 문장에서 '别人光鲜亮丽的背后也有不为人知的辛酸与委屈'라고 했으므로, 정답은 D 辛酸的故事常不为人知입니다.

很多人一边羡慕别人的幸福生活，一边抱怨自己过得很糟糕。古人云：不如意事常八九，可与人言无二三。意思就是不顺利的事情不少，但能与人讲的却不多，只能独自承受。或许，别人光鲜亮丽的背后也有不为人知的辛酸与委屈。

A 现代人生活更便利
B 悲观的人才会抱怨
C 没有梦想的人过得糟糕
D 辛酸的故事常不为人知（✓）

많은 사람들이 다른 사람의 행복한 삶을 부러워하면서, 자신은 형편없이 산다고 불평한다. 옛말에 '뜻대로 되지 않는 일은 매우 많은데, 다른 사람에게 맘 놓고 할 얘기는 거의 없다'고 했다. 의미는 바로 순조롭지 못한 일은 많지만, 남과 이야기할 수 있는 일은 적어서 혼자서 감당할 수밖에 없다는 것이다. 어쩌면 남들의 화려함 뒤에는 남모르는 고통과 억울함이 있을지도 모른다.

A 현대인은 생활이 더 편리하다
B 비관적인 사람만이 불평한다
C 꿈이 없는 사람은 형편없이 산다
D 고통스러운 이야기는 늘 사람들에게 알려지지 않는다（✓）

단어 羡慕 xiànmù 동 흠모하다, 부러워하다 | 幸福 xìngfú 형 행복하다 | 抱怨 bàoyuàn 동 원망하다, 불평하다 | 糟糕 zāogāo 형 엉망이다, 형편없다 | 古人云 gǔrén yún 옛 사람이 말하길, 옛말에 | 不如意事常八九，可与人言无二三 bùrúyì shì cháng bā jiǔ, kě yǔ rén yán wú èr sān 뜻대로 되지 않는 일은 종종 여덟 아홉이지만, 남에게 말할 수 있는 일은 둘 셋도 없다[속담] | 顺利 shùnlì 형 순조롭다 | 讲 jiǎng 동 이야기하다, 말하다 | 只能 zhǐnéng ~할 수밖에 없다 | 独自 dúzì 부 혼자서, 홀로 | 承受 chéngshòu 동 견디다, 감당하다 | 或许 huòxǔ 부 아마, 어쩌면 | 光鲜亮丽 guāngxiān liànglì 화려하다 | 背后 bèihòu 명 배후, 뒤 | 不为人知 bùwéirénzhī 성 남모르다, 사람들에게 알려지지 않다 | 辛酸 xīnsuān 형 고통스럽다, 괴롭고 슬프다 | 委屈 wěiqu 형 (부당한 지적이나 대우를 받아) 억울하다 | 便利 biànlì 형 편리하다 | 悲观 bēiguān 형 비관적이다 | 梦想 mèngxiǎng 명 꿈 | 故事 gùshi 명 이야기

② 내공이 쌓이는 시간

1 시험에 잘 나오는 인생철학 주제

HSK 5급 독해 제2부분에 나오는 인생철학 관련 문제는 평균 2문제 정도 출제됩니다. 시험에 자주 출제되는 인생철학 관련 주제만 알고 있어도 문제의 반은 맞힐 수 있습니다. 아래의 주요 표현들을 반드시 외워 봅니다.

1) 인간관계

인간관계에서는 상대방을 칭찬해야 하고, 상대방 말을 경청하며, 상대방을 사심 없이 도와주어야 한다.

- 赞美是一种美德。
  Zànměi shì yì zhǒng měidé.
  칭찬은 일종의 미덕이다.

- 要学会认真倾听。
  Yào xuéhuì rènzhēn qīngtīng.
  진지하게 경청하는 것을 배워야 한다.

  ◆ 认真 rènzhēn 형 진지하다, 열심히 하다 | 倾听 qīngtīng 동 경청하다

- 谦虚才能学到更多。
  Qiānxū cái néng xuédào gèng duō.
  겸손해야만 더 많은 것을 배울 수 있다.

  ◆ 谦虚 qiānxū 형 겸허하다, 겸손하다

- 要乐于助人。
  Yào lèyú zhù rén.
  다른 사람을 기꺼이 도와야 한다.

- 要懂得与人合作。
  Yào dǒngde yǔ rén hézuò.
  다른 사람과 협력할 줄 알아야 한다.

2 성공1 - 목표와 계획의 중요성

성공하려면 목표를 설정하고, 끝까지 포기하지 않는 정신이 중요하다. 하지만 맹목적으로 전진하는 것만이 성공을 향한 길이라고 볼 수 없다. 실수가 있다면 때로는 한 걸음 물러서는 것도 필요하다는 걸 강조한다.

- 要坚持自己的选择。
  Yào jiānchí zìjǐ de xuǎnzé.
  자신의 선택을 끝까지 견지해야 한다.

  ◆ 坚持 jiānchí 동 (주장을) 견지하다, 고수하다

- 有时候放弃也是一种智慧。
  Yǒushíhou fàngqì yě shì yì zhǒng zhìhuì.
  때로는 포기하는 것도 일종의 지혜이다.

  ◆ 智慧 zhìhuì 명 지혜

- 要学会取舍。
  Yào xuéhuì qǔshě.
  취하고 버릴 줄 알아야 한다.

  ◆ 取舍 qǔshě 동 취하고 버리다, 취사선택하다

- 要及时调整方向。
  Yào jíshí tiáozhěng fāngxiàng.
  제때 방향을 조정할 줄 알아야 한다.

  ◆ 及时 jíshí 부 제때, 바로 | 调整 tiáozhěng 동 조정하다

- 人生目标要切合实际。
  Rénshēng mùbiāo yào qièhé shíjì.
  인생의 목표는 현실에 부합되어야 한다.

  ◆ 切合实际 qièhé shíjì 실제에 부합되다, 현실에 부합되다

3 성공2 - 노력과 태도

성공하려면 피나는 노력을 해야 하고, 긍정적이고 낙관적인 마음 자세가 중요하며, 적극적인 행동력이 중요하다. 자신의 장점과 잠재력을 발견하여 계발해야 한다는 내용도 자주 출제된다.

- 成功离不开勤奋。
  Chénggōng lí bu kāi qínfèn.
  성공은 근면함이 없어서는 안 된다.

  ◆ 勤奋 qínfèn 형 근면하다, 열심히 하다

- 付出才会有收获。
  Fùchū cái huì yǒu shōuhuò.
  노력한 만큼 성과를 거둔다.

  ◆ 收获 shōuhuò 명 수확, 성과

- 要平静地对待失败。
  Yào píngjìng de duìdài shībài.
  차분하게 실패를 대해야 한다.

  ◆ 平静 píngjìng 형 (마음이) 차분하다

- 艰苦的环境有助于人的成长。
  Jiānkǔ de huánjìng yǒuzhùyú rén de chéngzhǎng.
  어려운 환경이 사람의 성장에 도움이 된다.

  ◆ 艰苦 jiānkǔ 형 고달프다, (힘들고) 어렵다

- 做好小事是成就大事业的基础。
  Zuòhǎo xiǎoshì shì chéngjiù dà shìyè de jīchǔ.
  작은 일을 잘 해내는 것은 큰 사업을 성공시키는 밑바탕이다.

  ◆ 基础 jīchǔ 명 기초, 밑바탕

- 要善于发挥自己的优势。
  Yào shànyú fāhuī zìjǐ de yōushì.
  자신의 강점을 잘 발휘해야 한다.

  ◆ 发挥优势 fāhuī yōushì 강점을 발휘하다

- 情绪可以由自己掌握。
  Qíngxù kěyǐ yóu zìjǐ zhǎngwò.
  감정은 자신이 통제할 수 있다.

  ◆ 掌握 zhǎngwò 동 장악하다, 통제하다

4 성공3 - 기회

성공하려면 기회를 잡아야 하며, 기회는 준비된 자에게 찾아온다. 또한 위험을 두려워 말고 과감하게 도전해야 하며, 경쟁은 사람을 발전시킨다는 내용도 출제된다.

- 机会无处不在。
  Jīhuì wúchù búzài
  기회는 어디에나 존재한다.

- 要善于把握机会。
  Yào shànyú bǎwò jīhuì.
  기회를 잘 잡을 줄 알아야 한다.

- 机会偏爱有准备的人。
  Jīhuì piān'ài yǒu zhǔnbèi de rén.
  기회는 준비된 사람을 선호한다.

- 不要过于害怕风险。
  Búyào guòyú hàipà fēngxiǎn.
  지나치게 위험을 두려워하지 마라.

- 危机能够使人成熟。
  Wēijī nénggòu shǐ rén chéngshú.
  위기는 사람을 성숙하게 만들어 줄 수 있다.

  ◆ 成熟 chéngshú 형 성숙하다

- 竞争促进发展。
  Jìngzhēng cùjìn fāzhǎn.
  경쟁은 발전을 촉진한다.

5 행복

행복은 다른 사람과 비교하지 않고, 자기 삶에 만족할 줄 알아야 함을 강조하는 내용이 주로 출제된다.

- 做人应该知足常乐。
  Zuòrén yīnggāi zhīzú cháng lè.
  사람은 항상 만족할 줄 알아야 한다.

- 不要过分追求完美。
  Búyào guòfèn zhuīqiú wánměi.
  완벽을 지나치게 추구해서는 안 된다.

- 不要与别人比较。
  Búyào yǔ biéren bǐjiào.
  다른 사람과 비교하지 마라.

- 要保持乐观的生活态度。
  Yào bǎochí lèguān de shēnghuó tàidù.
  낙관적인 생활 태도를 유지해야 한다.

- 积极的心态更重要。
  Jījí de xīntài gèng zhòngyào.
  긍정적인 마음가짐이 더욱 중요하다.

  ◆积极 jījí 형 적극적이다, 긍정적이다(↔消极 xiāojí 형 소극적이다, 부정적이다)

실력 확인하기 독해 | 제2부분

5분 | Day 17

지문 내용과 일치하는 선택지를 고르세요. 2-09 ◀ 독해 영역의 지문도 MP3 파일로 들어 보세요.

1 “社交自觉”指的是在社交中，把握好分寸感，不给别人造成不适。人与人之间存在着一种“社交距离”，保持好这个距离，能让人在心理上产生安全感和自由感。每个人都希望拥有自己的个人空间，所以，要注意遵守“社交自觉”，理解和尊重别人的感受，让双方都感到舒适自在。

A 亲密的人之间没有距离

B 有的人不喜欢有个人空间

C 保持社交自觉让人觉得舒适

D 社交自觉是指要保持很远的距离

2 从古至今人们都在寻找着便捷的生活方式，外卖行业便应运而生。在如今看来外卖已是平常。事实上，外卖行业的兴起并不是从现代社会开始的。早在千年前的宋代，提供外卖服务的店铺就遍布在汴京的大街小巷，四处跑腿送外卖的人员更是不足为奇，与今天无异。

A 外卖人员很少

B 外卖只有现代才有

C 宋朝就有了送餐文化

D 送外卖的人看上去很奇怪

3 最新的研究成果利用机器翻译实现了古代汉语与现代汉语的双向互译。通过该功能，人们可以一键将古代汉语转换为现代汉语以及系统支持的其他语言，这有助于人们更迅速地阅读、理解中国古籍，了解原汁原味的中华传统文化。

A 人工翻译不可替代

B 机器翻译输入字数有限制

C 古代汉语不如现代汉语好掌握

D 机器翻译帮助人们“破译”古汉语

4 随着气温下降，山西省某村落的山间出现了一大片“冰蝴蝶”。据了解，每年12月至次年2月，在温度、湿度、风力、风向合适时，山间的薄荷草上就会结出形似蝴蝶的薄薄的冰片，晶莹剔透，形态多样，是当地的一种自然奇观。

A 冰蝴蝶的翅膀不是透明的

B 蝴蝶以薄荷草的果实为食

C 蝴蝶效应指的是灾害连续发生

D 冰蝴蝶的形成需要多种条件共同作用

5 我们常用“度日如年”来形容时间过得慢。不过在金星上，用这个成语却恰如其分，一点儿都不夸张。我们都知道，地球自转一圈是一天，绕太阳公转一圈是一年。而金星自转很慢。它自转一圈所用的时间相当于地球上的243天，而围绕太阳公转一圈所用的时间相当于地球上的224.7天。所以，在金星上，“一天”比“一年”还要长。

A 未来金星可能会撞上地球

B 在金星上生活寿命会变长

C 用度日如年形容金星不过分

D 金星自转慢是质量大导致的

정답 및 해설 ▶ 318쪽

듣기 听力

제2부분 서술형

문제 유형과 전략

듣기 제2부분 서술형은 서술형 지문을 듣고 문제에 답하는 영역으로, 31번에서 45번까지 총 15문제가 출제된다. 전체 6개의 지문 중에서 3개는 2문제씩, 나머지 3개는 3문제씩 출제된다. 문제는 31~32번·33~35번·36~38번·39~41번·42~43번·44~45번처럼 지문으로 고정되어 있다. 지문 내용은 일반 상식이나 중국과 관련한 지식을 전달하는 설명문과, 개인의 신변잡기 및 무한 긍정·희망·신념·끈기·노력·인간관계 등의 깨우침을 주는 이야기 글이 주로 나온다.

이렇게 풀어봐요

1. 글의 흐름을 듣는다. 선택지 단어를 미리 보고 들리는 단어만 들으면서, 전체 글이 무엇에 관한 내용인지 유추해야 한다. 들리는 단어만 듣고, 들리지 않는 단어는 맘 편하게 넘긴다.

   ★ 주제를 물어보는 문제는 많이 출제되지 않지만, 주제를 생각하며 듣는 것이 좋다. 설명문의 주제는 첫 문장에 많이 나오며, 이야기 글의 주제는 대부분 마지막에 나온다.

2. HSK 출제 법칙을 이해해야 한다.

   HSK 출제 법칙

   ① 대부분의 지문은 정답이 순서대로 풀리도록 출제하지만, 간혹 순서대로 풀리지 않을 때도 있다.

   ② 설명문은 대부분 긍정적인 내용으로, 특히 중국과 관련된 내용이라면 100% 좋은 내용이다.

   ③ 인생철학과 관련된 지문이라면, 주인공이 죽지 않는(不死), 똑똑한(聪明), 화내지 않는(不生气) 그리고 무한 긍정의 법칙을 기억해 둔다.

3. 선택지(A·B·C·D)에 집중한다. 지문당 1~2문제는 답을 그대로 읽어주므로, 선택지에서 눈을 떼지 않고 듣는다. 듣기 지문의 내용을 80% 이상 이해하려면, 대략 5급 250점 이상의 내공이 있어야 한다. 전체 내용을 들으려 하지 말고, 우선 선택지 단어가 나오는 것에 집중하여 문제를 푼다. 평소 지문을 소리 내어 반복해서 읽고, 받아쓰기를 많이 하면 내공이 쌓이게 되어 저절로 들리는 단어와 지문이 점점 많아진다.

4. 문제와 문제 사이의 약 13초를 제대로 활용한다. 지문 내용이 끝난 후에 문제가 나오는데, 문제를 듣고 나서 푸는 것이 아니라 문제를 모르는 상태에서 지문을 들으며 선택지에 동그라미를 치면서 녹음을 들어야 한다. 문제가 들리면 미리 선택한 답이 맞는지 체크한 후, 바로 다음 지문의 선택지를 보고 있어야 한다. 예를 들어, 31~32번 지문을 다 듣고 나서 31번 문제가 들리고 32번 문제가 들릴 때까지 대략 13초 정도의 간격이 있는데, 이때 33~35번 문제 선택지를 미리 보고 있어야 한다.

5. 답안 마킹 시, PBT는 듣기 영역이 끝난 후의 5분 마킹 시간을 활용한다. IBT는 이 시간에 헷갈렸던 문제들을 다시 점검한다.

듣기 | 제2부분 서술형

문제는 대부분 순서대로 풀린다

HSK 5급 듣기 제2부분 서술형 문제는 독해 제3부분과 비슷합니다. 문제가 순서대로 풀리고, 정답도 선택지 내용이 그대로 들리게 출제됩니다. 다만 1년에 3~4회 정도, 정답을 그대로 읽어주지 않는 문제들이 많아져 듣기 서술형 부분의 난이도가 올라가기도 합니다. 이때 선택지에 집중하여 문제를 풀어주면, 15문제 중에 7~10개 정도는 충분히 맞힐 수 있습니다.

총 6개의 지문 중에서 1~2개의 지문이 문제 순서대로 풀리지 않을 수 있습니다. 따라서 선택지를 볼 때는 최소 2문제의 선택지를 한 눈에 보도록 독해 실력을 키워야 합니다.

1 문제가 보이는 시간

3-01

예제

1 A 营养丰富 B 价格便宜 C 制作简单 D 不受欢迎

2 A 扫地 B 做豆腐 C 包饺子 D 放鞭炮

3 A 恭祝发财 B 祝愿幸福 C 身体健康 D 多子多孙

정답 및 해석

第1到3题是根据下面一段话：

豆腐是中国老百姓餐桌上最常见的食物之一。[1]豆腐除了具有营养丰富、滑嫩可口等特点外，还有着特殊的文化意义。常言道：[2]“二十五，做豆腐。”说的是过去在农历12月25这一天，家家户户都要做豆腐，在浓浓的豆浆中迎接新年。这是因为豆腐谐音“都福”，人们取都有福的意思。年前做豆腐，[3]寓意着新的一年幸福满满。

1~3번 문제는 다음 지문에 근거한다.

두부는 중국 사람들의 식탁에서 가장 흔한 음식 중 하나이다. [1]두부는 영양이 풍부하고 매끈하고 부드럽고 맛있다는 특징을 가지고 있는 거 외에도, 특별한 문화적 의의를 가지고 있다. 속담에 [2]'25일, 두부를 만든다.'는 말이 있다. 의미는 과거 음력 12월 25일에 집마다 두부를 만들어 진한 떠우지앙 속에서 새해를 맞이한다는 것이다. 이것은 두부가 '都福'랑 발음이 같아서, 사람들이 모두 복이 있다는 의미를 갖기 때문이다. 명절 전에 두부를 만드는 것은 [3]새해에는 행복이 가득해지라는 의미이다.

1 下列哪项属于豆腐的特点？

A 营养丰富 (✓)

B 价格便宜

C 制作简单

D 不受欢迎

2 在过去，农历12月25这天，有什么习俗？

A 扫地

B 做豆腐 (✓)

C 包饺子

D 放鞭炮

3 豆腐有什么特殊的文化意义？

A 恭祝发财

B 祝愿幸福 (✓)

C 身体健康

D 多子多孙

1 다음 중 두부의 특징에 속하는 것은 무엇인가?

A 영양이 풍부하다 (✓)

B 가격이 저렴하다

C 제작이 간단하다

D 환영 받지 못한다

2 과거에는 음력 12월 25일에 어떤 풍습이 있었는가?

A 바닥을 청소하다

B 두부를 만들다 (✓)

C 만두를 빚는다

D 폭죽을 터트리다

3 두부는 어떤 특별한 문화적 의의가 있는가?

A 돈을 많이 벌기를 기원하다

B 행복을 기원하다 (✓)

C 몸이 건강하다

D 자손이 많다

해설

1 녹음 앞부분에 '豆腐除了具有营养丰富…'라며 선택지의 내용이 그대로 언급되었으므로, 먼저 정답 후보인 A에 체크한 후에 녹음을 계속 듣습니다. 마지막에 질문도 두부의 특징을 물어봤으므로 정답은 A 营养丰富입니다.

2 선택지가 모두 동사구로 이루어졌으니, 녹음에서 동작과 관련된 내용에 집중합니다. 또한 선택지가 길지 않으니, 한 눈에 볼 수 있도록 독해 실력을 기릅니다. 녹음에서 A·C·D는 언급되지 않았고, '二十五，做豆腐'에서 '做豆腐'가 그대로 들렸으므로, 정답은 B 做豆腐입니다.

3 녹음 마지막 부분에서 '福'라는 단어가 여러 번 들립니다. 마지막 문장에서도 '幸福'가 들렸으므로, 정답은 B 祝愿幸福입니다. 이 지문은 녹음에서 선택지의 내용을 그대로 읽어 주다시피 했으므로, 선택지를 보면서 녹음을 들으면 정답을 잘 고를 수 있습니다.

단어

◆ 制作 zhìzuò 동 제작하다 | 简单 jiǎndān 형 간단하다 | 扫地 sǎodì 동 바닥을 청소하다 | 豆腐 dòufu 명 두부 | 包饺子 bāo jiǎozi 교자를 빚다 | 放鞭炮 fàng biānpào 폭죽을 터트리다 | 恭祝 gōngzhù 동 공손히 축하하다, 기원하다 | 发财 fācái 동 돈을 벌다 | 祝愿 zhùyuàn 동 축원하다, 기원하다 | 幸福 xìngfú 명 행복 | 多子多孙 duōzǐ-duōsūn 성 자손이 많다 |

◆ 老百姓 lǎobǎixìng 명 국민, 일반인 | 餐桌 cānzhuō 명 식탁 | 食物 shíwù 명 음식 | 具有 jùyǒu 동 가지고 있다 | 滑嫩 huánèn 형 매끈매끈하고 부드럽다 | 可口 kěkǒu 형 맛있다, 입에 맞다 | 特殊 tèshū 형 특수하다, 특별하다 | 意义 yìyì 명 의미, 의의 | 常言 chángyán 명 속담 | 道 dào 동 말하다 | 农历 nónglì 명 음력 | 浓浓 nóngnóng 형 매우 진하다 | 家家户户 jiājiāhùhù 명 집집마다 | 豆浆 dòujiāng 명 더우장, 떠우지앙[콩을 갈아 만든 두유 같은 음료] | 迎接 yíngjiē 동 맞이하다, 영접하다 | 谐音 xiéyīn 동 발음이 같거나 비슷하다 | 年前 niánqián 명 새해 전, 명절 전 | 寓意 yùyì 동 의미하다 명 함축된 의미 | 满满 mǎnmǎn 형 가득하다 | 习俗 xísú 명 풍습

2 내공이 쌓이는 시간

지문의 내용이 개인의 일상 이야기이든, 중국과 관련된 지문이든, 지식을 전달하는 설명문이든 상관없이 대부분 문제가 순서대로 풀리며, 전체 6개 지문 중에서 1~2개의 지문만 순서대로 풀리지 않습니다. 빠른 정답 찾기 연습을 위해, 출제 포인트의 문제는 선택지가 아닌 정답만 적었습니다.

출제 포인트 1 문제가 순서대로 풀리는 유형

3-02

듣기 제2부분 서술형에서 주인공인 '我'를 중심으로 이야기가 전개되는 '일인칭 주인공 시점'과 주인공 '我'가 다른 실제 주인공의 이야기를 옆에서 관찰하는 '일인칭 관찰자 시점'의 글들이 아주 가끔 출제된다. 이런 이야기는 주로 일상에서 겪은 이야기를 편하게 풀어나간다.

便利店在商品种类和价格上都比不过大超市，为什么还是有很多人愿意去便利店呢？[1]其实大多数顾客去便利店都是因为离得近，图个方便。我们小区附近就有三家便利店，我最常去的是我家楼下的那家。之所以会选他家，是因为一个小小的细节。[2]买东西我习惯使用现金，在另外两家找零时，老板总将破旧的钱找给我，[3]而楼下这家，每回找的零钱都是抽屉里比较新、比较干净的，让人感觉到一种诚意。

1 顾客选择去便利店的原因最可能是什么？

答案：购物方便

2 说话人购物时有什么习惯？

答案：用现金付款

3 关于楼下那家便利店，下列哪项正确？

答案：服务有诚意

편의점은 상품 종류와 가격 면에서 대형마트보다 못한데도, 왜 많은 사람들이 그래도 편의점에 가길 원할까요? [1]사실 대부분의 고객이 편의점에 가는 것은 거리가 가까우므로, 편리함을 꾀하기 위해서입니다. 우리 동네 근처에만 편의점이 세 군데 있는데, 제가 제일 자주 가는 곳은 우리 집 아래층에 있는 곳입니다. 그 집을 선택하는 이유는 작은 디테일 때문입니다. [2]물건을 살 때 저는 현금을 사용하는 것이 익숙한데 다른 두 집에서 거스름돈을 거슬러 줄 때, 사장이 항상 낡은 돈을 거슬러줍니다. [3]하지만 아래층의 이 집에서 매번 거슬러 주는 잔돈은 서랍 안의 비교적 새롭고 깨끗한 것이어서 제가 성의를 느끼게 됩니다.

1 고객이 편의점을 선택해서 가는 이유는 무엇인가?

정답: 쇼핑이 편해서

2 화자는 쇼핑할 때 어떤 습관이 있는가?

정답: 현금으로 결제한다

3 아래층에 있는 그 편의점에 관해 다음 중 어느 것이 맞는가?

정답: 서비스에 성의가 있다

해설 위의 지문은 문제의 정답을 앞에서부터 순서대로 출제했습니다. 1번 문제는 '图个方便'에서 '方便'을 놓치지 않고 들어야 하며, 2번 문제는 '使用现金'을 듣고 정답 '用现金付款'을 골라주면 됩니다. '现金'이라는 키워드를 놓치지 않고 듣는 것이 중요합니다. 마지막 3번 문제는 마지막 문장을 다 듣고 내용을 어느 정도 이해해서 풀어야 합니다. 이렇게 시험은 지문별 난이도 외에, 문제별 난이도도 고르게 출제합니다.

단어 便利店 biànlìdiàn 명 편의점 | 商品 shāngpǐn 명 상품 | 种类 zhǒnglèi 명 종류 | 超市 chāoshì 명 마트 | 顾客 gùkè 명 고객 | *图 tú 동 꾀하다, 바라다 | 小区 xiǎoqū 명 주택단지 | 选 xuǎn 동 선택하다, 뽑다 | 细节 xìjié 명 디테일, 세부사항 | 破旧 pòjiù 형 낡다 | 零钱 língqián 명 잔돈 | 抽屉 chōuti 명 서랍 | 诚意 chéngyì 명 성의, 진심

출제 포인트 2 문제가 순서대로 풀리지 않는 유형

3-03

동물·식물 내용의 설명문도 1년에 여러 차례 꾸준히 출제된다. 특히 중국 특유의 동식물이 많이 출제되는데, 동식물의 이름이 너무 어려워서 알아듣기 힘든 경우가 대부분이다. 녹음에서 계속 그 동식물의 이름이 등장하는데, 못 알아들으니 답답할 것이다. 예를 들어, 시험에 나온 적이 있는 타조(鸵鸟 tuóniǎo)·나무늘보(树懒 shùlǎn)·나귀(驴子 lǘzi)·낙타(骆驼 luòtuo) 등의 동물 이름은 중국어로 매우 생소하지만, 절대로 그 동식물의 이름이 무엇인지 알려고 해서는 안 된다. 그냥 그 자체를 덩어리로 생각하여, 문제의 선택지에 집중하면서 들어야 한다.

在中国北方，特别是在新疆北部和黑龙江流域，有一种鸟叫雷鸟，[1]它善于奔走，飞行迅速，但不能远飞。[2]它还有一个特殊的本领，就是能随着季节的变化而更换羽毛，并形成与环境相适应的保护色，使自己不受伤害。春天，它的羽毛是淡黄色；到了夏天，就成了褐色；秋天，它的羽毛又换成了深棕色；而在寒冷的冬天，它又披上了雪白的冬装，与雪地相一致。

1 雷鸟用什么方式保护自己？

答案：更换羽毛及其颜色

2 关于雷鸟，下列哪项正确？

答案：飞行速度快

중국 북방에, 특히 신장 북부와 헤이룽장 유역에 뇌조라는 새가 있는데, [1]그것은 뛰어다니는 것을 잘하고 비행이 빠르지만, 멀리 날 수는 없다. [2]뇌조는 또한 특수한 능력도 있는데, 바로 계절이 변화함에 따라서 깃털을 바꾸고 환경과 서로 적응하는 보호색을 형성하여, 자신이 상처를 입지 않게 할 수 있다는 것이다. 봄에 그것의 깃털은 옅은 노란색이고, 여름이면 갈색이 되고, 가을에 그것의 깃털은 또 짙은 갈색으로 바뀌고, 추운 겨울에 그것은 또 새하얀 겨울 옷을 걸치는데, 눈으로 덮인 지면과 서로 일치한다.

1 뇌조는 무슨 방식으로 자신을 보호하는가?

정답: 깃털과 그것의 색깔을 바꾼다

2 뇌조에 관하여 다음 중 정확한 것은?

정답: 비행 속도가 빠르다

해설 이 글은 뇌조(雷鸟)라는 중국 특유의 새에 관한 내용입니다. 동식물에 관한 내용이 나오면, 그것의 특수한 능력을 중심으로 출제되므로, '善于(~을 잘하다)'같은 단어가 나오면 잘 들어야 합니다. 그런데 이 문제는 순서대로 풀리지 않으므로 주의해야 합니다. 한 지문에 두 문제가 나왔다면, 두 문제의 선택지를 한 번에 보는 연습을 해야 합니다.

1 '它还有一个特殊的本领，就是能随着季节的变化而更换羽毛，并形成与环境相适应的保护色' 부분을 듣고 정답(更换羽毛及其颜色)을 고르는 문제입니다. '特殊的本领'같은 내용이 들리면 그 뒤에 정답이 나올 확률이 높습니다. '更换羽毛'만 놓치지 않고 듣는다면 정답을 고를 수 있습니다.

2 지문 앞 부분의 '它善于奔走，飞行迅速'를 듣고 정답을 '飞行速度快'로 선택해야 합니다. '善于'와 같은 단어 뒤에 중요한 내용이 온다는 사실도 기억해 두세요.

단어 特别是 tèbiéshì 부 (그중에서) 특히 | 新疆 Xīnjiāng 고유 신장[지명] | 黑龙江 Hēilóngjiāng 고유 헤이룽장, 흑룡강[지명] | 流域 liúyù 명 유역 | 雷鸟 léiniǎo 명 뇌조 | 善于 shànyú 동 ~을 잘하다 | 奔走 bēnzǒu 동 뛰다, 뛰어다니다 | 飞行迅速 fēixíng xùnsù 비행이 빠르다 | 特殊 tèshū 형 특수하다 | 本领 běnlǐng 명 능력, 재능 | 随着 suízhe 전 ~함에 따라서 | 季节 jìjié 명 계절 | 更换 gēnghuàn 동 바꾸다 | 羽毛 yǔmáo 명 깃털 | 形成 xíngchéng 동 형성하다 | 环境 huánjìng 명 환경 | 适应 shìyìng 동 적응하다 | 保护色 bǎohùsè 명 보호색 | 受伤害 shòu shānghài 상해를 입다, 상처를 입다 | 淡黄色 dànhuángsè 명 옅은 노란색 | 褐色 hèsè 명 갈색 | 换成 huànchéng ~로 바뀌다 | 深棕色 shēnzōngsè 명 짙은 갈색 | 寒冷 hánlěng 형 한랭하다, (몹시) 춥다 | 披 pī 동 (옷을) 걸치다 | 雪白 xuěbái 형 새하얗다 | 冬装 dōngzhuāng 명 겨울 옷 | 雪地 xuědì 명 눈으로 덮인 지면 | 一致 yízhì 형 일치하다 | 保护 bǎohù 동 보호하다 | 颜色 yánsè 명 색, 색깔 | 速度 sùdù 명 속도

공 략 법

02 중국과 관련된 지문이 2~3개 출제된다

듣기 | 제2부분 서술형

듣기 제2부분 서술형 지문 총 6개 중에 중국과 관련된 지문은 2~3개로 비중이 높은 편입니다. 중국과 관련된 지문은 대부분 중국의 역사적 인물 이야기이고, 간혹 중국의 지역 소개 또는 풍습과 문물에 관한 지문도 출제됩니다.

1 문제가 보이는 시간

3-04

예제

1 A 让店员读书　　B 进了很多货物
C 招了男性职员　　D 对员工进行了培训

2 A 吸引大家关注　　B 增加营业收入
C 扩大百货店规模　　D 增加了女子的就业机会

3 A 经营状况良好　　B 聘用了很多男职员
C 获得过极大的关注　　D 是北京的一家商店

정답 및 해석

第1到3题是根据下面一段话：

1922年，林耀华与丈夫王兴周共同创立了天津第一家女子百货商店----华贞女子工商所。取名女子工商所是因为聘用的店员全是女性，[1]开业之前林耀华还专门对店员进行了培训。在此之前，天津从未出现过商家聘用女性店员的情况，[3]因此这一举动在当时的天津引起了不小的轰动。开业当天，店外聚集了大量看热闹的老百姓，[3]人们都对这家全是女性店员的商店十分好奇。林耀华这样做，并不是为了吸引大家的关注，以

1~3번 문제는 다음 지문에 근거한다.

1922년 린야오화는 남편 왕씽조우와 공동으로 천진 최초의 여자 백화점인 화전여자상공소를 창립하였다. 여자공상소라는 이름이 붙은 것은 점원들이 모두 여성이기 때문이었고, [1]개업 전에 린야오화는 점원들을 전문적으로 양성하기도 했다. 이전에 톈진에서는 상점에서 여성 점원을 고용한 상황이 나타난 적이 없어서 [3]이 행위는 당시 톈진에서 큰 센세이션을 일으켰다. 개장 당일 매장 밖에는 구경하려고 많은 사람들이 모여들었고, [3]사람들은 전부 여성 점원인 이 상점에 대해 호기심이 가득했다. 린야오화가 이렇게 한 것은 결코 사람들의 관심을 끌어서 경상 소득을 늘리기 위해서가 아니라, [2]여성의 취업 루트를 넓히고 여성의

此增加经营收入，[2]而是为了拓宽女性的就业渠道，增加女性的就业机会。尽管华贞女子工商所的经营状况不是很好，但它却开创了聘请女性店员的先河。

취업 기회를 늘리기 위해서였다. 비록 화전여자상공소의 경영 상태가 좋지는 않았지만, 화전여자상공소는 여성 점원을 초빙하는 (길의) 시작을 열었다.

1 开业前林耀华做了怎样的准备？

A 让店员读书

B 进了很多货物

C 招了男性职员

D 对员工进行了培训 (✓)

1 개업 전 린야오화는 어떤 준비를 했는가?

A 점원이 책을 읽게 했다

B 많은 화물을 들여왔다

C 남성 직원을 모집했다

D 직원에게 양성 교육을 했다. (✓)

2 林耀华聘用女店员的目的是什么？

A 吸引大家关注

B 增加营业收入

C 扩大百货店规模

D 增加了女子的就业机会 (✓)

2 린야오화가 여성 점원을 채용한 목적은 무엇인가?

A 사람들의 관심을 끌다

B 영업 이익이 증가하다

C 백화점 규모를 확대하다

D 여성의 취업 기회를 늘렸다 (✓)

3 关于华贞女子工商所，可以知道什么？

A 经营状况良好

B 聘用了很多男职员

C 获得过极大的关注 (✓)

D 是北京的一家商店

3 화전여자상공소에 관해 무엇을 알 수 있는가?

A 경영 상태가 좋다

B 남자 직원을 많이 채용했다

C 엄청난 관심을 받았었다 (✓)

D 베이징의 한 상점이다

해설

1 녹음에서 '开业之前林耀华还专门对店员进行了培训'을 듣고, D 对员工进行了培训을 정답으로 선택합니다. 녹음에 나온 '对店员进行了培训' 부분이 선택지와 비슷하므로 바로 정답을 고를 수 있습니다.

2 녹음에서 '增加女性的就业机会'를 듣고, D 增加了女子的就业机会를 정답으로 선택합니다. 이 문제 또한 녹음 내용과 선택지가 비슷하여 어렵지 않게 정답을 고를 수 있습니다. '并不是为了吸引大家的关注'가 들렸고 '不是' 뒤에 들린 단어는 정답이 아니므로 A를 고르면 안 되고, '而是' 뒤에 나오는 말을 정답으로 골라야 합니다.

3 전체적인 내용을 파악한 후에 정답을 고르는 문제입니다. 2번 문제의 정답을 선택한 다음, 3번 문제의 선택지를 보고 있으면 녹음에서 '经营状况不是很好(경영 상태가 좋지 않다)'라는 내용이 나옵니다. 그러면 바로 선택지 A 经营状况良好를 정답에서 제거합니다. 녹음은 여성에 관한 이야기만 나오므로, B 聘用了很多男职员도 쉽게 제거할 수 있습니다. D의 지역명인 베이징에 관한 내용도 나오지 않았으므로 선택지 D도 제거합니다. 녹음의 '在当时的天津引起了不小的轰动' 부분은 조금 어려우니, '人们都对这家全是女性店员的商店十分好奇'에서 사람들의 관심을 받았다는 내용을 파악합니다. 따라서 정답은 C 获得过极大的关注입니다.

단어

◆招 zhāo 동 모집하다 | 职员 zhíyuán 명 직원 | 培训 péixùn 동 (직원·기술자를) 육성하다, 양성하다 | 吸引 xīyǐn 동 끌다, 끌어당기다, 매료시키다 | 关注 guānzhù 명 관심 | 扩大 kuòdà 동 확대하다 | 百货店 bǎihuòdiàn 명 백화점(=百货商店) | 规模 guīmó 명 규모 | 增加 zēngjiā 동 증가하다, 늘리다 | 就业 jiùyè 동 취업하다 | 经营状况 jīngyíng zhuàngkuàng 명 경영 상태 | 良好 liánghǎo 형 좋다, 양호하다 | 聘用 pìnyòng 동 초빙하다 | 获得 huòdé 동 획득하다, 얻다

◆ 林耀华 Lín Yàohuá 고유 린야오화[인명] | 王兴周 Wáng Xīngzhōu 고유 왕신저우[인명] | 创立 chuànglì 동 창립하다 | 天津 Tiānjīn 고유 톈진[지명] | 华贞女子工商所 Huázhēn nǚzǐ gōngshāngsuǒ 고유 화전여자상공소 | 取名 qǔmíng 동 이름을 짓다 | 店员 diànyuán 명 점원 | 开业 kāiyè 동 개업하다 | 专门 zhuānmén 부 전문적으로 | 商家 shāngjiā 명 상점 | 举动 jǔdòng 명 행위, 행동 | 引起 yǐnqǐ 동 (사건을) 일으키다, (주의를) 끌다 | 轰动 hōngdòng 동 센세이션을 일으키다 | 聚集 jùjí 동 모이다, 모으다 | 看热闹 kàn rènao 동 구경을 하다 | 好奇 hàoqí 형 호기심이 많다 | 经营收入 jīngyíng shōurù 명 경상 소득[비교적 정기적이고 예측할 수 있는 소득] | 拓宽 tuòkuān 동 확장하다 | 渠道 qúdào 명 경로, 루트, 방법 | 尽管 jǐnguǎn 접 비록 ~하지만 | 开创 kāichuàng 동 열다, 새로 시작하다 | 聘请 pìnqǐng 동 초빙하다 | 先河 xiānhé 명 (일의) 시작, 효시

2 내공이 쌓이는 시간

HSK는 전 세계인에게 중국을 알리기 위한 시험이므로, 모든 영역의 지문에서 중국과 관련된 지문의 출제 비중이 높아지고 있습니다.

출제 포인트 1 중국의 역사적 인물 이야기

3-05

중국의 인물 이야기는 고대의 인물 이야기가 주를 이루며, 현재에도 생존해 있는 인물의 이야기도 가끔 다룬다. HSK 전체 영역을 통틀어서 가장 많이 등장한 인물은 '京剧大师(경극의 대가)'인 '梅兰芳(매란방)'이다.

1921年，林巧稚参加北京协和医学院的招生考试，前几门的考试都很顺利，到英语时，[1]林巧稚也充满信心。然而，考试中一名考生突然晕倒，见此情景，林巧稚立即放下手中的笔，[2]帮忙将晕倒的考生抬到室外，并对其进行了救助。等她再回到考场时，考试已经结束了，试卷没有做完，她觉得自己肯定录取无望。没想到一个月后林巧稚却收到了入学通知书。原来，监考老师将她考场上救人的事件汇报给了协和医学院，他们认为她有爱心，具备作为医生的优良品质，而且其他科目的成绩也非常优异，[3]所以就录取了她。后来，林巧稚成为了中国著名的妇产科医生。

1 林巧稚考英语时状态如何？

答案：很有把握

1921년, 린차오즈는 베이징 유니온 의과대학의 입학시험을 쳤는데, 처음 몇 과목은 모두 순조롭게 진행되었고, 영어를 할 때도 [1]린차오즈는 자신감이 넘쳤다. 하지만 시험 도중 한 수험생이 갑자기 쓰러지자 이 광경을 보고 린차오쯔는 즉시 펜을 내려놓고 [2]쓰러진 수험생을 밖으로 들어내 구조했다. 그녀가 다시 시험장으로 돌아왔을 때 시험은 이미 끝났고, 시험지를 다 작성하지 못해서, 그녀는 자신이 틀림없이 합격할 가망이 없다고 생각했다. 뜻밖에도 한 달 뒤 린차오즈는 합격 통지서를 받았다. 알고 보니, 감독 선생님이 시험장에서 그녀가 사람을 구한 사건을 유니온 의과대학에 보고했던 것이다. 그들은 그녀가 사랑하는 마음을 가지고 있어 의사로서의 뛰어난 인품을 가지고 있고, 게다가 다른 과목의 성적도 매우 우수해서 [3]그녀를 합격시켰다. 그 후 린차오즈는 중국의 유명 산부인과 의사가 되었다.

1 린차오즈는 영어 시험을 볼 때 컨디션이 어땠는가?

정답: 자신 있다

2 林巧稚为什么没有做完题?

答案：去救人了

3 关于林巧稚，下列哪项正确?

答案：最终被录取了

2 린차오즈는 왜 문제를 다 풀지 못했는가?

정답: 사람을 구조하러 갔다

3 린차오즈에 관하여 다음 중 어느 것이 옳은가?

정답: 최종적으로 합격했다

해설

1 첫 문장의 '林巧稚也充满信心'을 듣고 '很有把握'를 선택해야 하는 문제입니다. '把握'는 보통 동사로 쓰여, '把握机会(기회를 잡다)'로 많이 사용되지만, '很有把握(매우 자신감 있다)'의 '把握'는 명사로 쓰여, '자신감'이란 의미가 있습니다. 결국 '信心'과 '把握'의 동의어를 테스트한 문제입니다.

2 녹음의 '并对其进行了救助' 부분을 듣고 '去救人了'를 골라야 하는 문제입니다. 교실에서 한 학생이 쓰러지고 린차오즈가 구조했다는 내용의 흐름을 이해해서 풀어야 하므로 비교적 어려운 문제입니다.

3 마지막 문제는 주로 결말을 물어봅니다. 중국의 인물이 등장하면 무조건 해피엔딩으로 끝이 납니다. 녹음의 마지막 부분에서 결국 입학 통지서를 받았다는 내용이 언급되므로, '所以就录取了她'를 듣고 정답 '最终被录取了'를 골라야 합니다.

단어

林巧稚 Lín Qiǎozhì 고유 린차오즈[인명] | 北京协和医学院 Běijīng Xiéhé Yīxuéyuàn 명 베이징 유니온 의과대학 | 招生考试 zhāoshēng kǎoshì 명 학생 모집 시험 | 顺利 shùnlì 형 순조롭다 | 充满 chōngmǎn 동 충만하다 | 信心 xìnxīn 명 자신, 확신 | 晕倒 yūndǎo 동 기절하여 쓰러지다 | 情景 qíngjǐng 명 정경, 장면 | 立即 lìjí 부 즉시, 바로 | 笔 bǐ 명 펜 | 抬 tái 동 들다 | 救助 jiùzhù 동 구조하다 | 试卷 shìjuàn 명 시험지 | 录取 lùqǔ 동 합격시키다 | 无望 wúwàng 형 희망이 없다 | 入学通知书 rùxué tōngzhīshū 명 입학 통지서 | 原来 yuánlái 부 알고 보니 | 监考老师 jiānkǎo lǎoshī 명 감독 선생님 | 汇报 huìbào 동 보고하다 | 具备 jùbèi 동 갖추다 | 优良 yōuliáng 형 우수하다 | 品质 pǐnzhì 명 인품 | 优异 yōuyì 형 우수하다 | 科目 kēmù 명 과목 | 妇产科 fùchǎnkē 명 산부인과 | 状态 zhuàngtài 명 상태

출제 포인트 2 중국 지역을 소개하는 글

3-06

중국의 지역을 소개하는 글은 대부분 첫 문장에서 실제 위치하는 곳을 언급하므로, '位于(~에 위치하다)'가 가장 많이 들린다. 또한 전 세계인에게 다양한 중국 지역을 알리기 위해, 아름다운 풍경을 지닌 중국 여행지에 관한 내용이 자주 출제된다.

[1]鼓浪屿隶属于中国福建省厦门市，与厦门半岛隔海相望，因其西南边的海蚀岩洞被海浪撞击后会发出鼓一样的声音，得名鼓浪屿。另外，鼓浪屿还有不少美称，比如因为[3]这里气候宜人，鲜花竞放，被称作"海上花园"。因为岛上至今仍完好地保留着许多中外风格各异的建筑物，又有"万国建筑博物馆"的称号。除此之外，[2]这里还是音乐的沃土，人均钢琴拥有率较高，音乐人才众多，所以还有"琴岛"、"音乐之岛"的美誉。

[1]구랑위는 중국 푸젠성 샤먼시에 속해 있으며 샤먼 반도와 바다를 사이에 두고 서로 마주 보고 있다. 그곳의 남서쪽 해식동굴이 파도에 부딪히면 북과 같은 소리를 내기 때문에 구랑위라는 이름을 얻었다. 이밖에, 구랑위는 또 아름다운 이름이 많이 있는데, 예를 들면 [3]이곳의 기후가 쾌적하고 꽃이 만발하여 '바다 위의 화원'이라 불린다. 섬에는 지금까지도 중국과 외국의 스타일이 각기 다른 많은 건축물이 온전하게 남아 있기 때문에 '만국건축박물관'이라는 칭호도 있다. [2]이 밖에도 이곳은 음악의 비옥한 땅으로 1인당 피아노 보유율이 높고, 음악 인재가 많아 '피아노 섬', '음악의 섬'이라는 명성도 가지고 있다.

1 鼓浪屿名字的由来与什么有关?

答案：自然地理条件

2 鼓浪屿为什么又被称为“音乐之岛”？

答案：音乐人才众多

3 关于鼓浪屿，下列哪项正确?

答案：气候宜人

1 구랑위라는 이름의 유래는 무엇과 관련이 있는가?

정답: 자연지리적 조건

2 구랑위는 왜 '음악의 섬'이라고도 불리는가?

정답: 음악 인재가 많다

3 구랑위에 관하여 다음 중 어느 것이 옳은가?

정답: 기후가 알맞다

해설

1 녹음 첫 문장에서 구랑위(鼓浪屿)의 지리적 위치와 조건 등이 나오면서 이름의 유래를 말하고 있습니다. 따라서 정답은 '自然地理条件'입니다. 정답을 직접 언급하지 않았으므로, 녹음 내용을 유추하여 풀어야 합니다. '因……(而)得名(~때문에 이름을 얻었다)' 구문이 시험에 자주 나오니 꼭 외워 둡니다.

2 녹음 마지막 부분에서 '音乐人才众多(음악적 인재가 많다)'라는 내용이 그대로 언급되었으므로 정답은 '音乐人才众多'입니다.

3 '气候宜人'은 녹음 중간에 '这里气候宜人'에서 그대로 언급되었습니다. 중국의 지역을 소개하는 글은 대부분 설명문이라 정답을 그대로 들려주고, 주로 긍정적인 것이 정답이 됩니다. 다만 이 지문은 2번보다 3번이 먼저 풀리므로, 선택지를 볼 때 반드시 두 문제의 선택지를 모두 보며 녹음을 들어야 합니다.

단어

鼓浪屿 Gǔlàngyǔ 고유 구랑위[푸젠성 샤먼시에 있으며 동양의 하와이로 불리는 관광지] | 隶属于 lìshǔyú 동 ~(어떤 범위)에 속하다 | 福建省 Fújiàn Shěng 고유 푸젠성[지명] | 厦门市 Xiàmén Shì 고유 샤먼시[지명] | 半岛 bàndǎo 명 반도 | 隔 gé 동 (시간·공간적으로) 사이를 두다 | 相望 xiāngwàng 동 마주 바라보다 | 海蚀 hǎishí 명 해식, 해안침식 | 岩洞 yándòng 명 바위 동굴 | 海浪 hǎilàng 명 파도 | 撞击 zhuàngjī 동 부딪치다 | 发出 fāchū 동 (소리 등을) 내다 | 鼓 gǔ 명 북 | 气候宜人 qìhòu yírén 기후가 알맞다 | 鲜花 xiānhuā 명 꽃 | 竞放 jìngfàng 동 다투어 피다 | 完好 wánhǎo 형 온전하다 | 保留 bǎoliú 동 보존하다 | 许多 xǔduō 형 매우 많다 | 中外 zhōngwài 명 중국과 외국 | 风格 fēnggé 명 스타일, 풍격 | 各异 gèyì 형 각기 다르다 | 建筑物 jiànzhùwù 명 건축물 | 称号 chēnghào 명 칭호 | 除此之外 chúcǐzhīwài 이 외에 | 沃土 wòtǔ 명 비옥한 땅 | 琴 qín 명 금, 거문고, 피아노 | 人均 rénjūn 명 1인당 평균 | 众多 zhòngduō 형 (주로 사람이) 매우 많다 | 美誉 měiyù 명 명성 | 由来 yóulái 명 유래

공략법 **03**

설명문은 다양한 지식을 전달한다

듣기 | 제2부분 서술형

HSK 5급 듣기 영역에 나오는 설명문은 크게 일반상식과 중국 관련 지식을 전달하는 글이 출제됩니다. 설명문은 전반적으로 내용이 어렵고, 지문에 출제되는 단어들도 필수 어휘에서 벗어난 단어들이 많이 나옵니다. 지문 내용이 어렵더라도 핵심 단어나 문장을 그대로 출제할 때가 있으니, 선택지를 미리 보며 어떤 단어가 들리는지 체크하며 자신의 배경지식을 동원하여 내용을 들어 봅니다. 설명문은 HSK 6급의 입문 과정이니 조바심을 갖지 말고, 받아쓰기와 지문 10회 정독을 통해 꾸준히 내공을 길러 줍니다.

1 문제가 보이는 시간

3-07

예제

1 A 不在乎　B 无奈接受　C 认为合理　D 坚决反对

2 A 药品需进口　B 宠物医生少　C 手术耗时长　D 检查设备贵

정답 및 해석

第1到2题是根据下面一段话：

近年来有关宠物衣食住行、生老病死的各项需求推动着宠物经济持续升温，其中宠物医疗更是成为核心“刚需”之一。然而，宠物看病贵，已成为养宠物的共识，[1] 宠物主人只能无奈接受。[2] 以检查为例，据了解，给宠物做一次核磁共振，比给人做一次的价格还要高一些，因为动物不能说话，了解其病情要更多地依靠检查设备，加上目前供应商较少，[2] 所以各种设备比较昂贵，这在一定程度上增加了宠物医疗的成本。

1~2번 문제는 다음 지문에 근거한다.

최근 몇 년 동안 반려동물의 의식주행, 생로병사에 관한 다양한 수요는 반려동물 경제의 지속적인 발전에 열기를 더하고 있으며, 그중 반려동물 의료는 더욱 '핵심 수요' 중 하나가 되었습니다. 그러나 반려동물이 진료받는 것이 비싸다는 것은 반려동물을 키우는 데 공감대가 형성되었고, [1]반려동물 주인은 어쩔 수 없이 이를 받아들일 수밖에 없습니다. [2]검사를 예로 들면, 반려동물에게 자기공명영상(MRI)을 촬영하는 것이 사람에게 하는 것보다 가격이 더 비싼 것으로 알려져 있는데, 왜냐하면 동물이 말할 수 없고 동물의 상태를 이해하기 위해서는 검사 장비에 더 많이 의존해야 하고 현재 공급업체가 적기 때문입니다. [2]그래서 각종 장비가 비교적 비싼데, 이는 어느 정도 반려동물의 의료 비용을 증가시켰습니다.

1 宠物主人对于宠物看病贵是什么态度?

A 不在乎
B 无奈接受 (✓)
C 认为合理
D 坚决反对

2 根据这段话，下列哪项是宠物医疗成本高的因素?

A 药品需进口
B 宠物医生少
C 手术耗时长
D 检查设备贵 (✓)

1 애완동물 주인은 애완동물 진찰비가 비싸다는 것에 대해 어떤 태도인가?

A 개의치 않는다
B 어쩔 수 없이 받아들이다 (✓)
C 합리적이라 여긴다
D 단호하게 반대한다

2 이 글에 따르면, 다음 중 반려동물의 의료비용이 비싼 요인은 무엇인가?

A 약품은 수입이 필요하다
B 수의사가 적다
C 수술은 시간이 오래 걸린다
D 검사 장비가 비싸다 (✓)

해설

1 녹음에서 '然而'같은 접속사가 들리면 좀 더 집중하여 듣습니다. '然而' 뒤에 '无奈接受'가 그대로 들리므로, 선택지를 미리 보았다면 B 无奈接受를 선택할 수 있습니다. 내용이 어려운 설명문은 정답을 그대로 들려주는 경우가 많으니, 선택지를 미리 분석하여 발음을 생각해 두는 것이 중요합니다.

2 선택지를 보고 동물 의료에 관한 글임을 짐작해 봅니다. 선택지를 분석하여 약품 수입, 수의사, 수술 시간, 검사 장비 등 어떤 주제로 나올지 생각하며 듣습니다. 녹음 마지막 부분에서 '所以各种设备比较昂贵'라고 했으므로 정답은 D 检查设备贵입니다.

단어

◆ 不在乎 búzàihu 동 개의치 않다 | 无奈 wúnài 어찌 할 도리가 없다 | 接受 jiēshòu 동 받아들이다 | 坚决 jiānjué 형 단호하다 | 进口 jìnkǒu 동 수입하다 | 宠物 chǒngwù 명 애완동물 | 耗时 hào shí 시간이 걸리다 | 检查 jiǎnchá 동 검사하다 | 设备 shèbèi 명 설비

◆ 衣食住行 yīshí zhùxíng 명 의식주와 교통 | 生老病死 shēng lǎo bìng sǐ 생로병사 | 需求 xūqiú 명 수요 | 推动 tuīdòng 동 추진하다, 촉진하다 | 持续 chíxù 동 지속하다 | 升温 shēngwēn 동 열기를 더하다 | 医疗 yīliáo 동 의료 | 核心 héxīn 명 핵심, 주요 부분, 중심 | 刚需 gāng xū 명 강성수요[가격의 등락에 영향을 받지 않는 수요], 필수품 | 看病 kànbìng 동 진찰하다, 치료하다 | 共识 gòngshí 명 공통의 인식, 공감대 | 以…为例 yǐ……wéilì ~을 예로 들다 | 核磁共振 hécí gòngzhèn 명 자기공명영상(MRI) | 依靠 yīkào 동 의지하다 | 供应商 gōngyìngshāng 명 공급업자 | 昂贵 ángguì 형 (물건 값이) 비싸다 | 成本 chéngběn 명 원가, 비용

2 내공이 쌓이는 시간

일반 상식 관련 설명문은 범위가 매우 넓어서, 평소 한국어로 꾸준하게 배경지식을 쌓아 두어야 합니다. 중국어 지문을 전부 알아듣지 못해도 배경지식이 많다면 듣기가 좀 더 쉬워지고 문제도 잘 풀립니다. 또한 설명문의 주제는 대부분 앞부분에 있으며, 글의 흐름 자체도 중심 문장을 먼저 말한 후에 구체적인 예를 들어 설명하는 경우가 많습니다. 따라서 설명문은 앞부분에 집중하여 잘 들어줍니다.

출제 포인트 1 필수 어휘보다 어려운 단어가 있는 설명문

3-08

녹음을 들을 때 모르는 단어가 많이 나온다면, 문제의 선택지에 집중하여 최대한 많이 들리는 선택지에 체크하며 듣는다.

[1]很多孩子都喜欢玩毛绒玩具，但这种玩具很容易积灰，需要经常清洗，而且清洗后很难回到刚买时的状态。[2]其实要想解决这个问题也不难，准备一袋粗盐和一个大塑料袋，将毛绒玩具放入塑料袋中倒入粗盐，然后封紧袋口，将袋子来回摇晃。不一会儿，玩具就会变得非常干净，因为将粗盐和玩具放在一起晃动会产生静电，而毛绒玩具上的灰尘本身也带电，这样一来脏东西就会被盐吸走。另外，这种方法还可以使毛绒玩具的颜色恢复到以前的鲜亮状态，可谓一举两得。

1 根据这段话，毛绒玩具有什么特点？

答案：容易变脏

2 关于去掉毛绒玩具上灰尘的方法，下列哪项正确？

答案：要用到粗盐

[1]많은 아이가 모두 털 인형을 가지고 놀기를 좋아하지만, 이런 인형은 쉽게 먼지가 쌓여서 자주 깨끗하게 빨아야 하는 데다가, 깨끗하게 빤 후에도 막 샀을 때의 상태로 돌아가기 어렵다. [2]사실 이 문제를 해결하려는 것은 어렵지도 않은데, 굵은소금 한 봉지와 큰 비닐봉지 하나를 준비해서 털 인형을 비닐봉지에 넣고 굵은소금을 들이부은 후에, 봉지 입구를 단단히 봉하고서, 봉지를 이리저리 흔들면 된다. 얼마 안 있어, 인형이 매우 깨끗해진다. 왜냐하면 굵은 소금과 인형을 한데 넣고 흔들면 정전기가 생기고, 털 인형의 먼지 자체도 전기를 띠며, 이렇게 되면 더러운 것이 소금한테 흡수되기 때문이다. 또한 이런 방법은 털 인형의 색깔이 이전의 상태로 회복되게 할 수도 있는데, 일거양득이라고 말할 수 있다.

1 이 이야기에 따르면, 털 인형은 어떤 특징이 있는가?

정답: 쉽게 더러워진다

2 털 인형의 먼지를 제거하는 방법에 관하여 다음 중 정확한 것은?

정답: 굵은소금을 써야 한다

해설 듣기 서술형 지문은 내용에 상관없이 문제마다 난이도가 있습니다. 쉬운 문제는 녹음에서 들리는 단어와 문장이 선택지에 그대로 들리고, 어려운 문제는 내용을 알아듣고 풀어야 합니다. 한 지문에 두 문제가 나온다면, 한 문제는 쉽고 다른 한 문제는 살짝 어렵게 출제됩니다. 만약 한 지문에 세 문제가 나온다면, 난이도는 문제별로 '상·중·하'로 나누어서 출제됩니다.

1 선택지 단어가 쉬운 대신에 지문에서 정답을 그대로 들려주지 않고, 내용을 이해해서 풀어야 합니다. 첫 문장의 '很多孩子都喜欢玩毛绒玩具，但这种玩具很容易积灰，需要经常清洗' 부분을 알아듣고, 정답을 '容易变脏'으로 선택해야 합니다.

2 '其实要想解决这个问题也不难，准备一袋粗盐和一个大塑料袋'가 녹음에서 들립니다. 또한 '其实'라는 단어가 들리면, 그 뒤에 정답이 자주 나오므로 집중해야 합니다. '准备一袋粗盐' 부분을 듣고 정답을 '要用到粗盐'으로 선택해야 합니다.

단어 玩 wán 동 (손에 가지고) 놀다 | 毛绒玩具 máoróng wánjù 명 털 인형 | 积灰 jīhuī 동 먼지가 쌓이다 | 需要 xūyào 능 ~해야 한다 | 清洗 qīngxǐ 동 깨끗하게 씻다(빨다) | 状态 zhuàngtài 명 상태 | 其实 qíshí 부 사실은 | 解决 jiějué 동 해결하다 | 问题 wèntí 명 문제 | 准备 zhǔnbèi 동 준비하다 | 袋 dài 양 부대, 자루, 봉지 | 粗盐 cūyán 명 굵은소금 | 塑料袋 sùliàodài 명 비닐봉지 | 倒入 dào rù 들이붓다 | 然后 ránhòu 접 그런 후에, 그 다음에 | 封紧 fēngjǐn 단단히 봉하다 | 袋口 dàikǒu 명 봉지 입구 | 袋子 dàizi 명 봉지 | 摇晃 yáohuàng 동 흔들다 | 不一会儿 bùyíhuìr 부 곧, 머지않아, 얼마 안 있어 | 干净 gānjìng 형 깨끗하다 | 晃动 huàngdòng 동 흔들다 | 产生静电 chǎnshēng jìngdiàn 정전기가 생기다 | 灰尘 huīchén 명 먼지 | 带电 dàidiàn 동 전기를 띠다 | 脏 zāng 형 더럽다 | 吸 xī 동 흡수하다, 빨아들이다 | 颜色 yánsè 명 색, 색깔 | 恢复 huīfù 동 회복하다, 회복되다 | 鲜亮 xiānliang 형 선명하다 | 状态 zhuàngtài 명 상태 | 可谓 kěwèi 동 ~라고 말할 수 있다 | 一举两得 yìjǔ-liǎngdé 성 일거양득 | 具有 jùyǒu 동 있다, 가지다 | 特点 tèdiǎn 명 특징 | 变脏 biàn zāng 더러워지다 | 去掉 qùdiào 동 없애버리다, 제거하다

출제 포인트 2 실험이나 연구로 주제를 뒷받침 하는 설명문

3-09

설명문에서 첫 번째 단락에 등장하는 질문은 전체 글의 주제에 해당한다. 실제 문제에서 주제를 묻지 않더라도, 주제를 생각하면서 본문을 들어야 글의 흐름을 파악하기 쉽다.

因为鱼[1]没有长外耳，所以很多人误以为鱼没有耳朵，听不见任何声音。其实，鱼不但能听到声音，而且多数鱼的听力还很不错，这是如何被发现的呢？→ 주제 문장 有一个鱼塘，每天早上8点都会敲钟，饲养员听到钟声便去喂鱼。有一天饲养员起晚了，钟声响后过了半个小时才去喂鱼。但到了鱼池，[2]他看到一大群鱼已经聚集在池边，不断把头伸出水面等食。后来经过动物学家们一段时间的观察和研究，他们发现[3]鱼原来是有听觉的。平常它们听到钟声后不久就能进食，因此时间一长就形成了条件反射，只要一听到钟声，它们就会习惯性地游向岸边。

물고기는 [1]겉귀(外耳)가 자라지 않기 때문에, 많은 사람들은 물고기가 귀가 없어 어떤 소리도 듣지 못한다고 잘못 알고 있다. 사실, 물고기는 소리를 들을 수 있을 뿐만 아니라, 대다수 물고기의 청력은 아주 좋다. 이것은 어떻게 발견되었을까? 한 양어장에서 매일 오전 8시에 종을 쳤고, 사육사는 종소리를 듣고 바로 물고기에게 먹이를 주러 갔다. 하루는 사육사가 늦잠을 자서 종소리가 울린 후 30분이 지나서야 물고기에게 먹이를 주러 갔다. 그러나 양어장에 도착해서, [2]그는 물고기 떼가 이미 연못가에 모여, 끊임없이 머리를 수면 위로 내밀며 먹이를 기다리고 있는 것을 보았다. 그 후 동물학자들이 얼마간의 관찰과 연구를 거쳐, [3]물고기는 원래 청각이 있다는 것을 발견했다. 평소에 물고기들은 종소리를 들은 후 얼마 지나지 않아 바로 먹이를 먹을 수 있었다. 그래서 시간이 오래 흐르자 조건 반사가 형성되었고, 종소리를 듣기만 해도 물고기들은 바로 습관적으로 물가를 향해 헤엄쳐 오게 된 것이다.

1 多数鱼的耳朵有什么特点？

答案： 没长在外面

1 대다수 물고기의 귀는 어떤 특징이 있는가?

정답: 겉에서 자라지 않는다

2 饲养员起晚那天发现了什么？

答案：鱼已在池边等食

3 动物学家经过观察后得出了什么结论？

答案：鱼能听到声音

2 사육사는 늦게 일어난 그날 무엇을 발견했는가?

정답: 물고기가 이미 연못가에서 먹이를 기다리고 있었다

3 동물학자는 관찰을 거친 후에 어떤 결론을 얻었는가?

정답: 물고기는 소리를 들을 수 있다

해설

1 녹음 첫 문장에서 '没有长外耳'이라는 힌트가 바로 들립니다. 다만, '外耳'의 의미를 유추해야 하므로 조금 어려울 수 있습니다. '外耳'을 듣고 정답 '没长在外面'을 골라야 합니다.

2 녹음에서 '他看到一大群鱼已经聚集在池边，不断把头伸出水面等食'를 듣고 정답을 골라 줍니다. 녹음을 들을 때, 단어 '池边'과 '等食'를 놓치지 않고 들어야 정답을 고를 수 있습니다.

3 동물학자가 얻은 결론이 이 글의 주제입니다. 지문은 물고기가 청력이 없을 것 같다는 오해에서 출발하지만, 이내 첫 문장에서 '其实，鱼不但能听到声音'이라고 말합니다. 여기서 주제를 유추하거나, 결론 부분의 '鱼原来是有听觉的' 부분을 듣고 '鱼能听到声音'을 정답으로 골라 줍니다.

단어

长 zhǎng 동 자라다, 나다, 생기다 | 外耳 wài'ěr 명 겉귀, 외이 | 误以为 wù yǐwéi 잘못 알고 있다 | 耳朵 ěrduo 명 귀 | 声音 shēngyīn 명 소리 | 多数 duōshù 명 대다수 | 发现 fāxiàn 동 발견하다, 알아차리다 | 鱼塘 yútáng 명 양어장(=鱼池 yúchí) | 敲钟 qiāo zhōng 종을 치다 *敲 동 치다, 두드리다 | 饲养员 sìyǎngyuán 명 사육사 | 钟声 zhōngshēng 명 종소리 | 喂 wèi 동 먹이를 주다 | 响 xiǎng 동 (소리가) 나다, 울리다 | 群 qún 양 무리, 떼 | 聚集 jùjí 동 (한데) 모이다 | 池边 chíbiān 명 연못가 | 不断 búduàn 부 부단히, 끊임없이 | 伸 shēn 동 (머리를) 내밀다 | 等食 děngshí 동 먹이를 기다리다 | 经过 jīngguò 동 경과하다, 거치다 | 动物学家 dòngwù xuéjiā 명 동물학자 | 观察 guānchá 동 관찰하다 | 研究 yánjiū 동 연구하다 | 原来 yuánlái 부 원래 | 听觉 tīngjué 명 청각 | 进食 jìnshí 동 먹이를 먹다 | 因此 yīncǐ 접 이 때문에, 그래서 | 形成 xíngchéng 동 형성되다 | 条件反射 tiáojiàn fǎnshè 명 조건 반사 | 习惯性 xíguànxìng 명 습관성 | 游 yóu 동 헤엄치다 | 岸边 ànbiān 명 물가 | 特点 tèdiǎn 명 특징 | 得出结论 déchū jiélùn 결론을 얻다

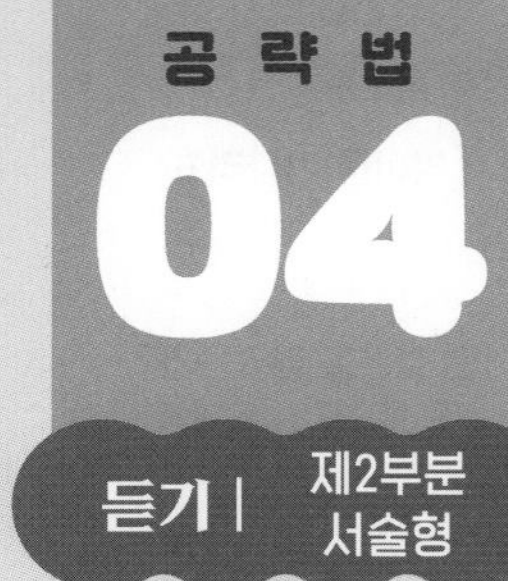

인생철학을 다룬 글은 주제를 묻는다

듣기 | 제2부분 서술형

인생철학을 다루고 교훈을 전하는 지문은 최근에 그 비중이 줄었지만, 보통 시험 2~3회에 한 번씩 하나의 지문에서 꾸준하게 출제되고 있습니다. 인생철학 관련 지문은 주인공의 시련과 시련을 이겨내는 과정, 그리고 마지막에 주인공이 성공한다는 내용이 주를 이룹니다. 이런 문제는 출제 포인트가 비슷하며, 마지막에 주제를 물어봅니다.

1 문제가 보이는 시간

3-10

예제

1 A 让气球飘起来 B 避免气球破掉
C 找有自己名字的气球 D 指挥小组成员抢气球

2 A 抱怨不断 B 秩序混乱
C 有人摔倒 D 爆发激烈争吵

3 A 配合很重要 B 要遵守规则
C 不要否定他人 D 不要在意结果

정답 및 해석

第1到3题是根据下面一段话：

在一次培训会上，主讲人要求50个学员一起做个游戏，游戏规则是：每位学员先把自己的名字写在气球上，然后打乱气球的顺序，[1]接下来他们需要在五分钟内找到写着自己名字的气球。游戏开始后，[2]大家各自疯狂地找寻自己的名字，碰撞，推挤，最后没有人在规定时间内找到自己的气球。这时主讲人让每个人随便找一个气球，读出上

1~3번 문제는 다음 지문에 근거한다.

한 강연회에서 강연자가 50명의 수강생에게 함께 게임을 하자고 요구했고, 게임의 규칙은 다음과 같다. 모든 수강생이 자신의 이름을 풍선에 적고, 그런 다음에 풍선 순서를 흐트러뜨린 뒤, [1]이어서 그들은 5분 안에 자신의 이름이 적힌 풍선을 찾는 것이다. 게임이 시작되자 [2]다들 미친 듯이 자신의 이름을 찾았는데, 부딪치고, 밀치고 붐비었다. 결국 정해진 시간 안에 자신의 풍선을 찾아낸 사람은 아무도 없었다. 이때 강연자는 모든 사람에게 아무 풍선이나 찾으라고 하고, 풍선 위의 이름을 읽은 후에 그 사람에게 풍선을

面的名字，然后把气球递给这个人。不到两分钟，大家都找到了属于自己的气球。[3]当我们处于一个集体时，只有相互合作，才能把集体的优势发挥到最大。

건네라고 시켰다. 2분도 안 되어 모두가 자신의 풍선을 찾았다. [3]우리가 하나의 집단에 있을 때, 반드시 서로 협력해야만 비로소 집단의 장점을 최대로 발휘할 수 있다.

1 在这个游戏中，学员需要做什么？
- A 让气球飘起来
- B 避免气球破掉
- C 找有自己名字的气球 (✓)
- D 指挥小组成员抢气球

2 游戏一开始，现场的状况如何？
- A 抱怨不断
- B 秩序混乱 (✓)
- C 有人摔倒
- D 爆发激烈争吵

3 这段话主要想告诉我们什么？
- A 配合很重要 (✓)
- B 要遵守规则
- C 不要否定他人
- D 不要在意结果

1 이 게임에서 수강생은 무엇을 해야 하는가?
- A 풍선이 공중에 떠오르게 하다
- B 풍선이 터지는 걸 피하다
- C 자신의 이름이 있는 풍선을 찾는다 (✓)
- D 팀원을 지휘해서 풍선을 빼앗는다

2 게임이 시작되자마자 현장의 상황은 어떠했는가?
- A 불평이 끊이질 않는다
- B 질서가 혼란하다 (✓)
- C 넘어진 사람이 있다
- D 격렬한 언쟁이 일어났다

3 이 글은 주로 우리에게 무엇을 알려주려 하는가?
- A 협력이 중요하다 (✓)
- B 규칙을 준수해야 한다
- C 다른 사람을 부정하지 마라
- D 결과에 연연하지 마라

해설

1 선택지를 보면 '气球'에 관한 이야기가 나올 확률이 높습니다. 녹음에서 '接下来他们需要在五分钟内找到写着自己名字的气球' 부분을 듣고, 선택지 C 找有自己名字的气球를 정답으로 골라 줍니다.

2 '碰撞', '推挤' 등의 내용이 '混乱'이라는 비슷한 단어로 바뀌어 출제되었습니다. 따라서 정답은 B 秩序混乱입니다. 이 문제는 단어가 어렵고 답도 그대로 읽어주지 않아 난이도가 있습니다.

3 깨우침을 주는 글은 녹음 마지막에 주제가 나옵니다. '只有…才能…' 구문이 자주 들리고, '只有' 뒤의 유일한 조건이 정답이 되는 경우가 많습니다. 마지막 문장의 '只有相互合作'에서 '合作'와 비슷한 단어인 '配合'가 선택지에 나왔으므로, 정답은 A 配合很重要입니다.

단어

◆ 气球 qìqiú 명 풍선 | 飘 piāo 동 (바람에) 흩날리다 | 避免 bìmiǎn 동 피하다 | 破 pò 동 (풍선이) 터지다 | 指挥 zhǐhuī 동 지휘하다 | 小组成员 xiǎozǔ chéngyuán 명 팀원, 조원 | 抢 qiǎng 동 빼앗다 | 抱怨 bàoyuàn 동 원망하다, 불평하다 | 秩序 zhìxù 명 질서 | 混乱 hùnluàn 형 혼란하다 | 摔倒 shuāidǎo 동 넘어지다 | 爆发 bàofā 동 폭발하다, 일어나다, 발발하다 | 激烈 jīliè 형 격렬하다, 치열하다 | 争吵 zhēngchǎo 동 말다툼하다, 언쟁하다 | 配合 pèihé 동 협력하다, 협조하다 | 遵守 zūnshǒu 동 준수하다 | 规则 guīzé 명 규칙 | 否定 fǒudìng 동 부정하다 | 在意 zàiyì 동 마음에 두다, 연연하다

◆ 培训会 péixùnhuì 명 강연회 | 主讲人 zhǔjiǎngrén 명 강연자 | 学员 xuéyuán 명 수강생 | 游戏 yóuxì 명 게임, 레크리에이션 | 打乱 dǎluàn 동 흩트리다 | 顺序 shùnxù 명 순서 | 接下来 jiēxiàlái 부 다음은, 이어서 | 疯狂 fēngkuáng 형 미치듯이 날뛰다 | 寻找 xúnzhǎo 동 찾다 | 碰撞 pèngzhuàng 동 부딪히다 | 推挤 tuījǐ 동 밀치고 붐비다 | 随便 suíbiàn 부 마음대로 | 递 dì 동 건네다, 넘겨주다 | 属于 shǔyú 동 ~에 속하다 | 处于 chǔyú 동 (어떤 상태·환경에) 처하다, 있다 | 集体 jítǐ 명 집단, 단체 | 优势 yōushì 명 우세, 강점 | 发挥 fāhuī 동 발휘하다

2 내공이 쌓이는 시간

HSK는 전 세계인에게 중국을 알리기 위한 시험이므로, 모든 영역의 지문에서 중국과 관련된 지문의 출제 비중이 높아지고 있습니다.

출제 포인트 1 성공 스토리는 대부분 해피엔딩으로 끝난다

3-11

인생철학을 다룬 이야기는 주인공이 처음에 시련을 겪지만, 그 시련을 이겨내는 과정을 거쳐 마지막에는 반드시 주인공이 잘되는 해피엔딩으로 전개된다. 이런 내용이 나오면 마지막 문제로 주제를 물어보는 경우가 많은데, 주제는 대부분 지문 마지막에서 총정리(总结)하여 나온다. 간혹 총정리 내용이 너무 어려워서 알아듣기 힘들다면, 녹음을 듣고 스스로 주제를 유추해야 한다.

在世界拳击手冠军争夺赛中，其中一位选手在前十几个回合一直处于劣势，被打得很惨。[1]观众都认为他输定了。连教练都在休息时问他要不要放弃。他回答："这样的问题，你应该在拳击赛结束后问我。"[2]在短暂的休息时间里，他不断地告诉自己：我是最强的，然后反复想象着对手被自己打倒的场面，台下观众为自己欢呼的情景。

奇迹在最后一个回合出现了，他又恢复了往日的气势，把对手打得倒地不起，获得了冠军。[3]许多成大事的人都会在内心想象自己成功的样子。想象的力量是巨大的，很多时候，人生会按照你想的样子来实现。

1 最初观众是怎么看他的？

答案：肯定会输

복싱 챔피언 결정전에서, 그중 한 선수가 앞선 열 몇 개의 라운드에서 계속 열세에 몰리며 처참하게 맞았다. [1]관중들은 모두 그가 진 거나 다름없다고 여겼다. 코치도 휴식할 때 그에게 포기할 건지 물었다. 그는 대답했다. "이런 문제는, 코치님이 복싱 경기가 끝난 후에 저한테 물어보셔야 해요." [2]짧은 휴식 시간에, 그는 '내가 제일 강하다'고 끊임없이 자신에게 말한 다음에, 상대가 자신에게 때려눕혀지는 장면과 무대 아래 관중들이 자신을 위해 환호하는 장면을 반복해서 상상하고 있었다.

기적은 마지막 라운드에서 나타났는데, 그는 다시 이전의 기세를 회복하여 상대를 바닥에 쓰러뜨려 일어날 수 없게 때렸고, 우승을 차지했다. [3]큰일을 이룬 수많은 사람들은 모두 마음속에 자신이 성공하는 모습을 상상한다. 상상의 힘은 거대해서, 많은 경우 인생은 당신이 생각하는 모습대로 실현될 수 있다.

1 처음에 관중들은 그를 어떻게 봤는가?

정답: 틀림없이 질 것이다

2 休息时他再三告诉自己什么? 答案：我最强	2 휴식할 때 그가 자신한테 거듭 말한 것은? 정답: 내가 제일 강하다
3 许多成大事的人是怎么做的? 答案：想象成功的情景	3 큰일을 이룬 수많은 사람들은 어떻게 했는가? 정답: 성공하는 장면을 상상한다

해설 문제를 분석하면, 1번 문제는 주인공의 시련 부분을, 2번 문제는 주인공이 성공하는 데 결정적인 역할을 했던 말을, 마지막 3번 문제는 주제를 묻고 있습니다. 이렇게 주인공의 성장 스토리를 담은 내용은 출제 유형이 이미 정해져 있습니다. 따라서 미리 알아두면 내용을 알아듣지 못하더라도 정답을 맞힐 확률이 높아집니다.

단어 拳击手冠军争夺赛 quánjīshǒu guànjūn zhēngduósài 복싱 챔피언 결정전 *争夺 동 쟁탈하다, 빼앗다 | 选手 xuǎnshǒu 명 선수 | 回合 huíhé 명 라운드 | 处于劣势 chǔyú lièshì 열세에 처하다(몰리다) | 惨 cǎn 형 처참하다 | 教练 jiàoliàn 명 코치 | 拳击赛 quánjīsài 복싱 경기 | 结束 jiéshù 동 끝나다 | 短暂 duǎnzàn 형 (시간이) 짧다 | 反复 fǎnfù 부 반복해서 | 对手 duìshǒu 명 상대, 적수 | 打倒 dǎdǎo 동 때려눕히다 | 欢呼 huānhū 동 환호하다 | 情景 qíngjǐng 명 (구체적인) 광경, 장면 | 奇迹 qíjì 명 기적 | 恢复 huīfù 동 회복하다 | 往日 wǎngrì 명 이전, 예전 | 气势 qìshì 명 기세 | 倒地 dǎodì 동 바닥에 쓰러지다 | 获得冠军 huòdé guànjūn 우승을 차지하다 | 力量 lìliang 명 역량, 힘 | 实现 shíxiàn 동 실현하다

출제 포인트 2 문제 해결은 항상 마지막 사람이나 마지막 방법에서 나온다

3-12

지문에 두 명의 사람이나 동식물이 등장하면 서로 완전히 상반된 모습을 보인다. 예를 들어, 한 명이 똑똑하면 다른 한 명은 멍청하고, 한 명이 부지런하면 다른 한 명은 게으른 사람이 등장한다. 한 명이 겸손하면 다른 한 명은 거만하고 잘난 체를 한다. 사람 대신 동식물이 나와도 마찬가지이다. 두 명의 사람이나 동식물이 나오면 주인공은 두 번째 사람이나 동식물일 때가 많지만, 때때로 첫 번째 사람이나 동식물이 주인공일 때도 있으니 참고한다.

Tip 세 명의 사람이 등장하여 어떤 문제를 해결할 때, 보통 앞에 두 명은 잘못된 방법을 제시하고, 맨 마지막 사람이 해결 방법을 말합니다. 이런 글의 마지막 문제에서 주제를 물어보면, 마지막 사람 또는 마지막에 제시된 방법에서 찾으면 됩니다.

甲乙两个猎人各猎得两只野兔回家，甲的妻子见后冷冷地说：“你一天就打两只野兔？真没用!”甲听后很不高兴，[1]第二天，他故意空着手回去，好让妻子知道打猎不是件容易的事。乙遇到的情形恰好相反。[2]妻子见他带回两只野兔，开心地说：“你一天竟然打了两只野兔，真了不起!”乙听了心中喜悦，心想：这不算什么，我还能打更多呢。结果第二天，他带了4只野兔回来，又美餐了一顿。

갑·을 두 사냥꾼이 산토끼 두 마리를 각각 사냥해서 집으로 돌아왔는데, 갑의 아내는 보고선 쌀쌀하게 말했다. “당신은 하루 내내 겨우 토끼 두 마리만 잡았어요? 정말 쓸모없네요!” 갑은 듣고나서 아주 언짢았다. [1]다음 날에 그는 일부러 빈손으로 돌아가서 아내가 사냥이 쉬운 일이 아님을 알게 했다. 을이 마주친 상황은 정반대였다. [2]아내는 그가 산토끼 두 마리를 가지고 돌아온 것을 보고선 기뻐하며 말했다. “당신은 하루에 놀랍게도 토끼를 두 마리나 잡았어요, 정말 대단해요!” 을이 듣고는 내심 기뻐하며 마음속으로 생각했다. 이건 아무것도 아니야. 난 아직 더 많이 잡을 수 있어. 그 결과 다음날, 그는 산토끼 네 마리를 가지고 돌아왔고, 또 한 끼를 잘 먹었다.

[3]两句不同的话，产生了两种不同的结果。

1 第二天甲是怎么做的？

答案：空手而归

2 乙回家后，妻子是什么反应？

答案：称赞他

3 这段话主要想告诉我们什么？

答案：要注意说话方式

[3]서로 다른 두 마디 말이, 서로 다른 두 가지 결과를 낳았다.

1 이튿날 갑은 어떻게 했는가?

정답: 빈손으로 돌아왔다

2 을이 집으로 돌아간 후, 아내는 어떤 반응을 보였는가?

정답: 그를 칭찬했다

3 이 이야기가 우리에게 주로 말하고자 하는 것은?

정답: 말하는 방식에 주의해야 한다

해설	지문은 '甲乙(갑·을)' 두 사람에 관한 이야기입니다. 첫 번째 문제에서는 '甲'에 관해 질문하고 있고, 두 번째 문제에서는 '乙'에 관해 묻고 있습니다. 마지막 문제에서는 주제를 물어봤는데, 총정리(总结) 문장인 마지막 문장(两句不同的话，产生了两种不同的结果。)에서 정답을 찾을 수 있습니다.
단어	猎人 lièrén 명 사냥꾼 | 猎 liè 동 사냥하다 | 野兔 yětù 명 산토끼 | 故意 gùyì 부 고의로, 일부러 | 空手 kōngshǒu 동 빈손이다 | A，好让B A, hǎoràng B A(행위)한 것은 B(목적)하기 위해서이다 | 打猎 dǎliè 동 사냥하다 | 情形 qíngxing 명 정황, 상황 | 恰好相反 qiàhǎo xiāngfǎn 정반대이다 | 竟然 jìngrán 부 뜻밖에도, 놀랍게도 | 了不起 liǎobuqǐ 형 굉장하다, 대단하다 | 喜悦 xǐyuè 형 기쁘다 | 不算什么 búsuàn shénme 아무것도 아니다 | 美餐一顿 měicān yí dùn 한 끼를 잘 먹다 | 空手而归 kōngshǒu ér guī 빈손으로 돌아오다 | 称赞 chēngzàn 동 칭찬하다

실력 확인하기 듣기 | 제2부분 서술형

5분 34초 | Day 20

녹음 속 단문을 듣고, 주어지는 2~3개의 질문에 알맞은 답을 고르세요. 3-13

1
A 避免弄脏
B 便于行动
C 看上去好看
D 不给别人看到

2
A 兔子没有尾巴
B 兔子不喜欢跑动
C 兔子尾巴都一样
D 放松时会伸直尾巴

3
A 很伤心
B 非常糟糕
C 心情一般
D 心情很好

4
A 责骂司机
B 投诉司机
C 不愿意付车费
D 付了更多的车费

5
A 不要绕路
B 珍惜生命
C 安全驾驶
D 不要吵架

6
A 休息
B 不工作
C 减去数字
D 只做和目标相关的事

7
A 回报率
B 难易度
C 个人爱好
D 时间长短

8
A 紧急的
B 简单的
C 最容易的
D 最讨厌的

정답 및 해설 ▶ 321쪽

독해 阅读

제3부분

문제 유형과 전략

독해 제3부분은 장문을 독해하여 문제에 알맞은 답을 고르는 영역으로, 71번에서 90번까지 총 20문제가 출제된다. 전체 5개의 지문 중에서 지문 1개당 4문제가 출제되며, 지문에 관련 그림이 함께 있다. 지문은 주로 지식을 전달하는 설명문과 깨우침을 주는 서사문(이야기 글)이 출제된다. 평균 3개 이상의 지문이 설명문으로, 설명문의 비중이 점차 높아지고 있다.

이렇게 풀어봐요

1. 대부분의 문제는 한 단락에 한 문제씩 순서대로 풀린다. 정답과 상관없는 문장이나 단락은 읽지 말고 과감하게 넘긴다.

2. 문제를 먼저 보되, 반드시 한 문제씩 푼다. 4문제를 한 번에 보면 제대로 기억하지 못해 시간만 낭비한다.

3. 의문사를 이용해서 묻는 구체적인 문제는 먼저 문제만 기억한 후, 지문에서 답이 있는 부분을 찾고 선택지(A·B·C·D)에서 정답을 찾는다.

4. '根据上文，下列哪项正确?' 혹은 '关于…，可以知道什么?'처럼 맞는 내용 혹은 틀린 내용을 묻는 문제는 선택지부터 미리 본다.

5. 속독과 어휘량이 매우 중요하다. 속독은 문제를 많이 푼다고 늘지 않는다. 반드시 학습한 지문을 10회 이상 정독해야 구조가 익숙해지고, 속독이 된다. 평소 '字'로 어휘를 익히고, 문맥과 '字'로 단어의 뜻을 유추하는 훈련을 해야 어휘량이 늘어난다.

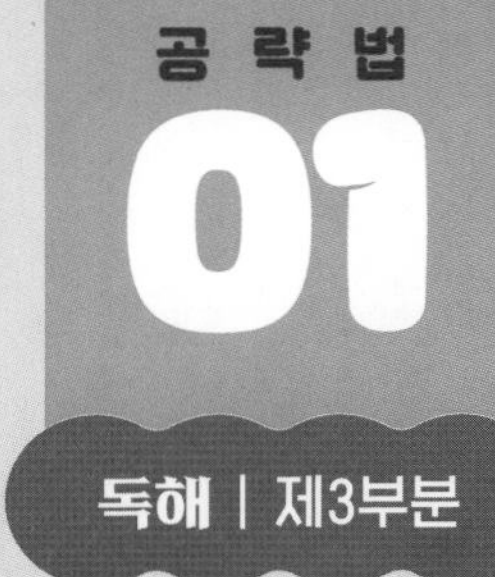

독해 | 제3부분

'문제→지문→선택지' 순서로 접근한다

독해 제3부분은 질문에 의문사를 포함해 구체적으로 질문하는 문제 유형이 가장 많이 출제됩니다. 이런 문제가 나오면 선택지를 미리 보지 말고 문제만 기억한 뒤, 지문을 속독하면서 문제가 나오는 부분을 찾아 정독합니다. 그리고 선택지를 보며 정답을 찾습니다.

1 문제가 보이는 시간

Tip 실제 시험은 4문제가 나오지만, 본 교재에서는 공략법 설명의 편의를 위해 2문제만 다룹니다.

4-01

예제

陶艺老师在开学的第一天宣布把全班同学分成两组，教室左边的同学根据作品的数量评分，教室右边的同学则根据作品的质量评分。他的办法非常简单：最后一节课他会带一个体重秤来，将"数量组"同学的作品过秤，陶罐重二十公斤的得"五分"，重十五公斤的得"四分"，以此类推；而根据质量评分的那组同学，如果想得"五分"，只需提交一个陶罐，但必须是一个完美的陶罐。

1 老师按照什么来给学生分组？

A 座位　　B 成绩
C 名字　　D 身高

2 质量组的同学怎样才能拿到高分？

A 做出很多作品　　B 写出好的论文
C 跟着老师认真学习　　D 做出完美的作品

해설

STEP 1-① 지문 읽기 ➡ STEP 1-②로 가기

陶艺老师在开学的第一天宣布把全班同学分成两组，教室左边的同学根据作品的数量评分，教室右边的同学则根据作品的质量评分。

1번 정답 힌트

문제의 힌트가 나올 때까지 속독합니다. '把全班同学分成两组' 부분에서 선생님이 두 조로 어떻게 나눌 것인지를 예상할 수 있습니다. 뒤이어 학생들의 자리가 교실의 왼쪽인지 오른쪽인지에 따라 점수를 매기는 방법이 다르다는 내용이 나오므로, 자리에 따라 학생들을 나누었음을 알 수 있습니다.

STEP 2-① 지문 이어 읽기 ➡ STEP 2-②로 가기

他的办法非常简单：最后一节课他会带一个体重秤来，将"数量组"同学的作品过秤，陶罐重二十公斤的得"五分"，重十五公斤的得 "四分"，以此类推；而根据质量评分的那组同学，如果想得"五分"，只需提交一个陶罐，但必须是一个完美的陶罐。

2번 정답 힌트

두 개의 조에서 '质量组'에 대한 문제를 물어봤으므로 해당 단어가 나올 때까지 속독합니다. 마지막 문장에서 '质量评分的那组同学'가 나왔으므로 답에 근접했음을 알 수 있습니다. '완벽한 도자기 항아리여야만 한다'고 했으므로 이와 유사한 정답 D를 골라 줍니다.

STEP 1 1번 문제만 읽기 ➡ STEP 1-①로 가기

1번 문제의 '学生分组'에 주목하여 지문을 읽어 봅니다. 선택지는 보지 않고 선생님이 무엇에 근거하여 학생들을 나누었는지 찾아야 합니다.

1 老师按照什么来给学生分组?

A 座位 B 成绩
C 名字 D 身高

STEP 1-② 정답 고르기

STEP 2 2번 문제만 읽기 ➡ STEP 2-①로 가기

2번 문제의 '质量组'와 '拿到高分'에 주목하여 지문을 읽습니다.

2 质量组的同学怎样才能拿到高分?

A 做出很多作品 B 写出好的论文
C 跟着老师认真学习 D 做出完美的作品

STEP 2-② 정답 고르기

정답 및 해석

陶艺老师在开学的第一天宣布把全班同学分成两组，教室左边的同学根据作品的数量评分，教室右边的同学则根据作品的质量评分。他的办法非常简单：最后一节课他会带一个体重秤来，将"数量组"同学的作品过秤，陶罐重二十公斤的得"五分"，重十五公

도자기 공예 선생님이 개학 첫날에 반 전체 학생을 두 조로 나누어 교실 왼쪽의 학생은 작품의 수량에 따라 점수를 매기고, 교실 오른쪽의 학생은 작품의 품질에 따라 점수를 매긴다고 발표했다. 그의 방법은 매우 간단하다. 마지막 수업 시간에 그는 체중계 하나를 가지고 와서 '수량조' 학생의 작품을 저울에 달 것이고, 도자기 항아리 무게가 20kg인 것은 '5점'을 얻고, 무게가 15kg인 것은 '4점'을

斤的得“四分”，以此类推；而根据质量评分的那组同学，如果想得“五分”，只需提交一个陶罐，但必须是一个完美的陶罐。

얻는데, 이처럼 유추해 나간다. 반면에, 품질에 따라 점수를 매기는 그 학생 조가 만약 '5점'을 얻고 싶다면, 도자기 항아리를 1개만 제출하면 되지만, 반드시 완벽한 도자기 항아리여야 한다.

1 老师按照什么来给学生分组？

A 座位 (✓)　B 成绩
C 名字　D 身高

1 선생님은 무엇에 따라 학생들을 그룹화하는가?

A 자리 (✓)　B 성적
C 이름　D 키

2 质量组的同学怎样才能拿到高分？

A 做出很多作品
B 写出好的论文
C 跟着老师认真学习
D 做出完美的作品 (✓)

2 품질 조의 학생들은 어떻게 해야만 높은 점수를 얻을 수 있는가?

A 많은 작품을 만든다
B 좋은 논문을 쓴다
C 선생님 따라 열심히 공부한다
D 완벽한 작품을 만든다 (✓)

◆ 陶艺 táoyì 명 도자기 공예 | 宣布 xuānbù 동 선포하다, 발표하다 | 全班 quánbān 명 반 전체 | 同学 tóngxué 명 학생, 학우 | 分成两组 fēnchéng liǎng zǔ 두 조로 나누다 *组 명 조, 그룹, 팀 | 根据 gēnjù 전 ~에 근거하여, ~에 따라 | 数量 shùliàng 명 수량 | 评分 píngfēn 동 점수를 매기다 | 质量 zhìliàng 명 품질, 질 | 最后一节课 zuìhòu yì jié kè 마지막 수업 시간 *节 양 시간[한 학과목의 수업시간을 셀 때 쓰임] | 带 dài 동 (몸에) 지니다, 가지다 | 体重秤 tǐzhòngchèng 명 체중계 | 过秤 guòchèng 동 저울에 달다 | 陶罐 táoguàn 명 도자기 항아리 | 重 zhòng 명 무게 | 公斤 gōngjīn 양 킬로그램(kg) | 类推 lèituī 동 유추하다 | 只需(要) zhǐ xū(yào) ~하기만 하면 된다 | 提交 tíjiāo 동 제출하다 | 必须 bìxū 부 반드시 ~해야 한다 | 完美 wánměi 형 완벽하다 | 按照 ànzhào 전 ~에 따라, ~대로 | 分组 fēnzǔ 동 조를 나누다 | 座位 zuòwèi 명 자리 | 身高 shēngāo 명 신장, 키 | 拿到高分 nádào gāofēn 높은 점수를 받다(=得到高分) | 论文 lùnwén 명 논문 | 跟着 gēnzhe 동 (뒤)따르다

2 내공이 쌓이는 시간

독해 제3부분 전체 20문제 중에서 밑줄 친 단어 혹은 성어를 물어보는 문제는 평균 1~2문제 출제됩니다. 밑줄 친 단어나 성어는 주로 주제와 관련된 단어나 성어를 물어보는 경우가 많으며, 대부분의 학생이 모를만한 단어나 성어를 출제합니다. 이런 유형의 문제는 문맥과 '字'로 유추해서 풀어야 하며, 문맥이 제일 중요합니다.

출제 포인트 1 단어를 묻는 문제 유형

到暑期了，在各大博物馆、纪念馆中讲述文物来历、名人故事的小小讲解员又"**上岗**"了。一批通过面试的小小讲解员聚集在中国科技馆的报告厅内接受培训，培训内容包括两方面：一是学习科技、历史、文化等多个学科的知识，二是接受礼仪、语言等专业技能的系统培训。

问：画线词语"上岗"最可能是什么意思？

A 喜欢去博物馆　　B 忽然接到命令

C 临时安排新的任务　　D 开始承担某项工作

해설

到暑期了，在各大博物馆、纪念馆中讲述文物来历、名人故事的小小讲解员(上岗의 주어)又"**上岗**"了。一批通过面试的小小讲解员(힌트)聚集在中国科技馆的报告厅内接受培训，培训内容包括两方面：一是学习科技、历史、文化等多个学科的知识，二是接受礼仪、语言等专业技能的系统培训。

지문에 밑줄 친 단어가 보인다면, 대부분 필수 어휘에서 벗어난 어휘입니다. 이때는 '字'로 유추해서 정답을 찾거나 앞뒤 문장을 보고 의미를 유추해야 합니다. '上岗'이라는 단어는 '근무하다'라는 뜻으로, '上班(출근하다)'과 유사합니다. 단어 하나하나의 의미를 생각해 보면, '上'은 '(어떤 곳으로) 가다'라는 뜻이 있고, '岗'은 명사로 '직장'이라는 뜻이 있습니다. '上岗' 앞뒤에 나오는 힌트를 통해 의미를 유추할 수도 있습니다. '上岗'의 주어는 '小小讲解员'이며, '上岗' 바로 뒤에 문장 '一批通过面试的小小讲解员'을 통해, '小小讲解员'은 면접을 통과한 해설자임을 알 수 있습니다. 따라서 '上岗'의 의미는 D 开始承担某项工作입니다.

到暑期了，在各大博物馆、纪念馆中讲述文物来历、名人故事的小小讲解员又"<u>上岗</u>"了。一批通过面试的小小讲解员聚集在中国科技馆的报告厅内接受培训，培训内容包括两方面：一是学习科技、历史、文化等多个学科的知识，二是接受礼仪、语言等专业技能的系统培训。

问：画线词语"上岗"最可能是什么意思？

A 喜欢去博物馆
B 忽然接到命令
C 临时安排新的任务
D 开始承担某项工作 (✓)

여름방학 기간이 되자 각 대형 박물관과 기념관에서 문화재 내력과 유명인 이야기를 설명해주는 어린 도슨트가 또 '**근무를 시작했다**'. 면접을 통과한 어린 도슨트들은 중국과학기술관 대회의실에 모여 연수 교육을 받는다. 연수 교육 내용은 두 가지 측면을 포함한다. 첫 번째는 과학기술, 역사, 문화 등 다양한 분야의 지식을 습득하는 것이고, 두 번째는 예절, 언어 등 전문 기술에 대한 체계적인 연수 교육을 받는 것이다.

질문: 밑줄 친 단어 '上岗'에 가장 가까운 의미는 무엇인가?

A 박물관에 가는 것을 좋아한다
B 갑자기 명령을 받았다
C 갑자기 새로운 임무를 배정하다
D 어떤 일을 맡기 시작하다 (✓)

◆ 暑期 shǔqī 명 여름 방학 기간 | 博物馆 bówùguǎn 명 박물관 | 纪念馆 jìniànguǎn 명 기념관 | 讲述 jiǎngshù 동 서술하다, 이야기하다 | 文物来历 wénwù láilì 문화재 내력 | 名人故事 míngrén gùshì 유명인 이야기 | 讲解员 jiǎngjiěyuán 명 해설자, 도슨트 [박물관이나 미술관 등에서 관람객에게 전시물을 설명하는 안내인] *讲解 동 해설하다, 설명하다 | 上岗 shànggǎng 동 근무하다, 일하다 | 画线 huà xiàn (밑)줄을 치다 | 词语 cíyǔ 명 단어 | 忽然 hūrán 부 갑자기 | 接到命令 jiēdào mìnglìng 명령을 받다 | 临时 línshí 부 때에 이르러, 갑자기 | 安排任务 ānpái rènwu 임무를 배정하다 | 承担 chéngdān 동 맡다, 책임지다

출제 포인트 2 성어를 묻는 문제 유형

皇甫绩心想：既然犯了错，表兄受罚，我也应当受罚。于是，皇甫绩就找到表兄们，求他们代替外公责打自己。表兄们一听，都笑了起来。而皇甫绩<u>一本正经</u>地说："你们都按规矩受罚了，我也不能例外。"表兄们见弟弟不像在开玩笑，便拿出戒尺打了皇甫绩。

问：文中画线的"一本正经"最可能是什么意思？

A 慌张不安
B 认真严肃
C 自私小气
D 幽默风趣

해설

皇甫绩心想：既然犯了错，表兄受罚，我也应当受罚。于是，皇甫绩就找到表兄们，求他们代替外公责打自己。表兄们一听，都笑了起来。而皇甫绩**一本正经**地说："你们都按规矩受罚了，我也不能例外。"表兄们见弟弟不像在开玩笑，便拿出戒尺打了皇甫绩。

성어를 물어보는 문제는 우리가 성어의 의미를 이미 알고 있으면 비교적 쉽게 선택할 수 있지만, 그렇지 않은 경우가 대부분입니다. 이때는 성어의 '字'를 유추하여 정답을 찾거나 앞뒤 문장을 보고 의미를 유추해야 합니다. 밑줄 친 부분의 문장 구조를 보면 '皇甫绩'가 '一本正经'하게 말했다고 하면서 '地' 부사구의 형태로 '说'를 꾸며주고 있습니다. 따라서 쌍점(:) 뒤에 말하는 내용이 앞 문장을 부연 설명하므로 중요합니다. 쌍점 뒤로 이어지는 '表兄们见弟弟不像在开玩笑'의 내용에서 '형들이 동생이 농담하는 것 같진 않다'고 이야기했으므로 정답은 B 认真严肃입니다.

정답 및 해석

皇甫绩心想：既然犯了错，表兄受罚，我也应当受罚。于是，皇甫绩就找到表兄们，求他们代替外公责打自己。表兄们一听，都笑了起来。而皇甫绩**一本正经**地说："你们都按规矩受罚了，我也不能例外。"表兄们见弟弟不像在开玩笑，便拿出戒尺打了皇甫绩。

问：文中画线的"一本正经"最可能是什么意思？

A 慌张不安
B 认真严肃 (✓)
C 自私小气
D 幽默风趣

황보적은 내심 생각했다. '이미 잘못을 저질렀고, 외사촌 형이 벌을 받았으니, 나도 벌을 받아야 한다.' 그래서 황보적은 외사촌 형들을 찾아가, 그들에게 외조부 대신 자신을 꾸짖고 때려 달라고 부탁했다. 외사촌 형들은 듣자마자 모두 웃기 시작했다. 그러나 황보적은 **진지하게** 말했다. "형님들은 모두 규칙에 따라 벌을 받았으니, 저도 예외일 수 없어요." 외사촌 형들은 동생이 농담하고 있는 것 같진 않아서 회초리를 꺼내 황보적을 때렸다.

질문: 글 속에서 밑줄 친 '一本正经'에 가장 가까운 의미는 무엇인가?

A 당황스럽고 불안하다
B 진지하고 엄숙하다 (✓)
C 이기적이고 소심하다
D 유머러스하다

◆ 皇甫绩 Huángfǔ Jì 고유 황보적[중국 수(隋)나라의 대신] | 既然 jìrán 접 이왕 ~했으니까 | 犯错 fàncuò 동 잘못을 저지르다 | 受罚 shòufá 동 벌을 받다 | 求 qiú 동 부탁하다, 간청하다 | 代替 dàitì 동 대신하다 | 责打 zédǎ 동 꾸짖고 때리다 | 一本正经 yìběnzhèngjīng 동 진지하다, 엄숙하다 | 例外 lìwài 동 예외이다, 예외로 하다 | 开玩笑 kāi wánxiào 농담을 하다 | 拿出戒尺 náchū jièchǐ 회초리를 꺼내다 *戒尺 명 회초리 | 慌张不安 huāngzhāng bù'ān 당황스럽고 불안하다 | 认真严肃 rènzhēn yánsù 진지하고 엄숙하다 | 自私小气 zìsī xiǎoqì 이기적이고 소심하다 | 幽默 yōumò 형 유머러스하다 | 风趣 fēngqù 형 유머러스하다, 재미있다

공략법 02

O·X 문제는 이렇게 푼다

독해 | 제3부분

두 번째로 많이 보이는 문제는 맞는지(O), 틀렸는지(X)를 묻는 유형입니다. 대부분 무엇이 맞는지를 물어보는 문제가 많으며, 무엇이 틀렸는지를 묻는 문제는 전체 20문제 중에 1~2문제 나옵니다. 보통 단락을 근거로 무엇이 맞는지를 물어보거나(根据第2段，可以知道:), 키워드를 가지고 무엇이 맞는지를 물어보거나(关于植物的芳香油，可以知道什么?), 전체 글을 근거로 무엇이 맞는지를 물어보는(根据上文，我们可以知道什么?) 유형으로 출제됩니다.

1 문제가 보이는 시간

4-02

예제

如果你是一个心细的人，就会感觉到，雨后的空气会突然变得比较清新，但在不同的地方，清新程度有区别。

在一些工业城市，由于空气中存在大量的工业废气，在那里形成的雨水常常会呈一定的酸性。当这样的雨水与城市地面上的化学物质接触时，就会发生化学反应，并释放出一些不好闻的气味。而且酸雨还会渗入土壤里，与土壤里的一些工业废弃物发生反应，从而使空气的气味更加难闻。这种气味在旱季结束后的第一场雨后最为强烈。不过经过多场雨后，地面上的污浊物质会被稀释，无法与雨水发生大范围的化学反应，而且降雨会将空气中的悬浮物带走，所以空气会变得越来越清新。

相比之下，绿化面积较大的城郊或人口并不密集的乡镇，雨后的空气更加清新宜人。原来，许多植物在干旱时会储存油分。下雨时，这些油分中的芳香油会释放到空气中，散发出淡淡的清香，让人们感到舒适、畅快。

1 根据第2段，可以知道：

A 空气污染很难治理　　B 城市土壤不适宜种植

C 雨后空中悬浮物会增多　　D 工业城市雨水多呈酸性

2 关于植物的芳香油，可以知道什么？

A 无法提取出来　　B 可用作食用油

C 雨天会释放到空气中　　D 储存在植物的叶子中

해설

STEP 1-① 지문 읽기

如果你是一个心细的人，就会感觉到，雨后的空气会突然变得比较清新，但在不同的地方，清新程度有区别。

在一些工业城市，由于空气中存在大量的工业废气，在那里形成的雨水常常会呈一定的酸性。

1번 정답 힌트

지문의 주제나 전체 흐름을 예측하기 위해 첫 번째 단락부터 읽어 줍니다. 첫 번째 단락은 장소에 따라 공기의 신선한 정도가 다르다는 명제를 언급했고, 두 번째 단락은 공업 도시에서 비가 내린 후에 공기가 신선해지는 과정을 설명하며, 그곳의 빗물은 산성을 띤다고 했습니다. 따라서 정답은 D工业城市雨水多呈酸性입니다.

STEP 2-① 지문 이어 읽기

当这样的雨水与城市地面上的化学物质接触时，就会发生化学反应，并释放出一些不好闻的气味。而且酸雨还会渗入土壤里，与土壤里的一些工业废弃物发生反应，从而使空气的气味更加难闻。这种气味在旱季结束后的第一场雨后最为强烈。不过经过多场雨后，地面上的污浊物质会被稀释，无法与雨水发生大范围的化学反应，而且降雨会将空气中的悬浮物带走，所以空气会变得越来越清新。

相比之下，绿化面积较大的城郊或人口并不密集的乡镇，雨后的空气更加清新宜人。原来，许多植物在干旱时会储存油分。下雨时，这些油分中的芳香油会释放到空气中，散发出淡淡的 清香，让人们感到舒适、畅快。

1번 정답 힌트

위의 문장에서 처음으로 '芳香油'가 등장했고, '释放到空气中'이라 했으므로 정답은 C 雨天会释放到空气中입니다.

STEP 1 1번 문제와 선택지 읽기

1번 문제는 두 번째 단락을 근거로 알 수 있는 내용을 묻고 있습니다. 이런 문제는 선택지를 먼저 읽은 후 지문에서 해당 내용을 찾아야 합니다. 만약 내공이 약한 학생이라면, 두 번째 단락을 절반 정도 먼저 읽고 나서 선택지의 정답을 찾도록 합니다. 정답이 나왔다면 단락의 나머지 부분은 읽지 않은 채로 다음 문제를 보고, 정답이 나오지 않는다면 두 번째 단락을 끝까지 읽은 후에 정답을 찾아야 합니다.

1 根据第2段，可以知道：

A 空气污染很难治理　　B 城市土壤不适宜种植

C 雨后空中悬浮物会增多　　D 工业城市雨水多呈酸性

STEP 1-② 정답 고르기

STEP 2 2번 문제만 읽기

'植物的芳香油'를 주목하며 지문을 읽습니다. 지문을 빠르게 읽으면서 '芳香油'를 찾습니다.

2 关于植物的芳香油，可以知道什么?

A 无法提取出来　　B 可用作食用油

C 雨天会释放到空气中　　D 储存在植物的叶子中

STEP 2-② 정답 고르기

如果你是一个心细的人，就会感觉到，雨后的空气会突然变得比较清新，但在不同的地方，清新程度有区别。

在一些工业城市，由于空气中存在大量的工业废气，在那里形成的雨水常常会呈一定的酸性。当这样的雨水与城市地面上的化学物质接触时，就会发生化学反应，并释放出一些不好闻的气味。而且酸雨还会渗入土壤里，与土壤里的一些工业废弃物发生反应，从而使空气的气味更加难闻。这种气味在旱季结束后的第一场雨后最为强烈。不过经过多场雨后，地面上的污浊物质会被稀释，无法与雨水发生大范围的化学反应，而且降雨会将空气中的悬浮物带走，所以空气会变得越来越清新。

相比之下，绿化面积较大的城郊或人口并不密集的乡镇，雨后的空气更加清新宜人。原来，许多植物在干旱时会储存油分。下雨时，这些油分中的芳香油会释放到空气中，散发出淡淡的清香，让人们感到舒适、畅快。

만약 당신이 세심한 사람이라면, 비가 내린 후의 공기가 갑자기 비교적 신선해지는 것을 느낄 것이다. 하지만 서로 다른 지역에서는 신선한 정도에 차이가 있다.

일부 공업도시에선 공기 속에 대량의 공업 폐기 가스가 있어서, 그곳에서 형성된 빗물은 항상 어느 정도 산성을 띤다. 이런 빗물이 도시 지면 위의 화학 물질과 접촉할 땐, 화학 반응이 일어나고 아울러 좋지 않은 냄새를 방출한다. 게다가 산성비가 토양 속으로도 스며들어 토양 속의 일부 공업 폐기물과 반응이 일어나고, 따라서 공기의 냄새가 더욱 고약하게 만든다. 이런 냄새는 건기가 끝난 후 첫 번째 비가 내린 후에 가장 강렬하다. 하지만 여러 차례의 비가 내린 후에는 지면의 더러운 물질이 희석되어 빗물과 넓은 범위의 화학 반응이 일어날 수 없고, 게다가 강우는 공기 속의 부유물을 가지고 가서 공기는 갈수록 신선해진다.

이에 비하면 녹화 면적이 비교적 큰 변두리 혹은 인구가 결코 밀집되어 있지 않은 소도시에서는 비가 내린 후의 공기가 더욱 신선하고 좋다. 알고 보니, 수많은 식물이 가뭄 때 유분을 저장한다. 비가 올 때, 이런 유분 속의 방향유가 공기 속에 방출되고, 옅은 맑은 향기를 발산하여 사람들이 편안함과 상쾌함을 느끼게 한다.

1 根据第2段，可以知道：
- A 空气污染很难治理
- B 城市土壤不适宜种植
- C 雨后空中悬浮物会增多
- D 工业城市雨水多呈酸性 (✓)

2 关于植物的芳香油，可以知道什么？
- A 无法提取出来
- B 可用作食用油
- C 雨天会释放到空气中 (✓)
- D 储存在植物的叶子中

1 두 번째 단락에 근거하여 알 수 있는 것은
- A 공기 오염은 다스리기 어렵다
- B 도시의 토양은 재배하기에 적합하지 않다
- C 비가 내린 후에는 공중 부유물이 증가한다
- D 공업 도시의 빗물은 대부분 산성을 띤다 (✓)

2 식물의 방향유에 관하여 알 수 있는 것은 무엇인가?
- A 추출할 방법이 없다
- B 식용유로 사용할 수 있다
- C 비 오는 날에 공기 속에 방출된다 (✓)
- D 식물의 잎 속에 저장된다

◆ 心细 xīnxì 형 세심하다 | 空气 kōngqì 명 공기 | 突然 tūrán 부 갑자기 | 清新 qīngxīn 형 신선하다, 맑다 | 程度 chéngdù 명 정도 | 区别 qūbié 명 구별, 차이

◆ 工业城市 gōngyè chéngshì 공업 도시 | 存在 cúnzài 동 존재하다, 있다 | 大量 dàliàng 형 대량의, 많은 양의 | 废气 fèiqì 명 폐기 가스 | 形成 xíngchéng 동 형성되다 | 呈 chéng 동 (어떤 상태나 모양을) 띠다 | 酸性 suānxìng 명 산성

| 化学物质 huàxué wùzhì 화학 물질 | 接触 jiēchù 동 접촉하다 | 发生 fāshēng 동 (반응이) 일어나다 | 化学反应 huàxué fǎnyìng 화학 반응 | 释放 shìfàng 동 방출하다, 내보내다 | 不好闻 bù hǎowén (냄새가) 좋지 않다 *闻 동 (냄새를) 맡다 | 气味 qìwèi 명 냄새 | 酸雨 suānyǔ 명 산성비 | 渗入 shènrù 동 스며들다 | 土壤 tǔrǎng 명 토양 | 废弃物 fèiqìwù 명 폐기물 | 从而 cóng'ér 접 따라서, ~함으로써 | 难闻 nánwén 형 (냄새가) 고약하다 | 旱季 hànjì 명 건기 [1년 중 강수량이 가장 적은 기간 혹은 계절] | 结束 jiéshù 동 끝나다 | 最为 zuìwéi 부 가장, 제일 | 强烈 qiángliè 형 강렬하다 | 接下来 jiēxiàlái 다음으로, 이어서 | 污浊 wūzhuó 형 (공기·물 등이) 더럽다 | 稀释 xīshì 동 (농도를) 희석하다, 묽게 하다 | 大范围 dàfànwéi 넓은 범위 | 降雨 jiàngyǔ 명 강우, 내린 비 | 悬浮物 xuánfúwù 명 부유물 *悬浮 동 (공중에) 떠다니다 | 带走 dàizǒu 동 가지고 가다

◆ 相比之下 xiāngbǐ zhī xià 그것과 비교하면, 이에 비하면 | 绿化面积 lǜhuà miànjī 녹화 면적(녹화: 산이나 들 따위에 나무나 화초를 심어 푸르게 함) | 城郊 chéngjiāo 명 (도시의) 변두리 | 人口密集 rénkǒu mìjí 인구가 밀집되어 있다 | 乡镇 xiāngzhèn 명 소도시 | 宜人 yírén 동 (기후나 온도가) 편안하다, 좋다 | 原来 yuánlái 부 알고 보니 | 植物 zhíwù 명 식물 | 干旱 gānhàn 형 가물다 | 储存油分 chǔcún yóufèn 유분을 저장하다 *油分 명 유분, 기름기 | 芳香油 fāngxiāngyóu 명 방향유[식물의 잎·줄기·열매·꽃·뿌리 따위에서 채취한 방향을 풍기는 기름의 총칭] | 散发 sànfā 동 발산하다, 내뿜다 | 淡淡 dàndàn 형 (향기가) 옅다 | 清香 qīngxiāng 명 맑은 향기 | 舒适 shūshì 형 마음이 편하다, 쾌적하다 | 畅快 chàngkuài 형 상쾌하다, 기분이 좋다

◆ 空气污染 kōngqì wūrǎn 공기 오염 | 治理 zhìlǐ 동 다스리다, 관리하다 | 适宜 shìyí 형 적합하다 | 种植 zhòngzhí 동 재배하다 | 增多 zēngduō 동 많아지다, 증가하다 | 提取 tíqǔ 동 추출하다, 뽑아내다 | 用作 yòng zuò ~로 쓰다 | 食用油 shíyòngyóu 명 식용유 | 叶子 yèzi 명 잎

2 내공이 쌓이는 시간

독해 제3부분은 대부분 문제가 순서대로 풀리지만, 전체 5개 지문 중에서 1~2개의 지문은 문제가 순서대로 풀리지 않을 때도 있습니다. 이럴 때는 어떻게 접근해야 하는지 알아보도록 합니다.

출제 포인트 문제가 순서대로 풀리지 않는 유형

在南极，给人印象最深的动物自然是企鹅。而在北极，令人肃然起敬的却并非北极熊，而是北极燕鸥。

北极燕鸥体态优美，其长嘴和双脚都是鲜红色，就像是用红玉雕刻出来的；头顶是黑色的，像戴着一项呢绒帽子；背部的羽毛是灰白色的，从上面看下去，与大海融为一体，不会轻易被天敌发现；而腹部的羽毛都是黑色的，海里的鱼从下面望上去，也很难发现它们的踪迹。可以说，北极燕鸥美丽的外形正是大自然巧妙雕琢的结果。

北极燕鸥可以说是鸟中之王，它们在北极繁殖，但却要到南极去越冬，它们每年在两极之间往返，飞行数万公里。要知道，飞机要在两极之间往返一次，也绝非一件容易的事。北极燕鸥总是在两极的夏天中度日，而两极夏天的太阳是不落的。所以，它们是地球上唯一一种永远生活在光明中的生物。不仅如此，它们还有非常顽强的生命力。1970年，人们发现了一只腿上套环的北极燕鸥，那个环竟然是1936年套上去的。也就是说，这只北极燕鸥至少已经活了34年，它至少已经飞行了150多万公里。

北极燕鸥不仅有非凡的飞行能力，而且争强好斗，勇猛无比。虽然它们内部邻里之间经常争吵不休，但一旦遇到外敌入侵，则立刻不计前嫌，一致对外。实际上，它们经常聚集在一起，就是为了集体防御。有人曾经看到过这样一个惊心动魄的场面：一头北极熊悄悄地逼近北极燕鸥的聚居地。争吵中的北极燕鸥发现了北极熊后，立刻安静了下来，然后高高飞起，轮番攻击北极熊。北极熊虽然凶猛，却无力还手，只好灰溜溜地逃跑了。

1 下列哪项是北极燕鸥的外形特征？

A 眼睛又大又圆　　B 脚部是红色的

C 头顶有灰色羽毛　　D 背部羽毛呈黑色

2 北极燕鸥为什么常常聚在一起？

A 为了取暖　　B 便于分配食物

C 为了共同抗敌　　D 便于照顾幼年燕鸥

3 根据第3段，可以知道：

A 南极天气更寒冷　　B 北极燕鸥善于飞行

C 北极燕鸥从不迷路　　D 鸟类的平均寿命较短

4 根据上文，可以知道什么？

A 北极燕鸥极少争吵　　B 北极燕鸥数量逐年减少

C 北极燕鸥每年往返于两极间　　D 北极熊能与北极燕鸥友好相处

해설

STEP 1-① 지문 읽기

在南极，给人印象最深的动物自然是企鹅。而在北极，令人肃然起敬的却并非北极熊，而是北极燕鸥。

쌍반점(;)을 기준으로 '北极燕鸥'의 부위별 색깔과 특징이라는 대략적인 흐름만 파악합니다.

北极燕鸥体态优美，其长嘴和双脚都是鲜红色，就像是用红玉雕刻出来的；头顶是黑色的， 像戴着一项呢绒帽子；背部的羽毛是灰白色的，从上面看下去，与大海融为一体，不会轻易被天敌发现；而腹部的羽毛都是黑色的，海里的鱼从下面望上去，也很难发现它们的踪迹。可以说，北极燕鸥美丽的外形正是大自然巧妙雕琢的结果。

1번 정답 힌트 지문은 극지방의 동물을 대조하며 '北极燕鸥'의 외형적 특징을 구체적으로 설명하고 있습니다. '其长嘴和双脚都是鲜红色'을 읽고 바로 1번 문제의 답을 골라 줍니다. 절대 문장을 끝까지 읽으려고 하면 안 됩니다.

STEP 2-① ~ STEP 3-① 지문 이어 읽기

北极燕鸥可以说是鸟中之王，它们在北极繁殖，但却要到南极去越冬，它们每年在两极之间往返，飞行数万公里。要知道，飞机要在两极之间往返一次，也绝非一件容易的事。北极燕鸥总是在两极的夏天中度日，而两极夏天的太阳是不落的。

3번, 4번 정답 힌트 비행을 잘한다고 설명하고 있으므로 3번 문제의 선택지 B 北极燕鸥善于飞行을 정답으로 골라줍니다. 정답을 골랐다면 나머지 선택지가 틀린 것을 굳이 확인할 필요가 없습니다.

所以，它们是地球上唯一一种永远生活在光明中的生物。不仅如此，它们还有非常顽强的生命力。1970年，人们发现了一只腿上套环的北极燕鸥，那个环竟然是1936年套上去的。也就是说，这只北极燕鸥至少已经活了34年，它至少已经飞行了150多万公里。

STEP 5-① 지문 이어 읽기

北极燕鸥不仅有非凡的飞行能力，而且争强好斗，勇猛无比。虽然它们内部邻里之间经常争吵不休，但一旦遇到外敌入侵，则立刻不计前嫌，一致对外。实际上，它们经常聚集在一起，就是为了集体防御。

2번 정답 힌트 마지막 단락에서 2번 문제의 정답을 찾아봅니다. 2번 문제의 키워드인 '常常聚在一起'를 발견했다면, 앞뒤 문장에서 정답을 찾습니다. 극제비갈매기가 함께 모여 있는 이유는 바로 집단으로 방어하기 위함이라고 언급했습니다. 2번 문제로 돌아가 정답을 골라 줍니다.

有人曾经看到过这样一个惊心动魄的场面：一头北极熊悄悄地逼近北极燕鸥的聚居地。争吵中的北极燕鸥发现了北极熊后，立刻安静了下来，然后高高飞起，轮番攻击北极熊。北极熊虽然凶猛，却无力还手，只好灰溜溜地逃跑了。

STEP 1 1번 문제만 읽기

1번 문제는 '北极燕鸥'의 '外形特征'에 주목하며 지문을 읽습니다.

1 下列哪项是北极燕鸥的外形特征？

A 眼睛又大又圆　　B✓ 脚部是红色的
C 头顶有灰色羽毛　　D 背部羽毛呈黑色

STEP 1-② 정답 고르기

STEP 2 2번 문제만 읽기

'常常聚在一起'에 주목하며 지문을 읽습니다. 그런데 세 번째 단락을 다 읽었는데도 2번 문제의 정답이 보이지 않는다면 3번 문제를 함께 봅니다.

2 北极燕鸥为什么常常聚在一起？

A 为了取暖　　B 便于分配食物
C✓ 为了共同抗敌　　D 便于照顾幼年燕鸥

STEP 5 정답 고르기

2번 문제는 난이도가 상당히 높습니다. 지문의 '防御'라는 6급 어휘도 유추해야 하고, 선택지 C의 '抗敌'라는 단어도 필수 어휘가 아니기 때문입니다. 이럴 때는 나머지 선택지인 A・B・D를 제거하는 방법도 있습니다.

STEP 3 3번 문제와 선택지 먼저 읽기

세 번째 단락에 근거해 맞는 내용을 고르는 문제입니다. 이런 문제는 선택지를 먼저 읽은 후, 세 번째 단락 안에서 정답을 찾아야 합니다

3 根据第3段，可以知道：

A 南极天气更寒冷　　B✓ 北极燕鸥善于飞行
C 北极燕鸥从不迷路　　D 鸟类的平均寿命较短

STEP 3-② 정답 고르기

STEP 4 4번 문제와 선택지 읽기

4번 문제는 지문에서 알 수 있는 내용을 고르는 문제입니다. 이런 문제는 선택지를 먼저 읽고 정답을 찾아야 합니다. 선택지를 보면, 3번 문제의 정답 힌트인 '它们每年在两极之间往返，飞行数万公里'를 통해 C 北极燕鸥每年往返于两极间가 정답임을 알 수 있습니다. 사실 이 문제는 전체 내용이 어려워서 3번 문제와 4번 문제를 일부러 한 번에 풀 수 있도록 출제했습니다. 보통은 단락별로 1문제씩 출제하는 것이 원칙입니다.

4 根据上文，可以知道什么？

A 北极燕鸥极少争吵　　B 北极燕鸥数量逐年减少
C✓ 北极燕鸥每年往返于两极间　　D 北极熊能与北极燕鸥友好相处

STEP 4-① 정답 고르기

在南极，给人印象最深的动物自然是企鹅。而在北极，令人肃然起敬的却并非北极熊，而是北极燕鸥。

北极燕鸥体态优美，其长嘴和双脚都是鲜红色，就像是用红玉雕刻出来的；头顶是黑色的，像戴着一项呢绒帽子；背部的羽毛是灰白色的，从上面看下去，与大海融为一体，不会轻易被天敌发现；而腹部的羽毛都是黑色的，海里的鱼从下面望上去，也很难发现它们的踪迹。可以说，北极燕鸥美丽的外形正是大自然巧妙雕琢的结果。

北极燕鸥可以说是鸟中之王，它们在北极繁殖，但却要到南极去越冬，它们每年在两极之间往返，飞行数万公里。要知道，飞机要在两极之间往返一次，也绝非一件容易的事。北极燕鸥总是在两极的夏天中度日，而两极夏天的太阳是不落的。所以，它们是地球上唯一一种永远生活在光明中的生物。不仅如此，它们还有非常顽强的生命力。1970年，人们发现了一只腿上套环的北极燕鸥，那个环竟然是1936年套上去的。也就是说，这只北极燕鸥至少已经活了34年，它至少已经飞行了150多万公里。

北极燕鸥不仅有非凡的飞行能力，而且争强好斗，勇猛无比。虽然它们内部邻里之间经常争吵不休，但一旦遇到外敌入侵，则立刻不计前嫌，一致对外。实际上，它们经常聚集在一起，就是为了集体防御。有人曾经看到过这样一个惊心动魄的场面：一头北极熊悄悄地逼近北极燕鸥的聚居地。争吵中的北极燕鸥发现了北极熊后，立刻安静了下来，然后高高飞起，轮番攻击北极熊。北极熊虽然凶猛，却无力还手，只好灰溜溜地逃跑了。

남극에서 사람에게 주는 인상이 가장 깊은 동물은 당연히 펭귄이다. 그러나 북극에서 사람들에게 숙연한 마음에 들게 하는 것은 결코 북극곰이 아닌, 극제비갈매기이다.

극제비갈매기는 자태가 아름답고, 그 긴 부리와 두 발은 모두 선홍색인데 마치 홍옥으로 조각한 것 같다. 정수리는 검은색으로 마치 모직물 모자를 쓰고 있는 것 같다. 등 부위의 깃털은 회백색이라 위에서 내려다보면 바다와 어울려 하나가 되어, 쉽사리 천적한테 발견되지 않는다. 그리고 복부의 깃털은 모두 검은색이라서 바닷속 물고기가 아래에서 위를 바라봐도 그것들의 종적을 발견하기 어렵다. 극제비갈매기의 아름다운 외형은 바로 대자연이 절묘하게 조각한 결과라고 말할 수 있다.

극제비갈매기는 새 중의 왕이라고 말할 수 있는데 그것들은 북극에서 번식하지만, 남극으로 가서 겨울을 난다. 그것들은 매년 양극 사이를 오가며 수만 킬로미터를 비행한다. 비행기가 양극 사이를 한번 오가려 하는 것도 결코 쉬운 일이 아니란 걸 알아야 한다. 극제비갈매기는 늘 양극의 여름을 보내는데, 양극 여름의 해는 지지 않는다. 그래서 그것들은 영원히 광명 속에서 사는 지구상의 유일한 생물이다. 이 뿐만 아니라 그것들은 또한 매우 강한 생명력을 가지고 있다. 1970년에 사람들은 다리에 고리가 씌워진 극제비갈매기 한 마리를 발견했는데 그 고리는 뜻밖에도 1936년에 씌운 것이었다. 다시 말하자면, 이 극제비갈매기는 최소한 이미 34년을 살았고, 그것은 최소한 이미 150여만 킬로미터를 비행했다는 것이다.

극제비갈매기는 비범한 비행 능력이 있을 뿐만 아니라, 승부욕이 강하고 싸우기 좋아하며 용맹무쌍하다. 비록 그것들 내부 이웃 사이에선 자주 싸움이 그치지 않지만, 일단 외적의 침입을 마주치기만 하면 즉시 이전의 앙금을 따지지 않고 함께 대처한다. 사실상, 그것들은 자주 함께 모여 있는데 바로 집단 방어를 하기 위해서이다. 누군가는 일찍이 가슴이 조마조마 한 장면을 본 적이 있다. 북극곰 한 마리가 극제비갈매기의 집단 서식지에 조용히 접근했다. 싸우던 극제비갈매기는 북극곰을 발견한 후에 즉시 조용해졌고, 그런 후에 높이 날아올라 교대로 북극곰을 공격했다. 북극곰은 비록 사납지만 반격할 힘이 없었고, 할 수 없이 주눅이 들어 도망쳤다.

1 下列哪项是北极燕鸥的外形特征？
A 眼睛又大又圆
B 脚部是红色的（✓）
C 头顶有灰色羽毛
D 背部羽毛呈黑色

2 北极燕鸥为什么常常聚在一起？
A 为了取暖
B 便于分配食物
C 为了共同抗敌（✓）
D 便于照顾幼年燕鸥

3 根据第3段，可以知道：
A 南极天气更寒冷
B 北极燕鸥善于飞行（✓）
C 北极燕鸥从不迷路
D 鸟类的平均寿命较短

4 根据上文，可以知道什么？
A 北极燕鸥极少争吵
B 北极燕鸥数量逐年减少
C 北极燕鸥每年往返于两极间（✓）
D 北极熊能与北极燕鸥友好相处

1 다음 중 극제비갈매기의 외형적 특징은?
A 눈이 크고 둥글다
B 발 부분은 붉은색이다 (✓)
C 정수리에 회색 깃털이 있다
D 등 부위 깃털은 검은색을 띤다

2 극제비갈매기는 왜 자주 한데 모이는가?
A 온기를 받기 위해서
B 먹이를 분배하기 쉽다
C 함께 적에 대항하기 위해서 (✓)
D 어린 극제비갈매기를 돌보기 쉽다

3 3번째 단락에 근거하여 알 수 있는 것은
A 남극 날씨는 더욱 춥다
B 극제비갈매기는 비행을 잘한다 (✓)
C 극제비갈매기는 지금껏 길을 잃어본 적이 없다
D 조류의 평균 수명은 비교적 짧다

4 윗글에 근거하여 무엇을 알 수 있는가?
A 극제비갈매기는 거의 싸우지 않는다
B 극제비갈매기는 수량이 해마다 감소한다
C 극제비갈매기는 매년 양극 사이에서 오간다 (✓)
D 북극곰은 극제비갈매기와 사이좋게 지낼 수 있다

- 南极 nánjí 명 남극 | 印象 yìnxiàng 명 인상 | 动物 dòngwù 명 동물 | 自然 zìrán 형 당연하다, 자연의, 천연의 | 企鹅 qǐ'é 명 펭귄 | 北极 běijí 명 북극 | 肃然起敬 sùránqǐjìng 성 숙연한 마음이 들다 | 北极熊 běijíxióng 명 북극곰

- 北极燕鸥 Běijí yàn'ōu 고유 극제비갈매기[새 이름] | 体态优美 tǐtài yōuměi 자태가 아름답다 | 长嘴 cháng zuǐ 긴 부리 | 双脚 shuāng jiǎo 두 발 | 鲜红色 xiānhóngsè 명 선홍색 | 红玉 hóngyù 명 (사과 품종의 하나인) 홍옥 | 雕刻 diāokè 동 조각하다 | 头顶 tóudǐng 명 머리 꼭대기, 정수리 | 黑色 hēisè 명 검은색 | 戴 dài 동 착용하다, 쓰다 | 项 xiàng 양 모자를 셀 때 쓰임 | 呢绒 níróng 명 모직물의 총칭 | 帽子 màozi 명 모자 | 背部 bèibù 명 등 부위 | 羽毛 yǔmáo 명 깃털 | 灰白色 huībáisè 명 회백색 | 融为一体 róngwéiyìtǐ 어울려 하나가 되다 | 轻易 qīngyì 부 함부로, 쉽사리 | 天敌 tiāndí 명 천적 | 发现 fāxiàn 동 발견하다, 알아차리다 | 腹部 fùbù 명 복부 | 望 wàng 동 (멀리) 바라보다, 조망하다 | 踪迹 zōngjì 명 종적 | 美丽 měilì 형 아름답다 | 外形 wàixíng 명 외형 | 巧妙 qiǎomiào 형 절묘하다 | 雕琢 diāozhuó 동 조각하다 | 结果 jiéguǒ 명 결과

- 鸟中之王 niǎo zhōng zhī wáng 새 중의 왕 | 繁殖 fánzhí 동 번식하다 | 越冬 yuèdōng 동 월동하다, 겨울을 나다 | 两极 liǎngjí 고유 양극[지구의 남극과 북극을 가리킴] | 往返 wǎngfǎn 동 왕복하다, 오가다 | 飞行 fēixíng 동 비행하다 | 公里 gōnglǐ 양 킬로미터(km) | 飞机 fēijī 명 비행기 | 绝非 juéfēi 동 절대로 ~이 아니다 | 度日 dùrì 동 (나날을) 보내다, 지내다 | 太阳 tàiyáng 명 태양, 해 | 落 luò 동 떨어지다, 지다 | 地球 dìqiú 명 지구 | 唯一 wéiyī 형 유일한 | 永远 yǒngyuǎn 부 영원히 | 光明 guāngmíng 명 광명, 빛 | 不仅如此 bùjǐn rúcǐ 이러할 뿐만 아니라 | 顽强 wánqiáng 형 완강하다, 강인하다 | 生命力 shēngmìnglì 명 생명력 | 腿 tuǐ 명 다리 | 套 tào 동 (올가미 따위로) 씌우다, 홀치다 | 环

huán 명 고리, 고리 모양의 둥근 물건 | 竟然 jìngrán 부 뜻밖에도, 의외로 | 也就是说 yě jiùshì shuō 다시 말하면 ~이다 | 至少 zhìshǎo 부 적어도, 최소한

◆ 非凡 fēifán 형 비범하다 | 争强好斗 zhēngqiáng hàodòu 승부욕이 강하고 싸우기 좋아한다 | 勇猛无比 yǒngměng wúbǐ 용맹무쌍하다 | 邻里 línlǐ 명 이웃 | 争吵不休 zhēngchǎo bùxiū 싸움이 그치지 않다 *争吵 동 말다툼하다, 다투다 | 遇到 yùdào 동 만나다, 마주치다 | 外敌 wàidí 명 외적, 외부의 적 | 入侵 rùqīn 동 침입하다 | 立刻 lìkè 부 즉시, 바로 | 不计前嫌 bújìqiánxián 성 이전의 앙금을 따지지 않다 | 一致对外 yízhì duìwài (외부 침략에) 함께 대처하다 | 实际上 shíjìshàng 부 사실상, 실제로 | 聚集 jùjí 동 한데 모이다 | 集体 jítǐ 명 집단, 단체 | 防御 fángyù 동 방어하다 | 惊心动魄 jīngxīndòngpò 성 공포에 떨다, 가슴이 조마조마하다 | 悄悄 qiāoqiāo 형 조용하다, 은밀하다 | 逼近 bījìn 동 접근하다 | 聚居地 jùjūdì 명 집단 서식지 | 安静 ānjìng 형 (주위 환경이) 조용하다 | 然后 ránhòu 접 그런 후에 | 高高飞起 gāogāo fēiqǐ 높이 날아오르다 | 轮番 lúnfān 동 교대로 ~하다 | 攻击 gōngjī 동 공격하다 | 凶猛 xiōngměng 형 (기세가) 사납다 | 无力还手 wúlì huánshǒu 반격할 힘이 없다 | 只好 zhǐhǎo 부 할 수 없이 | 灰溜溜 huīliūliū 형 풀이 죽다, 주눅이 들다 | 逃跑 táopǎo 동 도망치다

◆ 特征 tèzhēng 명 특징 | 眼睛 yǎnjing 명 눈 | 圆 yuán 형 둥글다 | 灰色 huīsè 명 회색 | 呈 chéng 동 (색깔이나 모양을) 띠다 | 聚在一起 jù zài yìqǐ 한데 모이다 | 取暖 qǔnuǎn 동 (몸에) 온기를 받다, 따뜻하게 하다 | 便于 biànyú 동 ~하기 편리하다(쉽다) | 分配食物 fēnpèi shíwù 먹이를 분배하다 | 共同 gòngtóng 부 함께, 다같이 | 抗敌 kàngdí 동 적에 대항하다 | 照顾 zhàogù 동 보살피다, 돌보다 | 幼年 yòunián 명 유년, 어린 시절 | 寒冷 hánlěng 형 한랭하다, 춥고 차다 | 善于 shànyú 동 ~를 잘하다 | 从不 cóngbù 부 지금껏 ~한 적이 없다 | 迷路 mílù 동 길을 잃다 | 平均寿命 píngjūn shòumìng 명 평균 수명 | 极少 jí shǎo 거의 ~하지 않다 | 数量 shùliàng 명 수량 | 逐年 zhúnián 부 해마다 | 减少 jiǎnshǎo 동 감소하다, 줄다 | 友好相处 yǒuhǎo xiāngchǔ 사이 좋게 지내다

Day 22~23

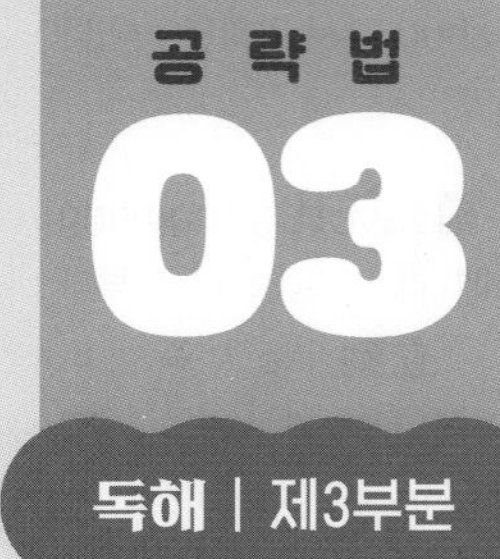

독해 | 제3부분

설명문과 논설문의 비중이 높아지고 있다

예전에는 HSK 5급 독해 제3부분의 5개 지문 중에 깨우침을 주는 이야기의 비중이 높았다면, 요즘 추세는 설명문과 논설문의 지문이 2~3개로 그 비중이 높아지고 있습니다. 설명문과 논설문은 모두 논리적인 글이라는 특징이 있습니다. 그러나 설명문은 정보 전달을 목적으로 하고, 논설문은 설득을 목적으로 합니다.

1 문제가 보이는 시간

4-03

예제

你如果养猫，可能会有过这样的经验：猫有时会抓一些小动物，比如小鱼、小鸟，然后像献宝一样献给你，仿佛在向你邀功。

据说，猫之所以会这样做，是在模仿自己的母亲，因为它想要照顾你，所以会为你找食物。它会把抓到的猎物带到你的面前，甚至还会不厌其烦地向你展示从抓捕到食用的全过程，这是因为它期待你也能学会这项技能。

尽管这是表达爱的方式，但如果不及时阻止，猫只会带越来越多的小动物回家。如果误食了有毒的东西，还可能危及生命。那么作为猫主人，应该怎样做呢？

在猫的项圈上挂铃铛或许会有帮助，铃铛的响声会影响猫抓捕小动物的成功率。不过，消极的一面是，这也许会让它怀疑自己的能力。

也有研究表明，猫往往越小越调皮，两岁以前的小猫才会热衷于抓各种活动的物体。等猫年龄大一些，它们自然而然就会对此失去兴趣。此外，比起农村的猫，住在城市公寓里的猫没什么机会捕食小动物，主人们也就不必过于担心了。

1 猫抓小动物回家，是为了：

A 不再孤独　　B 救助小动物

C 带食物给主人　　D 掌握特殊本领

2 猫展示捕食的过程，是想要：

A 威胁猎物　　B 吸引小鸟

C 陌生人不要靠近　　D 主人也具备这项技能

3 给猫带铃铛可能会让它：

A 胃口不好　　B 失去方向感

C 怀疑自己的捕食能力　　D 觉得主人不宠爱自己

4 根据上文，可以知道什么？

A 农村的猫不自由　　B 猫的脾气大不相同

C 幼猫的成活率不高　　D 猫的活跃度受年龄影响

해설

STEP 1-① 지문 읽기

你如果养猫，可能会有过这样的经验：猫有时会抓一些小动物，比如小鱼、小鸟，然后像献宝一样献给你，仿佛在向你邀功。

据说，猫之所以会这样做，是在模仿自己的母亲，因为它想要照顾你，所以会为你找食物。

1번 정답 힌트 고양이가 작은 동물들을 잡아오는 이유는 '所以会为你找食物。'라고 말하고 있습니다.

STEP 2-① '捕食的过程'을 기억하며 지문 읽기

2번 질문

它会把抓到的猎物带到你的面前，甚至还会不厌其烦地向你展示从抓捕到食用的全过程，这是因为它期待你也能学会这项技能。

2번 정답 힌트 두 번째 단락에서 2번 문제의 키워드 단어 '捕'가 보입니다. 이어서 정답의 힌트가 되는 문장이 나옵니다.

STEP3-① 지문 이어 읽기

尽管这是表达爱的方式，但如果不及时阻止，猫只会带越来越多的小动物回家。如果误食了有毒的东西，还可能危及生命。那么作为猫主人，应该怎样做呢？

3번 질문

在猫的项圈上挂铃铛或许会有帮助，铃铛的响声会影响猫抓捕小动物的成功率。不过，消极的一面是，这也许会让它怀疑自己的能力。

3번 정답 힌트 세 번째 단락에서 고양이가 방울을 달면 부정적인 측면으로, 스스로 자신의 능력을 의심하게 될 것이라고 말했습니다.

STEP4-① 지문 이어 읽기

也有研究表明，猫往往越小越调皮，两岁以前的小猫才会热衷于抓各种活动的物体。等猫年龄大一些，它们自然而然就会对此失去兴趣。此外，比起农村的猫，住在城市公寓里的猫没什么机会捕食小动物，主人们也就不必过于担心了。

4번 정답 힌트 마지막 단락에서 '고양이의 나이에 따라 활발한 정도가 다르다'고 했습니다.

STEP 1 **1번 문제만 읽기**

문제에 나온 '猫抓小动物回家'의 목적을 기억하고, 지문을 처음부터 읽으며 해당 내용을 찾습니다. 설명문의 첫 번째 단락은 전체 글의 주제와 흐름을 파악할 수 있습니다. 첫 번째 단락을 빠르게 읽으며 글의 주제나 전개를 예상해 봅니다.

1 猫抓小动物回家，是为了：

A 不再孤独　　B 救助小动物

C✓ 带食物给主人　　D 掌握特殊本领

STEP 1-② 정답 고르기

STEP 2 **2번 문제만 읽기**

문제의 키워드인 '猫展示捕食的过程'을 기억합니다. 지문을 빠르게 읽으며 '捕'라는 단어를 찾습니다.

2 猫展示捕食的过程，是想要：

A 威胁猎物　　B 吸引小鸟

C 陌生人不要靠近　　D✓ 主人也具备这项技能

STEP 2-② 정답 고르기

STEP 3 **3번 문제만 읽기**

문제의 키워드인 '给猫带铃铛'를 기억합니다. 고양이가 방울을 달면 어떻게 될 수 있는지를 생각하며 지문을 읽습니다.

3 给猫带铃铛可能会让它：

A 胃口不好　　B 失去方向感

C✓ 怀疑自己的捕食能力　　D 觉得主人不宠爱自己

STEP 3-② 정답 고르기

STEP 4 **4번 문제와 선택지 읽기**

마지막 문제는 위 글을 근거로 맞는 내용을 물어봤으므로 선택지를 먼저 읽어 줍니다. 선택지를 모두 읽었는데 정답이 없다면, 아직 읽지 않은 지문의 마지막 단락을 읽습니다.

4 根据上文，可以知道什么?

A 农村的猫不自由　　B 猫的脾气大不相同

C 幼猫的成活率不高　　D✓ 猫的活跃度受年龄影响

STEP 4-② 정답 고르기

정답 및 해석

你如果养猫，可能会有过这样的经验：猫有时会抓一些小动物，比如小鱼、小鸟，然后像献宝一样献给你，仿佛在向你邀功。

据说，猫之所以会这样做，是在模仿自己的母亲，因为它想要照顾你，所以会为你找食物。它会把抓到的猎物带到你的面前，甚至还会不厌其烦地向你展示从抓捕到食用的全过程，这是因为它期待你也能学会这项技能。

당신이 만약 고양이를 기른다면, 고양이가 때때로 작은 물고기, 작은 새와 같은 작은 동물들을 잡아서 보물처럼 당신에게 바치는데, 마치 당신에게 공을 세우려고 애쓰는 듯한 이런 경험이 있을 것이다.

듣자 하니, 고양이가 이렇게 하는 이유는 자신의 엄마를 흉내 내고 있는 것이며, 고양이가 당신을 돌봐 주고 싶어서 먹이를 찾아주는 것이라고 한다. 고양이가 잡은 먹잇감을 당신 앞에 두고, 심지어 귀찮아하지 않고 잡아먹기까지의 전 과정을 당신에게 보여주기도 하는데, 이는 고양이가 당신도 이 기술을 습득할 수 있기를 기대하기 때문이다.

尽管这是表达爱的方式，但如果不及时阻止，猫只会带越来越多的小动物回家。如果误食了有毒的东西，还可能危及生命。那么作为猫主人，应该怎样做呢？

在猫的项圈上挂铃铛或许会有帮助，铃铛的响声会影响猫抓捕小动物的成功率。不过，消极的一面是，这也许会让它怀疑自己的能力。

也有研究表明，猫往往越小越调皮，两岁以前的小猫才会热衷于抓各种活动的物体。等猫年龄大一些，它们自然而然就会对此失去兴趣。此外，比起农村的猫，住在城市公寓里的猫没什么机会捕食小动物，主人们也就不必过于担心了。

1 猫抓小动物回家，是为了：

A 不再孤独
B 救助小动物
C 带食物给主人 (✓)
D 掌握特殊本领

2 猫展示捕食的过程，是想要：

A 威胁猎物
B 吸引小鸟
C 陌生人不要靠近
D 主人也具备这项技能 (✓)

3 给猫带铃铛可能会让它：

A 胃口不好
B 失去方向感
C 怀疑自己的捕食能力 (✓)
D 觉得主人不宠爱自己

4 根据上文，可以知道什么？

A 农村的猫不自由
B 猫的脾气大不相同
C 幼猫的成活率不高
D 猫的活跃度受年龄影响 (✓)

비록 이것이 사랑을 표현하는 방식일지라도, 만약에 제때 막지 않으면 고양이는 점점 더 많은 동물을 집으로 데려올 것이다. 만약에 독이 있는 음식을 잘못 먹으면 생명을 위협할 수도 있다. 그럼 고양이 주인으로서 어떻게 해야 할까?

고양이의 목줄에 방울을 다는 것이 아마도 도움이 될 수 있다. 방울 소리는 고양이가 작은 동물을 잡는 성공률에 영향을 줄 수 있다. 하지만 부정적인 측면은 그것이 자신의 능력을 의심하게 만들 수도 있다는 것이다.

또 다른 연구에 따르면, 고양이는 어릴수록 장난이 심해서 두 살 이전의 고양이만이 움직이는 물체들을 잡는 데 열중한다는 것이다. 고양이가 나이가 좀 들면, 자연스럽게 이에 대해 흥미를 잃게 된다. 이 밖에도 시골 고양이에 비해 도시 아파트에 사는 고양이는 작은 동물을 잡아먹을 기회가 적기 때문에 주인들도 너무 걱정할 필요는 없다.

1 고양이가 작은 동물을 잡아 집으로 돌아오는 것은 무엇 때문인가

A 더 이상 외롭지 않기 위해서
B 작은 동물을 구조하기 위해서
C 주인에게 먹을 것을 가져다 주기 위해서 (✓)
D 특별한 재주를 익히기 위해서

2 고양이가 포식 과정을 보여주는 것은 무엇을 하려고 하는 것인가

A 사냥감을 위협하려고
B 작은 새를 유인하려고
C 낯선 사람이 가까이 가지 못하게 하려고
D 주인도 이런 능력을 갖추게 하려고 (✓)

3 고양이에게 방울을 달아주면 고양이가 아마도 어떻게 되는가

A 입맛이 없어진다
B 방향감각을 잃는다
C 자신의 포식 능력을 의심한다 (✓)
D 주인이 자신을 총애하지 않는다고 생각한다

4 위 글을 통해 무엇을 알 수 있는가?

A 농촌의 고양이는 자유롭지 못하다
B 고양이의 성격이 크게 다르다
C 고양이의 생존율이 높지 않다
D 고양이의 활발한 정도는 나이의 영향을 받는다 (✓)

◆ 养 yǎng 동 기르다, 양육하다 | 猫 māo 명 고양이 | 献宝 xiànbǎo 동 보물을 바치다 *献 바치다 | 仿佛 fǎngfú 부 마치 ~인 듯하다 | 邀功 yāogōng 동 공을 세우려 애쓰다

◆ 模仿 mófǎng 동 모방하다, 흉내내다 | 照顾 zhàogù 동 보살펴 주다 | 食物 shíwù 명 음식물 | 猎物 lièwù 명 사냥감 | 抓 zhuā 동 잡다 | 甚至 shènzhì 부 심지어 | 不厌其烦 bùyànqífán 성 귀찮게 생각하지 않는다 | 抓捕 zhuābǔ 동 붙잡다 | 食用 shíyòng 동 먹다 | 期待 qīdài 동 기대하다 | 技能 jìnéng 명 스킬, 능력, 솜씨

◆ 尽管 jǐnguǎn 접 비록 ~하지만 | 表达 biǎodá 동 (생각·감정을) 표현하다, 나타내다 | 及时 jíshí 부 즉시, 제때에 | 阻止 zǔzhǐ 동 저지하다, 막다 | 误食 wùshí 동 잘못 먹다 | 毒 dú 명 독 | 危及 wēijí 동 위협하다, 해치다 | 生命 shēngmìng 명 생명

◆ 项圈 xiàngquān 명 목줄 | 挂 guà 동 (고리·못 따위에) 걸다 | 铃铛 língdang 명 방울 | 响声 xiǎngshēng 명 소리 | 成功率 chénggōnglǜ 명 성공률 | 消极 xiāojí 형 부정적이다, 소극적이다 | 也许 yěxǔ 부 어쩌면, 아마도 | 怀疑 huáiyí 동 의심하다

◆ 研究表明 yánjiū biǎomíng 연구에 따르면 ~라고 한다 | 调皮 tiáopí 형 장난이 심하다 | 热衷 rèzhōng 동 열중하다, 몰두하다 | 物体 wùtǐ 명 물체 | 自然而然 zìrán'érrán 성 자연히, 저절로 | 比起 bǐqǐ 전 ~에 비하면 | 农村 nóngcūn 명 농촌 | 公寓 gōngyù 명 아파트 | 过于 guòyú 부 너무, 지나치게 | 担心 dānxīn 동 걱정하다

◆ 孤独 gūdú 형 고독하다 | 救助 jiùzhù 동 구조하다 | 掌握 zhǎngwò 동 익히다, 숙달하다 | 特殊 tèshū 형 특수하다, 특별하다 | 本领 běnlǐng 명 능력, 재주 | 捕 bǔ 동 붙잡다 | 威胁 wēixié 동 위협하다 | 陌生人 mòshēngrén 명 낯선 사람 | 靠近 kàojìn 동 가까이 가다, 접근하다 | 具备 jùbèi 동 갖추다, 구비하다 | 项 xiàng 양 가지 | 胃口 wèikǒu 명 입맛, 식욕 | 方向感 fāngxiànggǎn 명 방향 감각 | 宠爱 chǒng'ài 동 총애하다 | 脾气 píqi 명 성격 | 幼猫 yòumāo 명 어린 고양이 | 成活率 chénghuólǜ 명 생존율 | 活跃度 huóyuèdù 명 활발한 정도 | 年龄 niánlíng 명 나이

2 내공이 쌓이는 시간

출제 포인트 1 **논설문에서 작가의 관점은 맨 마지막에 나온다**

논설문은 설명문과 달리 마지막에 작가의 관점을 제시하고, 그와 관련된 문제를 출제한다.

一位物理学家与一位心理学家是好友。心理学家为了让物理学家养一只鸟，在他生日时送了他一个鸟笼作为礼物。然而，物理学家并不想养鸟，只把这个鸟笼当成一件漂亮的装饰品。可是从那以后，只要有客人来访，看见书桌旁那个空鸟笼，他们就会问:“您养的鸟是飞走了吗?”物理学家只好一次次地向客人解释:“不，我没养过鸟。”换来的却是客人们怀疑和不信任的目光。无奈之下，最后他只好买了一只鸟。

与这个故事相关联的是著名的心理学理论——“鸟笼效应”，它是说人们偶然获得一件物品后，容易持续添加与之相关的不必要的东西。-------중략----------

当然我们也可以利用“鸟笼效应”的正向心理暗示来影响自身的行为。举例来说，正如看到鸟笼会联想到鸟一样，打开的书会让人联想到看书，刺激人产生阅读的欲望。所以不妨把书翻开，放在床头，或许你就会忍不住去看。久而久之，自然能养成阅读的习惯。

总之，不要让“鸟笼”控制我们的生活，而是要利用它给我们的生活带来积极、正面的影响。这才是“鸟笼效应”应该带给我们的启发。

1 下列哪项最能代表作者的观点?

A 鸟笼效应存在积极作用　　B 挑礼物要考虑对方需求

C 好电脑应搭配高级键盘　　D 诚实的人不善于做生意

해설 작가의 생각을 물어보는 문제는 보통 마지막 단락에서 정답과 관련된 내용이 나옵니다. 마지막 단락의 '不要让“鸟笼”控制我们的生活，而是要利用它给我们的生活带来积极、正面的影响。('새장'이 우리의 삶을 통제하게 하지 말고, 그것을 이용하여 우리의 삶에 긍정적인 영향을 가져다주도록 해야 한다)'이 바로 작가가 전하고 싶은 말이므로, 정답은 A 鸟笼效应存在积极作用입니다.

정답 및 해석

一位物理学家与一位心理学家是好友。心理学家为了让物理学家养一只鸟，在他生日时送了他一个鸟笼作为礼物。然而，物理学家并不想养鸟，只把这个鸟笼当成一件漂亮的装饰品。可是从那以后，只要有客人来

물리학자와 심리학자는 절친한 친구이다. 심리학자는 물리학자에게 새를 키우라고 생일 때 새장을 선물로 주었다. 그러나 물리학자는 새를 기르려 하지 않았고, 이 새장을 예쁜 장식품으로만 여겼다. 그런데 그 뒤로, 손님이 찾아와 책상 옆에 있는 빈 새장을 보기만 하면 그들은 물었다.

访，看见书桌旁那个空鸟笼，他们就会问："您养的鸟是飞走了吗？"物理学家只好一次次地向客人解释："不，我没养过鸟。"换来的却是客人们怀疑和不信任的目光。无奈之下，最后他只好买了一只鸟。

与这个故事相关联的是著名的心理学理论——"鸟笼效应"，它是说人们偶然获得一件物品后，容易持续添加与之相关的不必要的东西。-------중략----------

当然我们也可以利用"鸟笼效应"的正向心理暗示来影响自身的行为。举例来说，正如看到鸟笼会联想到鸟一样，打开的书会让人联想到看书，刺激人产生阅读的欲望。所以不妨把书翻开，放在床头，或许你就会忍不住去看。久而久之，自然能养成阅读的习惯。

总之，不要让"鸟笼"控制我们的生活，而是要利用它给我们的生活带来积极、正面的影响。这才是"鸟笼效应"应该带给我们的启发。

"당신이 기르는 새가 날아갔나요?" 물리학자는 매번 손님들에게 "아니요, 저는 새를 기른 적이 없습니다."라고 설명을 해야 했다. 그러나 돌아오는 건 손님들의 의심과 불신의 눈초리였다. 하는 수 없이, 결국 그는 새 한 마리를 샀다.

이 이야기와 관련된 것은 유명한 심리학 이론인 '새장 효과'인데, 그것은 사람들이 우연히 물건을 얻은 후에 그와 관련된 불필요한 물건을 계속 추가하기 쉽다는 것을 의미한다. --------중략-----------

물론 우리는 '새장 효과'의 긍정적인 심리적 암시를 이용하여 자신의 행동에 영향을 줄 수도 있다. 예를 들어, 새장을 보면 새가 연상되듯이 펼친 책은 책을 읽는 것을 연상시켜 사람이 독서에 대한 욕구가 생기도록 자극한다. 그러니 책을 펴서 침대 머리맡에 놓아두는 것도 좋다. 아마 당신은 참지 못하고 볼지도 모른다. 시간이 지나면 자연스럽게 독서 습관을 기를 수 있다.

요컨대, '새장'이 우리의 삶을 통제하도록 만들지 말고, 그것을 이용하여 우리의 생활에 긍정적인 영향을 가져다 주도록 해야 한다. 이것이야말로 '새장 효과'가 우리에게 주는 깨달음이다.

1 下列哪项最能代表作者的观点？

A 鸟笼效应存在积极作用 (✓)
B 挑礼物要考虑对方需求
C 好电脑应搭配高级键盘
D 诚实的人不善于做生意

1 다음 중 작가의 생각을 가장 잘 대변할 수 있는 것은 무엇인가?

A 새장 효과는 긍정적인 작용을 하고 있다 (✓)
B 선물을 고를 때는 상대방이 필요한 것을 고려해야 한다
C 좋은 컴퓨터는 고급 키보드와 짝을 이뤄야 한다
D 정직한 사람은 장사를 잘 못한다

- 物理学家 wùlǐxuéjiā 명 물리학자 | 心理学家 xīnlǐxuéjiā 명 심리학자 | 好友 hǎoyǒu 명 친한 친구 | 鸟笼 niǎolóng 명 새장 | 装饰品 zhuāngshìpǐn 명 장식품 | 只要 zhǐyào 접 ~하기만 하면 | 来访 láifǎng 명 방문하다 | 只好 zhǐhǎo 부 어쩔 수 없이 | 解释 jiěshì 동 설명하다 | 怀疑 huáiyí 동 의심하다 | 信任 xìnrèn 동 신임하다 | 目光 mùguāng 명 눈빛, 눈길, 안목 | 无奈 wúnài 동 어찌 할 도리가 없다

- 关联 guānlián 동 관련되다 | 著名 zhùmíng 형 유명하다 | 鸟笼效应 niǎolǒng xiàoyīng 새장효과 | 偶然 ǒurán 형 우연하다 | 持续 chíxù 동 지속하다 | 添加 tiānjiā 동 늘리다 | 正向 zhèngxiàng 형 긍정적이다 | 暗示 ànshì 명 암시 | 行为 xíngwéi 명 행위, 행동 | 举例来说 jǔlìláishuō 예를 들어 말하자면 | 联想 liánxiǎng 동 연상하다 | 刺激 cìjī 동 자극하다 | 欲望 yùwàng 명 욕망 | 不妨 bùfáng 부 무방하다, 괜찮다 | 翻开 fānkāi 동 (책을) 펴서 열다 | 或许 huòxǔ 부 아마도 | 忍不住 rěnbuzhù 동 참을 수 없다 | 久而久之 jiǔ'érjiǔzhī 성 오랜 시일이 지나다 | 自然 zìrán 부 저절로, 자연히 | 养成 yǎngchéng 동 (습관을) 기르다

- 总之 zǒngzhī 접 요컨대, 어쨌든 | 控制 kòngzhì 동 통제하다, 제어하다 | 积极 jījí 형 긍정적이다 | 正面 zhèngmiàn 명 긍정적인 면 | 启发 qǐfā 명 깨달음

출제 포인트 2 **실험은 실험 대상과 실험 과정을 중심으로 체크한다**

주제를 뒷받침하기 위해 실험하는 내용이 지문으로 나온다. 실험 결과는 결국 주제와 관련이 있으므로, 지문에 실험이 등장하면 실험 대상이나 실험 과정을 중심으로 문제가 나온다. 실험(实验)을 통해 지식을 전달하는 지문은 '실험 대상·실험 기간·실험 배경·실험 과정·실험 결과' 등을 중심으로 문제를 출제하므로, 먼저 문제를 읽고 무엇에 관한 내용인지를 체크하여 정답을 찾아본다.

后悔不是人类独有的情绪，一份标题为《老鼠也会"后悔"》的科研报告肯定了**这一看法**。

为了弄清老鼠是否有后悔情绪，研究人员设计了一个名为"餐饮街"的实验。整个实验模拟人类生活中的场景，比如一条街上有多家"餐馆"，老鼠可以根据喜好选择在任意一家餐厅"用餐"。研究人员通过实验发现，老鼠因做出错误判断而错过美食时，会表现出后悔的情绪，这种情绪甚至还会影响它之后的决定。

实验中，老鼠需要在多个喂食器中挑选一个并等待食物投下。如果等待时间过长，有的老鼠就会失去耐心，转去别的喂食器旁等候。当发现等来的食物不理想时，老鼠会有明显的反应，比如行动停顿、看看自己刚才错过的美食等。进一步研究发现，因失去耐心、放弃等待而遇上不好吃的食物后，这些老鼠会在再次实验时改变之前的做法，为自己喜欢的味道"坚守"，不再轻易转向其他选择。相反，之前没有作出"错误选择"的老鼠则不会有这些表现，它们会毫不犹豫地走向其他喂食器。

1 关于餐饮街实验，可以知道什么？

A 结论遭到质疑　　B 对象是幼年老鼠

C 在一家饭店里进行　　D 模拟人类生活场景

2 当等来的食物不理想时，老鼠会有什么表现？

A 立即回到洞中　　B 互相争抢食物

C 走向其他喂食器　　D 回头看错过的食物

해설

STEP 1-① **지문읽기**

后悔不是人类独有的情绪，一份标题为《老鼠也会"后悔"》的科研报告肯定了**这一看法**。

1번 질문

为了弄清老鼠是否有后悔情绪，研究人员设计了一个名为"餐饮街"的实验。整个实验模拟人类生活中的场景，比如一条街上有多家"餐馆"，老鼠可以根据喜好选择在任意一家餐厅"用餐"。

1번 정답 힌트 두 번째 단락에서 1번 문제의 키워드인 '餐饮街'가 등장하고, 이어지는 문장에서 '모든 실험은 인류 생활 속의 모습을 모방했다'고 말합니다.

STEP 2-① **지문 이어읽기**

研究人员通过实验发现，老鼠因做出错误判断而错过美食时，会表现出后悔的情绪，这种情绪甚至还会影响它之后的决定。

实验中，老鼠需要在多个喂食器中挑选一个并等待食物投下。如果等待时间过长，有的老鼠就会失去耐心，转去别的喂食器旁等候。当发现等来的食物不理想时，老鼠会有明显的反应，比如行动停顿、看看自己刚才错过的美食等。进一步研究发现，因失去耐心、放弃等待而遇上不好吃的食物后，这些老鼠会在再次实验时改变之前的做法，为自己喜欢的味道"坚守"，不再轻易转向其他选择。相反，之前没有作出"错误选择"的老鼠则不会有这些表现，它们会毫不犹豫地走向其他喂食器。

2번 질문

2번 정답 힌트 지문에서 '当发现等来的食物不理想时'라는 질문에 뒤이어 '看看自己刚才错过的美食'라는 내용이 나옵니다. 2번 문제로 가서 정답을 골라 줍니다.

STEP 1 **1번 문제만 읽기**

음식 거리 실험에 대해 알 수 있는 것을 물었으므로 '餐饮街实验'이라는 단어에 유의하며 지문을 읽습니다.

1 关于餐饮街实验，可以知道什么？

A 结论遭到质疑　　B 对象是幼年老鼠

C 在一家饭店里进行　　D ✓ 模拟人类生活场景

STEP 1-② **정답 고르기**

STEP 2 **2번 문제만 읽기**

'当等来的食物不理想时'를 키워드로 잡고 지문을 이어서 읽어 봅니다.

2 当等来的食物不理想时，老鼠会有什么表现？

A 立即回到洞中　　B 互相争抢食物

C 走向其他喂食器　　D ✓ 回头看错过的食物

STEP 2-② **정답 고르기**

Tip 선택지 C 走向其他喂食器가 지문의 세 번째 단락 마지막에 그대로 나오지만, 이는 맨 처음 잘못된 선택을 하지 않은 쥐의 반응이므로 오답입니다.

后悔不是人类独有的情绪，一份标题为《老鼠也会“后悔”》的科研报告肯定了**这一看法**。

为了弄清老鼠是否有后悔情绪，研究人员设计了一个名为“餐饮街”的实验。整个实验模拟人类生活中的场景，比如一条街上有多家“餐馆”，老鼠可以根据喜好选择在任意一家餐厅“用餐”。研究人员通过实验发现，老鼠因做出错误判断而错过美食时，会表现出后悔的情绪，这种情绪甚至还会影响它之后的决定。

实验中，老鼠需要在多个喂食器中挑选一个并等待食物投下。如果等待时间过长，有的老鼠就会失去耐心，转去别的喂食器旁等候。当发现等来的食物不理想时，老鼠会有明显的反应，比如行动停顿、看看自己刚才错过的美食等。进一步研究发现，因失去耐心、放弃等待而遇上不好吃的食物后，这些老鼠会在再次实验时改变之前的做法，为自己喜欢的味道“坚守”，不再轻易转向其他选择。相反，之前没有作出“错误选择”的老鼠则不会有这些表现，它们会毫不犹豫地走向其他喂食器。

후회는 인류 혼자만 갖고 있는 감정이 아니다. 제목이 〈쥐도 '후회'할 수 있다〉인 한 과학 연구 보고서가 **이 견해**를 인정했다.

쥐가 후회의 감정이 있는지 여부를 알아보기 위해, 연구원은 '음식 거리'라는 이름의 한 가지 실험을 설계했다. 모든 실험은 인류 생활 속의 모습을 모방했다. 예를 들어 하나의 거리에 여러 '식당'이 있으며, 쥐는 기호에 따라 임의의 한 식당을 골라서 식사를 할 수 있다. 연구원은 실험을 통해 쥐는 잘못된 판단을 내려서 맛있는 음식을 놓칠 때 후회의 감정을 나타냈고, 이런 감정은 심지어 쥐의 이후의 결정에도 영향을 줄 수 있다는 것을 발견했다.

실험에서 쥐는 여러 급식기 중에서 한 개를 고르고, 음식물이 투하될 때까지 기다려야 한다. 만약 대기 시간이 너무 길면, 어떤 쥐는 곧 인내심을 잃고 다른 급식기 옆으로 돌아가서 기다렸다. 기다려서 나온 음식물이 만족스럽지 않을 때, 쥐는 뚜렷한 반응을 보인다. 예를 들어 행동을 잠시 멈추거나, 자신이 방금 놓친 음식물을 살펴보는 등의 반응이다. 나아가 연구 결과는 인내심을 잃고 기다림을 포기해서 맛없는 음식물을 만난 후에, 이 쥐들은 재차 실험할 땐 이전의 방법을 바꿨는데, 자신이 좋아하는 맛을 위해 '굳건히 자리를 지키고', 다시는 쉽사리 다른 선택을 하지 않는 것을 발견했다. 반대로, 이전에 '잘못된 선택'을 하지 않은 쥐는 이런 행동을 하지 않고, 그것들은 조금도 주저하지 않고 다른 급식기로 갔다.

1 关于餐饮街实验，可以知道什么？

A 结论遭到质疑
B 对象是幼年老鼠
C 在一家饭店里进行
D 模拟人类生活场景 (✓)

1 음식 거리 실험에 관하여 무엇을 알 수 있는가?

A 결론이 의심을 받았다
B 대상은 어린 쥐이다
C 식당 안에서 진행되었다
D 인류 생활의 모습을 모방했다 (✓)

2 当等来的食物不理想时，老鼠会有什么表现？

A 立即回到洞中
B 互相争抢食物
C 走向其他喂食器
D 回头看错过的食物 (✓)

2 기다렸던 음식물이 만족스럽지 않을 때, 쥐는 어떤 행동을 보였는가?

A 즉시 구멍 속으로 돌아갔다
B 서로 음식물을 챙기려고 다투었다
C 다른 급식기로 갔다
D 놓친 음식물을 뒤돌아봤다 (✓)

독해 阅读 제3부분

◆ 后悔 hòuhuǐ 동 후회하다 | 独有 dúyǒu 동 혼자만 갖고 있다 | 情绪 qíngxù 명 정서, 감정 | 标题 biāotí 명 제목 | 老鼠 lǎoshǔ 명 쥐 | 科研 kēyán 명 과학 연구(=科学研究) | 报告 bàogào 명 보고서 | 肯定 kěndìng 동 긍정하다, 인정하다 | 看法 kànfǎ 명 견해

◆ 弄清 nòngqīng 동 똑똑히 밝히다, 분명히 하다 | 研究人员 yánjiū rényuán 연구원 | 设计 shèjì 동 설계하다 | 名为 míng wéi 이름이 ~이다 *为 동 ~이다(=是) | 餐饮街 cānyǐnjiē 음식 거리 | 实验 shíyàn 명 실험 동 실험하다 | 整个 zhěnggè 형 전체의, 모든 | 模拟 mónǐ 동 모방하다, 본뜨다 | 场景 chǎngjǐng 명 정경, 모습 | 比如 bǐrú 접 예를 들어 | 街 jiē 명 거리 | 餐馆 cānguǎn 명 식당 | 根据 gēnjù 전 ~에 근거하여, ~에 따라 | 喜好 xǐhào 명 기호, 좋아하는 것 | 选择 xuǎnzé 동 선택하다, 고르다 명 선택 | 任意 rènyì 형 임의의 | 餐厅 cāntīng 명 식당 | 用餐 yòngcān 동 식사를 하다 | 通过 tōngguò 전 ~을 통해서 | 发现 fāxiàn 동 발견하다, 알아차리다 | 做出判断 zuòchū pànduàn 판단을 내리다 | 错误 cuòwù 형 잘못되다 | 错过 cuòguò 동 (시기나 대상을) 놓치다 | 美食 měishí 명 맛있는 음식 | 表现 biǎoxiàn 동 드러내다, 나타내다 명 태도, 행동, 증상 | 甚至 shènzhì 부 심지어 | 影响 yǐngxiǎng 동 영향을 주다 | 决定 juédìng 명 결정

◆ 需要 xūyào 능 ~해야 한다 | 喂食器 wèishíqì 급식기 *喂食 동 (동물에게) 먹이를 먹이다 | 挑选 tiāoxuǎn 동 고르다, 선택하다 | 等待 děngdài 동 기다리다, 대기하다 | 食物 shíwù 명 음식물 | 投下 tóuxià 동 던져 넣다, 투하하다 | 过长 guò cháng 너무 길다 | 失去耐心 shīqù nàixīn 인내심을 잃다 | 转去 zhuǎnqù 동 돌아가다 | 旁 páng 명 옆, 곁 | 等候 děnghòu 동 기다리다 | 理想 lǐxiǎng 형 이상적이다, 만족스럽다 | 明显 míngxiǎn 형 뚜렷하다, 분명하다 | 停顿 tíngdùn 동 잠시 멈추다 | 进一步 jìnyíbù 부 (한 걸음 더) 나아가 | 研究发现 yánjiū fāxiàn 연구는 ~한 사실을 발견했다 | 放弃等待 fàngqì děngdài 기다림을 포기하다 | 遇上 yùshàng 동 만나다 | 再次 zàicì 부 재차, 거듭 | 改变 gǎibiàn 동 바꾸다 | 做法 zuòfǎ 명 방법 | 味道 wèidao 명 맛, 냄새 | 坚守 jiānshǒu 동 굳게 지키다, (입장을) 고수하다 | 轻易 qīngyì 부 함부로, 쉽사리 | 转向 zhuǎnxiàng 동 (방향을) ~로 바꾸다 | 相反 xiāngfǎn 접 반대로 | 毫不犹豫 háobùyóuyù 성 조금도 주저하지 않다

공략법 04

중국의 역사적 인물이 등장한다

HSK 5급 독해 제3부분에 중국의 역사적 또는 현대 인물 중에 어느 한 분야에서 특출한 두각을 드러낸 인물이 주인공으로 나오는 지문이 꾸준히 출제되고 있습니다. 주인공이 시련을 딛고 일어서 끝내 성공하는 이야기가 주를 이룹니다. 필수 어휘 외에도 어려운 단어가 많이 등장하니, 평소 '字' 학습으로 모르는 단어를 유추하는 훈련을 해야 합니다.

1 문제가 보이는 시간

4-04

예제

张衡是中国东汉时期著名的天文学家。他一生的发明种类繁多，不计其数，其中最著名的要数地动仪。

东汉时期，经常发生地震，每次地震都给国家和百姓带来很大的损失。由于科技不发达，当时人们都认为地震是鬼神造成的，但是张衡却不信。他认真分析了以前记录下来的地震现象，经过多次研究，反复验证，最终发明了一个能测出地震发生方位的仪器，也就是地动仪。

地动仪是用青铜制成的，形状像一个酒坛，上面有八个方位，每个方位上面铸有一条惟妙惟肖的龙。每条龙的嘴里都含着一颗小铜球，龙头下面蹲了一只张开嘴的蟾蜍。哪个方向发生了地震，该方向龙嘴里的铜球就会掉进蟾蜍的嘴中，发出响亮的声音，告诉人们哪个方向发生了地震。

公元138年二月的一天，地动仪上正对着西方的龙嘴里的铜球突然掉了出来，这意味着西边发生了地震。而此时在洛阳的人们丝毫未感到地震，于是纷纷开始质疑地动仪。人们对张衡产生了不信，认为地动仪是骗人的。可没想到几天后，有人向朝廷报告说洛阳以西500多公里的金城、陇西一带发生了大地震。这时，人们才真正信服了。

1 根据第2段，可以知道：

A 地动仪能预报天气　B 张衡负责震后记录工作
C 张衡相信地震能被测知　D 皇帝命令张衡制造地动仪

2 如果某地发生了地震，地动仪会怎么样？

A 不停转动　B 往外喷水
C 下面的蟾蜍会跳起来　D 该方向龙嘴中的球会掉落

3 第4段中，人们为什么纷纷开始质疑地动仪？

A 怀疑地动仪被偷了　B 地震救灾工作不及时
C 认为地动仪谎报地震　D 觉得马上会有大地震

4 根据上文，下列哪项正确？

A 地动仪由钢铁制成　B 地动仪发挥了作用
C 朝廷要求百姓捐款救灾　D 张衡在文学方面成就突出

Tip 깨우침을 주는 이야기는 주로 '서론(주인공이 시련을 맞닥뜨림) ➡ 본론(시련을 이겨 나가는 과정) ➡ 결론(주인공이 시련을 딛고 성공함)'의 구조로 전개됩니다. 문제는 대부분 서론과 결론 부분에서 출제되고, 마지막 단락에서 총정리(总结)를 통해 주제를 제시합니다.

해설

STEP 1-① 지문 읽기

모르는 성어는 가볍게 넘기기

张衡是中国东汉时期著名的天文学家。他一生的发明种类繁多，不计其数，其中最著名的要数地动仪。

最……的(주어)+要数 +B : 가장 ~한 것은 B를 손꼽는다.

독해에서 '但是'와 '却'가 나오면 다음 내용이 중요함

东汉时期，经常发生地震，每次地震都给国家和百姓带来很大的损失。由于科技不发达，当时人们都认为地震是鬼神造成的，但是张衡却不信。他认真分析了以前记录下来的地震现象，经过多次研究，反复验证，最终发明了一个能测出地震发生方位的仪器，也就是地动仪。

1번 정답 힌트 장형은 보통 사람들과 달리 지진을 측정할 수 있을 것이라 믿어 오랜 연구 끝에 지동의를 만들었다고 했습니다.

STEP 2-① 지문 이어 읽기

어려운 단어는 아는 글자(有)로 해석한다.

地动仪是用青铜制成的，形状像一个酒坛，上面有八个方位，每个方位上面铸有一条惟妙惟肖的龙。每条龙的嘴里都含着一颗小铜球，龙头下面蹲了一只张开嘴的蟾蜍。哪个方向发生了地震，该方向龙嘴里的铜球就会掉进蟾蜍的嘴中，发出响亮的声音，告诉人们哪个方向发生了地震。

모르는 성어는 넘기기

2번 정답 힌트 두 번째 단락은 먼저 지동의의 모양을 묘사한 후, 지동의의 작동 방법을 설명하고 있습니다. 지진이 발생하면 용 입 안에 있던 구리공이 두꺼비의 입 속으로 떨어지면서 소리로 지진이 어디서 발생했는지 알려준다고 했습니다.

STEP 3-① 지문 이어 읽기

公元138年二月的一天，地动仪上正对着西方的龙嘴里的铜球突然掉了出来，这意味着西边发生了地震。而此时在洛阳的人们丝毫未感到地震，于是纷纷开始质疑地动仪。人们对张衡产生了不信，认为地动仪是骗人的。

→ **3번 정답 힌트** 앞뒤 문장을 정독해서 정답을 찾습니다. 앞 문장에서 지동의의 공이 떨어졌는데 사람들은 지진을 느끼지 못했고, 지동의에 의문을 제기하기 시작했으므로, 정답은 C 认为地动仪谎报地震입니다.

STEP 4-① 지문 이어 읽기

可没想到几天后，有人向朝廷报告说洛阳以西500多公里的金城、陇西带发生了大地震。这时，人们才真正信服了。

→ 지동의가 성공했다는 내용의 결말을 짐작하면서 읽어보기 (중국의 역사적 인물들의 업적을 그린 글은 무조건 해피엔딩으로 끝납니다.)

→ **4번 정답 힌트** 마지막 문제는 아직 읽지 않은 맨 마지막 단락부터 읽어가며 정답을 찾아봅니다. 마지막 문장에서 지동의가 제 기능을 발휘했다는 것을 알 수 있습니다.

STEP 1 1번 문제와 선택지 먼저 읽기

선택지를 먼저 읽은 후에 지문으로 가서 해당 내용을 찾습니다. 문제는 두 번째 단락을 물었지만, 글의 주제와 흐름 파악을 위해 첫 번째 단락부터 읽어줍니다.

1 根据第2段，可以知道：

A 地动仪能预报天气　　B 张衡负责震后记录工作

C ✔ 张衡相信地震能被**测知**　　D 皇帝命令张衡制造地动仪

STEP 1-② 정답 고르기

→ '测'를 모르면 뒤에 있는 결과보어 '知'만 가지고 '知道'의 의미로 해석합니다.

STEP 2 2번 문제만 읽기

지진이 발생하면 지동의가 어떻게 되는지 묻고 있습니다. 바로 지문으로 갑니다.

2 如果某地发生了地震，地动仪会怎么样？

A 不停转动　　B 往外喷水

C 下面的蟾蜍会跳起来　　D ✔ 该方向龙嘴中的球会掉落

STEP 2-② 정답 고르기

STEP 3 3번 문제만 읽기

사람들이 잇따라 의문을 제기한 이유가 무엇일지 생각하며 네 번째 단락의 지문을 다시 읽습니다.

3 第4段中，人们为什么纷纷开始质疑地动仪？

A 怀疑地动仪被偷了　　B 地震救灾工作不及时

C ✔ 认为地动仪**谎报**地震　　D 觉得马上会有大地震

STEP 3-② 정답 고르기

→ '谎报'라는 단어가 어렵다면 나머지 선택지를 제거해 가며 풉니다.

STEP 4 4번 문제와 선택지 읽기

선택지의 어느 항목이 정확한지를 묻는 문제는 먼저 선택지를 읽은 후에 지문을 읽어야 합니다.

4 根据上文，下列哪项正确？

A 地动仪由钢铁制成　　B ✔ 地动仪发挥了作用

C 朝廷要求百姓捐款救灾　　D 张衡在文学方面成就突出

STEP 4-② 정답 고르기

张衡是中国东汉时期著名的天文学家。他一生的发明种类繁多，不计其数，其中最著名的要数地动仪。

东汉时期，经常发生地震，每次地震都给国家和百姓带来很大的损失。由于科技不发达，当时人们都认为地震是鬼神造成的，但是张衡却不信。他认真分析了以前记录下来的地震现象，经过多次研究，反复验证，最终发明了一个能测出地震发生方位的仪器，也就是地动仪。

地动仪是用青铜制成的，形状像一个酒坛，上面有八个方位，每个方位上面铸有一条惟妙惟肖的龙。每条龙的嘴里都含着一颗小铜球，龙头下面蹲了一只张开嘴的蟾蜍。哪个方向发生了地震，该方向龙嘴里的铜球就会掉进蟾蜍的嘴中，发出响亮的声音，告诉人们哪个方向发生了地震。

公元138年二月的一天，地动仪上正对着西方的龙嘴里的铜球突然掉了出来，这意味着西边发生了地震。而此时在洛阳的人们丝毫未感到地震，于是纷纷开始质疑地动仪。人们对张衡产生了不信，认为地动仪是骗人的。可没想到几天后，有人向朝廷报告说洛阳以西500多公里的金城、陇西一带发生了大地震。这时，人们才真正信服了。

장형은 중국 동한 시기의 유명한 천문학자이다. 그의 일생의 발명은 종류가 많아 수를 헤아릴 수 없는데, 그중 가장 유명한 것은 지동의를 손꼽는다.

동한 시기에는 자주 지진이 발생했는데, 매번 지진은 국가와 백성한테 커다란 손실을 가져다 주었다. 과학 기술이 발달하지 않아 당시 사람들은 모두 지진은 귀신이 초래한 거라고 여겼지만, 장형은 믿지 않았다. 그는 이전에 기록한 지진 현상을 열심히 분석하고 여러 차례의 연구를 거쳐 거듭 검증하여, 결국 지진 발생 방향과 위치를 측정해 낼 수 있는 측정기를 발명했는데, 바로 지동의이다.

지동의는 청동으로 만들어졌는데, 모양은 술 단지 같고 위에는 여덟 방위가 있는데 모든 방위 위에는 아주 생동감 있는 용 한 마리가 주조되어 있다. 모든 용의 입속에는 모두 작은 구리공 한 알을 머금고 있고, 용머리 아래쪽에는 입을 벌리고 있는 두꺼비가 한 마리 있다. 어느 방향에서 지진이 발생하면 그 방향에 있는 용 입속의 구리공이 두꺼비의 입속으로 떨어지는데, 크고 맑은소리가 나서 사람들에게 어느 방향에서 지진이 발생했음을 알려준다.

서기 138년 2월의 어느 날, 지동의 위 서쪽을 정면으로 향하고 있는 용 입속의 구리공이 갑자기 떨어졌는데, 이것은 서쪽에서 지진이 발생했음을 의미한다. 그러나 이때 낙양에 있는 사람들은 지진을 조금도 느끼지 못했고, 그래서 잇달아 지동의에 의문을 제기하기 시작했다. 사람들은 장형한테 불신이 생겼고 지동의가 사람들을 속였다고 여겼다. 하지만 뜻밖에도 며칠 후에 누군가가 조정에 낙양의 서쪽 500여 킬로미터의 금성과 농서 일대에 대지진이 발생했다고 보고했다. 이때야 사람들은 비로소 진정으로 믿고 따랐다.

1 根据第2段，可以知道：

A 地动仪能预报天气
B 张衡负责震后记录工作
C 张衡相信地震能被测知 (✓)
D 皇帝命令张衡制造地动仪

1 두 번째 단락에 근거하여 알 수 있는 것은

A 지동의는 날씨를 예보할 수 있다
B 장형은 지진 후의 기록 업무를 책임진다
C 장형은 지진을 측정하여 알 수 있다고 믿었다 (✓)
D 황제는 장형한테 지동의를 만들 것을 명령했다

2 如果某地发生了地震，地动仪会怎么样？

A 不停转动
B 往外喷水
C 下面的蟾蜍会跳起来
D 该方向龙嘴中的球会掉落 (✓)

2 만약 어떤 곳에 지진이 발생하면 지동의는 어떻게 되는가?

A 계속해서 회전한다
B 밖으로 물을 내뿜는다
C 아래의 두꺼비가 뛰어오른다
D 그 방향의 용 입속의 공이 떨어진다(✓)

3 第4段中，人们为什么纷纷开始质疑地动仪？

A 怀疑地动仪被偷了
B 地震救灾工作不及时
C 认为地动仪谎报地震 (✓)
D 觉得马上会有大地震

4 根据上文，下列哪项正确？

A 地动仪由钢铁制成
B 地动仪发挥了作用 (✓)
C 朝廷要求百姓捐款救灾
D 张衡在文学方面成就突出

3 네 번째 단락에서 사람들은 왜 지동의에 의문을 제기했는가?

A 지동의가 도둑맞았다고 의심했다
B 지진 재난 구제를 제때 하지 않았다
C 지동의가 지진을 허위 보고했다고 여겼다(✓)
D 곧 대지진 있을 거라고 여겼다

4 위의 글에 따르면 다음 중 정확한 것은?

A 지동의는 강철로 만들어졌다
B 지동의는 기능을 발휘했다(✓)
C 조정은 백성한테 돈을 기부하여 재난을 구제할 것을 요구했다
D 장형은 문학 분야에 있어서 성취가 뛰어났다

- 张衡 Zhāng Héng 고유 장형[천문학 분야에서 많은 업적을 남긴 중국 동한(东汉) 시대의 학자] | 著名 zhùmíng 형 저명하다, 유명하다 | 天文学家 tiānwénxuéjiā 명 천문학자 | 发明 fāmíng 명 발명 | 种类繁多 zhǒnglèi fánduō 종류가 많다 | 不计其数 bújì-qíshù 성 그 수를 헤아릴 수 없다, 부지기수이다 | 数 shǔ 동 손꼽다 | 地动仪 dìdòngyí 명 지동의[세계 최초의 지진계, '候风地动仪(후풍지동의)'의 약칭]

- 发生 fāshēng 동 발생하다 | 地震 dìzhèn 명 지진 | 损失 sǔnshī 명 손실 | 科技 kējì 명 과학 기술 | 鬼神 guǐshén 명 귀신 | 造成 zàochéng 동 (나쁜 결과를) 초래하다, 야기하다 | 认真 rènzhēn 형 진지하다, 열심히 하다 | 分析 fēnxī 동 분석하다 | 记录 jìlù 동 기록하다 | 现象 xiànxiàng 명 현상 | 经过 jīngguò 전 ~을 거쳐 | 研究 yánjiū 동 연구하다 | 反复 fǎnfù 부 반복하여, 거듭 | 验证 yànzhèng 동 검증하다 | 测出 cè chū 측정해내다 | 方位 fāngwèi 명 방향과 위치, 방위 | 仪器 yíqì 명 측정기[과학 기술 분야에서 실험·검측·제도·계량 등에 쓰이는 각종 정밀 기구 혹은 장치]

- 用…制成 yòng……zhìchéng ~로 만들어지다 | 青铜 qīngtóng 명 청동[구리와 주석의 합금] | 形状 xíngzhuàng 명 형상, 모양 | 酒坛 jiǔtán 명 술독, 술단지 | 铸有 zhùyǒu 동 주조되어 있다 | 惟妙惟肖 wéimiào-wéixiào 성 진짜와 똑같이 묘사하다, (묘사가) 아주 생동감 있다 | 龙 lóng 명 용 | 嘴 zuǐ 명 입 | 含 hán 동 (입에) 물다, 머금다 | 颗 kē 양 알[둥글고 작은 알맹이 모양과 같은 것을 셀 때 쓰임] | 铜球 tóngqiú 명 구리공 | 蟾蜍 chánchú 명 두꺼비 | 蹲 dūn 동 쪼그리고 앉다 | 张开嘴 zhāngkāi zuǐ 입을 벌리다 | 该 gāi 대 이, 그, 저 | 掉 diào 동 떨어지다(=掉落 diàoluò) | 发出声音 fāchū shēngyīn 소리가 나다 | 响亮 xiǎngliàng 형 (소리가) 크고 맑다

- 突然 tūrán 부 갑자기 | 意味着 yìwèizhe 동 의미하다 | 洛阳 Luòyáng 고유 낙양, 뤄양[중국 허난성(河南省) 서부에 위치한 도시] | 丝毫 sīháo 부 조금도 | 未 wèi 부 아직 ~하지 않다 | 纷纷 fēnfēn 부 (시간차를 두고) 잇달아, 연달아 | 质疑 zhìyí 동 질의하다, 의문을 제기하다 | 没想到 méixiǎngdào 생각지 못하다, 뜻밖에도 | 朝廷 cháotíng 명 조정 | 报告 bàogào 동 보고하다 | 金城 Jīnchéng 고유 금성[지명] | 陇西 Lǒngxī 고유 롱시(농서)[지명] | 一带 yídài 명 일대 | 信服 xìnfú 동 믿고 따르다

- 根据 gēnjù 전 ~에 근거하여, ~에 따르면 | 预报天气 yùbào tiānqì 날씨를 예보하다 | 负责 fùzé 동 책임지다 | 震后记录工作 zhèn hòu jìlù gōngzuò 지진 후의 기록 업무 | 测知 cè zhī 측정하여 알다 | 皇帝 huángdì 명 황제 | 命令 mìnglìng 동 명령하다 | 制造 zhìzào 동 제조하다, 만들다 | 不停 bùtíng 동 멈추지 않다, 계속하다 | 转动 zhuàndòng 동 (어떤 축을 중심으로) 돌다, 회전하다 | 喷水 pēnshuǐ 동 물을 내뿜다 | 跳起来 tiào qǐlai 뛰어오르다 | 怀疑 huáiyí 동 의심하다, 의심을 품다 | 偷 tōu 동 훔치다, 도둑질하다 | 救灾 jiùzāi 동 재난을 구제하다 | 不及时 bùjíshí 제때에 하지 않다 | 谎报 huǎngbào 동 허위 보고하다 | 钢铁 gāngtiě 명 강철 | 发挥作用 fāhuī zuòyòng 기능을 발휘하다 | 捐款 juānkuǎn 동 돈을 기부하다 | 成就突出 chéngjiù tūchū 성취가 뛰어나다

2 내공이 쌓이는 시간

깨우침을 주는 이야기 글의 문제는 서론과 결론 부분에서 출제되고, 주제는 마지막 단락에서 총정리를 통해 제시되는 경우가 많습니다. 아래 문제를 풀고 주제가 어느 부분에서 제시되었는지 정독해 보세요.

출제 포인트 **주제를 묻는 문제 유형**

从前有一个国王临时决定要上战场，他吩咐马夫为他备马掌钉。但铁匠告诉马夫，由于近日来一直为军队的军马掌钉，铁片已用尽。马夫不耐烦地催促道："国王要打头阵，等不及了!"无奈之下，铁匠只好将一根铁条截成四份加工成马掌。当钉完第三个马掌时，铁匠又发现钉子不够了，请求去找钉子，马夫说道："我已经听见军号了，等不及了。"铁匠说："缺少一根钉，马掌会不牢固的。""那就将就着用吧，影响不大，不然耽误了时间，国王会降罪于我的。"最后，国王战马的第四个马掌少了颗钉子，就这么上了战场。

战斗一开始，国王率军冲锋陷阵。没过多久，可怕的意外就发生了，他的坐骑因突然掉了一只马掌而"马失前蹄"，国王也坠马了，惊恐的战马脱缰而去。国王的不幸令军队士气大衰，士兵们纷纷调头逃窜，溃不成军，敌军包围了国王。绝望中，国王挥剑长叹："啊，我的国家竟然毁在了一匹马上!"

这个故事告诉我们，不要忽视细节，对于不清楚、不了解的事物不要轻易下定论。很多时候，一个微不足道的细节就能决定事件的走向。

1　上文主要告诉我们一个什么道理?

A 细节决定成败　　B 团结就是力量

C 别轻易否定他人　　D 要勇于承担责任

해설 마지막 단락의 '这个故事告诉我们(이 이야기가 우리에게 알려주는 것은)'에서 이 글이 우리에게 주는 교훈을 총정리하여 알려주고 있습니다. '사소한 것들을 그냥 넘기거나 쉽게 결정을 내리지 말라'고 이야기하며 '一个微不足道的细节就能决定事件的走向(작은 디테일이 사건의 흐름을 결정할 수 있다)'고 말했으므로, 정답은 A 细节决定成败입니다. 물론 대부분의 이야기 글은 마지막 단락의 '总结(총정리)'를 읽지 않아도 미리 주제를 유추할 수 있으므로, 시간 절약 차원에서 읽지 않아도 좋습니다.

从前有一个国王临时决定要上战场，他吩咐马夫为他备马掌钉。但铁匠告诉马夫，由于近日来一直为军队的军马掌钉，铁片已用尽。马夫不耐烦地催促道："国王要打头阵，等不及了!"无奈之下，铁匠只好将一根铁条截成四份加工成马掌。当钉完第三个马掌时，铁匠又发现钉子不够了，请求去找钉子，马夫说道："我已经听见军号了，等不及了。"铁匠说："缺少一根钉，马掌会不牢固的。""那就将就着用吧，影响不大，不然耽误了时间，国王会降罪于我的。"最后，国王战马的第四个马掌少了颗钉子，就这么上了战场。

战斗一开始，国王率军冲锋陷阵。没过多久，可怕的意外就发生了，他的坐骑因突然掉了一只马掌而"马失前蹄"，国王也坠马了，惊恐的战马脱缰而去。国王的不幸令军队士气大衰，士兵们纷纷调头逃窜，溃不成军，敌军包围了国王。绝望中，国王挥剑长叹："啊，我的国家竟然毁在了一匹马上!"

这个故事告诉我们，不要忽视细节，对于不清楚、不了解的事物不要轻易下定论。很多时候，一个微不足道的细节就能决定事件的走向。

예전에 한 왕이 갑자기 전쟁터에 나가기로 결정하고는 마부에게 말 편자의 못을 준비하라고 분부했다. 그러나 대장장이는 마부에게 최근 몇 년 동안 줄곧 군대의 군마에게 편자 못을 박느라 쇳조각이 다 떨어졌다고 말했다. 마부는 귀찮다는 듯이 재촉했다. "국왕이 전쟁의 선봉에 서려고 하니 기다릴 수가 없습니다." 어쩔 수 없이 대장장이는 쇠꼬챙이를 네 조각으로 잘라 편자를 만들었다. 세 번째 편자를 박았을 때 대장장이는 못이 모자라는 것을 발견하고는 못을 찾아달라고 부탁했다. 이에 마부는 "나는 이미 군대 나팔 신호를 들어서 기다릴 수가 없습니다."라고 말했다. 대장장이는 "못 하나가 없으면 말 편자는 튼튼하지 않습니다."라고 말하자, "그러면 그냥 아쉬운 대로 쓰지요, 영향이 크지 않을 거예요. 그렇지 않으면 시간이 지체되어 왕이 저에게 죄를 물을 것입니다." 결국, 왕 군마의 네 번째 편자는 못이 하나 부족한 채로 전장에 나갔다.

전투가 시작되자 국왕은 군대를 이끌고 적진으로 깊숙이 돌진했다. 얼마 지나지 않아 무서운 사고가 일어났는데, 왕이 탄 말이 갑자기 편자 하나가 떨어지며 앞발굽을 잘못 디뎌 넘어지면서 국왕도 낙마했고, 놀란 군마는 고삐를 풀고 사라졌다. 국왕의 불행으로 군대의 사기가 크게 떨어지자, 병사들은 뿔뿔이 도망쳤고 전쟁에서 참패했으며 적군이 국왕을 포위했다. 절망 속에서 왕은 검을 휘두르며 길게 탄식했다. "아, 내 나라가 뜻밖에도 말 한 필 때문에 망하다니!"

이 이야기는 우리에게 세부 사항(디테일)을 무시하지 말고, 잘 모르거나 모르는 것에 대해서는 쉽게 결론을 내리지 말라고 알려준다. 많은 경우에 사소한 디테일이 사건의 흐름을 결정할 수가 있다.

1 上文主要告诉我们一个什么道理?

A 细节决定成败 (✓)
B 团结就是力量
C 别轻易否定他人
D 要勇于承担责任

1 윗글은 주로 우리에게 어떤 이치를 알려주는가?

A 디테일이 성패를 좌우한다 (✓)
B 단결이 힘이다
C 쉽게 타인을 부정하지 말아라
D 용감하게 책임을 져야 한다

◆ 临时 línshí 부 (때가 되어) 갑자기 | 战场 zhànchǎng 명 전쟁터, 전장 | 吩咐 fēnfù 동 분부하다, 명령하다 | 马夫 mǎfū 명 마부 | 马掌 mǎzhǎng 명 말발굽, 편자 | 钉 dīng 명 못 | 铁匠 tiějiàng 명 대장장이 | 军队 jūnduì 명 군대 | 军马 jūnmǎ 명 군마 | 掌钉 zhǎngdīng 동 말의 편자 못을 박다 | 铁片 tiěpiàn 명 얇은 철판, 쇳조각 | 用尽 yòngjìn 동 다 쓰다 | 不耐烦 búnàifán 형 귀찮다, 성가시다 | 催促 cuīcù 동 재촉하다 | 道 dào 동 말하다 | 打头阵 dǎ tóuzhèn 선두에 서다 | 等不及 děng bu jí 기다릴 수 없다 | 无奈之下 wúnài zhīxià 하는 수 없이 | 只好 zhǐhǎo 부 부득이, 할

수 없이 | 铁条 tiětiáo 명 쇠꼬챙이 | 截 jié 동 자르다, 끊다 | 加工 jiāgōng 동 가공하다 | 军号 jūnhào 명 군대 신호 나팔 | 牢固 láogù 형 견고하다 | 将就 jiāngjiu 동 아쉬운 대로 쓰다 | 不然 bùrán 접 그렇지 않으면 | 耽误 dānwu 동 (시간을 지체하다가) 일을 그르치다 | 降罪 jiàngzuì 동 죄를 묻다 | 颗 kē 양 알, 방울 | 钉子 dīngzi 명 못

◆ 战斗 zhàndòu 명 전투 | 率军 shuàijūn 동 군대를 인솔하다 | 冲锋陷阵 chōngfēng-xiànzhèn 성 돌격하여 적진(敵陣) 깊숙이 들어가 함락시키다 | 意外 yìwài 명 뜻밖의 사고 | 坐骑 zuòqí 명 타고 있는 말 | 马失前蹄 mǎshīqiántí 성 말이 앞발굽을 놓치다 | 坠马 zhuìmǎ 동 낙마하다 | 惊恐 jīngkǒng 동 놀라 두려워하다 | 脱缰 tuōjiāng 동 고삐를 벗다 | 不幸 búxìng 명 불행 | 士气 shìqì 명 사기, 전투의지 | 衰 shuāi 동 약해지다 | 纷纷 fēnfēn 부 계속하여 | 调头 diàotóu 동 방향을 바꾸다 | 逃窜 táocuàn 동 도망치다, 도주하다 | 溃不成军 kuìbùchéngjūn 성 패배하여 군대가 뿔뿔이 흩어지다 | 敌军 díjūn 명 적군 | 包围 bāowéi 동 포위하다 | 绝望 juéwàng 동 절망하다 | 挥 huī 동 휘두르다 | 剑 jiàn 명 검 | 长叹 chángtàn 동 길게 탄식하다 | 竟然 jìngrán 부 뜻밖에도 | 毁 huǐ 동 망하다, 망가뜨리다, 훼손하다

◆ 忽视 hūshì 동 소홀히 하다 | 细节 xìjié 명 세부사항, 디테일 | 轻易 qīngyì 부 함부로, 쉽사리 | 下定论 xià dìnglùn 결론을 내리다 | 微不足道 wēibùzúdào 성 하찮아서 말할 가치도 없다, 보잘것없다 | 走向 zǒuxiàng 명 발전 방향, 흐름

실력 확인하기 독해 | 제3부분

12분 | Day 26

지문을 읽고, 질문에 알맞은 답을 고르세요. 4-05 ◀ 독해 영역의 지문도 MP3 파일로 들어 보세요.

1-4

网络上流行着各种各样的心理测试题，不少人用它测学业、测事业、测感情……令人奇怪的是，绝大多数做过网络心理测试的人都觉得，这些测试的答案能够比较准确地解读自己。

其实，人很容易相信一个抽象的、一般性的描述，即使这个描述非常不具体。究其原因，都是心理在“作怪”。

例如，答案说“你是一个非常诚实的人”，测试者便会联想到自己的一些诚实行为，寻找“证据”去佐证。又如，答案说“多做好事就会有好运”，测试者便会照做，而如果碰巧有了好运气，测试者就会觉得非常准。但这种行为实际上是本末倒置，是先认定结果后再找证据去验证。而一旦照做却没有出现想要的结果，有的人还容易出现心理落差。

其实，在网上做心理测试，并且认为解答比较准的人，通常都是渴望被关注、被理解的。我们每个人的思维都有选择性，会优先获取和自己相符或者自己能够接受的一些信息，并下意识地将其他信息排除在外，这样一来，自然会觉得测试答案很准。这是一个求同倾向，也是造成上述现象的原因之一。

1 网上的心理测试：

A 种类多　　B 题量大
C 多设计成表格　　D 解析都很相似

2 测试者在面对测试答案时可能会怎么做？

A 详细记录下来　　B 在网上写感想
C 主动为其寻找证据　　D 分享给诚实的朋友

3 根据最后一段，人们在获取信息时会：

A 用翻译软件　　B 选择信任的网站
C 向解答比较准的人咨询　　D 关注符合自身实际的

4 下列哪项最适合做上文的标题？

A 心态决定命运　　B 心理测试都答对了
C 哪些行为表明心理不健康　　D 你被心理测试“猜”对了吗

5-8

李济在哈佛大学攻读人类学专业。毕业后，他回国应聘至南开大学工作。

有一天，校长张伯苓在校园里碰到李济。张伯苓一本正经地问李济："你能告诉我，人类学的好处是什么？"其实，张伯苓对这门新兴学科并不了解，所以才有此一问。谁知，这问话却让李济甚感不爽。李济觉得张校长没把自己放在眼里。于是，他毫不客气地说："人类学什么好处也没有！"说完，不顾张伯苓惊讶的表情，转身扬长而去。

后来，李济在考古方面取得了很大的成就，声名大振。不久，李济收到张伯苓写给他的一封信，信中张伯苓诚恳地表示，自己看到李济在考古方面取得的一系列成就非常高兴，同时也认识到人类学的重要性，他衷心地祝愿李济以后取得更大的成就。阅信后，想起之前自己对张校长的无礼顶撞，想到张校长当时惊讶的表情，李济顿时懊悔不安起来。张校长不但不计前嫌，反而真诚地祝福自己，更让李济羞愧难当。为此，李济专程回了一次南开大学，当面向张伯苓表达了内心的歉意，张伯苓则哈哈一笑，说自己早已忘了此事。

5 关于李济，可以知道什么？

A 专业是人类学　　B 性格骄傲
C 毕业于南开大学　　D 是个考古学家

6 从文中可以看出张伯苓：

A 有健忘症　　B 看不起人类学
C 不喜欢李济　　D 不太了解新兴学科

7 张伯苓为什么给李济写信？

A 为自己的行为道歉　　B 想学习人类学
C 邀请李济去南开大学　　D 祝贺李济获得成功

8 李济为什么专程回南开大学？

A 去工作　　B 研究人类学
C 为自己的无礼道歉　　D 和张伯苓讨论考古学

9-12

如果一个人发现自己做事的效率太低，首先想到的时间管理方案往往是做个时间表。这种表格和课程表差不多，能按照时间把事情安排得井井有条。不过，工作中的事情绝不可能像上课那样以固定的时间长度为单位，因此真正执行时间表的可能性不大。

个人效率管理的第一原则，就是要把观念从“制订时间表”转变为“制订事件表”。“事件”也就是工作任务。在每天的工作开始之前，应该先给自己设定一个总目标，明确自己要完成哪几项工作，之后再设定好在处理这些工作时要完成的小目标。这样清晰又具体的计划，才能够指导我们的实践。

事件表最大的好处是确保了任务的完成。如果以时间表为中心去做事，很可能投入了大量的时间和精力，最后却一无所获。其根本原因就是当我们没有具体的目标时，就容易在某一件小事上漫无目的地花费过多的时间，或者找各种借口拖延。

而以任务为中心的计划，也许不“好玩儿”，也更难坚持，但可以肯定的一点是，一项又一项任务结束后，成就感也会随之而来。

9 根据第二段，制订事件表：

A 目标越高越好　　B 关键是要具体
C 应有理论指导　　D 要有个人风格

10 按照时间表做事，容易：

A 限制想象力　　B 受到老师的责备
C 使迟到早退成为习惯　　D 在不必要的事上浪费时间

11 实施“以任务为中心”的计划能带来什么好处？

A 有更多的空闲　　B 让人变得勇敢
C 使人获得成就感　　D 有意外的好运气

12 根据上文，下列哪项正确？

A 时间表与课程表相似　　B 事件表有固定的形式
C 要熟练使用办公软件　　D 现代人的辞职率很高

정답 및 해설 ▶ 325쪽

쓰기 书写

제2부분

문제 유형과 전략

쓰기 제2부분은 제시된 5개의 어휘로 80자 내외의 단문을 작성하는 99번 문제와, 주어진 사진을 근거로 80자 내외의 이야기를 작성하는 100번 문제, 총 2문제가 출제된다. 먼저 99번에서 제시된 어휘는 주로 5급 어휘 2개와 3~4급 어휘 3개로 구성된다. 대부분 명사·동사·형용사 위주로 출제되며 간혹 부사도 1개 출제된다. 반드시 5개의 어휘를 전부 사용하여, 논리에 맞게 단문을 작성해야 한다. 어휘의 순서를 바꾸거나 반복하여 사용해도 점수에 영향을 주지 않는다.

한편, 100번 문제는 사진의 키워드를 파악하는 것이 중요하다. 사진을 묘사하는 것이 아닌, 사진을 근거로 일기를 쓰듯이 이야기가 있는 단문을 작성해야 한다.

이렇게 풀어봐요

1. 최대한 많이 쓴다. 시험에는 80자 내외로 쓰라고 되어 있지만, 원고지는 모두 112자이다. 80자만 쓰면 내용이 상대적으로 짧고 부족해 보인다. 따라서 80자로 맞추기보다는 최대한 많이 써야 좋은 점수를 받을 수 있다. IBT도 마찬가지로 80자보다 더 많이 작성한다.

2. 최대한 쉽게 쓴다. 시험에서 좀 더 고급스러운 단어와 표현을 쓰고 싶다는 욕심이 생길 수 있다. 하지만 어려운 단어일수록 쓰기가 까다롭고, 한국식 표현이 아닌 중국식 표현으로 써야 한다. 따라서 쉬운 단어와 표현 위주로 써서 오답을 줄이고, 확신이 들지 않는 표현은 아예 쓰지 않는 것이 좋다.

3. 99번에 모르는 단어가 나오면 그 단어는 제외하고 쓴다. 99번 제시어는 모두 4급과 5급의 필수 어휘에서 출제된다. 하지만 5급 필수 어휘를 모두 암기하지 못했다면 모르는 단어가 나올 수 있다. 이럴 때는 모르는 단어는 제외하고 나머지 4개의 단어로 이야기를 만들면 된다. 물론 감점은 있지만, 엉뚱하게 유추해서 쓰는 것보다 점수 받기가 유리하다.

4. 모범 답안과 공식은 반드시 암기한다. 언어는 창조가 아닌 모방이다. 중국인의 사고를 모방하여 쓰는 작문이 가장 좋은 글이다. 따라서 모범 답안은 최소 5개를 완전히 암기해야 한다. 모범 답안 1개당 암기 속도를 20초로 정하여 외워 본다. 또한 본 교재에 있는 쓰기 공식도 매우 유용하기에 반드시 외운다. 참고로 본 교재의 쓰기 제2부분 내용은 원어민 선생님이 직접 집필하셨기에 믿고 외워도 된다.

공략법 01

주제 어휘를 먼저 찾는다

쓰기 | 제2부분

99번은 5개 제시어 중에서 명사와 동사를 파악한 후 어떤 주제로 글을 쓸지 정해야 합니다.

1 문제가 보이는 시간

예제 1 婚礼 祝贺 打扮 合影 幸福

Tip IBT를 준비하는 학습자는 핸드폰 또는 컴퓨터를 이용하여 타자 연습을 해 봅니다.

내가 풀어본 답

해설

STEP 1 **주제 어휘 정하기**

먼저 제시어의 의미와 품사를 파악하고, 그중 주제나 목적성을 나타내는 어휘를 찾는다. 그런 어휘의 품사는 보통 명사와 동사이다. 이 문제는 '婚礼(결혼식)'를 주제 어휘로 잡고, 결혼식과 관련된 이야기를 쓴다. 일인칭 시점으로 일기 쓰듯이 '내 결혼식'을 묘사해도 되고, 친구나 가족의 결혼식에 참석하는 내용으로 써도 된다.

주제 어휘 婚礼 hūnlǐ 명 결혼식

STEP 2 **제시어 분석하기**

어휘마다 자주 사용하는 짝꿍 단어를 붙여 문장을 만든다.

① 婚礼 hūnlǐ 명 결혼식

- 举行/举办+婚礼 결혼식을 올리다, 결혼식을 거행하다
- 参加婚礼 결혼식에 참석하다

◆ 举行 jǔxíng 동 거행하다, 개최하다 | 举办 jǔbàn 동 거행하다, 개최하다

② 祝贺 zhùhè 동 축하하다

- 祝贺她新婚快乐 그녀에게 신혼 행복하라고 축하하다
- 向她表示祝贺 그녀에게 축하 (인사)를 전하다

◆ 表示 biǎoshì 동 (말로) 나타내다, 표하다

③ 打扮 dǎban 동 단장하다

- 打扮得很漂亮 예쁘게 단장하다

④ 合影 héyǐng 동 함께 사진을 찍다 명 함께 찍은 사진

- 合影留念 함께 사진을 찍어 기념으로 남기다
- 和大家一起合了影 사람들과 함께 사진을 찍었다

◆ 留念 liúniàn 동 기념으로 남기다

⑤ 幸福 xìngfú 형 행복하다

- 显得十分幸福 행복해 보인다
- 祝贺她永远幸福 그녀가 영원히 행복하라고 축하하다

◆ 显得 xiǎnde 동 ~하게 보이다 | 祝贺 zhùhè 동 축하하다 | 永远 yǒngyuǎn 부 영원히

STEP 3 **스토리 구상하기**

앞에서 정한 주제 및 제시어로 만든 문장을 활용하여, 자주 쓰이는 중국식 표현 공식인 '도입 ➡ 전개 ➡ 마무리'에 따라 이야기를 구상하고 작문한다. 먼저 한국어로 이야기를 구상해 본다.

도입	최근에 친구의 결혼식에 참석했다.
전개	친구는 아주 예쁘게 단장했고 게다가 엄청 행복해 보였다. 이 과정에서 나는 그녀에게 축하를 표현했고, 같이 사진을 찍어 기념으로 남겼다.
마무리	나는 그녀가 언제나 행복하길 바란다.

모범 답안

		最	近	，	我	参	加	了	一	个	朋	友	的	婚	礼。
那	天	，	她	不	仅	打	扮	得	特	别	漂	亮	，	而	且
显	得	非	常	幸	福	。	在	这	个	过	程	中	，	我	向
她	表	示	了	祝	贺	，	还	一	起	合	影	留	念	了	。
我	希	望	她	永	远	幸	福	，	并	对	她	说	：“	祝	你
新	婚	快	乐	。”											

해석 최근에 나는 친구의 결혼식에 참석했다. 그날 그녀는 매우 예쁘게 꾸몄고 매우 행복해 보였다. 이 과정에서 나는 그녀에게 축하 (인사)를 전했고, 또 함께 사진을 찍어 기념으로 남겼다. 나는 그녀가 영원히 행복하길 바라며, 그녀에게 말했다: "결혼 축하해."

단어 参加 cānjiā 동 참가하다, 참석하다 | 过程 guòchéng 명 과정 | 祝 zhù 동 축복하다 | 新婚快乐 xīnhūn kuàilè 신혼이 행복하다 | 希望 xīwàng 동 희망하다, ~하면 좋겠다

2 내공이 쌓이는 시간

1 문장부호 사용법

1) ， 쉼표(逗号 dòuhào)

문장 중간에서 문장이 아직 끝나지 않았음을 나타낸다. 주로 같은 자격의 단어 또는 절을 열거할 때, 끊어 읽는 부분을 나타낼 때, 부르거나 대답하는 말 뒤에 사용한다.

• 在学习上，我们互相帮助，一起成长，还成为了好朋友。
공부에 있어서, 우리는 서로 돕고 함께 성장하며, 또한 좋은 친구가 되었다.

2) 。 마침표(句号 jùhào)

문장이 끝났음을 나타낸다. 서술·명령·청유 등을 나타내는 문장의 끝에 사용한다.

• 我最喜欢的运动就是滑雪。 내가 가장 좋아하는 운동은 바로 스키이다.

◆ 滑雪 huáxuě 명 스키

3) 、 모점(顿号 dùnhào)

예를 들어 설명할 때, 단어나 구를 나열할 때 사용합니다.

• 她制作的虎、猫、狗、兔等动物剪纸，深受人们喜爱。
그녀가 만든 호랑이·고양이·개·토끼 등 동물 전지(剪纸)는 사람들에게 매우 깊은 사랑을 받았다.

◆ 制作 zhìzuò 동 제작하다, 만들다 | 剪纸 jiǎnzhǐ 명 전지[중국의 전통 종이 공예] | 深受喜爱 shēnshòu xǐ'ài 매우 깊은 사랑을 받다

4) ？ 물음표(问号 wènhào)

의문문 끝에 사용한다.

• 你为什么来我们公司面试？ 당신은 왜 우리 회사에 면접을 보러 왔습니까?

◆ 面试 miànshì 동 면접을 보다

5) ！ 느낌표(感叹号 gǎntànhào)

감탄의 어기나 강한 느낌을 나타낼 때 사용한다.

• 我一定要成功！ 우리는 반드시 성공해야 해!

6) “ ” **따옴표(双引号 shuāngyǐnhào)**

직접화법을 나타낼 때 사용한다.

- 老师问我：“你为什么迟到？” 선생님이 저에게 물어봤습니다. “너는 왜 늦었니?”

◆ 迟到 chídào 동 지각하다, 늦다

7) ： **쌍점(冒号 màohào)**

따옴표를 사용한 직접 화법 문장 바로 앞에서 사용한다.

- 我对她说：“谢谢你的帮助。” 나는 그녀에게 말했다. “도와줘서 고마워.”

2 PBT 원고지 작성 방법

1) 문단이 시작될 때는 반드시 두 칸을 들여쓰기한다.
2) 한 칸에 한 글자씩 쓴다.
3) 문장 부호는 한 칸에 하나씩 쓴다.
4) 문장 부호는 매 행의 첫 번째 칸에 단독으로 쓸 수 없다. 따라서 다음 행으로 줄 바꿈을 할 경우 마지막 한 칸에 글자와 문장 부호를 함께 쓴다.
5) 문장 부호 두 개가 연달아 나오면, 한 칸에 두 개를 함께 쓴다.

Tip PBT(종이 시험)는 답안지가 원고지 양식으로 되어있고, IBT(컴퓨터 시험)는 원고지가 따로 없습니다.

예시

1)　　2)　　4)

✓	✓	最	近	，	我	参	加	了	一	个	朋	友	的	婚	礼。
那	天	，	她	不	仅	打	扮	得	特	别	漂	亮	，	而	且
显	得	非	常	幸	福	。	在	这	个	过	程	中	，	我	向
她	表	示	了	祝	贺	，	还	一	起	合	影	留	念	了	。
我	希	望	她	永	远	幸	福	，	并	对	她	说	：“	祝	你
新	婚	快	乐	。”											

3)　　5)

3 IBT 작성 방법

1) 스페이스바를 두 번 누르고 답안을 작성한다.
2) 줄 바꿈은 하지 않는다.
3) 중국어는 띄어쓰기가 없다. 글자와 글자 사이, 글자와 부호 사이에 띄어쓰기 없이 답안을 입력한다.
4) 글자 수는 상단 우측에서 확인한다.

예시

99-100. 写短文。

99 请结合下列词语(要全部使用，顺序不分先后)，写一篇80字左右的短文。

胖 减肥 锻炼 运动 身体

현재 글자수:

我最近胖了很多，所以我决定开始减肥了。我先去健身房报了名，还请了一位健身教练教我运动。教练很热情，上课时也很有意思。我几乎每天都去锻炼身体。在教练的帮助下，我相信我会减肥成功的！

이전 문제 다음 문제

해설 요즘 살이 많이 쪄서, 나는 다이어트를 시작하기로 했다. 나는 먼저 헬스장에 가서 등록하고, 운동을 가르쳐 달라고 트레이너에게 부탁했다. 트레이너는 열정적이고, 수업 시간도 재미있다. 나는 거의 매일 헬스하러 간다. 트레이너의 도움으로 나는 다이어트에 성공할 수 있을 거라 믿는다!

단어 胖 pàng 형 뚱뚱하다, 살찌다 | 减肥 jiǎnféi 동 다이어트하다 | 健身房 jiànshēnfáng 명 헬스장 | 报名 bàomíng 동 신청하다, 등록하다 | 教练 jiàoliàn 명 코치, 트레이너 | 热情 rèqíng 형 친절하다 | 锻炼身体 duànliàn shēntǐ 신체를 단련하다, 헬스하다

공 략 법 02

제시어의 짝꿍을 찾는다

쓰기 | 제2부분

99번 제시어 5개 중에서 서로 호응하는 단어들이 있다면, 먼저 두 단어를 연결해 줍니다.

1 문제가 보이는 시간

예제 1 博物馆 悠久 参观 遵守 千万

내가 풀어본 답

해설

STEP 1 주제 어휘 정하기

먼저 제시어의 의미와 품사를 파악하고, 그중 서로 호응 관계를 이루는 단어를 찾아내 연결한다. 그리고 어떤 내용으로 쓸지 주제를 정한다.

짝꿍 만들기 '参观' + '博物馆' → '参观博物馆(박물관을 견학하다)'

주제 만들기 '参观博物馆(박물관을 견학하다)' → 박물관에서 견학 규칙을 지키며 관람하는 이야기

◆ 参观 cānguān 동 참관하다, 견학하다 | 博物馆 bówùguǎn 명 박물관

STEP 2 제시어 분석하기

나머지 어휘는 자주 사용하는 호응을 붙여 구나 문장을 만든다.

① 悠久 yōujiǔ 형 유구하다

- 历史悠久 역사가 유구하다
- 悠久的传统文化 유구한 전통문화

◆ 历史 lìshǐ 명 역사 | 传统文化 chuántǒng wénhuà 전통문화

② 遵守 zūnshǒu 동 준수하다

- 遵守公司规定 회사 규정을 준수하다
- 遵守交通规则 교통 규칙을 준수하다
- 遵守约定时间 약속 시간을 준수하다

◆ 规定 guīdìng 명 규정 | 规则 guīzé 명 규칙 | 约定 yuēdìng 명 약속

③ 千万 qiānwàn 부 제발, 절대로

- 千万不能拍照 절대로 사진을 찍어서는 안 된다
- 千万要记住 제발 기억해야 한다

STEP 3 스토리 구상하기

앞에서 정한 주제 및 제시어로 만든 문장을 활용하여, 자주 쓰이는 중국식 표현 공식인 '도입 ➡ 전개 ➡ 마무리'에 따라 이야기를 구상하고 작문한다. 먼저 한국어로 이야기를 구상해 본다.

도입	최근에 선생님이 우리를 데리고 박물관에 관람하러 갔었다.
전개	유구한 역사도 알 수 있을 뿐만 아니라 많은 지식도 배울 수 있다. 관람할 때 반드시 박물관 규정을 준수해야 하며, 절대 마음대로 사진을 찍으면 안 된다.
마무리	이번 관람은 인상이 깊었다.

모범 답안

		最	近	，	老	师	带	我	们	去	参	观	了	历	史
博	物	馆	，	参	观	博	物	馆	不	仅	可	以	了	解	悠
久	的	历	史	，	而	且	还	能	学	到	很	多	知	识	。
老	师	说	，	参	观	的	时	候	一	定	要	遵	守	博	物
馆	的	规	定	，	千	万	不	能	随	便	拍	照	。	总	之，
这	次	参	观	给	我	留	下	了	很	深	刻	的	印	象	。

해석 최근에 선생님은 우리를 데리고 역사박물관에 견학하러 갔다. 박물관 견학은 유구한 역사를 이해할 수 있을 뿐만 아니라, 게다가 많은 지식을 습득할 수 있다. 선생님께서 말씀하시길, 견학할 때는 반드시 박물관의 규정을 준수해야 하고 절대 마음대로 사진을 찍어서는 안 된다고 하셨다. 어쨌든 이번 견학은 나에게 깊은 인상을 남겼다.

단어 带 dài 동 이끌다, 데리다 | 了解 liǎojiě 동 (자세하게 잘) 알다, 이해하다 | 规定 guīdìng 명 규정 | 随便 suíbiàn 부 마음대로, 함부로 | 拍照 pāizhào 동 사진을 찍다 | 总之 zǒngzhī 접 어쨌든, 아무튼 | 留下印象 liúxià yìnxiàng 인상을 남기다, 인상을 주다 | 深刻 shēnkè 형 (인상이) 깊다

2 내공이 쌓이는 시간

시험에 잘 나오는 짝꿍 어휘를 주제별로 정리했으니 함께 외워 봅니다.

1 학습·학업

1) 制定+计划 계획을 세우다

• 我制定了一个新的学习计划。 나는 새로운 학습 계획을 세웠다.

◆ 制定 zhìdìng 동 (계획을) 세우다, 짜다 | 计划 jìhuà 명 계획

2) 分析+原因 원인을 분석하다

• 老师帮我分析了考试失败的原因。 선생님이 나에게 시험의 실패 원인을 분석해 주었다.

◆ 分析 fēnxī 동 분석하다 | 考试 kǎoshì 명 시험 | 失败 shībài 동 실패하다

3) **实现+梦想** 꿈을 실현하다

- 为了实现梦想，我要不断努力。 꿈을 실현하기 위해 나는 끊임없이 노력해야 한다.

◆ 梦想 mèngxiǎng 명 꿈 | 不断 búduàn 부 부단히, 끊임없이

4) **演讲+比赛** 웅변 대회, 말하기 대회

- 最近，学校举行了一场演讲比赛。 최근에 학교에서 말하기 대회가 열렸다.

◆ 举行 jǔxíng 동 거행하다, 열다 | 演讲比赛 yǎnjiǎng bǐsài 웅변대회, 말하기 대회

5) **辩论赛+竞争激烈** 토론 대회는 경쟁이 치열하다

- 这次的辩论赛竞争非常激烈。 이번 토론 대회에서는 경쟁이 매우 치열했다.

◆ 辩论赛 biànlùnsài 명 토론 대회 | 竞争激烈 jìngzhēng jīliè 경쟁이 치열하다

6) **表现+优秀** 행실이 우수하다

- 我在学校一直都表现得很优秀。 나는 학교에서 줄곧 행실이 우수했다.

Tip 강연이나 운동 등 실력 발휘를 잘했을 때는 '你的表现不错!(아주 잘 했어!)'라고 말합니다.

◆ 表现 biǎoxiàn 동 (행동·태도·실력을) 보여주다, 활약하다 명 (겉으로 보여지는) 행동, 태도, 실력 발휘 | 优秀 yōuxiù 형 우수하다, 뛰어나다

2 직장·구직·비즈니스

1) **去公司+应聘** 회사에 지원하러 가다

- 明天，我要去那家公司应聘。 내일 저는 그 회사에 지원하러 갈 겁니다.

◆ 应聘 yìngpìn 동 지원하다

2) **招聘+员工** 직원을 채용하다

- 那家公司正在招聘三名员工。 그 회사에서 직원 3명을 채용하고 있다.

◆ 招聘 zhāopìn 동 (직원을) 모집하다, 채용하다

3) **制作+简历** 이력서를 작성하다

- 我制作了一份个人简历。 나는 개인 이력서 1부를 작성했다.

◆ 制作 zhìzuò 동 제작하다, 작성하다 | 简历 jiǎnlì 명 이력서

Tip '(회사에) 이력서를 넣는다'는 표현은 동사 '投 tóu'를 사용하여 '投简历'라고 말합니다.

4) **取得+成就** 성과를 얻다

- 和同事合作，我们一起取得了很好的成就。
  동료와 협력하여 우리는 함께 좋은 성과를 얻었다.

◆ 取得 qǔdé 동 취득하다, 얻다 | 成就 chéngjiù 명 성취, 성과

5) **经营+店铺** 가게를 운영하다

- 我经营着一家店铺。 나는 가게를 운영하고 있다.

◆ 经营 jīngyíng 동 경영하다, 운영하다 | 店铺 diànpù 명 점포, 상점, 가게

6) **修改+方案** 방안을 수정하다

- 我根据领导的意见，修改了方案。 나는 상사의 의견에 따라 방안을 수정했다.

◆ 根据 gēnjù 전 ~에 근거하여, ~에 따라 | 领导 lǐngdǎo 명 지도자, 상사 | 修改 xiūgǎi 동 수정하다 | 方案 fāng'àn 명 방안

7) **积累+经验** 경험을 쌓다

- 在工作中，我积累了丰富的经验。 업무 중에 나는 풍부한 경험을 쌓았다.

◆ 积累 jīlěi 동 (경험·지식을) 쌓다 | 经验 jīngyàn 명 경험, 노하우

8) **签+合同** 계약서에 서명하다

- 我们和对方公司签了合同。 나는 상대 회사와의 계약서에 서명했다.

◆ 签 qiān 동 서명하다, 사인하다 | 合同 hétong 명 계약서

3 여가 취미·자기 개발

1) **业余爱好+广泛** 여가 취미가 다양하다

- 我的业余爱好十分广泛。 나의 여가 취미는 매우 다양하다.

◆ 业余爱好 yèyú àihào 여가 취미 *业余 형 여가의, 업무 외의 | 广泛 guǎngfàn 형 광범위하다, 다양하다

2) **克服+困难** 어려움을 극복하다

- 为了实现梦想，我克服了一切困难。 꿈을 이루기 위해서 나는 모든 어려움을 극복했다.

◆ 梦想 mèngxiǎng 명 꿈 | 克服 kèfú 동 극복하다 | 困难 kùnnan 명 어려움

3) **面对+现实** 현실을 마주하다

- 逃避不能解决任何事，应该勇敢面对现实。
  도피로는 어떤 일도 해결할 수 없으니, 마땅히 용감하게 현실을 마주해야 한다.

◆ 逃避 táobì 동 도피하다 | 解决 jiějué 동 해결하다 | 任何 rènhé 대 어떠한 | 勇敢 yǒnggǎn 형 용감하다 | 面对 miànduì 동 직면하다, 마주하다

4) **性格+坚强** 성격이 강하다

- 经过这件事，我的性格变得越来越坚强了。 이 일을 겪은 후, 나의 성격은 갈수록 강해졌다.

◆ 性格 xìnggé 명 성격 | 坚强 jiānqiáng 동 굳세다, 강하다

5) **技术+熟练** 기술이 능숙하다

- 经过努力，我的技术已经变得非常熟练了。 노력 끝에 나의 기술은 이미 매우 능숙해졌다.

◆ 熟练 shúliàn 형 숙련되다, 능숙하다

4 운동·다이어트·건강

1) **健身+教练** 헬스 트레이너

- 为了减肥，我去健身房请了一位健身教练。
  살을 빼기 위해, 나는 헬스장에 가서 헬스 트레이너에게 (코칭을) 부탁했다.

◆ 减肥 jiǎnféi 동 살을 빼다, 다이어트하다 | 健身房 jiànshēnfáng 명 헬스장 | 健身 jiànshēn 동 헬스하다 | 教练 jiàoliàn 명 코치, 트레이너

2) **锻炼+身体** 신체를 단련하다, 헬스하다

- 坚持锻炼身体可以保持身材。 꾸준히 신체를 단련하면 몸매를 유지할 수 있다.

◆ 坚持 jiānchí 동 (하고 있던 것을) 계속하다, 꾸준히 하다 | 锻炼 duànliàn 동 단련하다, 운동하다 | 保持身材 bǎochí shēncái 몸매를 유지하다

3) **保持+身材** 몸매를 유지하다

- 保持好身材不仅要多运动，而且还要靠健康的饮食习惯。
  좋은 몸매를 유지하려면 운동을 많이 해야 할 뿐만 아니라, 건강한 식습관에도 의지해야 한다.

◆ 保持 bǎochí 동 (지속적으로) 유지하다 | 身材 shēncái 명 몸매 | 靠 kào 동 기대다, 의지하다 | 饮食习惯 yǐnshí xíguàn 식습관

4) **达到+目标** 목표를 달성하다

- 经过努力，我终于达到了减掉5公斤的目标。
  노력 끝에 나는 마침내 5kg을 감량하는 목표를 달성했다.

◆ 达到 dádào 동 (목표 등을) 달성하다 | 减 jiǎn 동 빼다, 감량하다 | 公斤 gōngjīn 명 킬로그램(kg) | 目标 mùbiāo 명 목표

5) **效果+明显** 효과가 뚜렷하다

- 减肥的效果非常明显。 다이어트의 효과는 매우 뚜렷하다.

◆ 减肥 jiǎnféi 동 다이어트하다 | 效果 xiàoguǒ 명 효과 | 明显 míngxiǎn 형 뚜렷하다, 분명하다

6) **挂+急诊** 응급실에 접수하다

- 因为肚子实在太疼了，我去挂了急诊。 배가 너무 아파서 나는 응급실에 접수했다.

Tip '挂'는 '(병원에) 접수하다'는 의미입니다. 원래는 '挂号'지만, 뒤에 목적어(急诊)가 있어서 '挂'만 썼습니다.

◆ 肚子 dùzi 명 배, 복부 | 实在 shízài 부 정말, 너무 | 挂 guà 동 등록하다, 접수하다 | 急诊 jízhěn 명 응급실, 응급 진료

7) **缓解+疲劳** 피로를 완화하다(풀다)

- 缓解疲劳最好的办法就是充足的睡眠。 피로를 푸는 가장 좋은 방법은 충분한 수면이다.

◆ 缓解 huǎnjiě 동 (피로를) 완화하다, 풀다 | 疲劳 píláo 형 피로하다 | 睡眠 shuìmián 명 수면

8) **调整+心态** 심리 상태를 조정하다, 마음을 다스리다

- 压力大时应该调整好心态，调整好作息。
  스트레스가 심할 때는 마음을 잘 다스리고, 일과 휴식을 잘 조절해야 한다.

◆ 调整 tiáozhěng 동 조정하다, 조절하다, 다스리다 | 心态 xīntài 명 심리 상태, 마음 | 作息 zuòxī 동 일하고 휴식하다

9) **恢复+健康** 건강을 회복하다

- 在医生的帮助下，我终于恢复了健康。 의사의 도움으로 나는 마침내 건강을 회복했다.

◆ 终于 zhōngyú 부 마침내 | 恢复 huīfù 동 회복하다 | 健康 jiànkāng 명 건강

10) **吸取+教训** 교훈을 받아들이다

- 我要吸取这次的教训，重视健康问题。
  나는 이번의 교훈을 받아들여 건강 문제를 중시하려고 한다.

◆ 吸取 xīqǔ 동 (교훈을) 받아들이다 | 教训 jiàoxùn 명 교훈 | 重视 zhòngshì 동 중시하다

5 여행·나들이

1) 景色 + 优美 경치가 아름답다

• 这里的景色十分优美。이곳의 경치는 매우 아름답다.

◆ 景色 jǐngsè 명 경치, 풍경 | 优美 yōuměi 형 (우아하고) 아름답다

2) 欣赏 + 风景 경치를 감상하다

• 旅游可以欣赏到优美的风景。여행하면 아름다운 경치를 감상할 수 있다.

> **Tip** '欣赏'은 오감으로 감상하는 것이므로 음악을 감상할 때는 '欣赏音乐'만 가능합니다. 눈으로 감상할 때는 '欣赏' 대신 '观赏'을 써서 '观赏风景'도 가능합니다.

◆ 欣赏 xīnshǎng 동 감상하다 | 优美 yōuměi 형 (우아하고) 아름답다

3) 拍 + 合影 함께 사진을 찍다

• 在优美的风景前，我们一起拍了合影。아름다운 풍경 앞에서, 우리는 함께 사진을 찍었다.

◆ 风景 fēngjǐng 명 경치, 풍경(=景色) | 拍合影 pāi héyǐng 함께 사진을 찍다

4) 享受 + 美食 맛있는 음식을 즐기다

• 在旅行过程中，我可以享受到当地的美食。
여행하는 동안 나는 현지의 맛있는 음식을 즐길 수 있다.

◆ 过程 guòchéng 명 과정 | 享受 xiǎngshòu 동 누리다, 즐기다 | 当地 dāngdì 명 현지, 그 지방 | 美食 měishí 명 맛있는 음식

5) 放松 + 心情 마음을 풀어주다

• 旅行可以放松紧张的心情。여행은 긴장된 마음을 풀어준다.

◆ 放松 fàngsōng 동 (긴장을) 풀다 | 紧张 jǐnzhāng 형 긴장하다

6) 传统 + 风俗 전통 풍습

• 每个地方都有自己的传统风俗。모든 지방에는 고유한 전통 풍습이 있다.

◆ 风俗 fēngsú 명 풍속, 풍습

6 공연·스타·대회(예체능)

1) 遇到 + 明星 스타를 만나다

- 最近，我在逛街的时候遇到了一个很火的明星。
  최근에 나는 쇼핑을 하다 인기 있는 스타를 만났다.

◆ 逛街 guàngjiē 동 거리 구경을 하다, (아이)쇼핑하다 | 遇到 yùdào 동 (우연히) 만나다 | 火 huǒ 형 번창하다, 인기 있다

2) 魅力 + 独特 매력이 독특하다

- 我感受到了他独特的魅力。 나는 그의 독특한 매력을 느꼈다.

◆ 独特 dútè 형 독특하다 | 魅力 mèilì 명 매력

3) 心情 + 激动 기분이 감격스럽다

- 见到了喜欢的明星，我的心情激动得不得了。
  좋아하는 스타를 만나서, 내 기분은 매우 감격스러웠다.

◆ 激动 jīdòng 동 (감정이) 격해지다, 감격하다 | 不得了 bùdéliǎo 형 (정도가) 심하다

4) 获得 + 冠军 우승을 차지하다(=夺得冠军 duódé guànjūn)

- 最后，他获得了冠军。 결국, 그는 우승을 차지했다.

◆ 获得 huòdé 동 획득하다, (우승을) 차지하다 | 冠军 guànjūn 명 우승, 1등

5) 观看 + 演出 공연을 관람하다

- 我们观看了一场精彩的演出。 우리는 멋진 공연을 관람했다.

◆ 精彩 jīngcǎi 형 훌륭하다, 멋지다 | 演出 yǎnchū 명 공연

6) 格外 + 精彩 매우 훌륭하다

- 这部电影格外精彩，获得了观众一致的好评。
  이 영화는 매우 훌륭해서, 관중들의 일치된 호평을 얻었다.

◆ 格外 géwài 부 매우, 각별히 | 精彩 jīngcǎi 형 뛰어나다, 훌륭하다 | 获得好评 huòdé hǎopíng 호평을 얻다 *好评 명 호평, 좋은 평판 | 观众 guānzhòng 명 관중 | 一致 yízhì 형 일치하다

7) 发挥 + 才能 재능을 발휘하다

- 他在比赛中发挥出了自己的才能。 그는 대회에서 자신의 재능을 발휘했다.

◆ 比赛 bǐsài 명 시합, 대회 | 发挥 fāhuī 동 발휘하다 | 才能 cáinéng 명 재능

7 쇼핑·상품

1) 优惠+活动 할인 행사, 프로모션

• 商场正在举行优惠活动。 백화점에서 할인 행사를 하고 있다.

◆ 商场 shāngchǎng 명 백화점 | 举行 jǔxíng 동 거행하다, (행사를) 하다 | 优惠 yōuhuì 형 특혜의, 우대의

2) 推荐+产品 제품을 추천하다

• 店员向我推荐了一款热门产品。 점원은 나에게 인기 있는 제품을 추천했다.

◆ 推荐 tuījiàn 동 추천하다 | 款 kuǎn 양 종류, 스타일 | 热门 rèmén 명 인기 있는 것

3) 戴+围巾 목도리를 착용하다(두르다)

• 戴围巾不仅能保暖，还能起到装饰的作用。
목도리를 두르면 보온할 수 있을 뿐만 아니라, 장식의 역할도 할 수 있다.

◆ 戴 dài 동 착용하다, 두르다 | 围巾 wéijīn 명 목도리, 스카프 | 保暖 bǎonuǎn 동 보온하다 | 装饰 zhuāngshì 동 장식하다 | 作用 zuòyòng 명 작용, 역할, 효과

4) 改变+形象 이미지를 바꾸다

• 我最近在尝试改变形象。 나는 최근 이미지를 바꾸려고 시도하고 있다.

◆ 尝试 chángshì 동 시도해 보다, 시험해 보다 | 形象 xíngxiàng 명 이미지

5) 追求+时尚 유행을 좇다(=赶时髦 gǎn shímáo)

• 年轻人都喜欢追求时尚。 젊은이들은 모두 유행을 좇길 좋아한다.

◆ 追求 zhuīqiú 동 추구하다 | 时尚 shíshàng 명 유행, 트렌드 형 최신식이다

6) 风格+独特 스타일이 독특하다

• 每个人都要有自己独特的风格。 모든 사람은 자신만의 독특한 스타일이 있어야 한다.

◆ 独特 dútè 형 독특하다 | 风格 fēnggé 명 풍격, 스타일

8 주거생활·인테리어·집

1) 租+公寓 아파트를 임차하다

• 最近，我租了一个公司附近的公寓。 최근에 나는 회사 근처의 아파트에 세를 얻었다.

◆ 租 zū 동 임차하다, 빌리다, 세를 얻다 | 附近 fùjìn 명 부근, 근처 | 公寓 gōngyù 명 아파트

2) **装修+房间** 방을 인테리어하다

• 最近，我开始重新装修房间了。 최근에 나는 방을 새로 인테리어하기 시작했다.

◆ 重新 chóngxīn 부 다시, 새로 | 装修 zhuāngxiū 동 인테리어하다

3) **收拾+行李** 짐을 정리하다

• 为了搬家，我最近一下班就收拾行李。
이사하기 위해 나는 요즘 퇴근하자마자 짐을 정리한다.

◆ 搬家 bānjiā 동 이사하다 | 一A就B yī A jiù B A하자마자 B하다 | 收拾 shōushi 동 정리하다, 치우다 | 行李 xíngli 명 (여행)짐

4) **设施+完善** 시설이 완벽하다

• 我们小区附近的生活设施十分完善。 우리 아파트 단지 부근의 생활 시설은 매우 완벽하다.

◆ 小区 xiǎoqū 명 아파트 단지 | 附近 fùjìn 명 부근, 근처 | 设施 shèshī 명 시설 | 完善 wánshàn 형 완벽하다

9 생활안전·사고·수칙

1) **发生+火灾** 화재가 발생하다

• 发生火灾时不能坐电梯。 화재가 발생할 때는 엘리베이터를 타면 안 된다.

◆ 火灾 huǒzāi 명 화재 | 电梯 diàntī 명 엘리베이터

2) **保持+冷静** 침착함을 유지하다

• 发生意外时，首先要保持冷静。 뜻밖의 사고가 났을 때, 우선 침착함을 유지해야 한다.

◆ 意外 yìwài 명 뜻밖의 사고 형 의외이다, 뜻밖이다 | 首先 shǒuxiān 부 가장 먼저, 우선 | 冷静 lěngjìng 형 냉철하다, 침착하다

3) **采取+措施** 조치를 취하다

• 我们要尽快采取正确有效的措施。 우리는 되도록 빨리 정확하고 효과적인 조치를 취해야 한다.

◆ 尽快 jǐnkuài 부 되도록 빨리 | 采取 cǎiqǔ 동 채택하다, 취하다 | 有效 yǒuxiào 형 효과적이다 | 措施 cuòshī 명 조치

4) **遵守+规则** 규칙을 준수하다

• 开车时要遵守交通规则。 운전할 때는 교통규칙을 준수해야 한다.

◆ 遵守 zūnshǒu 동 준수하다 | 规则 guīzé 명 규칙

10 대인관계·사회생활

1) 产生+矛盾 갈등이 생기다

• 和人相处时，难免会产生矛盾。 남과 함께 지내다 보면, 갈등이 생기기 마련이다.

◆ 相处 xiāngchǔ 동 함께 지내다 | 难免 nánmiǎn 형 피할 수 없다, ~하기 마련이다 | 矛盾 máodùn 명 모순, 갈등

2) 善于+沟通 소통을 잘하다

• 无论遇到什么问题，善于沟通才能解决问题。
어떤 문제에 부딪히든, 소통을 잘해야만 문제를 해결할 수 있다.

◆ 遇到问题 yùdào wèntí 문제에 부딪히다 | 善于 shànyú 동 ~을 잘하다 | 沟通 gōutōng 동 소통하다 | 解决 jiějué 동 해결하다

3) 表示+感谢 감사를 표하다

• 我向老师表示了感谢。 나는 선생님에게 감사 (인사)를 전했다.

◆ 感谢 gǎnxiè 동 감사하다

4) 热心+帮助 친절하게 돕다

• 幸亏遇到了热心帮助我的人，我才能顺利解决问题。
다행히 나를 친절하게 도와준 사람을 만나, 나는 비로소 순조롭게 문제를 해결할 수 있었다.

◆ 幸亏 xìngkuī 부 다행히, 운 좋게 | 热心 rèxīn 형 친절하다, 마음이 따뜻하다 | 顺利 shùnlì 형 순조롭다 | 解决 jiějué 동 해결하다

5) 气氛+热闹 분위기가 떠들썩하다

• 大家有说有笑，气氛非常热闹。
사람들이 웃음꽃을 피우며 즐겁게 이야기하고 있어서 분위기가 매우 떠들썩하다.

◆ 有说有笑 yǒushuō yǒuxiào 웃음꽃을 피우며 즐겁게 이야기하다 | 气氛 qìfēn 명 분위기 | 热闹 rènao 형 (광경·분위기가) 번화하다, 떠들썩하다

쓰기 | 제2부분

사진 문제는 주제별 공식을 암기한다

100번 사진 문제는 매번 다른 사진이지만 디테일만 다를 뿐, 큰 주제는 정해져 있습니다. 주로 일상 생활 속 취미생활·운동·학업·비즈니스·가정·연인·건강·여행·대인관계 등의 사진이 출제됩니다. 먼저 사진 속 키워드(인물·행동·상황·표정·감정 등)를 파악하고, 키워드의 주제 범위를 정한 후에 공식을 활용하여 나만의 모범 답안을 만들면 좋은 점수를 얻을 수 있습니다.

1 내공이 쌓이는 시간

예제 1

내가 풀어본 답

해설

STEP 1 주제 정하기

주제 범위를 정한다. 키워드 '滑雪'에 어울리는 '취미·운동'을 주제로 정한다.

STEP 2 스토리 구상하기

공식에 따라 이야기를 구성한다.

1) 나는 취미가 다양한데 그중에서 스키를 유난히 좋아한다. ➡ 사진 속 행동이 주제
2) 스키를 타면 운동도 되고 스트레스 해소도 잘 된다. ➡ 이 취미의 장점
3) 그래서 지난 주말에도 아이들과 함께 스키 타러 가서 재미있게 놀고 왔다. ➡ 세부 설명 및 감정

STEP 3 키워드 잡기

주제와 스토리를 정했으면 그에 어울리는 키워드를 떠올린다.

키워드 滑雪, 滑雪场, 孩子

STEP 4 예문 만들기

키워드를 넣어 간단한 예문을 만들어 본다.

- 我的爱好是滑雪。 나의 취미는 스키이다.
- 我经常去滑雪场。 나는 스키장에 자주 간다.
- 父亲教孩子滑雪。 아빠가 아이에게 스키를 가르친다.
- 孩子们滑雪滑得很开心。 아이들이 스키를 신나게 탄다.

모범 답안

		我	的	爱	好	非	常	广	泛	，	比	如	下	象	棋、
钓	鱼	、	健	身	等	等	。	其	中	，	我	格	外	喜	欢
滑	雪	。	对	我	来	说	，	滑	雪	不	仅	可	以	锻	炼
平	衡	能	力	，	还	能	缓	解	各	种	压	力	。	上	周
末	，	我	带	着	孩	子	们	去	了	滑	雪	场	，	我	们
一	起	滑	雪	。	孩	子	们	十	分	开	心	，	玩	儿	得
很	愉	快	。												

해석 나의 취미는 장기 두기·낚시·헬스 등등 매우 다양하다. 그중 나는 스키를 유난히 좋아한다. 나에게 스키는 균형 감각을 길러줄 뿐만 아니라 각종 스트레스도 풀어준다. 지난 주말에 아이들을 데리고 스키장에 가서 함께 스키를 탔다. 아이들은 매우 신나 하며 즐겁게 놀았다.

단어 爱好 àihào 명 취미 | 广泛 guǎngfàn 형 광범위하다, 다양하다 | 下象棋 xià xiàngqí (중국) 장기를 두다 | 钓鱼 diàoyú 동 낚시하다 | 健身 jiànshēn 동 (신체를) 단련하다, 헬스하다 | 滑雪 huáxuě 명 스키 동 스키를 타다 | 锻炼 duànliàn 동 단련하다, (감각을) 기르다 | 平衡能力 pínghéng nénglì 균형 감각 | 缓解压力 huǎnjiě yālì 스트레스를 풀다 | 带 dài 동 이끌다, 데리다 | 滑雪场 huáxuěchǎng 동 스키장 | 愉快 yúkuài 형 유쾌하다, 즐겁다

2 내공이 쌓이는 시간

시험에 잘 나오는 사진 문제의 모범 답안을 주제별로 정리했습니다. 여러 번 읽어보며 공식 표현을 익혀 봅니다.

1 일상생활(취미·여가 활동)

我是一个大学生，我的爱好非常广泛，比如踢足球、养花、下象棋等等。其中，我格外喜欢滑雪。如果没有什么事的话，业余时间我都会去滑雪。滑雪不仅可以锻炼平衡能力，而且还可以缓解学习上的压力。总之，每次去滑雪的收获都很大。

나는 대학생이고, 나의 취미는 축구하기·꽃 가꾸기·장기 두기 등으로 매우 다양하다. 그중 나는 스키를 유난히 좋아한다. 별일 없으면, 여가 시간에 나는 스키를 타러 간다. 스키는 균형 감각을 길러줄 뿐만 아니라 학업 스트레스도 풀어준다. 아무튼, 스키 타러 갈 때마다 얻는 것이 많다.

◆ 广泛 guǎngfàn 형 광범위하다, 다양하다 | 踢足球 tī zúqiú 축구를 하다 | 养花 yǎng huā 꽃을 가꾸다 | 下象棋 xià xiàngqí (중국) 장기를 두다 | 滑雪 huáxuě 명 스키 동 스키를 타다 | 业余时间 yèyú shíjiān 여가 시간 | 锻炼 duànliàn 동 단련하다, (감각을) 기르다 | 平衡能力 pínghéng nénglì 균형 감각 | 缓解压力 huǎnjiě yālì 스트레스를 풀다 | 总之 zǒngzhī 접 어쨌든, 아무튼 | 收获 shōuhuò 명 수확, 성과, 얻는 것

2 직장생활(업무처리·회의·상사에게 보고·출장·고객 응대)

我是一个上班族，在一家大公司工作。最近，我接到了一个新的项目。虽然这个项目并不简单，但是我会尽全力完成。在这个过程中，同事们给了我很多帮助和鼓励。我们一边讨论方案，一边修改。最后，我终于完成项目，并获得了大家一致的好评。

나는 직장인이고, 대기업에서 근무한다. 최근에 나는 새로운 프로젝트를 받았다. 비록 이 프로젝트는 절대 간단하지 않지만, 나는 최선을 다해 완성할 것이다. 이 과정에서 동료들이 나에게 많은 도움과 격려를 해 주었다. 우리는 방안을 논의하면서 수정했다. 결국 나는 프로젝트를 완성했고, 모두의 호평을 얻었다.

◆ 上班族 shàngbānzú 명 직장인 | 项目 xiàngmù 명 항목, 프로젝트 | 简单 jiǎndān 형 간단하다 | 尽全力 jìn quánlì 최선을 다하다 | 过程 guòchéng 명 과정 | 鼓励 gǔlì 동 격려하다 | 方案 fang'àn 명 방안 | 修改 xiūgǎi 동 수정하다 | 终于 zhōngyú 부 마침내, 결국 | 获得好评 huòdé hǎopíng 호평을 얻다 *好评 명 호평, 좋은 평판 | 一致 yízhì 형 일치하다

3 학교생활(공부·과외·수업·강의·인터넷 강의·졸업·취직 면접)

我是一个学生，最近我在准备期末考试。首先，我把重点内容都整理出来了，然后遇到不会的问题就去请教老师，他帮我分析问题。在老师的帮助下，我更容易集中精神，学会更多知识。我相信只要我不断努力，就一定能取得好成绩。	나는 학생이고, 요즘 기말고사를 준비하고 있다. 우선, 나는 핵심 내용을 전부 정리한 후에 모르는 문제가 생기면 바로 선생님께 여쭤보았고, 선생님은 나를 도와 문제를 분석해 주셨다. 선생님의 도움으로, 나는 더 쉽게 정신을 집중하여 더 많은 지식을 습득했다. 나는 내가 끊임없이 노력하기만 하면 반드시 좋은 성적을 거둘 수 있을 것이라고 믿는다.

◆ 期末考试 qīmò kǎoshì 기말고사 | 首先 shǒuxiān 부 가장 먼저, 우선 | 重点内容 zhòngdiǎn nèiróng 핵심 내용 | 整理 zhěnglǐ 동 정리하다 | 然后 ránhòu 접 그런 후에, 그다음에 | 遇到 yùdào 동 만나다, (문제가) 생기다 | 请教 qǐngjiào 동 가르침을 청하다, 여쭤보다 | 分析 fēnxī 동 분석하다 | 集中精神 jízhōng jīngshén 정신을 집중하다 | 不断 búduàn 부 부단히, 끊임없이 | 取得好成绩 qǔdé hǎo chéngjì 좋은 성적을 거두다

4 연인·부부·기념일·프러포즈

我有一个女朋友/妻子，我们恋爱/结婚已经三年了。最近，她过生日，我为她准备了一个惊喜。首先，我订了一家餐厅，然后给她买了个礼物。我们一边享受浪漫的烛光晚餐，一边拍合照留念。在这个过程中，我们决定一起买新车/买新房/去旅游。最后，她感动得哭了。这件事让我们都非常难忘。	나는 여자친구/아내가 있고, 우리는 연애/결혼한 지 벌써 3년이 되었다. 최근 그녀의 생일에 나는 그녀를 위해 깜짝 이벤트를 준비했다. 우선, 나는 식당을 예약한 다음에 그녀에게 선물을 사 주었다. 우리는 낭만적이고 분위기 있는 곳에서 근사한 저녁 식사를 즐기면서 기념사진을 찍었다. 이 과정에서 우리는 함께 새 차를 사기로/새집을 사기로/여행을 가기로 결정했다. 결국 그녀는 감동하여 울었다. 이 일은 우리 모두가 정말 잊을 수 없다.

◆ 恋爱 liàn'ài 동 연애하다 | 结婚 jiéhūn 동 결혼하다 | 惊喜 jīngxǐ 명 놀람과 기쁨, 서프라이즈, 깜짝 이벤트 | 首先 shǒuxiān 부 가장 먼저, 우선 | 订 dìng 동 예약하다 | 餐厅 cāntīng 명 식당 | 然后 ránhòu 접 그런 후에, 그다음에 | 享受 xiǎngshòu 동 누리다, 즐기다 | 浪漫 làngmàn 형 낭만적이다 | 烛光晚餐 zhúguāng wǎncān (연인들의) 분위기 있는 곳의 근사한 저녁 식사 | 拍合照留念 pāi hézhào liúniàn 기념사진을 찍다 | 过程 guòchéng 명 과정 | 感动 gǎndòng 동 감동하다

5 가정교육·가족·부모와 자식

我有一个可爱的女儿/儿子，她/他非常活泼开朗。最近，我开始陪她/他一起养宠物。这不仅能培养孩子负责任的态度，而且还能让孩子学会独立解决问题。总而言之，父母是孩子最好的老师，应该给孩子创造一个良好的成长环境。	나에게는 귀여운 딸/아들이 있는데, 그녀는/그는 매우 활발하고 명랑하다. 최근에 나는 그녀/그와 함께 애완동물을 키우기 시작했다. 애완동물을 키우는 일은 아이에게 책임감 있는 태도를 길러줄 수 있을 뿐만 아니라, 아이들이 혼자서 문제를 해결하는 법을 배우게 할 수도 있다. 결론적으로, 부모는 아이의 가장 좋은 선생님이므로 아이에게 좋은 성장 환경을 만들어 주어야 한다.

◆ 活泼开朗 huópō kāilǎng 활발하고 명랑하다 | 陪 péi 동 모시다, 함께하다 | 养宠物 yǎng chǒngwù 애완동물을 키우다 | 培养 péiyǎng 동 배양하다, 기르다 | 负责任 fù zérèn 책임을 지다, 책임(감)이 있다 | 独立 dúlì 동 혼자서 하다 | 解决问题 jiějué wèntí 문제를 해결하다 | 总而言之 zǒng'éryánzhī 성 요컨대, 결론적으로 | 创造 chuàngzào 동 창조하다, (새롭게) 만들다 | 成长环境 chéngzhǎng huánjìng 성장 환경

6 이사·주거·인테리어·가구·부동산

最近，我租了一个公寓，这两天正在装修和打扫房间。首先，我购买了我喜欢的家具，有漂亮的窗帘、舒服的沙发、明亮的灯具等，然后把它们都安装好，并把房间都打扫干净。虽然有点累，但是看着自己的家，我感到格外满意。	최근에 나는 아파트에 세를 얻어, 요 며칠 동안 인테리어와 방 청소를 하고 있다. 우선, 예쁜 커튼·편안한 소파·밝은 조명 등 내가 좋아하는 가구를 샀고, 그 후에 그것들을 모두 설치하고 방을 깨끗하게 청소했다. 비록 조금 피곤했지만, 나의 집을 보면서 나는 매우 만족감을 느꼈다.

◆ 租 zū 동 임차하다, 빌리다, 세를 얻다 | 公寓 gōngyù 명 아파트 | 装修 zhuāngxiū 동 인테리어하다 | 打扫房间 dǎsǎo fángjiān 방을 청소하다 | 首先 shǒuxiān 부 가장 먼저, 우선 | 购买 gòumǎi 동 구매하다, 구입하다 | 窗帘 chuānglián 명 커튼 | 舒服 shūfu 형 편안하다 | 沙发 shāfā 명 소파 | 明亮 míngliàng 형 환하다, 밝다 | 灯具 dēngjù 명 조명 | 然后 ránhòu 접 그런 후에 | 安装 ānzhuāng 동 설치하다

7 건강·헬스·운동·병원·의사

随着生活水平的提高，越来越多的人开始关注健康。不仅养成良好的作息习惯，而且还坚持健身，保持身材。即使工作、生活再忙，生病了也会去医院看病，及时治疗。同时，还要适当减压，保持好心情，重视心理健康。	생활 수준이 향상되면서 갈수록 많은 사람들이 건강에 관심을 두기 시작했다. (이는) 일하고 휴식하는 데 좋은 습관을 기를 뿐만 아니라, 꾸준히 운동하고 몸매를 유지하게 만든다. 일과 생활이 아무리 바빠도 아프면 병원에 가서 진료를 받고 제때 치료해야 한다. 동시에 적절하게 스트레스를 풀고, 좋은 기분을 유지하며, 정신 건강을 중시해야 한다.

- 随着 suízhe 전 ~함에 따라서 | 提高 tígāo 동 향상되다 | 养成习惯 yǎngchéng xíguàn 습관을 기르다 | 作息 zuòxī 동 일하고 휴식하다 | 坚持 jiānchí 동 (하고 있던 것을) 계속하다, 꾸준히 하다 | 保持身材 bǎochí shēncái 몸매를 유지하다 | 及时 jíshí 부 제때에 | 治疗 zhìliáo 동 치료하다 | 适当 shìdàng 형 적당하다, 적절하다 | 减压 jiǎnyā 동 스트레스를 풀다 | 保持 bǎochí 동 (지속적으로) 유지하다 | 重视 zhòngshì 동 중시하다

8 경기·대회·시합 참석 및 관람

我是一个游泳运动员，经常参加各种比赛。我们全家人也会一场不落地观看，并为我加油。最近，我在一场决赛中表现突出，发挥出色，获得了冠军。我和家人都激动得又喊又跳。对我来说，这次比赛的收获非常大。	나는 수영 선수이고, 각종 대회에 자주 참가한다. 우리 모든 가족은 한 경기도 빠짐없이 관람하고, 나를 위해 응원해 준다. 최근에 나는 결승전에서 뛰어난 활약을 펼치며 우승을 차지했다. 나와 가족들은 모두 흥분해서 소리 지르고 춤을 추었다. 나에게 이번 대회의 성과는 매우 컸다.

- 游泳运动员 yóuyǒng yùndòngyuán 수영 선수 | 参加 cānjiā 동 참가하다 | 比赛 bǐsài 명 시합, 대회 | 一场不落 yì cháng bú là 한 경기도 빠지지 않다 | 观看 guānkàn 동 관람하다 | 决赛 juésài 명 결승전 | 表现突出，发挥出色 biǎoxiàn tūchū, fāhuī chūsè 뛰어난 활약을 펼치다 *表现 동 (행동·태도·실력을) 보여주다, 활약하다 *突出 형 두드러지다, 뛰어나다 | 得冠军 dé guànjūn 우승을 차지하다 | 激动 jīdòng 동 (감정이) 격해지다, 흥분하다 | 喊 hǎn 동 외치다, 소리지르다 | 跳 tiào 동 (춤을) 추다 | 收获 shōuhuò 명 수확, 성과

9 여행·관광·사진 찍기

我最喜欢的就是旅游。旅游不仅可以欣赏各地的风景，而且还能了解当地的文化，增长见识。首先，我会制定旅游计划，预订机票。然后，去景点拍照片，体验当地的传统。无论是一个人还是和朋友家人，每次旅游都会有不同的收获。	내가 가장 좋아하는 것은 여행이다. 여행은 각지의 풍경을 감상할 수 있을 뿐만 아니라, 그 지역의 문화를 이해하고 견문을 넓힐 수 있다. 우선, 나는 여행 계획을 세우고 항공권을 예매한다. 그런 후에, 명소에 가서 사진을 찍으며 그 지역의 전통을 체험한다. 혼자이든 친구나 가족과 함께이든, 매번 여행할 때마다 서로 다른 성과를 얻는다.

- 欣赏风景 xīnshǎng fēngjǐng 경치를 감상하다 | 了解 liǎojiě 동 (자세하게 잘) 알다, 이해하다 | 当地 dāngdì 명 현지, 그 지역 | 增长见识 zēngzhǎng jiànshi 견문을 넓히다 | 首先 shǒuxiān 부 가장 먼저, 우선 | 制定计划 zhìdìng jìhuà 계획을 세우다 | 预订机票 yùdìng jīpiào 항공권을 예매하다 | 然后 ránhòu 접 그런 후에 | 景点 jǐngdiǎn 명 명소 | 体验 tǐyàn 동 체험하다 | 传统 chuántǒng 명 전통 | 收获 shōuhuò 명 수확, 성과, 얻는 것

10 모임·외식·파티

今天是爷爷70岁的生日，我们聚会在一起，为他举行了一个庆祝活动。首先，我们做了一桌子拿手好菜，然后，买了爷爷喜欢的礼物。大家一边祝福爷爷健康快乐，一边拍合照留念。总而言之，我们一起度过了幸福美好的时间。	오늘은 할아버지의 70세 생일이어서 우리는 함께 모여 그를 위해 축하 행사를 열었다. 먼저, 우리는 가장 자신 있는 요리를 한 상 차린 후에 할아버지가 좋아하시는 선물을 샀다. 우리 모두 할아버지의 건강과 행복을 축복하면서 함께 기념사진을 찍었다. 결론적으로, 우리는 함께 행복하고 좋은 시간을 보냈다.

◆ 聚会 jùhuì 동 모이다 | 举行活动 jǔxíng huódòng 행사를 열다 | 庆祝 qìngzhù 동 경축하다, 축하하다 | 首先 shǒuxiān 부 가장 먼저, 우선 | 桌(子) zhuō(zi) 양 상[요리상의 수를 셀 때 쓰임] | 拿手好菜 náshǒu hǎocài 가장 자신 있는 요리 *拿手 형 뛰어나다, 자신 있다 | 然后 ránhòu 접 그런 후에, 그다음에 | 祝福 zhùfú 동 축복하다 | 拍合照留念 pāi hézhào liúniàn 기념사진을 찍다 | 总而言之 zǒng'éryánzhī 성 요컨대, 결론적으로 | 度过 dùguò 동 (시간을) 보내다 | 幸福美好 xìngfú měihǎo 행복하고 좋다

공략법 04

쓰기 | 제2부분

공식 외의 사진은 작문의 6요소를 따른다

앞에서 배운 10개의 빈출 주제를 벗어난 사진이 출제될 수도 있습니다. 그러면 상황 키워드를 파악한 후, 작문의 6요소에 따라 일기 쓰듯이 작문하면 됩니다. 작문의 6요소는 시간(언제)·장소(어디서)·인물(누가)·발단(사건의 계기)·과정 (어떻게 했는지)·결말(기분·감정·분위기)입니다.

1 내공이 쌓이는 시간

예제 1

내가 풀어본 답

해설

STEP 1 키워드 잡기

먼저 사진 속 상황에 맞는 키워드를 정한다.

키워드 交通事故

STEP 2 작문의 6요소 정하기

작문의 6요소(시간·장소·인물·발단·과정·결말)에 따라 간단한 표현을 떠올려 본다.

시간 最近 최근
昨天 어제
上周末 지난 주말

장소 在马路上 길 위에서
十字路口 교차로
胡同 골목

인물 我和一个人 나와 어떤 사람

발단 发生交通事故 교통사고가 발생하다
撞车 차량이 충돌하다
追尾 추돌하다
闯红灯 신호를 위반하다

과정 给保险公司打电话 보험회사에 전화하다
留下彼此的电话号码 서로의 전화번호를 남기다
报警 경찰에 신고하다

결말 吸取教训 교훈을 받아들이다
小心 조심하다
遵守交通规则 교통 규칙을 준수하다

STEP 3 스토리 구상하기

작문의 6요소에 따라 이야기를 만들어 본다.

1) 어제 길에서 어떤 사람이랑 접촉 사고가 있어서 교통사고를 당했다.
2) 바로 보험회사와 경찰에게 전화하고 서로의 번호를 교환했다.
3) 이번 일로 교훈을 얻어 앞으로는 교통 규칙을 잘 지키며 안전운전을 해야 한다.

모범 답안

		昨	天	，	在	下	班	路	上	，	我	和	一	个	人
发	生	了	交	通	事	故	。	首	先	，	我	们	马	上	给
保	险	公	司	和	警	察	打	电	话	，	然	后	留	下	彼
此	的	电	话	号	码	，	还	拍	了	照	片	。	虽	然	这
次	的	事	故	不	太	严	重	，	但	是	通	过	这	件	事，
我	要	吸	取	教	训	，	遵	守	交	通	规	则	，	小	心
开	车	。													

해석 어제 퇴근길에 어떤 사람과 교통사고가 발생했다. 우선 우리는 보험회사와 경찰에 바로 전화한 후, 서로의 전화번호를 남기고 사진도 찍었다. 비록 이번 사고는 별로 심각하지 않았지만, 이 일로 나는 교통 규칙을 준수하며 조심해서 운전해야 한다는 교훈을 얻었다.

단어 交通事故 jiāotōng shìgù 명 교통사고 | 马路 mǎlù 명 (큰)길, 대로 | 十字路口 shízì lùkǒu 명 교차로 | 胡同 hútòng 명 골목 | 撞车 zhuàngchē 동 차량이 충돌하다 | 追尾 zhuīwěi 동 추돌하다 | 闯红灯 chuǎng hóngdēng 신호를 위반하다 | 保险公司 bǎoxiǎn gōngsī 명 보험회사 | 留下 liúxià 동 남기다 | 彼此 bǐcǐ 명 피차, 서로 | 电话号码 diànhuà hàomǎ 전화번호 | 报警 bàojǐng 동 경찰에 신고하다 | 吸取教训 xīqǔ jiàoxùn 교훈을 받아들이다, 교훈을 얻다 | 遵守 zūnshǒu 동 준수하다, 지키다 | 交通规则 jiāotōng guīzé 교통 규칙 *规则 규칙, 법칙 | 下班 xiàbān 동 퇴근하다 | 首先 shǒuxiān 부 가장 먼저, 우선 | 警察 jǐngchá 명 경찰 | 然后 ránhòu 접 그런 후에, 그다음에 | 严重 yánzhòng 형 (정도가) 심각하다 | 通过 tōngguò 전 ~을 통해서

2 내공이 쌓이는 시간

작문할 때 꼭 필요한 중국식 표현 공식을 준비했습니다. 쓰기 제2부분은 99번, 100번 상관없이 어떤 내용이 나와도 쓸 수 있어야 합니다. 내용이 길지 않더라도 '도입(1문장) ➡ 전개(2~3문장) ➡ 마무리(1문장)' 순서로 4~5문장만 써도 기본 점수를 받아 합격할 수 있습니다. 가장 중요한 점은 한국식 표현을 번역하듯이 쓰는 것이 아닌, **반드시 중국식 표현으로 써야 한다는 것**입니다.

1 도입 부분에 자주 쓰이는 공식

도입 부분은 앞으로 전개할 이야기에 대해 간단하게 쓴다. 내가 최근에 어떠한 일을 하는지, 관심 있는 분야는 무엇인지, 지금 어떠한 신분인지, 어떠한 상황에 놓여있는지를 간단하게 언급해 준다.

1) **最近，我……。** 최근에 나는 ~했다.

- 最近，我开始健身了。
  최근에 나는 헬스하기 시작했다

- 最近，我正在找工作。
  최근에 나는 일자리를 찾기 시작했다.

- 最近，我买了个扫地机器人。
  최근에 나는 로봇청소기를 샀다.

◆ 健身 jiànshēn 동 헬스하다 | 扫地机器人 sǎodì jīqìrén 로봇 청소기 *扫地 동 (바닥을) 청소하다

2) **最近，……的问题受到广泛关注。** 최근에 ~한 문제가 폭넓은 관심을 받고 있다.

- 最近，垃圾分类的问题受到广泛关注。
  최근에 쓰레기 분리수거 문제가 폭넓은 관심을 받고 있다.

- 最近，气候变暖的问题受到广泛关注。
  최근에 기후 온난화 문제가 폭넓은 관심을 받고 있다.

- 最近，养宠物的问题受到广泛关注。
  최근에 애완동물을 키우는 문제가 폭넓은 관심을 받고 있다.

◆ 垃圾分类 lājī fēnlèi 쓰레기 분리수거 | 受到关注 shòudào guānzhù 관심을 받다 | 广泛 guǎngfàn 형 광범위하다, 폭넓다 | 气候变暖 qìhòu biànnuǎn 기후 온난화 | 养宠物 yǎng chǒngwù 애완동물을 키우다

3) **有一天，我参加了一个……。** 어느 날, 나는 ~에 참가했다.

• 有一天，我参加了一个**演讲比赛。**
어느 날, 나는 말하기 대회에 참가했다.

• 有一天，我参加了一个**讨论会。**
어느 날, 나는 토론회에 참가했다.

• 有一天，我参加了一个**朋友的婚礼。**
어느 날, 나는 친구의 결혼식에 참가했다.

◆ 参加 cānjiā 동 참가하다 | 演讲比赛 yǎnjiǎng bǐsài 웅변대회, 말하기 대회 | 讨论会 tǎolùnhuì 명 토론회 | 婚礼 hūnlǐ 명 결혼식

4) **过段时间，我打算……。** 시간이 조금 지나면, 나는 ~할 생각이다.

• 过段时间，我打算**出国旅游。**
시간이 조금 지나면, 나는 해외여행을 갈 생각이다.

• 过段时间，我打算**向女朋友求婚。**
시간이 조금 지나면, 나는 여자친구에게 프러포즈할 생각이다.

• 过段时间，我打算**买一辆新车。**
시간이 조금 지나면, 나는 새 차를 살 생각이다.

◆ 打算 dǎsuàn 동 ~할 생각(계획)이다 | 出国旅游 chūguó lǚyóu 해외여행을 가다 | 求婚 qiúhūn 동 프러포즈하다 | 辆 liàng 양 대[차량을 셀 때 쓰임]

5) **我是一个……，……。** 나는 ~이고, ~하다.

• 我是一个**大学生，我的爱好非常广泛。**
나는 대학생이고, 나의 취미는 다양하다.

• 我是一个**上班族，在一家大公司工作。**
나는 직장인이고, 대기업에서 근무한다.

• 我是一名**老师，经常给学生们辅导作业。**
나는 선생님이고, 자주 학생들에게 과제를 개인 교습한다.

◆ 爱好 àihào 명 취미 | 广泛 guǎngfàn 형 광범위하다, 다양하다 | 上班族 shàngbānzú 명 직장인 | 辅导 fǔdǎo 동 (학습을) 도우며 지도하다, 개인 교습하다

6) **我有一个……，他/她……。** 나는 ~이 있는데, 그/그녀는 ~하다.

- 我有一个男朋友，他的生日快到了。
  나는 남자친구가 있는데, 그의 생일이 곧 다가온다.

- 我有一个同事，他工作能力很强。
  나는 동료가 있는데, 그의 업무 능력이 뛰어나다.

- 我有一个妹妹，她最近心情很不好。
  나는 여동생이 있는데, 그녀는 요즘 기분이 안 좋다.

7) **我最喜欢的……就是……。** 내가 가장 좋아하는 ~는 바로 ~이다.

- 我最喜欢的运动就是滑雪。
  내가 가장 좋아하는 운동은 바로 스키이다.

- 我最喜欢的休闲活动就是散步。
  내가 가장 좋아하는 여가 활동은 바로 산책이다.

- 我最喜欢的季节就是春天。
  내가 가장 좋아하는 계절은 바로 봄이다.

◆ 滑雪 huáxuě 명 스키 | 休闲活动 xiūxián huódòng 여가 활동 | 季节 jìjié 명 계절

8) **我从小就……。** 나는 어려서부터 ~했다.

- 我从小就在中国生活。
  나는 어려서부터 중국에서 생활했다.

- 我从小就想成为一名医生。
  나는 어려서부터 의사가 되고 싶었다.

- 我从小就跟奶奶的感情最好。
  나는 어려서부터 할머니와의 감정이 가장 좋았다.

9) **随着……，越来越多的人开始……。** ~함에 따라서, 갈수록 많은 사람들이 ~하기 시작했다.

- 随着生活水平的提高，越来越多的人开始出国旅游。
  생활 수준이 향상됨에 따라서, 갈수록 많은 사람들이 해외여행을 가기 시작했다.

- 随着科技的进步，越来越多的人开始使用智能产品。
  과학 기술이 발전함에 따라서, 갈수록 많은 사람들이 스마트 제품을 사용하기 시작했다.

- 随着健康意识的提高，越来越多的人开始健身。
  건강 의식이 향상됨에 따라서, 갈수록 많은 사람들이 헬스하기 시작했다.

◆ 随着 suízhe 전 ~함에 따라서 | 提高 tígāo 동 향상되다 | 出国旅游 chūguó lǚyóu 해외여행을 가다 | 科技 kējì 명 과학 기술 | 智能产品 zhìnéng chǎnpǐn 스마트 제품 | 健康意识 jiànkāng yìshí 건강 의식 | 健身 jiànshēn 동 헬스하다

2 전개 부분에 자주 쓰이는 공식

전개 부분은 도입 부분에서 언급한 이야기를 좀 더 상세하게 쓰고, 마무리로 가기 위한 문장을 써야 한다. 예를 들어, 도입 부분에서 최근 운동에 관심이 생겨 헬스장에서 운동을 시작했다는 내용을 썼다면, 전개 부분에서는 좀 더 구체적으로 운동 횟수나 운동의 종류를 써준 후에, 마무리 문장을 위해 운동하는 이유와 앞으로의 목표를 간단하게 써준다.

1) **(首)先……，然后……。** 우선 ~하고, 그다음에 ~했다.

- 首先，我去健身房报了名，然后还请了一位健身教练。
  우선 나는 헬스장에 가서 등록하고, 그다음에 헬스 트레이너도 부탁했다.
- 首先，我买了一个行李箱，然后开始收拾行李。
  먼저 나는 캐리어를 사고, 그다음에 짐을 정리하기 시작했다.
- 首先，我制作好了一份个人简历，然后去那家公司应聘。
  우선 나는 개인 이력서를 작성하고, 그다음에 그 회사에 지원하러 간다.

◆ 首先 shǒuxiān 부 가장 먼저, 우선 | 健身房 jiànshēnfáng 명 헬스장 | 报名 bàomíng 동 신청하다, 등록하다 | 然后 ránhòu 접 그런 후에, 그다음에 | 健身 jiànshēn 동 헬스하다 | 教练 jiàoliàn 명 코치, 트레이너 | 行李箱 xínglǐxiāng 명 여행용 가방, 캐리어 | 收拾 shōushi 동 정리하다, 치우다 | 行李 xíngli 명 (여행)짐 | 制作简历 zhìzuò jiǎnlì 이력서를 작성하다 | 应聘 yìngpìn 동 지원하다

2) **A(주어)+不仅……，而且还……。** A는 ~할 뿐만 아니라, 게다가 ~도 한다.

- 健身不仅能锻炼身体，而且还能缓解压力。
  헬스는 신체를 단련할 수 있을 뿐만 아니라, 게다가 스트레스도 풀 수 있다.
- 奶奶不仅照顾我的生活，而且还教我很多为人处世的道理。
  할머니는 내 생활을 돌볼 뿐만 아니라, 게다가 남과 잘 어울려 살아가는 도리도 많이 가르쳐 주신다.
- 旅游不仅可以欣赏美丽的风景，而且还能了解那里的文化。
  여행은 아름다운 경치를 감상할 수 있을 뿐만 아니라, 게다가 그곳의 문화도 이해할 수 있다.

◆ 健身 jiànshēn 동 헬스하다 | 锻炼身体 duànliàn shēntǐ 신체를 단련하다, 헬스하다 | 缓解压力 huǎnjiě yālì 스트레스를 풀다 | 照顾 zhàogù 동 돌보다, 보살피다 | 为人处世 wéirén chǔshì 남과 잘 어울려 살아가다 | 欣赏风景 xīnshǎng fēngjǐng 경치를 감상하다 | 了解 liǎojiě 동 (자세하게 잘) 알다, 이해하다

3) **虽然/尽管……，但是/然而+A(주어)+却……。** 비록 ~지만, (그러나) A는 ~하다.

• 虽然开车上班很方便，但是却增加了空气污染。

비록 운전해서 출근하는 것은 편리하지만, 공기 오염을 증가시킨다.

• 虽然遇到了很多困难，但是我却都克服了。

비록 많은 어려움을 만났지만, 나는 다 극복했다.

• 尽管围巾的颜色有点深，然而款式却非常漂亮。

비록 스카프의 색은 약간 진하지만, 스타일은 매우 예쁘다.

◆ 增加 zēngjiā 동 증가시키다 | 空气污染 kōngqì wūrǎn 공기 오염 | 遇到困难 yùdào kùnnan 어려움을 만나다 | 克服 kèfú 동 극복하다 | 围巾 wéijīn 명 목도리, 스카프 | 颜色 yánsè 명 색, 색깔 | 然而 rán'ér 접 그러나, 하지만 | 款式 kuǎnshì 명 양식, 스타일

4) **A(주어)+一边……，一边……。** A는 ~하면서 ~하다.

• 我们一边包饺子，一边聊天。

우리는 만두를 빚으면서 이야기를 나누었다.

• 全家人一边吃着饭，一边互相祝福。

온 가족이 식사를 하면서 서로 덕담을 나누었다.

• 朋友一边安慰我，一边鼓励我要鼓起勇气。

친구는 나를 위로하면서 용기를 내라고 격려해 주었다.

◆ 包饺子 bāo jiǎozi 교자를 빚다 | 聊天 liáotiān 동 이야기를 나누다 | 互相 hùxiāng 부 서로 | 祝福 zhùfú 동 축복하다, 덕담을 나누다 | 安慰 ānwèi 동 위로하다 | 鼓励 gǔlì 동 격려하다 | 鼓起勇气 gǔqǐ yǒngqì 용기를 내다

5) **在这个过程中，我……。** 이 과정에서 나는 ~했다.

• 在这个过程中，我认识到环境保护的重要性。

이 과정에서 나는 환경 보호의 중요성을 깨달았다.

• 在这个过程中，我逐渐养成了不熬夜的好习惯。

이 과정에서 나는 점차 밤을 새우지 않는 좋은 습관을 기르게 되었다.

• 在这个过程中，我明白了历史悠久的传统文化有多么重要。

이 과정에서 나는 역사가 오래된 전통문화가 얼마나 중요한지 알게 되었다.

◆ 过程 guòchéng 명 과정 | 环境保护 huánjìng bǎohù 환경보호 | 逐渐 zhújiàn 부 점점, 점차 | 养成习惯 yǎngchéng xíguàn 습관을 기르다 | 熬夜 áoyè 동 밤을 새다 | 历史悠久 lìshǐ yōujiǔ 역사가 유구하다(오래되다)

6) **即使/哪怕……，也/都……。** 설령 ~할지라도(하더라도), ~하다.

• 即使有再多困难，也要克服。
설령 아무리 많은 어려움이 있더라도, 극복해야 한다.

• 哪怕工作再忙，都要坚持运动。
설령 일이 아무리 바빠도, 꾸준히 운동해야 한다.

• 哪怕是一粒米，也不能浪费，应该珍惜。
설령 쌀 한 톨이라도, 낭비해서는 안 되고 소중히 여겨야 한다.

◆ 克服 kèfú 동 극복하다 | 坚持 jiānchí 동 (하고 있던 것을) 계속하다, 꾸준히 하다 | 粒 lì 양 알, 톨, 발 | 浪费 làngfèi 동 낭비하다 | 珍惜 zhēnxī 동 소중히 여기다

7) **在……的帮助下，我……。** ~의 도움으로 나는 ~했다.

• 在老师的帮助下，我顺利通过了考试。
선생님의 도움으로 나는 시험을 무사히 통과했다.

• 在同事的帮助下，我终于完成了这个项目。
동료의 도움으로 나는 마침내 이 프로젝트를 완성했다.

• 在医生的帮助下，我的身体恢复了健康。
의사의 도움으로 나의 몸은 건강을 회복했다.

◆ 顺利 shùnlì 형 순조롭다, 무사하다 | 通过考试 tōngguò kǎoshì 시험을 통과하다 | 终于 zhōngyú 부 마침내 | 项目 xiàngmù 명 항목, 프로젝트 | 恢复健康 huīfù jiànkāng 건강을 회복하다

8) **我发现……，于是我决定……。** 나는 ~을 알고서 ~하기로 결정했다.

• 我发现我迷路了，于是我决定打电话给警察。
나는 내가 길을 잃었다는 것을 알고서 경찰에 전화하기로 결정했다.

• 我发现他的学习方法有问题，于是我决定帮助他。
나는 그의 학습 방법에 문제가 있다는 것을 알고서 그를 돕기로 결정했다.

• 我发现妈妈做家务很辛苦，于是我决定为她买扫地机器人。
나는 엄마가 집안일하는 것이 고되다는 것을 알고서 엄마에게 로봇청소기를 사주기로 결정했다.

◆ 发现 fāxiàn 동 발견하다, 알아차리다 | 迷路 mílù 동 길을 잃다 | 警察 jǐngchá 명 경찰 | 做家务 zuò jiāwù 집안일을 하다 | 辛苦 xīnkǔ 형 고생스럽다, 고되다 | 扫地机器人 sǎodì jīqìrén 로봇 청소기 *扫地 동 (바닥을) 청소하다

9) **无论……，都……。** ~에 관계없이(~하든 간에) 항상 ~하다.

- 无论遇到什么困难，都要勇敢克服。
  어떤 어려움을 만나든 간에 항상 용감하게 극복해야 한다.
- 无论过了多长时间，我都无法忘记这件事。
  시간이 얼마나 흘렀든 간에 나는 이 일을 잊을 수 없다.
- 无论是下雨还是晴天，爷爷都坚持锻炼身体。
  비가 오든 맑은 날이든 간에 할아버지는 항상 꾸준히 단련한다.

◆ 遇到困难 yùdào kùnnan 어려움을 만나다 | 勇敢 yǒnggǎn 형 용감하다 | 克服 kèfú 동 극복하다 | 忘记 wàngjì 동 잊어버리다, 잊다 | 晴天 qíngtiān 명 맑은 날 | 坚持 jiānchí 동 (하고 있던 것을) 계속하다, 꾸준히 하다 | 锻炼身体 duànliàn shēntǐ 신체를 단련하다, 헬스하다

3 마무리 부분에 자주 쓰이는 공식

마무리 부분은 긍정적인 결과에 대한 기대 또는 희망적인 이야기로 끝맺는 것이 좋습니다. 전개 부분에서 일이 힘들고, 누군가와 다투는 등의 안 좋은 이야기를 썼더라도 방법을 찾기 위해 노력하거나, 앞으로의 미래에 대한 희망찬 이야기로 마무리해야 합니다.

1) **最后，我终于……。** 결국, 나는 ~했다.

- 最后，我终于完成了这个项目。
  결국, 나는 이 프로젝트를 완성했다.
- 最后，我终于找到了正确的方法。
  결국, 나는 정확한 방법을 찾았다.
- 最后，我终于把这个难题解决了。
  결국, 나는 이 어려운 문제를 해결했다.

◆ 终于 zhōngyú 부 마침내, 결국 | 项目 xiàngmù 명 항목, 프로젝트 | 正确 zhèngquè 형 정확하다 | 难题 nántí 명 어려운 문제 | 解决 jiějué 동 해결하다

2) **总之，A(주어)+给我留下了深刻的印象。** 아무튼 A는 나에게 깊은 인상을 남겼다.

- 总之，这次旅行给我留下了深刻的印象。
  아무튼 이번 여행은 나에게 깊은 인상을 남겼다.
- 总之，这次展览给我留下了深刻的印象。
  아무튼 이번 전시회는 나에게 깊은 인상을 남겼다.

- 总之，她的婚礼给我留下了深刻的印象。
  아무튼 그녀의 결혼식은 나에게 깊은 인상을 남겼다.

◆ 总之 zǒngzhī 접 어쨌든, 아무튼 | 留下印象 liúxià yìnxiàng 인상을 남기다 | 深刻 shēnkè 형 (인상이) 깊다 | 展览 zhǎnlǎn 명 전시회 | 婚礼 hūnlǐ 명 결혼식

3) **对我来说，这次……的收获很大。** 나에게 이번 ~의 성과는 컸다.

- 对我来说，这次比赛的收获很大。
  나에게 이번 대회의 성과는 컸다.
- 对我来说，这次购物的收获很大。
  나에게 이번 쇼핑의 성과는 컸다.
- 对我来说，这次会议的收获很大。
  나에게 이번 회의의 성과는 컸다.

◆ 比赛 bǐsài 명 시합, 대회 | 收获 shōuhuò 명 수확, 성과 | 购物 gòuwù 동 물건을 사다, 쇼핑하다

4) **总而言之，这次……是一次十分难忘的经历。** 한마디로, 이번 ~는 매우 잊을 수 없는 경험이었다.

- 总而言之，这次聚会是一次十分难忘的经历。
  한마디로, 이번 모임은 매우 잊을 수 없는 경험이었다.
- 总而言之，这次教训是一次十分难忘的经历。
  한마디로, 이번 교훈은 매우 잊을 수 없는 경험이었다.
- 总而言之，这次合作是一次十分难忘的经历。
  한마디로, 이번 협력은 매우 잊을 수 없는 경험이었다.

◆ 总而言之 zǒng'éryánzhī 성 요컨대, 한마디로 | 聚会 jùhuì 동 모임 | 难忘 nánwàng 형 잊을 수 없다 | 经历 jīnglì 명 경험 | 教训 jiàoxùn 명 교훈

5) **这件事让我……。** 이 일은 나를 ~하게 했다.

- 这件事让我十分难忘。
  이 일은 난 정말 잊을 수 없다.
- 这件事让我深受感动。
  이 일은 나를 깊이 감동하게 했다.
- 这件事让我感到非常激动。
  이 일은 나를 매우 흥분시켰다.

◆ 难忘 nánwàng 형 잊을 수 없다 | 深受感动 shēnshòu gǎndòng 깊이 감동하다 | 激动 jīdòng 동 (감정이) 격해지다, 흥분하다

6) ……玩儿/过得非常愉快。 매우 즐겁게 놀았다(보냈다)

• 这次旅行玩儿得非常愉快。
이번 여행에서 매우 즐겁게 놀았다.

• 这个周末我们玩儿得非常愉快。
이번 주말에 우리는 매우 즐겁게 놀았다.

• 这段时间我们过得非常愉快。
이 기간 동안 우리는 매우 즐겁게 보냈다.

◆ 愉快 yúkuài 형 유쾌하다, 즐겁다

7) 通过这件事，A(주어)+……。 이 일을 통해 A는 ~했다.

• 通过这件事，我变得更坚强了。
이 일을 통해 나는 더 강해졌다.

• 通过这件事，我们的感情变得更好了。
이 일을 통해 우리의 감정은 더욱 좋아졌다.

• 通过这件事，以后妈妈做家务就轻松多了。
이 일을 통해 앞으로 엄마가 집안일하기가 훨씬 수월해졌다.

◆ 通过 tōngguò 전 ~을 통해서 | 坚强 jiānqiáng 동 굳세다, 강하다 | 做家务 zuò jiāwù 집안일을 하다 | 轻松 qīngsōng 형 수월하다

8) 我相信只要……，就一定能……。 나는 ~하기만 하면, 반드시 ~할 수 있다고 믿는다.

• 我相信只要努力，就一定能成功。
나는 노력하기만 하면, 반드시 성공할 수 있다고 믿는다.

• 我相信只要坚持，就一定能实现目标。
나는 꾸준히 하기만 하면, 반드시 목표를 달성할 수 있다고 믿는다.

• 我相信只要乐观，就一定能走出困境。
나는 낙관적이기만 하면, 반드시 어려움에서 벗어날 수 있다고 믿는다.

◆ 坚持 jiānchí 동 (하고 있던 것을) 계속하다, 꾸준히 하다 | 乐观 lèguān 형 낙관적이다 | 走出困境 zǒuchū kùnjìng 어려움에서 벗어나다

9) **我希望……。** 나는 ~하길 바란다.

- 我希望大家都能重视环境问题。
  나는 모두가 환경 문제를 중시하길 바란다.
- 我希望能考上理想的大学。
  나는 이상적인 대학에 합격할 수 있길 바란다.
- 我希望这次决赛我能获得胜利。
  나는 이번 결승전에서 내가 승리를 거둘 수 있길 바란다.

◆ 希望 xīwàng 동 희망하다, 바라다 | 重视 zhòngshì 동 중시하다 | 环境问题 huánjìng wèntí 환경 문제 | 考上 kǎoshàng 동 (시험에) 합격하다 | 理想 lǐxiǎng 형 이상적이다 | 决赛 juésài 명 결승전 | 获得胜利 huòdé shènglì 승리를 거두다

실력 확인하기 쓰기 | 제2부분

⏲30분 | Day 27

1 제시어를 모두 사용하여 80자 내외로 작문하세요.

愿望　了不起　偶然　鼓舞　因此

2 제시된 사진에 어울리도록 80자 내외로 작문하세요.

정답 및 해설 ▶ 331쪽

HSK 5급 실전 모의고사

영역별 소요 시간 및 채점표

영역	문항 수 / 소요 시간	맞은 문항 수 x 배점(예상)	
듣기 听力	45문항 / 약 30분 (답안 작성 5분)	______ × 2.2점	
독해 阅读	45문항 / 45분	______ × 2.2점	
쓰기 书写	10문항 / 40분	제1부분(8문제) ______ × 5점	제2부분(2문제) ______ × 30점

* 듣기 음원 종료 후 5분 동안 답안지에 답을 적습니다.
* 모든 시험 시간은 약 125분입니다. (개인 정보 적는 시간 5분 포함)
* 총 점수가 180점 이상이면 합격입니다.

이렇게 풀어봐요

1. 실제 시험처럼 영역별 시간을 정확하게 점검하여 푼다.

2. HSK는 한 영역 안에서 문제 순서를 임의로 풀 수 있지만, 듣기 시간에 독해나 쓰기 문제를 미리 보거나, 독해 시간에 듣기 문제를 재확인할 수 없다.

3. PBT 응시자는 OMR 마킹 연습도 함께 한다. 듣기는 음원이 종료된 후 5분 동안 OMR을 마킹하고, 독해는 따로 마킹 시간이 없으므로 반드시 지문을 풀 때마다 정답을 마킹한다. 반면, IBT 응시자는 눈으로 문제를 풀면서 정답을 체크해야 한다.

4. IBT는 모르는 문제에 별표 표시를 할 수 있으니 고민되는 문제에 시간을 버리지 말고, 과감하게 아는 문제부터 풀어낸 후 모르는 문제는 마지막에 고민한다.

一、听力

第一部分

第1-20题：请选出正确答案。

1. A 温暖舒适
B 经常下雨
C 非常干燥
D 四季如春

2. A 食物中毒
B 易长蛀牙
C 消化不良
D 营养不良

3. A 胃疼
B 胸口疼
C 心情不好
D 耳朵听不见

4. A 女的棋艺高
B 男的不认输
C 男的胆子小
D 好久没下雨

5. A 记者和嘉宾
B 总裁和秘书
C 老师和学生
D 主持人和观众

6. A 努力挖煤
B 植树造林
C 将工厂搬到别处
D 主动发展新能源

7. A 旅游景点
B 交通工具
C 出行计划
D 机票价格

8. A 不值得去
B 相当精彩
C 没有意思
D 票价太贵

9. A 改签了机票
B 不去出差了
C 记错了时间
D 没听天气预报

10. A 公司
B 医院
C 学校
D 出版社

11. A 待人亲切
B 工作不认真
C 业务能力强
D 没资格当律师

12. A 转账顺利
B 欠了别人钱
C 提醒男的贷款
D 忘带了法人章

13. **A** 酒店要关门
B 沙滩不安全
C 身体不舒服
D 海风吹得猛烈

14. **A** 价格可以优惠
B 款式不太合适
C 回家考虑一下
D 先试穿后再买

15. **A** 投递简历
B 签订合同
C 分配工作
D 安排聚餐

16. **A** 逻辑
B 结构
C 材料
D 语言

17. **A** 坐出租车
B 换个软件
C 点外卖吃
D 换台电脑

18. **A** 和妻子约会
B 身体不舒服
C 要出门旅游
D 要照顾老婆

19. **A** 维修工
B 小区门卫
C 公司领导
D 销售人员

20. **A** 要多吃药
B 按时吃饭
C 不能抽烟
D 必须戒酒

第二部分

第21-45题：请选出正确答案。

21. **A** 耳环
    B 围巾
    C 项链
    D 手机

22. **A** 会体育
    B 会乐器
    C 会哄孩子
    D 必须有经验

23. **A** 摔坏了
    B 质量不好
    C 没电池了
    D 系统有问题

24. **A** 国庆节前
    B 这个月初
    C 下个月初
    D 下月中旬

25. **A** 食物
    B 衣服
    C 花瓶
    D 计算机

26. **A** 婚礼取消了
    B 参加的人很多
    C 找了婚庆公司
    D 另外请了摄影师

27. **A** 男的是摄影师
    B 这里经常下雨
    C 沙漠里出现了彩虹
    D 沙漠的彩虹是白色的

28. **A** 喜欢种花
    B 赔偿别人
    C 养一条鱼
    D 送给朋友

29. **A** 将健身卡卖掉
    B 不要浪费时间
    C 买台二手电视
    D 邀请女的去散步

30. **A** 发货时间
    B 投资规模
    C 运输费用
    D 责任分配

31. **A** 看起来好看
    B 随时都可以吃
    C 寻求精神满足
    D 阳台空着可惜

32. **A** 植物很难成活
    B 国家免费提供
    C 需要很大的花园
    D 技术提供了便利

33. **A** 文字的起源
B 汉字的由来
C 甲骨文科普
D 甲骨文的写法

34. **A** 加大宣传力度
B 给网友发放奖品
C 用专业用语来讲
D 兼具专业性和趣味性

35. **A** 作家写书
B 老师上课
C 警察办案
D 医生看病

36. **A** 禁止转卖
B 无有害杂质
C 可以继续服用
D 药效没有影响

37. **A** 呼吸严重困难
B 会被别人捡走
C 会被警察逮捕
D 人体健康受到威胁

38. **A** 改革药品包装
B 加大回收宣传力度
C 建立长效回收机制
D 交给志愿者集中处理

39. **A** 经常玩游戏
B 期待见新同学
C 没有完成作业
D 产生消极情绪

40. **A** 多看电视
B 一直使用
C 充分休息
D 吃营养素

41. **A** 睡眠比学习更重要
B 开学前多交新朋友
C 全身心投入到学习中
D 遵守规律的作息计划

42. **A** 需要赚钱
B 百姓要求
C 要医治伤寒病人
D 家里有人生病了

43. **A** 不太有名
B 是本人物传记
C 是张仲景的日记
D 确立了中医治疗原则

44. **A** 价格便宜
B 使用方便
C 样子小巧
D 颜色鲜艳

45. **A** 外观像云
B 没有特别原因
C 颜色和云一样
D 入口像云的形状

二、阅读

第一部分

第46-60题：请选出正确答案。

46-48.

茅以升是中国著名的桥梁学家。20世纪30年代，茅以升克服重重困难，在自然条件比较复杂的钱塘江上主持设计并组织修建了钱塘江大桥。这是第一座 __46__ 中国人自己设计建造的现代化铁路、公路两用桥，它的建造成功揭开了中国造桥史上新的一页。如今，钱塘江大桥仍在使用，服务着南来北往的车辆，还于2018年1月成功入选第一批“中国工业遗产保护名录”。

茅以升还是一位教育家，他倡导启发式的教育方法，积极实行教育改革， __47__ 了一批出色的桥梁专业人才，为中国的桥梁工程教育作出了巨大的 __48__ 。

46. **A** 按　**B** 以　**C** 由　**D** 趁
47. **A** 投入　**B** 补充　**C** 发挥　**D** 培养
48. **A** 贡献　**B** 前途　**C** 学问　**D** 理想

49-52.

晋代有个人叫朱冲，他从小就待人宽厚，特别有智慧，但由于家境贫寒，没钱上学读书，只好在家种地放牛。隔壁有个人心地很坏，平时好 __49__ 便宜，三番五次地把牛放到他家的地里吃庄稼。朱冲看到后，不但不发脾气， __50__ 在收工时带一些草回来，连同那吃庄稼的牛，一起送回主人家，并说：“你们家里牛多草少，我可以给你们提供方便。”朱冲的 __51__ 让那家人又羞愧又感激，从此再也不让牛去糟蹋庄稼了。大家都说朱冲不仅聪明， __52__ 。

49. **A** 涨　**B** 占　**C** 拦　**D** 抢
50. **A** 反而　**B** 简直　**C** 毕竟　**D** 难怪
51. **A** 动作　**B** 想法　**C** 行为　**D** 礼物
52. **A** 还很爱劳动　**B** 还有点糊涂
    C 而且很努力　**D** 还善于解决问题

53 – 56.

文字的产生使人们拥有了姓名这一独特的身份标识，而中国悠久的历史造就了独特的人名文化。在不同的历史 __53__，人们起名遵循不同的规则与习俗。例如，魏晋南北朝时取名盛行双字，__54__，像王羲之和他的儿子王献之。唐宋两代 __55__ 了以辈次取名的习俗，即名字的第一个字显示辈分。当代，人们起名虽已不必依照古代的复杂规则，更多的是表达理想信念、祝福赞美等，但姓名的传承意义 __56__ 没有变过。

53. **A** 期间　　**B** 时期　　**C** 日程　　**D** 日期

54. **A** 并且流行用“之”字　　**B** “王”姓在当时十分少见
　　C 姓氏也多为两个字的复姓　　**D** 有很多字不能用于名字当中

55. **A** 充满　　**B** 延长　　**C** 存在　　**D** 形成

56. **A** 迟早　　**B** 随时　　**C** 始终　　**D** 照常

57 – 60.

1978年，中国启动了“三北”防护林工程，分别在中国西北、华北北部和东北西部地区植树造林。这一工程规模 __57__，覆盖范围达到全球人工造林总面积的七分之一，被称为“绿色万里长城建设工程”。

经过几十年的绿化，中国森林占地率从1980年的12%提高到了22.96%，几乎 __58__ 了一倍。森林能在一定程度上改善当地气候，最有名的例子是陕西北部地区。历史上这里 __59__ 少雨，到处是黄土地，不仅没有树，连草都很少。经过近30年的封山造林，__60__。现在随着降雨的增多，空气更加湿润了，沙尘暴也几乎完全消失了。

57. **A** 巨大　　**B** 重大　　**C** 艰巨　　**D** 夸张

58. **A** 滚　　**B** 数　　**C** 插　　**D** 翻

59. **A** 干脆　　**B** 干燥　　**C** 光滑　　**D** 粗糙

60. **A** 一旦禁止砍树　　**B** 将克服难以想象的困难
　　C 可见发挥了很多的作用　　**D** 如今这里长满了绿色植物

第二部分

第61-70题：请选出与试题内容一致的一项。

61. 有一次，一位物理学家与朋友吃饭时，突然想起家中有瓶好酒，于是叮嘱朋友稍等，自己回家取酒。朋友左等右等，就是不见他回来，只好去看个究竟。原来这位物理学家在回家的路上，想到了一项实验的做法，到家后，就一头栽进实验室，做起了实验，把取酒招待朋友的事忘得一干二净。

   A 喝醉酒容易忘事
   B 物理学家对朋友不够大方
   C 物理学家做起实验格外投入
   D 朋友对物理学家的缺席感到遗憾

62. 炎炎夏日，蚊虫叮咬是个令人十分头疼的问题。不少人会使用驱蚊水来预防蚊虫叮咬。不过专家表示，驱蚊水不宜与防晒霜、香水等混用，这样做会降低甚至是完全抵消驱蚊效果。在高热天气下，混用还有可能导致其中的成分发生化学反应，引起皮肤过敏。

   A 进口驱蚊水效果更明显
   B 做好防晒可预防皮肤过敏
   C 蚊虫叮咬是皮肤病的传播途径
   D 最好避免驱蚊水与防晒霜混用

63. 俗话说“饭不香，吃生姜”，生姜中含有姜辣素，能增强血液循环、刺激胃液分泌，起到促进消化、增进食欲的作用。当不想吃饭的时候吃上几片生姜，或在料理中加入生姜，既好吃又有营养。

   A 吃生姜可促进消化
   B 生姜可促进新陈代谢
   C 吃生姜会让人没有胃口
   D 多吃生姜有利于保养皮肤

64. 黄瓜是一种常见蔬菜，但令人疑惑的是黄瓜明明是绿色的，为什么叫“黄瓜”呢？其实我们平时吃的绿色黄瓜还未成熟，完全成熟后的黄瓜确实呈黄色，只是口感不太好，所以人们选择食用绿色的黄瓜。

   A 未成熟的黄瓜口感好
   B 多吃黄瓜能缓解嗓子疼
   C 七八月份黄瓜大量上市
   D 黄瓜的名字和原产地有关

65. “黑匣子”又称为航空飞行记录器，是飞机专用的电子记录设备。它能记录飞机出事之前半个小时里的语音对话和飞行高度、速度、航向等数据，供事故分析之用。由于它具有抗火、防水、耐压、耐冲击振动等特点，即便飞机完全损坏，黑匣子里所记录的数据也能被完整地保存下来。

A 黑匣子容易损坏
B 黑匣子现在用处不大
C 黑匣子不具有防火功能
D 黑匣子可保存飞机数据

66. 《牡丹蝴蝶图》是元代花鸟画的代表作之一。画儿中有牡丹花一枝，彩蝶两只。粉色的牡丹花尽显娇嫩，彩蝶闻花而来，一动一静，跃然纸上。此画构图精巧，勾画细致，真实地反映出花与蝶鲜活的生命状态。

A 画儿中的蝴蝶和牡丹动静结合
B 画儿中蝴蝶围绕两朵牡丹飞舞
C 《牡丹蝴蝶图》以山水为主题
D 《牡丹蝴蝶图》元代时损坏了

67. 此节目跨越五大洲、三大洋，以实地探访的方式，寻遍了当地的美食，并通过节目展现了中国美食的特色，将每一家餐厅对美味的追求及对中国文化的传扬表现出来，引起了极大的关注。

A 这是一个旅游类节目
B 节目是在中国拍摄的
C 节目展现了中国美食的特点
D 节目主要介绍各地的地方特色

68. 四月春暖花开，正是放风筝的好时节。但近年来风筝线伤人的事件时有发生，令人担忧。为此，有关部门提醒，放风筝时应尽量选择平坦、空旷的地方，不要在人多的地方放，更不要让风筝线横穿道路。

A 春季不适宜放风筝
B 风筝线一定要结实
C 风筝线可能威胁人身安全
D 放风筝应经有关部门批准

69. 要说眼下最流行的休闲方式，露营必须占有一席之地。寻一片绿地、搭一块天幕、撑一顶帐篷、备一桌餐品，和三五好友一起谈天说地、品尝美食。露营让人们找到了生活的另一种打开方式，通过露营，人们可以和大自然亲密接触，森林露营、海岛露营都是当下备受欢迎的露营主题。

A 探险家比较推荐森林露营
B 露营成当下热门娱乐方式
C 露营容易对自然环境造成污染
D 去露营地要谨慎选择交通工具

70. 在北京，人们对雨燕有着特殊的感情。从老北京口中的“楼燕儿”，到奥运会吉祥物之一的福娃“妮妮”，从世界上唯一以“北京”命名的鸟类，到与“燕京文化”间千丝万缕的联系，北京雨燕被很多人视作“北京城的精灵”。它既是北京的一个“特殊生态符号”，也是一种“活态文化遗产”，已经成为北京一张独特的文化名片。

A 北京盛产雨燕
B 雨燕是奥运会的吉祥物
C 雨燕和北京文化关系密切
D 雨燕是北京的标志性建筑

第三部分

第71–90题：请选出正确答案。

71 – 74.

有育儿专家指出，积木是最佳的早教玩具。积木通常由木头或塑料制成，可以通过拼接、搭建，实现多种可能性，不仅可以帮孩子学会观察，还能培养其空间思维，激发其创造力等。积木堪称最经久不衰的儿童玩具之一，几乎每个孩子的成长过程都少不了它。这也意味着家长在购买积木的时候，要谨慎选择。

积木的质量是第一位的。要挑选质量合格的积木，否则会威胁到孩子的安全和健康。例如，孩子在搭积木时很可能会把它们放到嘴里。而如果积木掉色，其中的化学成分就非常容易进入孩子体内。还有些木质积木做工差，木头上的刺很可能会让孩子受伤。

积木的挑选也要根据不同年龄段孩子的特点有所侧重。对于两岁以下的孩子，可以选择色彩鲜明、对比强烈的积木，这有利于激发孩子的兴趣。但这一阶段的孩子容易咬积木或者乱扔积木，所以积木的耐摔性和安全性比较重要。另外，为防止孩子在爬行或学步时弄伤自己，最好选边缘圆滑的积木，且数量不宜太多。两到三岁的孩子思考和推理能力增强，这时积木数量可以增加一些。三岁以上的孩子喜欢想象，开始自己创作，这时适合购买比较复杂的积木。

71. 下列哪项不属于搭积木的好处？
    - **A** 激发创造力
    - **B** 提高学习效率
    - **C** 锻炼观察能力
    - **D** 训练空间思维

72. 第二段主要谈的是什么？
    - **A** 布积木是否值得买
    - **B** 木质积木的合格标准
    - **C** 积木质量好非常关键
    - **D** 塑料积木化学成分多

73. 根据第三段，为两岁以下的孩子挑选积木：
    - **A** 要考虑耐摔性
    - **B** 数量越多越好
    - **C** 一定要选柔软的
    - **D** 要选择有动物装饰的

74. 建议让四岁孩子玩儿复杂的积木，是因为：
    - **A** 他们比较淘气
    - **B** 他们擅长做手工
    - **C** 要遵从学校的要求
    - **D** 他们喜欢自己创作

75－78.

“扬州八怪”是指清朝中期活动于扬州地区一批风格相近的书画家，郑板桥便是其中一位。他的诗、书、画均风格独特，人称“三绝”。他一生创作了许多画作，其中尤以代表作《兰竹图》得到世人称颂。

郑板桥曾在苏州桃花巷的东头开了一间画室，以卖画儿为生。巷子的另外一头也有一个卖画儿的，是当地有名的画家吕子敬。吕子敬自认为画技高超，所画梅花无人能及。

有一次，一位酷爱书画的商人出高价请郑板桥为自己画一幅梅花。令人出乎意料的是，郑板桥却推辞道：“吕子敬先生画的梅花最好。如果说他画的梅花图得用50两银子买下来的话，我的画5两就足够了。”那人信以为真，便找吕子敬去了。

人们很快就发现，郑板桥自开画室以来，兰、竹、菊等样样都画，却唯独不画梅花。对此，吕子敬很是得意，深信自己画梅花的水平远在郑板桥之上，逢人便说：“郑板桥也不过如此嘛！”

三年后，郑板桥要离开苏州。临行时，吕子敬来为郑板桥送行。按照当时的礼节，两人应作画之后互相赠给对方。吕子敬接过郑板桥画的梅花图，看到画上的梅花气韵不凡，这才<u>恍然大悟</u>，不禁感到非常惭愧。吕子敬感激地对郑板桥说：“郑兄之所以不画梅花，原来是为了给我留口饭吃呀。”

75. 关于吕子敬，可以知道什么？

A 最擅长画兰花　　**B** 很崇拜郑板桥

C 自以为画技高超　　**D** 是“扬州八怪”之一

76. 根据上文，郑板桥之所以不画梅花，是因为：

A 有意帮助吕子敬　　**B** 不敢承认自己的劣势

C 舍不得卖自己的画儿　　**D** 对自己的画儿不自信

77. 最后一段中的划线部分“恍然大悟”的意思是：

A 最终接受　　**B** 感到震惊

C 突然明白　　**D** 内心惭愧

78. 根据上文，下列哪项正确？

A 吕子敬关闭了画室　　**B** 郑板桥的梅花画得更好

C 《兰竹图》是多人合画的　　**D** 吕子敬想跟随郑板桥学画

79－82.

单论成本，塑料椅子造价更为低廉，但对于公共场所的椅子来说，既要节约成本，还得耐用，给不锈钢椅子打孔就成为了不二之选。塑料椅子虽然便宜，但不结实，承重能力也差。

不锈钢椅子上打孔，可以有效减少椅子面积、节省用料，而节约下来的材料，又可以被用来制作新的椅子。同时，打孔还可以减少运输成本。用料减少，椅子变得更轻，有利于搬运。

此外，把椅子堆叠存放，就可以很大程度上减少运输空间，但如果椅子上没有孔，很可能就像著名的马德堡半球实验里的半球一样，堆叠的椅子之间没有空气、难舍难分，三个大汉也没法把它们拉开。

除了省钱，给椅子打孔还能排水。如果没有排水孔，雨水和其他液体会积蓄在座椅表面，让人根本坐不了。不仅如此，长时间的浸泡也会侵蚀座椅材料，导致椅子表面锈蚀、承重力下降。

而在炎热的夏天，打孔还有一项作用——散热。在车站等车时，往往坐得比较久，屁股和椅子长期亲密接触，天气又热，不免会出汗，把裤子变皱变湿。这时候，椅子上的小孔就可以悄悄缓解你的小尴尬，因为它们可以有效增大气流的流动性，从而提升座椅的导热率，起到散热作用。

79. 塑料椅子的缺点是：
- **A** 太贵
- **B** 不够结实
- **C** 不好看
- **D** 制造起来麻烦

80. 为什么要在不锈钢椅子上打孔？
- **A** 节约材料
- **B** 省钱
- **C** 为了美观
- **D** 减轻重量

81. 第三段主要说什么？
- **A** 不锈钢椅子的优点
- **B** 省钱的方法
- **C** 座椅排水孔的重要性
- **D** 雨水的影响力

82. 这段话最可能出自哪本书？
- **A** 《百科大典》
- **B** 《故事会》
- **C** 《论时尚的重要性》
- **D** 《科学世界》

83－86.

观察中国古代建筑，你会发现许多古建筑是坐北朝南的。所谓坐北朝南，是指房子位于北侧，房屋的门朝南侧开。房屋的主要功能区域，如客厅、主卧室也朝南向。那么，人们为什么选择坐北朝南的房子呢？

由于中国地处北半球，多数地区在北回归线以北，一年四季接收到的阳光都来自南边。房子坐北朝南，日照时间更长，即使在冬天，阳光依然能照射到房间的深处，充足的光线令人有明亮温暖的感觉。

另外，中国的很多地区处于季风气候区。夏季，东南季风和西南季风分别从太平洋和印度洋上吹来。房屋坐北朝南，门开在南侧，空气就能充分流通，让人在夏季感到凉爽舒适。到了冬天，北风和西北风从西伯利亚吹来，房屋北面的墙能够起到阻挡作用，防寒保暖。因此，坐北朝南的房子冬暖夏凉。

总的来说，在中国建造坐北朝南的房子充分考虑了各种条件，是宜居的最优方案，体现出了中国古代劳动人民的智慧。

83. "坐北朝南"中"朝南"指的是：

A 房子都在南方　　**B** 房屋门朝南开

C 防火墙在南边　　**D** 台阶朝向南侧

84. 根据第二段，"坐北朝南"可以保证房屋：

A 不起火　　**B** 更加结实

C 有充足的光照　　**D** 不用电灯照明

85. 夏天，房屋"坐北朝南"有什么好处？

A 便于出行　　**B** 使地面干燥

C 利于空气流通　　**D** 屋内不易有飞虫

86. 作者认为"坐北朝南"的设计体现了什么？

A 自然之美　　**B** 设计师的水平

C 房屋所有者的个性　　**D** 中国古人的聪明才智

87－90.

随着电子商务的发展，快递成了与人们生活密切相关的事物，每天都有很多人盼望着收到自己的快递。其实，“快递”由来已久，并非现代社会的专属，早在中国古代就存在了。

秦朝时出现了“驿传”，供官员往来和递送公务文书。到了汉朝，“驿传”逐渐走向成熟，形成了一套完整的制度。政府将所传递的文件分为不同等级，由专人、专马按规定的顺序和时间传递，收发这些文件都要进行登记，以明确责任。

到了隋唐时期，快递业迅速发展，**<u>就连一些边远地区也建立了提供服务的“网点”</u>**。那时的快递规模大，运送方式多，便利程度虽远不及现代交通运输，但也基本能够满足百姓的需要。

古时，除了官办快递，还有民办快递——镖局。镖局的责任就是将货物安全地送到指定的地方，并按距离远近、物品价值、风险程度等，收取不同的费用，这跟现代快递有些相似，只不过，镖局护送的除了货物、钱财外，还可以是人。

87. 汉朝的“驿传”有什么特点？
   - **A** 速度慢
   - **B** 管理严格
   - **C** 运送路线固定
   - **D** 制度由商人制定

88. 第三段的画线句想要说明隋唐时期：
   - **A** 人口众多
   - **B** 山区条件艰苦
   - **C** 快递业务范围扩大
   - **D** 运输方法比以前更多

89. 关于镖局，可以知道什么？
   - **A** 押金较高
   - **B** 收费标准不唯一
   - **C** 冲击官方快递地位
   - **D** 不再对包裹进行分类

90. 最适合做上文标题的是：
   - **A** 快递的命名
   - **B** 古代快递简史
   - **C** 现代快递的优点
   - **D** 快递业的未来趋势

三、书写

第一部分

第91–98题：完成句子。

例如：发表　这篇论文　什么时候　是　的

这篇论文是什么时候发表的？

91. 那种　极其　布料摸起来　光滑

92. 上世纪80年代　图书馆于　建成　该

93. 晒一晒　厚被子　把　吧　拿到阳台上

94. 比竞争对手　出色　表现　好几倍　小李的

95. 方案　很完美　那套　得　设计

96. 健康　这样　心理　保持　才能使

97. 教室里　那　间　书　摆满了

98. 已　嘉宾　到达西安　陆续　各国

第二部分

第99-100题：写短文。

99. 请结合下列词语（要全部使用，顺序不分先后），写一篇80字左右的短文。

车厢　　误会　　劝　　委屈　　理解

100. 请结合这张图片写一篇80字左右的短文。

HSK 답안지 작성법

1 응시자 정보 작성 방법

汉 语 水 平 考 试
HSK（五级）答题卡

응시자 정보를 기입하세요.
请填写考生信息

按照考试证件上的姓名填写：수험표상의 이름을 기입하세요.

❶ 姓名 이름	

如果有中文姓名，请填写：중문 이름이 있으면 기입하세요.

❷ 中文姓名 중문 이름	

❸ 考生序号 수험 번호		
		[0] [1] [2] [3] [4] [5] [6] [7] [8] [9]
		[0] [1] [2] [3] [4] [5] [6] [7] [8] [9]
		[0] [1] [2] [3] [4] [5] [6] [7] [8] [9]
		[0] [1] [2] [3] [4] [5] [6] [7] [8] [9]
		[0] [1] [2] [3] [4] [5] [6] [7] [8] [9]

고사장 정보를 기입하세요.
请填写考点信息

❹ 考点代码 고사장 번호		
		[0] [1] [2] [3] [4] [5] [6] [7] [8] [9]
		[0] [1] [2] [3] [4] [5] [6] [7] [8] [9]
		[0] [1] [2] [3] [4] [5] [6] [7] [8] [9]
		[0] [1] [2] [3] [4] [5] [6] [7] [8] [9]
		[0] [1] [2] [3] [4] [5] [6] [7] [8] [9]
		[0] [1] [2] [3] [4] [5] [6] [7] [8] [9]
		[0] [1] [2] [3] [4] [5] [6] [7] [8] [9]

❺ 国籍 국적 (한국인 523)		
		[0] [1] [2] [3] [4] [5] [6] [7] [8] [9]
		[0] [1] [2] [3] [4] [5] [6] [7] [8] [9]
		[0] [1] [2] [3] [4] [5] [6] [7] [8] [9]

❻ 年龄 나이		
		[0] [1] [2] [3] [4] [5] [6] [7] [8] [9]
		[0] [1] [2] [3] [4] [5] [6] [7] [8] [9]

❼ 性别 성별	男 [1]	女 [2]

2 답안지 작성 유의 사항

PBT 답안지

- 답안지를 작성할 때는 반드시 2B연필을 사용합니다.
  (쓰기 주관식의 경우에는 샤프 연필을 사용해도 됩니다.)
- 답안은 네모 칸을 꽉 채워서 진하게 마킹합니다.
- 답안지는 교체되지 않으므로 답안을 정정할 때는 지우개로 깨끗하게 지우고 답안을 새로 마킹하거나 적으면 됩니다.
- 듣기 영역은 마킹 시간이 따로 주어지지만, 독해나 쓰기 영역은 시험시간 안에 답안 마킹까지 끝내야 하므로 마킹하면서 문제를 풀어야 합니다.

IBT 답안지

- IBT는 답안을 마우스로 클릭하기만 하면 됩니다.
- 정답이 헷갈리는 문제는 해당 문제에 별표(★)를 클릭한 후에 다른 문제를 풀고 재검토합니다.
- 듣기 영역은 시험이 끝난 후 5분 동안 답안 점검 시간이 있고, 독해와 쓰기 영역은 해당 시간내에 정답 표시를 끝내야 합니다.
- 쓰기 제1부분은 해당 단어를 마우스로 드래그해서 문장을 만들어 줍니다.
- 쓰기 제2부분은 중국어 입력기를 이용해서 타자하면 됩니다. 모르는 한자는 필기 인식도 가능합니다.
- 답안지 화면 오른쪽 [답안지 제출]을 클릭하면 즉시 시험이 종료됩니다. 시험이 끝날 때까지 절대 답안지 제출을 클릭하면 안 됩니다.

汉语水平考试
HSK（五级）答题卡

请填写考生信息

按照考试证件上的姓名填写：

姓名	

如果有中文姓名，请填写：

中文姓名	

考生序号		
		[0] [1] [2] [3] [4] [5] [6] [7] [8] [9]
		[0] [1] [2] [3] [4] [5] [6] [7] [8] [9]
		[0] [1] [2] [3] [4] [5] [6] [7] [8] [9]
		[0] [1] [2] [3] [4] [5] [6] [7] [8] [9]
		[0] [1] [2] [3] [4] [5] [6] [7] [8] [9]

请填写考点信息

考点代码		
		[0] [1] [2] [3] [4] [5] [6] [7] [8] [9]
		[0] [1] [2] [3] [4] [5] [6] [7] [8] [9]
		[0] [1] [2] [3] [4] [5] [6] [7] [8] [9]
		[0] [1] [2] [3] [4] [5] [6] [7] [8] [9]
		[0] [1] [2] [3] [4] [5] [6] [7] [8] [9]
		[0] [1] [2] [3] [4] [5] [6] [7] [8] [9]
		[0] [1] [2] [3] [4] [5] [6] [7] [8] [9]

国籍		
		[0] [1] [2] [3] [4] [5] [6] [7] [8] [9]
		[0] [1] [2] [3] [4] [5] [6] [7] [8] [9]
		[0] [1] [2] [3] [4] [5] [6] [7] [8] [9]

年龄		
		[0] [1] [2] [3] [4] [5] [6] [7] [8] [9]
		[0] [1] [2] [3] [4] [5] [6] [7] [8] [9]

性别	男 [1]	女 [2]

注意	请用2B铅笔这样写：■

一、听力

1. [A] [B] [C] [D]
2. [A] [B] [C] [D]
3. [A] [B] [C] [D]
4. [A] [B] [C] [D]
5. [A] [B] [C] [D]
6. [A] [B] [C] [D]
7. [A] [B] [C] [D]
8. [A] [B] [C] [D]
9. [A] [B] [C] [D]
10. [A] [B] [C] [D]
11. [A] [B] [C] [D]
12. [A] [B] [C] [D]
13. [A] [B] [C] [D]
14. [A] [B] [C] [D]
15. [A] [B] [C] [D]
16. [A] [B] [C] [D]
17. [A] [B] [C] [D]
18. [A] [B] [C] [D]
19. [A] [B] [C] [D]
20. [A] [B] [C] [D]
21. [A] [B] [C] [D]
22. [A] [B] [C] [D]
23. [A] [B] [C] [D]
24. [A] [B] [C] [D]
25. [A] [B] [C] [D]
26. [A] [B] [C] [D]
27. [A] [B] [C] [D]
28. [A] [B] [C] [D]
29. [A] [B] [C] [D]
30. [A] [B] [C] [D]
31. [A] [B] [C] [D]
32. [A] [B] [C] [D]
33. [A] [B] [C] [D]
34. [A] [B] [C] [D]
35. [A] [B] [C] [D]
36. [A] [B] [C] [D]
37. [A] [B] [C] [D]
38. [A] [B] [C] [D]
39. [A] [B] [C] [D]
40. [A] [B] [C] [D]
41. [A] [B] [C] [D]
42. [A] [B] [C] [D]
43. [A] [B] [C] [D]
44. [A] [B] [C] [D]
45. [A] [B] [C] [D]

二、阅读

46. [A] [B] [C] [D]
47. [A] [B] [C] [D]
48. [A] [B] [C] [D]
49. [A] [B] [C] [D]
50. [A] [B] [C] [D]
51. [A] [B] [C] [D]
52. [A] [B] [C] [D]
53. [A] [B] [C] [D]
54. [A] [B] [C] [D]
55. [A] [B] [C] [D]
56. [A] [B] [C] [D]
57. [A] [B] [C] [D]
58. [A] [B] [C] [D]
59. [A] [B] [C] [D]
60. [A] [B] [C] [D]
61. [A] [B] [C] [D]
62. [A] [B] [C] [D]
63. [A] [B] [C] [D]
64. [A] [B] [C] [D]
65. [A] [B] [C] [D]
66. [A] [B] [C] [D]
67. [A] [B] [C] [D]
68. [A] [B] [C] [D]
69. [A] [B] [C] [D]
70. [A] [B] [C] [D]
71. [A] [B] [C] [D]
72. [A] [B] [C] [D]
73. [A] [B] [C] [D]
74. [A] [B] [C] [D]
75. [A] [B] [C] [D]
76. [A] [B] [C] [D]
77. [A] [B] [C] [D]
78. [A] [B] [C] [D]
79. [A] [B] [C] [D]
80. [A] [B] [C] [D]
81. [A] [B] [C] [D]
82. [A] [B] [C] [D]
83. [A] [B] [C] [D]
84. [A] [B] [C] [D]
85. [A] [B] [C] [D]
86. [A] [B] [C] [D]
87. [A] [B] [C] [D]
88. [A] [B] [C] [D]
89. [A] [B] [C] [D]
90. [A] [B] [C] [D]

三、书写

91.

92.

93.

94.

95–100题 95–100题

汉语水平考试

HSK（五级）答题卡

95.

96.

97.

98.

99.

48

80

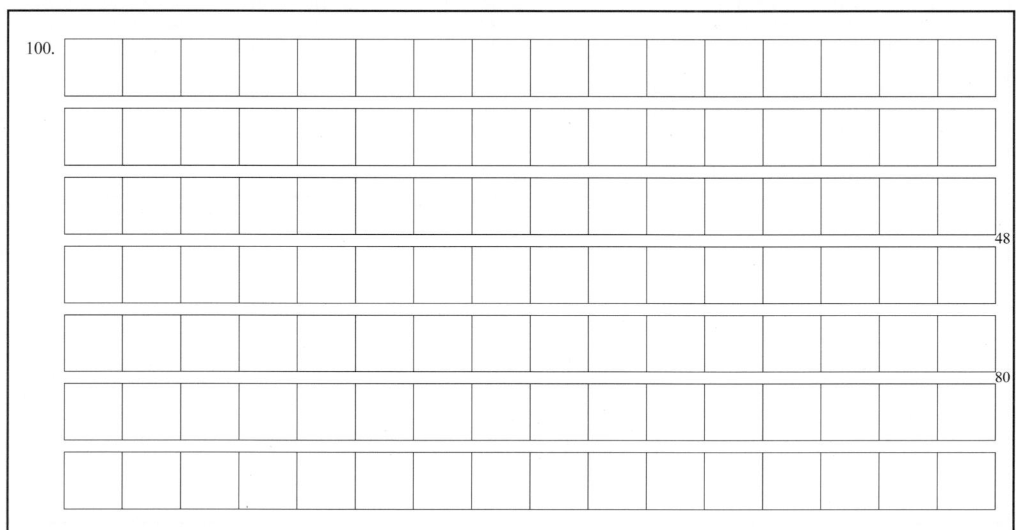

180점 넘어 230점까지

정답 및 해설

실력 확인하기 쓰기 | 제1부분

정답		
	1 大象的耳朵好像一把扇子。	2 人生的意义在于不断奋斗。
	3 衣柜里挂满了高档的女装。	4 舅舅移民去了加拿大。
	5 那条绳子是被谁砍断的？	6 这场意外导致公司面临巨大损失。
	7 请去人事部门报到并办理入职手续	8 爱惜粮食就是尊重农民们的劳动成果。

1 扇子 大象的 一把 耳朵好像

해설

STEP 1 제시어 중 결합할 수 있는 단어를 결합한다. ➡ 大象的+耳朵好像

▶ '大象的' 뒤에는 명사가 와야 합니다. 의미상 더 어울리는 '耳朵好像' 앞에 둡니다.

STEP 2 제시어 중 문장의 중심이 되는 술어를 찾는다. ➡ 好像

▶ '好像'은 전치사로 많이 쓰이지만, 여기서는 다른 동사가 없으므로 '好像'을 술어 자리에 배치합니다. '耳朵'와 '好像'이 붙어있으므로 '耳朵'가 주어가 됩니다.

STEP 3 목적어는 '수사+양사+명사' 형태를 기억한다. ➡ 一把扇子

▶ '一把' 뒤에 명사 '扇子'를 붙여, '一把扇子'를 목적어 자리에 위치합니다.

大象的	耳朵	好像	一把	扇子。
관형어	주어	술어	관형어	목적어

정답 및 해석 大象的耳朵好像一把扇子。 코끼리의 귀는 마치 부채와 같다.

단어 大象 dàxiàng 명 코끼리 | 耳朵 ěrduo 명 귀 | 好像 hǎoxiàng 동 마치 ~와 같다 | 把 bǎ 양 자루가 있는 기구에 쓰임 | 扇子 shànzi 명 부채

2 不断奋斗 意义 人生的 在于

해설

STEP 1 제시어 중 결합할 수 있는 단어를 결합한다. ➡ 人生的+意义

▶ '人生的' 뒤에 유일한 명사 '意义'를 결합시켜 주어 자리에 위치합니다.

STEP 2 술어를 찾는다. ➡ 在于

▶ 동사 '在于'를 술어 자리에 놓습니다.

STEP 3 목적어를 찾는다. ➡ 不断奋斗

▶ 동사 '在于' 뒤에는 명사, 동사구, 절이 모두 목적어로 올 수 있습니다. 여기서는 '不断奋斗'를 목적어로 놓으면 됩니다.

人生的	意义	在于	不断奋斗。
관형어	주어	술어	목적어

정답 및 해석 人生的意义在于不断奋斗。 인생의 의의는 끊임없이 노력하는 데 달려 있다.

단어 意义 yìyì 명 뜻, 의의 | 在于 zàiyú 동 ~에 달려있다 | 不断 búduàn 부 끊임없이 | 奋斗 fèndòu 동 매우 노력하다

3 高档的女装　挂　衣柜　满了　里

해설

STEP 1 제시어 중 결합할 수 있는 단어를 결합한다. ➡ 衣柜+里

▶ '衣柜' 뒤에 '里'를 붙이면 장소 주어가 됩니다. 제시어에 장소 명사가 있는데 전치사가 없다면, 장소 명사를 주어로 만들어 줍니다.

STEP 2 술어를 찾는다. ➡ 挂+满了

▶ 술어가 되는 동사 '挂'를 먼저 파악한 후, 보어 '满了'와 결합하여 '挂满了'를 만들어 줍니다.

STEP 3 목적어를 찾는다. ➡ 高档的女装

▶ 남아 있는 명사인 '高档的女装'을 목적어 자리에 위치합니다. 장소가 주어인 문장에서는 목적어를 우리말로 '~이/가'로 해석합니다.

衣柜里	挂	满了	高档的	女装。
장소주어	술어	보어	관형어	목적어

정답 및 해석 衣柜里挂满了高档的女装。 옷장 안에 고급 여성복이 가득 걸려 있다.

단어 衣柜 yīguì 명 옷장 | 挂 guà 동 걸다 | 高档 gāodàng 형 고급의 | 女装 nǚzhuāng 명 여성복

4 去了　加拿大　移民　舅舅

해설

STEP 1 동사가 2개이므로, 연동문인지 체크한다. ➡ 술어: 移民, 방향보어: 去了

▶ 연동문은 주로 '去+장소+做+일'의 형태로 '去'가 술어1이 되는 경우가 많지만, 이 문제의 '去' 뒤에는 동태조사 '了'가 붙어 있습니다. 그런데 연동문에서 동태조사 '了'는 술어2 뒤에 옵니다. 따라서 어법적으로 '去了'는 연동문의 첫 번째 동사가 될 수 없습니다. 이 문제에서 '去了'는 '移民'이라는 동사 뒤에서 방향성을 보충해 주는 방향보어입니다.

STEP 2 주어와 목적어를 찾는다. ➡ 주어: 舅舅, 목적어: 加拿大

舅舅	移民	去	了	加拿大。
주어	술어	방향보어	了	목적어

정답 및 해석 舅舅移民去了加拿大。 외삼촌은 캐나다로 이민을 갔다.

단어 舅舅 jiùjiu 명 외숙, 외삼촌 | 移民 yímín 동 이민하다 | 加拿大 Jiānádà 고유 캐나다

5 那条　砍断的　被　绳子是　谁

해설

STEP 1 제시어 중 결합할 수 있는 단어를 결합한다. ➡ 那条+绳子是

▶ 양사 '那条'와 명사 '绳子'를 찾아 결합합니다. 가장 먼저 被자문이 보이고, 다음으로 '那条绳子是'와 '砍断的'에서 '是…的' 강조 구문도 보입니다.

STEP 2 被자문 공식을 떠올린다. ➡ 목적어+被+주어+술어+보어/了

STEP 3 먼저 '被'와 동사를 위치시킨다. ➡ 被+砍断的

▶ 동사 '砍'를 찾아, '被…砍断的'로 결합합니다.

STEP 4 주어와 목적어를 위치시킨다. ➡ 那条绳子是被谁+砍断的

▶ 동사 '砍'의 주어는 '谁'이고, 목적어는 '那条绳子'입니다.

那条	绳子	是	被	谁	砍	断	的?
관형어	목적어	강조	被	주어	동사	보어	강조

Tip PBT는 마지막에 문장 부호 물음표(?)를 써 주면 되고, IBT는 문장 부호를 생략해 줍니다. PBT에서 문장 부호를 쓰지 않아도 감점 요인이 아닙니다.

정답 및 해석 那条绳子是被谁砍断的? 그 밧줄은 누가 끊어 놓은 거니?

단어 绳子 shéngzi 명 밧줄 | 砍断 kǎnduàn 동 끊다, 자르다

6 公司 导致 这场意外 巨大损失 面临

해설

STEP 1 제시어 중 술어를 찾는다. ➡ 导致

▶ 제시어에 동사는 '导致'와 '面临'이 있습니다. '导致' 뒤에는 '안 좋은 결과'가 목적어로 오며, 목적어는 '명사', '동사구', '절'의 형식을 모두 취합니다. 따라서 문장 전체의 술어는 '面临'이 아닌 '导致'입니다.

STEP 2 제시어 중 주어를 찾는다. ➡ 这场意外

▶ '导致'의 주어에는 원인이 오고, 목적어에는 결과가 옵니다. 지시대명사 '这/那'가 있으면 주어일 확률이 80% 이상입니다. 따라서 '这场意外'가 주어입니다.

STEP 3 술어 '导致'의 목적어를 찾는다. ➡ 公司+面临+巨大损失

▶ 남은 동사 '面临'의 주어는 '公司'이며, '面临'의 목적어는 '巨大损失'가 됩니다. 즉, '公司面临巨大损失'라는 하나의 완전한 문장이 '导致'의 목적어 임을 알 수 있습니다.

这场意外	导致	公司	面临	巨大	损失。
주어	술어	주어	동사	관형어	목적어
		'导致'의 목적어			

정답 및 해석 这场意外导致公司面临巨大损失。 이 사고로 인해 회사는 막대한 손실에 직면해 있다.

단어 意外 yìwài 명 뜻밖의 사고 | 导致 dǎozhì 동 (나쁜 결과를) 야기하다, 초래하다 | 面临 miànlín 동 직면하다 | 巨大 jùdà 형 거대하다, 막대하다 | 损失 sǔnshī 명 손실, 손해

7 部门 请去 并办理入职手续 人事 报到

해설

STEP 1 '请'이 나오면 공식을 기억한다. ➡ 请+(주어)+부사어+술어+목적어

▶ 请자문(청유문)에서 '请' 뒤의 주어가 '你(您)'면 생략하는 경우가 많습니다.

STEP 2 제시어 중 술어를 찾는다. ➡ 동사1: 去, 동사2: 报到, 동사3: 办理

▶ 제시어에 동사 '去', '报到', '办理'가 있으므로 연동문입니다. 연동문은 동작이 일어난 순서대로 동사를 배열해 주면 됩니다. '去+장소+동사2+동사3' 구조를 기억하여, '去+人事部门+报到+并办理入职手续' 순서대로 배열합니다. 접속사 '并'은 동사와 동사를 연결해 주는 역할을 합니다.

请	去	人事部门	报到	并	办理	入职手续。
请	동사1	장소	동사2	접속사	동사3	목적어3

정답 및 해석 请去人事部门报到并办理入职手续。 인사팀에 가서 도착 보고를 하고 입사 절차를 밟으세요.

단어 人事部门 rénshì bùmén 명 인사팀 | 报到 bàodào 동 도착 보고를 하다 | 并 bìng 접 게다가, 또한 | 办理 bànlǐ 동 (사무를) 처리하다, (절차를) 밟다 | 入职 rùzhí 명 입사 | 手续 shǒuxù 명 수속, 절차

8 劳动 爱惜 农民们的 粮食 成果 就是尊重

해설

STEP 1 제시어 중 결합할 수 있는 단어를 결합한다. ➡ 爱惜+粮食, 劳动+成果

▶ 동사 '爱惜'와 명사 '粮食'는 짝꿍 표현이므로 '爱惜粮食'로 결합해 줍니다. 의미상 어울리는 '劳动成果'를 결합한 후, '农民们的' 뒤에 놓아 줍니다.

STEP 2 술어를 찾는다. ➡ 就是尊重

▶ 동사는 '爱惜'와 '就是尊重'이 있는데 전체 술어는 '就是'입니다.

STEP 3 주어와 목적어를 찾는다. ➡ 주어: 爱惜粮食, 목적어: 农民们的劳动成果

▶ 술어 '就是' 뒤에 오는 '尊重'의 목적어는 '农民们的劳动成果'입니다. 주어는 의미상 동사구인 '爱惜粮食'가 됩니다.

爱惜粮食	就是	尊重	农民们的	劳动成果。
동사구 주어	술어	동사	관형어	목적어
		술어 '就是'의 목적어		

정답 및 해석	爱惜粮食就是尊重农民们的劳动成果。 식량을 아끼는 것은 농민들의 노동 성과를 존중하는 것이다.
단어	爱惜 àixī 동 아끼다, 소중하게 여기다 | 粮食 liángshí 명 양식, 식량 | 尊重 zūnzhòng 동 존중하다 | 农民 nóngmín 명 농민 | 劳动 láodòng 동 노동하다, 일하다 명 노동 | 成果 chéngguǒ 명 성과

실력 확인하기 듣기 | 제1·2부분 대화형

0-37

정답

1 C	2 D	3 B	4 D	5 C	6 D	7 D	8 B
9 D	10 C	11 D	12 C	13 B	14 B	15 D	

듣기 | 제1부분 대화형

1

정답 및 해석

女：有报道说宠物的陪伴能缓解人的压力。 男：对，我一见到我的小猫就什么烦恼都没有了。 问：他们在聊什么？ A 新闻报道 B 养猫的苦恼 C 养宠物的好处（✓） D 怎么缓解压力	여: 애완동물과 함께 있으면 사람의 스트레스를 풀 수 있다는 보도가 나왔어. 남: 맞아. 난 내 아기 고양이를 보면 아무런 걱정도 안 들어. 질문: 그들은 무엇을 이야기하고 있는가? A 뉴스 보도 B 고양이를 기르는 고민 C 애완동물을 기르는 장점 (✓) D 어떻게 스트레스를 푸는가

해설 선택지를 보고 애완동물과 관련된 문제라는 걸 알 수 있습니다. 선택지가 명사로 이루어져 있으면, 주로 무엇에 대해 이야기를 하는가를 물어봅니다. 선택지를 보며 녹음을 들으면, 여자의 말(宠物的陪伴能缓解人的压力)이 선택지 C의 내용과 같습니다. 따라서 정답은 C 养宠物的好处입니다. '缓解压力'라는 내용만 듣고 D를 고르면 안 됩니다. 대화의 주제는 애완동물을 기르는 것의 장점이므로 어떻게 스트레스를 해소하는지는 답이 될 수 없습니다.

단어 报道 bàodào 명 보도 | 宠物 chǒngwù 명 애완동물 | 陪伴 péibàn 동 동반하다, 함께하다 | 缓解压力 huǎnjiě yālì 스트레스를 풀다 | 一A就B yī A jiù B A하자마자 B하다, A했다 하면 B하다 | 小猫 xiǎomāo 명 아기 고양이 | 烦恼 fánnǎo 명 고민, 걱정 | 聊 liáo 동 이야기하다 | 新闻报道 xīnwén bàodào 뉴스 보도 | 养猫 yǎng māo 고양이를 기르다 | 苦恼 kǔnǎo 동 고민하다 | 好处 hǎochù 명 좋은 점, 장점

2

정답 및 해석

男：会计说我出差的报销单里缺一张交通发票。 女：你可以在订票软件里找找，现在都有电子发票，能直接下载。 问：女的建议怎么做？ A 回家找找 B 下载软件 C 打印文件 D 下载电子发票 (✓)	남: 회계사가 저에게 출장 청구서에 교통 영수증 한 장이 부족하다고 했어요. 여: 티켓 예매 앱에서 찾아보면 됩니다. 지금은 모두 전자 영수증이 있으니 직접 다운로드할 수 있습니다. 질문: 여자는 어떻게 하라고 제안하는가? A 집에 가서 찾아본다 B 앱을 다운로드한다 C 문서를 인쇄한다 D 전자 영수증을 다운로드한다 (✓)

해설 선택지에서 '下载', '软件', '打印', '文件', '电子发票' 등의 단어를 통해 업무와 관련된 주제임을 예측할 수 있습니다. 청구할 영수증이 부족하거나, 무언가를 다운로드하는 내용은 자주 출제되는 주제입니다. 여자의 말 '现在都有电子发票，能直接下载。'를 통해 정답 D 下载电子发票를 골라 줍니다.

단어 会计 kuàijì 명 회계사 | 出差 chūchāi 동 출장 가다 | 报销单 bàoxiāodān 명 청구서 *报销 동 (사용 경비를) 청구하다 | 缺 quē 동 부족하다, 모자라다 | 张 zhāng 양 장[종이나 가죽 등 넓은 면을 가진 물건을 셀 때 쓰임] | 交通发票 jiāotōng fāpiào 교통 영수증 | 订票 dìngpiào 동 티켓을 예매하다 *票 명 (각종) 표, 티켓 | 软件 ruǎnjiàn 명 ①소프트웨어 ②앱, 애플리케이션(=应用软件) | 电子发票 diànzi fāpiào 전자 영수증 *发票 명 영수증 | 直接 zhíjiē 부 직접 | 建议 jiànyì 동 건의하다, 제안하다 | 下载软件 xiàzài ruǎnjiàn 앱을 다운로드하다 *下载 동 다운로드하다, 내려 받다 | 打印文件 dǎyìn wénjiàn 문서를 인쇄하다

3

정답 및 해석

男：孙老板，最近海鲜生意难做，您是怎么应对的？ 女：我们新推出了即食小海鲜，得到了不少顾客的好评。 问：孙老板采取了哪种措施？ A 降低价格 B 开发新产品 (✓) C 给顾客打折 D 收购别的店	남: 쑨 사장님, 요즘 해산물 장사하기 어려운데 어떻게 대처하셨나요? 여: 저희는 즉석 해산물을 새로 출시해서 많은 고객들의 호평을 받았습니다. 질문: 쑨 사장은 어떤 조치를 취했는가? A 가격을 내렸다 B 신제품을 개발했다 (✓) C 고객에게 할인해 줬다 D 다른 가게를 인수했다

해설 여자의 말 '我们新推出了即食小海鲜'을 듣고 이해한 후, 정답 B 开发新产品을 골라야 하는 비교적 까다로운 문제입니다. '推出'는 '제품이나 아이디어를 출시하다'는 의미로 듣기 영역에서 종종 들리는 단어입니다. '推出'만 제대로 알아 들어도 신제품을 개발하여 출시했다는 것을 유추할 수 있습니다.

단어 孙 Sūn 명 쑨[성씨] | 老板 lǎobǎn 명 (상점) 주인, 사장 | 海鲜 hǎixiān 명 해산물 | 生意 shēngyi 명 장사, 사업 | 应对 yìngduì 동 대응하다, 대처하다 | 推出 tuīchū 동 내놓다, 선보이다, 출시하다 | 即食小海鲜 jíshí xiǎo hǎixiān 즉석 해산물 *即食 동 즉석에서 먹을 수 있다 *小海鲜 명 (크기가 좀 작은) 해산물 | 得到好评 dédào hǎopíng 호평을 받다 | 顾客 gùkè 명 고객 | 采取措施 cǎiqǔ cuòshī 조치를 취하다 *采取 동 채택하다, 취하다 | 降低价格 jiàngdī jiàgé 가격을 내리다 *降低 동 낮추다, 내리다, 인하하다 | 开发新产品 kāifā xīnchǎnpǐn 신제품을 개발하다 | 打折 dǎzhé 동 할인하다 | 收购 shōugòu 동 사들이다, 인수하다

4

정답 및 해석

女：爸，您怎么连空调都舍不得开？ 男：过日子的钱是挣来的，也是省来的，积少成多嘛。 问：男的是什么意思？ A 天气不热 B 空调费很贵 C 现在挣钱太难 D 过日子要节省（✓）	여: 아빠, 왜 에어컨조차 켜는 것을 아까워하는 거예요? 남: 생활비는 버는 것이면서 아끼는 것이기도 해. 티끌 모아 태산이지. 질문: 남자의 말뜻은 무엇인가? A 날씨가 덥지 않다 B 에어컨 요금이 비싸다 C 지금은 돈을 벌기가 너무 어렵다 D 생활하면서 절약해야 한다 (✓)

해설 선택지의 '天气', '空调费', '节省'같은 단어에 집중하여 녹음을 듣습니다. 하지만 선택지의 '空调', '挣钱', '过日子', '节省'과 유사한 단어들이 녹음에 모두 나왔기 때문에 단어만 들어서는 정답을 맞추기 힘듭니다. 남자의 말 '过日子的钱是挣来的，也是省来的'에서 일상생활에서의 절약을 이야기하고 있으므로, 정답은 D 过日子要节省입니다.

단어 连…都… lián……dōu…… ~조차, ~마저 | 空调 kōngtiáo 명 에어컨 | 舍不得 shěbude (아까워서 차마) 못 ~하다 | 过日子 guò rìzi 날을 보내다, 생활하다 *过日子的钱 생활비 | 积少成多 jīshǎochéngduō 성 티끌 모아 태산 *积 동 쌓다, 모으다, 축적하다 | 空调费 kōngtiáofèi 명 에어컨 요금 | 挣钱 zhèngqián 동 돈을 벌다 *挣 동 (돈을) 벌다 | 节省 jiéshěng 동 아끼다, 절약하다 *省 동 아끼다, 절약하다

5

정답 및 해석

男：你上次订的那家宾馆怎么样？ 女：房间设施比较陈旧，不过服务态度还不错。 问：宾馆哪里存在不足？ A 价格 B 空调 C 屋内设施（✓） D 服务态度	남: 당신이 저번에 예약한 그 호텔은 어땠어요? 여: 객실 시설이 비교적 노후한 편이지만, 서비스 태도는 그런대로 괜찮았어요. 질문: 호텔은 어디에 부족함이 있는가? A 가격 B 에어컨 C 실내 시설 (✓) D 서비스 태도

해설 선택지 단어들을 기억하고 문제를 듣습니다. 녹음에서 선택지 단어 '屋内设施'와 유사한 '房间设施'와 '服务态度'가 모두 나오므로, 질문을 듣고 답을 선택합니다. 여자의 말 '房间设施比较陈旧'에서 '陈旧'의 뜻이 어렵다면, 이어서 나오는 '不过服务态度还不错(서비스 태도가 그런대로 괜찮다)'를 듣고 답을 유추합니다. 질문에서는 부족한 점을 물어보고 있으므로, 정답은 C 屋内设施입니다. '服务态度'만 듣고 D를 정답으로 고르지 않도록 주의합니다.

단어 订 dìng 동 예약하다 | 宾馆 bīnguǎn 명 (모텔 수준의 저렴한) 호텔 | 设施 shèshī 명 시설 | 陈旧 chénjiù 형 낡다, 오래되다, 노후하다 | 服务态度 fúwù tàidù 서비스 태도 | 存在不足 cúnzài bùzú 부족함이 있다 | 价格 jiàgé 명 가격 | 空调 kōngtiáo 명 에어컨 | 屋内 wūnèi 명 실내

6

정답 및 해석

男：小张，宴会场地已经确定了。 女：好，你把地点发给我，我去布置会场。 问：女的接下来要做什么？ A 参加宴会 B 邀请客人 C 准备饮食 D 布置宴会场地（✓）	남: 샤오장, 연회장은 이미 확정되었어. 여: 네. 장소를 저에게 보내주시면 제가 가서 연회장을 꾸밀게요. 질문: 여자는 이제 무엇을 해야 하는가? A 연회에 참석한다 B 손님을 초대한다 C 음식을 준비한다 D 연회장을 꾸민다 (✓)

해설 선택지가 동사구로 이루어져 있는 것을 보아 행동을 묻는 문제라는 것을 유추합니다. 선택지에서 '宴会'가 두 번 나오므로 '연회'와 관련된 문제일 확률이 높습니다. 여자의 말 '我去布置会场'을 듣고 정답을 D 布置宴会场地로 골라 줍니다. '布置'가 어려운 단어이므로 '宴会场地'만 듣고 정답을 골라 줍니다.

단어 宴会场地 yànhuì chǎngdì 연회장 *场地 명 장소(=地点 dìdiǎn) | 确定 quèdìng 동 확정하다, 확실히 정하다 | 发 fā 동 보내다, 발송하다 | 布置 bùzhì 동 배치하다, 꾸미다 | 会场 huìchǎng 명 회의장[여기에서는 연회장을 가리킴] | 接下来 jiē xiàlái 다음으로, 이제 | 参加宴会 cānjiā yànhuì 연회에 참석하다 | 邀请客人 yāoqǐng kèrén 손님을 초대하다 *邀请 동 초청하다, 초대하다 | 准备饮食 zhǔnbèi yǐnshí 음식을 준비하다

7

정답 및 해석

男：教练，驾驶救护车不用遵守交通规则吗？ 女：救护车执行紧急任务时，可以在确保安全的前提下违反交通规则。 问：他们在讨论救护车的什么？ A 司机 B 外观 C 安全问题 D 驾驶规则（✓）	남: 교관님, 구급차를 운전할 때 교통 규칙을 준수하지 않아도 됩니까? 여: 구급차는 긴급한 임무를 수행할 때, 안전을 확보한다는 전제하에 교통 규칙을 위반해도 됩니다. 질문: 그들은 구급차의 무엇에 대해 토론하고 있는가? A 기사 B 외관 C 안전 문제 D 운전 규칙 (✓)

해설 선택지가 명사이므로 대화의 주제를 묻는 문제일 확률이 높습니다. 남자의 첫 번째 말 '驾驶救护车不用遵守交通规则吗?'를 통해, 구급차의 운전 교통 규칙에 대해 토론하는 내용임을 알 수 있습니다. 따라서 정답은 D 驾驶规则입니다. 여자의 말에서 '安全'이 들렸다고 C를 고르면 안 됩니다.

단어 教练 jiàoliàn 명 코치, 감독, 교관 | 驾驶 jiàshǐ 동 운전하다, 조종하다 | 救护车 jiùhùchē 명 구급차 | 遵守 zūnshǒu 동 준수하다, 지키다 | 交通规则 jiāotōng guīzé 교통 규칙 | 执行任务 zhíxíng rènwu 임무를 수행하다 *执行 동 집행하다, 수행하다 | 紧急 jǐnjí 형 긴급하다 | 确保安全 quèbǎo ānquán 안전을 확보하다 | 前提 qiántí 명 전제 | 违反 wéifǎn 동 (규칙을) 위반하다, 어기다 | 讨论 tǎolùn 동 토론하다 | 司机 sījī 명 기사, 운전사 | 外观 wàiguān 명 외관, 겉모양 | 安全问题 ānquán wèntí 안전 문제 | 驾驶规则 jiàshǐ guīzé 운전 규칙

8

정답 및 해석

女：儿子，师傅什么时候来安装热水器？ 男：我已经在网上预约了，明天上午就能过来。 问：根据对话，下列哪项正确？ A 男的自己修理 B 师傅明天上门 (✓) C 要买新的热水器 D 热水器已经修好了	여: 아들아, 기사님은 언제 온수기를 설치하러 오시니? 남: 제가 이미 인터넷으로 예약했으니, 내일 오전에 오실 수 있어요. 질문: 대화에 따르면 다음 중 정확한 것은? A 남자가 스스로 수리하다 B 기사님은 내일 방문한다 (✓) C 새 온수기를 사려고 한다 D 온수기는 이미 다 고쳤다

해설 기계나 가구를 설치하는 상황은 HSK 듣기 영역에 자주 나오는 상황이니 꼭 알아 두어야 합니다. '热水器'가 들어간 선택지가 2개이므로 주의해서 듣습니다. 여자가 아들에게 기사님이 언제 온수기를 설치하려 오는지 물어봤고, 이어서 아들이 내일 오전에 오도록 예약했다고 말합니다. 남자의 말 '明天上午就能过来'에 따라, 정답은 B 师傅明天上门입니다.

단어 师傅 shīfu 명 기사님[기예·기능을 가진 사람에 대한 존칭] | 安装 ānzhuāng 동 설치하다 | 热水器 rèshuǐqì 명 온수기 | 预约 yùyuē 동 예약하다 | 根据 gēnjù 전 ~에 근거하여, ~에 따르면 | 修理 xiūlǐ 동 수리하다 *修 동 수리하다, 고치다 | 上门 shàngmén 동 방문하다

9

정답 및 해석

女：单元测验用这张试卷怎么样？ 男：这套卷子很多题目都很难，高级词汇又多，不适合初级的学生。 问：男的觉得那套试卷怎么样？ A 很简单 B 不太难 C 正合适 D 整体难度过高 (✓)	여: 단원 시험용으로 이 시험지는 어때요? 남: 이 시험지는 많은 문제가 어려운 데다 고급 어휘 또한 많아서, 초급 학생에게는 적합하지 않아요. 질문: 남자는 그 시험지가 어떻다고 생각하는가? A 간단하다 B 별로 어렵지 않다 C 딱 알맞다 D 전체 난이도가 너무 높다 (✓)

해설 선택지에 형용사가 많으므로 평가하는 문제일 것이라 유추해 봅니다. 여자는 시험지가 어떤지 물었고, 남자는 '这套卷子很多题目都很难(이 시험지는 많은 문제가 어렵다)'이라 했으니, 정답은 D 整体难度过高입니다. '很难'을 '难度高'로 바꿔 출제한 문제입니다.

단어 单元 dānyuán 명 (교재 등의) 단원 | 测验用 cèyànyòng 명 시험용 *测验 동 시험하다, 테스트하다 | 张 zhāng 양 장[종이나 가죽 등 넓은 면을 가진 물건을 셀 때 쓰임] | 试卷 shìjuàn 명 시험지(=卷子) | 套 tào 양 세트 | 题目 tímù 명 (시험의) 문제 | 高级 gāojí 형 고급의 | 词汇 cíhuì 명 어휘 | 适合 shìhé 동 적합하다 | 初级 chūjí 형 초급의 | 简单 jiǎndān 형 간단하다, 단순하다 | 合适 héshì 형 적당하다, 알맞다 | 整体 zhěngtǐ 명 (집단·사물의) 전체 | 难度 nándù 명 난이도, 난도 | 过高 guògāo 형 너무 높다

10

정답 및 해석

男：姑娘，除了现场排队，还能通过手机挂号？ 女：是的，大爷，您下载医院的手机应用程序，未来三天的挂号信息都能查到。 问：男的还可以通过哪种方式挂号？ A 打电话 B 去窗口 C 手机挂号 (✓) D 自助机挂号	남: 아가씨, 현장에서 줄 서는 것 말고도 핸드폰으로도 접수할 수 있나요? 여: 네. 어르신, 병원 모바일 앱을 다운로드하면 앞으로 3일간 접수 정보를 찾아볼 수 있어요. 질문: 남자는 어떤 방식으로도 접수할 수 있는가? A 전화한다 B 창구로 간다 C 핸드폰으로 병원 접수한다 (✓) D 키오스크로 병원 접수한다

해설 '挂号(병원 접수하다)'가 선택지에 두 번 보이므로 '挂号'에 집중해서 듣도록 합니다. 남자의 첫 번째 말에서 '还能通过手机挂号?'라고 물어봤고, 여성이 '是的'라고 대답했으므로 정답은 C 手机挂号입니다.

단어 姑娘 gūniang 명 아가씨 | 除了 chúle 전 ~을 제외하고, ~외에, ~말고 | 现场 xiànchǎng 명 현장 | 排队 páiduì 동 줄을 서다 | 通过 tōngguò 전 ~을 통해서, ~(수단)으로 | 挂号 guàhào 동 (병원에) 접수하다 | 大爷 dàye 명 어르신[나이가 지긋하신 분에 대한 존칭] | 下载 xiàzài 동 다운로드하다, 내려 받다 | 应用程序 yìngyòng chéngxù 명 ①응용 프로그램 ②앱, 애플리케이션 *手机应用程序 모바일 앱 | 未来 wèilái 명 미래, 앞으로 | 信息 xìnxī 명 정보 | 查 chá 동 찾아보다 | 窗口 chuāngkǒu 명 창구 | 自助机 zìzhùjī 명 자동판매기, 키오스크

듣기 | 제2부분 대화형

11

정답 및 해석

男：你觉得舞蹈室的这支扇子舞怎么样？ 女：音乐和动作都很美，非常有欣赏价值。 男：那当然，这支舞可是得过古典舞大奖的。 女：真的？期待他们下次的演出。 问：关于那支舞，下列哪项正确？ A 不太好看 B 动作有缺点 C 音乐不好听 D 获得过大奖 (✓)	남: 당신은 안무실의 이 부채춤이 어떤 것 같나요? 여: 음악과 동작이 아름다워서 매우 감상할 가치가 있어요. 남: 그럼요. 이 춤은 고전 무용 대상을 받은 적이 있거든요. 여: 정말요? 그들의 다음 공연도 기대되네요. 질문: 그 춤에 관하여 다음 중 정확한 것은? A 별로 예쁘지 않다 B 동작에 결점이 있다 C 음악이 듣기 안 좋다 D 대상을 받은 적이 있다 (✓)

해설 HSK 지문은 대부분 긍정적인 것이 답이 됩니다. 따라서 녹음 내용이 잘 안 들려서 찍어야 할 때는 D처럼 긍정적인 내용을 찍도록 합니다. 남자의 말 '这支舞可是得过古典舞大奖的'를 통해 이 춤이 국제적 대상을 받았다는 것을 알 수 있으므로 정답은 D 获得过大奖입니다.

단어 舞蹈室 wǔdǎoshì 명 안무실 *舞蹈 명 춤, 무용, 댄스 | 支 zhī 양 곡[춤·노래 등을 셀 때 쓰임] | 扇子舞 shànziwǔ 명 부채춤 *舞 명 춤, 무용 | 欣赏 xīnshǎng 동 감상하다 | 价值 jiàzhí 명 가치 | 古典舞 gǔdiǎnwǔ 명 고전 무용 | 大奖 dàjiǎng 명 대상 | 期待 qīdài 동 기대하다 | 演出 yǎnchū 명 공연 | 缺点 quēdiǎn 명 결점, 단점 | 获得 huòdé 동 획득하다, 얻다, 받다

12

정답 및 해석

男：你怎么看起来这么没精神？ 女：我最近总是睡不着，每天只能睡三四个小时。 男：那得去医院看看吧！ 女：嗯，我已经在网上挂号了。 问：女的最近怎么了？ A 生病了 B 工作很忙 C 经常失眠（✓） D 需要休息	남: 당신 왜 이렇게 기운이 없어 보여요? 여: 전 요즘 항상 잠이 안 와서 매일 서너 시간밖에 못 자요. 남: 그럼 병원에 가 봐야겠네요! 여: 네. 이미 인터넷으로 접수했어요. 질문: 여자는 요즘 왜 그런가? A 병이 났다 B 일이 바쁘다 C 자주 잠을 이루지 못한다 (✓) D 쉬어야 한다

해설 선택지에서 '生病', '忙', '失眠', '休息' 등의 키워드를 기억하며 대화를 듣습니다. 첫 번째 대화에서 여자가 '我最近总是睡不着，每天只能睡三四个小时'라고 말했으므로, '睡不着'의 동의어인 '失眠'을 정답으로 골라 줍니다. 정답은 C 经常失眠입니다.

단어 看起来 kàn qǐlái ~하게 보이다 | 没精神 méi jīngshén 기운이 없다 | 总是 zǒngshì 부 항상, 늘 | 睡不着 shuì bu zháo 잠들지 못하다, 잠이 안 오다 | 挂号 guàhào 동 등록하다, 접수하다 | 失眠 shīmián 동 잠을 이루지 못하다 | 需要 xūyào 동 ~해야 한다 | 休息 xiūxi 동 휴식하다, 쉬다

13

정답 및 해석

男：老婆，有个客人要咨询贷款业务，我得加会儿班。 女：好的，你回来的时候顺便给女儿买本参考书吧。 男：行，书名是什么？ 女：一本地理练习册。我发你微信上了。 问：女的让男的做什么？ A 晚上加班 B 买练习册（✓） C 申请贷款 D 打扫房间	남: 여보, 고객이 대출 업무를 상담하려고 해서 야근을 좀 해야 해요. 여: 네. 당신 돌아오는 길에 딸에게 줄 참고서 한 권을 사 주세요. 남: 그래요. 책 이름이 뭐예요? 여: 지리 워크북이에요. 제가 당신 위챗으로 보냈어요. 질문: 여자는 남자에게 무엇을 시켰는가? A 밤에 야근한다 B 워크북을 산다 (✓) C 대출을 신청한다 D 방을 청소한다

해설 남자의 첫 번째 말에 '贷款业务'가 있어서 C를 오답으로 고르기 쉽습니다. 두 번째 대화에서 여자가 남자에게 '一本地理练习册'라고 B의 '练习册'를 읽어주었습니다. 질문을 끝까지 잘 듣고 최종 답을 골라야 합니다. 여자가 남자에게 무엇을 시켰냐고 물었으므로 정답은 B 买练习册입니다.

단어 老婆 lǎopo 명 여보[남편이 아내를 부르는 호칭] | 客人 kèrén 명 손님, 고객 | 咨询 zīxún 동 자문하다, 상담하다 | 贷款 dàikuǎn 명 대출 | 业务 yèwù 명 업무 | 加班 jiābān 동 야근하다 | 顺便 shùnbiàn 부 ~하는 김에(길에) | 参考书 cānkǎoshū 명 참고서 | 书名 shūmíng 명 책 이름 | 地理 dìlǐ 명 지리 | 练习册 liànxícè 명 연습장, 워크북 | 发微信 fā Wēixìn 위챗을 보내다 *微信 고유 위챗(WeChat)[중국의 무료 채팅 앱] | 申请 shēnqǐng 동 신청하다 | 打扫房间 dǎsǎo fángjiān 방을 청소하다

14

정답 및 해석

女: 你的论文内容很有新意，但题目太大了，要改得更明确一些。 男: 好的，老师。结构还需要调整吗？ 女: 不用，结构没问题。 男: 好的，谢谢老师。 问: 女的对论文的哪方面提出了修改意见？ A 内容 B 题目 (✓) C 结构 D 结尾	여: 너의 논문은 내용이 아주 창의적인데, 제목이 너무 방대해서 좀 더 명확하게 고쳐야 해. 남: 네, 선생님. 구성은 더 조정해야 하나요? 여: 아니. 구성은 문제없어. 남: 네. 선생님 감사합니다. 질문: 여자는 논문의 어떤 부분에 대해 수정 의견을 냈는가? A 내용 B 제목 (✓) C 구성 D 결말

해설 논문에 관한 내용은 자주 출제되는 주제입니다. 선택지 4개 중에 A·B·C 3가지가 모두 녹음에서 들립니다. 이때는 단순히 단어만 듣지 말고, 내용을 파악하여 질문을 끝까지 들어야 합니다. 남자는 첫 번째 말 '但题目太大了，要改得更明确一些'에서 '题目'를 더 명확하게 고치라고 제안하고 있습니다. 그리고 질문은 논문의 수정 사항에 관해 묻고 있으므로 정답은 B 题目입니다.

단어 论文 lùnwén 명 논문 | 内容 nèiróng 명 내용 | 新意 xīnyì 명 창의성 *很有新意 아주 창의적이다 | 题目 tímù 명 제목, 문제 | 改 gǎi 동 고치다, 수정하다 | 明确 míngquè 형 명확하다 | 结构 jiégòu 명 구조, 구성 | 需要 xūyào 동 ~해야 한다 | 调整 tiáozhěng 동 조정하다, 조절하다 | 没问题 méi wèntí 문제 없다 | 提出意见 tíchū yìjiàn 의견을 내다 | 修改 xiūgǎi 동 (원고를) 고치다, 수정하다 | 结尾 jiéwěi 명 결말

15

정답 및 해석

男: 您好，我想咨询一下室内装修设计的问题。 女: 好的。您想了解哪种设计风格呢？ 男: 风格嘛，要简单大气，同时要兼顾实用性。 女: 好的，我先给您看几套设计效果图，您看有没有喜欢的。 问: 男的对房屋设计有什么要求？ A 欧式风格 B 漂亮可爱 C 风格优雅 D 实用大气 (✓)	남: 안녕하세요. 실내 인테리어 디자인 문제에 관해 좀 문의하고 싶은데요. 여: 네. 어떤 디자인 스타일을 알고 싶으세요? 남: 스타일은 심플하면서 기품이 있어야 하고, 동시에 실용성을 함께 고려해야 합니다. 여: 네. 제가 우선 디자인 효과 사진 몇 세트를 보여 드릴게요. 마음에 드시는 게 있는지 보세요. 질문: 남자는 주택 디자인에 대해 어떤 요구가 있는가? A 유럽식 스타일 B 예쁘고 귀엽다 C 스타일이 우아하다 D 실용적이고 기품이 있다 (✓)

해설 선택지를 보면 의류 스타일(风格)에 관한 내용인가 싶지만, 이 지문은 인테리어 디자인에 관해 이야기하고 있습니다. 두 번째 남자의 말 '要简单大气，同时要兼顾实用性'에서 '大气'와 '实用性'을 듣고 정답 D 实用大气를 골라 줍니다.

단어 咨询 zīxún 동 상담하다, 문의하다 | 室内装修 shìnèi zhuāngxiū 실내 인테리어 | 设计 shèjì 명 설계, 디자인 | 问题 wèntí 명 문제 | 了解 liǎojiě 동 (자세하게 잘) 알다, 이해하다 | 风格 fēnggé 명 풍격, 스타일 | 简单 jiǎndān 형 간단하다, 심플하다 | 大气 dàqi 형 기품이 있다 | 兼顾 jiāngù 동 함께 고려하다 | 实用性 shíyòngxìng 명 실용성 | 套 tào 양 세트 | 效果图 xiàoguǒtú 명 효과 사진 | 房屋 fángwū 명 집, 주택 | 欧式 ōushì 형 유럽식의 | 漂亮 piàoliang 형 아름답다, 예쁘다 | 可爱 kě'ài 형 사랑스럽다, 귀엽다 | 优雅 yōuyǎ 형 우아하다 | 实用 shíyòng 형 실용적이다

정답 **1** A **2** C **3** C **4** B **5** A **6** D **7** B **8** A

1-4

1 它们在树下(A 谈论)着自己去各地旅行的经历。

해설 빈칸은 동사 자리이며, 선택지도 모두 동사로 이루어져 있습니다. 빈칸의 목적어는 '经历(경험)'이며, 관형어 '自己去各地旅行的'까지 해석하면 '자신이 각지로 여행을 간 경험'입니다. 이런 경험을 '이야기하고 있다'고 해야 하므로 정답은 A谈论입니다. '交往'은 '교제하다'는 의미이므로 내용상 맞지 않고, '聊天'은 이합동사로 뒤에 목적어를 갖지 않습니다. '争吵'는 '다툰다'는 의미가 내용과 어울리지 않고, '争吵'는 대부분 목적어를 갖지 않는 자동사로 사용합니다.

선택지 단어

A 谈论 tánlùn 동 논의하다, 이야기하다 (✓)

예문 开学第一天，同学们都兴奋地谈论着各自的假期见闻。
개학 첫날, 학생들은 모두 흥분하여 각자의 방학 기간에 보고 들은 것을 이야기하고 있다.

◆兴奋 xīngfèn 형 (기뻐서) 흥분하다 | 假期 jiàqī 명 휴가 기간, 방학 기간 | 见闻 jiànwén 명 보고 들은 것

B 交往 jiāowǎng 동 교제하다, 사귀다

예문 女朋友的父母强烈反对我们交往。 여자 친구의 부모님은 우리가 교제하는 것을 강렬하게 반대했다.

◆强烈 qiángliè 형 강렬하다

C 聊天 liáotiān 동 이야기를 나누나

예문 他们一边喝酒，一边聊天。 그들은 술을 마시면서 이야기를 나누었다.

D 争吵 zhēngchǎo 동 말다툼하다, 다투다

예문 她往往为一点小事同顾客争吵。 그녀는 종종 사소한 일로 고객과 다툰다.

◆同 tóng 전 ~와(과)(=跟) | 顾客 gùkè 명 고객

2 飞禽说大树没有翅膀，便拒绝了。大树想请走兽帮忙，(C 又因没有腿而被拒绝)。

해설 빈칸은 문맥에 맞는 문장을 찾아내는 문제입니다. 앞 문장에서 날짐승에게 거절당했고, 길짐승들에게 도움을 청하려고 했지만 '또 거절당했다'는 내용이 적합합니다. 거절당한 이유는 '走兽'라는 단어에서 힌트를 얻어, 걷지 못한다는 내용이 들어가야 하므로 C 又因没有腿而被拒绝가 정답입니다.

선택지

A 但找不到好的办法 하지만 좋은 방법을 찾지 못했다

B 它们同意了 그들은 동의했다

C 又因没有腿而被拒绝 또 다리가 없다고 거절당했다 (✓)

D 但大家都不愿意 하지만 모두가 원하지 않았다

◆腿 tuǐ 명 (사람·동물의) 다리

3 它结出甜美的(C 果实),

해설 빈칸은 목적어 자리이므로 앞에 동사 '结出 jiēchū'가 힌트가 됩니다. '结出'는 '(열매)를 맺다'라는 의미이므로 목적어에 C 果实(열매)가 와야 합니다.

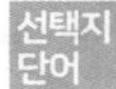
선택지 단어

A 枝叶 zhīyè 명 가지와 잎

예문 植物的根把吸收的养分输送到枝叶上去。식물의 뿌리는 흡수한 양분을 가지와 잎으로 운반한다.

◆植物 zhíwù 명 식물 | 根 gēn 명 뿌리 | 吸收 xīshōu 동 흡수하다 | 养分 yǎngfèn 명 양분 | 输送 shūsòng 동 수송하다, 운반하다

B 花朵 huāduǒ 명 꽃

예문 她在花园里种了许多花朵。그녀는 화원에 많은 꽃을 심었다.

C 果实 guǒshí 명 과실, 열매 (✓)

예문 庭院中的石榴树已经结出果实了。정원의 석류나무는 이미 열매를 맺었다.

◆庭院 tíngyuàn 명 정원 | 石榴树 shíliúshù 명 석류나무 | 结 jiē 동 (열매를) 맺다

D 树枝 shùzhī 명 나뭇가지

예문 我们砍光了树上的树枝。우리는 나무의 나뭇가지를 다 베었다.

◆砍 kǎn 동 (도끼나 칼로) 베다, 찍다

4 通过这个（B 巧妙）的方法，大树终于实现了自己的愿望。

해설 빈칸은 뒤에 '方法(방법)'를 수식하는 관형어 자리이며, 선택지는 모두 형용사입니다. B 巧妙는 '방법이나 기술이 절묘하다, 기가 막히다'라는 의미이고, 나머지 선택지는 의미상 '方法'를 수식할 수 없으므로 정답은 B 巧妙입니다. '巧妙'를 '교묘하다'라고 공부하면 안 됩니다.

선택지 단어

A 辛苦 xīnku 형 고생스럽다, 고되다

예문 艺考生的训练生活很辛苦。예대 입시생의 훈련 생활은 고되다.

◆艺考生 yìkǎoshēng 명 예대 입시생 | 训练 xùnliàn 동 훈련하다

B 巧妙 qiǎomiào 형 절묘하다, 훌륭하다 (✓)

짝꿍 巧妙的计策 절묘한 계책
巧妙的方法 절묘한 방법

예문 这篇文章的构思非常巧妙。이 글의 구상은 매우 훌륭하다.

◆计策 jìcè 명 계책 | 构思 gòusī 명 구상

C 可爱 kě'ài 형 사랑스럽다, 귀엽다

예문 她是一位聪明可爱的姑娘。그녀는 똑똑하고 귀여운 아가씨이다.

D 一般 yìbān 형 일반적이다, 보통이다

짝꿍 一般情况 일반적인 상황

정답 및 해석

有一棵大树，枝繁叶茂，浓荫匝地，是飞禽、走兽们喜爱的休息场所。它们在树下 1 A 谈论着自己去各地旅行的经历。大树也想去旅行，于是请它们帮忙。飞禽说大树没有翅膀，便拒绝了。大树想请走兽帮忙，2 C 又因没有腿而被拒绝。于是，大树决定自己想办法。它结出甜美的 3 C 果实，果实里包含着种子。果实被飞禽、走兽们吃了后，大树的种子就传播到了世界各地。通过这个 4 B 巧妙的方法，大树终于实现了自己的愿望。

큰 나무 한 그루는 가지와 잎이 무성하고 짙은 녹음이 가득하여 날짐승과 길짐승들이 좋아하는 쉼터이다. 그들은 나무 아래서 자신이 각지로 여행 간 경험에 대해 1 A 이야기하고 있다. 큰 나무도 여행 가고 싶어 그들에게 도와달라고 했다. 날짐승은 큰 나무에게 날개가 없다며 거절했다. 큰 나무는 길짐승에게 도움을 청하려 했는데, 2 C 또 다리가 없다고 거절당했다. 그리하여, 큰 나무는 스스로 방법을 생각하기로 결정했다. 그것(큰 나무)은 달콤한 3 C 열매를 맺었고, 열매 속에는 씨앗이 들어 있었다. 열매를 날짐승과 길짐승들이 먹은 후에, 큰 나무의 씨앗이 세계 각지로 퍼져 나갔다. 이 4 B 절묘한 방법을 통해 큰 나무는 마침내 자신의 소망을 실현했다.

단어 棵 kē 양 그루, 포기[식물을 셀 때 쓰임] | 大树 dàshù 명 큰 나무 | 枝繁叶茂 zhīfányèmào 성 가지와 잎이 무성하다 *繁茂 형 (초

목이) 무성하다 | 浓荫匝地 nóngyīn zādì 짙은 녹음이 가득하다 *浓荫 명 짙은 녹음(나무 그늘) *匝地 형 사방에 가득하다, 곳곳에 있다 | 飞禽 fēiqín 명 날짐승(날아다니는 짐승) | 走兽 zǒushòu 명 길짐승(기어다니는 짐승) | 喜爱 xǐ'ài 동 좋아하다 | 休息场所 xiūxī chǎngsuǒ 휴식장소, 쉼터 | 谈论 tánlùn 동 논의하다, 이야기하다 | 旅行 lǚxíng 동 여행하다 | 经历 jīnglì 명 경험 | 翅膀 chìbǎng 명 날개 | 拒绝 jùjué 동 거절하다 | 腿 tuǐ 명 (사람·동물의) 다리 | 决定 juédìng 동 결정하다 | 结 jiē 동 (열매를) 맺다 | 甜美 tiánměi 형 달콤하다 | 果实 guǒshí 명 과실, 열매 | 包含 bāohán 동 포함하다, (안에) 들어 있다 | 种子 zhǒngzi 명 씨, 씨앗 | 传播 chuánbō 동 전파하다, 퍼져나가다 | 通过 tōngguò 전 ~을 통해서 | 巧妙 qiǎomiào 형 절묘하다, 훌륭하다 | 终于 zhōngyú 부 마침내 | 实现愿望 shíxiàn yuànwàng 소망을 실현하다

5-8

5 在战争中可以防止身体被刀箭等武器（A 伤害）。

해설 '목적어+被+주어+동사+결과' 공식을 기억합니다. '被' 앞의 명사 '身体'는 목적어이고, '被' 뒤의 명사 '武器(무기)'는 주어입니다. 빈칸은 동사 자리로 '身体'를 목적어로 갖는 동사를 찾아주면 됩니다. '몸을 해치다'라는 표현으로, '伤害身体'가 맞습니다. 따라서 정답은 A 伤害입니다.

선택지 단어

A 伤害 shānghài 동 (몸을) 상하게 하다, 손상시키다, 상처를 주다 (✓)

짝꿍 伤害身体 몸을 상하게 하다

예문 抗体会保护我们不被病毒伤害。항체는 우리가 바이러스에 손상되지 않도록 보호해 준다.

◆抗体 kàngtǐ 명 항체, 면역체 | 病毒 bìngdú 명 바이러스

B 威胁 wēixié 동 위협하다

짝꿍 威胁生命 생명을 위협하다
受到威胁 위협을 받다

예문 环境污染威胁着人类健康。환경오염은 인류의 건강을 위협하고 있다.

◆环境污染 huánjìng wūrǎn 환경오염

C 刺激 cìjī 동 자극하다

짝꿍 刺激消费 소비를 자극하다
刺激好奇心 호기심을 자극하다

예문 橙色有利于刺激食欲。오렌지색은 식욕을 자극하는 데 유리하다.

◆消费 xiāofèi 명 소비 | 好奇心 hàoqíxīn 명 호기심 | 橙色 chéngsè 명 오렌지색 | 食欲 shíyù 명 식욕

D 妨碍 fáng'ài 동 방해하다, 지장을 주다

짝꿍 妨碍交通 교통을 방해하다
妨碍睡眠 수면을 방해하다

◆睡眠 shuìmián 명 수면

6 与金属制成的铠甲相比，（D 纸甲具备更多的优点），它的重量更轻，成本更低，

해설 빈칸 앞의 '与……相比'구문은 비교하는 문장에서 자주 쓰입니다. 여기서는 금속으로 만들어진 갑옷과 종이 갑옷을 비교하고 있습니다. 또한 빈칸 뒤의 내용은 종이 갑옷에 대한 장점이 나오므로, 정답은 D 纸甲具备更多的优点(종이 갑옷은 더 많은 장점을 가지고 있다)입니다.

선택지

A 纸甲不太实用 종이 갑옷은 그다지 실용적이지 않다
B 制作纸甲更难 종이 갑옷을 제작하는 것은 더 어렵다
C 竹子做的铠甲更好 대나무로 만든 갑옷이 더 좋다
D 纸甲具备更多的优点 종이 갑옷은 더 많은 장점을 갖췄다 (✓)

◆具备优点 jùbèi yōudiǎn 장점을 갖추다

7 它的重量更轻，成本更低，防护能力却与铁甲没有什么大的（B 区别）。

해설 빈칸은 명사 목적어를 묻는 문제입니다. '종이 갑옷은 무게도 더 가볍고 비용도 더 낮지만, 방호 능력은 갑옷과 큰 차이가 없다'라는 내용이므로 알맞은 단어는 B 区别(차이)입니다.

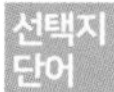

A 对比 duìbǐ 명 비율 동 대조하다

예문 全班男女生的对比是三比一。반 전체의 남녀 학생 비율은 3대 1이다.

◆全班 quánbān 명 반 전체, 학급 전체

B 区别 qūbié 명 구별, 차이 (✓)

짝꿍 明显的区别 뚜렷한 차이

예문 我看不出这两件衣服在款式上有什么区别。나는 이 두 벌의 옷이 디자인에 어떤 차이가 있는지 분간할 수 없다.

◆款式 kuǎnshì 명 양식, 스타일, 디자인

C 资格 zīgé 명 자격

짝꿍 具备资格 자격을 갖추다
取得资格 자격을 취득하다

예문 他被取消了参加决赛的资格。그는 결승전에 참가할 자격을 취소당했다.

◆具备 jùbèi 동 갖추다 | 决赛 juésài 명 결승전 | 取消 qǔxiāo 동 취소하다

D 特色 tèsè 명 특색

짝꿍 民族特色 민족 특색
独具特色 남다른 특색을 가지다

예문 该书介绍了一些有特色的植物。이 책은 일부 특색 있는 식물들을 소개했다.

8 纸甲的出现及应用，（A 反映）了当时造纸业的繁荣，

해설 '종이 갑옷의 출현과 응용은 당시 제지업의 번영을 ~했다'라는 뜻으로, 빈칸의 위치는 동사 술어 자리입니다. 관형어를 포함한 목적어는 '当时造纸业的繁荣(당시 제지업의 번영)'이므로 빈칸에 어울리는 단어는 A 反映(반영하다)입니다.

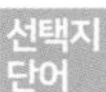

A 反映 fǎnyìng 동 반영하다 (✓)

짝꿍 反映生活 생활을 반영하다
反映现实 현실을 반영하다

예문 这些名称反映了当地的特色。이 명칭들은 현지의 특색을 반영했다.

◆名称 míngchēng 명 명칭

B 流传 liúchuán 동 전해지다

예문 这个故事是口头流传下来的。이 이야기는 구두로 전해져 왔다.

C 吸收 xīshōu 동 흡수하다, 받아들이다

짝꿍 吸收水分 수분을 흡수하다
吸收营养 영양을 흡수하다

예문 深色的衣服容易吸收热量。짙은 색 옷은 열을 쉽게 흡수한다.

◆营养 yíngyǎng 명 영양 | 深色 shēnsè 명 짙은 색 | 热量 rèliàng 명 열량, 열

D 承受 chéngshòu 동 견디다, 이겨내다

짝꿍 承受压力 스트레스를 받다(견디다)
承受痛苦 고통을 이겨내다

예문 男人承受着家庭、社会的种种压力。남자는 가정, 사회의 갖가지 스트레스를 받고 있다.

铠甲是古代士兵用于保护身体的服装，大多用铜、铁等金属制成，在战争中可以防止身体被刀箭等武器 5 A 伤害。纸甲则是铠甲的一种，是一种简易的护身甲，以纸和布（绢、木棉）为材料制作而成。

与金属制成的铠甲相比，6 D 纸甲具备更多的优点，它的重量更轻，成本更低，防护能力却与铁甲没有什么大的 7 B 区别。因此，自中国唐代开始，纸甲就被用于士兵之中，尤其是轻装步兵和战船水兵。

纸甲的出现及应用，8 A 反映了当时造纸业的繁荣，也体现了中国古代人民的智慧。不过，在枪炮等现代化武器的面前，纸甲显得不堪一击，也就逐渐从历史舞台上消失了。

갑옷은 고대 병사가 몸을 보호하는 데 쓰는 복장으로, 대부분 구리와 철 등의 금속으로 만들어지며, 전쟁 중에 몸이 칼과 화살 등의 무기에 5 A 상처 입는 것을 방지할 수 있다. 종이 갑옷은 갑옷의 일종으로 간편한 호신갑인데, 종이와 천(견, 목면)을 재료로 하여 만들어졌다.

금속으로 만들어진 갑옷에 비해, 6 D 종이 갑옷은 더 많은 장점을 가지고 있다. 그것의 무게가 더 가볍고 비용이 더 낮지만, 방호 능력은 철 갑옷과 별로 큰 7 B 차이가 없다. 이 때문에, 중국 당나라 때부터 종이 갑옷은 병사들 사이에서 사용되었으며, 특히 경장보병과 전함수병이 그러했다.

종이 갑옷의 출현과 응용은 당시 제지업의 번영을 8 A 반영했고, 또한 중국 고대인의 지혜를 드러냈다. 하지만 총포 등 현대화 무기 앞에서 종이 갑옷은 한 번의 공격이나 충격에도 견뎌낼 수 없었기에 점차 역사 무대에서 사라졌다.

단어

- 铠甲 kǎijiǎ 명 갑옷 | 士兵 shìbīng 명 병사 | 保护身体 bǎohù shēntǐ 몸을 보호하다 | 服装 fúzhuāng 명 복장 | 大多 dàduō 부 대부분 | 用…制成 yòng……zhìchéng ~로 만들어지다 | 铜 tóng 명 구리(Cu) | 铁 tiě 명 철(Fe) | 金属 jīnshǔ 명 금속 | 战争 zhànzhēng 명 전쟁 | 防止 fángzhǐ 동 방지하다 | 刀箭 dāo jiàn 칼과 화살 | 武器 wǔqì 명 무기 | 伤害 shānghài 동 (몸을) 상하게 하다, 손상시키다, 상처를 주다 | 纸甲 zhǐjiǎ 명 종이 갑옷 *纸 명 종이 | 简易 jiǎnyì 형 간편하다 | 护身甲 hùshēnjiǎ 명 호신갑[몸을 보호하는 갑옷] | 以…为材料 yǐ……wéi cáiliào ~을 재료로 하다 *材料 명 재료 | 布 bù 명 천 | 绢 juàn 명 견[얇고 구김살 없는 빳빳한 견직물·비단] | 木棉 mùmián 명 목면[목화솜으로 만든 실로 짠 천] | 制作 zhìzuò 동 제작하다, 만들다
- 与…相比 yǔ……xiāngbǐ ~와 비교해서, ~에 비해 | 具备优点 jùbèi yōudiǎn 장점을 갖추다 | 重量 zhòngliàng 명 중량, 무게 | 轻 qīng 형 (무게가) 가볍다 | 成本 chéngběn 명 원가, 비용 | 防护能力 fánghù nénglì 방호 능력 *防护 동 (위험·공격으로부터) 방호하다 | 因此 yīncǐ 접 이 때문에, 따라서 | 唐代 tángdài 당대, 당나라 때 | 尤其(是) yóuqí (shì) 부 (그중에서) 특히 | 轻装步兵 qīngzhuāng bùbīng 경장보병 *轻装 명 경장, 가벼운 무장 | 战船水兵 zhànchuán shuǐbīng 전함수병
- 出现 chūxiàn 동 출현하다 | 及 jí 접 및, 와, 과 | 反映 fǎnyìng 동 반영하다 | 造纸业 zàozhǐyè 명 제지업 | 繁荣 fánróng 형 번영하다 | 体现智慧 tǐxiàn zhìhuì 지혜를 드러내다 *体现 동 구현하다, (구체적으로) 드러내다 | 枪炮 qiāngpào 명 총포 | 显得 xiǎnde 동 ~하게 보이다, ~인 것 같다 | 不堪一击 bùkānyìjī 성 한 번의 공격이나 충격에도 견디지 못하다 | 逐渐 zhújiàn 부 점점, 점차 | 历史舞台 lìshǐ wǔtái 역사 무대 | 消失 xiāoshī 동 사라지다

정답 1 C 2 C 3 D 4 D 5 C

1

해설

지문은 '社交自觉'라는 단어를 설명하고 있습니다. 첫 문장의 '不给别人造成不适'를 읽고 선택지를 보면, 정답 C 保持社交自觉让人觉得舒适를 고를 수 있습니다. 사교적 선을 잘 지켜서 다른 사람에게 불편함을 주지 않으면, 서로 편안함을 느끼게 됩니다. 첫 문장에서 답을 찾았다면, 전체 지문을 다 읽지 말고 바로 다음 문제로 넘어갑니다. 만약 첫 문장으로 답을 눈치채지 못했다면, 마지막의 '让双方都感到舒适自在'를 보고 답을 골라 줍니다. 복습할 때는 전체 지문을 반복해서 자세히 읽어 봅시다.

정답 및 해석

"社交自觉"指的是在社交中，把握好分寸感，不给别人造成不适。人与人之间存在着一种"社交距离"，保持好这个距离，能让人在心理上产生安全感和自由感。每个人都希望拥有自己的个人空间，所以，要注意遵守"社交自觉"，理解和尊重别人的感受，让双方都感到舒适自在。

A 亲密的人之间没有距离
B 有的人不喜欢有个人空间
C 保持社交自觉让人觉得舒适 (✓)
D 社交自觉是指要保持很远的距离

'사교 자각(社交自觉)'이 가리키는 것은 사회 교류에서 선을 잘 지켜서 타인에게 불편을 끼치지 않는 것이다. 사람과 사람 사이에는 일종의 '사교적 거리'가 있으며, 이 거리를 잘 유지하면 사람들에게 심리적으로 안정감과 해방감이 들게 할 수 있다. 모든 사람은 자신의 개인 공간을 가지길 바란다. 그래서 '사교 자각'을 지켜 타인의 감정을 이해하고 존중하여 양쪽이 모두 편안하고 자유롭게 느끼도록 신경을 써야 한다.

A 친한 사람 사이에는 거리가 없다
B 어떤 사람은 개인 공간이 있는 것을 싫어한다
C 사교 자각을 유지하면 사람들이 편안함을 느끼게 된다 (✓)
D 사교 자각은 먼 거리를 유지해야 한다는 것을 가리킨다

단어 社交自觉 shèjiāo zìjué 사교 자각 *社交 명 사교, 사회 교류 | 指 zhǐ 동 가리키다, 말하다 | 把握分寸感 bǎwò fēncungǎn 선을 지키다 *把握 동 파악하다, 확실히 알다 *分寸 명 분수, 분별 | 造成不适 zàochéng búshì 불편을 끼치다 | 存在 cúnzài 동 존재하다, 있다 | 社交距离 shèjiāo jùlí 사교적 거리 | 保持 bǎochí 동 (지속적으로) 유지하다 | 产生 chǎnshēng 동 생기다, 들다 | 安全感 ānquángǎn 명 안정감 | 自由感 zìyóugǎn 명 자유로움, 해방감 | 希望 xīwàng 동 희망하다, 바라다 | 拥有 yōngyǒu 동 가지다, 지니다 | 个人空间 gèrén kōngjiān 개인 공간 | 注意 zhùyì 동 주의하다, 조심하다 | 遵守 zūnshǒu 동 준수하다, 지키다 | 理解 lǐjiě 동 이해하다 | 尊重 zūnzhòng 동 존중하다 | 感受 gǎnshòu 명 느낌, 느낀 점 | 双方 shuāngfāng 명 쌍방, 양쪽 | 舒适自在 shūshì zìzài 편안하고 자유롭다 | 亲密 qīnmì 형 친(밀)하다, 사이가 좋다

2

해설

첫 문장의 '外卖'를 통해 배달과 관련된 글임을 유추할 수 있습니다. '早在千年前的宋代，提供外卖服务'라는 표현을 통해 C 宋朝就有了送餐文化를 정답으로 골라 줍니다. A는 지문에서 배달 인원에 대해 언급한 적이 없고, B는 지문에서 배달 산업이 현대 사회에서 시작된 것이 아니라고 언급했으므로 정답이 아닙니다. 정답을 확실하게 골랐다면, 나머지 선택지가 왜 틀렸는지를 확인하지 말고 바로 다음 문제로 넘어갑니다.

정답 및 해석

从古至今人们都在寻找着便捷的生活方式，外卖行业便应运而生。在如今看来外卖已是平常。事实上，外卖行业的兴起并不是从现代社会开始的。早在千年前的宋代，提供外卖服务的店铺就遍布在

옛날부터 지금까지 사람들은 모두 간편한 생활 방식을 찾고 있어서, 배달업계가 자연스레 생겨났다. 오늘날 보기에 배달은 이미 일반적인 것 같지만 사실상, 배달업계의 붐은 결코 현대 사회에서 시작된 것이 아니다. 일찍이 천년 전의 송나라 때에는 배달 서비스를 제공

汴京的大街小巷，四处跑腿送外卖的人员更是不足为奇，与今天无异。

하는 가게가 변경의 온 거리에 널리 퍼져 있었고, 사방으로 뛰어다니며 배달하는 사람들은 더욱이 이상할 것이 없으며 현재와 다르지 않다.

A 外卖人员很少
B 外卖只有现代才有
C 宋朝就有了送餐文化 (✓)
D 送外卖的人看上去很奇怪

A 배달 인원이 적다
B 배달은 현대에만 있다
C 송나라 때에 이미 음식 배달 문화가 생겼다 (✓)
D 배달하는 사람은 이상해 보인다

단어 从古至今 cónggǔ zhìjīn 옛날부터 지금까지 | 寻找 xúnzhǎo 동 찾다 | 便捷 biànjié 형 편리하고 빠르다, 간편하다 | 生活方式 shēnghuó fāngshì 명 생활 방식 | 外卖行业 wàimài hángyè 배달 업계 *外卖 동 (음식을) 배달하다, 포장 판매하다 명 배달 음식, 포장 음식 *送外卖 (포장 음식을) 배달하다 | 应运而生 yīngyùn'érshēng 성 (시운에 따라) 자연스레 생겨나다 | 平常 píngcháng 형 보통이다, 일반적이다 | 事实上 shìshíshàng 명 사실상 | 兴起 xīngqǐ 동 흥하다, 붐이 일다 | 宋代 Sòngdài 고유 송대, 송나라 때 | 提供服务 tígōng fúwù 서비스를 제공하다 | 店铺 diànpù 명 점포, 가게 | 遍布 biànbù 동 널리 퍼져 있다 | 汴京 Biànjīng 고유 변경[카이펑(开封) 지역의 옛 이름] | 大街小巷 dàjiē-xiǎoxiàng 성 거리와 골목, 온 거리 | 四处 sìchù 명 도처, 사방 | 跑腿 pǎotuǐ 동 뛰어다니다 | 不足为奇 bùzúwéiqí 성 이상할 것이 없다 | 无异 wúyì 형 다르지 않다 | 宋朝 Sòngcháo 고유 송 왕조, 송나라 *朝 명 왕조 | 送餐 sòng cān 음식을 배달하다 | 奇怪 qíguài 형 이상하다

3

해설

첫 문장의 '利用机器翻译实现了古代汉语与现代汉语的双向互译'만 읽어도 정답이 보입니다. 정답은 D 机器翻译帮助人们"破译"古汉语입니다. 다만, 선택지 D에 보이는 '破译(해독하다)'는 난이도가 상당히 높은 단어로, '翻译'와 '互译'의 '译'를 보고 비슷한 의미라는 것을 유추해야 합니다.

정답 및 해석

最新的研究成果利用机器翻译实现了古代汉语与现代汉语的双向互译。通过该功能，人们可以一键将古代汉语转换为现代汉语以及系统支持的其他语言，这有助于人们更迅速地阅读、理解中国古籍，了解原汁原味的中华传统文化。

최신 연구 성과는 기계 번역을 이용하여 고대 중국어와 현대 중국어의 양방향 상호 번역을 실현했다. 이 기능을 통해 사람들은 한 번의 클릭으로 고대 중국어를 현대 중국어 및 시스템이 지원하는 다른 언어로 변환할 수 있고, 이것은 사람들이 더욱 빠르게 중국 고서를 읽고 이해하며 고유의 중국 전통문화를 이해하는 데 도움이 된다.

A 人工翻译不可替代
B 机器翻译输入字数有限制
C 古代汉语不如现代汉语好掌握
D 机器翻译帮助人们"破译"古汉语 (✓)

A 인간 번역은 대체할 수 없다
B 기계 번역은 입력 글자 수에 제한이 있다
C 고대 중국어는 현대 중국어만큼 마스터하기 쉽지 않다
D 기계 번역은 사람들이 고대 중국어를 '해독하게' 돕는다 (✓)

단어 研究成果 yánjiū chéngguǒ 연구 성과 | 机器翻译 jīqì fānyì 기계 번역 | 实现 shíxiàn 동 실현하다, 달성하다 | 双向互译 shuāngxiàng hùyì 양방향 상호 번역 *双向 형 양방향의 *互译 동 상호 번역하다 | 通过 tōngguò 전 ~을 통해서 | 该 gāi 대 이, 그, 저 | 功能 gōngnéng 명 기능 | 键 jiàn 명 버튼, 건반, 키 *一键 한 번의 클릭 | 转换 zhuǎnhuàn 동 전환하다, 변환하다 | 以及 yǐjí 접 및, 그리고, 아울러 | 系统支持 xìtǒng zhīchí 시스템이 지원하다 | 语言 yǔyán 명 언어 | 有助于 yǒuzhùyú 동 ~에 도움이 되다 | 迅速 xùnsù 동 신속하다, 빠르다 | 阅读 yuèdú 동 (책을) 읽다 | 理解 lǐjiě 동 이해하다 | 古籍 gǔjí 명 고서 | 了解 liǎojiě 동 (자세하게 잘) 알다, 이해하다 | 原汁原味 yuánzhī-yuánwèi 오리지널의, 고유의, 정통의 | 传统文化 chuántǒng wénhuà 전통문화 | 人工翻译 réngōng fānyì 인간 번역 | 替代 tìdài 동 대체하다, 대신하다 | 输入字数 shūrù zìshù 입력 글자수 | 限制 xiànzhì 명 제한 | 掌握 zhǎngwò 동 마스터하다, 숙달하다 | 破译 pòyì 동 (암호·문자 등을) 해독하다

4

해설

두 번째 문장의 '在温度、湿度、风力、风向合适时，山间的薄荷草上就会结出形似蝴蝶的薄薄的冰片(온도, 습도, 풍력, 풍향이 적당할 때, 산속의 박하잎에 모양이 나비를 닮은 아주 얇은 얼음 조각이 맺히는데)'에서 '얼음 나비의 형성에는 여러 가지 조건이 함께 작용해야 한다'는 것을 알 수 있습니다. 따라서 정답은 D 冰蝴蝶的形成需要多种条件共同作用입니다.

정답 및 해석

随着气温下降，山西省某村落的山间出现了一大片"冰蝴蝶"。据了解，每年12月至次年2月，在温度、湿度、风力、风向合适时，山间的薄荷草上就会结出形似蝴蝶的薄薄的冰片，晶莹剔透，形态多样，是当地的一种自然奇观。

A 冰蝴蝶的翅膀不是透明的
B 蝴蝶以薄荷草的果实为食
C 蝴蝶效应指的是灾害连续发生
D 冰蝴蝶的形成需要多种条件共同作用（✓）

기온이 떨어지면서 산시성 어느 마을의 산속에 '얼음나비'가 많이 출현했다. 알려진 바에 따르면, 매년 12월부터 이듬해 2월까지 온도, 습도, 풍력, 풍향이 적당할 때 산속의 박하잎에 모양이 나비를 닮은 아주 얇은 얼음 조각이 맺히는데, 아주 맑고 투명하고 형태가 다양하여 그곳의 자연경관이라고 한다.

A 얼음나비의 날개는 투명하지 않다
B 나비는 박하풀의 열매를 먹이로 삼는다
C 나비효과가 가리키는 것은 재해가 연속으로 발생하는 것이다
D 얼음나비의 형성에는 다양한 조건이 함께 작용하는 것이 필요하다（✓）

단어

- 随着 suízhe 전 ~함에 따라서 | 气温下降 qìwēn xiàjiàng 기온이 떨어지다 *下降 동 내려가다, 떨어지다 | 山西省 Shānxī Shěng 고유 산시성[지명] | 某 mǒu 대 어느 | 村落 cūnluò 명 촌락, 마을 | 山间 shānjiān 명 산간, 산속 | 出现 chūxiàn 동 출현하다, 나타나다 | 冰蝴蝶 bīng húdié 얼음나비[박하잎에 생기는 나비 모양의 얼음 조각] *蝴蝶 명 나비 | 据了解 jù liǎojiě 알려진 바에 따르면 | 次年 cìnián 명 이듬해 | 温度 wēndù 명 온도 | 湿度 shīdù 명 습도 | 合适 héshì 형 적당하다, 적합하다 | 薄荷草 bòhé cǎo 박하잎 | 结出冰片 jiéchū bīngpiàn 얼음 조각이 맺히다 *结 동 맺히다, 응결하다 | 形似 xíngsì 동 모양이 ~를 닮다 | 薄 báo 형 얇다 | 晶莹剔透 jīngyíngtītòu 성 아주 맑고 투명하다 | 形态多样 xíngtài duōyàng 형태가 다양하다 | 当地 dāngdì 명 현지, 그 곳 | 自然奇观 zìrán qíguān 자연경관
- 翅膀 chìbǎng 명 (새·곤충 등의) 날개 | 透明 tòumíng 형 투명하다 | 以…为食 yǐ……wéi shí ~을 먹이로 하다 *食 명 음식, 먹이 | 果实 guǒshí 명 과실, 열매 | 蝴蝶效应 húdié xiàoyìng 나비효과[작은 변화가 전체에 큰 영향을 미치는 것을 가리킴] | 指 zhǐ 동 가리키다, 말하다 | 灾害 zāihài 명 재해 | 连续 liánxù 동 연속하다, 계속하다 | 形成 xíngchéng 동 형성되다 | 需要 xūyào 동 필요하다, 요구되다 | 条件 tiáojiàn 명 조건 | 共同 gòngtóng 부 함께, 다같이 | 作用 zuòyòng 동 작용하다

5

해설

첫 번째 문장은 '度日如年'의 표현을 설명하고 있습니다. 첫 문장을 읽고 선택지를 보면, 모든 선택지가 '金星(금성)'을 언급하고 있으므로 다시 다음 문장을 더 읽어봅니다. 바로 다음 문장에서 금성이 나오면서 이 성어를 쓰는 것이 적당하고 조금의 과장도 아니라 했으니, 정답은 C 用度日如年形容金星不过分입니다. 지문의 '不夸张'과 선택지의 '不过分'은 비슷한 의미입니다.

정답 및 해석

我们常用"度日如年"来形容时间过得慢。不过在金星上，用这个成语却恰如其分，一点儿都不夸张。我们都知道，地球自转一圈是一天，绕太阳公转一圈是一年。而金星自转很慢。它自转一圈所用的时间相当于地球上的243天，而围绕太阳公转一圈所用的时间相当于地球上的224.7天。所以，在金星上，"一天"比"一年"还要长。

우리는 흔히 '하루가 일 년 같다'를 써서 시간이 더디게 감을 묘사한다. 하지만 금성에서는 이 성어를 쓰는 것이 적절하며, 조금도 과장이 아니다. 우리는 지구가 한 바퀴 자전하는 것은 하루이고, 태양 주위를 공전하는 것은 일 년이라는 것을 모두 알고 있다. 그러나 금성은 자전이 느리다. 그것이 한 바퀴 자전하는 데 걸리는 시간은 지구에서의 243일과 같고, 태양 주위를 공전하는 데 걸리는 시간은 지구에서의 224.7일과 같다. 그래서, 금성에선 '하루'가 '일 년'보다 훨씬 길다.

A 未来金星可能会撞上地球	A 미래에는 금성이 지구에 충돌할 수도 있다
B 在金星上生活寿命会变长	B 금성에서 살면 수명이 길어진다
C 用度日如年形容金星不过分 (✓)	C '하루가 일 년 같다'로 금성을 묘사하는 것은 지나치지 않다 (✓)
D 金星自转慢是质量大导致的	D 금성의 자전이 느린 건 질량이 큰 것에서 초래되었다

단어 度日如年 dùrìrúnián 성 하루가 일 년 같다 | 形容 xíngróng 동 형용하다, 묘사하다 | 时间过得慢 shíjiān guò de màn 시간이 더디게 가다 | 金星 jīnxīng 명 금성[천문] | 成语 chéngyǔ 명 성어 | 恰如其分 qiàrúqífèn 성 딱 들어맞다, 적절하다 | 夸张 kuāzhāng 동 과장하다 | 地球 dìqiú 명 지구 | 自转 zìzhuàn 동 자전하다 | 圈 quān 양 바퀴 | 绕…公转 rào……gōngzhuàn ~주위를 공전하다 *绕 동 (빙빙) 돌다, 돌아가다 | 太阳 tàiyáng 명 태양 | 相当于 xiāngdāng yú 동 ~에 상당하다, ~와 같다 | 围绕 wéirào 동 주위를 돌다 | 未来 wèilái 명 미래 | 撞 zhuàng 동 부딪치다, 충돌하다 | 寿命 shòumìng 명 수명 | 过分 guòfèn 동 과분하다, 지나치다 | 质量 zhìliàng 명 질량 | 导致 dǎozhì 동 (나쁜 결과를) 야기하다, 초래하다

실력 확인하기 듣기 | 제2부분 서술형

3-13

정답 1 B 2 D 3 B 4 D 5 C 6 D 7 B 8 A

1-2

정답 및 해석

第1到2题是根据下面一段话：

在大多数人的印象里，兔子的尾巴是一团白色的小绒球，实际上这只是它露出来的部分。兔子的尾巴长度因品种、年龄、体型的不同而不同，通常有5至10厘米，[1]但长尾巴会在兔子跑动或逃生时带来很多不便，所以兔子平时会把尾巴收起来，就像小卷尺一样。[2]只有当兔子感到愉悦放松的时候才会垂下或者伸直尾巴。

1 兔子把尾巴收起来是为了什么？
A 避免弄脏
B 便于行动 (✓)
C 看上去好看
D 不给别人看到

2 关于兔子，下列哪项正确？
A 兔子没有尾巴
B 兔子不喜欢跑动
C 兔子尾巴都一样
D 放松时会伸直尾巴 (✓)

1~2번 문제는 다음 이야기에 근거한다.

대다수 사람의 인상에 토끼의 꼬리는 하얀색의 작은 솜털 뭉치이다. 그러나 실제로 이것은 꼬리가 드러나는 부분일 뿐이다. 토끼의 꼬리 길이는 품종, 나이, 체형의 차이에 따라 다르며, 통상적으로 5~10cm이다. [1]하지만 긴 꼬리는 토끼가 뛰거나 위험에서 벗어날 때 많이 불편해서, 토끼는 평소에 꼬리를 작은 줄자처럼 오므려 둔다. [2]오직 토끼는 즐거움과 편안함을 느낄 때만 꼬리를 늘어뜨리거나 쭉 편다.

1 토끼가 꼬리를 오므려 두는 것은 무엇을 위해서인가?
A 더러워지는 것을 피하다
B 움직이기 편하다 (✓)
C 예뻐 보인다
D 남에게 보여주지 않는다

2 토끼에 관하여 다음 중 정확한 것은?
A 토끼는 꼬리가 없다
B 토끼는 뛰는 것을 좋아하지 않는다
C 토끼는 꼬리가 다 똑같다
D 편안할 때 꼬리를 쭉 편다 (✓)

해설

1 녹음을 듣기 전에 선택지를 미리 빠르게 봅니다. 2번 선택지에 '兔子(토끼)'와 '尾巴(꼬리)'를 보고, 내용을 유추하며 녹음을 듣습니다. 녹음 중에 '但'이 나오면 중요한 부분이니 잘 들어야 합니다. '但长尾巴会在兔子跑动或逃生时带来很多不便，所以兔子平时会把尾巴收起来' 부분에서 긴 꼬리는 토끼가 뛰거나 위험에서 벗어날 때 불편을 가져오기 때문에, 토끼가 꼬리를 오므려 둔다고 했습니다. 질문은 토끼가 꼬리를 오므려 두는 원인을 물어봤으므로, 정답은 B 便于行动입니다. 1번 문제는 내용을 이해하고 풀어야 해서 난이도가 높습니다.

2 이 문제는 내용을 잘 몰라도 녹음 마지막 부분을 잘 들으면 됩니다. 녹음 마지막에 '只有当兔子感到愉悦放松的时候才会垂下或者伸直尾巴'라고 했으므로, '放松'과 '伸直尾巴'를 들으면 정답 D 放松时会伸直尾巴를 고를 수 있습니다. 접속사 '只有…才…' 구문이 들리면 '只有' 뒤에 들리는 내용이 중요한 부분이니 집중하여 듣습니다.

단어 大多数人 dàduōshù rén 대다수 사람들 | 印象 yìnxiàng 명 인상 | 兔子 tùzi 동 토끼 | 尾巴 wěiba 명 꼬리 | 团 tuán 양 뭉치, 덩어리 | 绒球 róngqiú 명 (공 모양의 둥근) 솜털 | 实际上 shíjìshàng 부 실제로, 사실상 | 露 lòu 동 나타나다, 드러나다 | 长度 chángdù 명 길이 | 品种 pǐnzhǒng 명 품종 | 年龄 niánlíng 명 연령, 나이 | 体型 tǐxíng 명 체형 | 通常 tōngcháng 명 보통, 통상적으로 | 厘米 límǐ 양 센티미터(cm) | 跑动 pǎodòng 동 달리다, 뛰다 | 逃生 táoshēng 동 (생존을 위해) 위험에서 벗어나다 | 带来不便 dàilái búbiàn 불편을 가져오다, 불편을 끼치다 | 收 shōu 동 거두다 | 卷尺 juǎnchǐ 명 줄자 | 愉悦 yúyuè 형 기쁘다, 즐겁다 | 放松 fàngsōng 형 편안하다 | 垂下 chuíxià 동 (꼬리를) 늘어뜨리다 | 伸直 shēnzhí 동 곧게 펴다, 쭉 펴다 | 避免 bìmiǎn 동 피하다 | 弄脏 nòngzāng 동 더럽히다, 더러워지다 | 便于 biànyú 동 ~하기 편하다

3-5

정답 및 해석

第3到5题是根据下面一段话：

一次，诗人余光中打了一辆出租车。当时不知道为什么[3] 司机心情相当不好，不停地抱怨，半路上有一辆私家车跟出租车抢道，于是司机追着私家车，一直逼着对方停车，并将对方骂了一顿才罢休。因为这场追逐，出租车偏离了路线，计价器上的价格早已超出了平常打车的价格。但余光中并没说什么，[4] 下车时他付了比计价器上还多一半的费用给司机，司机吃惊地问为什么，余光中说："这个世界上还是有人对你好的，[5] 希望你安全开车。"

3 出租车司机一路上的心情怎么样？
A 很伤心
B 非常糟糕 (✓)
C 心情一般
D 心情很好

4 下车时余光中做了什么？
A 责骂司机
B 投诉司机
C 不愿意付车费
D 付了更多的车费 (✓)

3~5번 문제는 다음 이야기에 근거한다.

한 번은 시인 위광중이 택시를 탔다. 당시 왠지 모르게 [3] 기사가 기분이 상당히 안 좋은지 끊임없이 불평했다. 가는 중에 승용차 한 대가 택시 차선으로 끼어들어서, 기사가 승용차를 쫓아가며 계속 상대방한테 차를 세우라고 강요했고, 상대방을 한바탕 욕하고 나서야 그만두었다. 이 추격 때문에 택시는 경로를 벗어났고, 미터기의 가격은 진작에 평소 택시 가격을 넘어섰다. 하지만 위광중은 아무 말도 하지 않고, [4] 택시에서 내릴 때 그는 미터기보다 절반 더 많은 요금을 기사에게 냈다. 기사가 놀라서 왜 그런지 묻자, 위광중이 말했다. "이 세상에는 그래도 누군가 당신에게 친절한 사람이 있어요, [5] 안전하게 운전하길 바랍니다."

3 택시 기사는 가는 길에 기분이 어떠한가?
A 매우 슬프다
B 매우 엉망이다 (✓)
C 기분이 그저 그렇다
D 기분이 좋다

4 택시에서 내릴 때 위광중은 무엇을 했는가?
A 기사를 호되게 꾸짖었다
B 택시 기사를 고소했다
C 차비 내는 것을 꺼린다
D 더 많은 차비를 냈다 (✓)

5 余光中希望司机怎么做? A 不要绕路 B 珍惜生命 C 安全驾驶(✓) D 不要吵架	5 위광중은 기사님이 어떻게 하길 바라는가? A 길을 돌아가지 마라 B 생명을 소중히 여겨라 C 안전 운전해라(✓) C 다투지 마라

해설

3 이야기 글은 '서론 → 본론 → 결론' 순서대로 이야기가 전개되며, 문제도 차례대로 한 문제씩 출제하는 경우가 많습니다. 앞 부분에서 '司机心情相当不好，不停地抱怨' 부분을 듣고, 운전기사의 기분이 안 좋다는 것을 알 수 있습니다. '心情不好'를 선택지의 '糟糕'로 바꾸어 출제한 문제입니다. 따라서 정답은 B 非常糟糕입니다.

4 선택지를 보면 '车费'와 관련된 문제임을 알 수 있습니다. 녹음 마지막 부분에서 '下车时他付了比计价器上还多一半的费用给司机'라고 했으므로 주인공이 운전기사에게 택시비를 더 많이 주었다는 것을 알 수 있습니다. 따라서 정답은 D 付了更多的车费입니다.

5 마지막 문제는 녹음 마지막 문장의 '希望你安全开车' 부분을 듣고 푸는 문제입니다. 녹음에서 들린 '开车'를 동의어 '驾驶'로 바꾸어 출제한 문제입니다. 정답은 C 安全驾驶입니다.

단어

◆ 诗人 shīrén 명 시인 | 余光中 Yú Guāngzhōng 고유 위광중[인명] | 打出租车 dǎ chūzūchē 택시를 타다(=打车) | 辆 liàng 양 대[차량을 셀 때 쓰임] | 司机 sījī 명 기사, 운전사 | 心情 xīnqíng 명 마음, 기분 | 相当 xiāngdāng 부 상당히, 무척 | 不停 bùtíng 동 멈추지 않다, 끊임없다 | 抱怨 bàoyuàn 동 원망하다, 불평하다 | 半路上 bànlù shàng 가는 중에, 도중에 | 私家车 sījiāchē 명 자가용, 승용차 | 抢道 qiǎng dào 차선을 끼어들다 | 追 zhuī 동 쫓아가다 | 一直 yìzhí 부 계속, 줄곧 | 逼 bī 동 핍박하다, 강요하다 | 停车 tíngchē 동 차를 세우다 | 骂 mà 동 욕하다, 꾸짖다 | 顿 dùn 양 번, 바탕[권고·질책 등을 셀 때 쓰임] | 罢休 bàxiū 동 그만두다 | 追逐 zhuīzhú 동 쫓다, 추격하다 | 偏离路线 piānlí lùxiàn 경로를 벗어나다 *路线 명 노선, 경로 | 计价器 jìjiàqì 명 미터기 | 价格 jiàgé 명 가격 | 早已 zǎoyǐ 부 이미, 진작에 | 超出 chāochū 동 (가격을) 넘어서다 | 平常 píngcháng 명 평소 | 费用 fèiyong 명 비용, 요금 | 吃惊 chījīng 동 놀라다 | 希望 xīwàng 동 희망하다, 바라다

◆ 伤心 shāngxīn 동 슬퍼하다 | 糟糕 zāogāo 형 엉망이다, 망하다 | 一般 yìbān 형 보통이다, 그저 그렇다 | 责骂 zémà 동 호되게 꾸짖다 | 投诉 tóusù 동 고소하다 | 不愿意 bú yuànyì 원하지 않다, 꺼리다 | 付车费 fù chēfèi 차비를 내다 *付 동 지불하다, 내다 | 绕路 ràolù 동 길을 돌아가다, 우회하다 | 珍惜生命 zhēnxī shēngmìng 생명을 소중히 여기다 | 驾驶 jiàshǐ 동 운전하다 | 吵架 chǎojià 동 말다툼하다, 다투다

6-8

정답 및 해석

第6到8题是根据下面一段话: 现在很多人会觉得事情越来越多，时间越来越不够用。如何高效管理时间，成了人们迫切想解决的问题。其实，我们可以参考一些成功人士管理时间的方法。第一，做减法。[6]明确自己目前的主要目标，删除那些和目标无关的事情。第二，写任务清单，列出每天必须完成的事情。第三，排优先级。根据紧急性、[7]难易程度，排出事情的先后顺序，[8]在自己一天中效率最高的时间段做最难最迫切的事情。	**6~8번 문제는 다음 이야기에 근거한다.** 현재 많은 사람들이 일은 갈수록 많아지고 시간은 갈수록 부족하다고 느낀다. 어떻게 높은 효율로 시간을 관리하는가는 사람들이 절실하게 해결하고 싶은 문제가 되었다. 사실, 우리는 몇몇 성공한 사람들이 시간을 관리하는 방법을 참고할 수 있다. 첫째, 덜어내기이다. [6]자신의 현재 주요 목표를 명확하게 하고, 목표와 상관없는 일들을 제거한다. 둘째, 임무 목록을 써서 매일 반드시 완수해야 하는 일을 나열한다. 셋째, 우선순위 매기기이다. 긴급성과 [7]난이도에 따라 일의 우선순위를 매겨, [8]자신의 하루 중 효율이 가장 높은 시간대에서 가장 어렵고 가장 절박한 일을 한다.

6 文中“做减法”是什么意思? A 休息 B 不工作 C 减去数字 D 只做和目标相关的事(✓)	6 글에서 '덜어내기'는 무슨 뜻인가? A 휴식한다 B 일하지 않는다 C 숫자를 뺀다 D 목표와 관련된 일만 한다(✓)
7 应按照什么来确定做事的顺序? A 回报率 B 难易度(✓) C 个人爱好 D 时间长短	7 무엇에 따라 일의 순서를 확정해야 하는가? A 투자 수익률 B 난이도(✓) C 개인 취미 D 시간 길이
8 效率最高时应做哪类事情? A 紧急的(✓) B 简单的 C 最容易的 D 最讨厌的	8 효율이 가장 높을 때 어떤 일을 해야 하는가? A 긴급한 것(✓) B 간단한 것 C 가장 쉬운 것 D 가장 싫어하는 것

해설

6 녹음에서 성공한 사람들의 시간 관리법을 3가지로 나누어 제시하고 있습니다. 문제마다 각각의 방법이 하나씩 출제되고 있으니, '第一', '第二', '第三'의 다음 내용을 주의해서 듣습니다. 첫 번째 방법으로 언급된 '明确自己目前的主要目标，删除那些和目标无关的事情'에서 자신의 목표를 명확히 하고, 목표와 무관한 일들을 삭제하라고 했습니다. 따라서 정답은 D 只做和目标相关的事입니다. 정답을 그대로 읽지 않고 비슷한 내용으로 출제하였으니, 이해하여 풀어야 합니다.

7 두 번째 방법에서 '根据紧急性、难易程度' 부분을 듣고, 정답 B 难易度를 고릅니다. 이 문제는 정답을 그대로 읽어주어 난이도가 쉬운 편입니다.

8 세 번째 방법에서 마지막 문장 '在自己一天中效率最高的时间段做最难最迫切的事情'을 듣고 정답을 고르면 됩니다. '迫切'라는 필수 단어가 어렵다면, 실제 배경지식을 바탕으로 풀어야 하는 문제입니다. '迫切(절박하다)'의 동의어 '紧急(긴급하다)'를 출제한 문제이므로 정답은 A 紧急的입니다.

단어

- 不够 búgòu 형 부족하다 | 如何 rúhé 대 어떻게 | 高效 gāoxiào 명 높은 효율 | 管理 guǎnlǐ 동 관리하다 | 迫切 pòqiè 형 절박하다, 절실하다 | 解决 jiějué 동 해결하다 | 问题 wèntí 명 문제 | 其实 qíshí 부 사실 | 参考 cānkǎo 동 참고하다 | 成功人士 chénggōng rénshì 성공한 사람 | 减法 jiǎnfǎ 명 뺄셈 *做减法 뺄셈을 하다, 덜어내다 | 明确目标 míngquè mùbiāo 목표를 명확하게 하다 | 删除 shānchú 동 삭제하다, 제거하다 | 目标 mùbiāo 명 목표 | 无关 wúguān 동 무관하다, 상관없다 | 任务清单 rènwù qīngdān 임무 목록 | 列出 lièchū 동 열거하다, 나열하다 | 必须 bìxū 부 반드시 ~해야 한다 | 排优先级 pái yōuxiān jí 우선순위를 매기다 *排 동 배열하다, (순위를) 매기다 | 根据 gēnjù 전 ~에 근거하여, ~에 따라 | 紧急性 jǐnjíxìng 명 긴급성 | 难易程度 nányì chéngdù 명 난이도(=难易度) | 先后顺序 xiānhòu shùnxù 우선순위 *顺序 명 순서, 순위 | 效率 xiàolǜ 명 효율 | 时间段 shíjiānduàn 명 시간대
- 休息 xiūxi 동 휴식하다, 쉬다 | 减去 jiǎnqù 동 빼다 | 数字 shùzì 명 숫자 | 相关 xiāngguān 동 관련되다 | 按照 ànzhào 전 ~에 따라, ~대로 | 确定 quèdìng 동 확정하다, 확실하게 정하다 | 回报率 huíbàolǜ 명 (투자의) 수익률 | 个人爱好 gèrén àihào 개인 취미 | 时间长短 shíjiān chángduǎn 시간 길이 | 紧急 jǐnjí 형 긴급하다 | 讨厌 tǎoyàn 형 싫어하다

정답							
1 A	2 C	3 D	4 D	5 A	6 D	7 D	8 C
9 B	10 D	11 C	12 A				

1-4

해설

1 1번 문제인 '网上的心理测试'를 기억하며 지문을 읽습니다. 선택지를 보지 않고 먼저 지문부터 읽어 봅니다. 첫 번째 문장에서 바로 '网上的心理测试'에 대한 문제의 답을 얻을 수 있습니다. 지문에는 '网上' 대신 '网络上'이 언급되었고, 각양각색의(各种各样的) 문제가 유행한다고 했으므로 정답은 A 种类多입니다.

2 문제는 테스터가 답안을 대할 때의 행동을 묻고 있습니다. 세 번째 단락에서 '答案说"你是一个非常诚实的人"'이라며 '답안(答案)'에 대해 언급합니다. 이어서, '测试者便会联想到自己的一些诚实行为，寻找"证据"去佐证'에서는 '테스터(测试者)'가 정답에 맞추어 '증거(证据)'를 찾아 행동한다는 내용이 나옵니다. 따라서 정답은 C 主动为其寻找证据입니다. 내용을 잘 이해하지 못했어도 지문에 '寻找'와 '证据'가 그대로 나왔으므로, C를 고를 수 있습니다.

3 문제는 마지막 단락에서 사람들이 정보를 얻을 때 어떻게 하는지를 묻고 있습니다. 문제만 읽고 바로 마지막 단락으로 가서, 문제의 키워드 '获取信息'를 찾습니다. 마지막 단락의 문장 '会优先获取和自己相符或者自己能够接受的一些信息'에서 '获取…的信息'가 보이므로 이 문장에서 정답을 찾아야 합니다. '자신과 서로 부합되는 정보를 우선적으로 얻는다'는 내용에 따라 정답은 D 关注符合自身实际的입니다.

4 윗글의 제목으로 적합한 것을 골라야 하는 문제이므로 현재까지 읽은 내용을 바탕으로 정답을 고릅니다. 이 글의 전체적인 내용은 심리테스트에서 알아 맞히는 것에 관한 내용이므로 정답은 D 你被心理测试"猜"对了吗입니다.

정답 및 해석

[1]网络上流行着各种各样的心理测试题，不少人用它测学业、测事业、测感情……令人奇怪的是，绝大多数做过网络心理测试的人都觉得，这些测试的答案能够比较准确地解读自己。

其实，人很容易相信一个抽象的、一般性的描述，即使这个描述非常不具体。究其原因，都是心理在"作怪"。

例如，[2]答案说"你是一个非常诚实的人"，测试者便会联想到自己的一些诚实行为，寻找"证据"去佐证。又如，答案说"多做好事就会有好运"，测试者便会照做，而如果碰巧有了好运气，测试者就会觉得非常准。但这种行为实际上是本末倒置，是先认定结果后再找证据去验证。而一旦照做却没有出现想要的结果，有的人还容易出现心理落差。

其实，在网上做心理测试，并且认为解答比较准的人，通常都是渴望被关注、被理解的。我们每个人的思维都有选择性，[3]会优先获取和自己相符或者自己能够接受的一些信息，并下意识地将其他信息排除在外，这样一来，自然会觉得测试答案很准。这是一个求同倾向，也是造成上述现象的原因之一。

[1]인터넷에는 각종 심리테스트 문제가 유행하고 있다. 많은 사람들이 그것으로 학업, 사업, 감정을 측정하는데……이상한 점은 인터넷 심리테스트를 해본 적 있는 대다수의 사람들이 모두 이런 테스트의 답이 비교적 정확하게 자신을 분석할 수 있다고 여기는 것이다.

사실 사람은 추상적이고 일반적인 설명을 쉽게 믿는다. 설령 이 설명이 매우 구체적이지 않더라도 말이다. 그것의 원인을 조사해보니 모두 심리가 '영향을 끼치고' 있는 것이다.

예를 들어, [2]답이 '당신은 매우 정직한 사람입니다'라고 하면, 테스터는 자신의 일부 정직한 행동들을 연상하고, '증거'를 찾아 증명한다. 또 예를 들어, 답이 '좋은 일을 많이 하면 행운이 온다'고 하면 테스터는 그대로 따라하고, 만약 운 좋게 행운이 왔다면 테스터는 매우 정확하다고 여기게 된다. 하지만 이런 행동은 실제로 본말이 전도된 것으로, 먼저 결과를 확인하고 나서 증거를 찾아 검증하는 것이다. 그러나 일단 그대로 따라하지만 원하는 결과가 나오지 않는다면, 누군가는 심리적 격차가 쉽게 나타나기도 한다.

사실, 인터넷에서 심리테스트를 하고, 게다가 해답이 비교적 정확하다고 여기는 사람은 보통 관심 받고 이해 받기를 갈망한다. 우리 모두의 생각은 선택성이 있어서 [3]자신과 서로 부합되거나 자신이 받아들일 수 있는 일부 정보들을 우선적으로 얻고, 무의식적으로 다른 정보를 제외한다. 이렇게 되면 자연스럽게 테스트 답이 정확하다고 여기게 된다. 이것은 공통점을 추구하는 경향으로, 위에서 말한 현상을 초래하는 원인 중의 하나이기도 하다.

1 网上的心理测试：
A 种类多 (✓)
B 题量大
C 多设计成表格
D 解析都很相似

2 测试者在面对测试答案时可能会怎么做？
A 详细记录下来
B 在网上写感想
C 主动为其寻找证据 (✓)
D 分享给诚实的朋友

3 根据最后一段，人们在获取信息时会：
A 用翻译软件
B 选择信任的网站
C 向解答比较准的人咨询
D 关注符合自身实际的 (✓)

4 下列哪项最适合做上文的标题？
A 心态决定命运
B 心理测试都答对了
C 哪些行为表明心理不健康
D 你被心理测试"猜"对了吗 (✓)

1 인터넷 심리테스트는
A 종류가 많다 (✓)
B 문항 수가 많다
C 대부분 표로 설계되었다
D 해석은 모두 비슷하다

2 테스터는 테스트 답을 마주할 때 어떻게 할 것 같은가?
A 상세히 기록한다
B 인터넷에 소감을 쓴다
C 먼저 나서서 그것에 대해 증거를 찾는다. (✓)
D 정직한 친구에게 공유한다

3 마지막 단락에 따르면, 사람들은 정보를 얻을 때
A 번역 소프트웨어를 사용한다
B 신뢰하는 웹사이트를 선택한다
C 해답이 비교적 정확한 사람에게 문의한다
D 자신의 실제에 부합하는 것에 관심을 가진다 (✓)

4 다음 중 윗글의 제목으로 가장 적합한 것은?
A 마음가짐이 운명을 결정한다
B 심리테스트는 모두 답을 맞췄다
C 어떤 행동이 정신이 건강하지 않다는 것을 나타내는가
D 심리테스트가 당신을 '알아맞혔는가' (✓)

단어

◆ 网络 wǎngluò 명 인터넷 | 流行 liúxíng 동 유행하다 | 各种各样 gèzhǒng-gèyàng 성 각양각색, 각종 | 心理测试题 xīnlǐ cèshìtí 심리테스트 문제 *测试 명 테스트, 시험 *题 명 문제 | 测 cè 동 측정하다 | 感情 gǎnqíng 명 감정 | 奇怪 qíguài 형 이상하다 | 绝大多数 juédà duōshù (절)대다수 | 答案 dá'àn 명 답안, 답 | 准确 zhǔnquè 형 정확하다 *准 형 정확하다 | 解读 jiědú 동 해독하다, 분석하다

◆ 其实 qíshí 부 사실 | 抽象 chōuxiàng 형 추상적이다 | 一般性 yìbānxìng 형 일반적인 | 描述 miáoshù 동 묘사하다, 설명하다 | 具体 jùtǐ 형 구체적이다 | 究其原因 jiū qí yuányīn 그것의 원인을 조사하다 *究 동 조사하다, 연구하다 | 作怪 zuòguài 동 (나쁜) 영향을 끼치다

◆ 例如 lìrú 동 예를 들다(=如) | 诚实 chéngshí 형 정직하다, 솔직하다 | 测试者 cèshìzhě 명 테스터(tester) | 联想 liánxiǎng 동 연상하다 | 行为 xíngwéi 명 행위, 행동 | 寻找证据 xúnzhǎo zhèngjù 증거를 찾다 | 佐证 zuǒzhèng 동 증명하다 | 多做好事就会有好运 duō zuò hǎoshì jiù huì yǒu hǎoyùn 좋은 일을 많이 하면 행운이 온다 | 照做 zhào zuò 그대로 하다 | 碰巧 pèngqiǎo 부 운 좋게, 공교롭게 | 好运气 hǎo yùnqi 좋은 운, 행운 | 实际上 shíjìshàng 부 실제로, 사실상 | 本末倒置 běnmòdàozhì 성 본말이 전도되다[일의 순서나 이치가 거꾸로 된 것을 의미함] | 认定结果 rèndìng jiéguǒ 결과를 확인하다 *认定 동 인정하다, 확인하다 | 验证 yànzhèng 동 검증하다 | 一旦 yídàn 접 일단 ~하면 | 出现 chūxiàn 동 나오다, 나타나다 *出现结果 결과가 나오다 *出现落差 격차가 나타나다(落差 luòchā)

◆ 并且 bìngqiě 접 게다가, 그리고 | 解答 jiědá 명 해답 | 通常 tōngcháng 명 통상(적으로), 보통 | 渴望 kěwàng 동 갈망하다, 간절히 바라다 | 关注 guānzhù 동 관심을 가지다 | 理解 lǐjiě 동 이해하다 | 思维 sīwéi 명 사유, 생각 | 选择性 xuǎnzéxìng 명 선택성 | 优先 yōuxiān 동 우선하다 | 获取信息 huòqǔ xìnxī 정보를 얻다 | 相符 xiāngfú 동 서로 부합되다, (들어)맞다 | 接受 jiēshòu 동 받아들이다 | 下意识 xiàyìshí 명 무의식 | 排除 páichú 동 배제하다, 제외하다 *排除在外 제외하다 | 这样一来 zhèyàng yìlái 이렇게 되면 | 自然 zìrán 부 자연히 | 求同倾向 qiútóng qīngxiàng 공통점을 추구하는 경향 | 造成 zàochéng 동 (나쁜 결과를) 초래하다, 야기하다 | 上述 shàngshù 형 상술한, 위에서 말한 | 现象 xiànxiàng 명 현상

◆ 种类 zhǒnglèi 명 종류 | 题量 tíliàng 명 문제량, 문항 수 | 设计 shèjì 동 설계하다, 디자인하다 | 表格 biǎogé 명 표, 양식 | 解析相

似 jiěxī xiāngsì 해석이 비슷하다 | 面对 miànduì 동 직면하다, 마주하다 | 详细 xiángxì 형 상세하다 | 记录 jìlù 동 기록하다 | 感想 gǎnxiǎng 명 감상, 소감 | 主动 zhǔdòng 형 주동적이다, 먼저 나서다 | 分享 fēnxiǎng 동 함께 나누다, 공유하다 | 根据 gēnjù 전 ~에 근거하여, ~에 따르면 | 翻译软件 fānyì ruǎnjiàn 번역 소프트웨어 | 信任 xìnrèn 동 신임하다, 신뢰하다 | 符合实际 fúhé shíjì 실제에 부합하다 | 项 xiàng 양 가지, 항목, 조항 | 标题 biāotí 명 제목 | 心态决定命运 xīntài juédìng mìngyùn 마음가짐이 운명을 결정한다 | 表明 biǎomíng 동 표명하다, (분명하게) 밝히다, 나타내다 | 猜 cāi 동 추측하다 *猜对 (추측하여) 알아맞히다

5-8

해설

5 주인공인 '李济'에 관해 맞는 것을 물어보고 있습니다. 첫 번째 문제는 대부분 첫 단락에서 바로 정답을 제시해 줍니다. 첫 번째 문장 '李济在哈佛大学攻读人类学专业'에서 '李济'가 인류학을 전공한 것을 알 수 있으므로, 정답 A 专业是人类学를 선택하면 됩니다.

6 '张伯苓'에 관해 맞는 것을 물어보는 문제입니다. 두 번째 단락의 '其实，张伯苓对这门新兴学科并不了解'를 통해 '张伯苓'이 '李济'에게 인류학의 장점을 물어본 것이 결코 무시하기 위해서가 아니라, 신설 학과(新兴学科)인 '인류학(人类学)'에 대해 정말 몰랐기 때문이라는 것을 알 수 있습니다. 따라서 정답은 D 不太了解新兴学科입니다.

7 문제는 '张伯苓'이 왜 '李济'에게 편지를 썼는가를 묻고 있습니다. 문제를 잘 기억하며, 6번 정답 문장의 다음 지문부터 빠르게 읽어 나갑니다. 세 번째 단락의 '李济收到张伯苓写给他的一封信'이 보였다면, 바로 다음 문장부터는 정독을 하며 정답을 찾아 줍니다. '信中张伯苓诚恳地表示，自己看到李济在考古方面取得的一系列成就非常高兴'부분에서 '张伯苓'이 편지를 쓴 이유는 진심으로 '李济'의 성공을 축하하기 위해서라는 것을 알 수 있습니다. 따라서 정답은 D 祝贺李济获得成功입니다.

8 '李济'가 왜 특별히 '南开大学'를 갔는지를 기억하며 7번 정답 문장의 다음 지문부터 빠르게 읽어 나갑니다. 세 번째 단락 마지막 부분인 '李济专程回了一次南开大学'에서 8번 문제가 보입니다. 그 다음 문장인 '当面向张伯苓表达了内心的歉意'를 통해 '李济'가 '张伯苓'에게 사과를 했다는 것을 알 수 있습니다. 따라서 정답은 C 为自己的无礼道歉입니다.

정답 및 해석

[5]李济在哈佛大学攻读人类学专业。毕业后，他回国应聘至南开大学工作。

有一天，校长张伯苓在校园里碰到李济。张伯苓一本正经地问李济："你能告诉我，人类学的好处是什么？"[6]其实，张伯苓对这门新兴学科并不了解，所以才有此一问。谁知，这问话却让李济甚感不爽。李济觉得张校长没把自己放在眼里。于是，他毫不客气地说："人类学什么好处也没有！"说完，不顾张伯苓惊讶的表情，转身扬长而去。

后来，李济在考古方面取得了很大的成就，声名大振。不久，[7]李济收到张伯苓写给他的一封信，信中张伯苓诚恳地表示，自己看到李济在考古方面取得的一系列成就非常高兴，同时也认识到人类学的重要性，他衷心地祝愿李济以后取得更大的成就。阅信后，想起之前自己对张校长的无礼顶撞，想到张校长当时惊讶的表情，李济顿时懊悔不安起来。张校长不但不计前嫌，反而真诚地祝福自己，更让李济羞愧难当。[8]为此，李济专程回了一次南开大学，当面向张伯苓表达了内心的歉意，张伯苓则哈哈一笑，说自己早已忘了此事。

[5]리지는 하버드 대학교에서 인류학을 전공했다. 졸업 후에 그는 귀국해서 난카이 대학교에 지원하여 근무했다.

어느 날, 총장 장보링이 캠퍼스에서 리지를 마주쳤다. 장보링이 리지한테 진지하게 물었다. "자네 인류학의 장점이 무엇인지 내게 알려줄 수 있겠나?" [6]사실 장보링은 이 신설 학과에 대해 결코 잘 알지 못해서 이런 질문을 한 거였다. 그러나 뜻밖에도 이 질문은 리지를 매우 언짢게 했다. 리지는 장 총장님이 자신을 안중에 두지 않는다고 여겼다. 그리하여, 그는 가차 없이 말했다. "인류학은 어떠한 장점도 없습니다!" 말을 마치고, (그는) 장보링의 놀란 표정을 아랑곳하지 않고 돌아서서 아무렇지 않게 훌쩍 떠나갔다.

나중에 리지는 고고학 분야에 커다란 성과를 거뒀고, 명성을 크게 떨쳤다. 얼마 안 지나 [7]리지는 장보링이 자신에게 쓴 편지 한 통을 받았는데, 편지에서 장보링이 간곡하게 말하길, 자신은 리지가 고고학 분야에서 거둔 일련의 성과를 보고 매우 기뻤고, 동시에 인류학의 중요성도 알게 되었으며, 그는 리지가 나중에 더 큰 성과를 거두길 진심으로 기원한다고 하였다. 편지를 읽은 후, 전에 장 총장님에 대한 자신의 무례한 말대꾸가 떠올랐고, 당시 장 총장님의 놀란 표정이 생각나자, 리지는 바로 후회하며 불안해졌다. 장 총장은 과거의 나쁜 감정을 잊었을 뿐만 아니라, 도리어 진심으로 자신을 축복하여 더욱 리지가 부끄러움을 견디기 어렵게 했다. [8]이 때문에, 리지가 특별히 난카이 대학교에 한 번 들려서 직접 면전에서 장보링한테 마음속의 사과의 뜻을 표하자, 장보링은 껄껄 웃으며 자신은 진작에 이 일을 잊었다고 말했다.

5 关于李济，可以知道什么？
A 专业是人类学(✓)
B 性格骄傲
C 毕业于南开大学
D 是个考古学家

5 리지에 관하여 무엇을 알 수 있는가?
A 전공은 인류학이다(✓)
B 성격이 거만하다
C 난카이 대학교를 졸업했다
D 고고학자이다

6 从文中可以看出张伯苓：
A 有健忘症
B 看不起人类学
C 不喜欢李济
D 不太了解新兴学科(✓)

6 글에서 장보링이 어떠하다는 것을 알 수 있는가
A 건망증이 있다
B 인류학을 무시한다
C 리지를 싫어한다
D 신설 학과를 잘 모른다(✓)

7 张伯苓为什么给李济写信？
A 为自己的行为道歉
B 想学习人类学
C 邀请李济去南开大学
D 祝贺李济获得成功(✓)

7 장보링은 왜 리지한테 편지를 썼는가?
A 자신의 행동에 대해 사과하려고
B 인류학을 배우고 싶어서
C 리지를 난카이 대학교에 초대하려고
D 리지가 성공을 거둔 것을 축하하려고(✓)

8 李济为什么专程回南开大学？
A 去工作
B 研究人类学
C 为自己的无礼道歉(✓)
D 和张伯苓讨论考古学

8 리지는 왜 특별히 난카이 대학교에 들렀는가?
A 가서 근무하려고
B 인류학을 연구하려고
C 자신의 무례에 대해 사과하려고(✓)
D 장보링과 고고학을 토론하려고

단어

◆ 李济 Lǐ Jì 고유 리지[인명] | 哈佛大学 Hāfó dàxué 고유 하버드 대학교 | 攻读…专业 gōngdú……zhuānyè ~을 전공하다 *攻读 동 열심히 공부하다, 전공하다 *专业 명 전공 | 毕业 bìyè 동 졸업하다 | 应聘 yìngpìn 동 (구인 공고에) 지원하다

◆ 校长 xiàozhǎng 명 교장, 총장 | 张伯苓 Zhāng Bólíng 고유 장보링[인명] | 校园 xiàoyuán 명 교정, 캠퍼스 | 碰到 pèngdào 동 (우연히) 만나다, 마주치다 | 一本正经 yīběn-zhèngjīng 성 진지하다, 엄숙하다 | 好处 hǎochù 명 좋은 점, 장점 | 其实 qíshí 부 사실 | 新兴 xīnxīng 형 신흥의, 신설된 | 学科 xuékē 명 학과 | 了解 liǎojiě 동 (자세하게 잘) 알다, 이해하다 *并不了解 결코 잘 알지 못한다 | 有此一问 yǒu cǐ yí wèn 이런 질문을 하다 | 问话 wènhuà 명 묻는 말, 질문 | 甚感不爽 shèn gǎn bùshuǎng 매우 언짢다 *甚 부 대단히, 몹시, 매우 | 放在眼里 fàng zài yǎnli 안중에 두다, 존중하다 | 毫不客气 háobù kèqì 조금도 사양 없이, 가차 없이 | 不顾 búgù 동 고려하지 않다, 아랑곳하지 않다 | 惊讶 jīngyà 형 놀라다, 의아하다 | 表情 biǎoqíng 명 표정 | 转身 zhuǎnshēn 동 몸을 돌리다, 돌아서다 | 扬长而去 yángcháng'érqù 성 아무렇지 않게 훌쩍 떠나다

◆ 考古 kǎogǔ 명 고고학 | 取得成就 qǔdé chéngjiù 성과를 거두다 | 声名大振 shēngmíng-dàzhèn 성 명성을 크게 떨치다 | 封 fēng 양 통[편지 등을 셀 때 쓰임] | 诚恳 chéngkěn 형 간절하다, 간곡하다 | 表示 biǎoshì 동 표시하다, 말하다 | 一系列 yíxìliè 형 일련의 | 衷心 zhōngxīn 형 충심의, 진심의 | 祝愿 zhùyuàn 동 축원하다, 기원하다 | 阅信 yuè xìn 편지를 읽다 | 无礼 wúlǐ 형 무례하다 | 顶撞 dǐngzhuàng 동 (주로 윗사람에게 강경하게) 대들다, 말대꾸하다 | 顿时 dùnshí 부 즉시, 바로 | 懊悔 àohuǐ 동 후회하다 | 不计前嫌 bújì-qiánxián 성 과거의 나쁜 감정을 잊다 | 反而 fǎn'ér 부 오히려, 도리어 | 真诚 zhēnchéng 형 진실하다, 진심이다 | 祝福 zhùfú 동 축복하다 | 羞愧难当 xiūkuì nándāng 부끄러움을 견디기 어렵다 | 为此 wèicǐ 접 이 때문에, 이로 인해 | 专程 zhuānchéng 부 특별히, 일부러 | 当面 dāngmiàn 부 얼굴을 맞대고, 그 자리에서 | 表达歉意 biǎodá qiànyì 사과의 뜻을 표하다 | 哈哈一笑 hāhā yí xiào 하하(껄껄) 웃다 | 早已 zǎoyǐ 부 이미, 진작에 | 此事 cǐshì 명 이 일

◆ 性格骄傲 xìnggé jiāo'ào 성격이 거만하다 | 考古学家 kǎogǔxuéjiā 명 고고학자 | 健忘症 jiànwàngzhèng 명 건망증 | 看不起 kàn bu qǐ 무시하다, 깔보다 | 行为 xíngwéi 명 행위, 행동 | 道歉 dàoqiàn 동 사과하다 | 邀请 yāoqǐng 동 초청하다, 초대하다 | 祝贺 zhùhè 동 축하하다 | 获得成功 huòdé chénggōng 성공을 거두다 | 研究 yánjiū 동 연구하다 | 讨论 tǎolùn 동 토론하다

9-12

해설

9 두 번째 단락에서 '事件表(사건표)' 작성에 관해 묻고 있습니다. 먼저 두 번째 단락부터 읽어도 좋지만, 보통 설명문의 첫 번째 단락은 전체 글이 무엇을 이야기하는지 파악할 수 있으므로 첫 번째 단락부터 빠르게 읽어 줍니다. 첫 번째 단락에서 시간표를 가지고 일정을 짜는 것은 별로 좋지 않다고 이야기합니다. 두 번째 단락의 마지막 문장인 '这样清晰又具体的计划，才能够指导我们的实践'를 읽고, 구체적인 계획이 중요하다는 것을 알 수 있습니다. 따라서 정답은 B 关键是要具体입니다.

10 '时间表(시간표)'에 따라 일을 하면 어떻게 되는지 묻고 있습니다. 세 번째 단락의 두 번째 문장 '如果以时间表为中心去做事'에서 10번 문제의 내용이 나옵니다. 이어서 '많은 시간과 정력을 투입해도 얻는 것이 하나도 없다'고 했으므로 이 내용을 근거로 선택지에서 정답을 찾아봅니다. 정답을 찾지 못했다면, 다음 문장인 '就容易在某一件小事上漫无目的地花费过多的时间' 부분에서도 정답을 파악할 수 있습니다. 정답은 D 在不必要的事上浪费时间입니다.

11 '以任务为中心'으로 일을 실행할 때의 장점을 묻고 있습니다. 10번 정답 문장의 바로 다음 내용부터 읽어 봅니다. 마지막 단락에서 문제 내용인 '以任务为中心'이 보입니다. 마지막 문장 '一项又一项任务结束后，成就感也会随之而来'에서 '임무를 하나씩 끝낼 때마다 성취감도 덩달아 찾아온다'고 말하고 있습니다. 따라서 정답은 C 使人获得成就感입니다.

12 올바른 내용을 찾는 문제는 선택지를 먼저 읽어 줍니다. 앞에 세 문제가 각각 2, 3, 4번째 단락에서 정답이 나왔으므로, 아직 답이 나오지 않은 첫 번째 단락에서 정답을 찾아 봅니다. 첫 번째 단락의 두 번째 문장에서 '这种表格和课程表差不多'라고 했으니 정답은 A 时间表与课程表相似입니다. '差不多'의 동의어 '相似'를 출제한 문제입니다.

정답 및 해석

如果一个人发现自己做事的效率太低，[12] 首先想到的时间管理方案往往是做个时间表。这种表格和课程表差不多，能按照时间把事情安排得井井有条。不过，工作中的事情绝不可能像上课那样以固定的时间长度为单位，因此真正执行时间表的可能性不大。

个人效率管理的第一原则，就是要把观念从“制订时间表”转变为“制订事件表”。“事件”也就是工作任务。在每天的工作开始之前，应该先给自己设定一个总目标，明确自己要完成哪几项工作，之后再设定好在处理这些工作时要完成的小目标。[9] 这样清晰又具体的计划，才能够指导我们的实践。

事件表最大的好处是确保了任务的完成。[10] 如果以时间表为中心去做事，很可能投入了大量的时间和精力，最后却一无所获。其根本原因就是当我们没有具体的目标时，[10] 就容易在某一件小事上漫无目的地花费过多的时间，或者找各种借口拖延。

而以任务为中心的计划，也许不“好玩儿”，也更难坚持，但可以肯定的一点是，[11] 一项又一项任务结束后，成就感也会随之而来。

9 根据第二段，制订事件表：

A 目标越高越好

B 关键是要具体 (✓)

C 应有理论指导

D 要有个人风格

만약 사람이 자신의 일 처리 효율이 너무 낮다는 것을 발견한다면, [12] 우선 생각하는 시간 관리 방안은 대부분 시간표를 만드는 것이다. 이런 표는 수업 시간표와 비슷해서 시간에 따라 일을 질서 정연하게 처리할 수 있다. 하지만 업무상의 일은 수업하는 것처럼 그렇게 고정된 시간 길이를 단위로 삼는 것은 절대 불가능하고, 이 때문에 시간표를 정말로 실행할 가능성은 크지 않다.

개인 효율 관리의 첫 번째 원칙은 바로 생각을 '시간표 작성'에서 '사건표 작성'으로 바꾸는 것이다. '사건'은 바로 업무 임무이다. 매일 업무가 시작되기 전, 먼저 자신에게 전체 목표를 설정해 주고 자신이 어떤 업무들을 끝내야 하는지 명확하게 한 다음, 이런 업무들을 처리할 때 끝내야 할 작은 목표를 다시 잘 설정한다. [9] 이렇게 명확하고 구체적인 계획이야말로 우리가 실행하도록 이끌어줄 수 있다.

사건표의 가장 큰 장점은 임무의 완성을 확실히 보장하는 것이다. [10] 만일 시간표 위주로 일을 처리한다면, 많은 시간과 에너지를 들였음에도 결국 아무런 수확도 없을 가능성이 크다. 그것의 근본 원인은 바로 우리에게 구체적인 목표가 없을 때, [10] 어떤 사소한 일에 아무런 목적 없이 너무 많은 시간을 쓰거나 갖가지 핑계를 대며 미루기 쉽다는 것이다.

그러나 임무를 위주로 한 계획은 어쩌면 '재미있지'도 않고 꾸준히 하기도 더 어려울지 모른다. 하지만 확신할 수 있는 한 가지는 [11] 하나하나의 임무가 끝난 후에는 성취감도 뒤따른다는 것이다.

9 두 번째 단락에 따르면, 사건표를 작성하는 건

A 목표는 높을수록 좋다

B 핵심은 구체적이어야 한다는 점이다 (✓)

C 이론 지도가 있어야 한다

D 개인 스타일이 있어야 한다

10 按照时间表做事，容易：
A 限制想象力
B 受到老师的责备
C 使迟到早退成为习惯
D 在不必要的事上浪费时间（✓）

11 实施"以任务为中心"的计划能带来什么好处？
A 有更多的空闲
B 让人变得勇敢
C 使人获得成就感（✓）
D 有意外的好运气

12 根据上文，下列哪项正确？
A 时间表与课程表相似（✓）
B 事件表有固定的形式
C 要熟练使用办公软件
D 现代人的辞职率很高

10 시간표에 따라 일을 처리하면, 쉽게
A 상상력을 제한한다
B 선생님의 질책을 받는다
C 늦게 출근하고 일찍 퇴근하는 것이 습관이 되게 한다
D 불필요한 일에 시간을 낭비한다 (✓)

11 '임무 중심'의 계획을 실시하면 어떤 장점을 가져올 수 있는가?
A 더 많은 자유 시간을 확보한다
B 사람을 용감하게 만든다
C 사람이 성취감을 얻게 한다 (✓)
D 뜻밖의 행운이 따른다

12 윗글에 따르면, 다음 중 정확한 것은?
A 시간표는 수업 시간표와 비슷하다 (✓)
B 사건표는 고정된 형식이 있다
C 사무용 소프트웨어를 능숙하게 사용해야 한다
D 현대인의 퇴사율이 높다

단어

◆ 发现 fāxiàn 동 발견하다, 알아차리다 | 效率 xiàolǜ 명 효율 | 首先 shǒuxiān 부 가장 먼저, 우선 | 想到 xiǎngdào 동 생각이 나다 | 时间管理 shíjiān guǎnlǐ 시간 관리 | 方案 fāng'àn 명 방안 | 时间表 shíjiānbiǎo 명 시간표 | 表格 biǎogé 명 표, 양식 | 课程表 kèchéngbiǎo 명 수업 시간표 | 差不多 chàbuduō 형 비슷하다(=相似 xiāngsì) | 按照 ànzhào 전 ~에 따라, ~대로 | 安排 ānpái 동 안배하다, 처리하다 | 井井有条 jǐngjǐng-yǒutiáo 성 질서 정연하다 | 绝 jué 부 절대(로) | 上课 shàngkè 동 수업하다 | 以…为单位 yǐ……wéi dānwèi ~을 단위로 삼다 | 固定 gùdìng 형 고정되다 | 时间长度 shíjiān chángdù 시간 길이 | 因此 yīncǐ 접 이 때문에, 따라서 | 真正 zhēnzhèng 부 정말로 | 执行 zhíxíng 동 집행하다, 실행하다

◆ 原则 yuánzé 명 원칙 | 观念 guānniàn 명 관념, 생각 | 制订 zhìdìng 동 만들어 정하다, 작성하다 | 转变 zhuǎnbiàn 동 바꾸다, 전환하다 | 事件表 shìjiànbiǎo 명 사건표 | 任务 rènwu 명 임무 | 设定总目标 shèdìng zǒng mùbiāo 전체 목표를 설정하다 | 明确 míngquè 동 명확하게 하다 | 处理 chǔlǐ 동 처리하다 | 清晰 qīngxī 형 분명하다, 명확하다 | 具体 jùtǐ 형 구체적이다 | 计划 jìhuà 명 계획 | 指导 zhǐdǎo 동 지도하다, 이끌어주다 | 实践 shíjiàn 동 실천하다, 실행하다

◆ 好处 hǎochù 명 좋은 점, 장점 *带来好处 장점을 가져오다 | 确保 quèbǎo 동 확실히 보장하다 | 以…为中心 yǐ……wéi zhōngxīn ~을 중심으로 하다, ~을 위주로 하다 | 投入 tóurù 동 (시간·에너지를) 들이다 | 精力 jīnglì 명 에너지 | 一无所获 yìwúsuǒhuò 성 아무런 수확도 없다 | 根本原因 gēnběn yuányīn 근본 원인 | 漫无目的 mànwúmùdì 성 아무런 목적이 없다 | 花费时间 huāfèi shíjiān 시간을 쓰다 | 或者 huòzhě 접 ~(이)거나, 혹은 | 找借口 zhǎo jièkǒu 핑계를 대다 | 拖延 tuōyán 동 (시간을) 끌다, 미루다

◆ 也许 yěxǔ 부 아마도, 어쩌면 | 好玩儿 hǎowánr 형 재미있다 | 坚持 jiānchí 동 (하고 있던 것을) 계속하다, 꾸준히 하다 | 肯定 kěndìng 동 긍정하다, 단언하다 | 项 xiàng 양 가지, 항목, 조항 | 结束 jiéshù 동 (임무가) 끝나다 | 成就感 chéngjiùgǎn 명 성취감 | 随之而来 suízhī ér lái 그것을 따라 오다

◆ 关键 guānjiàn 명 관건, 핵심, 키포인트 | 理论指导 lǐlùn zhǐdǎo 이론 지도 | 个人风格 gèrén fēnggé 개인 스타일 | 限制想象力 xiànzhì xiǎngxiànglì 상상력을 제한하다 | 受到责备 shòudao zébèi 질책을 받다 | 迟到早退 chídào zǎotuì 늦게 출근하고 일찍 퇴근하다 | 习惯 xíguàn 명 습관 | 浪费时间 làngfèi shíjiān 시간을 낭비하다 | 实施计划 shíshī jìhuà 계획을 실행하다 | 空闲 kòngxián 명 여가, 짬, 자유 시간 | 勇敢 yǒnggǎn 형 용감하다 | 获得 huòdé 동 (성취감을) 얻다 | 意外 yìwài 형 의외이다, 뜻밖이다 | 好运气 hǎo yùnqi 좋은 운, 행운 | 形式 xíngshì 명 형식 | 熟练 shúliàn 형 숙련되다, 능숙하다 | 办公软件 bàngōng ruǎnjiàn 사무용 소프트웨어 | 辞职率 cízhílǜ 명 퇴사율 *辞职 동 직장을 그만두다, 퇴사하다

실력 확인하기 쓰기 | 제2부분

답안 **1** 我的偶像是一位很了不起的作家，他写了很多好作品。因此，我也想成为作家。一次偶然的机会，我见到了偶像，并把我的愿望告诉了他。他说他相信我一定能实现愿望。听了他的话，我深受鼓舞，更加充满了信心。

2 我养了一只可爱的小狗，我非常爱它。只要一有时间，我就会陪它玩儿，下班后还带它出去散步。养宠物不仅能给我带来快乐和幸福感，还能减轻孤独感，并缓解压力。但是，养宠物也必须要有责任心，对它们负责到底。

1 愿望　了不起　偶然　鼓舞　因此

해설

STEP 1 제시어 분석하기

① **愿望** yuànwàng 명 소망, 소원, 바람

- 许下愿望 소원을 빌다
- 实现愿望 소원을 이루다
- 美好愿望 아름다운 소망
- 我的愿望是当一名科学家。나의 소원은 과학자가 되는 것이다.
- 为了实现愿望，我付出了很多努力。소원을 이루기 위해서, 나는 많은 노력을 들였다.
- 追求幸福生活是所有人的美好愿望。행복한 생활을 추구하는 것은 모든 사람의 아름다운 소망이다.

◆ 许下 xǔxià 동 약속하다, (소원을) 빌다 | 实现 shíxiàn 동 실현하다, 이루다 | 美好 měihǎo 형 행복하다, 아름답다 | 当 dāng 동 ~이 되다 | 付出努力 fùchū nǔlì 노력을 들이다 | 追求 zhuīqiú 동 추구하다 | 幸福生活 xìngfú shēnghuó 행복한 생활

② **了不起** liǎobuqǐ 형 대단하다, 굉장하다

- 他是一位非常了不起的作家。그는 매우 대단한 작가이다.
- 他在比赛中取得了了不起的成绩。그는 시합에서 대단한 성적을 거두었다.
- 同事设计了一个了不起的方案。동료는 굉장한 방안을 계획했다.

◆ 比赛 bǐsài 명 경기, 시합 | 取得成绩 qǔdé chéngjì 성적을 거두다 | 同事 tóngshì 명 동료 | 设计方案 shèjì fāng'àn 방안을 계획하다 *设计 동 설계하다, 계획하다, 고안하다

③ **偶然** ǒurán 형 우연하다 부 우연히

- 偶然的机会 우연한 기회
- 这种现象只是很偶然的。이런 현상은 단지 우연일 뿐이다.
- 我偶然在报纸上看到了他的新闻。나는 우연히 신문에서 그의 뉴스를 봤다.

◆ 现象 xiànxiàng 명 현상 | 只是 zhǐshì 부 단지, 다만 | 报纸 bàozhǐ 명 신문 | 新闻 xīnwén 명 (신문·방송의) 뉴스

④ **鼓舞** gǔwǔ 동 고무하다, 격려하다, 북돋우다

- 受到鼓舞 고무되다, 격려를 받다
- 深受鼓舞 매우 고무되다, 깊은 격려를 받다

- 鼓舞人心 사람의 마음을 북돋우다
- 他的经历让我受到鼓舞。 그의 경험은 나를 격려해 주었다.
- 比赛的胜利鼓舞了队员们，让他们更有信心了。 시합의 승리는 팀원들을 북돋았고, 그들이 더욱 자신감을 갖게 했다.

◆ 经历 jīnglì 명 경험 | 比赛 bǐsài 명 경기, 시합 | 胜利 shènglì 명 승리 | 队员 duìyuán 명 팀원

⑤ **因此** yīncǐ 접 그래서, 이 때문에

- 由于他勤奋努力，因此获得了成功。 그는 열심히 노력해서 성공을 거두었다.
- 她平时乐于助人，因此大家都很喜欢她。 그녀는 평소에 다른 사람을 기꺼이 도와서, 모두가 그녀를 아주 좋아한다.

◆ 勤奋 qínfèn 형 부지런하다, 열심히 하다 | 获得成功 huòdé chénggōng 성공을 거두다 | 乐于助人 lèyú zhùrén 다른 사람을 기꺼이 돕다

STEP 2 스토리 구상하기

나에게 대단한(了不起) 롤모델이 있고, 그래서(因此) 나도 그런 사람이 되고 싶다. 우연한(偶然) 기회에 롤모델을 만나 내 소원(愿望)을 말했더니, 나에게 반드시 소원을 이룰 수 있다고 격려(鼓舞)해 주었다.

모범 답안

		我	的	偶	像	是	一	位	很	了	不	起	的	作	家，
他	写	了	很	多	好	作	品	。	因	此	，	我	也	想	成
为	作	家	。	一	次	偶	然	的	机	会	，	我	见	到	了
偶	像	，	并	把	我	的	愿	望	告	诉	了	他	。	他	说
他	相	信	我	一	定	能	实	现	愿	望	。	听	了	他	的
话	，	我	深	受	鼓	舞	，	更	加	充	满	了	信	心	。

해석 나의 롤모델은 대단한 작가이고, 그는 좋은 작품을 많이 썼다. 그래서 나도 작가가 되고 싶다. 우연한 기회에 나는 롤모델을 만났고, 나의 소원을 그에게 말했다. 그는 내가 반드시 소원을 이룰 수 있다고 믿는다고 했다. 그의 말을 듣고, 나는 깊은 격려를 받았고 더욱 자신감이 넘쳤다.

단어 偶像 ǒuxiàng 명 우상, 롤모델 | 实现 shíxiàn 동 실현하다, 이루다 | 充满信心 chōngmǎn xìnxīn 자신감이 넘치다

2

해설

STEP 1 주제 설정하기

강아지를 기르고 평소에 강아지와 행복한 시간을 보낸다.

STEP 2 스토리 구상하기

[도입] 강아지를 기른다.
[전개] 강아지를 너무 사랑하고, 시간이 날 때마다 놀아주고 산책한다.
강아지를 기르며 행복감을 느끼고 스트레스도 풀린다.
[마무리] 반려동물에 대해 책임감을 가지고 있다.

STEP 3 키워드 잡기

- 训练宠物 반려동물을 훈련하다
- 陪小狗玩儿 강아지를 데리고 놀다
- 带小狗散步 강아지를 데리고 산책하다
- 对宠物负责 반려동물에 대해 책임지다

◆ 训练 xùnliàn 동 훈련하다 | 宠物 chǒngwù 명 애완동물, 반려동물 | 陪 péi 동 데리다, 함께하다 | 小狗 xiǎogǒu 명 강아지 | 带 dài 동 이끌다, 데리다 | 散步 sànbù 동 산책하다 | 负责 fùzé 동 책임을 지다

STEP 4 예문 만들기

- 我一直都想养一只宠物。 나는 줄곧 반려동물을 기르고 싶었다.
- 只要一有时间，我就会陪小狗玩儿。 시간이 날 때마다, 나는 강아지를 데리고 논다.
- 我每天都会带着小狗出去散步。 나는 매일 강아지를 데리고 산책을 나간다.
- 我是一名宠物训练师，我很热爱我的工作。 나는 반려동물 훈련사로, 나의 일을 아주 열렬히 사랑한다.
- 养了宠物，就要一辈子对它负责，所以必须慎重决定。
반려동물을 기르면 평생 그것에 대해 책임을 져야 해서, 반드시 신중하게 결정해야 한다.

◆ 一直 yìzhí 부 계속, 줄곧 | 养宠物 yǎng chǒngwù 반려동물을 기르다 *宠物 명 애완동물, 반려동물 | 只要 zhǐyào 접 ~하기만 하면 | 陪 péi 동 데리다, 함께하다 | 散步 sànbù 동 산책하다 | 训练师 xùnliànshī 명 훈련사 | 热爱 rè'ài 동 열렬히 사랑하다 | 一辈子 yíbèizi 명 평생, 한평생 | 负责 fùzé 동 책임을 지다 | 必须 bìxū 동 반드시 ~해야 한다 | 慎重 shènzhòng 형 신중하다

모범 답안

		我	养	了	一	只	可	爱	的	小	狗	，	我	非	常
爱	它	。	只	要	一	有	时	间	，	我	就	会	陪	它	玩
儿	，	下	班	后	还	带	它	出	去	散	步	。	养	宠	物
不	仅	能	给	我	带	来	快	乐	和	幸	福	感	，	还	能
减	轻	孤	独	感	，	并	缓	解	压	力	。	但	是	，	养
宠	物	也	必	须	要	有	责	任	心	，	对	它	们	负	责
到	底	。													

해석 나는 귀여운 강아지 한 마리를 기르는데, 난 그를 매우 사랑한다. 시간이 날 때마다, 난 강아지를 데리고 놀고 퇴근 후에 그를 데리고 산책도 나간다. 반려동물을 기르면 나에게 즐거움과 행복감을 가져다줄 수 있을 뿐만 아니라, 외로움도 덜고 스트레스도 풀 수 있다. 하지만 반려동물을 기르는 것도 반드시 책임감을 가지고 반려동물에 대해 끝까지 책임져야 한다.

단어 可爱 kě'ài 형 사랑스럽다, 귀엽다 | 下班 xiàbān 동 퇴근하다 | 带来 dàilái 동 가져다 주다 | 快乐 kuàilè 형 즐겁다 | 幸福感 xìngfúgǎn 명 행복감 | 减轻孤独感 jiǎnqīng gūdúgǎn 외로움을 덜다 *减轻 동 경감하다, 덜다 | 缓解压力 huǎnjiě yālì 스트레스를 풀다 | 责任心 zérènxīn 명 책임감 | 到底 dàodǐ 동 끝까지 ~하다

HSK 5급 실전 모의고사 정답

一、听力

第一部分

1 C	2 C	3 B	4 A	5 B	6 D	7 C	8 B	9 A	10 B
11 C	12 A	13 B	14 A	15 C	16 A	17 B	18 D	19 A	20 D

第二部分

21 C	22 B	23 D	24 D	25 C	26 D	27 C	28 B	29 A	30 C
31 C	32 D	33 C	34 D	35 C	36 A	37 D	38 D	39 D	40 C
41 D	42 C	43 D	44 C	45 D					

二、阅读

第一部分

46 C	47 D	48 A	49 B	50 A	51 C	52 D	53 B	54 A	55 D
56 C	57 A	58 D	59 B	60 D					

第二部分

61 C	62 D	63 A	64 A	65 D	66 A	67 C	68 C	69 B	70 C

第三部分

71 B	72 C	73 A	74 D	75 C	76 A	77 C	78 B	79 B	80 A
81 C	82 A	83 B	84 C	85 C	86 D	87 B	88 C	89 B	90 B

三、书写

第一部分

91 那种布料摸起来极其光滑。

92 该图书馆于上世纪80年代建成。

93 把厚被子拿到阳台上晒一晒吧。

94 小李的表现比竞争对手出色好几倍。

95 那套方案设计得很完美。

96 这样才能使心理保持健康。

97 那间教室里摆满了书。

98 各国嘉宾已陆续到达西安。

第二部分

99 今天我坐地铁下班的时候，车厢里挤满了人。我一不小心撞到了旁边的人，他以为我是故意的。虽然我感到很委屈，但我还是向他道歉了。周围的人也帮我劝他，最后我们消除了误会。通过这件事，我觉得无论什么时候，都要互相理解别人。

100 我弟弟是一个马拉松运动员。昨天，他参加了一场国际比赛，在决赛中发挥出了最高的水平，凭着自己出色的实力，第一个冲过了终点线，他非常激动。为了庆祝他获得冠军，我和家人一起为他举行了庆祝活动。

HSK 5급 실전 모의고사 해설

一、听力

5-01

第一部分 두 사람의 대화 녹음을 듣고, 녹음 속 질문에 알맞은 답을 고르세요.

1.

정답 및 해석

女：这儿的气候也太干燥了，身上动不动就起静电。 男：秋冬季就是这样，你可以买台加湿器放在屋里。 问：那儿秋冬季的气候怎么样？ A 温暖舒适 B 经常下雨 C 非常干燥（✓） D 四季如春	여: 여기는 기후가 너무 건조해서, 몸에 자꾸 정전기가 일어나요. 남: 가을, 겨울에는 원래 그래요. 가습기를 하나 사서 방에 두세요. 질문: 그곳의 가을과 겨울의 기후는 어떠한가? A 따뜻하고 편안하다 B 비가 자주 내린다 C 매우 건조하다 (✓) D 사계절이 봄 같다

해설 선택지를 미리 보면 날씨와 관련된 문제임을 알 수 있습니다. 여자가 '这儿的气候也太干燥了'라고 했으므로 이곳의 기후가 너무 건조하다는 것을 알 수 있습니다. 따라서 정답은 C 非常干燥입니다.

단어 气候 qìhòu 명 기후 | 干燥 gānzào 형 건조하다 | 动不动 dòngbudòng 부 걸핏하면, 툭하면, 자꾸 | 起静电 qǐ jìngdiàn 정전기가 일어나다 | 秋冬季 qiūdōngjì 명 가을과 겨울 | 台 tái 양 대[가전제품을 셀 때 쓰임] | 加湿器 jiāshīqì 명 가습기 | 屋 wū 명 방 | 温暖 wēnnuǎn 형 따뜻하다 | 舒适 shūshì 형 편안하다, 쾌적하다 | 四季如春 sìjìrúchūn 성 사계절이 봄 같다, 날씨나 기후가 몹시 좋다

2.

정답 및 해석

男：妈妈，香蕉饼干真好吃，我想再吃一包。 女：宝贝，别吃了，零食吃多了不消化。 问：女的认为香蕉饼干吃多了会怎么样？ A 食物中毒 B 易长蛀牙 C 消化不良（✓） D 营养不良	남: 엄마, 바나나 과자가 정말 맛있어요. 한 봉지 더 먹고 싶어요. 여: 아가, 그만 먹어. 간식을 너무 많이 먹으면 소화가 안 돼. 질문: 여자는 바나나 과자를 많이 먹으면 어떻게 된다고 생각하는가? A 식중독 B 충치가 생기기 쉽다 C 소화불량 (✓) D 영양결핍

해설 선택지를 미리 보면 음식과 관련된 문제임을 알 수 있습니다. 여자가 '零食吃多了不消化'라고 했으므로 소화가 안 된다는 것을 알 수 있습니다. 그래서 정답은 C 消化不良입니다.

단어 香蕉 xiāngjiāo 명 바나나 | 饼干 bǐnggān 명 과자, 비스킷 | 包 bāo 양 봉지 | 宝贝 bǎobèi 명 아가, 귀염둥이 | 零食 língshí 명 간식 | 消化 xiāohuà 동 소화하다 | 食物中毒 shíwù zhòngdú 명 식중독 | 长蛀牙 zhǎng zhùyá 충치가 생기다 | 消化不良 xiāohuà bùliáng 소화불량 | 营养不良 yíngyǎng bùliáng 영양결핍

3.

정답 및 해석

女: 大夫，我今天忽然胸口疼得厉害，是不是心脏有问题? 男: 别紧张，你先做个心电图检查看看。 问: 女的怎么了? A 胃疼 B 胸口疼 (✓) C 心情不好 D 耳朵听不见	여: 의사 선생님, 오늘 갑자기 명치가 너무 아파요. 심장에 문제가 있는 건 아닐까요? 남: 긴장하지 마세요. 먼저 심전도 검사를 해 봅시다. 질문: 여자는 어떠한가? A 위가 아프다 B 가슴이 아프다 (✓) C 기분이 좋지 않다 D 귀가 들리지 않는다

해설 선택지를 보면 몸이 아픈 것과 관련된 문제라는 것을 알 수 있습니다. 여자가 '胸口疼得厉害'라고 했으니까 가슴이 몹시 아프다는 것을 알 수 있습니다. 그러므로 정답은 B 胸口疼입니다.

단어 大夫 dàifu 명 의사 | 忽然 hūrán 부 갑자기 | 胸口 xiōngkǒu 명 명치 | 疼 téng 형 아프다 | 厉害 lìhai 형 (정도가) 심하다 | 心脏 xīnzàng 명 심장 | 问题 wèntí 명 문제 | 紧张 jǐnzhāng 형 긴장하다 | 心电图 xīndiàntú 명 심전도 | 检查 jiǎnchá 동 검사하다 | 胃 wèi 명 위, 위장 | 心情 xīnqíng 명 마음, 기분 | 耳朵 ěrduo 명 귀 | 听不见 tīng bu jiàn 들리지 않다

4.

정답 및 해석

男: 好久没下棋了，咱俩下一盘比比高低，怎么样? 女: 那你做好心理准备，我可是大学生组象棋比赛的冠军呢。 问: 根据对话，可以知道什么? A 女的棋艺高 (✓) B 男的不认输 C 男的胆子小 D 好久没下雨	남: 장기를 둔 지 오래됐네. 우리 한 판 둬서 실력을 좀 겨뤄보는 게 어때? 여: 그럼 마음의 준비를 잘해. 나는 대학생 팀 장기 시합의 우승자니까. 질문: 대화에 따르면, 무엇을 알 수 있는가? A 여자는 장기 실력이 높다 (✓) B 남자는 패배를 인정하지 않는다 C 남자는 겁이 많다 D 비가 온 지 오래되었다

해설 선택지의 '棋艺'는 바둑(围棋)이나 장기(象棋)를 말하는데 여자의 말에서 '象棋'가 들렸으니 이 글은 장기와 관련된 내용임을 알 수 있습니다. 여자가 '我可是大学生组象棋比赛的冠军呢'라고 말했으므로 장기대회에서 우승한 사실을 알 수 있습니다. 따라서 정답은 A 女的棋艺高입니다.

단어 好久没 hǎojiǔ méi 오랫동안 ~하지 않았다, 오랜만에 ~하다 | 下棋 xiàqí 동 장기를 두다, 바둑을 두다 | 盘 pán 양 판[장기나 바둑의 시합을 셀 때 쓰임] | 比高低 bǐ gāodī 실력을 겨루다 *高低 명 고저, 우열, 실력 | 做好准备 zuòhǎo zhǔnbèi 준비를 잘하다 | 组 zǔ 명 조, 그룹, 팀 | 象棋 xiàngqí 명 (중국) 장기 | 比赛 bǐsài 명 경기, 시합 | 冠军 guànjūn 명 1등, 우승자 | 棋艺 qíyì 명 바둑 실력, 장기 실력 | 认输 rènshū 동 패배를 인정하다 | 胆子小 dǎnzi xiǎo 담이 작다, 겁이 많다 *胆子 명 담, 담력

5.

정답 및 해석

女: 王总，这是下个月的产品订单，请您过目。 男: 先放这儿吧，我约的专家马上就到了，你去门口接待一下。	여: 왕 회장님, 다음 달 제품 주문서입니다. 검토해 주세요. 남: 우선 여기 놔두세요. 제가 부른 전문가가 곧 도착할 테니, 당신이 입구에 가서 좀 맞이해 주세요.

问：说话人之间是什么关系？ A 记者和嘉宾 B 总裁和秘书（✓） C 老师和学生 D 主持人和观众	질문: 대화하는 사람 사이는 어떤 관계인가? A 기자와 귀빈 B 회장과 비서 (✓) C 선생과 학생 D 사회자와 관객

해설 선택지를 보면 두 사람의 관계를 묻는 문제라는 것을 알 수 있습니다. 따라서 호칭이나 직업의 특징을 파악할 수 있는 단어를 잘 체크해야 합니다. 여자가 남자를 '王总'이라고 부르면서 '请您过目'라며 검토를 요청했습니다. 정답은 B 总裁和秘书입니다. '总'은 '总裁' 혹은 '总经理(사장)'의 줄임말입니다.

단어 产品 chǎnpǐn 명 제품 | 订单 dìngdān 명 주문서 | 过目 guòmù 동 훑어보다, 검토하다 | 约 yuē 동 ①약속하다 ②초대하다, 부르다 | 专家 zhuānjiā 명 전문가 | 接待 jiēdài 동 접대하다, 맞이하다 | 记者 jìzhě 명 기자 | 嘉宾 jiābīn 명 귀빈, 게스트 | 总裁 zǒngcái 명 총재, 회장 | 秘书 mìshū 명 비서 | 主持人 zhǔchírén 명 사회자, 진행자 | 观众 guānzhòng 명 관중, 관객

6.

정답 및 해석

男：和五年前相比，这儿的空气质量好多了。 女：过去这个县产煤，污染严重，后来当地政府鼓励新能源企业发展，空气这才好了。 问：当地政府采取了什么措施？ A 努力挖煤 B 植树造林 C 将工厂搬到别处 D 主动发展新能源（✓）	남: 5년 전에 비해 이곳의 공기 질이 아주 좋아졌어요. 여: 과거에 이 현은 석탄을 생산해서 오염이 심각했는데, 나중에 현지 정부가 신재생 에너지 기업의 발전을 장려한 덕분에 공기가 좋아졌어요. 질문: 현지 정부는 어떠한 조치를 취했는가? A 열심히 석탄을 캤다 B 나무를 심어 숲을 조성했다 C 공장을 다른 곳으로 옮겼다 D 신재생 에너지를 먼저 나서서 발전시켰다 (✓)

해설 선택지가 모두 환경과 관련된 단어로 비교적 어렵습니다. 하지만 다행히 녹음에서 여자가 '后来当地政府鼓励新能源企业发展，空气这才好了'라며, 선택지 D의 내용을 말합니다. '新能源企业发展'을 듣고 정답을 D 主动发展新能源으로 골라 줍니다.

단어 和…相比 hé……xiāngbǐ ~와 비교해서, ~에 비해 | 空气质量 kōngqì zhìliàng 공기 질 | 县 xiàn 명 현[지방 행정구획의 단위로 성(省) 아래에 속함] | 产煤 chǎnméi 동 석탄을 생산하다 | 污染严重 wūrǎn yánzhòng 오염이 심각하다 | 当地 dāngdì 명 현지, 그 지방 | 政府 zhèngfǔ 명 정부 | 鼓励 gǔlì 동 격려하다, 장려하다 | 新能源 xīn néngyuán 명 신재생 에너지 | 企业 qǐyè 명 기업 | 发展 fāzhǎn 동 발전하다, 발전시키다 | 采取措施 cǎiqǔ cuòshī 조치를 취하다 | 挖煤 wāméi 동 석탄을 캐다 | 植树造林 zhíshù zàolín 나무를 심어 숲을 조성하다 | 工厂 gōngchǎng 명 공장 | 搬 bān 동 옮기다 | 别处 biéchù 명 다른 곳 | 主动 zhǔdòng 형 자발적이다, 먼저 나서다

7.

정답 및 해석

女：我建议劳动节前一周出发，不然一到节假日景点附近的酒店就会涨价。 男：还是你考虑得周全，我立刻订机票。 问：他们在讨论什么？ A 旅游景点 B 交通工具 C 出行计划（✓） D 机票价格	여: 저는 노동절 일주일 전에 출발할 것을 제안해요. 그렇지 않으면 연휴가 되자마자 관광지 근처 호텔 가격이 오를 거예요. 남: 역시 당신이 빈틈없이 생각했군요. 제가 바로 항공권을 예매할게요. 질문: 그들은 무엇을 논의하고 있는가? A 관광 명소 B 교통수단 C 외출 계획 (✓) D 항공권 가격

해설 선택지가 명사이면 어떤 주제에 관한 대화인지를 묻는 경우가 많습니다. 녹음을 들을 때 핵심 키워드를 잘 파악해야 합니다. 여자는 '酒店就会涨价'이라 말했고, 남자는 '我立刻订机票'라고 말했습니다. 정답은 C 出行计划입니다.

단어 建议 jiànyì 동 건의하다, 제안하다 | 劳动节 láodòngjié 명 노동절 | 不然 bùrán 접 그렇지 않으면 | 一A就B yī A jiù B A하자마자 B하다, A하면 (곧) B하다 | 节假日 jiéjiàrì 명 명절과 휴일, 연휴 | 附近 fùjìn 명 부근, 근처 | 酒店 jiǔdiàn 명 (대형) 호텔 | 涨价 zhǎngjià 동 가격이 오르다 | 还是 háishi 부 역시 | 考虑 kǎolǜ 동 고려하다, 생각하다 | 周全 zhōuquán 형 주도면밀하다, 빈틈없다 | 立刻 lìkè 부 즉시, 바로 | 订 dìng 동 예약하다, 예매하다 | 讨论 tǎolùn 동 토론하다, 논의하다 | 旅游景点 lǚyóu jǐngdiǎn 관광 명소 *景点 명 명소, 관광지 | 交通工具 jiāotōng gōngjù 명 교통수단 | 出行计划 chūxíng jìhuà 외출 계획 *出行 동 외출하다, (밖으로) 나가다 | 价格 jiàgé 명 가격

8.

정답 및 해석

男：周末的演唱会怎么样？ 女：太值得去了，邀请了很多明星，错过后悔一辈子。 问：女的觉得演唱会怎么样？ A 不值得去 B 相当精彩（✓） C 没有意思 D 票价太贵	남: 주말 콘서트 어땠어? 여: 정말 갈 만했어. 많은 스타를 초대해서, 놓쳤으면 평생 후회했을 거야. 질문: 여자는 콘서트를 어떻게 생각하는가? A 갈만한 가치가 없다 B 상당히 훌륭하다 (✓) C 재미없다 D 표 가격이 너무 비싸다

해설 선택지를 보면 어떤 일에 대한 평가를 묻고 있습니다. 여자는 '太值得去了'라고 말한 후에 '错过后悔一辈子'라고 말했습니다. 질문 또한 여자의 생각을 묻고 있으므로, 정답은 B 相当精彩입니다.

단어 演唱会 yǎnchànghuì 명 콘서트 | 值得 zhídé 동 ~할 만하다 | 邀请 yāoqǐng 동 초청하다, 초대하다 | 明星 míngxīng 명 스타 | 错过 cuòguò 동 (기회 등을) 놓치다 | 后悔 hòuhuǐ 동 후회하다 | 一辈子 yíbèizi 명 평생, 일생 | 精彩 jīngcǎi 형 훌륭하다, 멋지다 | 没有意思 méiyǒu yìsi 재미없다 | 票价 piàojià 명 표 가격

9.

정답 및 해석

女：你今天不是要出差吗？怎么还在公司？ 男：早上有大雾，航班延误了，改签到明天了。 问：关于男的，下列哪项正确？ A 改签了机票（✓） B 不去出差了 C 记错了时间 D 没听天气预报	여: 오늘 출장 가야 하는 거 아니었어요? 왜 아직 회사에 있어요? 남: 아침에 짙은 안개로 항공편이 지연되어서, (항공권을) 내일로 변경했어요. 질문: 남자에 관하여 다음 중 정확한 것은? A 항공권을 변경했다 (✓) B 출장을 가지 않게 되었다 C 시간을 잘못 기억했다 D 일기예보를 듣지 못했다

해설 선택지 A의 단어 '改签(항공권 일정을 변경하다)'은 가끔 정답으로 출제되는 단어이니 꼭 암기해 둡니다. 남자가 '改签到明天了'라고 말했으니, 정답은 A 改签了机票입니다.

단어 出差 chūchāi 동 (외지로) 출장 가다 | 大雾 dàwù 명 짙은 안개 | 航班延误 hángbān yánwù 항공편이 지연되다 *延误 동 지연하다, (시기를) 놓치다 | 改签 gǎiqiān 동 (비행기표나 일정을) 변경하다 | 记错 jìcuò 동 잘못 기억하다 | 天气预报 tiānqì yùbào 명 일기예보

10.

정답 및 해석

男: 好久没在学校碰见你了，你在外科实习得怎么样了? 女: 别提了，最近手术特别多，几乎天天加班。 问: 女的在哪儿实习? A 公司 B 医院 (✓) C 学校 D 出版社	남: 오랜만에 학교에서 널 만났네. 외과 실습은 어떻게 되어가? 여: 말도 마. 요즘 수술이 특히 많아서 거의 매일 야근이야. 질문: 여자는 어디에서 실습하는가? A 회사 B 병원 (✓) C 학교 D 출판사

해설 선택지를 보고 장소를 묻고 있다는 것을 파악합니다. 남자의 말에서 '外科'가 들리고, 여자의 말에서 '手术'가 들립니다. 여자가 어디에서 실습하는지를 물었으므로 정답은 B 医院입니다.

단어 好久没 hǎojiǔ méi 오랫동안 ~하지 못했다, 오랜만에 ~하다 | 碰见 pèngjiàn 동 (우연히) 만나다 | 外科 wàikē 명 외과 | 实习 shíxí 동 실습하다 | 别提了 bié tí le 말도 마라 *提 동 언급하다, 말하다 | 手术 shǒushù 명 수술 | 特别 tèbié 부 특히, 아주 | 几乎 jīhū 부 거의 | 加班 jiābān 동 야근하다 | 医院 yīyuàn 명 병원 | 学校 xuéxiào 명 학교 | 出版社 chūbǎnshè 명 출판사

11.

정답 및 해석

女: 听说了吗? 王律师已经拿到一级律师职称证书了。 男: 我有幸和他一起工作过，他的业务能力让人佩服，完全具备这个资格。 问: 男的怎么看王律师? A 待人亲切 B 工作不认真 C 业务能力强 (✓) D 没资格当律师	여: 들었어요? 왕 변호사가 이미 1급 변호사 직함 증서를 땄대요. 남: 저는 운 좋게 그와 함께 일해본 적이 있는데, 그의 업무 능력은 정말 감탄할 만해요. 이 자격을 충분히 갖췄죠. 질문: 남자는 왕 변호사를 어떻게 보는가? A 사람을 친절하게 대한다 B 일을 열심히 하지 않는다 C 업무 능력이 뛰어나다 (✓) D 변호사가 될 자격이 없다

해설 선택지를 보면 사람에 대한 평가를 묻고 있는 문제임을 알 수 있습니다. 남자가 '他的业务能力让人佩服'라고 말했으므로 정답은 C 业务能力强입니다.

단어 听说 tīngshuō 동 ~라고 듣다 | 律师 lǜshī 명 변호사 | 拿到证书 nádào zhèngshū 증서를 따다 *拿到 동 손에 넣다, 받다, 따다 | 级 jí 양 등급, 급 | 职称 zhíchēng 명 직함 | 有幸 yǒuxìng 형 다행이다, 운이 좋다 | 业务能力 yèwù nénglì 업무 능력 | 佩服 pèifú 동 탄복하다, 감탄하다 | 具备 jùbèi 동 (자격을) 갖추다 | 资格 zīgé 명 자격 | 待人亲切 dàirén qīnqiè 사람을 친절하게 대하다 | 认真 rènzhēn 형 진지하다, 열심히 하다 | 强 qiáng 형 (능력이) 뛰어나다 | 当 dāng 동 ~이(가) 되다

12.

정답 및 해석

男: 事情办得怎么样? 钱给对方转过去了吗? 女: 还算顺利，幸亏您及时提醒，不然我就忘带公司法人章了。	남: 일은 어떻게 되었나요? 돈은 상대방에게 이체되었나요? 여: 그런대로 순조로운 편이에요. 다행히 당신이 제때 알려주었기에 망정이지, 그렇지 않았다면 전 회사 법인 도장 가져오는 것을 깜박할 뻔했어요.

问：关于女的，可以知道什么？ A 转账顺利（✓） B 欠了别人钱 C 提醒男的贷款 D 忘带了法人章	질문: 여자에 관하여 무엇을 알 수 있는가? A 계좌 이체가 순조롭다 (✓) B 다른 사람에게 돈을 빚졌다 C 남자에게 대출받으라고 알려 주었다 D 법인 도장을 가져오는 것을 잊었다

해설 선택지를 보면 돈과 관련된 문제임을 알 수 있습니다. '转账'이란 단어가 어렵다면 남자의 말 '钱给对方转过去了吗?'에서 '转过去'와 여자의 말 '还算顺利'를 주의 깊게 들어야 합니다. 돈을 이체하는 것이 순조로운 편이었다고 말했으니, 정답은 A 转账顺利입니다.

단어 算 suàn 동 ~인 셈이다, ~인 편이다 | 顺利 shùnlì 형 순조롭다 | 幸亏 xìngkuī 부 다행히, 운 좋게 | 及时 jíshí 부 제때에 | 提醒 tíxǐng 동 (상대방이 모를만한 일을) 알려주다 | 不然 bùrán 접 그렇지 않으면 | 忘带 wàng dài 챙겨오는 것을 잊다 | 法人章 fǎrén zhāng 법인 도장 | 转账 zhuǎnzhàng 동 계좌 이체하다 | 欠钱 qiànqián 동 돈을 빚지다 | 贷款 dàikuǎn 동 대출받다

13.

정답 및 해석

女：要涨潮了，沙滩上不安全，咱们回酒店吧。 男：好，虽然我还想再吹会儿海风，不过安全第一，我们走吧。 问：女的为什么主张回酒店？ A 酒店要关门 B 沙滩不安全（✓） C 身体不舒服 D 海风吹得猛烈	여: 곧 밀물이 들어올 거라 해변이 안전하지 않으니, 우리 호텔로 돌아가요. 남: 네. 비록 전 아직 바닷바람을 좀 더 쐬고 싶지만, 안전이 제일이니, 우리 가요. 질문: 여자는 왜 호텔로 돌아가자고 주장했는가? A 호텔이 문을 닫으려고 한다 B 해변이 안전하지 않다 (✓) C 몸이 불편하다 D 바닷바람이 거세게 분다

해설 선택지가 '주어+술어'로 되어 있으면 내용상 맞는 것을 물어보는 경우가 많습니다. 여자의 말 '沙滩上不安全，咱们回酒店吧' 부분에서 정답을 그대로 읽어주었습니다. 따라서 호텔로 돌아가자고 주장한 이유, 즉 정답은 B 沙滩不安全입니다. '酒店'이 들렸다고 A를 오답으로 쓰면 안 됩니다.

단어 涨潮 zhǎngcháo 동 밀물이 들어오다 | 沙滩 shātān 명 모래사장, 해변 | 酒店 jiǔdiàn 명 호텔 | 吹 chuī 동 (바람이) 불다, (바람을) 쐬다 | 安全第一 ānquán dìyī 안전이 제일이다 | 主张 zhǔzhāng 동 주장하다 | 关门 guānmén 동 문을 닫다 | 不舒服 bùshūfu 형 (몸이) 불편하다 | 猛烈 měngliè 형 맹렬하다, 거세다

14.

정답 및 해석

男：这条牛仔裤样式时髦，摸着也挺软，就是价格有点高。 女：最近在搞店庆活动，可以给您打九折。 问：女的是什么意思？ A 价格可以优惠（✓） B 款式不太合适 C 回家考虑一下 D 先试穿后再买	남: 이 청바지 스타일이 세련되고, 만져보니 꽤 부드럽긴 한데, 단지 가격이 좀 비싸네요. 여: 요즘 매장 경축 행사를 하고 있어서, 10% 할인해 드릴 수 있어요. 질문: 여자의 말뜻은 무엇인가? A 가격은 할인받을 수 있다 (✓) B 스타일이 별로 맞지 않다 C 집에 가서 좀 생각해 본다 D 먼저 입어 보고 나서 산다

해설 선택지를 보면 이 대화가 쇼핑이나 구매와 관련되었다는 것을 알 수 있습니다. 여자가 '可以给您打九折'라고 말했으므로 정답은 A 价格可以优惠입니다. '优惠'는 '혜택(을 주다), 우대(하다)'라는 단어인데 보통 '打折', '买二送一(2+1)', '积分(포인트 적립)' 등의 행위가 모두 '优惠'에 해당합니다.

단어 牛仔裤 niúzǎikù 명 청바지 | 样式 yàngshì 명 양식, 스타일 | 时髦 shímáo 형 유행하다, 세련되다, 최신식이다 | 摸 mō 동 (손으로) 만지다, 쓰다듬다 | 挺 tǐng 부 꽤, 제법 | 软 ruǎn 형 부드럽다 | 就是 jiùshì 접 단지, 다만[약간 아쉬운 느낌] | 搞店庆活动 gǎo diànqìng huódòng 매장 경축 행사를 하다 | 打折 dǎzhé 동 할인하다 | 价格 jiàgé 명 가격 | 优惠 yōuhuì 동 우대하다, 혜택을 주다 | 款式 kuǎnshì 명 스타일, 디자인 | 合适 héshì 형 적합하다, (알)맞다 | 考虑 kǎolǜ 동 고려하다, 생각하다 | 试穿 shìchuān 동 (사기 전에) 입어 보다

15.

정답 및 해석

女：我下周要和之前说的那家企业谈合作，你尽快把项目计划书准备好。
男：明白，经理，我这就去办。

问：女的在做什么？
A 投递简历
B 签订合同
C 分配工作 (✓)
D 安排聚餐

여: 다음 주에 전에 말한 그 기업과 협력을 논의하려고 하니, 되도록 빨리 사업계획서를 잘 준비하세요.
남: 알겠습니다, 팀장님. 바로 처리하겠습니다.

질문: 여자는 무엇을 하고 있는가?
A 이력서를 제출한다
B 계약을 체결한다
C 업무를 배정한다 (✓)
D 회식을 준비한다

해설 선택지를 보면 회사나 직장과 관련된 대화가 나올 것을 예상할 수 있습니다. 여자가 '尽快把项目计划书准备好'라고 남자에게 업무를 지시하고 있습니다. '分配'는 일이나 임무를 배정한다는 의미로 '安排'와 비슷한 의미를 지닙니다. 그러므로 정답은 C 分配工作입니다.

단어 企业 qǐyè 명 기업 | 谈合作 tán hézuò 협력을 논의하다 | 尽快 jǐnkuài 부 되도록 빨리 | 项目计划书 xiàngmù jìhuàshū 사업계획서 *项目 명 프로젝트, 사업 | 经理 jīnglǐ 명 팀장, 매니저 | 投递简历 tóudì jiǎnlì 이력서를 제출하다 | 签订合同 qiāndìng hétong 계약을 체결하다 *合同 명 계약(서) | 分配工作 fēnpèi gōngzuò 업무를 배정하다 *分配 동 분배하다, 배정하다 | 安排聚餐 ānpái jùcān 회식을 준비하다 *安排 동 안배하다, 준비하다

16.

정답 및 해석

男：组长，我的调查报告写得怎么样？
女：材料还算丰富，结构也完整，就是因果关系不太有说服力。

问：女的对报告的哪方面不太满意？
A 逻辑 (✓)
B 结构
C 材料
D 语言

남: 팀장님, 제 조사 보고서 어떤가요?
여: 자료는 꽤 풍부한 편이고 구조도 완벽해요. 다만 인과관계가 별로 설득력이 없어요.

질문: 여자는 보고서의 어느 부분에 대해 별로 만족하지 않는가?
A 논리 (✓)
B 구조
C 자료
D 언어

해설 선택지를 통해 우리는 이 문제가 어떤 주제나 방면에 관한 말인지 묻고 있다는 것을 알 수 있습니다. 여자의 말 '就是因果关系不太有说服力'에서 '就是'는 접속사로 '단지', '다만'이라는 의미입니다. 다른 것은 다 괜찮은데 무언가 맘에 들지 않을 때 사용하는 접속사입니다. 인과관계가 설득력이 없다는 말은 다시 말해, 논리적으로 맞지 않는다는 뜻이므로 정답은 A 逻辑입니다. '逻辑'는 필수 단어이지만 자주 출제되는 단어가 아니라 잘 모를 수 있습니다. 이럴 때는 나머지 B, C, D를 제거하는 방식으로 문제를 풀어야 합니다.

단어 组长 zǔzhǎng 명 조장, 팀장 | 调查报告 diàochá bàogào 조사 보고서 | 材料 cáiliào 명 자료 | 算 suàn 동 ~인 셈이다, ~인 편이다 | 丰富 fēngfù 형 풍부하다 | 结构 jiégòu 명 구조 | 完整 wánzhěng 형 완전하다, 완벽하다 | 就是 jiùshì 접 단지, 다만[약간 아쉬운 느낌] | 因果关系 yīnguǒ guānxì 인과관계 | 说服力 shuōfúlì 명 설득력 | 满意 mǎnyì 형 만족하다 | 逻辑 luójì 명 논리 | 语言 yǔyán 명 언어

17.

정답 및 해석

女：都十分钟了，我叫的网约车怎么还没人接单？ 男：或许系统出问题了，要不你换个软件叫车吧。 问：男的建议怎么做？ A 坐出租车 B 换个软件（✓） C 点外卖吃 D 换台电脑	여: 벌써 10분이 지났는데, 제가 부른 인터넷 콜택시가 왜 아직 아무도 주문을 받지 않는 거죠? 남: 아마 시스템에 문제가 생긴 것 같아요. 아니면 앱을 바꿔서 차를 불러봐요. 질문: 남자는 어떻게 하라고 제안했는가? A 택시를 탄다 B 앱을 바꾼다（✓） C 배달 음식을 시켜 먹는다 D 컴퓨터를 바꾼다

해설 듣기 문제를 풀 때 접속사를 잘 들어야 합니다. '要不'는 '그렇지 않으면 ~할 것이다'라는 의미도 있지만, 듣기 대화에서는 어기조사 '吧'와 함께 쓰여, '아니면 ~해요'라는 말로 또 다른 선택을 제안하기도 합니다. 마지막에 남자가 '要不你换个软件叫车吧'라고 말했으니까 정답은 B 换个软件입니다.

단어 网约车 wǎngyuēchē 인터넷 콜택시 | 接单 jiēdān 동 주문을 받다 | 或许 huòxǔ 부 아마, 어쩌면 | 系统 xìtǒng 명 시스템 | 出问题 chū wèntí 문제가 생기다 | 要不 yàobù 접 아니면 ~하다 | 换 huàn 동 교환하다, 바꾸다 | 软件 ruǎnjiàn 명 소프트웨어, 애플리케이션, 앱(=应用软件) | 叫车 jiào chē 차를 부르다 | 建议 jiànyì 동 건의하다, 제안하다 | 坐出租车 zuò chūzūchē 택시를 타다 | 点外卖 diǎn wàimài 배달 음식을 시키다 | 台 tái 양 대[가전제품을 셀 때 쓰임] | 电脑 diànnǎo 명 컴퓨터

18.

정답 및 해석

男：主任，我妻子做了个手术，我想跟您请几天假，在医院照顾她。 女：没问题，好好照顾你妻子吧。 问：男的为什么请假？ A 和妻子约会 B 身体不舒服 C 要出门旅游 D 要照顾老婆（✓）	남: 주임님, 제 아내가 수술해서 며칠 휴가를 내고 병원에서 그녀를 돌보고 싶습니다. 여: 문제없어요. 당신 아내를 잘 돌보세요. 질문: 남자는 왜 휴가를 냈는가? A 아내와 데이트한다 B 몸이 불편하다 C 여행을 가려고 한다 D 아내를 돌보려고 한다（✓）

해설 선택지를 보고 아내와 관련한 내용이 나온다는 것을 미리 유추해 봅니다. 남자는 아내가 수술해서 며칠 휴가를 내고 '병원에서 그녀를 돌보고 싶다(在医院照顾她)'고 말했으므로, 정답은 D 要照顾老婆입니다. '妻子'와 '老婆' 모두 '아내'를 뜻하는 단어이니 둘 다 외워 둡니다.

단어 主任 zhǔrèn 명 주임 | 妻子 qīzi 명 아내 | 做手术 zuò shǒushù 수술을 하다 | 请假 qǐngjià 동 휴가를 내다 | 照顾 zhàogu 동 돌보다, 보살피다 | 没问题 méi wèntí 문제 없다 | 约会 yuēhuì 동 데이트하다 | 不舒服 bùshūfu 형 (몸이) 불편하다 | 出门旅游 chūmén lǚyóu 여행을 가다 *出门 동 외출하다 | 老婆 lǎopo 명 아내(=妻子 qīzi)

19.

정답 및 해석

女：空调管子突然漏水了，得赶快找人来修。 男：还是找上次那家维修公司吧，工人很专业。 问：男的认为应该找谁？ A 维修工(✓) B 小区门卫 C 公司领导 D 销售人员	여: 에어컨 파이프에서 갑자기 물이 새요. 빨리 사람을 불러서 수리해야겠어요. 남: 아무래도 지난번 그 수리 회사를 부르는 게 좋겠어요. (그쪽) 직원이 아주 전문적이거든요. 질문: 남자는 누구를 찾아야 한다고 생각하는가? A 수리공(✓) B 아파트 단지 경비원 C 회사 관리자 D 영업사원

해설 선택지를 보면 직업을 묻는 문제라는 것을 알 수 있습니다. 여자의 말 '得赶快找人来修'와, 남자의 말 '那家维修公司吧'에서 공통적으로 '修'가 들립니다. 질문은 남자가 찾는 사람을 묻고 있으므로, 정답은 A 维修工입니다.

단어 空调 kōngtiáo 명 에어컨 | 管子 guǎnzi 명 관, 파이프 | 突然 tūrán 형 갑자기 | 漏水 lòushuǐ 동 물이 새다 | 赶快 gǎnkuài 부 빨리, 얼른 | 修 xiū 동 수리하다, 고치다 | 维修 wéixiū 동 (기계를) 수리하다, 보수하다 | 工人 gōngrén 명 노동자, 직원 | 专业 zhuānyè 형 전문의, 전문적인 | 维修工 wéixiūgōng 명 수리공 | 小区 xiǎoqū 명 아파트 단지 | 门卫 ménwèi 명 경비원 | 领导 lǐngdǎo 명 지도자, 상사, 관리자 | 销售人员 xiāoshòu rényuán 영업사원 *销售 동 판매하다 명 영업

20.

정답 및 해석

男：大夫，我的胃病什么时候才能治好？ 女：除非你彻底把酒戒了，否则，吃再贵的药也没用。 问：女的是什么意思？ A 要多吃药 B 按时吃饭 C 不能抽烟 D 必须戒酒(✓)	남: 의사 선생님, 제 위장병은 언제쯤 다 나을 수 있을까요? 여: 반드시 당신은 술을 완전히 끊어야 해요. 안 그러면 아무리 비싼 약을 먹어도 소용없어요. 질문: 여자의 말뜻은 무엇인가? A 약을 많이 먹어야 한다 B 제시간에 식사해야 한다 C 담배를 피워서는 안 된다 D 반드시 술을 끊어야 한다(✓)

해설 듣기 문제를 풀 때는 접속사를 잘 파악해야 합니다. '除非'는 유일한 조건을 나타냅니다. '除非A, 否则'는 'A라면 모를까 그렇지 않으면 ~하다'는 뜻입니다. 여자가 '除非你彻底把酒戒了，否则，吃再贵的药也没用'이라고 말했으므로, 유일한 치료법은 바로 금주라는 것을 알 수 있습니다. 따라서 정답은 D 必须戒酒입니다.

단어 大夫 dàifu 명 의사 | 胃病 wèibìng 명 위장병 | 治好 zhìhǎo 동 치유되다, 다 낫다 | 除非A，否则B chúfēi A, fǒuzé B 반드시 A해야 한다, 안 그러면 B할 것이다 | 彻底 chèdǐ 부 철저히, 완전히 | 戒 jiè 동 (좋지 못한 습관을) 끊다, 중단하다 | 吃药 chī yào 약을 먹다 | 按时 ànshí 부 제때에, 시간에 맞추어 | 抽烟 chōuyān 동 담배를 피우다 | 必须 bìxū 부 반드시 ~해야 한다 | 戒酒 jièjiǔ 동 술을 끊다

第二部分 **대화 또는 단문 녹음을 듣고, 녹음 속 질문에 알맞은 답을 고르세요.**

21.

정답 및 해석

女：您好，我刚刚在参观博物馆的时候，丢了条项链。 男：您能描述一下项链的样子吗？ 女：银色的，中间有个蛇形图案。 男：好的，您把手机号登记一下，如果找到了我们会联系您。 问：女的丢了什么？ A 耳环 B 围巾 C 项链（✓） D 手机	여: 안녕하세요. 제가 방금 박물관을 관람하던 중에 목걸이를 잃어버렸어요. 남: 목걸이의 생김새를 묘사해 주실 수 있나요? 여: 은색이고 가운데 뱀 모양의 무늬가 있어요. 남: 알겠습니다. 전화번호를 좀 기재해 주세요. 만약 찾으면 저희가 연락드릴게요. 질문: 여자는 무엇을 잃어버렸는가? A 귀걸이 B 목도리 C 목걸이（✓） D 핸드폰

해설 선택지 단어의 발음을 주의 깊게 들어 줍니다. 선택지 단어가 2개 이상 들리면, 남녀를 구분하여 문제를 끝까지 잘 들어야 합니다. 여자는 처음부터 '丢了条项链'이라 말하고 있고, 질문 또한 여자가 잃어버린 물건을 묻고 있으므로 정답은 C 项链입니다. 남자의 두 번째 말 '您把手机号登记一下'에서 '手机'가 들리지만, 잃어버린 물건이 아니기 때문에 정답이 아닙니다.

단어 刚刚 gānggāng 명 방금, 막 | 参观博物馆 cānguān bówùguǎn 박물관을 관람하다 *参观 동 참관하다, 관람하다 | 丢 diū 동 잃어버리다 | 项链 xiàngliàn 명 목걸이 | 描述 miáoshù 동 묘사하다 | 样子 yàngzi 명 모양, 생김새 | 银色 yínsè 명 은색 | 蛇形 shéxíng 명 뱀 모양 | 图案 tú'àn 명 무늬, 도안 | 手机号 shǒujīhào 명 (핸드폰) 전화번호 | 登记 dēngjì 동 기재하다, 체크인하다 | 如果 rúguǒ 접 만약, 만일 | 联系 liánxì 동 연락하다 | 耳环 ěrhuán 명 귀걸이 | 围巾 wéijīn 명 목도리, 스카프

22.

정답 및 해석

男：市幼儿园最近统一招音乐老师，去投份简历吧。 女：我已经投过了，不过估计机会不大。 男：为什么？招聘简章里说，至少会一门乐器，你是符合要求的。 女：但上面还写了有一年以上相关工作经验者优先考虑。 问：关于招聘要求，下列哪项正确？ A 会体育 B 会乐器（✓） C 会哄孩子 D 必须有经验	남: 시립 유치원에서 최근에 음악 선생님을 일괄 모집하니까, 이력서를 제출해 봐. 여: 이미 제출했어요. 하지만 기회가 별로 없을 것 같아요. 남: 왜요? 채용 요강에 적어도 한 가지 악기를 다룰 줄 알아야 한다고 했는데, 당신은 자격이 되잖아요. 여: 하지만 그 위에 관련 업무 경험이 1년 이상인 사람을 우선적으로 고려한다고도 쓰여 있어요. 질문: 채용 요구에 관하여 다음 중 정확한 것은? A 운동을 할 줄 안다 B 악기를 다룰 줄 안다（✓） C 아이를 달랠 줄 안다 D 반드시 경험이 있어야 한다

해설 선택지를 보면 어떤 조건이나 기준을 말하고 있습니다. 남자는 '招聘简章里说，至少会一门乐器，你是符合要求的'라고 말하며, 채용 요강에서 적어도 한 가지 악기를 다룰 줄 알아야 한다고 했으므로 정답은 B 会乐器입니다. 여자의 마지막 말에서 '有一年以上相关工作经验者优先考虑'라고 말하며 경험자를 우대한다고 말했지만, 반드시 경험이 있어야 하는 것은 아니기 때문에 D 必须有经验은 오답입니다.

단어 市幼儿园 shì yòuéryuán 시립 유치원 | 统一 tǒngyī 형 통일된, 일괄된 | 招 zhāo 동 모집하다 | 投简历 tóu jiǎnlì 이력서를 넣다 *投 동 (집어)넣다, 제출하다 | 份 fèn 양 부, 통[신문·문건·자료를 셀 때 쓰임] | 估计 gūjì 동 예측하다, ~일 것 같다 | 机会 jīhuì 명 기회 | 招聘 zhāopìn 동 모집하다, 채용하다 | 简章 jiǎnzhāng 명 요강[간단한 규정] | 至少 zhìshǎo 부 적어도, 최소한 | 乐器 yuèqì 명 악기 | 符合要求 fúhé yāoqiú 요구에 부합하다[이 지문에서는 '자격이 된다'는 의미로 쓰임] | 相关 xiāngguān 동 관련되다 | 优先考虑 yōuxiān kǎolǜ 우선적으로 고려하다 | 正确 zhèngquè 형 정확하다 | 体育 tǐyù 명 체육, 운동, 스포츠 | 哄 hǒng 동 (아이를) 달래다 | 必须 bìxū 부 반드시 ~해야 한다 | 经验 jīngyàn 명 경험

23.

정답 및 해석

女: 师傅，这录音笔开不了机了。
男: 摔过吗?
女: 没有，而且电池是刚换的。
男: 我拆开瞧瞧，根据我的经验，很可能是操作系统出了问题。

问: 男的怀疑录音笔怎么了?
A 摔坏了
B 质量不好
C 没电池了
D 系统有问题 (✓)

여: 기사님, 이 녹음 펜이 켜지지 않아요.
남: 떨어뜨린 적이 있나요?
여: 아니요. 게다가 배터리는 방금 교체했어요.
남: 제가 분해해서 좀 볼게요. 제 경험에 따르면, 운영 시스템에 문제가 생긴 것 같아요.

질문: 남자는 녹음 펜이 어떻게 되었다고 의심하는가?
A 떨어뜨려 고장 났다
B 품질이 좋지 않다
C 배터리가 다 되었다
D 시스템에 문제가 있다 (✓)

해설 이 문제는 선택지 단어들이 대부분 녹음에서 나오고 있어 헷갈릴 수 있습니다. 녹음에서 '摔过吗'의 '摔'와 '而且电池是刚换的'의 '电池'가 들린다고 바로 답을 고르면 안 됩니다. 마지막에 남자가 녹음 펜이 켜지지 않는 문제에 대해 '很可能是操作系统出了问题'라고 말했으므로 정답은 D 系统有问题입니다.

단어 师傅 shīfu 명 기사님[기예·기능을 가진 사람에 대한 존칭] | 录音笔 lùyīnbǐ 명 녹음 펜, 보이스펜 | 开机 kāijī 동 (기기의 전원을) 켜다 | 摔 shuāi 동 떨어뜨리다 | 电池 diànchí 명 전지, 배터리 | 刚 gāng 부 방금 | 换 huàn 동 바꾸다, 교체하다 | 拆开 chāikāi 동 (붙어 있는 것을) 뜯다, 분해해서 열다 | 瞧 qiáo 동 보다 | 根据 gēnjù 전 ~에 근거하여, ~에 따르면 | 经验 jīngyàn 명 경험 | 操作 cāozuò 동 조작하다, 운영하다 | 系统 xìtǒng 명 시스템 | 出问题 chū wèntí 문제가 생기다 | 怀疑 huáiyí 동 의심하다 | 坏了 huàile 동 고장 나다, 망가지다 | 质量 zhìliàng 명 품질

24.

정답 및 해석

男: 你不是说这个月初网店开张吗?
女: 还在办理营业执照，没想到手续还挺复杂。
男: 大概什么时候能办下来?
女: 估计得等过完国庆节，下个月中旬了。

问: 营业执照大概什么时候办好?
A 国庆节前
B 这个月初
C 下个月初
D 下月中旬 (✓)

남: 당신 이번 달 초에 인터넷 쇼핑몰을 오픈한다고 하지 않았나요?
여: 아직 영업허가증을 처리하는 중이에요. 절차가 꽤 복잡할 줄 몰랐어요.
남: 대략 언제쯤 처리될까요?
여: 아마 궈칭제가 지나고, 다음 달 중순쯤 될 것 같아요.

질문: 영업허가증은 대략 언제 처리될 것인가?
A 궈칭제 전
B 이번 달 초
C 다음 달 초
D 다음 달 중순 (✓)

해설 선택지를 보면 일정이나 시기에 관한 문제라는 것을 알 수 있습니다. 영업허가증 처리 일정에 대해 여자가 '下个月中旬了'라고 말했으므로 정답은 D 下月中旬입니다. '中旬(중순)'은 역대 답으로 가장 많이 나온 단어 중 하나이니 꼭 기억해 둡니다.

단어 网店 wǎngdiàn 명 인터넷 쇼핑몰 | 开张 kāizhāng 동 개장하다, 오픈하다 | 办理 bànlǐ 동 처리하다, 발급받다(=办) | 营业执照 yíngyè zhízhào 영업허가증, 사업자 등록증 | 没想到 méixiǎngdào 생각지 못하다, ~할 줄 몰랐다 | 手续 shǒuxù 명 수속, 절차 | 挺 tǐng 부 꽤, 제법, 아주 | 复杂 fùzá 형 복잡하다 | 大概 dàgài 부 대개, 대략 | 估计 gūjì 동 예측하다, ~일 것 같다 | 国庆节 guóqìngjié 명 궈칭제[중국의 건국기념일, 10월 1일] | 中旬 zhōngxún 명 중순

25.

정답 및 해석

女: 请问寄包裹到上海，运费怎么计算? 男: 一公斤内12元，超过另算。 女: 好，我要寄的是一个玻璃花瓶，麻烦您包得结实些。 男: 放心吧，运输过程中产生破损，我们会进行赔偿。 问: 女的要寄什么? A 食物 B 衣服 C 花瓶 (✓) D 计算机	여: 상하이로 소포를 보내려면 배송비는 어떻게 계산하나요? 남: 1kg 이내는 12위안이고, 초과하면 따로 계산합니다. 여: 좋아요. 제가 보내려는 것은 유리 꽃병인데, 좀 단단하게 포장해 주세요. 남: 걱정 마세요. 운송 과정에서 손상이 발생하면, 저희가 변상해 드리겠습니다. 질문: 여자는 무엇을 보내려 하는가? A 음식 B 옷 C 꽃병 (✓) D 컴퓨터

해설 선택지에 나온 네 가지 물건의 단어를 미리 읽어 보고 발음을 기억하며 녹음을 듣습니다. 여자가 '我要寄的是一个玻璃花瓶'이라 말했으므로 정답은 C 花瓶입니다. 복습할 땐 정답 외에도 전체 대화에 나오는 문장 표현을 익혀두도록 합니다.

단어 寄包裹 jì bāoguǒ 소포를 보내다 *寄 동(우편으로) 부치다, 보내다 | 运费 yùnfèi 명 운송비, 배송비 | 计算 jìsuàn 동 계산하다 | 公斤 gōngjīn 양 킬로그램(kg) | 超过 chāoguò 동 초과하다 | 另算 lìngsuàn 동 따로 계산하다 | 玻璃 bōli 명 유리 | 花瓶 huāpíng 명 꽃병 | 麻烦 máfan 동 귀찮게 하다, 번거롭게 하다 | 包 bāo 동 싸다, 포장하다 | 结实 jiēshi 형 단단하다 | 放心 fàngxīn 동 마음을 놓다, 안심하다 | 运输过程 yùnshū guòchéng 운송 과정 *运输 동 운수하다, 운송하다 | 产生破损 chǎnshēng pòsǔn 손상이 발생하다 *破损 동 파손되다, 손상되다 | 赔偿 péicháng 동 배상하다, 변상하다 | 食物 shíwù 명 음식 | 衣服 yīfu 명 의복, 옷 | 计算机 jìsuànjī 명 컴퓨터

26.

정답 및 해석

男: 小王，你婚礼的照片真好看，是婚庆公司拍的吗? 女: 不是婚庆公司，是我单独请的摄影师。 男: 那应该不便宜吧? 女: 是啊，贵一些，但是风格我很喜欢。 问: 关于小王的婚礼，可以知道什么? A 婚礼取消了 B 参加的人很多 C 找了婚庆公司 D 另外请了摄影师 (✓)	남: 샤오왕, 네 결혼식 사진 정말 예쁘다. 웨딩 업체에서 찍은 거야? 여: 웨딩 업체는 아니고, 제가 따로 부른 사진사가요. 남: 그럼 틀림없이 비쌌겠네? 여: 네. 좀 비쌌지만, 저는 스타일이 마음에 들었어요. 질문: 샤오왕의 결혼식에 관하여 무엇을 알 수 있는가? A 결혼식이 취소되었다 B 참석한 사람이 많았다 C 웨딩 회사를 찾았다 D 따로 사진사를 불렀다 (✓)

해설 선택지를 보면 결혼에 관한 대화가 나올 것을 예상할 수 있습니다. 여자가 '是我单独请的摄影师'라고 말했습니다. 따라서 정답은 D 另外请了摄影师입니다. '单独'와 '另外' 모두 '따로'라는 뜻이 있습니다.

단어 婚礼 hūnlǐ 명 결혼식 | 照片 zhàopiàn 명 사진 | 婚庆公司 hūnqìng gōngsī 웨딩 업체 *婚庆 명 웨딩, 결혼식 행사 | 拍 pāi 동 (사진을) 찍다 | 单独 dāndú 부 단독으로, 혼자서, 따로 | 摄影师 shèyǐngshī 명 사진사, 포토그래퍼 | 不便宜 bù piányi 비싸다 | 风格 fēnggé 명 풍격, 스타일 | 取消 qǔxiāo 동 취소하다 | 参加 cānjiā 동 참가하다, 참석하다 | 另外 lìngwài 부 따로

27.

정답 및 해석

女：快看，天上有彩虹。 男：没想到沙漠里竟然出现了两条彩虹，这个概率很低吧？ 女：是啊，而且这里几乎不下雨。 男：趁还没消失，我们赶紧跟彩虹合个影。 问：根据对话，下列哪项正确？ A 男的是摄影师 B 这里经常下雨 C 沙漠里出现了彩虹 (✓) D 沙漠的彩虹是白色的	여: 빨리 봐요. 하늘에 무지개가 있어요. 남: 사막에서 의외로 무지개 두 개가 나타날 줄 몰랐어요. 이런 확률은 낮죠? 여: 네. 게다가 이곳은 거의 비가 오지 않아요. 남: 아직 사라지기 전에 우리 얼른 무지개와 함께 사진을 찍어요. 질문: 대화에 따르면, 다음 중 정확한 것은? A 남자는 사진사이다 B 이곳은 자주 비가 온다 C 사막에 무지개가 나타났다 (✓) D 사막의 무지개는 흰색이다

해설 선택지가 '주어+술어' 구조로 길게 나오면 대부분 내용상 맞는 것을 물어봅니다. '비(雨)', '사진사(摄影师)', '무지개(彩虹)' 등의 단어를 중심으로 녹음을 듣습니다. 남자가 '没想到沙漠里竟然出现了两条彩虹'이라고 말했으니, 본문의 내용과 맞는 정답은 C 沙漠里出现了彩虹입니다.

단어 彩虹 cǎihóng 명 무지개 | 没想到 méixiǎngdào 생각지 못하다, ~할 줄 몰랐다 | 沙漠 shāmò 명 사막 | 竟然 jìngrán 부 뜻밖에도, 의외로 | 出现彩虹 chūxiàn cǎihóng 무지개가 나타나다, 무지개가 뜨다 | 概率 gàilǜ 명 확률 | 低 dī 형 낮다 | 几乎 jīhū 부 거의 | 趁 chèn 전 (때·기회를) 틈타 | 消失 xiāoshī 동 사라지다, 없어지다 | 赶紧 gǎnjǐn 부 얼른, 재빨리 | 合影 héyǐng 동 함께 사진을 찍다 | 根据 gēnjù 전 ~에 근거하여, ~에 따르면 | 正确 zhèngquè 형 정확하다 | 摄影师 shèyǐngshī 명 사진사

28.

정답 및 해석

男：儿子怎么看着情绪有些低落？ 女：他踢球时把邻居家的花盆踢碎了。 男：那他道歉了吗？ 女：主动道歉了，他还说明天用自己存的钱买一个新花盆送过去。 问：儿子为什么要买花盆？ A 喜欢种花 B 赔偿别人 (✓) C 养一条鱼 D 送给朋友	남: 아들이 왜 좀 우울해 보이죠? 여: 애가 공을 차다가 이웃집의 화분을 깨뜨렸어요. 남: 그럼 애가 사과했나요? 여: 자진해서 사과했어요. 내일은 자기가 모은 돈으로 새 화분을 사서 건네주겠다고도 말했어요. 질문: 아들은 왜 화분을 사려고 하는가? A 꽃을 심는 것을 좋아한다 B 다른 사람에게 배상해 준다 (✓) C 물고기를 기른다 D 친구에게 선물한다

해설 선택지가 동사구로 이루어져 있으니 행동을 유의해서 듣도록 합니다. 아들이 왜 우울해 보이냐는 질문에 여자는 '他踢球时把邻居家的花盆踢碎了'라고 했고, 두 번째 대화에서는 화분을 새로 사서 주겠다고 했으니 아들이 화분을 배상해 주려고 하는 것을 알 수 있습니다. 따라서, 정답은 B 赔偿别人입니다.

단어 情绪低落 qíngxù dīluò 기분이 가라앉다, 우울하다 | 踢球 tīqiú 동 공을 차다, 축구하다 *踢 동 (발로) 차다 | 邻居家 línjūjiā 명 이웃집 | 花盆 huāpén 명 화분 | 碎 suì 동 깨뜨리다, 부수다 | 道歉 dàoqiàn 동 사과하다 | 主动 zhǔdòng 형 자발적이다, 자진하다 | 存 cún 동 (돈을) 모으다, 저금하다 | 种花 zhònghuā 동 꽃을 심다 | 赔偿 péicháng 동 배상하다, 물어주다 | 养鱼 yǎngyú 동 물고기를 기르다

29.

정답 및 해석

女：你平常健身吗？ 男：基本不去，最多就是散散步。 女：好吧，我本来想把我的健身会员卡送给你的，这下要浪费了。 男：不要紧，你可以在二手平台上卖出去。 问：男的是什么意思？ A 将健身卡卖掉（✓） B 不要浪费时间 C 买台二手电视 D 邀请女的去散步	여: 당신은 평소에 운동 하나요? 남: 거의 안 가요. 기껏해야 산책 좀 하는 정도죠. 여: 그래요. 저는 원래 저의 헬스 회원권을 당신에게 주려고 했는데, 이젠 쓸모없게 됐네요. 남: 괜찮아요. 중고 플랫폼에서 팔 수 있잖아요. 질문: 남자의 말뜻은 무엇인가? A 헬스 회원권을 팔아 버린다 (✓) B 시간을 낭비하지 마라 C 중고 텔레비전을 산다 D 여자를 산책에 초대한다

해설 선택지에 나온 단어를 보면 운동에 관한 문제라는 것을 유추할 수 있습니다. 여자가 헬스장 회원권을 낭비할 것 같다고 말하자 남자가 '你可以在二手平台上卖出去'라고 말했습니다. 그러므로 정답은 A 将健身卡卖掉입니다.

단어 平常 píngcháng 명 평소 | 健身 jiànshēn 동 운동하다, 헬스하다 | 基本 jīběn 부 대체로, 거의 | 最多 zuìduō 부 기껏해야, 많더라도 | 散步 sànbù 동 산책하다 | 本来 běnlái 부 본래, 원래 | 健身会员卡 jiànshēn huìyuán kǎ 헬스 회원권(=健身卡) | 浪费 làngfèi 동 낭비하다 | 不要紧 búyàojǐn 형 괜찮다, 문제없다 | 二手 èrshǒu 형 중고의 | 平台 píngtái 명 플랫폼 | 卖掉 màidiào 동 팔아 버리다 | 浪费时间 làngfèi shíjiān 시간을 낭비하다 | 台 tái 양 대[가전제품을 셀 때 쓰임] | 邀请 yāoqǐng 동 초대하다, 초청하다

30.

정답 및 해석

男：你今天和贸易公司的项目谈得怎么样？ 女：差不多了，就是运输费用方面还有争论。 男：对方有什么意见？ 女：他们坚持空运费用由我们承担。 问：项目哪方面没谈好？ A 发货时间 B 投资规模 C 运输费用（✓） D 责任分配	남: 오늘 무역 회사와의 프로젝트 논의는 어떻게 되었나요? 여: 거의 다 됐는데, 단지 운송 비용 부분에서 아직 논쟁이 있어요. 남: 상대방은 어떤 의견이 있나요? 여: 그들은 항공 운송 비용은 저희가 부담해야 한다고 한결같이 주장해요. 질문: 프로젝트는 어느 부분이 논의되지 않았는가? A 출고 시간 B 투자 규모 C 운송 비용 (✓) D 책임 분배

해설 선택지를 보면 무역 업무에 관련된 내용이라는 것을 알 수 있습니다. 남자가 프로젝트 진행 상황을 묻자, 여자는 '就是运输费用方面还有争论'이라고 말합니다. 따라서 정답은 C 运输费用입니다. '就是'는 접속사로 '단지', '다만'이란 뜻인데, 다른 것은 다 맘에 드는데 어떤 한가지가 맘에 안 들 때 사용합니다. 보통 '就是' 뒤의 내용이 정답으로 많이 출제됩니다.

단어 贸易公司 màoyì gōngsī 무역 회사 | 项目 xiàngmù 명 프로젝트 | 谈 tán 동 말하다, 논의하다 | 差不多了 chàbuduō le 거의 다 되었다 | 就是 jiùshì 접 단지, 다만[약간 아쉬운 느낌] | 运输费用 yùnshū fèiyòng 운송 비용 *运输 동 운수하다, 운송하다 | 争论 zhēnglùn 동 논쟁하다 | 意见 yìjiàn 명 의견, 불만 | 坚持 jiānchí 동 (의견 등을 한결같이) 고집하다, 주장하다 | 空运 kōngyùn 명 항공 운송 | 由 yóu 전 ~이(가) | 承担 chéngdān 동 부담하다 | 发货时间 fāhuò shíjiān 출고 시간 *发货 동 상품을 보내다, 출고하다 | 投资规模 tóuzī guīmó 투자 규모 | 责任分配 zérèn fēnpèi 책임 분배 *分配 동 분배하다, 나눠주다

31-32.

정답 및 해석

第31到32题是根据下面一段话：

如今[31] 不少年轻人为了在快节奏的网络生活中找到内心的平静，喜欢上了在阳台种植花草，通过浇水、杀虫、收获等过程，人与植物形成了“物质上我养活你，精神上你治愈我”的奇妙关系。

[32] 农业技术的发展也为阳台种植提供了很多便利，阳光不足用补光灯，空间不够可以用立体种植方式，即使是几平米的空间也可以变成充满科技感、环境美的小花园。

31 为什么年轻人喜欢在阳台养花草？
- A 看起来好看
- B 随时都可以吃
- C 寻求精神满足 (✓)
- D 阳台空着可惜

32 关于阳台种植，可以知道什么？
- A 植物很难成活
- B 国家免费提供
- C 需要很大的花园
- D 技术提供了便利 (✓)

31~32번 문제는 다음 이야기에 근거한다.

오늘날 [31] 많은 젊은이는 빠른 리듬의 인터넷 생활 속에서 내면의 평화를 찾기 위해, 발코니에서 꽃과 식물을 기르는 것을 좋아한다. 물을 주고 해충을 없애며 수확하는 과정을 통해, 사람과 식물은 '물질적으로는 내가 너를 키우고, 정신적으로는 네가 나를 치유하는' 신기한 관계를 형성하게 된다.

[32] 농업 기술의 발전 또한 발코니 재배에 많은 편리함을 제공한다. 햇빛이 부족할 때는 보조 조명을 사용하고 공간이 부족할 때는 입체 재배 방식을 사용할 수 있어, 몇 제곱미터의 공간도 과학 기술과 아름다운 환경이 어우러진 작은 정원으로 변할 수 있다.

31 왜 젊은이들은 발코니에서 꽃과 식물 기르는 것을 좋아하는가?
- A 근사해 보인다
- B 언제든지 먹을 수 있다
- C 정신적 만족을 찾는다 (✓)
- D 발코니가 비어 있어서 아깝다

32 발코니 재배에 관하여 무엇을 알 수 있는가?
- A 식물이 생존하기 어렵다
- B 국가가 무료로 제공한다
- C 큰 정원이 필요하다
- D 기술이 편리함을 제공했다 (✓)

해설

31 첫 문장 '不少年轻人为了在快节奏的网络生活中找到内心的平静，喜欢上了在阳台种植花草'에서 많은 젊은이가 빠른 리듬의 인터넷 생활에서 내면의 평안을 찾기 위해 발코니에서 화초를 기른다고 했습니다. 즉, 내면의 평정심은 정신적인 만족을 추구한다고 볼 수 있습니다. 그러므로 정답은 C 寻求精神满足입니다. '找到内心的平静'을 듣고 풀어야 하는 문제로 약간 어려운 문제입니다.

32 '农业技术的发展也为阳台种植提供了很多便利'에서 농업 기술의 발전이 발코니 재배에 편리함을 제공했다고 말했습니다. 따라서 정답은 D 技术提供了便利입니다.

단어

◆ 如今 rújīn 명 지금, 오늘날 | 年轻人 niánqīngrén 명 젊은이 | 为了 wèile 전 ~하기 위해서 | 快节奏 kuài jiézòu 명 (사회 발전이 가속화함에 따른 생활의) 빠른 리듬 | 网络 wǎngluò 명 인터넷 | 平静 píngjìng 형 (마음이) 평온하다 | 阳台 yángtái 명 발코니, 베란다 | 种植 zhòngzhí 동 재배하다, 심다 | 花草 huācǎo 명 화초, 꽃과 식물 | 通过 tōngguò 전 ~을 통해서 | 浇水 jiāoshuǐ 동 물을 뿌리다(주다) | 杀虫 shāchóng 동 살충하다, 벌레를 죽이다 | 收获 shōuhuò 동 수확하다 | 过程 guòchéng 명 과정 | 植物 zhíwù 명 식물 | 形成关系 xíngchéng guānxì 관계가 형성되다 | 物质 wùzhì 명 물질 | 养活 yǎnghuó 동 부양하다, 먹여 살리다 | 精神 jīngshén 명 정신 | 治愈 zhìyù 동 치유하다 | 奇妙 qímiào 형 기묘하다, 신기하다

◆ 农业 nóngyè 명 농업 | 技术 jìshù 명 기술 | 发展 fāzhǎn 동 발전하다 | 提供 tígōng 동 제공하다 *提供便利 biànlì 편리함을 제공하다 | 阳光不足 yángguāng bùzú 햇빛이 부족하다 | 补光灯 bǔguāngdēng 보광등, (보조) 조명 *补 동 보충하다 | 空间不够

kōngjiān búgòu 공간이 부족하다 | 立体 lìtǐ 형 입체적이다 | 即使 jíshǐ 접 설령 ~일지라도 | 平米 píngmǐ 양 제곱미터(m^2), 평방미터(=平方米 píngfāngmǐ) | 变成 biànchéng 동 ~로 변하다 | 充满 chōngmǎn 동 충만하다, 가득하다 | 科技感 kējìgǎn 명 과학 기술적인 느낌 | 环境美 huánjìngměi 명 (자연과 사회의) 환경미 | 花园 huāyuán 명 화원, (꽃이 있는) 정원

◆ 看起来 kànqǐlái ~하게 보이다 | 随时 suíshí 부 수시로, 언제든지 | 寻求满足 xúnqiú mǎnzú 만족을 찾다 | 空 kōng 형 (속이) 비다 | 可惜 kěxī 형 아쉽다, 아깝다 | 成活 chénghuó 동 활착하다, 생존하다 | 免费 miǎnfèi 동 무료로 하다 | 需要 xūyào 동 필요하다, 요구되다

33-35.

정답 및 해석

第33到35题是根据下面一段话：

文字学专业的李莹因为[33] 在网上分享了甲骨文的科普视频而收获了广泛关注，视频中她向大家科普了甲骨文的起源，介绍专业书籍，还分享学习体验。为了吸引观众，李莹会去挖掘文字背后的故事，并用简单易懂的语言讲述出来。

她认为，[34] 趣味性和专业性是她视频的核心，也是视频走红的根本原因。[35] 李莹坦言，解读文字就像警察办案一样，首先要读懂甲骨文，查阅各类古籍，以扎实的理论做基础，之后寻找各类线索进行串联，然后才能得出结论。

33 李莹分享的视频主题是什么？

A 文字的起源
B 汉字的由来
C 甲骨文科普 (✓)
D 甲骨文的写法

34 李莹的视频为什么受到欢迎？

A 加大宣传力度
B 给网友发放奖品
C 用专业用语来讲
D 兼具专业性和趣味性 (✓)

35 李莹认为解读文字和什么很像？

A 作家写书
B 老师上课
C 警察办案 (✓)
D 医生看病

33~35번 문제는 다음 이야기에 근거한다.

문자학 전공자인 리잉은 [33] 인터넷에서 갑골문에 대한 소개 영상을 공유하여 많은 관심을 받았다. 영상에서 그녀는 갑골문의 기원을 대중에게 알려 주고, 전문 서적을 소개하며, 자신의 학습 체험도 공유했다. 관객을 끌어들이기 위해, 리잉은 문자 뒤에 숨겨진 이야기를 발굴하고, 간단하고 알기 쉬운 언어로 설명한다.

그녀는 [34] 재미와 전문성이 그녀 영상의 핵심이며, 영상이 인기를 끈 근본적인 이유라고 생각했다. [35] 리잉은 문자를 해독하는 것이 경찰이 사건을 처리하는 것과 비슷하다고 솔직히 말했는데, 먼저 갑골문을 읽어서 이해하고, 여러 고서를 열람하여 견실한 이론을 기초로 한 다음, 각종 단서를 찾아 연결한 후에야 결론을 얻을 수 있다고 설명한다.

33 리잉이 공유한 영상의 주제는 무엇인가?

A 문자의 기원
B 한자의 유래
C 갑골문 소개 (✓)
D 갑골문의 쓰는 법

34 리잉의 영상은 왜 인기를 얻었는가?

A 홍보 역량을 강화해서
B 네티즌에게 상품을 지급해서
C 전문 용어로 설명해서
D 전문성과 재미를 겸비해서 (✓)

35 리잉은 문자를 해독하는 것이 무엇과 비슷하다고 생각하는가?

A 작가가 책을 쓰는 것
B 선생님이 수업하는 것
C 경찰이 사건을 처리하는 것 (✓)
D 의사가 진료하는 것

해설

33 첫 번째 문장 '在网上分享了甲骨文的科普视频而收获了广泛关注'에서 리잉이 갑골문에 관한 소개 영상을 공유하며 많은 관심을 받았다는 사실을 알 수 있습니다. 따라서 정답은 C 甲骨文科普입니다. '科普'는 '과학 지식을 보급한다'는 의미를 지니는데, 이는 다른 말로 '전문 지식을 알기 쉽게 소개한다(알려 준다)'라는 뜻으로 이해하면 됩니다.

34 두 번째 문장 '趣味性和专业性是她视频的核心，也是视频走红的根本原因'에서 재미와 전문성은 영상의 핵심이자, 인기를 얻게 된 주된 원인이라고 말하고 있습니다. 따라서 정답은 D 兼具专业性和趣味性입니다.

35 세 번째 문장 '李莹坦言，解读文字就像警察办案一样'에서 그녀는 문자 해독이 마치 경찰의 사건 처리와 비슷하다고 솔직하게 말합니다. 따라서 정답은 C 警察办案입니다.

단어

- 文字学 wénzì xué 명 문자학 | 李莹 Lǐ Yíng 고유 리잉[인명] | 分享 fēnxiǎng 동 공유하다 *分享视频 영상을 공유하다 *分享体验 체험을 공유하다 | 甲骨文 jiǎgǔwén 명 갑골문 | 科普 kēpǔ 명 과학 보급 동 (지식 등을) 알기 쉽게 소개하다 | 视频 shìpín 명 영상, 동영상 | 收获关注 shōuhuò guānzhù 관심을 받다 *收获 동 수확하다, 받다 | 广泛 guǎngfàn 형 광범위하다, 폭넓다 | 起源 qǐyuán 명 기원 | 书籍 shūjí 명 서적 | 体验 tǐyàn 명 체험 | 吸引观众 xīyǐn guānzhòng 관객을 끌어들이다 | 挖掘 wājué 동 발굴하다, 찾아내다 | 文字 wénzì 명 문자 | 背后 bèihòu 명 배후, 뒤 | 故事 gùshi 명 이야기 | 简单易懂 jiǎndān yìdǒng 간단하고 알기 쉽다 | 讲述 jiǎngshù 동 이야기하다, (풀어서) 설명하다

- 趣味性 qùwèixìng 명 재미 | 专业性 zhuānyèxìng 명 전문성 | 核心 héxīn 명 핵심 | 走红 zǒuhóng 동 인기를 끌다 | 根本原因 gēnběn yuányīn 근본 원인 | 坦言 tǎnyán 동 솔직하게 말하다, 고백하다 | 解读 jiědú 동 해독하다 | 警察 jǐngchá 명 경찰 | 办案 bàn'àn 동 사건을 처리하다 | 首先 shǒuxiān 부 가장 먼저, 우선 | 读懂 dú dǒng 동 읽고 이해하다 | 查阅古籍 cháyuè gǔjí 고서를 열람하다 | 各类 gè lèi 형 각종의, 갖가지 종류의 | 以…做基础 yǐ……zuò jīchǔ ~을 기초로 하다 | 扎实 zhāshi 형 (기초·이론이) 견실하다, 튼튼하다 | 理论 lǐlùn 명 이론 | 寻找线索 xúnzhǎo xiànsuǒ 단서를 찾다 | 串联 chuànlián 동 연결하다 | 然后 ránhòu 접 그런 후에, 그다음에 | 得出结论 déchū jiélùn 결론을 얻다

- 主题 zhǔtí 명 주제 | 受到欢迎 shòudao huānyíng 환영을 받다, 인기를 얻다 | 由来 yóulái 명 유래 | 写法 xiěfǎ 명 서법, (글씨) 쓰는 법 | 加大力度 jiādà lìdù 역량을 강화하다 | 宣传 xuānchuán 동 선전하다, 홍보하다 | 网友 wǎngyǒu 명 네티즌 | 发放奖品 fāfàng jiǎngpǐn 상품을 지급하다 *发放 동 지급하다, 나눠주다 | 专业用语 zhuānyè yòngyǔ 전문 용어 *专业 형 전문의 명 전공 | 讲 jiǎng 동 말하다, 설명하다 | 兼具 jiānjù 동 동시에 지니다, 겸비하다 | 看病 kànbìng 동 진찰하다, 진료하다

36-38.

정답 및 해석

第36到38题是根据下面一段话：

当前社会很多家庭都面临如何处理过期药品的问题。首先，过期药不能再继续服用，它们的物质成分已经发生了变化，不仅药效降低，还可能分解出有害杂质，服用后会引发严重反应。

其次，36 不管药品是否过期，个人转卖药品都是违法行为。最后，过期药品不能随意丢弃，它属于危险废物，可能污染土壤、食品等，37 进而对人体和动物产生危害。

38 专家建议，38-C 建立过期药品长效回收机制，38-B 加大过期药品回收宣传力度，最根本的是，38-A 推动药品包装改革，鼓励药品生产企业采取小规格包装，从源头上减少过期药品产生。

36 关于过期药品，下列哪项正确？
- A 禁止转卖（✓）
- B 无有害杂质
- C 可以继续服用
- D 药效没有影响

36~38번 문제는 다음 이야기에 근거한다.

현재 사회의 많은 가정이 유통기한이 지난 약품을 어떻게 처리할지에 대한 문제에 직면해 있다. 첫째, 유통기한이 지난 약은 더 이상 복용해서는 안 된다. 이들의 물질 성분은 이미 변하여 약효가 떨어질 뿐만 아니라, 유해한 불순물이 분해되어 나와 복용 후에 심각한 반응을 일으킬 수 있다.

둘째, 36 약이 유통기한이 지났는지 여부와 관계없이 개인이 약품을 되파는 것은 위법 행위이다. 마지막으로, 유통기한이 지난 약품은 함부로 버려서는 안 된다. 그것은 위험 폐기물에 해당하므로 토양이나 식품 등을 오염시키고, 37 나아가서는 인체와 동물에 해를 끼칠 수 있다.

38 전문가들은 38-C 유통기한이 지난 약품의 장기간 효력을 지닌 회수 시스템을 만들고, 38-B 유통기한이 지난 약품 회수 홍보 역량을 강화하며, 가장 근본적으로는 38-A 약품 포장 개혁을 추진해서, 약품 생산 업체가 소형 포장을 채택하도록 권장하여 원천적으로 유통기간이 지난 약품의 발생을 줄일 것을 제안한다.

36 유통기한이 지난 약품에 관하여 다음 중 정확한 것은?
- A 되팔기를 금지한다（✓）
- B 유해 불순물이 없다
- C 계속 복용할 수 있다
- D 약효에 영향이 없다

37 随意丢弃过期药品可能会造成什么后果?
A 呼吸严重困难
B 会被别人捡走
C 会被警察逮捕
D 人体健康受到威胁 (✓)

38 下列哪项不是专家提出的建议?
A 改革药品包装
B 加大回收宣传力度
C 建立长效回收机制
D 交给志愿者集中处理 (✓)

37 유통기한이 지난 약품을 함부로 버리면 어떤 결과를 초래할 수 있는가?
A 호흡이 심각하게 곤란하다
B 다른 사람이 주워 갈 것이다
C 경찰에 체포될 것이다
D 인체 건강이 위협을 받는다 (✓)

38 다음 중 전문가가 한 제안이 아닌 것은?
A 약품 포장을 개혁한다
B 회수 홍보 역량을 강화한다
C 효과가 장기적인 회수 시스템을 만든다
D 자원봉사자에게 집중 처리하도록 맡긴다 (✓)

해설

36 '首先…，其次…，最后…' 구조의 '其次'와 '最后'에서 정답을 출제한 지문입니다. '其次' 뒤에 나온 문장 '不管药品是否过期，个人转卖药品都是违法行为'에서 유통기한에 상관없이 개인 약품은 되팔기를 금지한다고 설명했습니다. 그러므로 정답은 A 禁止转卖입니다. 녹음에서 '禁止'가 직접적으로 들리지 않았지만, '违法行为'를 통해 '禁止'를 유추해 내야 하는 문제입니다.

37 '最后' 뒤에 나온 문장 '对人体和动物产生危害'에서 인체나 동물에게 해가 된다는 사실을 알 수 있습니다. 그래서 정답은 D 人体健康受到威胁입니다.

38 듣기 서술형 문제는 질문이 나오기 전에 녹음 내용과 선택지를 비교하며 정답을 골라내야 합니다. 따라서 38번 문제처럼 녹음을 듣는데, 선택지에 맞는 내용이 연달아 2개 이상 보이면 틀린 내용을 묻는 문제일 가능성이 높습니다. 세 번째 단락 '专家建议' 뒤의 내용을 들으면 포장, 홍보 및 회수 시스템 구축에 관한 제안을 하지만 자원봉사자에 관한 내용은 들리지 않습니다. 그러므로 전문가가 제안한 내용이 아닌 것은 D 交给志愿者集中处理입니다.

단어

◆ 当前 dāngqián 명 현재 | 社会 shèhuì 명 사회 | 家庭 jiātíng 명 가정 | 面临 miànlín 동 직면하다, 마주하다 | 处理 chǔlǐ 동 처리하다 | 过期 guòqī 동 (유통)기한이 지나다 | 问题 wèntí 명 문제 | 首先 shǒuxiān 대 첫째(로), 먼저 | 继续 jìxù 동 계속하다 | 服用 fúyòng 동 복용하다 | 物质成分 wùzhì chéngfèn 물질 성분 | 发生变化 fāshēng biànhuà 변화가 생기다, 변하다 | 不仅A还B bùjǐn A hái B A할뿐만 아니라 B하기도 하다 | 药效 yàoxiào 명 약효 | 降低 jiàngdī 동 내려가다, 떨어지다 | 分解 fēnjiě 동 분해하다 | 有害杂质 yǒuhài zázhì 유해 불순물 *杂质 명 불순물, 이물(질) | 引发反应 yǐnfā fǎnyìng 반응을 일으키다 | 严重 yánzhòng 형 (정도가) 심각하다

◆ 其次 qícì 대 둘째(로), 그다음 | 不管 bùguǎn 접 ~에 관계없이 | 转卖 zhuǎnmài 동 전매하다, 되팔다 | 违法行为 wéifǎ xíngwéi 위법 행위 *违法 동 위법하다, 법을 어기다 | 随意 suíyì 부 마음대로, 함부로 | 丢弃 diūqì 동 버리다 | 属于 shǔyú 동 ~에 속하다 | 危险废物 wēixiǎn fèiwù 명 위험 폐기물 | 污染 wūrǎn 동 오염시키다 | 土壤 tǔrǎng 명 토양 | 食品 shípǐn 명 식품 | 进而 jìn'ér 접 더 나아가 | 人体 réntǐ 명 인체 | 动物 dòngwù 명 동물 | 产生危害 chǎnshēng wēihài 해를 끼치다

◆ 专家 zhuānjiā 명 전문가 | 建议 jiànyì 동 건의하다, 제안하다 | 建立机制 jiànlì jīzhì 시스템을 만들다 *机制 명 메커니즘, 시스템 | 长效 chángxiào 형 효과가 장기적이다 | 回收 huíshōu 동 회수하다 | 加大力度 jiādà lìdù 역량을 강화하다 | 宣传 xuānchuán 동 선전하다, 홍보하다 | 根本 gēnběn 형 근본적인 | 推动 tuīdòng 동 추진하다 | 药品包装 yàopǐn bāozhuāng 약품 포장 | 改革 gǎigé 동 개혁하다 | 鼓励 gǔlì 동 격려하다 | 生产企业 shēngchǎn qǐyè 생산업체 | 采取 cǎiqǔ 동 채택하다 | 规格 guīgé 명 규격 *小规格 소형 | 从源头上 cóng yuántóu shàng 원천적으로 | 减少 jiǎnshǎo 동 감소하다, (발생을) 줄이다

◆ 正确 zhèngquè 형 정확하다 | 禁止转卖 jìnzhǐ zhuǎnmài 되팔기를 금지하다 | 影响 yǐngxiǎng 명 (끼친) 영향 | 造成后果 zàochéng hòuguǒ (나쁜) 결과를 초래하다 | 呼吸困难 hūxī kùnnan 호흡이 곤란하다 | 捡 jiǎn 동 줍다 | 警察 jǐngchá 명 경찰 | 逮捕 dàibǔ 동 체포하다 | 人体健康 réntǐ jiànkāng 인체 건강 | 受到威胁 shòudao wēixié 위협을 받다 | 提出 tíchū 동 (제안을) 하다 | 交 jiāo 동 넘기다, 맡기다 | 志愿者 zhìyuànzhě 명 자원봉사자 | 集中处理 jízhōng chǔlǐ 집중 처리하다

39-41.

정답 및 해석

第39到41题是根据下面一段话：

寒假结束前[39] 很多中小学生会对即将到来的学校生活产生焦虑、担忧等情绪，学生们应该怎么调整这种状态呢？专家认为，让孩子在开学前更新作息计划，有助于把大脑调整到适应新学期的最佳状态。

因为人的大脑有兴奋和抑制两种相互交替的活动过程，[40] 大脑在工作了一段时间之后必须经过充分休整才能得到恢复。越是规律的作息习惯越能让大脑知道在什么时候需要高速运转，什么时候可以充分休息。

这样人的大脑在白天学习或者工作的时候就会变得更有活力，更加高效。因此，[41] 在开学前几天，学生就应制订并遵守规律的作息计划，把握好学习、休闲、运动、睡觉之间的平衡，以最饱满的精神状态迎接新学期的到来。

39 新学期开始前，很多中小学生可能会怎么样？
- A 经常玩游戏
- B 期待见新同学
- C 没有完成作业
- D 产生消极情绪（✓）

40 如何在大脑工作一段时间之后使其继续保持最好的状态？
- A 多看电视
- B 一直使用
- C 充分休息（✓）
- D 吃营养素

41 开学前几天学生应该怎么做？
- A 睡眠比学习更重要
- B 开学前多交新朋友
- C 全身心投入到学习中
- D 遵守规律的作息计划（✓）

39~41번 문제는 다음 이야기에 근거한다.

겨울 방학이 끝나기 전, [39] 많은 초중고 학생이 곧 다가올 학교생활에 대해 초조함과 걱정 등의 감정을 느낀다. 학생들은 이러한 상태를 어떻게 조절해야 할까? 전문가들은 개학 전에 아이들이 생활 계획을 새로 세우는 것이 뇌를 새 학기에 적응할 최상의 상태로 조절하는 데 도움이 된다고 여긴다.

사람의 뇌는 흥분과 억제라는 두 가지의 서로 번갈아 가는 활동 과정이 있기 때문에, [40] 뇌는 일정 시간 동안 일한 후에 충분히 휴식을 취해야 회복될 수 있다. 규칙적인 생활 습관일수록 뇌는 언제 고속으로 작동해야 하고, 언제 충분히 쉴 수 있는지를 더 잘 알 수 있다.

이렇게 하면 사람의 뇌는 낮에 학습하거나 일할 때 더 활력 있고 더욱 고효율적으로 변하게 된다. 따라서 [41] 개학 며칠 전부터 학생들은 규칙적인 생활 계획을 세우고 지켜야 하며, 학습·여가·운동·수면 사이의 균형을 잘 잡아야 하고, 가장 충만한 정신 상태로 새 학기가 오는 것을 맞이해야 한다.

39 새 학기가 시작되기 전, 많은 초중고 학생은 어떻게 될 수 있는가?
- A 자주 게임을 한다
- B 새 친구를 만나길 기대한다
- C 숙제를 끝내지 못했다
- D 부정적인 감정이 생긴다 (✓)

40 뇌가 일정 시간 동안 일한 후에 어떻게 최상의 상태를 계속 유지하게 하는가?
- A TV를 많이 본다
- B 계속 사용한다
- C 충분히 휴식한다 (✓)
- D 영양소를 섭취한다

41 개학 며칠 전에 학생들은 어떻게 해야 하는가?
- A 수면이 공부보다 더 중요하다
- B 개학 전에 새로운 친구들을 많이 사귄다
- C 전심전력으로 학습에 몰두한다
- D 규칙적인 생활 계획을 지킨다 (✓)

해설

39 첫 번째 문장 '很多中小学生会对即将到来的学校生活产生焦虑、担忧等情绪'에서 학생들은 방학이 끝나고 학교에 갈 날이 다가올수록, 불안, 걱정 등의 감정이 생긴다고 말하고 있습니다. 따라서 정답은 D 产生消极情绪입니다. '消极'는 '소극적이다' 외에도 '부정적이다'는 뜻도 가지고 있습니다.

40 두 번째 문장 '大脑在工作了一段时间之后必须经过充分休整才能得到恢复'에서 일정 시간 대뇌를 사용한 후에는 충분한 휴식을 취해야 회복할 수 있다고 설명하고 있습니다. 따라서 정답은 C 充分休息입니다. '休整'은 비교적 어려운 단어라 문맥상 '休息'와 비슷한 의미라는 것을 유추해야 합니다.

41 마지막 문장 '在开学前几天，学生就应制订并遵守规律的作息计划'에서 개학하기 전에 생활 계획을 세우고 잘 지켜야 한다는 사실을 알 수 있습니다. 그러므로 정답은 D 遵守规律的作息计划입니다. '作息'는 원래 '일과 휴식(工作休息)'을 줄인 말인데, 이 지문은 학생 이야기를 하고 있으니 '학습과 휴식' 또는 '생활'로 해석합니다.

단어

- 寒假 hánjià 명 겨울 방학 | 结束 jiéshù 동 끝나다 | 中小学生 zhōngxiǎo xuéshēng 초중고 학생 | 即将 jíjiāng 부 곧, 머지않아 | 到来 dàolái 동 오다, 다가오다 | 产生情绪 chǎnshēng qíngxù 감정이 생기다 | 焦虑 jiāolǜ 형 초조하다, 걱정스럽다 | 担忧 dānyōu 동 걱정하다, 근심하다 | 调整状态 tiáozhěng zhuàngtài 상태를 조정하다, 컨디션을 조절하다 *调整 동 조정하다, 조절하다 | 专家 zhuānjiā 명 전문가 | 更新 gēngxīn 동 갱신하다, (계획을) 새로 세우다 | 作息 zuòxī 명 일과 휴식, 생활 | 有助于 yǒuzhùyú 동 ~에 도움이 되다 | 大脑 dànǎo 명 대뇌, 뇌 | 适应 shìyìng 동 적응하다 | 新学期 xīn xuéqī 새 학기 | 最佳 zuìjiā 형 가장 좋다, 최상이다
- 兴奋 xīngfèn 동 (기뻐서) 흥분하다 | 抑制 yìzhì 동 억제하다 | 相互 xiānghù 부 상호, 서로 | 交替 jiāotì 동 번갈다, 교대하다 | 过程 guòchéng 명 과정 | 一段时间 yíduàn shíjiān 한동안, 일정 시간 | 必须 bìxū 부 반드시 ~해야 한다 | 经过 jīngguo 동 거치다, 겪다 | 充分 chōngfèn 부 충분히 | 休整 xiūzhěng 동 휴식하며 정비하다, 휴식을 취하다 | 得到恢复 dédào huīfù 회복되다 | 越A越B yuè A yuè B 부 A하면 할수록 B하다 | 规律 guīlǜ 형 규칙적이다 | 习惯 xíguàn 명 습관 | 需要 xūyào 동 ~해야 한다 | 高速 gāosù 형 고속의 | 运转 yùnzhuǎn 동 작동하다, 돌아가다 | 休息 xiūxi 동 휴식하다, 쉬다
- 或者 huòzhě 접 ~(이)거나, 혹은 | 变 biàn 동 바뀌다, 변하다 | 活力 huólì 명 활력 | 高效 gāoxiào 형 고효율적이다 | 因此 yīncǐ 접 이 때문에, 따라서 | 制订 zhìdìng 동 (계획을) 세우다 | 遵守计划 zūnshǒu jìhuà 계획을 지키다 *遵守 동 준수하다, 지키다 | 把握平衡 bǎwò pínghéng 균형을 잡다 *平衡 명 평형, 균형 | 休闲 xiūxián 동 여가를 보내다 | 睡觉 shuìjiào 동 (잠을) 자다, 수면하다 | 以 yǐ 접 ~하기 위해서, 그렇게 해서 | 饱满 bǎomǎn 형 충만하다, 왕성하다 | 精神 jīngshén 명 정신 | 迎接 yíngjiē 동 영접하다, 맞이하다
- 玩游戏 wán yóuxì 게임을 하다 | 期待 qīdài 동 기대하다 | 同学 tóngxué 명 (학교) 친구 | 完成作业 wánchéng zuòyè 숙제를 끝내다 | 消极 xiāojí 형 소극적이다, 부정적이다 | 保持 bǎochí 동 (지속적으로) 유지하다 | 一直 yìzhí 부 계속, 줄곧 | 使用 shǐyòng 동 사용하다 | 营养素 yíngyǎngsù 명 영양소 | 睡眠 shuìmián 명 수면, 잠 | 交朋友 jiāo péngyou 친구를 사귀다 | 全身心 quánshēnxīn 부 몸과 마음을 다해, 전심전력으로 | 投入 tóurù 동 (열정적으로) 몰두하다

42-43.

정답 및 해석

第42到43题是根据下面一段话：

张仲景是东汉末年伟大的临床医学家，[42] 那个时代疫病流行，许多老百姓死于伤寒病，于是，张仲景便下定决心研究伤寒病。

他刻苦钻研医学文献，并收集了大量的治疗方案，最终写出了《伤寒杂病论》。这部医学著作后来成为中国医学史上影响最大的古典医著之一。

书中不仅系统地分析了伤寒的原因、症状、发展阶段和处理方法，而且[43] 确立了中医辨证论治的基本原则，也就是要结合病人当地的环境、习俗等，综合分析病因，确定恰当的治疗方法。

42 张仲景钻研医学的原因是什么？

A 需要赚钱
B 百姓要求
C 要医治伤寒病人 (✓)
D 家里有人生病了

43 关于《伤寒杂病论》，下列哪项正确？

A 不太有名
B 是本人物传记
C 是张仲景的日记
D 确立了中医治疗原则 (✓)

42~43번 문제는 다음 이야기에 근거한다.

장중경은 동한(东汉) 말기의 위대한 임상 의학자였다. [42] 그 시대에는 역병이 유행하여 많은 백성이 상한병으로 목숨을 잃었고, 이에 장중경은 상한병을 연구하기로 결심하였다.

그는 의학 문헌을 열심히 연구하고 다양한 치료 방안을 수집하여 마침내 『상한잡병론』을 저술하였다. 이 의학 저서는 이후 중국 의학사에서 가장 영향력 있는 고전 의서 중 하나가 되었다.

책에서는 상한병의 원인·증상·진행 단계, 그리고 처치 방법을 체계적으로 분석하였을 뿐만 아니라, [43] 중의학 변증치료의 기본 원칙을 확립했다. 말하자면 환자의 지역 환경, 풍습 등을 결합해 병의 원인을 종합적으로 분석하여 적절한 치료 방법을 확정하는 것이다.

42 장중경이 의학을 깊이 연구한 이유는 무엇인가?

A 돈을 벌어야 해서
B 백성들이 요구해서
C 상한병 환자를 치료해야하려고 (✓)
D 집에 병에 걸린 사람이 있어서

43 『상한잡병론』에 관하여 다음 중 정확한 것은?

A 별로 유명하지 않다
B 인물 전기이다
C 장중경의 일기이다
D 중의학 치료 원칙을 확립했다 (✓)

해설

42 첫 문장 '那个时代疫病流行，许多老百姓死于伤寒病，于是，张仲景便下定决心研究伤寒病'에서 당시 많은 사람들이 상한병으로 죽었기 때문에 장중경은 이 병을 연구하기로 결심했다고 설명하고 있습니다. 그래서 정답은 C 要医治伤寒病人입니다. '伤寒病'은 어려운 단어지만 글자 하나씩 보면 발음이 어렵지 않습니다. 녹음에서 '伤寒病'의 발음만 듣고 정답을 고르면 됩니다.

43 마지막 문장 '确立了中医辨证论治的基本原则'에서 이 책은 상한병의 원인·증상·진행 단계, 그리고 처치 방법을 체계적으로 분석하였을 뿐만 아니라, 중의학 변증치료의 기본 원칙을 확립했다고 말했습니다. 그러므로 정답은 D 确立了中医治疗原则입니다.

단어

- 张仲景 Zhāng Zhòngjǐng 고유 장중경[중국 동한(东汉) 시기의 명의] | 末年 mònián 명 말기 | 伟大 wěidà 형 위대하다 | 临床医学家 línchuáng yīxuéjiā 임상 의학자 *临床 동 (환자를 치료하고 연구하기 위하여) 임상하다 | 疫病 yìbìng 명 역병, (유행성) 전염병 | 流行 liúxíng 동 유행하다 | 许多 xǔduō 형 매우 많다 | (老)百姓 (lǎo)bǎixìng 명 백성, 사람들 | 伤寒(病) shānghán(bìng) 명 상한병, 장티푸스 | 下定决心 xiàdìng juéxīn 결심하다, 마음을 먹다 | 研究 yánjiū 동 연구하다

- 刻苦钻研 kèkǔ zuānyán 열심히 연구하다 *刻苦 형 각고의, 열심히 하다 *钻研 동 (깊이) 연구하다 | 文献 wénxiàn 명 문헌 | 收集方案 shōují fāng'àn 방안을 수집하다 | 大量 dàliàng 형 대량의, 많은 양의 | 治疗 zhìliáo 동 치료하다 | 最终 zuìzhōng 부 결국, 마침내 | 伤寒杂病论 Shānghánzábìnglùn 고유 상한잡병론[책 이름] *杂病 명 잡병, 내과 질병 | 部 bù 양 부[서적을 셀 때 쓰임] | 著作 zhùzuò 명 저작, 저서 | 医学史 yīxuéshǐ 명 의학사 | 影响最大 yǐngxiǎng zuì dà 영향력이 가장 크다 | 古典 gǔdiǎn 명 고전 | 医著 yīzhù 명 의서, 의학 저서

- 系统 xìtǒng 형 체계적이다 | 分析 fēnxī 동 분석하다 | 原因 yuányīn 명 원인 | 症状 zhèngzhuàng 명 증상 | 发展阶段 fāzhǎn jiēduàn 발전 단계, 진행 단계 | 处理方法 chǔlǐ fāngfǎ 처리 방법 | 确立 quèlì 동 확립하다 | 中医 zhōngyī 명 중의학, 중국 의학 | 辨证论治 biànzhèng lùnzhì 변증론치, 변증치료[한방의 환자 진료 원칙으로, 환자의 증상 또는 맥박 등을 분석하고 종합적으로 판단하여 병을 치료하는 방법] | 基本原则 jīběn yuánzé 기본 원칙 | 结合 jiéhé 동 결합하다 | 当地 dāngdì 명 현지 | 环境 huánjìng 명 환경 | 习俗 xísú 명 풍습 | 综合 zōnghé 동 종합하다 | 病因 bìngyīn 명 병의 원인 | 确定 quèdìng 동 확정하다 | 恰当 qiàdàng 형 적절하다

- 需要 xūyào 동 ~해야 한다 | 赚钱 zhuànqián 동 돈을 벌다 | 要求 yāoqiú 동 요구하다 | 医治 yīzhì 동 치료하다(=治疗 zhìliáo) | 人物传记 rénwù zhuànjì 인물 전기 | 日记 rìjì 명 일기

44-45.

정답 및 해석

第44到45题是根据下面一段话：

现代人生活中免不了会有各种快递单、账单等单据，上面或多或少记录了我们的个人信息，但很多人却随手将其丢弃，从而使自己面临个人信息泄露的风险。

为解决这一问题，有公司开发出了一款专门处理单据的云朵碎纸机，44 它尺寸小巧，45 纸张入口处呈云朵形状，能将整张纸切成小碎片。

这款碎纸机工作起来非常有趣，纸张放入后，会被切成细条，然后像雨丝一样从云朵形状的机器中降落下来。

44~45번 문제는 다음 이야기에 근거한다.

현대인은 일상생활에서 각종 택배 송장, 청구서 등 여러 영수증을 피할 수 없다. 이런 영수증 위에는 우리의 개인정보가 어느 정도 기록되어 있다. 하지만 많은 사람들이 이를 아무렇게 버리면서 개인정보 유출의 위험에 직면하게 된다.

이 문제를 해결하기 위해, 한 회사가 전문적으로 이런 영수증을 처리하는 구름 파쇄기를 개발했다. 44 이 파쇄기는 크기가 아담하고, 45 종이 투입구가 구름 모양을 띠고 있으며, 종이 전체를 작은 조각으로 잘게 자를 수 있다.

이 파쇄기는 작동할 때 매우 재미있다. 종이를 넣으면 가는 줄로 잘린 다음에 빗줄기처럼 구름 모양의 기계에서 내려온다.

44 那款碎纸机有什么特点? A 价格便宜 B 使用方便 C 样子小巧 (✓) D 颜色鲜艳	**44 그 파쇄기는 어떤 특징이 있는가?** A 가격이 싸다 B 사용하기 편리하다 C 모양이 아담하다 (✓) D 색깔이 아름답다
45 那款碎纸机为什么叫云朵碎纸机? A 外观像云 B 没有特别原因 C 颜色和云一样 D 入口像云的形状 (✓)	**45 그 파쇄기는 왜 '구름 파쇄기'라고 하는가?** A 외관이 구름을 닮았다 B 특별한 이유가 없다 C 색깔이 구름과 같다 D 입구가 구름 모양을 닮았다 (✓)

해설

44 녹음 중간 부분에서 한 회사가 '云朵碎纸机'를 개발했다고 말한 후, 이 파쇄기의 모양을 설명하고 있습니다. '它尺寸小巧'에서 종이 파쇄기의 모양이 작고 귀엽다고 묘사하고 있습니다. 정답은 C 样子小巧입니다.

45 앞서 44번 문제의 힌트 문장 바로 다음에 '纸张入口处呈云朵形状'이 나오면서 파쇄기의 입구가 구름 모양을 하고 있다고 말합니다. 이 문장을 통해 왜 구름 종이 파쇄기라고 부르는지를 알 수 있습니다. 따라서 정답은 D 入口像云的形状입니다. 이 지문처럼 정답이 연달아 바로 들리는 문제는 흔치 않습니다. 선택지에 집중하면서 듣는 연습을 해야 정답을 놓치지 않습니다.

단어

◆ 免不了 miǎnbuliǎo 동 피할 수 없다, ~하게 마련이다 | 各种 gèzhǒng 형 각종의 | 快递单 kuàidìdān 명 택배 송장 | 账单 zhàngdān 명 청구서 | 单据 dānjù 명 영수증 | 或多或少 huò duō huò shǎo 많든 적든, 어느 정도 | 记录 jìlù 동 기록하다 | 个人信息 gèrén xìnxī 개인정보 | 随手 suíshǒu 부 손이 가는 대로, 아무렇게나 | 丢弃 diūqì 동 버리다 | 从而 cóng'ér 접 따라서, ~함으로써 | 面临风险 miànlín fēngxiǎn 위험에 직면하다 | 泄露 xièlòu 동 (정보를) 유출하다

◆ 解决问题 jiějué wèntí 문제를 해결하다 | 开发 kāifā 동 개발하다 | 款 kuǎn 양 종류, 모양, 스타일 | 专门 zhuānmén 부 전문적으로, 오로지 | 处理 chǔlǐ 동 처리하다 | 云朵碎纸机 yúnduǒ suìzhǐjī 구름 파쇄기 *云朵 명 구름 (송이) | 尺寸 chǐcùn 명 크기 | 小巧 xiǎoqiǎo 형 작고 귀엽다, 아담하다 | 纸张 zhǐzhāng 명 종이 | 入口处 rùkǒuchù 명 (투)입구 | 呈 chéng 동 (모양을) 띠다 | 形状 xíngzhuàng 명 형상, 모양 | 整 zhěng 형 전체의 | 切 qiē 동 자르다 | 小碎片 xiǎo suìpiàn 명 작은 조각

◆ 有趣 yǒuqù 형 재미있다 | 细条 xìtiáo 명 가는 줄 | 然后 ránhòu 접 그런 후에, 그다음에 | 像 xiàng 동 닮다, 비슷하다 부 (마치) ~와 같다 | 雨丝 yǔsī 명 빗줄기 | 机器 jīqì 명 기계 | 降落 jiàngluò 동 내려오다

◆ 特点 tèdiǎn 명 특징 | 价格便宜 jiàgé piányi 가격이 싸다 | 使用方便 shǐyòng fāngbiàn 사용하기 편리하다 | 样子小巧 yàngzi xiǎoqiǎo 모양이 아담하다 | 颜色鲜艳 yánsè xiānyàn 색깔이 아름답다 *鲜艳 형 화려하다, 아름답다 | 外观 wàiguān 명 외관 | 特别 tèbié 형 특별하다

二、阅读

5-02

第一部分 빈칸에 알맞은 답을 고르세요.

46-48.

46. 这是第一座（C 由）中国人自己设计建造的现代化铁路、

해설 | 빈칸 뒤로 '설계하고 건축했다(设计建造)'는 술어가 보이므로, 문맥상 빈칸에는 행동의 주체를 나타내는 전치사 '由'가 들어가야 합니다. 따라서 정답은 C 由입니다.

A 按 àn 전 ~에 따라, ~에 맞추어, ~대로

짝꿍 按时 제때, 시간에 맞추어

按顺序排队 순서대로 줄을 서다

◆顺序 shùnxù 명 순서 | 排队 páiduì 동 줄을 서다

B 以 yǐ 전 ~(으)로(써)

예문 工程以前所未有的速度进行。공사는 전에 없던 속도로 (빠르게) 진행되었다.

◆工程 gōngchéng 명 공사 | 前所未有 qiánsuǒwèiyǒu 성 전에 없던 | 速度 sùdù 명 속도

C 由 yóu 전 ~이(가) (✔)

예문 这件事情由我决定。이 일은 내가 결정할게.

◆决定 juédìng 동 결정하다

D 趁 chèn 전 (시간·기회를) 이용하여, ~을 틈타(=趁着)

예문 我想趁去南方旅行的机会，做些社会调查。나는 남방으로 여행 가는 기회를 틈타, 사회 조사를 좀 하고 싶다.

◆旅行 lǚxíng 동 여행하다 | 做调查 zuò diàochá 조사를 하다

47. （D 培养）了一批出色的桥梁专业人才，

해설 | 빈칸 동사의 목적어는 '人才'입니다. '동사+목적어(培养+人才)' 짝꿍 단어를 공부했다면 정답으로 D 培养을 바로 선택할 수 있습니다. 교육과 관련된 주제인 '인재를 양성하다(培养人才)'의 내용은 HSK 단골 주제이니 짝꿍 단어를 꼭 외워 두세요.

A 投入 tóurù 동 (시간·정력·자금 등을) 투입하다

예문 这个项目需要投入资金和精力。이 프로젝트는 자금과 에너지를 투입해야 한다.

◆项目 xiàngmù 명 항목, 프로젝트 | 精力 jīnglì 명 정력, 에너지

B 补充 bǔchōng 동 보충하다

짝꿍 补充意见 의견을 보충하다

补充营养 영양을 보충하다

예문 我同意补充一些新内容。나는 새로운 내용을 조금 보충하는 데 동의한다.

◆营养 yíngyǎng 명 영양

C 发挥 fāhuī 동 발휘하다

짝꿍 发挥优势 강점을 발휘하다

发挥作用 작용을 발휘하다, 역할을 하다

예문 这次比赛他没有发挥正常的水平。이번 시합에서 그는 정상적인 실력을 발휘하지 못했다.

◆优势 yōushì 명 우세, 강점 | 比赛 bǐsài 명 경기, 시합 | 水平 shuǐpíng 명 수준, 실력

D 培养 péiyǎng 동 양성하다, 기르다, 키우다 (✓)

짝꿍 培养人才 인재를 양성하다

培养兴趣 흥미를 기르다

예문 这个学校培养了不少优秀学生。이 학교는 우수한 학생을 많이 길러냈다.

48. 为中国的桥梁工程教育作出了巨大的（A 贡献）。

해설 문장을 보면 빈칸 앞에 전치사 '为'와 술어 '作出'가 있습니다. 문맥상 '공헌'이란 뜻의 '贡献'을 제외한 다른 선택지는 모두 '作出(=做出)'와 의미가 어울리지 않습니다. 따라서 정답은 A 贡献입니다. '为…作出了巨大的贡献'은 자주 출제되는 구문이므로 꼭 기억해 둡니다.

A 贡献 gòngxiàn 명 공헌, 기여 (✓)

예문 老先生为国家做出了极大的贡献。어르신은 국가를 위해서 막대한 공헌을 했다.

◆ 极大 jí dà 아주 크다, 막대하다

B 前途 qiántú 명 전망, 장래, 비전

예문 我觉得这家公司没有什么前途。난 이 회사가 별다른 비전이 없다고 생각한다.

C 学问 xuéwen 명 학문

예문 生物工程学是一门新的学问。생체공학은 새로운 학문이다.

◆ 生物工程学 shēngwù gōngchéngxué 생체공학

D 理想 lǐxiǎng 명 이상

짝꿍 实现理想 이상을 실현하다

追求理想 이상을 추구하다

◆ 实现 shíxiàn 동 실현하다, 달성하다 | 追求 zhuīqiú 동 추구하다

정답 및 해석

茅以升是中国著名的桥梁学家。20世纪30年代，茅以升克服重重困难，在自然条件比较复杂的钱塘江上主持设计并组织修建了钱塘江大桥。这是第一座[46] C 由中国人自己设计建造的现代化铁路、公路两用桥，它的建造成功揭开了中国造桥史上新的一页。如今，钱塘江大桥仍在使用，服务着南来北往的车辆，还于2018年1月成功入选第一批“中国工业遗产保护名录”。

茅以升还是一位教育家，他倡导启发式的教育方法，积极实行教育改革，[47] D 培养了一批出色的桥梁专业人才，为中国的桥梁工程教育作出了巨大的[48] A 贡献。

마오이셩은 중국의 유명한 교량 학자이다. 1930년대 마오이셩은 거듭된 어려움을 극복하고, 자연조건이 비교적 복잡한 첸탕장에서 첸탕장 대교를 주관하여 설계하고 (사람들을) 모아서 건설했다. 이것은 중국인[46] C 이 스스로 설계하여 건설한 최초의 현대화된 철도와 도로 겸용 다리로, 그것의 건설은 중국 교량 건축사의 새로운 장을 성공적으로 열었다. 오늘날, 첸탕장 대교는 여전히 사용되고 있고, 남북을 오가는 차량에 이용되고 있으며, 또한 2018년 1월에 첫 번째 '중국 공업유산 보호 명부'에 성공적으로 뽑혔다.

마오이셩은 또한 교육자로서, 그는 계발식 교육 방법을 주장하고 교육 개혁을 적극적으로 실행하여, 뛰어난 교량 전문가들을 [47] D 양성했으며, 중국의 교량 공학 교육에 아주 큰 [48] A 기여를 했다.

단어

◆ 茅以升 Máo Yǐshēng 고유 마오이셩[인명] | 著名 zhùmíng 형 저명하다, 유명하다 | 桥梁 qiáoliáng 명 교량, 다리 *桥 명 다리, 교량 | 世纪 shìjì 명 세기 | 克服困难 kèfú kùnnan 어려움을 극복하다 | 重重 chóngchóng 형 겹쳐진, 거듭된 | 自然条件 zìrán tiáojiàn 명 자연 조건 | 复杂 fùzá 형 복잡하다 | 钱塘江 Qiántáng Jiāng 고유 첸탕장, 전당강[지명] | 主持 zhǔchí 동 주관하다, 사회를 보다 | 设计 shèjì 동 설계하다, 디자인하다 | 组织 zǔzhī 동 조직하다, (사람들을) 모으다 | 修建 xiūjiàn 동 건설하다, 건축하다 | 大桥 dàqiáo 명 대교[규모가 큰 다리] | 座 zuò 양 좌, 동, 채[부피가 크거나 고정된 물체를 셀 때 쓰임] | 建造 jiànzào 동 (대형 시설을) 건조하다, 건설하다 | 铁路 tiělù 명 철도 | 公路 gōnglù 명 도로 | 两用 liǎngyòng 형 이중 용도의, 겸용의 | 揭开新的一页 jiēkāi xīn de

yíyè 새로운 장을 열다 *揭开 동 열다, (서막을) 올리다 | 造桥史 zàoqiáoshǐ 명 교량 건축사 | 如今 rújīn 명 오늘날 | 仍 réng 부 여전히, 아직도 | 使用 shǐyòng 동 사용하다 | 服务 fúwù 동 서비스하다 | 南来北往 nánlái-běiwǎng 성 남북을 오가다, 왔다 갔다 하다 *来往 동 왕래하다, 오가다 | 车辆 chēliàng 명 차량 | 入选 rùxuǎn 동 입선되다, 뽑히다 | 批 pī 양 (물건이나 사람의) 무더기, 무리, 떼 | 中国工业遗产保护名录 Zhōngguó gōngyè yíchǎn bǎohù mínglù 중국 공업유산 보호 명부

◆ 教育家 jiàoyùjiā 명 교육자 | 倡导 chàngdǎo 동 제창하다, 주장하다 | 启发式 qǐfāshì 명 계발식[주입식이 아닌 배우는 사람이 스스로 깨우치도록 하는 교수법] ↔ 填鸭式 tiányāshì 명 주입식 | 积极 jījí 형 적극적이다 | 实行改革 shíxíng gǎigé 개혁을 실행하다 | 出色 chūsè 형 뛰어나다, 출중하다 | 专业人才 zhuānyè réncái 전문 인재, 전문가 *专业 형 전문의, 전문적인 | 工程 gōngchéng 명 공학[공업 분야의 응용과학 기술을 연구하는 학문] | 巨大 jùdà 형 거대하다, 아주 크다

49-52.

49. 平时好（B 占）便宜，

해설 관용적 표현에 대한 이해가 필요한 문제입니다. '占便宜'는 '부당한 방법으로 남의 이익을 빼앗다'라는 뜻의 관용적 표현입니다. 심보가 고약한 이웃집 사람을 설명하면서 빈칸 뒤에 '便宜'가 나왔으므로, 빈칸에는 '占'을 써야 합니다. 정답은 B 占입니다. 여기서 '好 hào'는 동사로 '좋아하다'는 의미입니다.

선택지 단어

A 涨 zhǎng 동 (수위·물가가) 오르다

예문 物价比去年涨了一倍。물가가 작년보다 배가 올랐다.

◆ 物价 wùjià 명 물가 | 倍 bèi 양 배, 곱절

B 占 zhàn 동 차지하다, 점거하다 (✔)

짝꿍 占便宜 (정당치 못한 방법으로) 이익을 차지하다, 잇속을 차리다
占优势 우위를 차지하다

예문 投赞成票的人占与会代表的75%。찬성한 사람은 회의 참가 대표의 75%를 차지한다.

◆ 优势 yōushì 명 우세, 우위 | 头赞成票 tóu zànchéngpiào 찬성표를 던지다, 찬성하다 | 与会代表 yùhuì dàibiǎo 회의 참가 대표

C 拦 lán 동 (가로)막다, 저지하다

예문 你要去找他，我绝不拦你。네가 그를 찾으러 가겠다면, 난 절대로 널 막지 않을 거야.

◆ 绝 jué 부 절대로

D 抢 qiǎng 동 ①빼앗다 ②앞다투어 ~하다

짝꿍 抢他人财物 남의 재물을 빼앗다
抢着购买 앞다투어 구매하다

◆ 财物 cáiwù 명 재물 | 购买 gòumǎi 동 구매하다, 사다

50. 不但不发脾气，（A 反而）在收工时带一些草回来，

해설 이 문제는 접속사를 잘 이해하면 맞출 수 있는 문제입니다. '不但A，而且B'는 'A할 뿐만 아니라, 게다가 B하다'라는 뜻입니다. 그런데 A 자리에 부정형이 오면(不但不/没A), 'A하지 않을 뿐만 아니라(A하기는커녕)'가 되어, 뒷 절에는 '오히려 B하다'가 됩니다. 따라서 '오히려'의 의미를 지닌 '反而' 또는 '反倒'가 호응합니다. 즉, '不但不/没A，反而/反倒 B'는 'A하기는커녕, 오히려 B하다'의 뜻이 됩니다. 앞 문장이 '不但不发脾气'라고 했으니, 이어지는 접속사는 '反而' 또는 '反倒'가 적합합니다. 따라서 정답은 A 反而입니다.

Tip
不但A，而且(还/并且)B: A할 뿐만 아니라, 게다가 B하다
不但不(不但没)A，反而(反倒)B: A하기는커녕, 오히려 B하다

선택지 단어

A 反而 fǎn'ér 부 오히려, 도리어 (✓)

예문 这样不但不能节省成本，反而会造成更大的浪费。
이렇게 하면 원가를 절감하기는커녕, 오히려 더 큰 낭비를 초래하게 된다.

◆ 节省成本 jiéshěng chéngběn 원가를 절감하다 | 造成浪费 zàochéng làngfèi 낭비를 초래하다

B 简直 jiǎnzhí 부 그야말로, 정말로

예문 他说话的态度简直让人受不了。그의 말하는 태도가 정말 사람을 참을 수 없게 만든다.

◆ 态度 tàidu 명 태도 | 受不了 shòubuliǎo 동 참을 수 없다

C 毕竟 bìjìng 부 그래도 어쨌든, 역시

예문 他毕竟还是个孩子，不要对他要求太高。그는 그래도 어쨌든 아직 아이잖아. 그에게 너무 많이 요구하지 마.

◆ 要求 yāoqiú 동 요구하다

D 难怪 nánguài 부 과연, 어쩐지

예문 难怪他今天没来上课，原来是病了。어쩐지 그가 오늘 수업을 안 온다 했더니, 알고 보니 아팠구나.

◆ 原来 yuánlái 부 알고 보니

51. 朱冲的（C 行为）让那家人又羞愧又感激，

해설 주충이 행한 어떤 행동은 그 사람들이 부끄럽고 고마움을 느끼게 했으므로 선택지 중에는 '行为'가 가장 적합합니다. '行动'은 구체적인 몸의 움직임을 나타내고, '行为'는 사람이 행한 전체적인 행위나 행동을 나타냅니다. 따라서 정답은 C 行为입니다.

선택지 단어

A 动作 dòngzuò 명 (구체적인) 동작

짝꿍 动作熟练 동작이 숙련되다
动作迅速 동작이 빠르다

◆ 熟练 shúliàn 형 숙련되다, 능숙하다 | 迅速 xùnsù 형 신속하다, 재빠르다

B 想法 xiǎngfǎ 명 생각, 견해

예문 这种想法逐渐在欧洲为人们所接受。이런 생각은 점차 유럽에서 사람들이 받아들였다.

◆ 逐渐 zhújiàn 부 점점, 점차 | 欧洲 Ōuzhōu 고유 유럽 | 接受 jiēshòu 동 받아들이다

> **Tip** **为A所B : A가 B하다**
> '为A所B'는 '被' 대신 '为'가 쓰인 구문으로, '为' 뒤에 주어가 옵니다.
> 해석은 被자문에서 배운 대로 'A가 B하다'로 해 줍니다.

C 行为 xíngwéi 명 (추상적인) 행동, 행위 (✓)

짝꿍 礼貌的行为 예의 바른 행동

예문 她自私的行为让我非常生气。그녀의 이기적인 행동이 나를 매우 화나게 한다.

◆ 礼貌 lǐmào 형 예의 바르다 | 自私 zìsī 형 이기적이다

D 礼物 lǐwù 명 선물

예문 礼物不大，包装却很华丽。선물은 크지 않지만, 포장이 화려하다.

◆ 包装 bāozhuāng 명 포장 | 华丽 huálì 형 화려하다

52. 大家都说朱冲不仅聪明，(D 还善于解决问题)。

해설 '不仅A，还B'는 'A할 뿐만 아니라, 게다가 B하다'라는 뜻입니다. 주로 A보다는 B를 강조하는 구문입니다. 사람들이 주충은 똑똑할 뿐만 아니라, 게다가 어떻다고 했으므로, 글의 앞부분 내용으로 판단할 때 주충은 현명하게 문제를 잘 해결한다는 것이 가장 알맞은 답입니다. 따라서 정답은 D 还善于解决问题입니다.

선택지
A 还很爱劳动 게다가 일하길 매우 좋아한다
B 还有点糊涂 게다가 약간 어리석다
C 而且很努力 게다가 매우 노력한다
D 还善于解决问题 게다가 문제를 해결하는 데 능숙하다 (✓)

◆劳动 láodòng 동 노동하다, 일하다 | 糊涂 hútu 형 어리석다, 흐리멍덩하다 | 努力 nǔlì 동 노력하다 | 善于 shànyú 동 ~을 잘하다, ~에 능숙하다 | 解决问题 jiějué wèntí 문제를 해결하다

정답 및 해석

晋代有个人叫朱冲，他从小就待人宽厚，特别有智慧，但由于家境贫寒，没钱上学读书，只好在家种地放牛。隔壁有个人心地很坏，平时好 49 B 占便宜，三番五次地把牛放到他家的地里吃庄稼。朱冲看到后，不但不发脾气，50 A 反而在收工时带一些草回来，连同那吃庄稼的牛，一起送回主人家，并说："你们家里牛多草少，我可以给你们提供方便。"朱冲的 51 C 行为让那家人又羞愧又感激，从此再也不让牛去糟蹋庄稼了。大家都说朱冲不仅聪明，52 D 还善于解决问题。

진나라 시대에 주충이라는 사람이 있었다. 그는 어려서부터 사람을 너그럽게 대했고 매우 지혜로웠지만, 집안 형편이 어려워 학교에 다니며 공부할 돈이 없어서, 할 수 없이 집에서 농사를 짓고 소를 방목했다. 옆집에 마음씨가 나쁜 사람이 있었는데, 평소에 49 B 잇속을 차리길 좋아해서, 여러 번 소를 그의 집 밭에 풀어놓고 농작물을 먹였다. 주충은 보고 나서 화를 내기는커녕, 50 A 오히려 일을 마칠 때 풀을 좀 가져와서, 농작물을 먹은 그 소와 함께 주인집에 돌려보내면서 말했다. "당신네 집에 소는 많은데 풀이 적으니, 내가 당신들에게 도움을 줄 수 있어요." 주충의 51 C 행동은 그 사람들이 부끄러워하며 고마움을 느끼게 했고, 그 뒤로 더 이상 소가 (주충의) 농작물을 망치지 못하게 했다. 사람들은 모두 주충이 똑똑할 뿐만 아니라, 52 D 게다가 문제를 해결하는 데 능숙하다고 했다.

단어 晋代 Jìn dài 진나라 시대 | 朱冲 Zhū Chōng 고유 주충[인명] | 待人宽厚 dàirén kuānhòu 사람을 너그럽게 대하다 *待 동 (사람을) 대하다 *宽厚 형 (남에게) 너그럽고 후하다, 관대하다 | 特别 tèbié 부 (그중에서) 특히 | 智慧 zhìhuì 명 지혜 *有智慧 지혜가 있다, 지혜롭다 | 家境贫寒 jiājìng pínhán 가정 형편이 빈곤하다, 집안이 가난하다 | 上学读书 shàngxué dúshū 학교에 다니며 공부하다 | 只好 zhǐhǎo 부 할 수 없이, 어쩔 수 없이 | 种地放牛 zhòngdì fàngniú 농사를 짓고 소를 풀어놓다 | 隔壁 gébì 명 옆집 | 心地很坏 xīndì hěn huài 마음씨가 나쁘다 | 占便宜 zhàn piányi (정당치 못한 방법으로) 잇속을 차리다 *便宜 명 공짜, (부당한) 이익 | 三番五次 sānfān-wǔcì 성 여러 번 *番 양 번, 차례, 바탕 | 庄稼 zhuāngjia 명 농작물 | 不但不 búdànbù 접 ~하기는커녕 | 发脾气 fā píqi 화를 내다, 성질을 부리다 | 收工 shōugōng 동 일을 마치다 | 带 dài 동 (몸에) 지니다, 가지다 | 草 cǎo 명 풀 | 连同 liántóng 접 ~와 (함께) | 送回 sòng huí 돌려보내다 | 提供方便 tígōng fāngbiàn 편의를 제공하다, 도움을 주다 | 羞愧 xiūkuì 동 부끄러워하다 | 感激 gǎnjī 동 매우 감사하다, 고마워하다 | 从此 cóngcǐ 부 이때부터, 그 뒤로 | 糟蹋 zāotà 동 못 쓰게 하다, 망치다 | 不仅 bùjǐn 접 ~할 뿐만 아니라 | 聪明 cōngming 형 똑똑하다

53-56.

53. 在不同的历史 (B 时期)，

해설 사람 이름을 짓는 문화에 관한 글입니다. 53번 문장은 서로 다른 역사적 '시기'라고 보는 것이 가장 알맞습니다. '时期'는 시작과 끝을 특정할 수 없고, 고유한 특징과 의미를 부여할 수 있는 일정한 시간을 말하며 '历史'와 호응해서 함께 사용할 수 있습니다. '期间'은 시작과 끝을 특정할 수 있고 행사나 활동이 진행되는 한정된 시간을 말하고, '日程'은 여행, 출장 또는 행사 등의 구체적인 스케줄을 말합니다. 마지막으로, '日期'는 몇 월 며칠 같은 구체적인 날짜를 말합니다. 따라서 정답은 B 时期입니다.

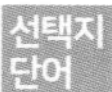

선택지 단어

A 期间 qījiān 명 기간, 동안

짝꿍 节日期间 명절 기간
放假期间 방학 동안

◆节日 jiérì 명 명절 | 放假 fàngjià 동 방학하다, 휴가로 쉬다

B 时期 shíqī 명 시기 (✓)

예문 最困难的时期已经过去。가장 힘든 시기는 이미 지나갔다.

◆困难 kùnnan 형 어렵다, 힘들다

C 日程 rìchéng 명 일정, 스케줄

짝꿍 比赛日程 경기 일정
安排日程 스케줄을 짜다

◆比赛 bǐsài 명 경기, 시합 | 安排 ānpái 동 안배하다, (계획·스케줄을) 짜다

D 日期 rìqī 명 (특정한) 날짜

예문 我们下次的开会日期尚未决定。우리의 다음 회의 날짜는 아직 결정되지 않았다.

◆尚未 shàngwèi 부 아직 ~하지 않다 | 决定 juédìng 동 결정하다

54. (A 并且流行用"之"字)，像王羲之和他的儿子王献之。

해설 빈칸 뒤에 이어지는 문장에서 왕희지(王羲之)와 그의 아들 왕헌지(王献之)를 예로 들어 부연설명하고 있습니다. 이들 이름에 공통적으로 '之'자가 들어가므로, 정답은 A 并且流行用"之"字가 됩니다.

선택지

A 并且流行用"之"字 게다가 '之'자를 사용하는 것이 유행했다 (✓)

B "王"姓在当时十分少见 '왕씨' 성은 당시에 매우 보기 드물었다

C 姓氏也多为两个字的复姓 성씨도 대부분 두 글자의 복성이었다

D 有很多字不能用于名字当中 많은 글자가 이름에 쓰일 수 없었다

◆并且 bìngqiě 접 또한, 그리고 | 少见 shǎojiàn 형 보기 드물다, 희귀하다 | 姓氏 xìngshì 명 성씨 | 多为 duō wéi 대부분 ~이다 | 复姓 fùxìng 명 복성[두 자 이상의 성]

55. 唐宋两代(D 形成)了以辈次取名的习俗，

해설 빈칸에는 이 문장의 목적어인 풍습(习俗)과 호응하는 술어가 들어가야 합니다. 이 문장은 위진남북조에 이어, 당송(唐宋) 두 시기의 성씨 풍습의 변천을 설명하고 있으므로, 이런 풍습이나 문화가 서서히 '형성되었다'라고 보는 것이 가장 적합합니다. 따라서 정답은 D 形成입니다.

선택지 단어

A 充满 chōngmǎn 동 충만하다, 넘치다

짝꿍 充满魅力 매력이 넘치다
充满信心 자신감이 넘치다

예문 人们的脸上充满了胜利的喜悦。사람들의 얼굴에는 승리의 기쁨이 넘쳤다.

◆魅力 mèilì 명 매력 | 脸 liǎn 명 얼굴 | 胜利 shènglì 명 승리 | 喜悦 xǐyuè 명 희열, 기쁨

B 延长 yáncháng 동 연장하다, 늘이다

짝꿍 延长期限 기한을 연장하다
延长寿命 수명을 연장하다

예문 这个商店把营业时间延长到晚上十点。이 상점은 영업시간을 밤 10시까지 연장했다.

◆期限 qīxiàn 명 기한 | 寿命 shòumìng 명 수명 | 营业时间 yíngyè shíjiān 영업시간

C 存在 cúnzài 동 존재하다, 있다

짝꿍 存在矛盾 갈등이 있다

存在问题 문제가 있다

예문 地球上存在着许多生命体。 지구에는 수많은 생명체가 존재하고 있다.

◆ 矛盾 máodùn 명 모순, 갈등 | 问题 wèntí 명 문제 | 地球 dìqiú 명 지구

D 形成 xíngchéng 동 형성하다 (✓)

짝꿍 形成良好的习惯 좋은 습관을 형성하다

形成人格 인격을 형성하다

예문 这个艺术团已经形成了独特的风格。 이 예술단은 이미 독특한 스타일을 형성했다.

◆ 习惯 xíguàn 명 습관 | 人格 réngé 명 인격 | 艺术团 yìshùtuán 명 예술단 | 独特 dútè 형 독특하다 | 风格 fēnggé 명 풍격, 스타일

56. 但姓名的传承意义（C 始终）没有变过。

해설 앞 내용에서 현대에는 예전처럼 복잡한 규칙은 따르지 않지만, 이름이 갖는 그 의미는 변한 적이 없다고 했습니다. 즉, 과거부터 현재까지 변화가 없음을 강조할 수 있는 부사로는 '시종일관, 처음부터 한결같이'라는 뜻의 '始终'이 가장 적합합니다. 따라서 빈칸의 정답은 C 始终입니다.

A 迟早 chízǎo 부 조만간, 머지않아

예문 这个问题他迟早会想通的。 이 문제는 그가 조만간 납득할 것이다.

◆ 问题 wèntí 명 문제 | 想通 xiǎngtōng 동 납득하다

B 随时 suíshí 부 수시로, 언제든지

짝꿍 随时随地 언제 어디서나

예문 有什么问题您可以随时叫我。 무슨 문제가 있으면 언제든지 저를 불러도 됩니다.

C 始终 shǐzhōng 부 시종일관, 줄곧 (✓)

예문 我始终相信我们的计划能实现。 나는 줄곧 우리의 계획이 실현될 수 있다고 믿어 왔다.

◆ 计划 jìhuà 명 계획 | 实现 shíxiàn 동 실현하다

D 照常 zhàocháng 부 평소대로

예문 节日期间商店照常营业。 명절 기간에 상점은 평소대로 영업한다.

◆ 节日 jiérì 명 명절 | 期间 qījiān 명 기간 | 营业 yíngyè 동 영업하다

정답 및 해석

文字的产生使人们拥有了姓名这一独特的身份标识，而中国悠久的历史造就了独特的人名文化。在不同的历史 [53] B 时期，人们起名遵循不同的规则与习俗。例如，魏晋南北朝时取名盛行双字，[54] A 并且流行用"之"字，像王羲之和他的儿子王献之。唐宋两代 [55] D 形成了以辈次取名的习俗，即名字的第一个字显示辈分。当代，人们起名虽已不必依照古代的复杂规则，更多的是表达理想信念、祝福赞美等，但姓名的传承意义 [56] C 始终没有变过。

문자의 발생은 사람들에게 이름이란 독특한 신분 표식을 지니게 했고, 중국의 유구한 역사는 독특한 인명 문화를 만들어냈다. 서로 다른 역사적 [53] B 시기에, 사람들은 이름을 지을 때 서로 다른 규칙과 풍습을 따랐다. 예컨대, 위진남북조 때에는 이름을 짓는데 두 글자가 널리 유행했으며, [54] A 그리고 '之'자를 사용하는 것이 유행했다. 왕희지(王羲之)와 그의 아들 왕헌지(王献之)처럼 말이다. 당송(唐宋) 두 시기에는 항렬 순서로 이름을 짓는 풍습이 [55] D 형성되었는데, 즉 이름의 첫 글자가 항렬을 나타내는 것이다. 현대에는 사람들이 이름을 지을 때 비록 이미 고대의 복잡한 규칙을 따를 필요 없이, 이상과 신념, 축복과 칭찬 등을 표현하는 경우가 많다. 하지만 이름의 전승 의미는 [56] C 줄곧 변하지 않았다.

단어 文字 wénzì 명 문자 | 产生 chǎnshēng 동 발생하다, 생기다 | 拥有 yōngyǒu 동 가지다, 지니다 | 姓名 xìngmíng 명 성명, 이름 | 独特 dútè 형 독특하다 | 身份 shēnfen 명 신분 | 标识 biāozhì 명 표식, 상징 | 悠久 yōujiǔ 형 (역사가) 유구하다 | 历史 lìshǐ 명 역사 | 造就文化 zàojiù wénhuà 문화를 만들어 내다 | 人名 rénmíng 명 인명, 사람의 이름 | 起名 qǐmíng 동 이름을 짓다(=取名 qǔmíng) | 遵循 zūnxún 동 (규칙·풍습을) 따르다 | 规则 guīzé 명 규칙 | 习俗 xísú 명 습관과 풍속, 풍습 | 例如 lìrú 예를 들면, 예컨대 | 魏晋南北朝 Wèi Jìn Nán Běi Cháo 위진남북조[중국 역사에서 위진 시대와 남북조 시대를 가리킴] | 盛行 shèngxíng 동 성행하다, 널리 유행하다 | 双字 shuāngzì 명 두 글자 | 王羲之 Wáng Xīzhī 고유 왕희지[중국 동진(东晋) 시대의 유명한 서예가] | 王献之 Wáng Xiànzhī 고유 왕헌지[인명] | 唐宋 Táng Sòng 당송, 당나라와 송나라 | 辈次 bèicì 명 항렬 순서[항렬: 같은 씨족 안에서 상하의 차례를 분명히 하기 위하여 만든 서열] *次 명 순서, 차례 | 即 jí 동 곧 ~이다, 즉 ~이다 | 显示 xiǎnshì 동 (뚜렷하게) 나타내다, 보여 주다 | 辈分 bèifèn 명 항렬 | 当代 dāngdài 명 당대, 현대 | 虽 suī 접 비록 ~하지만 | 不必 búbì 부 ~할 필요가 없다 | 依照 yīzhào 동 (규칙·규정 등을) 따르다 | 古代 gǔdài 명 고대 | 复杂 fùzá 형 복잡하다 | 表达 biǎodá 동 표현하다, 나타내다 | 理想 lǐxiǎng 명 이상 | 信念 xìnniàn 명 신념 | 祝福 zhùfú 동 축복하다, 기원하다 | 赞美 zànměi 동 찬미하다, 칭찬하다 | 传承 chuánchéng 동 전승하다, 전수하고 계승하다 | 意义 yìyì 명 의미, 뜻 | 变 biàn 동 변하다, 바뀌다

57-60.

57. 这一工程规模（A 巨大），

해설 빈칸 문장의 쉼표 앞에 술어가 없고, 목적어도 없습니다. 따라서 빈칸은 형용사 술어 자리라는 것을 파악할 수 있습니다. 빈칸 앞의 주어인 '规模'와 호응하는 형용사를 찾아 주면 됩니다. '규모가 크다'는 중국어로 '规模巨大'라고 합니다. 따라서 정답은 A 巨大입니다. 이 문장을 다시 크게 보면 '这一工程'이 주어이고, '规模巨大'가 술어입니다. '重大'는 '重大的发明(중대한 발명)'으로 출제된 적이 있으며, '规模'와는 호응하지 않습니다.

A 巨大 jùdà 형 아주 크다, 커다랗다 (✓)

짝꿍 巨大的损失 커다란 손실
巨大的变化 커다란 변화

예문 这个网站为公司带来了巨大的利润。이 사이트는 회사에 커다란 이윤을 가져왔다.

◆损失 sǔnshī 명 손실 | 网站 wǎngzhàn 명 (웹)사이트 | 利润 lìrùn 명 이윤

B 重大 zhòngdà 형 중대하다

짝꿍 重大的发明 중대한 발명
重大的发现 중대한 발견

예문 这项措施对提高产品质量有重大的作用。이 조치는 제품의 품질을 향상시키는 데 중대한 작용을 한다.

◆发明 fāmíng 명 발명 | 措施 cuòshī 명 조치, 대책

C 艰巨 jiānjù 형 어렵고 힘들다, 막중하다

짝꿍 艰巨的任务 막중한 임무

예문 领导把最艰巨的工作交给了我们。상사가 가장 어렵고 힘든 업무를 우리에게 맡겼다.

◆领导 lǐngdǎo 명 지도자, 상사

D 夸张 kuāzhāng 형 과장되다

예문 这种说法未免太夸张了。이런 견해는 아무래도 너무 과장된 것 같다.

◆说法 shuōfǎ 명 의견, 견해 | 未免 wèimiǎn 부 아무래도 ~이다

58. 中国森林占地率从1980年的12%提高到了22.96%，几乎（D 翻）了一倍。

해설 '翻'의 여러 가지 뜻 중에는 '배로 증가하다'와 '곱이 되다'라는 뜻이 있습니다. 이 문장은 바로 산림 점유율이 12%에서 22.96%로 거의 두 배 늘었으므로 빈칸에는 D 翻을 써야 합니다. 따라서 정답은 D 翻입니다. '翻找'는 뭔가를 뒤져서 찾는 것을 의미하며, '翻山'은 산을 넘어간다는 의미입니다. 함께 외워 둡시다.

A 滚 gǔn 동 구르다, 뒹굴다

예문 他从楼梯上滚了下来。그는 계단에서 굴러떨어졌다.

◆楼梯 lóutī 명 (다층 건물의) 계단

B 数 shǔ 동 (수를) 세다, 손꼽(히)다

짝꿍 数数目 수를 세다

◆数目 shùmù 명 수, 숫자

C 插 chā 동 꽂다, 끼우다

예문 请你把花插到花瓶里。꽃을 꽃병에 꽂아 주세요.

◆花瓶 huāpíng 명 꽃병

D 翻 fān 동 (수량이) 배로 증가하다, 곱이 되다 (✓)

예문 今年我的收入翻了一倍。올해 나의 수입은 두 배가 되었다.

◆收入 shōurù 명 수입, 소득 | 倍 bèi 양 배, 곱절

59. 历史上这里（B 干燥）少雨，到处是黄土地，

해설 역사적으로 이곳은 (B)했고, 비가 적었으며(少雨), 모든 곳이 다 황토 지대였던 곳이라고 설명하고 있습니다. 비가 적게 오고, 건조해야 나무와 풀이 없는 황토 지대가 생기기 때문에 빈칸에는 기후가 '건조하다(干燥)'가 가장 잘 어울립니다. 정답은 B 干燥입니다.

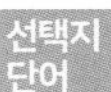

A 干脆 gāncuì 형 (언행이) 명쾌하다, 시원스럽다 부 차라리, 아예

예문 他说话做事都很干脆。그는 말하는 것이나 일하는 것이 모두 시원스럽다.

B 干燥 gānzào 형 건조하다 (✓)

짝꿍 气候干燥 기후가 건조하다
皮肤干燥 피부가 건조하다

◆气候 qìhòu 명 기후 | 皮肤 pífū 명 피부

C 光滑 guānghuá 형 (표면이) 매끄럽다, 미끄럽다

짝꿍 表面光滑 표면이 매끄럽다

예문 结了冰的马路很光滑，走路时要小心。빙판길은 미끄러우니, 걸을 때 조심해야 한다.

◆结冰 jiébīng 동 얼음이 얼다, 빙판이 되다 | 马路 mǎlù 명 길, 대로

D 粗糙 cūcāo 형 ①서툴다, 엉성하다 ②(질감이) 거칠다

짝꿍 办事粗糙 일처리가 서툴다
制作粗糙 제작이 서툴다
粗糙的皮肤 거친 피부

◆办事 bànshì 동 일을 처리하다, 일을 보다 | 皮肤 pífū 명 피부

60. 经过近30年的封山造林，（D 如今这里长满了绿色植物）。现在随着降雨的增多，空气更加湿润了，沙尘暴也几乎完全消失了。

해설 빈칸의 앞뒤 문장을 통해 정답을 찾을 수 있습니다. 30년의 녹화(绿化)사업 끝에, '지금은 이곳이 어떻다'라는 내용이 나와야 합니다. 빈칸 뒤에 이어지는 문장에서는 현재는 강우량도 늘었고, 공기도 습윤해졌으며, 황사 모래 폭풍도 거의 완전히 사라졌다고 설명하고 있습니다. 따라서 빈칸에는 '녹색 식물이 가득 자랐다'라고 하는 것이 가장 매끄럽습니다. 따라서 정답은 D 如今这里长满了绿色植物가 됩니다.

선택지
A 一旦禁止砍树 일단 벌목을 금지하면
B 将克服难以想象的困难 상상하기 어려운 어려움을 극복할 것이다
C 可见发挥了很多的作用 많은 역할을 했다는 것을 알 수 있다
D 如今这里长满了绿色植物 지금 이곳은 녹색 식물이 가득 자랐다 (✓)

◆ 一旦 yídàn 접 일단 ~하면 | 禁止 jìnzhǐ 동 금지하다 | 砍树 kǎnshù 동 나무를 베다, 벌목하다 | 克服困难 kèfú kùnnan 어려움을 극복하다 | 难以 nányǐ 부 ~하기 어렵다 | 想象 xiǎngxiàng 동 상상하다 | 发挥作用 fāhuī zuòyòng 작용을 발휘하다, 역할을 하다 | 如今 rújīn 명 지금, 오늘날 | 长满 zhǎngmǎn 동 가득 자라다 | 绿色植物 lǜsè zhíwù 녹색 식물

정답 및 해석

1978年，中国启动了"三北"防护林工程，分别在中国西北、华北北部和东北西部地区植树造林。这一工程规模[57] A 巨大，覆盖范围达到全球人工造林总面积的七分之一，被称为"绿色万里长城建设工程"。

经过几十年的绿化，中国森林占地率从1980年的12%提高到了22.96%，几乎[58] D 翻了一倍。森林能在一定程度上改善当地气候，最有名的例子是陕西北部地区。历史上这里[59] B 干燥少雨，到处是黄土地，不仅没有树，连草都很少。经过近30年的封山造林，[60] D 如今这里长满了绿色植物。现在随着降雨的增多，空气更加湿润了，沙尘暴也几乎完全消失了。

1978년, 중국은 '싼베이(三北)' 방호림 프로젝트를 실시하여, 각각 중국 서북, 화북 북부와 동북 서부 지역에 나무를 심고 숲을 조성했다. 이 프로젝트는 규모가 [57] A 아주 크고, 커버 범위가 전 세계 인공 숲 총면적의 7분의 1에 달하여, '녹색(친환경) 만리장성 건설 프로젝트'라고 불린다.

수십 년간의 녹지화를 거쳐, 중국의 삼림 점유율은 1980년의 12%에서 22.96%로 높아지며, 거의 [58] D 두 배가 되었다. 삼림은 어느 정도 그 지역의 기후를 개선할 수 있는데, 가장 유명한 예는 산시(陕西) 북부 지역이다. 역사적으로 이곳은 [59] B 건조하고 비가 적게 오며, 온통 황토 지대라서 나무는커녕, 풀도 드물었다. 30년에 가까운 산 봉쇄와 숲 조성 끝에, [60] D 지금 이곳은 녹색 식물이 가득 자랐다. 현재는 강우량이 증가함에 따라, 공기가 더욱 촉촉해졌고 황사도 거의 완전히 사라졌다.

단어

◆ 启动工程 qǐdòng gōngchéng 프로젝트를 실시하다 *启动 동 (장기적인 계획 등을) 실시하다, 시행하다 | 三北 Sān Běi 명 싼베이[중국의 동북(东北)·화북(华北)·서북(西北) 지역을 가리킴] | 防护林 fánghùlín 명 방호림[여러 재해로부터 보호를 목적으로 조성된 산림] | 分别 fēnbié 부 각각, 따로따로 | 华北 Huáběi 고유 화북[중국 북부 지역을 가리킴] | 地区 dìqū 명 지역 | 植树 zhíshù 동 나무를 심다 *树 명 나무 | 造林 zàolín 동 조림하다, 숲을 조성하다 | 规模 guīmó 명 규모 | 覆盖范围 fùgài fànwéi 커버 범위 *覆盖 동 (뒤)덮다, 커버하다 | 达到 dádào 동 (도)달하다 | 全球 quánqiú 명 전 세계 | 总面积 zǒngmiànjī 명 총면적 | 被称为 bèi chēngwéi ~라고 불리다 | 绿色万里长城建设工程 lǜsè Wànlǐ Chángchéng jiànshè gōngchéng 녹색(친환경) 만리장성 건설 프로젝트

◆ 经过 jīngguo 전 ~을 거쳐, ~ 끝에 | 绿化 lǜhuà 명 녹(지)화[산이나 들 따위에 나무나 화초를 심어 푸르게 함] | 森林 sēnlín 명 삼림, 숲 | 占地率 zhàndìlǜ 명 점유율 *占地 동 땅을 차지하다, 점유하다 | 提高 tígāo 동 향상되다, 높아지다 | 几乎 jīhū 부 거의 | 倍 bèi 양 배, 곱절 | 程度 chéngdù 명 정도 | 改善气候 gǎishàn qìhòu 기후를 개선하다 | 当地 dāngdì 명 현지, 그 지역 | 例子 lìzi 명 예 | 陕西 Shǎnxī 고유 섬서, 산시[지명] | 历史 lìshǐ 명 역사 | 到处 dàochù 명 도처에, 곳곳에, 온통 | 黄土地 huángtǔdì 황토 지대 | 不仅没有 bùjǐn méiyǒu ~(하기)는커녕 | 草 cǎo 명 풀 | 封山 fēngshān 동 산을 봉쇄하다 | 随着 suízhe 전 ~함에 따라서 | 降雨增多 jiàngyǔ zēngduō 강우량이 증가하다 *增多 동 많아지다, 증가하다 | 空气湿润 kōngqì shīrùn 공기가 촉촉하다 *湿润 형 촉촉하다, 습하다 | 更加 gèngjiā 부 더욱, 한층 | 沙尘暴 shāchénbào 명 황사 | 完全 wánquán 부 완전히 | 消失 xiāoshī 동 사라지다

第二部分 지문 내용과 일치하는 선택지를 고르세요.

61.

해설

한 문장씩 읽어 가면서 선택지에서 정답을 찾습니다. 이야기 글은 주로 뒷부분에서 정답이 나옵니다. 글의 마지막 부분 '想到了一项实验的做法，到家后，……，做起了实验，把取酒招待朋友的事忘得一干二净'에서 '실험 생각이 떠올랐고, 술을 가져오는 일을 잊어버렸다'는 부분만 잘 체크하면 C 物理学家做起实验格外投入를 정답으로 고를 수 있습니다.

정답 및 해석

有一次，一位物理学家与朋友吃饭时，突然想起家中有瓶好酒，于是叮嘱朋友稍等，自己回家取酒。朋友左等右等，就是不见他回来，只好去看个究竟。原来这位物理学家在回家的路上，想到了一项实验的做法，到家后，就一头栽进实验室，做起了实验，把取酒招待朋友的事忘得一干二净。

A 喝醉酒容易忘事
B 物理学家对朋友不够大方
C 物理学家做起实验格外投入 (✓)
D 朋友对物理学家的缺席感到遗憾

어느 날, 한 물리학자가 친구와 식사하던 중 문득 집에 좋은 술이 있다는 생각이 떠올랐다. 그래서 친구에게 잠시 기다리라고 당부한 후 집으로 술을 가지러 갔다. 친구는 계속 기다렸는데도 그가 돌아오지 않자, 할 수 없이 그 이유를 알아보러 (물리학자의 집에) 갔다. 알고 보니, 이 물리학자는 집으로 가는 길에 한 가지 실험 방법이 떠올라, 집에 도착하자마자 실험실에 처박혀서 실험하기 시작했고, 술을 가져와 친구를 대접하려던 일은 완전히 잊어버렸던 것이다.

A 술에 취하면 일을 쉽게 잊어버린다
B 물리학자는 친구에게 인색하다
C 물리학자는 실험에 매우 몰두한다 (✓)
D 친구는 물리학자의 불참에 대해 아쉬움을 느낀다

단어 物理学家 wùlǐxuéjiā 명 물리학자 | 突然 tūrán 부 갑자기, 문득 | 想起 xiǎngqǐ 동 떠올리다, 생각해내다 | 瓶 píng 양 병[병에 담긴 물건을 셀 때 쓰임] | 叮嘱 dīngzhǔ 동 신신당부하다, 거듭 주의시키다 | 稍等 shāoděng 동 잠시 기다리다 | 取酒 qǔ jiǔ 술을 가져오다 | 左等右等 zuǒděng-yòuděng 기다리고 기다리다, 오랫동안 기다리다 | 只好 zhǐhǎo 부 어쩔 수 없이, 할 수 없이 | 究竟 jiūjìng 명 결말, 진상 *看个究竟 결말이 어떤지 보다 | 原来 yuánlái 부 알고 보니 | 想到 xiǎngdào 동 생각이 나다, 생각이 미치다 | 项 xiàng 양 일·항목·프로젝트 등을 셀 때 쓰임 | 实验 shíyàn 명 실험 | 做法 zuòfǎ 명 방법, 방식 | 一头栽进实验室 yìtóu zāijìn shíyànshì 실험실에 처박히다 | 招待 zhāodài 동 접대하다, 대접하다 | 一干二净 yìgān'èrjìng 성 깨끗이, 남김없이, 모조리 | 喝醉酒 hēzuì jiǔ 술에 취하다 | 忘事 wàngshì 동 일을 잊다, 건망증이 있다 | 不够 búgòu 부 그다지 ~하지 않다 | 大方 dàfāng 형 시원시원하다, 대범하다 | 格外 géwài 부 각별히, 유난히, 특별히 | 投入 tóurù 형 몰두하다, 몰입하다 | 缺席 quēxí 동 결석하다, 불참하다 | 感到遗憾 gǎndào yíhàn 아쉬움을 느끼다

62.

해설

한 문장씩 읽어 가면서 선택지에서 정답을 찾아야 합니다. 문장 중간에 '驱蚊水不宜与防晒霜、香水等混用(모기 퇴치제를 자외선 차단제나 향수 등과 함께 사용하면 좋지 않다)'이라며 전문가의 의견을 소개하고 있습니다. 따라서 정답은 D 最好避免驱蚊水与防晒霜混用입니다. 실제 시험에서 정답 문장을 찾았다면, 그다음 문장은 절대 읽지 말고 반드시 다음 문제로 넘어가길 바랍니다.

정답 및 해석

炎炎夏日，蚊虫叮咬是个令人十分头疼的问题。不少人会使用驱蚊水来预防蚊虫叮咬。不过专家表示，驱蚊水不宜与防晒霜、香水等混用，这样做会降低甚至是完全抵消驱蚊效果。在高热天气下，混用还有可能导致其中的成分发生化学反应，引起皮肤过敏。

무더운 여름철, 모기에 물리는 것은 매우 골치 아픈 문제이다. 많은 사람들이 모기 기피제를 사용하여 모기 물림을 예방한다. 그러나 전문가들은 모기 퇴치제를 자외선 차단제나 향수 등과 함께 사용하면 좋지 않다고 말한다. 이렇게 혼용할 경우 모기 퇴치 효과를 감소시키거나 완전히 소멸시키게 될 것이다. 또한, 높은 온도에서 혼용하면 성분 간의 화학 반응이 일어나 피부 알레르기를 일으킬 가능성도 있다고 한다.

A 进口驱蚊水效果更明显 B 做好防晒可预防皮肤过敏 C 蚊虫叮咬是皮肤病的传播途径 D 最好避免驱蚊水与防晒霜混用（✓）	A 수입 모기 퇴치제의 효과가 더 뚜렷하다 B 자외선 차단을 잘하면 피부 알레르기를 예방할 수 있다 C 모기 물림은 피부병의 전파 경로이다 D 모기 퇴치제와 자외선 차단제를 함께 사용하는 것을 피하는 것이 가장 좋다（✓）

단어 炎炎夏日 yányán xiàrì 무더운 여름날 | 蚊虫 wénchóng 명 모기 | 叮咬 dīngyǎo 동 (곤충이) 물다 | 头疼 tóuténg 형 머리가 아프다, 골치 아프다 | 问题 wèntí 명 문제 | 使用 shǐyòng 동 사용하다 | 驱蚊水 qūwénshuǐ 명 모기 퇴치액 *驱蚊 동 모기를 퇴치하다 | 预防 yùfáng 동 예방하다 | 专家 zhuānjiā 명 전문가 | 表示 biǎoshì 동 표시하다, 말하다 | 不宜 bùyí 동 ~하기에 적합하지 않다, ~하지 않는 것이 좋다 | 防晒霜 fángshàishuāng 명 선크림, 자외선 차단제 *防晒 명 자외선 차단 | 香水 xiāngshuǐ 명 향수 | 混用 hùnyòng 동 혼용하다, 같이 사용하다 | 降低 jiàngdī 동 떨어지다, 감소하다 | 甚至 shènzhì 부 심지어, 더욱이 | 完全 wánquán 부 완전히 | 抵消 dǐxiāo 동 상쇄하다, 소멸시키다 | 效果 xiàoguǒ 명 효과 | 导致 dǎozhì 동 (나쁜 결과를) 초래하다, 야기하다 | 成分 chéngfèn 명 성분 | 发生反应 fāshēng fǎnyìng 반응이 일어나다 | 化学 huàxué 명 화학 | 引起 yǐnqǐ 동 일으키다, 유발하다 | 皮肤 pífū 명 피부 | 过敏 guòmǐn 명 알레르기 | 进口 jìnkǒu 동 수입하다 | 明显 míngxiǎn 형 뚜렷하다, 명확하다 | 皮肤病 pífūbìng 명 피부병 | 传播 chuánbō 동 전파하다, 퍼뜨리다 | 途径 tújìng 명 경로, 방법 | 最好 zuìhǎo 부 ~하는 것이 가장 좋다 | 避免 bìmiǎn 동 피하다

63.

해설

첫 문장 마지막 부분의 '起到促进消化、增进食欲的作用'을 읽고 A 吃生姜可促进消化를 정답으로 고를 수 있습니다. 이 문제는 지문에 나오는 '促进消化'를 선택지에 그대로 출제했습니다. 따라서 단어를 잘 몰라도 정답을 비교적 쉽게 찾아낼 수 있습니다. 첫 문장에 답이 나오면, 두 번째 문장은 읽지 말고 다음 문제로 넘어가야 합니다.

정답 및 해석

俗话说"饭不香，吃生姜"，生姜中含有姜辣素，能增强血液循环、刺激胃液分泌，起到促进消化、增进食欲的作用。当不想吃饭的时候吃上几片生姜，或在料理中加入生姜，既好吃又有营养。	속담에 '밥이 맛이 없으면 생강을 먹어라'라고 했듯이, 생강에는 진저롤이 들어 있어서 혈액 순환을 좋게 하고 위액 분비를 자극하며, 소화를 촉진하며 식욕을 돋우는 작용을 한다. 밥을 먹기 싫을 때 생강 몇 조각을 먹거나 혹은 요리에 생강을 넣으면, 맛있을 뿐만 아니라 영양가도 있다.
A 吃生姜可促进消化（✓） B 生姜可促进新陈代谢 C 吃生姜会让人没有胃口 D 多吃生姜有利于保养皮肤	A 생강을 먹으면 소화를 촉진할 수 있다（✓） B 생강은 신진대사를 촉진할 수 있다 C 생강을 먹으면 입맛이 없어진다 D 생강을 많이 먹으면 피부 미용에 이롭다

단어 俗话 súhuà 명 속담 | 生姜 shēngjiāng 명 생강 | 饭不香，吃生姜 fàn bù xiāng, chī shēngjiāng 밥이 맛없으면, 생강을 먹는다 | 含有 hányǒu 동 함유하다, (안에) 들어 있다 | 姜辣素 jiānglàsù 명 진저롤[생강의 매운맛을 내는 성분 중의 하나] | 增强 zēngqiáng 동 증강하다, 높이다 | 血液循环 xuèyè xúnhuán 혈액 순환 | 刺激 cìjī 동 자극하다 | 胃液 wèiyè 명 위액 | 分泌 fēnmì 동 분비하다 | 起到…作用 qǐdào……zuòyòng ~한 작용을 하다 | 促进 cùjìn 동 촉진하다, 재촉하다 | 消化 xiāohuà 명 소화 | 增进 zēngjìn 동 증진하다, 돋우다 | 食欲 shíyù 명 식욕 | 料理 liàolǐ 동 요리하다 | 加入 jiārù 동 넣다, 첨가하다, 보태다 | 营养 yíngyǎng 명 영양 | 新陈代谢 xīnchén dàixiè 명 신진대사 | 胃口 wèikǒu 명 입맛 | 有利于 yǒulì yú ~에 유리하다, ~에 이롭다 | 保养皮肤 bǎoyǎng pífū 피부 미용, 피부 관리

64.

해설

첫 문장에 물음표(?)가 보이면 정답은 그 뒤에서 찾아 봅니다. 두 번째 문장 '其实我们平时吃的绿色黄瓜还未成熟，完全成熟后的黄瓜确实呈黄色，只是口感不太好，所以人们选择食用绿色的黄瓜'에서 흥미로운 사실을 알려 줍니다. 우리가 평소에 먹는 오이는 덜 익은 상태의 녹색 오이인데, 완전히 익으면 노란색으로 변합니다. 그런데 완전히 익으면 식감이 좋지 않아서, 덜 익은 녹색 상태에서 먹는다고 말하고 있습니다. 따라서 정답은 A 未成熟的黄瓜口感好입니다.

정답 및 해석

黄瓜是一种常见蔬菜，但令人疑惑的是黄瓜明明是绿色的，为什么叫"黄瓜"呢？其实我们平时吃的绿色黄瓜还未成熟，完全成熟后的黄瓜确实呈黄色，只是口感不太好，所以人们选择食用绿色的黄瓜。	오이는 흔히 볼 수 있는 채소이지만, 오이는 분명히 초록색인데 왜 '노란색 박(黄瓜)'이라고 부를까라는 의문이 들 수 있다. 사실 우리가 평소에 먹는 초록색 오이는 아직 완전히 익지 않은 상태다. 완전히 익은 후의 오이는 실제로 노란색을 띠지만, 단지 맛이 별로 좋지 않아서 사람들이 초록색 오이를 먹기로 선택하게 된 것이다.
A 未成熟的黄瓜口感好 (✓) B 多吃黄瓜能缓解嗓子疼 C 七八月份黄瓜大量上市 D 黄瓜的名字和原产地有关	A 덜 익은 오이의 식감이 좋다 (✓) B 오이를 많이 먹으면 목 통증을 완화할 수 있다 C 7~8월에 오이가 대량으로 출하된다 D 오이의 이름은 원산지와 관련이 있다

단어 黄瓜 huángguā 명 오이 | 常见 chángjiàn 동 자주 보다, 흔히 있다 | 蔬菜 shūcài 명 채소 | 疑惑 yíhuò 동 의심하다, 의심을 품다 | 明明 míngmíng 부 분명히, 명백히 | 绿色 lǜsè 명 녹색, 초록색 | 其实 qíshí 부 사실 | 未 wèi 부 아직 ~하지 않다 | 成熟 chéngshú 동 성숙하다, 익다 | 完全 wánquán 부 완전히 | 确实 quèshí 부 확실히 | 呈 chéng 동 나타내다, (어떤 색깔을) 띠다 | 黄色 huángsè 명 노란색 | 只是 zhǐshì 부 단지, 다만 | 口感 kǒugǎn 명 식감 | 选择 xuǎnzé 동 선택하다 | 食用 shíyòng 동 먹다, 섭취하다 | 缓解 huǎnjiě 동 완화하다, 해소하다 | 嗓子疼 sǎngzi téng 목이 아프다 | 月份 yuèfèn 명 월, 달 | 大量 dàliàng 부 대량으로 | 上市 shàngshì 동 시장에 나오다, 출하되다 | 和…有关 hé……yǒuguān ~와 관련이 있다 | 原产地 yuánchǎndì 명 원산지

65.

해설

이 문제는 '黑匣子'라는 단어를 정확하게 모르더라도 정답을 찾아낼 수 있습니다. 지문을 처음부터 한 문장씩 읽으며 선택지와 대조해 봅니다. 그러면 두 번째 문장 '它能记录飞机出事之前半个小时里的语音对话和飞行高度、速度、航向等数据'에서 블랙박스가 비행기 사고 전의 대화와 여러 데이터를 기록할 수 있다고 언급하고 있습니다. 이를 유추해 보면 정답은 D 黑匣子可保存飞机数据입니다. 마지막 문장 '黑匣子里所记录的数据也能被完整地保存下来'를 읽고도 100% 정답을 찾을 수 있지만, 시간 단축을 위해 두 번째 문장까지만 읽고 바로 다음 문제로 넘어갈 수 있어야 합니다.

정답 및 해석

"黑匣子"又称为航空飞行记录器，是飞机专用的电子记录设备。它能记录飞机出事之前半个小时里的语音对话和飞行高度、速度、航向等数据，供事故分析之用。由于它具有抗火、防水、耐压、耐冲击振动等特点，即便飞机完全损坏，黑匣子里所记录的数据也能被完整地保存下来。	'블랙박스'는 항공 비행 기록기라고도 부르는, 비행기 전용 전자 기록 장치이다. 그것은 비행기가 사고 나기 전 30분 간의 음성 대화와 비행 고도·속도·항행 방향 등의 데이터를 기록할 수 있고, 사고 분석의 용도로 제공된다. 그것은 방화·방수·압력에 견디고 충격과 진동에 견디는 등의 특징을 가지고 있어서, 설령 비행기가 완전히 손상되더라도 블랙박스 안에 기록된 데이터는 온전하게 보존할 수 있다.
A 黑匣子容易损坏 B 黑匣子现在用处不大 C 黑匣子不具有防火功能 D 黑匣子可保存飞机数据 (✓)	A 블랙박스는 쉽게 손상된다 B 블랙박스는 현재 용도가 많지 않다 C 블랙박스는 방화 기능을 가지고 있지 않다 D 블랙박스는 비행기 데이터를 보존할 수 있다 (✓)

단어 黑匣子 hēixiázi 명(비행기의) 블랙박스 | 称为 chēngwéi 동~이라고 부르다 | 航空飞行记录器 hángkōng fēixíng jìlùqì 항공 비행 기록기 | 专用 zhuānyòng 동 전용하다 | 电子记录设备 diànzǐ jìlù shèbèi 전자 기록 장치 *记录 명 기록 동 기록하다 *设备 명 설비, 장치 | 出事 chūshì 동 사고가 나다 | 语音对话 yǔyīn duìhuà 음성 대화 | 高度 gāodù 명 고도 | 速度 sùdù 명 속도 | 航向 hángxiàng 명 항행 방향 | 数据 shùjù 명 데이터 | 供 gōng 동 제공하다 | 分析 fēnxī 동 분석하다 | 之用 zhī yòng ~의 용도 | 具有 jùyǒu 동 있다, 가지다 | 抗火 kàng huǒ 방화 *抗 동 저항하다, 막다 | 防水 fáng shuǐ 방수 *防 동 막다 | 耐压 nài yā 압력에 견디다 *耐 동 참다, 견디다 | 耐冲击振动 nài chōngjī zhèndòng 충격과 진동을 견디다 *冲击 명 충격 *振动 명 진동 | 特点 tèdiǎn 명 특징 | 损坏 sǔnhuài 동(원래의 기능을) 손상시키다 | 完整 wánzhěng 형(손상이 없이) 온전하다, 완전하다 | 保存 bǎocún 동 보존하다 | 用处 yòngchu 명 용처, 용도

66.

해설

어려운 단어들이 많은 지문이므로 한 문장씩 선택지와 맞춰 보며 문제를 풉니다. 두 번째 문장 '画儿中有牡丹花一枝，彩蝶两只'를 통해 그림에는 모란꽃과 나비가 있다는 것을 알 수 있습니다. 그리고 뒤에 나오는 '一动一静，跃然纸上'에서 모란꽃은 움직이지 않는 꽃이므로 정적인 대상이고, 나비는 움직이는 곤충이니 동적인 대상임을 알 수 있습니다. 따라서 정답은 A 画儿中的蝴蝶和牡丹动静结合입니다.

정답 및 해석

《牡丹蝴蝶图》是元代花鸟画的代表作之一。画儿中有牡丹花一枝，彩蝶两只。粉色的牡丹花尽显娇嫩，彩蝶闻花而来，一动一静，跃然纸上。此画构图精巧，勾画细致，真实地反映出花与蝶鲜活的生命状态。

A 画儿中的蝴蝶和牡丹动静结合（✓）
B 画儿中蝴蝶围绕两朵牡丹飞舞
C 《牡丹蝴蝶图》以山水为主题
D 《牡丹蝴蝶图》元代时损坏了

「모란호접도(牡丹蝴蝶图)」는 원나라 시대의 대표적인 화조화(花鸟画) 작품 중의 하나이다. 그림에는 한 송이의 모란꽃과 두 마리의 채색 나비가 그려져 있다. 분홍색의 모란꽃은 그 섬세함을 한껏 드러내고, 꽃 나비는 꽃의 향기에 이끌려 날아들며, 정적인 꽃과 동적인 나비의 조화가 종이 위에 생생하게 표현되었다. 이 그림은 구성이 정교하고 세밀하게 그려져 꽃과 나비의 생동감 있는 생명력을 사실적으로 반영하고 있다.

A 그림 속의 나비와 모란은 동적인 것과 정적인 것이 결합되어 있다（✓）
B 그림 속의 나비는 두 송이 모란꽃을 둘러싸고 날아다닌다
C 「모란호접도」는 산수(山水)를 주제로 하고 있다
D 「모란호접도」는 원나라 시대에 손상되었다

단어 牡丹蝴蝶图 Mǔdānhúdiétú 고유 모란호접도[그림명] *蝴蝶 명 호접, 나비 *图 명 그림 | 元代 yuándài 명 원나라 시대 | 花鸟画 huāniǎohuà 명 화조화[꽃과 새를 그린 그림] | 代表作 dàibiǎozuò 명 대표작 | 牡丹花 mǔdānhuā 명 모란꽃 | 枝 zhī 양 나뭇가지처럼 가늘고 긴 것을 셀 때 쓰임 | 彩蝶 cǎidié 명 채색 나비 | 只 zhī 양 동물이나 곤충을 셀 때 쓰임 | 粉色 fěnsè 명 분홍색 | 尽显娇嫩 jìnxiǎn jiāonèn 연약함과 고운 자태를 마음껏 드러내다 | 闻花而来 wénhuā'érlái 꽃 향기를 맡고 다가오다 | 一动一静 yí dòng yí jìng 하나는 움직이고 하나는 고요하다, 하나는 동적이고 하나는 정적이다 | 跃然纸上 yuèrán-zhǐshàng 성 종이에 생생하게 묘사되다 | 此 cǐ 대 이, 이것 | 构图精巧 gòutú jīngqiǎo 구도가 정교하다 | 勾画细致 gōuhuà xìzhì 그림이 세밀하다 | 真实 zhēnshí 형 진실하다, 사실적이다 | 反映 fǎnyìng 동 반영하다 | 鲜活 xiānhuó 형(선명하고) 생동감 있다 | 生命状态 shēngmìng zhuàngtài 생명 상태, 생명력 | 动静结合 dòngjìng jiéhé 동적인 것과 정적인 것이 결합되다 | 围绕 wéirào 동 ~을 중심에 놓다, ~을 둘러싸다 | 飞舞 fēiwǔ 동 춤추듯 날다, 날아다니다 | 以…为主题 yǐ……wéi zhǔtí ~을 주제로 하다 | 损坏 sǔnhuài 동 손상되다, 훼손되다

67.

해설

미식 소개 프로그램에 관한 내용입니다. 중간 부분 '通过节目展现了中国美食的特色'에서 이 프로그램을 통해 중국 음식의 특색을 펼쳐 보인다고 설명하고 있습니다. 따라서 정답은 C 节目展现了中国美食的特点입니다. 마지막 문장은 읽지 않고 다음 문제로 넘어가도록 합니다.

정답 및 해석

此节目跨越五大洲、三大洋，以实地探访的方式，寻遍了当地的美食，并通过节目展现了中国美食的特色，将每一家餐厅对美味的追求及对中国文化的传扬表现出来，引起了极大的关注。

A 这是一个旅游类节目
B 节目是在中国拍摄的
C 节目展现了中国美食的特点 (✓)
D 节目主要介绍各地的地方特色

이 프로그램은 오대주와 삼대양을 넘나들며 현지 탐방 방식을 통해 각 지역의 미식을 찾아냈다. 또한 프로그램을 통해 중국 음식의 특색을 보여 주었고, 각 식당의 맛있는 음식에 대한 추구와 중국 문화의 전파 모습을 잘 보여 주어 큰 주목을 받았다.

A 이는 여행 관련 프로그램이다
B 프로그램은 중국에서 촬영하였다
C 프로그램은 중국 요리의 특징을 보여 줬다 (✓)
D 프로그램은 주로 각 지역의 특색을 소개했다

단어 此 cǐ 대 이, 이것 | 节目 jiémù 명 프로그램 | 跨越 kuàyuè 동 (지역·시기의 한계를) 뛰어넘다 | 五大洲 wǔdàzhōu 명 오대주[지구상의 다섯 대륙인 아시아주(亚洲 Yàzhōu), 유럽주(欧洲 Ōuzhōu), 아프리카주(非洲 Fēizhōu), 오세아니아주(大洋洲 Dàyángzhōu), 아메리카주(美洲 Měizhōu)를 통틀어 이르는 말] | 三大洋 sāndàyáng 명 삼대양[태평양(太平洋 Tàipíngyáng), 대서양(大西洋 Dàxīyáng), 인도양(印度洋 Yìndùyáng)을 통틀어 이르는 말] | 实地探访 shídì tànfǎng 현지 탐방 *探访 동 탐방하다, 취재하다 | 方式 fāngshì 명 방식 | 寻遍了 xúnbiàn le 찾아 다니다[동사+遍了 동사의 행동을 두루두루 다 해보다] *寻 동 찾다 | 当地 dāngdì 명 현지, 그 지방 | 美食 měishí 명 미식 | 并 bìng 접 그리고, 또한 | 通过 tōngguò 전 ~을 통해서 | 展现 zhǎnxiàn 동 드러내다, 보여 주다 *展现特色 특색을 보여 주다 *展现特点 특징을 보여 주다 | 特色 tèsè 명 특색, 특징 | 餐厅 cāntīng 명 식당 | 美味 měiwèi 명 맛있는 음식 | 追求 zhuīqiú 동 추구하다 | 及 jí 접 및, 그리고, 또한 | 传扬 chuányáng 동 전파되다, 전하여 퍼지다 | 表现 biǎoxiàn 동 표현하다, 나타내다 | 引起关注 yǐnqǐ guānzhù 관심을 불러일으키다 | 极大 jí dà 아주 크다 | 旅游 lǚyóu 명 여행, 관광 | 类 lèi 명 종류, 같은 부류 | 拍摄 pāishè 동 촬영하다

68.

해설

역접을 나타내는 접속사 '但', '可是'가 나오면 그 문장에 주의를 기울여야 합니다. 첫 문장에서는 연날리기 좋은 계절이라고 했지만, 두 번째 문장에서 접속사 '但'을 써서 '但近年来风筝线伤人的事件时有发生，令人担忧(하지만 최근 몇 년간 연줄에 의한 사고가 종종 발생해 우려를 낳고 있다)'라며 주의를 주고 있습니다. 따라서 정답은 C 风筝线可能威胁人身安全입니다.

정답 및 해석

四月春暖花开，正是放风筝的好时节。但近年来风筝线伤人的事件时有发生，令人担忧。为此，有关部门提醒，放风筝时应尽量选择平坦、空旷的地方，不要在人多的地方放，更不要让风筝线横穿道路。

A 春季不适宜放风筝
B 风筝线一定要结实
C 风筝线可能威胁人身安全 (✓)
D 放风筝应经有关部门批准

4월은 봄기운이 완연하고 꽃이 피어, 연을 날리기 좋은 시기다. 하지만 최근 몇 년간 연줄에 의한 부상 사고가 종종 발생해 우려를 낳고 있다. 이에 따라, 관련 부서는 연을 날릴 때 평탄하고 탁 트인 곳을 선택해야 하며, 사람이 많은 곳에서 연을 날리지 말고, 연줄이 도로를 가로지르게 해서는 안 된다고 알려 주고 있다.

A 봄철에는 연을 날리기 적합하지 않다
B 연줄은 반드시 튼튼해야 한다
C 연줄은 사람의 안전을 위협할 수 있다 (✓)
D 연을 날리려면 관련 부서의 승인을 거쳐야 한다

단어 春暖花开 chūnnuǎn-huākāi 성 봄이 따뜻하고 꽃이 핀다 | 放风筝 fàng fēngzheng 연을 날리다 | 好时节 hǎo shíjié 좋은 시기 | 近年来 jìnnián lái 최근 몇 년 동안 | 风筝线 fēngzheng xiàn 명 연줄 | 伤人 shāngrén 동 사람을 다치게 하다 | 事件 shìjiàn 명 사건, 사고 | 时有发生 shíyǒu fāshēng 종종 발생하다, 때때로 발생한다 | 担忧 dānyōu 동 걱정하다, 근심하다 | 为此 wèi cǐ 이를 위해 | 有关部门 yǒuguān bùmén 관련 부서 | 提醒 tíxǐng 동 일깨우다, 알려 주다 | 尽量 jǐnliàng 부 가능한 한, 최대한 | 选择 xuǎnzé 동 선택하다 | 平坦 píngtǎn 형 평탄하다 | 空旷 kōngkuàng 형 넓고 비어 있다 | 横穿 héngchuān 동 가로지르다 | 道路 dàolù 명 도로 | 适宜 shìyí 형 적합하다, 알맞다 | 结实 jiēshi 형 튼튼하다 | 威胁 wēixié 동 위협하다 | 安全 ānquán 명 안전 | 经…批准 jīng……pīzhǔn ~의 승인을 거치다, ~의 승인을 받다

69.

해설

첫 문장 '要说眼下最流行的休闲方式，露营必须占有一席之地'에서 정답을 바로 찾고 다음 문제로 넘어갈 수 있습니다. '眼下'는 동의어 '当下'로, '流行'은 '热门'으로, '休闲'은 '娱乐'로 바꿔서 출제한 문제입니다. 따라서 정답은 B 露营成当下热门娱乐方式입니다. '占(有)一席之地'라는 말은 '어떤 분야나 상황에서 매우 중요한 위치를 차지하고 있다'는 의미입니다.

정답 및 해석

要说眼下最流行的休闲方式，露营必须占有一席之地。寻一片绿地、搭一块天幕、撑一顶帐篷、备一桌餐品，和三五好友一起谈天说地、品尝美食。露营让人们找到了生活的另一种打开方式，通过露营，人们可以和大自然亲密接触，森林露营、海岛露营都是当下备受欢迎的露营主题。

A 探险家比较推荐森林露营
B 露营成当下热门娱乐方式（✓）
C 露营容易对自然环境造成污染
D 去露营地要谨慎选择交通工具

요즘 가장 인기 있는 여가 방식 하나를 꼽자면, 캠핑이 빠질 수 없다(한 자리를 차지한다). 푸른 잔디밭을 찾아 타프를 치고, 텐트를 펼치며, 음식을 준비한 뒤, 서너 명의 친구들과 함께 이야기 나누며 맛있는 음식을 즐기는 것이다. 캠핑은 사람들이 삶의 또 다른 즐거움을 찾게 해줬다. 캠핑을 통해 사람들은 자연과 가까워질 수 있으며, 숲속 캠핑이나 섬에서의 캠핑 등은 현재 매우 인기 있는 캠핑 테마이다.

A 탐험가는 숲속 캠핑을 추천하는 편이다
B 캠핑은 현재 인기 있는 오락 방식이 되었다（✓）
C 캠핑은 자연환경에 오염을 일으키기 쉽다
D 캠핑장에 갈 때는 교통수단을 신중하게 선택해야 한다

단어 眼下 yǎnxià 명 현재, 지금 | 流行 liúxíng 명 유행하다 | 休闲方式 xiūxián fāngshì 여가 방식 | 露营 lùyíng 명 캠핑 | 必须 bìxū 부 반드시 ~해야 한다 | 占有 zhànyǒu 동 점유하다, 차지하다 | 一席之地 yīxízhīdì 성 자리 한 장을 펼 수 있는 자그마한 곳, 일정한 지위나 위치, 중요한 자리 | 寻 xún 동 찾다 | 绿地 lǜdì 명 녹지 | 搭 dā 동 설치하다 | 天幕 tiānmù 명 타프[텐트 위에 치는 덮개] | 撑 chēng 동 펼치다 | 顶 dǐng 양 뚜껑이나 지붕이 있는 것을 셀 때 쓰임 | 帐篷 zhàngpeng 명 텐트 | 备 bèi 동 준비하다 | 桌 zhuō 양 상[요리상의 수를 셀 때 쓰임] | 餐品 cānpǐn 명 음식 | 三五 sān wǔ 삼삼오오, 서너너덧[대강 어림쳐서 셋이나 넷 또는 넷이나 다섯쯤] | 好友 hǎoyǒu 명 좋은 친구, 절친 | 谈天说地 tántiān-shuōdì 성 이런저런 이야기를 끝없이 나누다 | 品尝 pǐncháng 동 맛보다 | 美食 měishí 명 맛있는 음식 | 亲密 qīnmì 형 친밀하다 | 接触 jiēchù 동 접촉하다, 접하다 | 森林 sēnlín 명 숲 | 海岛 hǎidǎo 명 섬 | 当下 dāngxià 명 즉각, 바로 | 备受欢迎 bèishòu huānyíng 한껏 환영받다, 매우 인기 있다 | 主题 zhǔtí 명 주제, 테마 | 探险家 tànxiǎnjiā 명 탐험가 | 推荐 tuījiàn 동 추천하다 | 热门 rèmén 형 인기가 많다 | 娱乐方式 yúlè fāngshì 오락 방식 | 自然环境 zìrán huánjìng 명 자연 환경 | 造成 zàochéng 동 (나쁜 결과를) 초래하다, 일으키다 | 污染 wūrǎn 동 오염되다 | 谨慎 jǐnshèn 형 신중하다 | 交通工具 jiāotōng gōngjù 교통 수단

70.

해설

단어들이 많이 어려우므로 한 문장씩 선택지와 맞춰 나갑니다. 베이징 사람들의 '칼새(雨燕)'에 대한 특별한 애정을 '从…到…(어디부터 어디까지)' 구문을 사용하여 계속 설명하고 있습니다. 또한 지문 중간에 '到与"燕京文化"间千丝万缕的联系'를 통해 '옌징 문화(燕京文化)'와 대단히 밀접한 관계가 있다고 언급하고 있습니다. 옌징(燕京)은 중국의 수도 베이징(北京)의 옛 이름으로, 옌징 문화는 곧 베이징 문화를 말합니다. 따라서 정답은 C 雨燕和北京文化关系密切입니다.

정답 및 해석

在北京，人们对雨燕有着特殊的感情。从老北京口中的"楼燕儿"，到奥运会吉祥物之一的福娃"妮妮"，从世界上唯一以"北京"命名的鸟类，到与"燕京文化"间千丝万缕的联系，北京雨燕被很多人视作"北京城的精灵"。它既是北京的一个"特殊生态符号"，也是一种"活态文化遗产"，已经成为北京一张独特的文化名片。

A 北京盛产雨燕
B 雨燕是奥运会的吉祥物
C 雨燕和北京文化关系密切 (✓)
D 雨燕是北京的标志性建筑

베이징에서 사람들은 칼새에 대해 특별한 애정을 가지고 있다. 옛 베이징 사람들이 부르던 '러우옌얼(楼燕儿)'부터 올림픽 마스코트 중 하나인 푸와 '니니(妮妮)'까지, 그리고 세계에서 유일하게 '베이징'이라는 이름이 붙은 새부터 '옌징 문화(燕京文化)'와의 깊은 연관성에 이르기까지, 베이징 칼새는 많은 사람들에게 '베이징의 정령'으로 여겨진다. 칼새는 베이징의 '특별한 생태의 상징'이기도 하고, 또한 '살아 있는 문화유산'으로, 이미 베이징의 독특한 문화 명함이 되었다.

A 베이징은 칼새가 많이 서식한다
B 칼새는 올림픽의 마스코트이다
C 칼새와 베이징 문화는 관계가 밀접하다 (✓)
D 칼새는 베이징의 상징적인 건축물이다

단어 雨燕 yǔyàn 명 칼새[새 이름] | 特殊 tèshū 형 특수하다, 특별하다 | 感情 gǎnqíng 명 감정, 애정 | 楼燕儿 lóuyànr 명 러우옌얼[건물에 사는 제비] | 奥运会 Àoyùnhuì 고유 올림픽 | 吉祥物 jíxiángwù 명 마스코트 | 福娃 Fúwá 고유 푸와, 복덩이[베이징 올림픽 마스코트] | 妮妮 Nīnī 고유 니니[푸와 중의 하나로 제비를 상징함] | 唯一 wéiyī 형 유일한 | 以…命名 yǐ……mìngmíng ~으로 명명하다 | 鸟类 niǎolèi 명 조류 | 燕京文化 Yānjīng wénhuà 옌징 문화, 베이징 문화 | 千丝万缕 qiānsī-wànlǚ 성 (천 갈래 만 갈래로) 대단히 복잡하게 얽혀 있다, 관계가 밀접하다 | 联系 liánxì 동 연락하다 | 被A视作B bèi A shìzuò B A에게 B로 여겨지다 | 北京城 Běijīngchéng 명 베이징 시내 | 精灵 jīnglíng 명 요정, 영혼 | 生态 shēngtài 명 생태 | 符号 fúhào 명 부호, 기호, 상징 | 活态 huótài 명 살아있는 상태 | 文化遗产 wénhuà yíchǎn 명 문화유산 | 独特 dútè 형 독특하다, 특수하다 | 文化名片 wénhuà míngpiàn 문화 명함, 문화적 대표성 | 盛产 shèngchǎn 동 많이 서식하다 | 关系密切 guānxì mìqiè 관계가 밀접하다 | 标志性 biāozhìxìng 상징적인 | 建筑 jiànzhù 명 건축물

第三部分 지문을 읽고 질문에 알맞은 답을 고르세요.

71-74.

해설

71 블록의 장점에 '속하지 않은 것(不属于)'을 고르는 문제입니다. 지문과 선택지를 번갈아 보며 블록의 장점이 아닌 선택지를 골라 봅니다. 첫 번째 단락에서 '不仅可以帮孩子学会观察(C 锻炼观察能力)', '还能培养其空间思维(D 训练空间思维)', '激发其创造力等(A 激发创造力)'라고 블록의 장점을 연달아 설명해 줍니다. 장점으로 언급되지 않은 B 提高学习效率가 정답입니다.

72 두 번째 단락의 주제를 묻는 문제입니다. 보통 설명문에서 단락의 주제는 첫 번째 문장에서 많이 출제됩니다. 첫 번째 문장에서 '积木的质量是第一位的。要挑选质量合格的积木'라고 했으므로 정답은 C 积木质量好非常关键입니다.

73 세 번째 단락을 근거로, 2세 이하의 아이를 위한 블록을 고를 때 고려할 점을 묻고 있습니다. 바로 세 번째 단락으로 가서 '对于两岁以下的孩子'를 찾았다면, 뒷부분을 잘 읽어 줍니다. '所以积木的耐摔性和安全性比较重要'라고 했으니, 정답은 A 要考虑耐摔性입니다.

74 4세 아이에게 복잡한 블록을 가지고 놀게 하는 이유를 물었습니다. 문제가 순서대로 풀리므로 마지막 4번째 단락에서 정답을 찾도록 합니다. 4세라는 단어는 지문에 없지만, 지문의 마지막 문장 '三岁以上的孩子喜欢想象，开始自己创作，这时适合购买比较复杂的积木'를 보면, 3세 이상의 아이는 스스로 창작하기 시작하므로 복잡한 블록을 사주는 것이 좋다고 합니다. 따라서 정답은 D 他们喜欢自己创作입니다.

정답 및 해석

有育儿专家指出，积木是最佳的早教玩具。积木通常由木头或塑料制成，可以通过拼接、搭建，实现多种可能性，71-C 不仅可以帮孩子学会观察，71-D 还能培养其空间思维，71-A 激发其创造力等。积木堪称最经久不衰的儿童玩具之一，几乎每个孩子的成长过程都少不了它。这也意味着家长在购买积木的时候，要谨慎选择。

72 积木的质量是第一位的。要挑选质量合格的积木，否则会威胁到孩子的安全和健康。例如，孩子在搭积木时很可能会把它们放到嘴里。而如果积木掉色，其中的化学成分就非常容易进入孩子体内。还有些木质积木做工差，木头上的刺很可能会让孩子受伤。

积木的挑选也要根据不同年龄段孩子的特点有所侧重。73 对于两岁以下的孩子，可以选择色彩鲜明、对比强烈的积木，这有利于激发孩子的兴趣。但这一阶段的孩子容易咬积木或者乱扔积木，73 所以积木的耐摔性和安全性比较重要。另外，为防止孩子在爬行或学步时弄伤自己，最好选边缘圆滑的积木，且数量不宜太多。两到三岁的孩子思考和推理能力增强，这时积木数量可以增加一些。74 三岁以上的孩子喜欢想象，开始自己创作，这时适合购买比较复杂的积木。

육아 전문가들은 블록이 가장 좋은 조기 교육 장난감이라고 말한다. 블록은 보통 나무나 플라스틱으로 만들어지며, 끼우고 쌓는 것을 통해서 다양한 가능성을 실현할 수 있고, 71-C 아이가 관찰하는 법을 배우게 해줄 수 있을 뿐만 아니라, 71-D 아이의 공간적 사고를 기르고, 71-A 아이의 창의력 등도 자극할 수 있다. 블록은 가장 오래도록 사랑받는 어린이 장난감 중의 하나라고 할 만하고, 거의 모든 아이의 성장 과정에서 그것을 빼놓을 수 없다. 이것은 학부모가 블록을 구매할 때, 신중하게 골라야 한다는 것을 의미하기도 한다.

72 블록의 품질이 최우선이다. 품질이 합격인 블록을 골라야 하는데, 만약 그렇지 않으면 아이의 안전과 건강을 위협하게 된다. 예를 들어, 아이는 블록을 쌓을 때 그것들을 입에 넣을 가능성이 높다. 그런데 만약 블록이 색이 빠지면, 그것의 화학 성분이 아이의 체내로 들어가기 매우 쉽다. 또 어떤 블록들은 마감이 형편없어서, 나무의 가시가 아이를 다치게 할 가능성이 높다.

블록의 선택도 서로 다른 연령대 아이의 특징에 따라 어느 정도 중점을 두어야 한다. 73 2세 이하의 아이의 경우, 색깔이 선명하고 대비가 강렬한 블록을 고를 수 있는데, 이것은 아이의 흥미를 불러일으키는 데 도움이 된다. 하지만 이 단계의 아이는 블록을 물어뜯거나 함부로 던지기 쉬워서, 73 블록의 내구성과 안정성이 비교적 중요하다. 이 외에, 아이가 기어가거나 걸음마를 배울 때 자신을 다치게 하는 것을 방지하기 위해서, 가장자리가 둥글고 매끄러운 블록을 고르는 것이 가장 좋고, 게다가 수량이 너무 많아서는 안 된다. 2~3세 때의 아이는 사고력과 추리력이 강해지는데, 이때 블록 수량은 조금 늘릴 수 있다. 74 3세 이상의 아이는 상상하길 좋아하고, 스스로 창작하기 시작하는데, 이때는 비교적 복잡한 블록을 구매하는 것이 적합하다.

71 下列哪项不属于搭积木的好处?

A 激发创造力

B 提高学习效率 (✓)

C 锻炼观察能力

D 训练空间思维

71 다음 중 블록 쌓기의 장점에 속하지 않는 것은?

A 창의력을 자극한다

B 학습 효율을 높인다 (✓)

C 관찰력을 단련한다

D 공간적 사고를 훈련한다

72 第二段主要谈的是什么？

A 布积木是否值得买
B 木质积木的合格标准
C 积木质量好非常关键（✓）
D 塑料积木化学成分多

73 根据第三段，为两岁以下的孩子挑选积木：

A 要考虑耐摔性（✓）
B 数量越多越好
C 一定要选柔软的
D 要选择有动物装饰的

74 建议让四岁孩子玩儿复杂的积木，是因为：

A 他们比较淘气
B 他们擅长做手工
C 要遵从学校的要求
D 他们喜欢自己创作（✓）

72 두 번째 단락에서 주로 말하는 것은 무엇인가?

A 천 블록은 살 만한 가치가 있는가
B 나무 블록의 합격 기준
C 블록 품질이 좋은 것이 매우 중요하다 (✓)
D 플라스틱 블록은 화학 성분이 많다

73 세 번째 단락에 따르면, 2세 이하의 아이를 위해 블록을 고를 때는

A 내구성을 고려해야 한다 (✓)
B 수량이 많을수록 좋다
C 반드시 부드러운 것을 골라야 한다
D 동물 장식이 있는 것을 골라야 한다

74 4세 아이에게 복잡한 블록을 가지고 놀도록 제안한 까닭은

A 그들은 비교적 장난이 심해서
B 그들은 수작업을 잘해서
C 학교의 요구를 따라야 해서
D 그들은 스스로 창작하길 좋아해서 (✓)

단어

◆ 育儿专家 yù'ér zhuānjiā 육아 전문가 | 指出 zhǐchū 동 지적하다, 말하다 | 积木 jīmù 명 블록 | 最佳 zuìjiā 형 가장 좋다 | 早教 zǎojiào 명 조기 교육 | 玩具 wánjù 명 장난감 | 通常 tōngcháng 명 통상(적으로), 보통 | 由…制成 yóu……zhìchéng ~로 만들어지다 | 木头 mùtou 명 나무 | 塑料 sùliào 명 플라스틱 | 通过 tōngguò 전 ~을 통해서 | 拼接 pīnjiē 동 (블록을) 끼우다 | 搭建 dājiàn 동 (블록을) 쌓다 *搭 동 (블록을) 쌓다 | 实现 shíxiàn 동 실현하다 | 可能性 kěnéngxìng 명 가능성 | 学会 xuéhuì 동 ~하는 법을 배우다 | 观察 guānchá 동 관찰하다 | 培养 péiyǎng 동 배양하다, 기르다 | 空间思维 kōngjiān sīwéi 공간적 사고 | 激发 jīfā 동 (감정을) 자극하다, 불러일으키다 *激发兴趣 흥미를 불러일으키다 | 创造力 chuàngzàolì 명 창의력 | 堪称 kānchēng 동 ~(이)라고 할 만하다 | 经久不衰 jīngjiǔbùshuāi 성 오래도록 시들지 않다, 오래도록 사랑받다 | 儿童 értóng 명 아동, 어린이 | 几乎 jīhū 부 거의 | 成长过程 chéngzhǎng guòchéng 성장 과정 | 少不了 shǎobuliǎo 동 없어서는 안 된다, 빼놓을 수 없다 | 意味着 yìwèizhe 동 의미하다 | 家长 jiāzhǎng 명 학부모 | 购买 gòumǎi 동 구매하다, 사다 | 谨慎 jǐnshèn 형 (언행이) 신중하다, 조심스럽다 | 选择 xuǎnzé 동 선택하다, 고르다 *选 동 고르다, 선택하다

◆ 质量 zhìliàng 명 품질, 질 | 第一位 dìyīwèi 첫 번째, 최우선 | 挑选 tiāoxuǎn 동 고르다, 선택하다 | 合格 hégé 형 합격이다, 규격(표준)에 맞다 *合格标准 합격 기준 | 否则 fǒuzé 접 만약 그렇지 않으면 | 威胁 wēixié 동 위협하다 | 健康 jiànkāng 명 건강 | 例如 lìrú 동 예를 들다 | 嘴 zuǐ 명 입 | 掉色 diàoshǎi 동 색이 빠지다, 빛이 바래다 | 化学成分 huàxué chéngfèn 화학 성분 | 进入体内 jìnrù tǐnèi 체내로 들어가다 | 木质 mùzhì 명 나무 재질 *木质积木 나무 블록 | 做工差 zuògōng chà 마감이 형편없다 *工差 명 가공 기술, 마감 | 刺 cì 명 가시 | 受伤 shòushāng 동 부상을 입다, 다치다

◆ 根据 gēnjù 전 ~에 근거하여, ~에 따라 | 年龄段 niánlíngduàn 명 연령대 | 特点 tèdiǎn 명 특징 | 有所 yǒusuǒ 동 어느 정도 ~하다 | 侧重 cèzhòng 동 치중하다, 중점을 두다 | 色彩鲜明 sècǎi xiānmíng 색깔이 선명하다 | 对比强烈 duìbǐ qiángliè 대비가 강렬하다 | 有利于 yǒulì yú ~에 유리하다, ~에 도움이 되다 | 阶段 jiēduàn 명 단계 | 咬 yǎo 동 깨물다, 물어뜯다 | 或者 huòzhě 접 ~(이)거나, 혹은 | 乱扔 luàn rēng 함부로 던지다 *乱 부 함부로, 제멋대로 | 耐摔性 nàishuāixìng 떨어져도 부서지지 않는 성질, 내구성 *耐 동 참다, 견디다 *摔 동 떨어지다, 낙하하다 | 安全性 ānquánxìng 명 안전성 | 另外 lìngwài 접 이 외에, 그밖에 | 爬行 páxíng 동 기어가다 | 学步 xuébù 동 걸음마를 배우다 | 弄伤 nòngshāng 동 상처를 주다, 다치게 하다 | 最好 zuìhǎo 부 ~하는 것이 가장 좋다 | 边缘圆滑 biānyuán yuánhuá 가장자리가 둥글고 매끄럽다 | 且 qiě 접 게다가 | 数量 shùliàng 명 수량 | 不宜 bùyí 동 ~해서는 안 된다 (=不应该) | 思考和推理能力 sīkǎo hé tuīlǐ nénglì 사고력과 추리력 | 增强 zēngqiáng 동 (능력이) 강해지다 | 增加 zēngjiā 동 증가하다, 늘리다 | 想象 xiǎngxiàng 동 상상하다 | 创作 chuàngzuò 동 창작하다 | 适合 shìhé 동 적합하다, 알맞다 | 复杂 fùzá 형 복잡하다

◆ 项 xiàng 양 가지, 항목, 조항 | 属于 shǔyú 동 ~에 속하다 | 好处 hǎochù 명 좋은 점, 장점 | 提高学习效率 tígāo xuéxí xiàolǜ 학습 효율을 높이다 *提高 동 높이다, 향상시키다 | 锻炼观察能力 duànliàn guānchá nénglì 관찰력을 단련하다 | 训练 xùnliàn 동 훈련하다 *训练空间思维 공간적 사고를 훈련하다 | 谈 tán 동 말하다 | 布 bù 명 천 *布积木 천 블록 | 值得 zhíde 동 ~할 만한 가

치가 있다, ~할 만하다 | 关键 guānjiàn 형 매우 중요하다 | 考虑 kǎolǜ 동 고려하다, 생각하다 | 柔软 róuruǎn 형 부드럽다 | 动物装饰 dòngwù zhuāngshì 동물 장식 | 建议 jiànyì 동 건의하다, 제안하다 | 玩儿 wánr 동 (가지고) 놀다 | 淘气 táoqì 형 장난이 심하다 | 擅长 shàncháng 동 (어떤 방면에) 뛰어나다, 잘하다 | 做手工 zuò shǒugōng 수작업을 하다 | 遵从要求 zūncóng yāoqiú 요구를 따르다 *遵从 동 따르다, 복종하다

75-78.

해설

75 여자경(吕子敬)에 대해 알 수 있는 것을 물었으니 우선 여자경이 등장하는 부분을 찾아 집중해야 합니다. 지문을 빠르게 읽으며 75번의 키워드 '吕子敬'을 찾습니다. 첫 번째 단락도 전체 글의 흐름을 파악하기 위해 빠르게 읽습니다. 첫 번째 단락에서 '扬州八怪'를 소개하며 이 글의 주인공인 '郑板桥'를 가장 먼저 언급했습니다. 그리고 두 번째 단락에 마지막 부분에서 '吕子敬自认为画技高超，所画梅花无人能及'라고 했으니, 정답은 C 自以为画技高超입니다.

76 정판교(郑板桥)가 매화를 그리지 않은 이유를 생각하며 지문을 이어 읽습니다. 세 번째와 네 번째 단락에서 정판교가 매화를 그리지 않는 이유가 여자경이 매화를 잘 그리기 때문이라는 부분을 확인하고, 오답으로 C와 D를 선택하는 학생들이 많습니다. 하지만 지문 마지막 단락의 마지막 문장 '郑兄之所以不画梅花，原来是为了给我留口饭吃呀'를 통해 정답은 A 有意帮助吕子敬임을 알 수 있습니다. 이 문제는 78번 마지막 문제까지 풀고 나서야 맨 마지막에 풀리는 문제입니다. 이야기 글은 이처럼 결말이 중요하며, 문제가 주인공인 정판교에 관한 내용이므로 주인공에게 좋은 내용으로 결말이 이어진다는 것을 기억해야 합니다.

77 밑줄 친 단어 '恍然大悟'의 뜻을 묻는 문제입니다. 이 성어는 6급 필수 어휘로 난이도가 높습니다. 하지만 '字'학습으로 '悟'가 '깨닫다'라는 의미가 있다는 것을 안다면 쉽게 풀 수 있습니다. 만약 '悟'의 뜻을 모른다면, 문맥으로 정답을 골라야 합니다. '恍然大悟' 대신 선택지 A·B·C·D를 하나씩 넣어 보면, 문맥상 C 突然明白가 정답으로 가장 적합하다는 것을 알 수 있습니다. '恍然大悟'는 5급 독해 지문에서 여러 번 출제된 성어이므로 꼭 기억해 둡니다.

78 글 전체를 근거로 맞는 것을 고르는 문제는 먼저 선택지를 읽은 다음에 지문을 읽어야 합니다. 하지만 이 지문은 77번 문제를 풀 즈음이면 지문을 다 읽은 상태가 되므로 정답을 바로 찾을 수 있습니다. 다섯 번째 단락 중간의 '看到画上的梅花气韵不凡'을 통해 B 郑板桥的梅花画得更好를 정답으로 선택합니다. '气韵不凡'이라는 표현이 어려워서 이해하지 못했다면, 마지막 문장 '郑兄之所以不画梅花，原来是为了给我留口饭吃呀'를 읽고 정답을 유추하여 찾아 줍니다.

정답 및 해석

"扬州八怪"是指清朝中期活动于扬州地区一批风格相近的书画家，郑板桥便是其中一位。他的诗、书、画均风格独特，人称"三绝"。他一生创作了许多画作，其中尤以代表作《兰竹图》得到世人称颂。

郑板桥曾在苏州桃花巷的东头开了一间画室，以卖画儿为生。巷子的另外一头也有一个卖画儿的，是当地有名的画家吕子敬。75 吕子敬自认为画技高超，所画梅花无人能及。

有一次，一位酷爱书画的商人出高价请郑板桥为自己画一幅梅花。令人出乎意料的是，郑板桥却推辞道："吕子敬先生画的梅花最好。如果说他画的梅花图得用50两银子买下来的话，我的画5两就足够了。"那人信以为真，便找吕子敬去了。

人们很快就发现，郑板桥自开画室以来，兰、竹、菊等样样都画，却唯独不画梅花。对此，吕子敬很是得意，深信自己画梅花的水平远在郑板桥之上，逢人便说："郑板桥也不过如此嘛!"

'양주팔괴'는 청나라 중기에 양저우 지역에서 활동한 스타일이 비슷한 서화가들을 가리키는데, 정판교는 바로 그중 한 명이다. 그의 시·서예·그림은 모두 스타일이 독특해서, 사람들은 '삼절'이라고 불렀다. 그는 평생 수많은 회화 작품을 창작했는데, 그 중 특히 대표작인 「난죽도(兰竹图)」는 세상 사람들의 칭송을 받았다.

정판교는 일찍이 쑤저우 복숭아꽃 골목의 동쪽 끝에 화실 한 칸을 열어서, 그림을 팔며 생계를 유지했다. 골목의 다른 한쪽에도 그림을 파는 사람이 있었는데, 그곳에서 유명한 화가 여자경이었다. 75 여자경은 스스로 그림 실력이 뛰어나서 매화 그림은 아무도 따를 자가 없다고 여겼다.

한번은 서화를 몹시 좋아하는 상인 한 명이 정판교에게 높은 가격을 제시하며 자기에게 매화 그림 한 폭을 그려 달라고 했다. 그러나 사람들의 예상과 달리, 정판교는 거절하며 "여자경 선생이 그린 매화가 가장 훌륭합니다. 만일 그가 그린 매화도가 은자 50냥으로 사야 한다고 한다면, 제 그림은 5냥이면 충분합니다."라고 말했다. 그 사람은 정말이라고 믿고 여자경을 찾아갔다.

사람들은 곧 정판교가 스스로 화실을 연 이후 난초·대나무·국화 등 여러 가지를 모두 그렸지만, 유독 매화는 그리지 않았음을 알아차렸다. 이에 대해 여자경은 매우 자만하며, 자신이 매화를 그리는 수준이 정판교보다 훨씬 위에 있다고 굳게 믿어서 사람을 만나면 "정판교도 그저 그래요!"라고 말했다.

三年后，郑板桥要离开苏州。临行时，吕子敬来为郑板桥送行。按照当时的礼节，两人应作画之后互相赠给对方。吕子敬接过郑板桥画的梅花图，[78]看到画上的梅花气韵不凡，这才**恍然大悟**，不禁感到非常惭愧。吕子敬感激地对郑板桥说："[76, 78]郑兄之所以不画梅花，原来是为了给我留口饭吃呀。"

75 关于吕子敬，可以知道什么？

A 最擅长画兰花

B 很崇拜郑板桥

C 自以为画技高超 (✓)

D 是"扬州八怪"之一

76 根据上文，郑板桥之所以不画梅花，是因为：

A 有意帮助吕子敬 (✓)

B 不敢承认自己的劣势

C 舍不得卖自己的画儿

D 对自己的画儿不自信

77 最后一段中的划线部分"恍然大悟"的意思是：

A 最终接受

B 感到震惊

C 突然明白 (✓)

D 内心惭愧

78 根据上文，下列哪项正确？

A 吕子敬关闭了画室

B 郑板桥的梅花画得更好 (✓)

C 《兰竹图》是多人合画的

D 吕子敬想跟随郑板桥学画

3년 후, 정판교는 쑤저우를 떠나려고 했다. 떠날 때, 여자경이 와서 정판교를 배웅했다. 당시 예절에 따르면, 두 사람은 그림을 그린 후에 서로에게 주어야 했다. 여자경은 정판교가 그린 매화도를 건네받은 후 [78]그림 속 매화의 운치가 범상치 않은 걸 보고, 그제야 비로소 **문득 크게 깨달으며** 부끄러움을 금할 수 없었다. 여자경은 매우 감사하며 정판교에게 말했다. "[76, 78]정 형이 매화를 그리지 않은 까닭은 이제 보니 제게 밥벌이를 남겨 두기 위함이었군요."

75 여자경에 관하여 무엇을 알 수 있는가?

A 난초 그리는 것을 가장 잘한다

B 정판교를 매우 숭배한다

C 스스로 그림 실력이 뛰어나다고 여긴다 (✓)

D '양주팔괴' 중의 하나이다

76 윗글에 근거하여 정판교가 매화를 그리지 않은 까닭은

A 일부러 여자경을 돕기 위해서 (✓)

B 자신의 열세를 차마 인정하지 못해서

C 자신의 그림을 팔기 아까워서

D 자신의 그림에 자신이 없어서

77 마지막 단락의 밑줄 친 부분인 '恍然大悟'의 뜻은

A 결국 받아들였다

B 깜짝 놀랐다

C 문득 깨달았다 (✓)

D 내심 부끄러웠다

78 윗글에 따르면, 다음 중 정확한 것은?

A 여자경은 화실을 닫았다

B 정판교의 매화가 더 훌륭하다 (✓)

C 「난죽도」는 여러 사람이 함께 그린 것이다

D 여자경은 정판교에게 그림을 배우고 싶어 했다

단어

◆ 扬州八怪 yángzhōubāguài 양주팔괴[청나라 중기에 활약한 여덟 명의 개성 있는 서화가를 일컬음] *扬州 고유 양저우, 양주[지명] | 指 zhǐ 동 가리키다, 말하다 | 清朝 Qīngcháo 고유 청나라 | 中期 zhōngqī 명 중기 | 批 pī 양 무리, 떼 | 风格 fēnggé 명 스타일, 풍격 | 相近 xiāngjìn 형 비슷하다, 가깝다 | 书画家 shūhuàjiā 명 서화가[서예와 그림 그리기를 모두 잘하는 사람] | 郑板桥 Zhèng Bǎnqiáo 고유 정판교[인명] | 诗 shī 명 시 | 均 jūn 부 모두, 다 | 独特 dútè 형 독특하다, 특별하다 | 称 chēng 동 ~이라고 부르다 | 三绝 sānjué 명 삼절[시·서예·그림 세 방면에 매우 뛰어난 사람을 가리킴] *绝 형 더없이 훌륭하다 | 创作 chuàngzuò 동 창작하다 | 画作 huàzuò 명 회화 작품 | 代表作 dàibiǎozuò 명 대표작 | 兰竹图 Lánzhútú 고유 난죽도[난초와 대나무 그림] | 得到 dédào 동 얻다, 획득하다 | 称颂 chēngsòng 동 칭송하다, 칭찬하다

◆ 苏州 Sūzhōu 고유 쑤저우, 소주[지명] | 桃花 táohuā 명 복숭아꽃 | 巷 xiàng 명 골목 | 东头 dōngtóu 명 (거리·건물 등의) 동쪽 끝 | 间 jiān 양 칸[방을 셀 때 쓰임] | 画室 huàshì 명 화실 | 以…为生 yǐ……wéishēng ~으로 생계를 유지하다 | 卖画儿 mài huàr 그림을 팔다 | 巷子 xiàngzi 명 골목 | 一头 yìtóu 명 한쪽 | 当地 dāngdì 명 현지 | 吕子敬 Lǚ Zijìng 고유 여자경[인명] | 画技 huàjì 명 회화 기교, 그림 실력 | 高超 gāochāo 형 뛰어나다, 출중하다 | 梅花 méihuā 명 매화 | 无人能及 wúrénnéngjí 성 따라잡을 수 있는 사람이 없다, 아무도 따를 자가 없다

◆ 酷爱 kù'ài 동 몹시 좋아하다 | 出高价 chū gāojià 높은 가격을 제시하다 | 幅 fú 양 폭[옷감·종이·그림 등을 셀 때 쓰임] | 出乎意料 chūhūyìliào 성 예상을 벗어나다 | 推辞 tuīcí 동 거절하다, 사양하다 | 梅花图 méihuātú 명 매화도[매화를 그린 그림] | 两 liǎng 양

냥[무게 단위] | 银子 yínzi 명 은 | 足够 zúgòu 형 충분하다 | 信以为真 xìnyǐwéizhēn 성 정말이라고 믿다

◆ 发现 fāxiàn 동 발견하다, 알아차리다 | 兰 lán 명 난초(=兰花) | 竹 zhú 명 대나무 | 菊 jú 명 국화 | 样样 yàngyàng 대 여러 가지 | 唯独 wéidú 부 유독 | 得意 déyì 형 의기양양하다, 자만하다 | 深信 shēnxìn 동 깊게 믿다, 굳게 믿다 | 远 yuǎn 부 훨씬 | 逢人 féng rén 사람을 만나다 | 不过如此 búguòrúcǐ 성 이런 정도에 불과하다, 그저 그렇다

◆ 离开 líkāi 동 떠나다 | 临行 línxíng 동 떠날 때가 되다 | 送行 sòngxíng 동 배웅하다, 바래다주다 | 按照 ànzhào 전 ~에 따라, ~대로 | 礼节 lǐjié 명 예절 | 作画 zuòhuà 동 그림을 그리다 | 互相 hùxiāng 부 서로 | 赠 zèng 동 주다, 선사하다 | 接过 jiēguo 동 건네받다 | 气韵不凡 qìyùn bùfán 운치가 범상치 않다 | 恍然大悟 huǎngrándàwù 성 문득 크게 깨닫다 | 不禁 bùjīn 부 자기도 모르게 | 惭愧 cánkuì 형 부끄럽다, 송구스럽다 | 感激 gǎnjī 동 매우 감사하다 | 原来 yuánlái 부 알고 보니 | 留口饭吃 liú kǒu fàn chī 입으로 먹을 밥을 남겨 두다, 밥벌이를 남겨 두다

◆ 擅长 shàncháng 동 (어떤 방면에) 뛰어나다, 잘하다 | 崇拜 chóngbài 동 숭배하다 | 有意 yǒuyì 부 일부러, 고의로 | 不敢 bùgǎn 동 감히 ~하지 못하다, 차마 ~하지 못하다 | 承认劣势 chéngrèn lièshì 열세를 인정하다 | 舍不得 shěbude 동 ~하기 아까워하다 | 划线 huàxiàn 동 선을 긋다, (밑)줄을 치다 | 接受 jiēshòu 동 받아들이다 | 震惊 zhènjīng 동 깜짝 놀라다 | 关闭 guānbì 동 (문을) 닫다, 파산하다 | 跟随 gēnsuí 동 (뒤)따르다

79-82.

해설

79 첫 번째 단락에서 '塑料椅子虽然便宜，但不结实，承重能力也差(플라스틱 의자는 저렴하긴 하지만, 튼튼하지 않고 하중을 견디는 능력도 떨어진다)'고 했습니다. 따라서 정답은 B 不够结实입니다.

80 두 번째 단락의 첫 문장에서 '不锈钢椅子上打孔，可以有效减少椅子面积、节省用料(스테인리스 의자에 구멍을 뚫으면 의자의 면적을 줄이고 재료를 절약할 수 있다)'고 했습니다. 따라서 정답은 A 节约材料입니다.

81 세 번째 단락의 '除了省钱，给椅子打孔还能排水。如果没有排水孔，雨水和其他液体会积蓄在座椅表面，让人根本坐不了'에서 '排水孔'이 있을 때의 좋은 점을 설명하고 있습니다. 이어서 '不仅如此(뿐만 아니라)' 뒤에서도 '排水孔'의 좋은 점이 계속해서 나옵니다. 따라서 정답은 C 座椅排水孔的重要性입니다.

82 플라스틱 의자와 스테인리스 의자의 장단점을 설명했고, 의자에 구멍을 뚫었을 때의 장점을 소개했습니다. 전반적인 생활 상식에 관한 내용이므로 백과대전이 가장 무난한 책입니다. 따라서 정답은 A《百科大典》입니다.

정답 및 해석

单论成本，塑料椅子造价更为低廉，但对于公共场所的椅子来说，既要节约成本，还得耐用，给不锈钢椅子打孔就成为了不二之选。79 塑料椅子虽然便宜，但不结实，承重能力也差。

80 不锈钢椅子上打孔，可以有效减少椅子面积、节省用料，而节约下来的材料，又可以被用来制作新的椅子。同时，打孔还可以减少运输成本。用料减少，椅子变得更轻，有利于搬运。

此外，把椅子堆叠存放，就可以很大程度上减少运输空间，但如果椅子上没有孔，很可能就像著名的马德堡半球实验里的半球一样，堆叠的椅子之间没有空气、难舍难分，三个大汉也没法把它们拉开。

81 除了省钱，给椅子打孔还能排水。如果没有排水孔，雨水和其他液体会积蓄在座椅表面，让人根本坐不了。不仅如此，长时间的浸泡也会侵蚀座椅材料，导致椅子表面锈蚀、承重力下降。

비용만 따지면 플라스틱 의자의 제작비가 더 저렴하지만, 공공장소의 의자는 비용을 절약하면서도 내구성이 있어야 하므로, 스테인리스 의자에 구멍을 뚫는 것이 최선의 선택이 된다. 79 플라스틱 의자는 저렴하긴 하지만, 튼튼하지 않고 하중을 견디는 능력도 떨어진다.

80 스테인리스 의자에 구멍을 뚫으면 의자의 면적을 효과적으로 줄이고 재료를 절약할 수 있다. 그리고 절약한 재료는 새로운 의자를 만드는 데 사용할 수 있다. 또한, 구멍을 뚫으면 운송 비용도 줄일 수 있다. 재료가 줄어들어 의자가 더 가벼워지면 운반하기에도 더 편리해진다.

이밖에, 의자를 포개어 보관하면 운송 공간을 크게 줄일 수 있다. 그러나 의자에 구멍이 없다면, 유명한 마그데부르크 반구 실험의 반구처럼 쌓인 의자들 사이에 공기가 없어 쉽게 분리되지 않아서, 세 명의 장정이 힘을 합쳐도 떼어낼 수 없을 것이다.

81 비용 절감뿐만 아니라, 의자에 구멍을 뚫는 것은 배수 기능도 갖추게 한다. 배수구가 없으면 빗물이나 기타 액체가 의자 표면에 고여서 사람이 앉기 어렵게 된다. 이러할 뿐만 아니라, 오랜 시간 동안 물에 잠기면 의자 재질이 부식되어 표면에 녹이 생기고, 하중을 견디는 능력도 저하될 수 있다.

而在炎热的夏天，打孔还有一项作用——散热。在车站等车时，往往坐得比较久，屁股和椅子长期亲密接触，天气又热，不免会出汗，把裤子变皱变湿。这时候，椅子上的小孔就可以悄悄缓解你的小尴尬，因为它们可以有效增大气流的流动性，从而提升座椅的导热率，起到散热作用。

또한 더운 여름철에 구멍을 뚫는 것은 또 다른 중요한 역할을 한다. (그것은 바로) 열 발산이다. 특히 정류장에서 차를 기다릴 때 의자에 오래 앉아 있게 되는데, 엉덩이와 의자가 오랫동안 밀착되어 있으면 날씨도 더워 땀이 나면서 바지가 주름지고 젖기 쉽다. 이때 의자에 있는 작은 구멍들이 이러한 약간의 불편함을 은근히 해소해 준다. 왜냐하면 구멍들이 공기의 흐름을 효과적으로 증가시켜, 의자의 열전도율을 높여 주고 열을 발산하는 데 도움을 주기 때문이다.

79 塑料椅子的缺点是：

A 太贵
B 不够结实（✓）
C 不好看
D 制造起来麻烦

79 플라스틱 의자의 단점은

A 너무 비싸다
B 그다지 튼튼하지 않다 (✓)
C 보기 좋지 않다
D 제작하기 번거롭다

80 为什么要在不锈钢椅子上打孔？

A 节约材料（✓）
B 省钱
C 为了美观
D 减轻重量

80 왜 스테인리스 의자에 구멍을 뚫어야 하는가?

A 재료를 절약하려고 (✓)
B 돈을 아끼려고
C 미관을 위해서
D 무게를 줄이려고

81 第三段主要说什么？

A 不锈钢椅子的优点
B 省钱的方法
C 座椅排水孔的重要性（✓）
D 雨水的影响力

81 세 번째 단락은 주로 무엇을 말하는가?

A 스테인리스 의자의 장점
B 돈을 절약하는 방법
C 의자 배수 구멍의 중요성 (✓)
D 빗물의 영향력

82 这段话最可能出自哪本书？

A 《百科大典》（✓）
B 《故事会》
C 《论时尚的重要性》
D 《科学世界》

82 이 이야기는 어느 책에서 나올 가능성이 높은가?

A 『백과대전』 (✓)
B 『이야기 모임』
C 『패션의 중요성을 논하다』
D 『과학 세계』

단어

◆ 单 dān 부 단지, 오직, ~만 | 论 lùn 동 논하다, 말하다 | 成本 chéngběn 명 원가, 비용 | 塑料 sùliào 명 플라스틱 | 椅子 yǐzi 명 의자 | 造价 zàojià 명 제조비, 제작비 | 低廉 dīlián 형 저렴하다 | 节约 jiéyuē 동 (비용·재료를) 절약하다, 아끼다(=节省 jiéshěng) | 耐用 nàiyòng 형 내구성이 있다, 오래 쓸 수 있다 | 不锈钢 búxiùgāng 명 스테인리스, 녹슬지 않는 강 | 打孔 dǎkǒng 동 구멍을 뚫다 *孔 명 구멍 | 不二之选 bú'èrzhīxuǎn 성 이보다 더 좋은 선택은 없다, 최고의 선택, 유일한 선택 | 结实 jiēshi 형 튼튼하다, 견고하다 | 承重能力 chéngzhòng nénglì 하중을 견디는 능력 *承重 동 하중을 견디다

◆ 有效 yǒuxiào 형 효과적이다 | 减少 jiǎnshǎo 동 감소하다, 줄이다 | 面积 miànjī 명 면적 | 用料 yòngliào 명 (공업이나 농업 생산에 사용되는) 재료 | 材料 cáiliào 명 재료, 자재 | 制作 zhìzuò 동 제작하다, 만들다 | 运输 yùnshū 동 운송하다, 수송하다 | 有利于 yǒulì yú ~에 유리하다 | 搬运 bānyùn 동 옮기다, 운반하다

◆ 此外 cǐwài 명 이 밖에 | 堆叠 duīdié 동 (겹쳐) 쌓다, 포개다 | 存放 cúnfàng 동 보관하다, 맡기다 | 很大程度上 hěn dà chéngdù shàng 상당 부분, 크게 | 著名 zhùmíng 형 저명하다, 유명하다 | 马德堡半球实验 Mădébăo bànqiú shíyàn 마그데부르크 반구 실험[대기압의 힘을 보여주기 위한 실험] | 难舍难分 nánshě-nánfēn 성 서로 헤어지기 아쉬워하다 | 大汉 dàhàn 명 장정[건장한 남자] | 拉开 lākāi 동 당겨서 벌리다, 떼어내다

◆ 除了 chúle 전 ~을 제외하고, ~외에 | 省钱 shěngqián 동 돈을 절약하다, 돈을 아끼다 | 排水 páishuǐ 동 배수하다 *排水孔 명 배수구멍 | 液体 yètǐ 명 액체 | 积蓄 jīxù 동 저축하다, 축적하다 | 座椅 zuòyǐ 명 좌석, 의자 | 表面 biǎomiàn 명 표면 | 根本 gēnběn 부 전혀, 아예 | 不仅如此 bùjǐn rúcǐ 이러할 뿐만 아니라 | 浸泡 jìnpào 동 (물 속에) 담그다 | 侵蚀 qīnshí 동 부식하다 | 锈蚀 xiùshí 동 (금속에 공기나 액체가 닿아서) 녹이 생기다 | 下降 xiàjiàng 동 떨어지다, 낮아지다

◆ 炎热 yánrè 형 (날씨가) 무덥다, 찌는 듯하다 | 作用 zuòyòng 명 작용, 역할, 기능 *起到作用 작용을 하다, 역할을 하다 | 散热 sànrè 동 열을 발산하다 | 屁股 pìgu 명 엉덩이 | 亲密 qīnmì 형 친밀하다 | 接触 jiēchù 동 접촉하다 | 不免 bùmiǎn 부 면할 수 없다, 아무리 해도 ~가 되다 | 出汗 chūhàn 동 땀이 나다 | 皱 zhòu 동 구겨지다, 주름지다 | 湿 shī 형 축축하다, 습하다 | 缓解小尴尬 huǎnjiě xiǎo gāngà 작은 곤란함을 해소하다 *缓解 동 완화하다, 해소하다 *尴尬 형 (입장이) 난처하다, 곤란하다 | 增大流动性 zēngdà liúdòngxìng 유동성을 증대시키다 | 气流 qìliú 명 기류 | 从而 cóng'ér 접 따라서, ~함으로써 | 提升 tíshēng 동 향상시키다, 높이다 | 导热率 dǎorèlǜ 명 열전도율 *导热 동 열을 전도하다

◆ 缺点 quēdiǎn 명 결점, 단점 | 不够 búgòu 부 그다지 ~하지 않다 | 制造 zhìzào 동 제조하다, 만들다 | 麻烦 máfan 형 귀찮다, 번거롭다 | 美观 měiguān 명 미관 | 减轻重量 jiǎnqīng zhòngliàng 무게를 줄이다 *减轻 동 경감하다, 줄이다 | 优点 yōudiǎn 명 장점 | 影响力 yǐngxiǎnglì 명 영향력 | 百科大典 Bǎikē Dàdiǎn 고유 백과대전[책 이름] | 故事会 Gùshì Huì 고유 이야기 모임[책 이름] | 论时尚的重要性 Lùn Shíshàng de Zhòngyàoxìng 고유 패션의 중요성을 논하다[책 이름] *时尚 명 유행, 패션 | 科学世界 Kēxué Shìjiè 고유 과학 세계[책 이름]

83-86.

해설

83 '朝南'의 의미를 묻는 문제입니다. 첫 번째 단락의 두 번째 문장 '所谓坐北朝南，是指房子位于北侧，房屋的门朝南侧开'에서 집의 문이 남쪽을 향해 열려 있다고 했으므로 정답은 B 房屋门朝南开입니다.

84 두 번째 단락을 근거로 남향인 집의 장점을 묻는 문제입니다. 두 번째 단락의 두 번째 문장 '房子坐北朝南，日照时间更长，即使在冬天，阳光依然能照射到房间的深处，充足的光线令人有明亮温暖的感觉。'에서 집이 남향이면 겨울에도 햇빛이 방 깊숙한 곳까지 비추어 따뜻한 느낌이 들게 해 준다고 했으므로 C 有充足的光照입니다.

85 여름철 남향집의 장점을 묻는 문제입니다. 세 번째 단락에서 먼저 '夏季'를 찾고 그 뒤를 읽다 보면 '房屋坐北朝南，门开在南侧，空气就能充分流通'이 나옵니다. 문이 남쪽으로 향해 있으면 공기가 충분히 잘 통한다고 했으므로 정답은 C 利于空气流通입니다.

86 '总的来说(결론적으로 말하면)'는 앞에서 했던 말들을 요약하여 결론지을 때 씁니다. '总的来说' 뒤의 내용을 보면 전체 글의 주제를 알 수 있습니다. 마지막 문단 '总的来说，在中国建造坐北朝南的房子充分考虑了各种条件，是宜居的最优方案，体现出了中国古代劳动人民的智慧'에서 고대 중국 노동자들의 지혜를 구현했다고 언급했습니다. 따라서 정답은 D 中国古人的聪明才智입니다.

정답 및 해석

观察中国古代建筑，你会发现许多古建筑是坐北朝南的。[83] 所谓坐北朝南，是指房子位于北侧，房屋的门朝南侧开。房屋的主要功能区域，如客厅、主卧室也朝南向。那么，人们为什么选择坐北朝南的房子呢？ 由于中国地处北半球，多数地区在北回归线以北，一年四季接收到的阳光都来自南边。[84] 房子坐北朝南，日照时间更长，即使在冬天，阳光依然能照射到房间的深处，充足的光线令人有明亮温暖的感觉。	중국의 고대 건축을 관찰하면 많은 고건축물들이 남향이라는 것을 알 수 있다. [83] 이른바 '坐北朝南'이라는 것은 집이 북쪽에 위치하고, 집의 문이 남쪽을 향해 열려 있다는 것을 의미한다. 집의 주요 기능을 하는 구역, 예를 들어 거실이나 안방도 남쪽을 향하고 있다. 그렇다면 사람들은 왜 남향집을 선택했을까? 중국은 북반구에 위치해 있고, 대부분의 지역이 북회귀선 이북에 자리하고 있기 때문에 일 년 내내 햇빛이 남쪽에서 비쳐 든다. [84] 집이 남향이면 일조 시간이 더 길어져서, 설령 겨울철이라고 해도 햇빛이 방 깊숙이 들어와서, 충분한 햇빛이 우리에게 밝고 따뜻한 느낌이 들게 한다.

另外，中国的很多地区处于季风气候区。[85] 夏季，东南季风和西南季风分别从太平洋和印度洋上吹来。[85] 房屋坐北朝南，门开在南侧，空气就能充分流通，让人在夏季感到凉爽舒适。到了冬天，北风和西北风从西伯利亚吹来，房屋北面的墙能够起到阻挡作用，防寒保暖。因此，坐北朝南的房子冬暖夏凉。

[86] 总的来说，在中国建造坐北朝南的房子充分考虑了各种条件，是宜居的最优方案，体现出了中国古代劳动人民的智慧。

이밖에, 중국의 많은 지역은 계절풍 기후대에 속해 있다. [85] 여름철에는 동남계절풍과 남서계절풍이 각각 태평양과 인도양에서 불어온다. [85] 집이 남향이어서 문이 남쪽에 열려 있으면, 공기가 충분히 통할 수 있어 여름철에 시원하고 쾌적하게 느낄 수 있다. 겨울철이 되면, 북풍과 북서풍이 시베리아에서 불어오는데, 집의 북쪽 벽이 이러한 바람을 막아주어 방한과 보온의 역할을 한다. 따라서 남향인 집은 겨울에는 따뜻하고 여름에는 시원하다.

[86] 결론적으로 말하면, 중국에서 남향인 집을 건설하는 것은 다양한 조건을 충분히 고려한 결과로, 거주에 최적화된 선택이고, 고대 중국 노동자들의 지혜를 잘 보여준다.

83 "坐北朝南"中"朝南"指的是：
- A 房子都在南方
- B 房屋门朝南开 (✓)
- C 防火墙在南边
- D 台阶朝向南侧

83 '坐北朝南'에서 '朝南'이 의미하는 것은
- A 집이 모두 남쪽에 있다
- B 집의 문이 남쪽을 향해 열려 있다 (✓)
- C 방화벽이 남쪽에 있다.
- D 계단이 남쪽을 향해 있다

84 根据第二段，"坐北朝南"可以保证房屋：
- A 不起火
- B 更加结实
- C 有充足的光照 (✓)
- D 不用电灯照明

84 두 번째 단락에 따르면, '坐北朝南'은 집의 무엇을 보장할 수 있는가
- A 불이 나지 않는다
- B 더욱 견고하다
- C 충분한 햇빛이 있다 (✓)
- D 전등을 쓰지 않아도 밝게 비춘다

85 夏天，房屋"坐北朝南"有什么好处？
- A 便于出行
- B 使地面干燥
- C 利于空气流通 (✓)
- D 屋内不易有飞虫

85 여름에 집이 '坐北朝南'하면 어떤 장점이 있는가?
- A 외출하기 편리하다
- B 지면을 건조하게 한다
- C 공기가 통하는 데 유리하다 (✓)
- D 집 안에 날벌레가 잘 생기지 않는다

86 作者认为"坐北朝南"的设计体现了什么？
- A 自然之美
- B 设计师的水平
- C 房屋所有者的个性
- D 中国古人的聪明才智 (✓)

86 저자는 '坐北朝南' 설계가 무엇을 구현했다고 생각하는가?
- A 자연의 아름다움
- B 설계사의 수준
- C 집 소유자의 개성
- D 중국 고대인의 총명함과 재지 (✓)

단어

◆ 观察 guānchá 동 관찰하다 | 建筑 jiànzhù 명 건축물 | 发现 fāxiàn 동 발견하다, 알아차리다 | 许多 xǔduō 형 매우 많다 | 坐北朝南 zuòběi cháonán (건물이) 북쪽에 자리 잡고 남쪽을 향하다, 남향하다 | 所谓 suǒwèi 형 소위, 이른바 | 指 zhǐ 동 가리키다, 말하다 | 位于 wèiyú 동 ~에 위치하다, ~에 있다(=地处 dìchǔ) | 北侧 běicè 명 북측, 북쪽 *侧 명 옆, 측, 쪽 | 房屋 fángwū 명 집, 주택 | 区域 qūyù 명 구역, 지역 | 南侧 náncè 명 남측, 남쪽 | 客厅 kètīng 명 거실 | 卧室 wòshì 명 침실 *主卧室 안방

◆ 北半球 běibànqiú 명 북반구 | 北回归线 běihuíguīxiàn 명 북회귀선[태양이 머리 위 천정을 지나는 가장 북쪽 지점을 잇는 위선] | 以北 yǐběi 명 이북[어떤 지점을 기준으로 하여 그 북쪽] | 一年四季 yìnián sìjì 일년 사계절, 일년 내내 | 接收 jiēshōu 동 받다, 받아들이다 | 来自 láizì 동 ~에서 오다 | 日照时间 rìzhào shíjiān 일조 시간[햇볕이 내리쬐는 시간] | 即使 jíshǐ 접 설령 ~하더라도 | 阳光 yángguāng 명 햇빛 | 依然 yīrán 부 여전히, 아직도 | 照射 zhàoshè 동 비추다, 내리쬐다 | 深处 shēnchù 명 깊은 곳 | 充足 chōngzú 형 충분하다 | 光线 guāngxiàn 명 광선, 빛 | 明亮 míngliàng 형 밝다 | 温暖 wēnnuǎn 형 온난하다, 따뜻하다

◆ 另外 lìngwài 접 이 외에, 그밖에 | 处于 chǔyú 동 ~에 처하다, ~에 있다 | 季风气候区 jìfēng qìhòuqū 계절풍 기후대 *季风 명 계절풍, 몬순(monsoon) | 分别 fēnbié 부 각각, 따로따로 | 从…吹来 cóng……chuīlái ~에서 불어오다 *吹 접 (바람이) 불다 | 太平

洋 Tàipíngyáng 고유 태평양 | 印度洋 Yìndùyáng 고유 인도양 | 充分 chōngfèn 부 충분히 | 流通 liútōng 동 (공기가) 유통되다, 통하다 | 凉爽 liángshuǎng 형 시원하다 | 舒适 shūshì 형 편안하다 | 西伯利亚 Xībólìyà 고유 시베리아 | 起到…作用 qǐdào……zuòyòng ~한 작용을 하다, ~한 역할을 하다 | 阻挡 zǔdǎng 동 막다, 저지하다 | 因此 yīncǐ 접 이 때문에, 그러므로 | 防寒保暖 fánghán bǎonuǎn 추위를 막고 따뜻하게 하다 | 冬暖夏凉 dōngnuǎn xiàliáng 겨울에는 따뜻하고 여름에는 시원하다

◆ 总的来说 zǒngdeláishuō 종합적으로 말하면, 결론적으로 말하면 | 宜居 yíjū 형 살기 좋다 | 最优方案 zuìyōu fāng'àn 최적의 방안 | 体现 tǐxiàn 동 구현하다, 구체적으로 드러내다 | 劳动人民 láodòng rénmín 노동 인민, 노동자 | 智慧 zhìhuì 명 지혜

◆ 防火墙 fánghuǒqiáng 명 방화벽 *防火 동 방화하다, 화재를 방지하다 | 台阶 táijiē 명 층계, 계단 | 朝向 cháoxiàng 동 ~로 향하다, ~로 향해 있다 | 根据 gēnjù 전 ~에 근거하여, ~에 따르면 | 保证 bǎozhèng 동 보증하다, 보장하다 | 起火 qǐhuǒ 동 불이 나다 | 光照 guāngzhào 명 일조, 빛 | 电灯 diàndēng 명 전등 | 照明 zhàomíng 동 밝게 비추다 | 好处 hǎochù 명 좋은 점, 장점 | 便于 biànyú 동 ~하기 쉽다, 편리하다 | 出行 chūxíng 동 외출하다, (밖으로) 나가다 | 干燥 gānzào 형 건조하다 | 利于 lì yú ~에 이롭다, ~에 유리하다 | 飞虫 fēichóng 명 날벌레 | 设计 shèjì 명 설계, 디자인 | 自然之美 zìrán zhī měi 자연의 아름다움 | 设计师 shèjìshī 명 설계사, 디자이너 | 聪明才智 cōngmíng cáizhì 총명함과 재지[재지: 재능과 지혜]

87-90.

해설

87 두 번째 단락의 '到了汉朝，"驿传"逐渐走向成熟，形成了一套完整的制度'와 '收发这些文件都要进行登记，以明确责任'에서 완벽한 제도가 형성되었고, 책임을 명확히 하기 위해 앞에 나온 문서들을 등록해 두었다고 설명하고 있습니다. 이는 곧 관리가 엄격하다(管理严格)는 것을 뜻합니다. 따라서 정답은 B 管理严格입니다.

88 세 번째 단락의 밑줄 친 문장 '就连一些边远地区也建立了提供服务的"网点"'과 뒤에 이어지는 내용을 통해, 변방 지역조차도 '网点(지점)'이 있어서 당시 택배의 규모가 크고, 운송 방식이 많아 기본적으로 백성의 수요를 만족시켰다는 사실을 알 수 있습니다. 따라서 정답은 C 快递业务范围扩大입니다.

89 문제의 키워드인 '镖局(표국)'를 빠르게 찾아 보면 마지막 단락에서 보입니다. 마지막 단락에서 '按距离远近、物品价值、风险程度等，收取不同的费用'라고 했으므로 표국에서 받는 요금이 거리나 상품 가치, 위험도에 따라 다르다는 것을 알 수 있습니다. 따라서 정답은 B 收费标准不唯一입니다.

90 이 글을 보면 단락마다 '秦朝时', '到了汉朝', '到了隋唐时期'가 나옵니다. 이를 통해 진나라부터 역대 왕조의 택배 기관을 예로 들어 설명하고 있다는 것을 알 수 있습니다. 따라서 정답은 B 古代快递简史입니다.

정답 및 해석

随着电子商务的发展，快递成了与人们生活密切相关的事物，每天都有很多人盼望着收到自己的快递。其实，"快递"由来已久，并非现代社会的专属，早在中国古代就存在了。

秦朝时出现了"驿传"，供官员往来和递送公务文书。[87] 到了汉朝，"驿传"逐渐走向成熟，形成了一套完整的制度。政府将所传递的文件分为不同等级，由专人、专马按规定的顺序和时间传递，[87] 收发这些文件都要进行登记，以明确责任。

到了隋唐时期，快递业迅速发展，**就连一些边远地区也建立了提供服务的"网点"**。[88] 那时的快递规模大，运送方式多，便利程度虽远不及现代交通运输，但也基本能够满足百姓的需要。

古时，除了官办快递，还有民办快递——镖局。镖局的责任就是将货物安全地送到指定的地方，并[89] 按距离远近、物品价值、风险程度等，收取不同的费用，这跟现代快递有些相似，只不过，镖局护送的除了货物、钱财外，还可以是人。

전자 상거래가 발전함에 따라, 택배는 사람들의 생활과 밀접하게 관련된 사물이 되었고, 매일 많은 사람들이 자신의 택배를 받길 간절히 바라고 있다. 사실, '택배'는 유래가 깊은데, 결코 현대 사회의 전유물이 아니고 일찍이 중국 고대에서도 존재했다.

진나라 때 '역전(驿传)'이 출현하면서, 관원들은 왕래하며 공문 문서를 보내도록 제공했다. [87] 한나라에 이르러, '역전'은 점차 성숙해지며 완전한 제도를 형성했다. 정부가 전달하는 문서를 서로 다른 등급으로 나누어, 전담자와 전용 말이 정해진 순서와 시간에 따라 전달하는데, [87] 이 문서들을 받고 보내는 것은 모두 등록을 거쳐야 하고, 그렇게 책임을 명확히 했다.

수·당 시기에 이르러서는 택배업이 빠르게 발전해 **일부 변방 지역조차도 서비스를 제공하는 '지점'을 세웠다.** [88] 그때의 택배는 규모가 크고 운송 방식이 많았는데, 편리한 정도는 비록 현대의 교통 운송에 훨씬 미치지 못했지만, 기본적으로 백성의 수요를 만족시킬 수 있었다.

옛날에는 국영 택배 외에도 민영 택배인 표국이 있었다. 표국의 책임은 바로 화물을 지정된 장소로 안전하게 보내는 것이고, [89] 거리의 멀고 가까움·물품의 가치·위험 정도 등에 따라 서로 다른 요금을 받았는데, 이는 현대의 택배와 약간 비슷하다. 다만 표국이 호송하는 것은 화물과 재물 외에, 사람일 수도 있다.

87 汉朝的"驿传"有什么特点?

A 速度慢
B 管理严格 (✓)
C 运送路线固定
D 制度由商人制定

87 한나라의 '역전'은 어떤 특징이 있는가?

A 속도가 느리다
B 관리가 엄격하다 (✓)
C 운송 경로가 일정하다
D 제도는 상인이 만들었다

88 第三段的画线句想要说明隋唐时期:

A 人口众多
B 山区条件艰苦
C 快递业务范围扩大 (✓)
D 运输方法比以前更多

88 세 번째 단락의 밑줄 친 문장은 수·당 시기가 어떻다는 것을 설명하려고 하는가

A 인구가 많다
B 산간 지역은 조건이 어렵고 힘들다
C 택배 업무 범위가 확대되었다(✓)
D 운송 방법이 이전보다 더 많아졌다

89 关于镖局，可以知道什么?

A 押金较高
B 收费标准不唯一 (✓)
C 冲击官方快递地位
D 不再对包裹进行分类

89 표국에 관하여 알 수 있는 것은 무엇인가?

A 보증금이 비교적 높다
B 요금 기준이 하나가 아니다 (✓)
C 정부 측 소포의 지위에 타격을 준다
D 더 이상 소포를 분류하지 않는다

90 最适合做上文标题的是:

A 快递的命名
B 古代快递简史 (✓)
C 现代快递的优点
D 快递业的未来趋势

90 윗글의 제목으로 가장 적합한 것은

A 택배의 이름 짓기
B 고대 택배의 간략한 역사 (✓)
C 현대 택배의 장점
D 택배업의 미래 트렌드

단어

- 随着 suízhe 전 ~함에 따라서 | 电子商务 diànzǐ shāngwù 전자 상거래(=电商) | 发展 fāzhǎn 동 발전하다 | 快递 kuàidì 명 택배 | 密切相关 mìqiē xiāngguān 밀접하게 관련되다 | 盼望 pànwàng 동 간절히 바라다 | 收 shōu 동 (택배를) 받다 | 其实 qíshí 부 사실 | 由来已久 yóuláiyǐjiǔ 성 유래가 이미 오래되다, 유래가 깊다 | 专属 zhuānshǔ 명 전속, 전유물 | 存在 cúnzài 동 존재하다
- 秦朝 Qíncháo 고유 진나라 | 出现 chūxiàn 동 출현하다, 나타나다 | 驿传 yìchuán 명 역전[역참에서 공문을 주고받는 통신 제도] *驿 명 역참 *传 동 전하다 | 供 gōng 동 (~하도록) 제공하다 | 官员 guānyuán 명 관원 | 往来 wǎnglái 동 왕래하다, 오가다 | 递送 dìsòng 동 (공문을) 보내다, 발송하다 | 公务文书 gōngwù wénshū 공무 문서, 공문(=公文) | 汉朝 Hàncháo 고유 한나라 | 逐渐 zhújiàn 부 점점, 점차 | 走向成熟 zǒu xiàng chéngshú 성숙해지다 | 形成 xíngchéng 동 형성하다 | 套 tào 양 련, 가지[제도·방법·재능 등의 체계를 이루고 있는 것을 셀 때 쓰임] | 完整 wánzhěng 형 (손상이 없이) 온전하다, 완전하다 | 制度 zhìdù 명 제도 | 政府 zhèngfǔ 명 정부 | 传递 chuándì 동 전달하다 | 文件 wénjiàn 명 문서 | 等级 děngjí 명 등급 | 由 yóu 전 ~이, ~가 | 专人 zhuānrén 명 전담자 | 专马 zhuānmǎ 명 전용 말 | 按 àn 전 ~에 따라 | 规定 guīdìng 동 규정하다, 정하다 | 顺序 shùnxù 명 순서 | 收发 shōufā 동 (공문을) 받고 보내다 | 登记 dēngjì 동 등록하다 | 以 yǐ 전 ~하기 위해서, 그렇게 해서 | 明确责任 míngquè zérèn 책임을 명확히 하다
- 隋唐 Suí Táng 수·당[수나라와 당나라] | 时期 shíqī 명 시기 | 快递业 kuàidìyè 명 택배업 | 迅速 xùnsù 형 신속하다, 재빠르다 | 边远 biānyuǎn 형 변방의, 변두리의 | 建立网点 jiànlì wǎngdiǎn 지점을 세우다 | 提供服务 tígōng fúwù 서비스를 제공하다 | 规模 guīmó 명 규모 | 运送 yùnsòng 동 운송하다 | 便利 biànlì 형 편리하다 | 程度 chéngdù 명 정도 | 远不及 yuǎn bù jí 훨씬 미치지 못하다 | 交通运输 jiāotōng yùnshū 교통 운송 *运输 동 운수하다, 운송하다 | 基本 jīběn 부 기본적으로 | 满足需要 mǎnzú xūyào 수요를 만족시키다 *需要 명 수요, 필요, 요구
- 除了 chúle 전 ~을 제외하고, ~외에 | 官办 guānbàn 형 국영의, 국가가 경영하는 | 民办 mínbàn 형 민영의, 민간이 경영하는 | 镖局 biāojú 명 표국[고대 중국의 운송·보험·경비 업체] | 货物 huòwù 명 화물 | 指定 zhǐdìng 동 지정하다 | 距离远近 jùlí yuǎnjìn 거리의 멀고 가까움 | 物品价值 wùpǐn jiàzhí 물품의 가치 | 风险程度 fēngxiǎn chéngdù 위험 정도 | 收取费用 shōuqǔ fèiyong 요금을 받다 *费用 명 비용, 요금 | 有些 yǒuxiē 부 조금, 약간 | 相似 xiāngsì 형 비슷하다 | 只不过 zhǐbúguò 부 다만, 단지 | 护送 hùsòng 동 호송하다 | 钱财 qiáncái 명 재물

◆ 特点 tèdiǎn 명 특징 | 速度慢 sùdù màn 속도가 느리다 | 管理严格 guǎnlǐ yángé 관리가 엄격하다 | 路线固定 lùxiàn gùdìng 경로가 일정하다 *路线 명 노선, 경로 *固定 형 고정되다, 일정하다 | 商人 shāngrén 명 상인 | 制定 zhìdìng 동 제정하다, 만들다 | 画线句 huàxiàn jù 밑줄 친 문장 | 人口众多 rénkǒu zhòngduō 인구가 많다 | 山区 shānqū 명 산간 지역 | 条件艰苦 tiáojiàn jiānkǔ 조건이 어렵고 힘들다 *艰苦 형 어렵고 힘들다, 고생스럽다 | 业务范围扩大 yèwù fànwéi kuòdà 업무 범위가 확대되다 | 押金 yājīn 명 보증금 | 收费标准 shōufèi biāozhǔn 요금 기준 | 唯一 wéiyī 형 유일하다 *不唯一 유일하지 않다, 하나가 아니다 | 冲击地位 chōngjī dìwèi 지위에 영향을 주다 *冲击 동 타격을 주다, 영향을 주다 | 官方 guānfāng 명 공식, 정부 측 | 包裹 bāoguǒ 명 소포 | 分类 fēnlèi 동 분류하다 | 标题 biāotí 명 제목 | 命名 mìngmíng 동 명명하다, 이름을 짓다 | 简史 jiǎnshǐ 명 (내용을 간략하게 줄여 적은) 간략한 역사 | 优点 yōudiǎn 명 장점 | 未来趋势 wèilái qūshì 미래 추세, 미래 트렌드

三、书写

第一部分 주어진 단어를 순서대로 배열해 문장을 완성하세요

91. 那种　极其　布料摸起来　光滑

해설

STEP 1 술어를 찾는다. ➡ 光滑

STEP 2 부사 '极其'를 술어 앞에 위치시킨다. ➡ 极其+光滑

▶ 형용사 술어이므로 목적어는 필요 없고 앞에 정도 부사를 붙여 줍니다.

STEP 3 주어를 찾는다. ➡ 那种+布料摸起来

▶ '那种'뒤에는 명사가 와야 하므로 명사 '布料'와 결합해서 주어 자리에 놓습니다.

Tip '摸起来'의 보어 '起来'는 판단할 때 사용합니다.

那种布料	摸起来	极其	光滑
주어	판단	부사	술어
	부사어		

정답 및 해석 那种布料摸起来极其光滑。 그 옷감은 만져 보니 아주 매끄럽다.

단어 布料 bùliào 명 옷감 | 摸 mō 동 어루만지다 | 极其 jíqí 부 매우 | 光滑 guānghuá 형 (물체의 표면이) 매끄럽다

92. 上世纪80年代　图书馆于　建成　该

해설

STEP 1 술어를 찾는다. ➡ 建成

STEP 2 주어를 찾는다. ➡ 图书馆于

▶ 명사 제시어 '图书馆' 뒤에 전치사 '于'를 보고, 전치사구 부사어를 만들어 주어야 합니다. 그런데 전치사 '于'는 보어 자리에도 많이 쓰이므로, '建成于+시간'으로도 쓸 수 있습니다. 따라서 문제를 출제할 때, 주어 뒤에 전치사 '于'를 일부러 붙여서 출제한 것입니다.

STEP 3 전치사 '于'와 호응하는 명사를 찾아 술어 앞에 놓는다. ➡ 图书馆于+上世纪80年代+建成

▶ 주어 '图书馆' 뒤에 전치사 '于'를 붙여서 제시했으므로, 전치사 '于'와 호응하는 단어를 찾습니다. 전치사 '于' 뒤에는 장소나 시간이 옵니다. 따라서 시간명사 '上世纪80年代'를 '于' 뒤에 써 줍니다.

STEP 4 관형어를 찾아 수식하는 명사와 결합한다. ➡ 该+图书馆于上世纪80年代建成

▶ '该'는 지시대명사 '이, 그, 저'의 의미가 있으므로 명사 '图书馆' 앞에 써 줍니다. '该'가 '应该(~해야 한다)'의 의미로 쓰이면, '도서관을 지난 세기 80년대에 지어야 한다'로 의미상 어울리지 않습니다.

该图书馆	于上世纪80年代	建成
주어	부사어	술어

정답 및 해석	该图书馆于上世纪80年代建成。이 도서관은 지난 세기 80년대에 완공되었다.
단어	该 gāi 대 이, 그, 저 ｜ 图书馆 túshūguǎn 명 도서관 ｜ 上世纪 shàng shìjì 지난 세기 ｜ 建成 jiànchéng 동 완공하다, 다 짓다

93. 晒一晒　厚被子　把　吧　拿到阳台上

해설

STEP 1 '把'와 술어를 찾는다. ➡ 把, 拿到阳台上+晒一晒

▶ 동사가 2개이므로 把자문과 연동문이 결합한 형태입니다. 동사1은 '拿'이고, 전치사구인 '到阳台上'이 결합한 형태입니다. 동사2는 1음절 동사 중첩 형태로 '晒一晒'입니다. 연동문의 동사는 동작이 일어난 순서대로 나열하면 되므로, '拿' 다음에 '晒一晒'를 써 줍니다.

STEP 2 목적어를 찾는다. ➡ 把+厚被子

▶ 명령문의 형태로 주어 '你'는 생략되어 있습니다. 把자문은 이처럼 명령문으로 자주 출제된다는 점에 유의합니다. 제시어에서 유일한 명사인 '厚被子'는 '把' 뒤의 목적어 자리에 써 줍니다. 여기에서 '厚被子'는 동사 '拿'의 목적어입니다.

STEP 3 조사를 찾아 동사 뒤에 써 준다. ➡ 晒一晒+吧

▶ 어기조사 '吧'는 명령·청유·제의를 나타냅니다. 동사2 '晒一晒' 뒤에 '吧'를 써 줍니다.

把 厚被子	拿	到阳台上	晒一晒	吧
把+목적어	동사1	보어	동사2	조사

정답 및 해석	把厚被子拿到阳台上晒一晒吧。두꺼운 이불을 베란다로 가져가 햇볕에 좀 말려라.
단어	厚被子 hòubèizi 명 두꺼운 이불 ｜ 拿 ná 동 (손에) 쥐다, 가지다 ｜ 阳台 yángtái 명 베란다 ｜ 晒 shài 동 햇볕에 말리다

94. 比竞争对手　出色　表现　好几倍　小李的

해설

STEP 1 술어를 찾는다. ➡ 比竞争对手+出色

▶ 제시어에서 '比'를 보고 비교문이라는 것을 파악합니다. 비교문은 술어가 형용사이므로, 형용사 술어를 찾아 줍니다. '表现'은 동사와 명사로만 쓰이기 때문에 비교문의 술어가 될 수 없습니다. 따라서 형용사 '出色'를 술어로 놓습니다.

STEP 2 주어를 찾는다. ➡ 小李的+表现+比竞争对手出色

▶ '小李的' 뒤에는 명사가 와야 하므로 '小李的+表现'을 결합시켜 주어 자리에 놓습니다.

STEP 3 보어는 술어 뒤에 써 준다. ➡ 小李的表现比竞争对手出色+ 好几倍

▶ 수량을 나타내는 '好几倍'는 술어 뒤 보어 자리에 써 줍니다.

小李的	表现	比竞争对手	出色	好几倍
관형어	주어	부사어	술어	보어

정답 및 해석	小李的表现比竞争对手出色好几倍。샤오리의 활약은 경쟁 상대보다 몇 배 뛰어나다.
단어	表现 biǎoxiàn 명 활약, 태도, 행동 ｜ 竞争 jìngzhēng 명 경쟁 ｜ 对手 duìshǒu 명 상대 ｜ 出色 chūsè 형 훌륭하다, 뛰어나다 ｜ 倍 bei 양 배, 갑절

95. 方案　很完美　那套　得　设计

해설

STEP 1 술어를 찾는다. ➡ 设计

▶ '很完美'도 술어가 될 수 있지만, 조사 '得' 앞에는 동사를, '得' 뒤에는 보어를 써 주어야 합니다. 따라서 술어는 동사인 '设计'입니다. '设计'는 명사도 있지만 동사도 있다는 점에 유의합니다.

STEP 2 조사 '得'와 보어를 만들어 준다. ➡ 设计+得+很完美

▶ '得' 뒤의 보어 자리에 가장 많이 오는 구조는 '정도부사+형용사'임을 기억합니다.

STEP 3 주어를 찾는다. ➡ 那套+方案+设计得很完美

▶ '那套' 뒤에는 명사가 와야 하므로 '方案'과 결합해 주어 자리에 놓아 줍니다.

那套方案	设计	得	很完美
주어	술어	조사	보어

정답 및 해석 那套方案设计得很完美。그 방안은 완벽하게 설계되었다.

단어 套 tào 양 벌, 조, 세트 | 方案 fāng'àn 명 방안, 계획안 | 设计 shèjì 동 설계하다, 디자인하다 | 完美 wánměi 형 완벽하다

96. 健康 这样 心理 保持 才能使

해설

STEP 1 술어1, 2를 찾는다. ➡ 술어1: 才能使, 술어2: 保持+健康

▶ 두 개의 술어 중 사역동사가 술어1이 됩니다. 따라서 '保持'는 자연스럽게 술어2가 됩니다. 또한 술어2인 '保持'의 목적어 '健康'도 함께 써 줍니다.

STEP 2 술어2의 주어를 찾는다. ➡ 心理+保持健康

▶ '保持健康'의 주어는 '心里'입니다.

Tip '保持心理健康'도 가능하지만, 이 문제의 제시어에 사역동사 '使'가 있다는 것을 기억해야 합니다. 반드시 '使' 뒤에 주어2가 와야 합니다. 따라서 '心里'를 '保持健康'의 주어로 만들어야 합니다.

STEP 3 사역동사 '使'의 주어를 찾는다. ➡ 这样+才能使心理保持健康

▶ '这样'은 단독으로 주어 자리에 올 수 있는 대명사이므로 사역동사 '使'의 주어가 될 수 있습니다. 또한 '才能' 앞에서 조건을 나타내기도 합니다.

这样	才能	使	心理	保持	健康
주어1	부사어	술어1	주어2(겸어)	술어2	목적어2

정답 및 해석 这样才能使心理保持健康。이렇게 해야만 마음을 건강하게 유지할 수 있다.

단어 保持 bǎochí 동 (지속적으로) 유지하다 | 健康 jiànkāng 명 건강

97. 教室里 那 间 书 摆满了

해설

STEP 1 술어를 찾는다. ➡ 摆满了

▶ 제시어 '摆满了'에서 동태조사 '了'를 보고 문장의 술어임을 알 수 있습니다. 동사 '摆' 뒤에 보어 '满(가득차다)'이 결합한 형태입니다. '满'이 보어로 쓰일 때는 주로 장소 주어와 호응합니다.

STEP 2 주어를 찾는다. ➡ 주어: 那+间+教室里

▶ 존현문 문제입니다. 존현문은 주어 자리에 장소명사, 목적어 자리에 불특정한 명사가 온다는 것을 반드시 기억해 둡니다. 한국어로 해석하여 문제를 풀면 틀릴 가능성이 높으니, 존현문 공식 '장소주어+술어+불특정한 명사'에 따라 문제를 풉니다. 따라서 장소주어 자리에는 지시대명사 '那+间(방을 셀 때 쓰는 양사)+教室里'를 써 줍니다.

Tip 양사 '间'이 방을 세는 양사인지를 모르는 학생들이 많습니다. 오답으로 '那间书'를 자주 쓰는데, 이는 틀린 답이니 주의합니다.

STEP 3 목적어를 찾는다. ➡ 목적어: 书

▶ 존현문의 목적어 자리에는 불특정한 명사가 옵니다. 불특정한 명사는 '수량+명사'구조로 쓰이는데, 때때로 '수량'이 생략되기도 합니다. 이 문제에서는 명사 '书'만 목적어 자리에 써 줍니다. 중국어는 영어처럼 수의 일치가 없으며, 문맥상 '书'가 복수임을 알 수 있습니다.

那间教室里	摆	满了	书
주어	술어	보어	목적어

정답 및 해석	那间教室里摆满了书。그 교실에는 책이 가득 진열되어 있다.
단어	间 jiān 양 칸[방을 셀 때 쓰임] ㅣ 教室 jiàoshì 명 교실 ㅣ 摆满 bǎimǎn 동 가득 진열되다

98. 已　嘉宾　到达西安　陆续　各国

해설

STEP 1 술어를 찾는다. ➡ 到达西安

▶ 동사 '到达'와 목적어 '西安'이 붙어 있습니다.

STEP 2 주어를 찾는다. ➡ 嘉宾+到达西安

STEP 3 관형어를 찾아 수식하는 명사 앞에 놓는다. ➡ 各国+嘉宾到达西安

▶ 명사 '各国'는 '的' 없이 명사 '嘉宾'을 수식할 수 있습니다.

STEP 4 부사어를 찾아 술어 앞에 놓는다. ➡ 各国嘉宾+已+陆续+到达西安

▶ 상태부사 '陆续'는 동사 바로 앞에서 동사를 수식하므로 시간부사 '已'를 상태부사 '陆续' 앞에 써 줍니다. '陆续'는 '여러 사람이 시간차를 두고 잇따라 같은 행동을 한다'는 의미로 쓰입니다.

各国	嘉宾	已陆续	到达	西安
관형어	주어	부사어	술어	목적어

정답 및 해석	各国嘉宾已陆续到达西安。각국의 귀빈들은 이미 잇따라 시안에 도착했다.
단어	嘉宾 jiābīn 명 귀빈, 게스트, 초대손님 ㅣ 陆续 lùxù 부 (시간차를 두고) 계속해서, 잇따라 ㅣ 到达 dàodá 동 도달하다, 도착하다 ㅣ 西安 Xī'ān 고유 시안[산서(陕西)성의 도시]

第二部分 작문하세요.

99. 车厢　误会　劝　委屈　理解

해설

STEP 1 제시어 분석하기

① **车厢** chēxiāng 명 (열차의) 객실, 객차

- 上班时间，车厢里挤满了人。출근 시간에 객실 안은 사람들로 가득 찼다.
- 地铁车厢里网络信号不太稳定。지하철 객차 안은 인터넷 신호가 별로 안정적이지 않다.

◆ 上班 shàngbān 동 출근하다 ㅣ 挤满 jǐmǎn 동 가득 차다 *挤 동 빽빽이 들어 차다, 붐비다 ㅣ 地铁 dìtiě 명 지하철 ㅣ 网络信号 wǎngluò xìnhào 인터넷 신호 ㅣ 稳定 wěndìng 형 안정적이다

② **误会** wùhuì 명 오해　동 오해하다

- 产生误会 오해가 생기다
- 消除误会 오해를 풀다
- 通过沟通，我们消除了误会。소통을 통해 우리는 오해를 풀었다.
- 听了他的解释，我才发现是我误会了他。그의 설명을 듣고 나서야, 나는 내가 그를 오해했다는 것을 알아차렸다.

◆ 产生 chǎnshēng 동 발생하다, 생기다 ㅣ 消除 xiāochú 동 없애다, (오해를) 풀다 ㅣ 通过 tōngguò 전 ~을 통해서 ㅣ 沟通 gōutōng 동 소통하다 ㅣ 解释 jiěshì 동 설명하다, 해명하다 ㅣ 发现 fāxiàn 동 발견하다, 알아차리다

③ **劝** quàn 동 권하다, 타이르다

- 朋友劝我不要生气了。 친구가 나에게 화내지 말라고 타일렀다.
- 父母劝我要鼓起勇气勇于挑战。 부모님은 나에게 용기를 내서 용감하게 도전해 보라고 권했다.

◆ 鼓起勇气 gǔqǐ yǒngqì 용기를 내다 | 勇于 yǒngyú 동 용감하게 ~하다 | 挑战 tiǎozhàn 동 도전하다

④ **委屈** wěiqu 형 (부당한 지적이나 대우를 받아) 억울하다, 속상하다

- 被老师批评后，她感到十分委屈。 선생님께 야단맞은 후, 그녀는 매우 억울했다.
- 男朋友忘记了我的生日，我委屈得流下了眼泪。 남자친구가 내 생일을 잊어버려서, 나는 속상해서 눈물을 흘렸다.

◆ 批评 pīpíng 동 비판하다, 야단치다 | 忘记 wàngjì 동 잊어버리다 | 流下眼泪 liúxià yǎnlèi 눈물을 흘리다

⑤ **理解** lǐjiě 동 이해하다

- 理解力 이해력
- 理解内容 내용을 이해하다
- 理解心情 마음을 이해하다
- 这本书太难了，我根本理解不了里面的内容。 이 책은 너무 어려워서, 나는 안의 내용을 전혀 이해할 수 없다.
- 有了孩子之后，我才理解了妈妈的心情。 아이가 생긴 이후에, 나는 비로소 엄마의 마음을 이해했다.

◆ 内容 nèiróng 명 내용 | 心情 xīnqíng 명 마음, 기분 | 根本 gēnběn 부 전혀, 아예

STEP 2 스토리 구상하기

지하철 객차(车厢) 안은 사람이 너무 많아서 옆 사람과 부딪혔는데, 그는 내가 일부러 한 줄 안다. 나는 억울함(委屈)을 느꼈지만, 주변 사람들이 타일러서(劝) 우리는 오해(误会)를 풀었다. 이번 일로 서로 이해(理解)해야 한다고 생각했다.

모범 답안

		今	天	我	坐	地	铁	下	班	的	时	候	，	车	厢
里	挤	满	了	人	。	我	一	不	小	心	撞	到	了	旁	边
的	人	，	他	以	为	我	是	故	意	的	。	虽	然	我	感
到	很	委	屈	，	但	我	还	是	向	他	道	歉	了	。	周
围	的	人	也	帮	我	劝	他	，	最	后	我	们	消	除	了
误	会	。	通	过	这	件	事	，	我	觉	得	无	论	什	么
时	候	，	都	要	互	相	理	解	别	人	。				

해석 오늘 내가 지하철을 타고 퇴근할 때, 객차 안은 사람들로 가득 찼다. 내가 실수로 옆 사람과 부딪혔는데, 그는 내가 일부러 그런 줄 알았다. 비록 나는 억울했지만, 난 그래도 그에게 사과했다. 주변 사람들도 그를 타일러줘서, 결국 우리는 오해를 풀었다. 이 일을 통해서, 나는 어느 때를 막론하고 항상 서로 남을 이해해야 한다고 생각했다.

단어 地铁 dìtiě 명 지하철 | 下班 xiàbān 동 퇴근하다 | 一不小心 yí bù xiǎoxīn 실수로 | 撞 zhuàng 동 부딪치다 | 旁边 pángbiān 명 옆 | 故意 gùyì 부 고의로, 일부러 | 虽然 suīrán 접 비록 ~하지만 | 道歉 dàoqiàn 동 사과하다 | 消除 xiāochú 동 없애다, (오해를) 풀다 | 通过 tōngguò 전 ~을 통해서 | 无论 wúlùn 접 ~에 관계없이, ~을 막론하고 | 互相 hùxiāng 부 상호, 서로

100.

해설

STEP 1 **주제 설정하기**

동생은 마라톤 선수로, 대회에 참가해서 우승했다.

STEP 2 **스토리 구상하기**

[도입] 동생은 마라톤 선수로, 어제 마라톤 결승전에 참가했다.
[전개] 동생은 최고의 기량을 발휘했고, 결승선을 먼저 통과하여 매우 감격했다.
[마무리] 가족들이 동생의 우승을 축하하기 위해, 모두 모여서 축하 행사를 열었다.

STEP 3 **키워드 잡기**

- 跑步 달리기, 달리다
- 马拉松 마라톤
- 参加比赛 대회에 참가하다
- 发挥水平 기량을 발휘하다
- 冲过终点线 결승선을 통과하다
- 获得冠军 우승을 차지하다, 우승하다
- 激动 감격하다

◆跑步 pǎobù 명 달리기 동 달리다 | 马拉松 mǎlāsōng 명 마라톤 | 参加比赛 cānjiā bǐsài 대회에 참가하다 *比赛 명 경기, 대회 | 发挥水平 fāhuī shuǐpíng 기량을 발휘하다 *水平 명 수준, 실력, 기량 | 冲过终点线 chōngguò zhōngdiǎnxiàn 결승선을 통과하다 *冲 동 돌진하다, 돌파하다 | 获得冠军 huòdé guànjūn 우승을 차지하다, 우승하다 | 激动 jīdòng 동 (감정이) 격해지다, 감격하다, 흥분하다

STEP 4 **예문 만들기**

- 我非常热爱跑步运动。나는 달리기 운동을 매우 좋아한다.
- 我是一个马拉松运动员。나는 마라톤 선수이다.
- 我坚持跑步已经十年了。나는 꾸준히 달린 지 벌써 10년이 되었다.
- 在比赛中，他发挥出了最高水平。대회에서 그는 최고의 기량을 발휘했다.
- 凭着出色的表现，他进入了决赛。뛰어난 활약으로, 그는 결승전에 진출했다.
- 他第一个冲过了终点线。그는 첫 번째로 결승선을 통과했다.
- 获得了冠军，他激动得和家人拥抱在一起。우승하자, 그는 감격하여 가족들과 함께 포옹했다.

◆ 热爱 rè'ài 통 (열렬히) 사랑하다, 좋아하다 | 运动员 yùndòngyuán 명 (운동)선수 | 坚持 jiānchí 통 (하고 있던 것을) 계속하다, 꾸준히 하다 | 凭着 píngzhe 전 ~에 의지하여, ~으로 | 出色 chūsè 형 뛰어나다, 출중하다 | 表现 biǎoxiàn 명 행동, 활약 | 进入决赛 jìnrù juésài 결승전에 진출하다 | 拥抱 yōngbào 통 포옹하다

모범 답안

		我	弟	弟	是	一	个	马	拉	松	运	动	员	。	昨
天	，	他	参	加	了	一	场	国	际	比	赛	，	在	决	赛
中	发	挥	出	了	最	高	的	水	平	，	凭	着	自	己	出
色	的	实	力	，	第	一	个	冲	过	了	终	点	线	，	他
非	常	激	动	。	为	了	庆	祝	他	获	得	冠	军	，	我
和	家	人	一	起	为	他	举	行	了	庆	祝	活	动	。	

해석 내 남동생은 마라톤 선수이다. 어제 그는 국제 대회에 참가해, 결승전에서 최고의 기량을 발휘했고, 자신의 뛰어난 실력으로 결승선을 첫 번째로 통과하여, 그는 매우 감격했다. 그가 우승한 것을 축하하기 위해, 나와 가족들은 함께 그에게 축하 행사를 열어 주었다.

단어 国际 guójì 형 국제의 | 实力 shílì 명 실력 | 庆祝 qìngzhù 통 경축하다, 축하하다 | 举行活动 jǔxíng huódòng 행사를 열다

다락원 홈페이지에서
MP3파일 다운로드 및
실시간 재생 서비스

지은이 리우, 장지선
펴낸이 정규도
펴낸곳 (주)다락원

초판 1쇄 발행 2025년 5월 30일

기획·편집 주민경, 이상윤
디자인 윤지영
조판 최영란
녹음 王乐, 朴龙君, 권영지
사진 Shutterstock

다락원 경기도 파주시 문발로 211
전화 (02)736-2031 (내선 250~252 / 내선 430)
팩스 (02)732-2037
출판등록 1977년 9월 16일 제406-2008-000007호

ISBN 978-89-277-2338-7 14720
978-89-277-2327-1 (set)

www.darakwon.co.kr

다락원 홈페이지를 방문하시면 상세한 출판 정보와 함께 동영상 강좌, MP3 자료 등 다양한 어학 정보를 얻으실 수 있습니다.